王利明学术文集

王利明学术文集

物权编

王利明 著

图书在版编目(CIP)数据

王利明学术文集. 物权编/王利明著. —北京:北京大学出版社,2020.8
ISBN 978-7-301-31410-4

Ⅰ. ①王… Ⅱ. ①王… Ⅲ. ①物权法—中国—文集 Ⅳ. ①D923.04-53

中国版本图书馆 CIP 数据核字(2020)第 117111 号

书　　　名	王利明学术文集·物权编 WANG LIMING XUESHU WENJI·WUQUAN BIAN
著作责任者	王利明　著
责 任 编 辑	王建君
标 准 书 号	ISBN 978-7-301-31410-4
出 版 发 行	北京大学出版社
地　　　址	北京市海淀区成府路 205 号　100871
网　　　址	http://www.pup.cn　http://www.yandayuanzhao.com
电 子 信 箱	yandayuanzhao@163.com
新 浪 微 博	@北京大学出版社　@北大出版社燕大元照法律图书
电　　　话	邮购部 010-62752015　发行部 010-62750672　编辑部 010-62117788
印 刷 者	北京中科印刷有限公司
经 销 者	新华书店 965 毫米×1300 毫米　16 开本　47.5 印张　774 千字 2020 年 8 月第 1 版　2020 年 8 第 1 次印刷
定　　　价	168.00 元

未经许可,不得以任何方式复制或抄袭本书之部分或全部内容。
版权所有,侵权必究
举报电话: 010-62752024　电子信箱: fd@pup.pku.edu.cn
图书如有印装质量问题,请与出版部联系,电话: 010-62756370

编写说明

改革开放四十余年来,笔者结合我国不同时期民事立法、司法实践和社会经济发展的需要,撰写了近300篇学术论文。此次应北京大学出版社之邀,笔者按照民法体系对已发表和未发表的论文进行了筛选和整理,分为民法总则编、物权编、合同编、人格权编、侵权责任编五卷本出版。

本套文集也是对笔者近四十年学术研究的一个初步梳理和总结。本书主要收录了物权法相关主题的论文,大多是笔者自21世纪以来公开发表的,未发表的也注明了完稿时间,按照物权法的体例加以编排。在编辑时,笔者结合立法和司法实践的发展,对部分已经发表的论文作出了一些必要的修改和补充。由于时间仓促,笔者能力有限,文中难免出现错误,敬请广大读者批评指正。

序

改革开放四十余年来，我国从一个贫穷落后的国家一跃而成为世界第二大经济体，走上了繁荣富强的现代化道路。四十余年来，伴随着改革开放的进程，我国民法学理论也从一片荒芜的园地逐步变成一个百花盛开、绿树繁茂的花园。我们是四十余年民法学理论发展的亲历者、见证者、参与者，我国民法典于2020年颁布，中国民法学也将迎来振兴、发展、繁荣的新时期。进入新时期，每个民法学人都需要思考，我们是否有必要创设中国民法学体系？如何创建这样一个体系？

中国民法学体系首先应当是对中国实践具有解释力的思想和知识体系，也就是说，它应当立足于中国实践、内生于中国文化传统、回应中国社会现实需求、展示民族时代风貌、具有浓厚的中国特色。它应以社会主义法治理论体系为基础，最充分地反映广大人民群众的利益和意愿，反映公平正义的法治理念，以全面保护公民权利、推进社会主义法治为重要目的。"道无定体，学贵实用"，法学本身是一门实践之学，中国民法学体系植根于中国的实践，应当能够接受实践的检验。中国民法学体系应当与时俱进，市场经济的发展和改革开放的深化对民事立法提出了新要求，民法学也应积极回应实践的需要，迎接新挑战，解决新问题，不断满足社会主义市场经济制度建设和运行的法治需求；应当伴随民法典的编纂而不断深化和发展，真正成为一门治国安邦、经世济民、服务社会的实践之学。

中国民法学体系应当具有对世界优秀民法文化的开放包容性。构建以研究我国现实问题为中心的民法学体系并不意味着对异域法律文化的排斥。相反，在全球化背景下，中国民法学体系应当是一个包容世界民法文化精髓的体系，反映人类社会发展进程中面临的共同问题和应对智慧。对人类法律文明的优秀成果，应秉持鲁迅先生所说的，"我们要运用脑髓，放出眼光,自己来拿"。民法学的研究应当有广阔的视野和开阔的胸襟,广泛借鉴两大法系的先进经验,服务于我国民事立法和司法的需要。但是,必须立足中国,放眼世界。外国的制度、理论都只能是我们借鉴的素材,最重要的是要从中国的实际出发,绝不能"削中国实践之足,适西方理论之履",绝不能在外国学者设计的理论笼子中跳舞,绝不能单纯做西方理论的搬运工,而要做中国学术的创造者、世界学术的贡献者。

我们的民法学体系应当具有科学性。民法学之所以是一门科学,是因为民法本身具有科学的理论体系和科学的研究方法。一方面,经过两千多年的发展,民法学在自身独特研究对象的基础上,已经形成了一些具有共识性的概念、规则和制度,形成了富有逻辑的、体系严谨的理论体系。另一方面,民法学以私法自治等原则为基础,构建了自身独特的价值体系,并形成了自身的研究方法。民法学者通过运用这些方法,能够对同一问题进行相互交流,进而达成具有共识性的结论。民法学研究方法也需要不断创新,在注重解释方法的同时,也要注重实证研究,高度重视利用我国丰富的案例资源,并充分借鉴经济学、社会学等学科的研究方法。民法学也积极反映时代精神、体现时代特征。我们已经进入了大数据时代,科学技术的发展一日千里,民法学应当不断反映这个时代的特点,反映经济全球化的发展趋势。例如,网络技术和人工智能的发展,创造出了多项前所未有的权利类型;网络虚拟财产权、个人信息权、信息财产权等亟须在民法中得到确认和保护;电子商务的快速发展使得电子合同的适用范围日益广泛,其订立、确认、履行等规则也需要深入研究。

我们之所以要有自己的民法学体系,是因为古老的中华法系源远流长,长久地傲然屹立于世界法制之林,为人类法制文明作出了重要贡献。作为一个拥有14亿人口的大国,我们应该有自信构建我们自己的民法学体系,并把它发扬光大。人生在天地间,贵在自立,国家民族贵在自强。特别是在当代,中国已经是世界第二大经济体,是崛起中的大国,改革开放以来社会主义市场经济的伟大实践和法治建设的巨大成就,都为民法学体系奠定了坚实的基础。我们正面临一个改革的时代,这是产生伟大法典的时代,也是产生民法思想的时代。在这个时代,我们会面临许多新情况、新问题,这些问题的解决无先例可遵循,需要我们去面对、去回答,去发出自己的声音,去讲好自己的故事。我们的民法也应当在世界民法之林中有自己的重要地位。作为民法学工作者,我们所做的一切,都应朝着这个目标而努力。

"路漫漫其修远兮,吾将上下而求索",构建中国特色社会主义民法学体系非一役而能毕其功,也非自吹自擂、自说自话就可以实现,而是要靠几代民法人"一棒接一棒"的努力。今天的民法学研究虽然已经取得了长足的进步,但我们也要清醒地看到,现有民法理论和相应民法制度还未能有效地回应诸多重大现实问题。我国民法学理论的国际影响尚不尽如人意,我国民法学理论的国际话语权仍然有限,某些理论领域仍然缺乏必要的自主意识和独立思考,广大民法学人任重道远,需要奋起直追、与时俱进、不断创新。

人类历史经验已经表明,法治是固根本、稳预期、利长远的制度保障。只有全面推进依法治国,中国的明天才能更加美好。我们已经从迷茫中醒来,选择市场经济这一发展道路,法治是中国前途的唯一选择,舍此别无他路。在这一过程中,法学工作者肩负着重大职责和光荣使命。仿佛涓涓细流汇入大海一样,学术繁荣也需要每个民法学人不断努力和积累。在建设法治中国这一伟大征途中,我愿意化作沧海一粟,汇入中国民法学文化的汪洋大海!我愿作为一粒石子,铺上法治中国的康庄大道!

王利明
2020 年 5 月

目 录

物权法总则

论物权的概念 …………………………………………… 003
当代物权法的新发展 …………………………………… 022
我国民法典物权编的修改与完善 ……………………… 041
平等保护原则：中国物权法的鲜明特色 ……………… 065
物尽其用：物权法的基本价值 ………………………… 080
物权行为若干问题探讨 ………………………………… 103
论物权请求权与侵权损害赔偿请求权的分离 ………… 121
论物权法定原则 ………………………………………… 141
论《物权法》对我国证券市场的影响 ………………… 170
论民法典物权编中预告登记的法律效力 ……………… 183
论特殊动产物权变动的公示方法 ……………………… 200
我国《物权法》制定对民法典编纂的启示 …………… 218

财产所有权

罗马法与日耳曼法的所有权概念比较 ………………… 235
全民所有制企业国家所有权问题的探讨 ……………… 252
产权保护：市场经济的基石 …………………………… 274
论物权法中车位、车库的归属及相关法律问题 ……… 297
善意取得制度的构成——以我国《物权法》第 106 条为分析对象 …… 316
论征收制度中的公共利益概念 ………………………… 339
试论添附与侵权责任制度的相互关系 ………………… 365
共有人优先购买权若干问题——对《物权法司法解释（一）》相关

规则的评述 …………………………………………………… 377
论相邻关系中的容忍义务 …………………………………………… 395

用益物权

论他物权的设定 ……………………………………………………… 427
住宅建设用地使用权自动续期规则 ………………………………… 444
空间权：一种新型的财产权利 ……………………………………… 458
论我国农村土地权利制度的完善——以成员权为视角 …………… 482
论民法典物权编中居住权的若干问题 ……………………………… 500
民法典物权编设立典权的必要性 …………………………………… 517
试论地役权与相邻关系的界分 ……………………………………… 534
海域使用权的若干问题探讨 ………………………………………… 546

担保物权

我国民法典物权编中担保物权制度的发展与完善 ………………… 563
担保物权的新发展 …………………………………………………… 581
试论抵押物转让的限制 ……………………………………………… 598
抵押权的竞合及其顺位 ……………………………………………… 614
试论混合共同担保中的追偿权 ……………………………………… 634
试论动产抵押 ………………………………………………………… 646
收费权质押的若干问题探讨 ………………………………………… 666

占　　有

论占有的性质 ………………………………………………………… 687
试论占有的权利推定规则 …………………………………………… 707

关键词索引 …………………………………………………………… 721
法律文件全简称对照表 ……………………………………………… 729
《物权法》与《民法典》对照表 ………………………………………… 733
后　　记 ……………………………………………………………… 743

物权法总则

论物权的概念[*]

引 言

哈特指出:"概念的运用应当具有明确的针对性。"[①]所谓物权,是指权利人对于物进行支配并排斥他人干涉的权利。物权的概念是由中世纪注释法学家在解释罗马法时,从对物之诉和对人之诉中引申出来的,但注释法学家没有提出所有权与他物权的系统区分。[②] 在我国《物权法》制定过程中,对于如何表述物权的概念,存在争议。我国《物权法》第 2 条第 3 款明确规定:"本法所称物权,是指权利人依法对特定的物享有直接支配和排他的权利……"这就在法律上明确了物权的概念。从该定义来看,物权本质上属于人与人之间的关系,是权利人对其物的直接支配和排除他人干涉的权利。这就揭示了物权的权利主体是权利人、权利的性质是人对物的支配和排他的权利、权利的客体主要是特定的有体物。笔者认为,这一定义科学揭示了物权的概念,有助于准确界分物权与债权,明晰二者的区别,也有助于界定物权的内容和效力,并在此基础上构建物权体系。我国正在制定的民法典物权编有必要采纳这一定义。

一、物权的主体是权利人

温德莎伊德认为,主观权利是法律秩序的产物,"权利是一种由法律

---

[*] 原载《社会科学研究》2006 年第 5 期,原标题为《再论物权的概念》。
[①] H. L. A. Hart, Positivism and the Separation of Law and Morals, Harvard Law Review 71 (1958): 606-615.
[②] Robert Feenstra, Dominium and ius in re Aliena: The Origins of a Civil Law Distinction, in New Perspectives in the Roman Law of Property, Peter Birks ed., Oxford Clarendon Press, 1989, p.112.

秩序提供的意志权能或意志支配"①。就物权而言,其是法律赋予的权利人对于财产所享有的意志和利益。在私有制国家,物权主要确认了私有财产权利,因而权利主体以个人为中心展开,但是在我国以公有制为主体多种所有制并存的情况下,由于物权的主体具有多元性的特征,因此如何表述权利主体,成为值得讨论的话题。在《物权法》制定过程中,如何表述物权的主体,有多种观点。一种观点认为,应当将物权的主体具体地表述为自然人与法人两大类,因为物权的主体就是民事主体,而民事主体就是自然人与法人两大类,别无其他。所以界定物权的主体也应当限于自然人与法人两类。另一种观点认为,物权的主体应当表述为"个人、组织与国家",因为自然人与法人的概念无法涵盖国家这一主体,而在我国国家所有权是最为重要的一类所有权。此外,社会生活中享有物权的组织并非全部都是法人,有相当数量的组织不是法人。② 尽管我国《民法通则》没有赋予非法人组织主体资格,但是在《合同法》《著作权法》以及《国家赔偿法》等法律中已经确认了这些组织的主体资格。所以,我国物权法应该对非法人组织的主体资格进行确认。③ 还有一种观点认为,物权法只是民法典的一个组成部分,民事权利的主体无须由物权法加以规定,而应当由民法总则加以解决,所以在物权法中不必界定物权的主体。

上述三种观点都有一定的道理。应当看到,既然物权法要规范各类物权,就不可能不规定物权主体,这是无法回避的问题。但笔者认为,在表述"物权"概念时,是否必须要与民事主体的类型相一致?首先应当看到,物权主体本身也是民事主体的范畴,原则上应当与民事主体的类型保持一致,即使在法定物权类型下基于当事人约定而产生的物权主体,如担保物权人、地役权人等,无论其是否具有民事行为能力,都可以成为物权主体。但是由于我国《民法总则》只是确认了自然人、法人以及非法人组织三类民事主体,并没有确认国家作为特殊的民事主体,而国家所有权又是所有权类型的重要形态,这就难以将物权主体与民事主体的类型完全等同。因此,在表述物权的概念时,不能直接适用民事主体这一表述。有学者建议,在表述物权的主体时,可以直接使用自然人、法人的概念来表

---

① 转引自〔德〕哈贝马斯:《在事实与规范之间——关于法律和民主法治国的商谈理论》,童世骏译,生活·读书·新知三联书店2003年版,第107页。
② 参见《社会各界对物权法草案的意见》,载http://www.npc.gov.cn/zgrdw/home/index.jsp,访问日期:2006年8月20日。
③ 参见屈茂辉:《物权法·总则》,中国法制出版社2005年版,第51页。

述。此种观点虽不无道理,但显然难以概括物权的主体。从比较法上来看,在德国等大陆法系国家,在国家成为民事主体时,通常被作为公法人加以对待。① 但在我国,国家本身不是法人,国家所有权更不能等同于一般的法人所有权,国家、集体的财产也不能简单地用法人所有权来概括,必须在物权中明确规定。就集体所有权而言,其主体也比较复杂。例如,集体经济组织对集体土地享有所有权,但是集体经济组织(如村民小组)也不一定都是法人。所以,用公民、法人来概述各类所有权的主体是不确切的。在我国,国家所有权是重要的所有权类型,国家作为所有权的主体不能为公民、法人所概括,国家本身就是一种特殊的主体。再如,非法人组织也拥有自己的财产,例如,律师事务所、会计师事务所等有自己独立的财产,这些财产既不同于自然人的财产也不同于法人的财产。

表述物权的主体概念,也不宜具体列举各种物权主体的类型。一方面,物权的概念应当反映物权本身的特点以及其与债权和其他民事权利的区别,并非一定要突出物权主体的特征。从民法上说,物权主体属于民事主体的范畴,即使不在"物权"的概念中表述物权主体,也不影响物权主体作为民事主体的存在,或对物权概念的认识。既然物权主体与一般民事主体没有明显差别,那么就没有必要在物权的概念中具体列举物权的主体。另一方面,物权的概念与具体法律关系不同,在具体的法律关系中,应当规定物权的主体,但作为一个抽象的概念,"物权"中没有必要规定具体的主体。② 尤其应当看到,即使对物权主体进行具体列举,也难以完全概括物权主体的类型。

从法律上看,在表述物权的概念时无须列举物权主体的具体类型,但并不是说,在物权法中不对各种物权的主体进行规定。在物权法分则规定各种具体物权关系时,应当规定具体的物权主体类型,而不能将其交由物权法总则解决。毕竟在各种物权关系中,物权的主体是有区别的。比如,在我国,土地所有权的主体仅限于国家和集体组织,不可能由个人享有土地所有权,这就需要具体列举各种所有权主体的类型。考虑到物权的概念具有抽象性与普适性,难以对各种物权主体进行一一列举,依据《物权法》第2条的规定,物权的主体是权利人。笔者认为,《物权法》第2条使用"权利人"概括物权的主体,是较为科学合理的,理由在于:

---

① 参见〔德〕卡尔·拉伦茨:《德国民法通论》(上册),王晓晔等译,法律出版社2003年版,第57页。
② Vgl. Staudinger/Seiler, 2012, Rn. 19 f.

首先,"权利人"的概念具有高度的概括性,可以将各种主体纳入其中。具体到某一类权利时,可以在物权法的分则部分具体加以规定,如规定国家所有权时规定其权利人为国家,而规定公民所有权时规定该权利人为公民。事实上,物权法中有关所有权、担保物权的规定都是针对特定的权利人。例如,所有权人、用益物权人、宅基地使用权人、土地承包权人、担保物权人、抵押权人、留置权人等,这就表明通过权利人的概念可以统一概括各种类型的物权人。虽然在物权的概念中使用抽象的权利人的概念,但在具体物权形态中,需要结合具体的物权形态和规定内容确定具体的物权人。因而,权利人是概括各类具体物权人的概念,但其要包括各种具体的物权人。此外,在现代社会,虽然家族团体和村落团体的结合程度降低,但是,作为资本结合的利益共同形态却日益扩大。因而,物权关系主体的结合成为常态。① 总之,"权利人"的概念可以有效概括共有等复杂的物权主体。

其次,权利人的概念具有开放性,能够为未来出现的新型物权及其主体的确定预留足够的空间,避免因此产生法律上的模糊与漏洞。因为物权法的基本原则是物权法定,但由于在现实生活中仍然出现了一些新的物权形态,所以,物权法也应保持一定的开放性。例如,因信托财产、基金财产、宗教财产等各类财产的发展,物权法所确认的国家、集体和私人所有权难以将其概括其中,而在这些财产出现产权争议后,在法律上有必要对这些财产予以保护,也有必要确认这些权利以及权利主体。因此,《物权法》第4条规定:"国家、集体、私人的物权和其他权利人的物权受法律保护,任何单位和个人不得侵犯。"此处所说的"其他权利人"可以有效概括国家、集体以及私人所有权以外的其他类型的财产权利人。因此,用一个更抽象的权利人概念来概括各种可能的权利主体,可以为将来物权类型的发展留下空间。

最后,采取"权利人"的表述,也符合我国多种所有制并存的经济制度。对西方国家而言,由于其主要是以私有财产为核心来构建物权法的体系,关于国家所有权和集体所有权界定的问题并不突出。立法上通过自然人和法人的概念基本上就可以概括物权的主体,并通过适用总则中关于民事主体的规则,物权主体界定的问题就可以得到解决。而我国物权法中的所有权形态既包括国家所有权、集体所有权,也包括私人所有

---

① 参见〔日〕我妻荣:《新订物权法》,罗丽译,中国法制出版社2008年版,第5—6页。

权,因此完全依靠《民法总则》关于民事主体的规定,并不足以确定各类所有权及他物权的主体。单纯用"权利人"的表述也显得过于抽象,因此,也需要在相关条文中将物权主体的表述具体化。《物权法》第4条规定:"国家、集体、私人的物权和其他权利人的物权受法律保护,任何单位和个人不得侵犯。"该条将物权主体概括为国家、集体、私人以及其他权利人,这就反映了多种所有制结构的三种所有权形态,同时保持了物权主体类型的开放性。

应当指出,权利人的概念特指物权人,而不应包括占有人和债权人,一方面,尽管物权法中规定了占有制度,但是占有人并非都是物权人。在无权占有等场合,占有人与物权人将发生分离。[1]虽然动产的占有人被推定为动产的权利人,但其并不一定是真正的物权人。因此,物权法在规定占有制度时,应当将其主体规定为占有人而非物权人,否则将会与物权人发生混淆。在本质上,占有保护的不是个人占有行为本身,而是因为占有行为而形成的客观效用[2],因而占有在性质上也并非是一项权利,其不过是一种事实状态。另一方面,"权利人"这一表述也可以将其区别于债权人。有学者认为,"权利人"这一表述无法严格区分物权和债权,但物权法的调整对象为平等主体之间的物权关系,这实际上对物权法中"权利人"的内涵作出了限定,已经将债权人排除在外,从而可以避免相关的争议。

由于物的所有与利用的分离,使用价值与交换价值的分离,成为近现代民法的重要特征与发展趋势[3],随之而来的是,物权法中的物权类型众多,在每个具体的物权形态中权利主体的类型多样化,涉及的主体也非常复杂,可以考虑在涉及每一种具体的物权时,将该物权的主体特定化。例如,在集体所有权的规定中,应当确定此种类型的所有权主体为集体,但集体所有权的类型比较多,仍可以进一步继续细化,如农村集体经济组织、乡村集体经济组织、村民委员会等。而这些集体经济组织类型的主体应当在民法典物权编分则中加以规定,没有必要统一规定在物权编总则中,否则将难以在物权概念中通过列举的方法高度概括现实生活中各类物权主体。

---

[1] 参见史尚宽:《物权法论》,中国政法大学出版社2000年版,第541页。
[2] Vgl. Jhering, Über den Grund des Besitzschutzes-Eine Revision der Lehre vom Besitz, 2. Aufl., 1869, S. 192.
[3] 参见史尚宽:《物权法论》,中国政法大学出版社2000年版,第6页。

二、物权客体主要是有体物

依据《物权法》第 2 条的规定,物权的客体是物。许多学者进一步将物权的客体界定为有体物、特定物、独立物①,并认为,这是物权与债权、人身权、知识产权等权利的主要区别之一。例如,通说观点认为,债权的客体是给付行为,指向的是向特定主体主张特定行为的请求,而由于物权是支配特定客体的权利,因此,物权的客体必须要特定化。② 但随着现代社会以集合物作为担保,以及以集合物作为转让标的的交易的发展,将物权的客体仅限于独立物和单一物,显然已经不符合现代社会发展的需要。

近代民法的物权以有体物为客体,形成了所谓"物必有体"原则。然而,随着社会经济生活的发展,财产的价值化与无体化普遍发展,并已经成为社会生活中的重要财产。例如,公司的股权、债券、银行存单、票据、银行账户、保险单以及各类知识产权、商业秘密、商业信誉、特许经营权等财产。③ 尤其随着网络和大数据技术的发展,出现了一些网络虚拟财产和大数据财产,如果将物权的客体限于有体物,将使得物权法的调整范围过于狭窄,也使得民事主体无法在无体物上设定物权,难以充分发挥一些无形财产的效用,在这些无形财产受到侵害时,也难以获得物权法的保护。

物权的客体是否仅限于有体物? 在大陆法系国家,一般认为,物权的客体主要是有体物。法国学者鲁比埃(Roubier)指出:"针对有体物(动产或不动产)建立的所有权概念,可以被视为主观权利最完整的形态。"④对于财产或物权客体的认识,之所以在两大法系学者之间产生差异,根源在于,一方面,大陆法中的物权制度不像英美法中的财产权制度那么宽泛。英美法中的财产概念包括知识产权等无体财产权,而大陆法中的物权概念已经将其与知识产权等无体财产区分开来。⑤ 另一方面,大陆法区分了财产与所有权的概念,在英美法中,财产和所有权的概念常常并没有严格区分,由于普通法中的财产概念包罗万象,很难作出科学的分类,并且很难找到一个标准来认定何种利益是财产,何种利益不是财产。而大陆法学者

---

① 参见马俊驹、陈本寒主编:《物权法》(第二版),复旦大学出版社 2014 年版,第 25 页。
② Gaier, in: MünchKomm zu BGB, Einleitung, Rn. 21.
③ 参见陈晓敏:《大陆法系所有权模式历史变迁研究》,中国社会科学出版社 2016 年版,第 110—111 页。
④ 转引自尹田:《法国物权法》,法律出版社 1998 年版,第 128 页。
⑤ Vgl. MünchKomm/Stresemann, §90, Rn. 4, 6.

有时虽然可能从不同角度解释财产与所有权的概念,但这两个概念在法律上是有区别的。此外,尽管英美法中的"财产"概念具有所有权的某些特征,但因其并不强调有体性或排斥无体性,按照经验主义建立起来的普通法中的"财产"概念,能够适应无体财产发展的需要。无论何种新的财产的出现,都可以用财产概念加以概括。特别是由于财产概念的灵活性,使得对新的财产利益的司法保护也极为灵活。① 因此,大陆法中的物权概念和英美法中的财产概念各具特点,各有其合理性,很难说在法律上孰优孰劣。

对此,一些英美法学者曾经展开过讨论。20 世纪 20 年代,霍菲尔德(Hohfeld)对于大陆法上通常所说的"物必有体"这一概念提出了尖锐的批评,他全面否定了财产权的客体是有体物的观点,并在此基础上提出了财产权是一种"权利的集束"的观点。他认为,"财产"并不是像土地或啤酒厂之类的具体物;财产只能是财产权,也就是财物之上的权利。"财产"特指权利人所享有的各种主张、特权、权力等,它给予了权利人对于客体和空间的控制和支配权。② 如果将财产仅仅理解为有体物,将忽视无形财产的重要性,难以解释知识产权等权利的存在和发展,尤其是"将财产理解为有体物"的理论不能解释为什么不同的权利人在法律上可以对客体进行分别的控制,也不能解释对一些非有体性的权利的征收、征用也应该给予补偿的问题。③ 一些美国学者也支持霍菲尔德教授的观点,认为罗马法上的"对人权"(rights in personam)和"对物权"(rights in rem)的区分误导了法律人,使得法律人误以为财产权就是对物的权利,这不符合财产在现代社会的新的发展。④ 事实上,随着社会的发展和科技的进步,现代社会中的"财产"概念不断从有形走向无形,财产的类型日益多样化,无形财产的类型日益丰富,其重要性也有与有形财产并驾齐驱的趋势,甚至有超越的趋势。尤其是随着技术革命的进程和互联网的发展,越来越多的具有金钱价值的物被视为财产的具体类型,例如,有价证券、信托、空间权益等。据此,有不少学者认为,财产法的调整重心也应当发生移转,不应当

---

① See Vandevelde, The New Property of The Nineteenth Century: The Development of The Modern Concept of Property, Buffalo Law Rev., Vol. 29, 325 (1980).
② See Wesley Newcomb Hohfeld, Fundamental Legal Conceptions as Applied in Judicial Reasoning, Yale Law Journal, 710, 713 (1917).
③ See Leif Wenar, The Concept of Property and the Taking Clause, 97 Colum. L. Rev. (1923).
④ See Leif Wenar, The Concept of Property and the Taking Clause, 97 Colum. L. Rev. (1923).

仅限于有体物，而应当扩张及于无形财产。

应当看到，在大陆法系国家，由于民法体系内部有明确的分工，物权法主要调整因有形财产的利用和归属所形成的关系，无形财产主要受知识产权法、证券法、公司法等法律的调整，因此，物权法不能越俎代庖，否则可能导致整个民法体系的混乱。据此，我国《物权法》第2条第2款规定："本法所称物，包括动产和不动产。法律规定权利作为物权客体的，依照其规定。"依据该规定，物权的客体主要是有体物，包括动产与不动产。由于物权主要以有体物为客体，因而物权主要是有体财产权，这也使得物权与知识产权、债权、人身权等权利得以区分开。由于物权以有体物为客体，所以，物权法的内容围绕动产和不动产的归属、移转而展开，这就明确了物权法调整对象的范围，有关无体财产应当由其他法律来调整，而不属于物权法调整的范畴。当然，物权的客体主要是有体物，但是也不限于有体物，在法律特别规定的情况下，无体财产也可以作为物权的客体，如权利质押中的权利，但这只是例外情形。

从客体上看，物权的概念应当主要从如下几个方面展开：

1. 应当将物权的客体主要限定为物，而不宜扩及所有的财产

"财产"（英文为 Property、法文为 Proprieté）一词均来源于拉丁语"proprius"和"proprietas"。在罗马法中，财产主要是指物，在19世纪初期以前，受布莱克斯通的绝对财产权概念的影响，普通法的财产权概念具有两个特点，即绝对的支配（despotic dominion）和财产的有体性。一些受法律保护的无体物和利益，被视为所有人"拟制"的权利。[1] 然而，自19世纪以来，随着对财产利益的保护，特别是对无体财产保护范围的扩大，除了对各种有体物的权利以外，普通法中财产的内涵也进一步扩张，一些新型的权利也被认为是财产权，具体包括专利权、商标权等各种知识产权，商业信誉和技术秘密，有价证券的权利，企业名称[2]，因添附取得的权利，养老金、就业机会、营业执照、补贴、政治特许权利等。可见，"财产权"一词包含的范围十分广泛，它常被用来指"存在于任何客体之中或之上的完全的权利，包括占有权、使用权、出借权、转让权、用尽权、消费权和其他

---

[1] See Vandevelde, The New Property of The Nineteenth Century: The Development of The Modern Concept of Property, Buffalo Law Rev., Vol.29, 325(1980).

[2] 自1906年 Cohen v. Nagle (190 Mass. 4.76N. E. 276,1906)一案以后美国法确认企业名称也是一种财产权。

与财产有关的权利"①,也就是说,凡涉及上述某一项权利内容,都可以冠之为"财产权"。我国学者一般都接受了大陆法上广义的财产权概念,认为财产权是指权利标的具有财产上的价值的权利,债权、物权、知识产权皆为财产权,以其为内容的民事法律关系为财产权关系。有学者甚至认为,继承权在性质上也属于财产权。② 当然,财产权并不一定都能够成为交易的对象。例如,江河、湖泊、山脉、草原,依法不能买卖、出租、抵押,它们本身并非商品,无从计算财产价值,但并不影响它们可以成为财产权的标的。③

如果采纳广义的财产权概念,则财产与物权的区别是很明显的,两者的区别主要表现在:

第一,两者观察的角度不同。财产概念的关注点在于对象的金钱价值,即强调其是一种社会财富;而物权概念则更多地关注权利人与义务人之间的权利义务关系。也就是说,一方面,强调权利人对物享有占有、使用、收益和处分等权能,强调物权的支配性;另一方面,强调物权的不可侵害性,任何第三人都负有不得非法侵害物权的义务。当然,物权也具有财产价值,但财产价值本身并不是物权概念的强调重点,物权概念更多地关注物权的实现以及权利人与义务人之间的关系。

第二,客体范围不同。如前所述,财产的客体范围十分宽泛,其既可以是有形物,也可以是无形物,这一点为英美法普遍承认。在大陆法系国家,尽管也有些学者将财产限定在有体物上,但大多数学者通常从现实出发,将财产统称为有体物与无体物的总和。财产在外延上包括了有体物与无体物。如果将财产的客体仅限于有体物,则"必然使财产和财产权的客体发生混淆"④。然而,物权的客体通常限于有体物,物权一般以具体的物为客体,原则上不包括无体物,只是在例外情形下,作为物权客体的物也包括可以在技术上支配的无形物,不论这些物是气态还是液态。⑤ 从这个意义上说,物权的客体(主要是有体物)可以包括在财产的概念之中,但并不是说,所有的财产都属于物权的客体,否则将难以对物权和其他权利进行必要的区分,这也将导致物权与财产权概念的混淆。

---

① Lawrence M. Friedman, The Law of The Living, The Law of The Dead: Property, Succession, and Society, Wis. L. Rev. 340 (1966).
② 参见梁慧星:《民法》,四川人民出版社1988年版,第58页。
③ 参见梁慧星:《民法》,四川人民出版社1988年版,第58页。
④ Olin L. Browder, Basic Property Law West Pub. Co., 1990, p.2.
⑤ Stresemann, in MünchKomm zu BGB, §90, Rn. 8.

第三,外延不同。财产包括各种权利和利益,而物权只不过是权利的一种类型。法律上的权利都是类型化的利益。如前所述,民法上财产可以细分为物权、债权、知识产权、继承权等各种民事权利。此外,财产还包括没有被冠以"权利"之名的利益,如商业秘密、占有等。而物权只是一种特定类型的权利,从这一意义上说,物权只是财产权的类型之一,其本身不能代替财产权的概念。从我国现行立法来看,有关法规、规章都使用了产权、财产权等概念①,应当将其解释为财产权,即包括了物权在内的各种财产权利。

2. 物权法有必要将物权的客体主要界定为动产和不动产

现代社会,财产权利的客体非常广泛,尤其是随着知识产权的重要性不断提高,大量的无形财产和未来收益都属于财产权。但是,物权法并不可能调整所有类型的财产关系,物权法主要调整有体物的归属和利用问题。有关无形财产的归属和利用主要由特别法如知识产权法来规定。所以,各类财产关系不可能都纳入物权法的调整范畴。《物权法》第2条第2款规定:"本法所称物,包括不动产和动产……"该条之所以将物权的客体主要限于动产和不动产,其意义主要表现在:第一,有利于确定特定的客体范围。物权的客体主要是特定的物,所谓特定的物,主要指的是动产和不动产。物权在性质上属于财产权,但物权不能替代所有的财产权,财产权可以分为有形财产权和无形财产权,而物权只是有形财产权。第二,有利于确立不同的物权变动方式、公示方法以及保护的模式等。自罗马法以来,有体物最重要的类型划分就是动产和不动产,截至目前,此种分类方法仍然是法学和经济学中最重要的分类方法。第三,将物权的客体区分为动产和不动产,与物权法分则中的调整内容也是密切相关的,物权法分则中的各种具体物权也是围绕动产和不动产的特点而进行制度设计的。

3. 物权法有必要承认动产、不动产之外的其他物权客体类型

物权的客体主要是动产与不动产,但其范围并不限于此。《物权法》第2条第2款规定:"……法律规定权利作为物权客体的,依照其规定。"依据这一规定,物权的客体不完全限于有体物,依据法律规定,权利也可以成为物权的客体。在我国,无体物作为物权客体的情形也较为普遍,具体而言:首先,我国法律规定了各种权利质押的情形。例如,以股权、票据权利、收费

---

① 参见《国有企业财产监督管理条例》(已失效)、国家国有资产管理局《关于印发〈国有资产产权界定和产权纠纷处理暂行办法〉的通知》。

权、知识产权等设定质押。其次,我国现行立法确认了有关水流、海域、野生动植物资源、无线电频谱资源、空间等的归属,这些财产也很难归类到有形财产的范畴。最后,随着现代物权法的发展,以集合物作为物权客体成为一个新趋势。例如,以整个企业的财产作为客体设定抵押,其中既包括动产、不动产,也包括债权、物权、知识产权等各类权利;既包括现有的财产,还包括未来的无形财产以及可能取得的各种收益,如应收账款等。因而,集合财产中也可能包含各种权利。例如,以整个企业的财产作为集合物时,就可能包括企业的名称权、特许权、知识产权、土地使用权、应收账款债权等。所以,除动产和不动产,一些无形财产也可以成为物权的客体。也就是说,物权的客体主要指的是动产和不动产,主要是有体物,但如果依据法律规定,权利可以作为物权客体,这意味着无形财产也可以作为物权的客体。

在物权法中,无形财产作为权利客体受到一定的限制。例如,在以权利出质的情形,必须以法律明确规定为限。对此,《物权法》第223条第7项规定:"法律、行政法规规定可以出质的其他财产权利。"这就意味着,只有在法律允许的范围内,才可以以权利出质。

三、物权主要是一种支配权

(一)物权具有支配性

依据《物权法》第2条的规定,物权主要是一种支配权(Herrschaftsrecht)。德国学者索姆认为,物权(或对物权)是"对某物进行直接支配(ein unmittelbares Herrschaftsrecht)的权利,它使权利人享有对物自行采取行为的权利"[1]。物权是支配权已经成为一种通说,即物权是权利人对物的直接支配。所谓"直接",是指物权人不需要借助于他人的辅助,而可以直接与物联系,换言之,物权人可以完全依靠自己的意思,而无须他人意思的介入或辅助就可实现自己的权利[2],这就是德国学者索姆所说的"物权的本质是自我支配"[3]。所谓支配(Herrschaft),是指能否依据自己的意志独立行使自己的物权。我国台湾地区学者姚瑞光也认为,支配是指"依人之意

---

[1] 转引自金可可:《鲁道夫·索姆论债权与物权的区分》,载《华东政法学院学报》2005年第1期。

[2] Gaier, in: MünchKomm zu BGB, Einleitung, Rn. 4.

[3] 转引自金可可:《鲁道夫·索姆论债权与物权的区分》,载《华东政法学院学报》2005年第1期。

志对物加以管领或者处置而言。直接,指无须他人行为介入而言"①。支配权是物权的本质特征,这种支配是一种物权的固有内容,其与缺乏本权的占有人对物的支配是不同的。物权法上的支配权与基于合同所产生的控制(如保管合同中保管人对保管物的控制与管理、运输合同中承运人对货物的控制等)是不同的,其核心区别在于相关主体是否享有对物的直接支配权。②

物权的支配性应当从主观和客观两个方面来考察。就主观上而言,权利人可以直接依据自己的意志对物进行管领和控制;从客观上讲,权利人应当对物存在实际的管领和控制,表现为自己或者他人按照权利人的意思对物进行实际的占有、使用、收益和处分。因此,所谓支配就是指物权人依据自己的意志独立地对特定的动产或不动产予以占有、使用、收益和处分,任何人非经权利人同意,不得侵害或加以干涉。

就物权的各种类型而言,具体在哪些方面体现了物权的支配性呢?笔者认为,各类物权的支配性主要表现在:

首先,就所有权而言,支配性主要表现在所有人对物的独占控制状态。这种控制是排他的,只能由所有人享有的绝对的独占性权利,即使所有物不是基于所有人的意志而暂时脱离所有人的控制,这种支配力仍然存在。例如,在所有物遗失的情况下,所有人仍然对有关物享有抽象的支配力。因此,所有人有权要求遗失物的占有人返还原物。

其次,就用益物权而言,在通常情况下,无论是所有权人还是用益物权人,都有支配物的权利。所有人即使在其动产、不动产上设定了用益物权,仍然享有对物的支配权。如果用益物权消灭,或者在用益物权人违反法律规定或合同约定的情况下,所有权人有权通过行使其支配权而收回其物,以恢复其完整的支配权能。用益物权存续期间,所有权人仍然不妨对其权利再行处分,如转让、抵押,而无须征得用益物权人的同意。就用益物权人来说,通常情况下,其直接占有标的物并能够利用该物获取收益,如果第三人的行为造成对用益物权客体的侵害,用益物权人有权排斥第三人的侵害,从这个意义上讲,用益物权人也有权对物进行支配。尤其是用益物权人能够依法利用物获取收益,因此可以直接支配物的使用价值。

最后,担保物权也具有支配性。担保物权可以分为占有型的担保物

---

① 姚瑞光:《民法物权论》,1988年自版,第1页。
② 参见尹田:《物权法理论评析与思考》,中国人民大学出版社2004年版,第27页。

权与非占有型的担保物权,就占有型的担保物权而言,如动产质权、留置权,权利人可以直接支配担保物自不待言;就非占有型的担保物权(如抵押权)来说,虽然抵押权人可能并不占有抵押物,但是基于其对抵押物交换价值的支配力,在债务人不履行债务时,抵押权人无须抵押人的同意,可以直接通过法院将抵押物拍卖、变卖,以其价款优先受偿。从这一点上说,担保物权人也有权支配物的交换价值。① 当然,即使就担保物本身来说,担保物权人也并非不能支配。例如,对质权和留置权而言,权利人有权直接占有标的物,实现对标的物的控制。对抵押权而言,虽然抵押权人不能直接占有抵押物,但抵押人转让抵押物时,应当经抵押权人的同意,如果因抵押人或者第三人的行为使抵押物的价值减损时,抵押权人也有权请求增加担保,这也在一定程度上体现了抵押权人对抵押物的支配。正如学者所言,对担保物权而言,权利人虽然不对标的物进行直接的使用收益,但其对标的物仍具有一定的支配权。②

(二) 物权法承认物权支配性的意义

大陆法学者一直认为:"物权可以定义为对某物的独立支配权。这就意味着:对该物的权利行使以及对其不同程度的享用均独立于同一定人的关系,因而,也独立地通过对物之诉(即可对任何第三人提起诉讼)获得保护。"③我国《物权法》第 2 条在界定物权的概念时,强调物权是一种支配权,具有如下几个方面的意义:

第一,在物权概念中,明确物权是支配权,可以将物权和债权严格地区分开来。物权是支配权,而债权只是请求权,是权利人可以请求特定人为一定行为或不为一定行为的权利。物权是对物的直接支配权,显然不同于债权请求权的属性,债权人权利的实现必须借助债务人的意思和履行,债权人无法直接控制债权的标的。而物权作为支配权,无须像债权那样为了实现权利人的权利而需债务人为相应的行为。④ 试举一例来说明支配和请求的相互关系。假设甲和乙订立合同,甲向乙购买一批货物,合同规定要在 10 月 1 日交付货物,那么在 10 月 1 日到来前,乙作为出卖人,

---

① 参见冉昊:《对物权与对人权的区分及其实质》,载《法学研究》2005 年第 3 期。
② 参见史尚宽:《物权法论》,中国政法大学出版社 2000 年版,第 8 页。
③ 〔意〕彼德罗·彭梵得:《罗马法教科书》(2005 年修订版),黄风译,中国政法大学出版社 2005 年版,第 141 页;Gaier, in: MünchKomm zu BGB, Einleitung, Rn. 4.
④ 参见〔日〕我妻荣:《日本物权法》,有泉亨修订、李宜芬校订,五南图书出版公司 1999 年版,第 8 页。

对这批货物有支配权，甲作为买受人，其享有的是请求权。这就是说，甲只能请求乙在交货期到来之后，也就是10月1日到来之后，将这批货物交给自己，或者说甲享有请求乙在履行期到来之后履行义务的权利，这种权利就是债权。而这批货物在交付之前，仍然由乙实际占有，乙仍然享有支配权，在交付之后，会发生一个支配权和请求权的转化，也就是说，乙对这批货物因为交付而移转占有，根据物权法上的有关规定，交付移转所有权，所以因为交付，该支配权相应地移转给甲，甲对这批货物享有支配权，反过来说，乙对甲将要支付的价金享有请求权。这就是支配权和请求权的相互关系。这种区分的意义就表现在，如果涉及第三人的侵害，那么，只有享有支配权的人，才相应地对该物享有排他的权利，或者享有对抗第三人的权利，向第三人提出请求。

第二，明确支配性，既能体现出权利人对物实际控制的权能，又能体现出物权的处分内容。物权确定了财产的归属和利用，债权确立了财产的流转秩序，物权作为支配权和债权作为请求权，使二者构成了交易最基本的要素。交易本身就是一个从支配权通过请求权转化为另一个支配权的过程。因此，明确物权的支配性，可以彰显物权人对物的实际控制与处分，揭示了物权区别于债权的特殊效力与功能。

第三，明确支配性，确立了物权体系构建的基础。支配性是对世性的基础，权利人对物的直接支配必然要求排除他人干涉；支配性必然要求确定支配的范围，支配权表现了主体对客体的一种控制和处置的权利。而这种权利必须通过公示为第三人知悉后才能产生对第三人的效力。正是因为物权是支配权，因而有必要使物权的设定和移转对外公开，这就需要建立公示和公信制度；支配意味着权利人按照自己的意志对物进行支配，从而有必要将一物一权作为物权法基本原则之一，并由此确立了物权的优先性。此外，在物权受到侵害或者妨害的情况下，所谓物权请求权制度，也正是为了恢复权利人的支配权而设立的，物权请求权的基本宗旨就是在物权受到侵害或者妨害的情况下，恢复对物权的圆满支配状态。在这一点上，物权请求权不同于损害赔偿的救济方法，后者是通过金钱的赔偿使受害人的财产状态获得恢复，而不能使权利人重新获得对物的支配。正因如此，不理解物权的支配性，就无法构建和把握物权法的一系列基本规则。

物权的支配性主要体现在有体物方面，虽然无体财产权也具有支配性，但是其客体范围通常很难像有体物那样确定，其支配性较差，尤其是其支配的范围无法特定,使得权利人的范围无法确定。而物权客体的范围主要是有体物,所以支配的范围能够确定。

四、物权具有绝对性

依据《物权法》第2条的规定,物权具有排他性。此处所说的排他性是指物权所具有的排除权利人以外的任何人干涉的权利,这实际上揭示了物权的绝对性特征。所谓物权的绝对性(Absolutheit),就是指物权所具有的能够对抗不特定第三人的效力。按照施蒂尔纳的观点,物权最大的特征是其绝对性[1],有学者将物权的绝对性表述为排除他人的侵害和妨害。笔者认为,这一表述主要是从物权保护的角度而言的;但是严格地讲,这种表述并不全面,因为一方面,债权同样具有不可侵害性,权利人也有权通过第三人侵害债权制度等排除他人的不法侵害和妨害;另一方面,绝对性的含义比这一表述更为宽泛,其还包括了权利本身的效力,即在交易中,物权能够对第三人发生效力。在物权关系中,权利人是特定的,而权利人之外的义务人都是不特定的,权利人享有的权利可以对抗权利人之外的一切人,任何义务人都负有不得侵害或妨害权利人行使权利的义务。应当说,任何权利都具有不可侵害性,但是物权的排他性有其特殊性。物权人可以针对任何侵害人主张权利,即便行为人的侵害或者妨害行为不构成侵权,物权人也可行使物权请求权,排除他人的侵害并恢复物权应有的圆满支配状态。

物权的绝对性主要包含如下内容:一是物权的效力针对的是不特定的主体,这也是物权与债权的最大区别。也就是说,债权的义务人是特定主体,债权人通常无法向债务人之外的主体主张权利。对于物权而言,物权可以针对任何人主张,并且任何人都应当尊重物权。物权的绝对性表明物权人享有一种对其物的绝对支配力,物权人可以针对任何人主张其权利。[2] 二是强调义务主体的不特定性,即社会上的所有成员都是物权关系的当事人,都有义务尊重物上的权利,都不得实施侵害物权的行为。在这种意义上,物权也受到侵权法的保护,侵害物权也构成侵权。三是物权需要进

---

[1] 参见〔德〕鲍尔、施蒂尔纳:《德国物权法》(上册),张双根译,法律出版社2004年版,第12页。

[2] 参见〔德〕鲍尔、施蒂尔纳:《德国物权法》(上册),张双根译,法律出版社2004年版,第58页。

行公示,因为物权是一个绝对权,具有对世效力,得以对抗除权利人以外的不特定的第三人,唯有对物权进行公示,从而使得不特定主体知悉物权的状况,质言之,物权的公示性是蕴含在物权绝对性的属性之中的。

物权不仅是支配权,而且具有绝对性。关于物权的支配性和绝对性之间的关系,学界存在不同的看法:第一种观点认为,"物权是支配权"这一判断本身就表明了物权的排他性和对世性。因为物权法上的支配行为也会涉及第三人,第三人对此负有容忍的义务。第二种观点认为,物权的支配性与物权的对世性不能简单地等同,也就是说,不能以物权的支配效力替代物权的对世效力,但又不能突出对世性的特点。例如,土地承包经营权并不具有强烈的对世性,但不能否认其作为物权而存在。尤其是对许多法定物权而言,包括优先权,其本身只是具有优先性,并不具有对世性。有些学者甚至认为,在登记对抗的情况下,即使没有登记,也可以取得物权。有许多学者据此认为,规定物权的对世性可能会与登记对抗主义下的物权变动模式产生矛盾,进而认为没有必要将对世性作为物权的基本特征。第三种观点认为,在表述物权的概念时,除了强调支配性,还应当进一步强调对世性,只有这样,才能全面概括物权的基本特征,并使物权与债权相区别。上述各种观点都有一定的道理。但笔者认为,物权的特点不仅应当表现在支配性上,而且应当表现在绝对性上,物权就是全面支配物并排除第三人干涉的权利。但是支配性并不等同于绝对性,二者的侧重点不同。物权的支配性强调权利人可以根据自己的意愿对物进行支配和控制;而物权的绝对性则强调权利人以外的其他主体都负有不得侵害物权的义务,权利人有权基于其物权排除第三人对物的不法侵害。换言之,物权的支配性强调主体对客体的利用关系,而物权的绝对性强调的是主体与第三人的关系。

物权法应当在物权的概念中表述物权的绝对性,将其作为物权的基本特征,主要理由在于:

第一,从物权和债权的性质区分来看,应当确认物权的绝对性。物权和债权的重要区别表现在,物权是对世权,债权是对人权,这就决定了物权是绝对权,而债权是相对权。从历史发展来看,罗马法中并不存在物权的概念,而只存在对人之诉(action in personam)与对物之诉(action in rem)的概念。[①] 中世纪注释法学家在解释罗马法时,从对物之诉和对人

---

① 参见金可可:《论债权与物权的区分——以德国法的学说史为中心》,中国社会科学院法学研究所2004年博士论文,第54页。

之诉中引申出"物权"和"债权"的概念,并将物权的两种形式即完全物权(plena in repotestas)和他物权(iura in realiena)用一个概括性的概念即物权来概括。而在英美法中,虽不存在与其相对应的概念,但也一直存在对人权和对世权的区别[1],由此,产生了合同法和财产法的区分。许多学者认为,物权是对某项财产确定谁所有、占有、使用以及处分的一种财产权。该种权利是对财产一部或全部进行处分并排除他人干涉的权利。[2]可见,物权的绝对性是由物权的本质所决定的,在两大法系的法律传统中,物权具有绝对性是二者的共同点,即只有明确绝对性,才能准确区分物权和债权的关系。物权的绝对性,实际上是对抗权利人之外的一切人,强调其他任何人都负有不得侵害或妨害权利人行使权利的义务[3],相比而言,债权只能在特定的相对人之间产生效力。

第二,从物权公示原则来看,也应当确认物权的绝对性。物权(除了特殊的法定物权)之所以要公示,是因为物权具有强烈的对抗第三人的效力,涉及第三人的利益和交易安全。因此,物权的设定和移转必须公开,使第三人知道,否则既不利于保护物权人的利益,也可能损害第三人的利益,危害交易安全。物权的公示性与绝对性是相辅相成的,因为物权的设定、移转必须公开,因而不特定第三人可以知悉此权利状况,自然负有不得侵犯该物权的义务,这也划定了不特定第三人行为自由的界限。

第三,从物权与相关权利的区分来看,有必要明确物权的绝对性。如前所述,物权是支配权,债权是请求权,但在特殊情况下,个别债权也可能具有支配性。例如,土地租赁权具有一定的支配性,但这种权利并非物权,这就表明,无法完全借助支配性对物权与债权进行区分,还应当借助绝对性来进一步区分物权和债权。例如,建设用地使用权和土地租赁权,前者属于用益物权,后者属于一般债权,但二者都具有支配性,如果不强调物权的绝对性,那么将无法对物权与这些权利进行区分。如果不借助绝对性对物权与债权进行区分,可能导致权利类型体系的混乱。例如,实践中可能基于支配性而将土地租赁权等债权解释为物权,从而混淆物权与债权的区别。

---

[1] Lawrence C. Becker, Property Rights: Philosophic Foundations, Routledge and K. Paul, 1977, pp.18-21.

[2] Lawrence C. Becker, Property Rights: Philosophic Foundations, Routledge and K. Paul, 1977, pp.18-21.

[3] Gaier, in: MünchKomm zu BGB, Einleitung, Rn. 10.

第四,明确物权的绝对性,也可以为物权的侵权法保护提供依据。从民法上看,侵权责任法保护的对象主要是绝对权,相对权(如债权)由于不具有社会典型公开性,原则上不受侵权责任法的保护。而物权具有绝对性,可以排除第三人的侵害,与之相对应,在遭受第三人侵害的情况下,权利人也可以基于侵权提起诉讼。同时,物权的绝对性也可以很好地保障物权的支配性,因为只有物权具有绝对性,才可以对抗任何第三人的不法行为,这就有力地维护了物权的支配效力。

此外,不规定物权的绝对性,也会使物权请求权失去赖以存在的基础。从法理上讲,物权请求权源于物权的绝对性,由于物权具有绝对性,因而从积极层面上看,这种权利能够对第三人产生效力,从消极层面上看,它又可以排斥第三人的干涉和侵害。由于除物权人以外的其他任何人均对物权人的权利负有不可侵害或妨害的义务,因此,任何人侵害物权、妨害物权的行使甚至只是对物造成危险,无论行为人是否有过错,物权人都可以行使物权请求权,请求停止侵害、排除妨碍、消除危险等,以恢复物权应有的圆满支配状态。而不具有绝对性的权利受到侵害,权利人无权主张物权请求权。①

当然,也有学者认为,绝对性的概念过于学理化,是否应当采用更为通俗化的排他性概念。因为物权的排他性与"排除他人干涉""得对抗一般人"可以作同一解释。② 物权的排他性与支配性是密切联系在一起的,排他性以支配性为基础,同时又可以有效地保障物权的支配性。采纳排他性的概念也可以强调物权的不可侵害性,要强化物权意识,很大程度上就是强调物权的排他性。笔者认为,此种观点也有一定的道理,物权的排他性确实体现了物权的绝对性,但排他性的概念较之于绝对性概念仍过于宽泛,相比较而言,绝对性的内涵更为集中,因为排他性既包括物权人在行使权利时不受他人非法干涉,也包括权利人有权排除他人的不法侵害行为,因此物权的绝对性的概念,相对而言更为凝练、概括。

结　语

"名者,实之宾也。"(《庄子·逍遥游》)我国《物权法》第 2 条科学揭示了物权的概念,应为民法典物权编所采纳。一方面,通过物权的概念界

---

① 参见尹飞:《明确物权的对世性意义重大》,载《检察日报》2005 年 8 月 1 日,第 3 版。
② 参见刘保玉:《物权法》,上海人民出版社 2003 年版,第 8—9 页。

定哪些权利属于物权,哪些权利不属于物权,有利于准确界定物权,这对于准确构建物权体系具有重要意义。另一方面,自《物权法》颁行以来,虽然物权的概念已被广泛接受,但未来民法典物权编仍然应当明确规定物权的概念。毕竟在学理上对何为物权,以及如何界分物权与债权,仍然存在争议。尤其是伴随着登记制度的发展,物权之外的一些权利如债权等,也具有登记能力,借助于登记也可以进行公示,进而具有一定的对抗效力,这也需要明确物权的概念,以更好地区分物权与相关权利。

当代物权法的新发展[*]

"政治、道德与经济的历史发展深深地影响着财产法……政治、经济与社会的种种因素从各方面带来了财产法'在民法典之外'的发展,虽然这种情况并不必然引起对财产法基础与原则的质疑,但却迫使我们不得不重建财产法的基础并且可能重新构建其体系。"① 大陆法系国家和地区许多物权法规则起源于罗马法,罗马法区分了对人权和对物权,后经过注释法学派的解释,形成了物权制度,并且被大陆法系所继受。当代物权法适应社会经济变化,在体系上具有新的演变,主要体现在如下几个方面。

一、所有权社会化理论的形成与发展

近代民法沿袭罗马法的绝对所有权观念,允许所有权人对物进行任意的使用、收益和处分,财产权以意志理论为基础,财产被认为是个人自由意志的表现,是其自由的外在领域。作为一种重要的财产权,所有权完全由个人享有,受个人意志支配,为个人利益服务。所有权不仅不应受到任何的干预和限制,而且应受到绝对的保护。这种绝对所有权的观念虽然充分保障了权利人的财产自由,但不利于发挥所有权的社会作用,甚至可能导致所有权的滥用,从而造成资源的浪费和低效率的利用。因此,"自由的保障并非是绝对的,相反,个人在行使其所有权时应当顾及社会共同利益"②,所有权的社会化思想也逐渐应运而生。

在19世纪下半叶,利益法学派的代表人物耶林主张所有权应为社会利益而行使。耶林在《法律的目的》一书中指出:"所有权行使之目的,不独应为个人的利益,同时也应为社会的利益。"③ 个人所有权可以被社会

---

* 本文完稿于1999年。
① 〔法〕弗朗索瓦·泰雷、菲利普·森勒尔:《法国财产法》(上),罗结珍译,中国法制出版社2008年版,第1—2页。
② 〔德〕曼弗雷德·沃尔夫:《物权法》,吴越、李大雪译,法律出版社2002年版,第11页。
③ 陈华彬:《物权法原理》,国家行政学院出版社1998年版,第206页。

的所有权制度取代。耶林的观点也为基尔克所接受,基尔克宣称:"私的所有权依其概念本身并非绝对,基于公共利益的限制包括征收的可能性均寓于所有权本身,源自最深处的本质。"①以狄骥为代表的社会连带学派认为,所有权应服从于社会利益,"人在社会中没有绝对的自由,为尽到一个社会人的责任,所有权只有依社会利益而行使"②。受所有权社会化思想的影响,近代以来,各国和地区开始强调所有权的行使应兼顾他人或社会利益,甚至所有人须负一定的社会义务,从而使所有权的绝对性受到限制,这一现象被称为"所有权的社会化"③。德国1919年的《魏玛宪法》第153条规定:"所有权负有义务,其行使应同时有益于公共福利。"据此,财产所有权人行使其对财产的占有、使用、收益和处分权时不得违背社会公共利益,并且法律必须出于公共利益的需要而科以所有人义务。日本在1947年修改《日本民法典》时,在第1条第1款明确宣布:"私权必须遵守公共福祉。"根据学者的解释,"物权法具有排他性,涉及公共利益,如何合理调和自由与限制,是每一个物权法面临的重大课题"④。从大陆法系民法的立法看,对所有权的限制主要表现在如下几个方面:

第一,对土地所有权的客体范围和效力范围的限制。1804年《法国民法典》第552条规定:"土地所有权并包含该地上空和地下的所有权。"这一规定将土地所有权人对土地的权利无限延伸,对国家和社会公共利益构成了妨害。有鉴于此,《德国民法典》第905条规定:"土地所有人的权利扩及于地面上的空间和地面下的地层,但所有人不得禁止在其对排除干涉不具有利益的高度或深度范围内进行的干涉。"这一规定相对于《法国民法典》的规定而言,在维护社会公共利益方面无疑具有很大的进步。这种对土地所有权限制的规定使得土地的经济社会效益能够得到充分发挥。然而,对于地上多高、地下多深,土地所有权人的权利才不发生作用,《德国民法典》并未对此作出具体规定,而各国和地区主要是通过颁布单行法规的方式加以规定。例如,通过颁布航空法对土地所有权人空间的权利施加限制;通过颁布矿业法对矿产的开采实行特许制度;通过颁布水资源法对水资源的利用实行特许制度;通过颁布城市规划法对城市

---

① 王泽鉴:《民法物权》(第一册),中国政法大学出版社2001年版,第162页。
② 〔法〕莱昂·狄骥:《〈拿破仑法典〉以来私法的普通变迁》,徐砥平译,中国政法大学出版社2003年版,第139页。
③ 参见梁慧星主编:《中国物权法研究》,法律出版社1998年版,第5页。
④ 王泽鉴:《物权法上的自由与限制》,载孙宪忠主编:《制定科学的民法典——中德民法典立法研讨会文集》,法律出版社2003年版,第210页。

土地的利用作出明确的规划。根据这些法律、法规的规定,土地所有权的效力不得及于不存在特别利益的高处、低处,所以,当他人合法地利用这些高处、低处时,所有权人的排除妨碍请求权不会得到法律的支持。

第二,基于生态环境保护的限制。21世纪是一个面临严重生态危机的时代,生态环境被严重破坏,人类生存与发展的环境不断受到严峻挑战。全球变暖、酸雨、水资源危机、海洋污染等已经对人类的生存构成了直接的威胁,并引起了全世界的广泛关注。如何有效率地利用资源并防止对生态环境的破坏,已成为直接调整、规范物的归属和利用的民法典的重要使命。虽然所有权人可以自主支配其物,但基于生态环境保护的需要,有必要对所有权进行必要的限制。例如,有的国家法律规定,禁止权利人长期闲置城市土地,其目的也在于促进土地资源的有效利用,以有效应对人口膨胀所带来的资源、环境压力。①

第三,基于相邻关系的限制。各国和地区法律大都规定土地所有权人应当为相邻的不动产所有人和使用人提供必要的便利,并要求其容忍来自他人的轻微的妨害。这实际上是对所有权进行了某种限制。例如,《德国民法典》第906条规定:"以干涉不损害或仅轻微损害土地的使用为限,土地所有人不得禁止煤气、蒸气、臭气、烟气、煤烟、热气、噪声、震动和其他来自他人土地的类似干涉物的侵入。以由于按当地通行的使用方法使用他人的土地引起重大损害,而不是采取此种使用者在经济上可望获得的措施所能阻止为限,也适用前项规定。"对于正常的生活妨害,相邻各方当事人都必须加以忍受。只有在超过了正常妨害限度的情况下,权利人才可以提出损害赔偿的请求。

第四,对所有权行使方式的限制。所有权的行使方式必须合法化,各国和地区民法典对此都作出了确认。例如,《德国民法典》第903条规定:"以不违反法律和第三人的权利为限,物的所有人得随意处分其物,并排除他人的任何干涉。"在对行使方式的限制上,不仅要求所有人行使所有权必须合法,而且要求其必须根据诚实信用原则行使权利,不得滥用所有权、损害他人利益。对此,《德国民法典》第226条明确规定:"权利的行使不得以加害于他人为目的。"如果权利人构成滥用权利,造成他人损害,将负损害赔偿责任。

第五,公共利益对于私权利用的限制。这主要表现在基于公共利益

---

① 参见石佳友:《物权法中环境保护之考量》,载《法学》2008年第3期。

对私人所有权进行征收。从比较法的角度来看,"征收"(taken)一般是基于"公共利益"(public use)和"正当补偿"(just compensation)这两个概念而展开的。① 自 20 世纪末期以来,国家对私权利的干预不断加强,其中重要的一个方面就表现在,为了实现公共利益,促进社会经济的发展,通过征收制度对私人财产权予以适度的限制。同时,公共利益的内涵在不断扩大,甚至包含了商业利益。例如,在"凯洛诉新伦敦市案"中,美国联邦最高法院认为,建造一个制药厂可以增加当地的就业和税收,因而也体现了公共利益。②

第六,权利滥用的禁止。在近代法典化时期,尚不存在所有权滥用的概念,任何人行使其所有权都被认为是合法的、正当的行为。但是,后来各国和地区又逐渐承认了"禁止权利滥用"规则。法谚云,"权利停止于其被滥用之时"(The right stops where abuse begins)③。《德国民法典第一草案立法理由书》认为:"私法的所有权保护包含积极的收益权能和处分权能,但是不包含不适用权能、破坏权能、令(所有权)荒废的权能或不保护'不作为的使用'(die unterlassene Ausübung)。"④例如,当事人将自己的土地长期抛荒,导致资源闲置、阻碍大规模经济建设,甚至会引发个人滥用所有权损害他人及社会利益的现象。这样一种消极不行使权利的行为,在传统上也被认为是所有权行使的方式,但在近代社会逐渐开始对其进行限制。例如,如果基于其土地而取得收益的所有权人并不在其土地上促使任何合理利益的增加,并且知道其相邻人所享有的利益将会由此受到损害,则这种情况是不允许的。⑤

上述对所有权的各种限制大都属于私法上的限制。此外,各国和地区颁布了许多行政法规对所有权及其行使施加了公法上的限制。这些限制常常被西方学者称为"所有权的社会化""变主观的所有权为社会

---

① See Leif Wenar, The Concept of Property and the Taking Clause, 97 Colum. L. Rev. (1923).

② See Kelo v. New London (104-108) 268 Conn. 1, 843 A.2d 500.

③ Jacob H. Beekhuis et al., International Encyclopedia of Comparative Law: Volume Ⅵ: Property and Trust: Chapter 2: Structural Variations in Property Law, J. C. B. Mohr(Paul Siebeck), Tübingen, 1973, p.13.

④ 〔德〕罗尔夫·克尼佩尔:《法律与历史——论〈德国民法典〉的形成与变迁》,朱岩译,法律出版社2003年版,第262页。

⑤ See Jacob H. Beekhuis et al., International Encyclopedia of Comparative Law: Volume Ⅵ: Property and Trust: Chapter 2: Structural Variations in Property Law, J. C. B. Mohr(Paul Siebeck), Tuebingen, 1973, p.13.

的功能"①。此种变化表明,所有权已不再是罗马法中所称的绝对的不受限制的所有权,而是受限制的、相对的所有权。正如郑玉波先生所指出的:"私法关系之发展,系由'义务本位',进入'权利本位',而'权利本位'又由'个人本位',进入'社会本位',20世纪后社会本位之思想日渐抬头,最主要者系于所有权上见之。易言之,所有权之社会化乃一方兴未艾之现象。"②

二、物权类型的多元和增加

(一) 所有权类型的丰富

"所有权是用以适配一种经济需要而成立的法律制度,和其他各种法律制度一样必须随着经济需要的本身而演进。"③在当代物权法中,所有权的具体形态发生了一些变化。一方面,所有权期限分割的发展。所有权的期限分割,又称为有期产权,它是通过有期共享([西班牙语]tiempo compartido)的形式而产生的一种新的物权形式。④ 一些国家(如葡萄牙)已经通过立法承认所有权为有期物权,也有的称其为"度假寓所所有权"(Ferieneigentum)。欧盟在1994年曾发布一项关于时间分配式共有的指令。⑤ 由此可见,所有权在时间上可以进行分割,进一步促进了物的有效利用。另一方面,建筑物区分所有权的产生与发展。从传统孤立的个人所有权向团体性所有权发展,是所有权发展的另一个趋势。这尤其表现在建筑物区分所有权制度的产生上。建筑物区分所有权制度的产生伴随着工业化时代所带来的城市化进程的不断扩展和加深⑥,并获得了法律的普遍认可。⑦ 还要看到,所有权的客体也发生了一些变化。例如,企业对

---

① 〔苏〕E.A.弗莱西茨:《为垄断资本服务的资产阶级民法》,郭寿康、李群、李光谟译,中国人民大学出版社1956年版,第9页。
② 郑玉波:《民商法问题研究》(二),三民书局1991年版,第101页。
③ 〔法〕莱昂·狄骥:《〈拿破仑法典〉以来私法的普通变迁》,徐砥平译,中国政法大学出版社2003年版,第139页。
④ 参见徐国栋主编:《罗马法与现代民法》,中国法制出版社2000年版,第122页。
⑤ 参见〔德〕鲍尔、施蒂尔纳:《德国物权法》(上册),张双根译,法律出版社2004年版,第679页。
⑥ See C. G. van der Merwe, International Encyclopedia of Comparative Law: Volume VI: Property and Trust: Chapter 5: Apartment Ownership, J. C. B. Mohr(Paul Siebeck), Tuebingen, 1992, p. 4.
⑦ 《法国民法典》第664条,比利时1924年制定的《建筑物区分所有法》,葡萄牙在1955年、卢森堡在1975年均制定了相应的有关建筑物区分所有权的法律。

其集合财产产生所有权,并可以在集合财产之上设立担保物权。而在登记对抗主义模式之下,所有权在当事人和第三人之间会产生不同的效力。① 此种所有权的产生是所有权无期限原则的一种例外,也是现代社会因资源的相对稀缺而需要对资源进行更有效利用的产物。

(二) 用益物权的发展

用益物权制度的发展主要体现在如下两个方面:

一是空间用益物权的产生和发展。在现代社会,人口激增、经济快速发展以及城市化的日益加快,导致不可再生的土地资源越来越稀缺,人类对土地的利用逐步从平面转向立体,空间的利用与开发也就越来越重要。因此,地上和地下空间也就成为重要的财产,出现了空间权等制度。空间用益物权包括空间地上权、空间地役权、空间利用权等,这些都是新的财产形式。从用益物权的发展趋势来看,传统的地上权都设置在地面。为适应经济的发展和有效利用资源的需要,地上权的设定已经"立体化"和"区分化",存在于土地的上空或地下,以增进土地的利用价值。② 正如有学者所指出的,用益物权并非因此没有明天,由于其特有的性质和社会机能,不动产用益物权将随着不动产用益形态的精致化、立体化,而获得再生的机会。③

二是不动产之上可设立的用益物权的类型增加。随着社会的发展,为了有效率地利用资源,导致新的用益物权的产生。而且随着人们对财产的利用能力的增强,利用财产的方法增加,这些都导致新的用益物权的产生,只要这些用益物权相互之间不产生冲突和矛盾,都可以为法律所承认。④ 例如,在当代社会,地役权适应物尽其用的需要产生了所谓空间地役权、公共地役权等形态。从比较法上来看,各国和地区法律对地役权的种类并无限制,允许当事人通过约定地役权充分发挥不动产的利用价值,从而使地役权的发展保持了开放性,使其能够适应社会的不断发展,满足各种利用他人土地的社会需求。⑤

---

① Jacob H. Beekhuis et al., International Encyclopedia of Comparative Law: Volume Ⅵ: Property and Trust: Chapter 2: Structural Variations in Property Law, J. C. B. Mohr(Paul Siebeck), Tuebingen, 1973, p.11.
② 参见王泽鉴:《民法物权》(第二册),2001年自版,第21页。
③ 参见谢在全:《民法物权论》(中册),2003年自版,第52页。
④ 参见房绍坤:《用益物权基本问题研究》,北京大学出版社2006年版,第105页。
⑤ 参见刘乃忠:《现代地役权发展趋势》,载《中南财经政法大学学报》2002年第3期。

(三) 担保物权类型的发展

现代社会,随着交易实践的发展,担保物权的类型也在不断丰富和发展,具体而言:一方面,动产担保方式发生了重大变化。在动产之上,既有可能存在动产质权,也可能成立动产抵押,此外,在动产之上还可能设立所有权保留、融资租赁等融资方式。动产抵押和其他以动产作担保的形式越来越多,作用越来越突出。尤其是动产抵押方式的产生,既能够使动产所有权人继续利用动产,同时也能发挥动产的担保功能,保障动产使用价值和交换价值的实现。另一方面,担保类型越来越多,如浮动担保、电网收费权担保、高速公路收费权抵押、最高额抵押、财团抵押等。日本修改和制定了一系列新的特别法规,确立了抵押证券、让渡担保、所有权保留、债权让渡、抵销预约、代理受领、保险担保、担保信托等非传统担保形式。①《美国统一商法典》第九编"担保制度"确立并强化了权利质押。《魁北克民法典》也承认各种非移转占有的动产担保物权。《美洲国家组织动产担保交易示范法》确立了应收账款担保。此外,非典型担保形式不断发展。所谓非典型担保,是指在物权法等有关法律规定之外的担保形式。非典型担保主要是由法官通过判例创造出来的,非典型担保在类型上具有开放性,在相当程度上是对传统的物权法定原则的突破和缓和。在德国,非典型担保主要表现为让与担保,让与担保又主要分为所有权让与担保、债权让与担保与其他权利(主要是知识产权)让与担保三种。②这些非典型担保形态有利于实现物的价值,便利交易,促进融资。

三、物权法定主义的缓和

所谓物权法定主义(numerus clausus),是指哪些权利属于物权,哪些不是物权,要由物权法和其他法律规定。物权必须由法律设定,而不得由当事人随意创设。③ 物权法定原则是物权法奉行的一项基本原则,该原则在19世纪各国和地区制定民法典时即已获得共识。该原则不仅有利于维护财产秩序、促进交易,同时对物权法体系的建构也产生了重要影响。物权法定本身是有意义的,物权法定从效力上有助于通过物权的定型化

---

① 参见梁慧星:《日本现代担保法制及其对我国制定担保法的启示》,载梁慧星主编:《民商法论丛》(第三卷),法律出版社1995年版,第180页以下。
② 参见陈本寒:《担保物权法比较研究》,武汉大学出版社2003年版,第359页。
③ MüchKomm/Gaier, Einleitung des Sachenrechts, Rn. 11.

而降低交易成本。但是,物权法定可能带来过于僵化、严格限制当事人在设立物权方面的私法自治,不利于提高物的利用效率,使物权法不能很好地适应市场经济不断变化发展的需要。[1] 物权公示方法的发展,也在一定程度上对物权法定原则提出了新的挑战和要求。因为现在科技的发展导致登记成本和查询成本大幅度降低,尤其是网络登记和网络查询使得交易成本的降低不一定要通过物权法定而予以实现。从两大法系物权法的发展来看,物权法定原则在现代民法中出现了缓和的趋势。具体而言,物权法定主义的缓和主要体现在以下方面:

第一,适应社会经济发展的需要,物权类型的封闭列举逐渐被突破,法院在物权创设方面的作用越来越突出。例如,德国学者也承认,现代经济生活实际上已经要求对该原则予以多方面的突破,习惯法上认可让与担保、期待权等物权。[2] 因此,有德国学者甚至认为,实际上物权法定原则在动产物权上已经被废弃了。[3] 法国最高法院晚近以来的判例认为,基于法定物权而创设的某些新型的权利可以具有物权的性质和效力,尤其是基于役权、所有权或者用益权而创设的新的权利(如狩猎权、相邻不动产的标界),可能具有物权的性质和效力。[4]

第二,物权的内容出现缓和化的趋向。实行物权法定原则旨在限制当事人在创设物权以及确定物权内容等方面的自治,但一般不会限制市场主体的行为自由,而且由于该原则旨在维护交易安全和秩序,保护第三人的利益,最终是为了使交易当事人获得更为广泛的自由。正如一些法国学者指出,实际上问题并不在于当事人是否可以自由地创设法律所没有规定的物权,而在于对于当事人创设的新的权利的定性及其法律后果的认定。[5] 在物权的内容方面,一些国家和地区的法律为当事人留下了更大的意思自治空间,例如,地役权被许多学者称为"形式法定、内容意定"的物权。

---

[1] Hansmann/Kraakman 31 Journal of Legal Studies 373–420 (2002); Akkermans, The Principle of Numerus Clausus in European Property Law, Intersentia (2008).

[2] MüchKomm/Gaier, Einleitung des Sachenrechts, Rn. 11.

[3] Hans Josef Wieling, Sachenrecht, Springer, Band I, 2006, S. 25 f.

[4] Cass. civ. 3e, 22 juin 1976, Bull. civ. III, n 280; Cass. civ. 3e, 18 juin, 1984, Bull. civ. III, n 356; V. Philippe Malaurie, Laurent Aynès, Droit civil, Les biens. Defrénois, 2003, pp. 85–86.

[5] V. Philippe Malaurie, Laurent Aynès, Droit civil, Les biens. Defrénois, 2003, pp. 85–86.

第三，一些用益物权允许当事人约定其内容。例如，地役权在用益物权体系中越来越重要，地役权的内容允许当事人通过合同自由约定，登记之后具有对抗第三人的效力，从而突破了物权法定的严格性，在物权法中增加了当事人意思自治的空间。

第四，在担保物权领域，随着交易的发展，担保物权的类型层出不穷，出现了许多新的担保方式。因此，许多国家和地区通过在习惯中承认动产让与担保等方式，然后在立法中加以规定，这也是物权法定主义缓和的体现。

四、从所有到利用的发展

罗马法时代，所有权主要突出权利人对其财产的支配权，而并未凸显其利用的功能。这主要是因为，在罗马法中，因实行自然经济，生产规模相对较小，对物的使用效能相对低下，所有权权能常常集中于所有人手中，权能分离的现象并不十分复杂和普遍，对财产的利用方式也受到了限制。但在当代市场经济条件下，所有权权能分离现象越来越普遍，对财产的利用也日趋复杂和多元化。由于现代社会资源本身的稀缺性，人口与资源的压力日益突出，而资源的有限性与不断增长的人口之间的矛盾越来越突出。因此，各国和地区立法都十分注重对于资源最大效率的利用，这就必然要求所有权制度中充分贯彻物尽其用原则，要求权利人尽可能以最有效的方式利用有限的资源。① 因此所有权从注重抽象的支配逐步发展到注重具体的利用。物权的权利人支配其物，并不完全重视抽象的支配，而是更加注重通过对物的支配而获得一定的经济利益。当代物权法通过加强对物的利用权能（即使用和收益权能）的保护，以"利用"或"利用的必要性"来代替"支配性"，使物资利用权（用益权）优于所有权，同时"社会性的利用"优于"私人性的利用"②，借此充分鼓励和督促权利人对物的利用，以发挥物的效用，促进经济的发展。

从传统上来看，大陆法系受罗马法影响，更注重所有权的支配性，而在一定程度上忽视了对财产的利用；英美法系从实用主义的逻辑出发，更

---

① 孙中山亦曾主张实行"地尽其利"，"以增进财富，充裕民生"。参见刘得宽：《民法诸问题与新展望》，中国政法大学出版社2002年版，第64页。

② 参见林刚：《物权理论：从所有向利用的转变》，载司法部法学教育司编：《优秀法学论文选》，法律出版社1996年版，第215页。

加注重财产的利用,而并不注重所有权的支配。按照梅利曼的观点,英国土地法并非关于所有权和所有权人的权利义务关系,而是关于保有和租户的权利义务关系,单单所有权的概念并不管用。"保有看起来应该是比所有权更灵活的概念,因此,相较于以所有权为核心的财产体系,以保有为基点的财产体系中土地的制度化权益的种类数量更为庞大。简言之,所有权理论下,不允许自由创设(权益),而保有制度下却积极鼓励。"①但是,晚近以来,大陆法系的所有权制度也发生了很多变化,更加注重对财产的利用。为了充分发挥物的效用,很多新的法律制度开始出现。例如,建筑物区分所有权制度的产生,将权利人的权利进一步区分为专有权、共有权与共同管理权,这也使得土地和房屋所有权的利用更加精细化。与此同时,一些新的规则也充分体现了物尽其用理念。例如,添附后权利的归属应当考虑物的效用,在共有制度中承认共管协议的规则,也是为了更好地发挥共有物的经济效用。尤其应当看到,从所有到利用的发展趋势在所有权制度中体现得十分明显,具体表现在:

一是对所有权客体的利用方式越来越丰富,表明所有权的利用更有效率。一方面,从比较法来看,就动产的利用而言,可以设置用益权。就动产担保而言,传统上动产主要有质权和留置权,在当代动产之上可以设置所有权保留、融资租赁、让与担保、地产抵押、动产浮动抵押等多种担保方式。另一方面,就不动产的利用而言,在同一块土地之上可能形成多种利用权,例如,土地的开发、地上权、地役权、空间利用权、林木权等。就不动产担保而言,传统的担保方式是抵押,除此之外也有不动产质权、不动产典权,以及不动产收益权的质押(譬如,不动产租金、收费权等的质押)。当代物权法中越来越多的新物权形式不断涌现,成为权能分离的真实写照。

二是对所有权的多层次分割,强化了对财产的利用。在现代社会,为了充分发挥所有权的利用价值,可对所有权进行多种形式的分割。第一,表现为量的分割,譬如设置不同的所有权主体,以共有或区分所有的形态存在,尤其是建筑物区分所有权制度的发展,促进了对有限的土地资源的最大限度的利用。第二,表现为质的分割,譬如将所有权的各项权能授予不同的主体,或者允许不同的主体从各项权能中获得利益(如设置担保)。第三,这种分割还表现为时间上的分割,以分时共享的形式存在。

---

① 〔美〕约翰·亨利·梅利曼:《所有权与地产权》,赵萃萃译,载《比较法研究》2011年第3期。

三是"权利束"的出现。在对财产权的概念进行法律构建时,出现了权利束的观点。权利束是英美法中的概念,但在大陆法中也得到了借鉴。甚至有学者认为,权利束理论是当代财产理论中最具影响力的观点。① 依据财产权利束理论的观点,"财产是一束权利"(a bundle of rights),该理论将财产权比喻成一束棍子(sticks)或者线绳(strands),权利束中的每一支都代表了与财产有关的一个不同的权利。② 例如,土地开发权(development right)就是一个典型的"权利束",它包括在土地之上所享有的土地利用、空间利用、融资权等一系列权利。此类权利被作为复杂的、开放的集合体,能够适应未来财产权利发展的需要。

五、进一步强化对交易安全的维护

交易安全通常被区分为静的安全和动的安全,所谓静的安全,是指法律对主体已经享有的既定利益加以保护,使其免受他人任意侵夺;所谓动的安全,是指法律对主体取得利益的行为加以保护。③ 郑玉波先生认为,静的安全由物权法来保障,罗马法上有"余发见余物时,余即回收"(Ubi meam rem invenio ibi vindico)原则,又有"任何人不得以大于其自己所有之权利让与他人"(Nemo plus juris ad alium tansferre potest quam ipse habet)原则,均属于重保护静的安全思想之表现。④ 动的安全通过合同法予以实现。但当代物权法不仅强调静的安全,也日益强化对动的安全的维护。例如,《欧洲示范民法典草案》在确立该民法典草案基本价值时认为,物权编的一个重要宗旨是,采取更高效、更灵活的方式来实现其权利让与与财产转移、确保债务履行以及管理财产的各种权利,并维护交易的安全。⑤

物权法的许多制度设计都体现了维护交易安全的理念,这具体表现在:一是物权法定原则。物权法定原则将私人随意确认的物权变成由法

---

① Patrick C. McGinley, Bundled Rights and Reasonable Expectations: Applying the Lucas Categorical Taking Rule to Severed Mineral Property Interests, 11 Vt. J. Envtl L. 525(2010).

② J. E. Penner, The "Bundle of Rights" Picture of Property, 43 UCLA L. Rev. 711 (1996).

③ 参见郑玉波:《法的安全论》,载刁荣华主编:《现代民法基本问题》,汉林出版社1981年版,第1页。

④ 参见郑玉波:《法的安全论》,载刁荣华主编:《现代民法基本问题》,汉林出版社1981年版,第3页。

⑤ 参见欧洲民法典研究组、欧盟现行私法研究组编著:《欧洲示范民法典草案:欧洲私法的原则、定义和示范规则》,高圣平译,中国人民大学出版社2012年版,第51页。

律确定的物权,从而降低人们的权利识别成本和查询成本,这有利于维护交易安全,提高交易效率。二是公示公信原则。公示公信原则的目的在于维护法定公示方法的效力,也就是说,交易第三人基于对法定公示方法所公示的物权状态的合理信赖而进行交易,即便占有标的物的权利人或者登记的权利人并非真正的权利人,法律也承认并保护该交易,这就有利于降低当事人的交易风险,维护交易安全。三是公示制度的统一与公示方法的多样化。在登记制度方面,电子登记方式因成本低、查阅方便、适用范围广等特点而得到广泛采用。联合国国际贸易法委员会于 2010 年发布了《动产担保交易立法指南》、2013 年出台了《动产担保权登记实施指南》、2016 年发布了《动产担保交易示范法》、2016 年出台了《动产担保交易示范法颁布指南》。在这些示范法和指南中,均明确承认在动产上可以设立非移转占有型担保权(即动产抵押权),并明确要求扩大动产抵押的标的范围,简化动产抵押权的设定程序,建立统一的、电子化的动产担保登记制度,从而对各国和地区动产抵押制度的建立和完善提供了有效的指引。公示制度的统一与完善有利于降低当事人查询标的物权属状态的成本,而且借助公示制度,可以对当事人通过交易而获得的物权进行有效的公示,从而减少物权被侵害的风险,维护交易安全。四是对善意取得制度的广泛认可。在出卖人无权处分的情形下,如果不考虑买受人是否善意,而一概对标的物权利人予以保护,可能会影响交易安全和交易效率,买受人在交易时可能需要花费大量的成本用于查询标的物的权属状态,否则可能难以受到法律保护。因此,为了保护交易安全,两大法系国家和地区普遍承认了善意取得制度。也就是说,在出卖人无权处分的情形下,只要买受人是善意的,其就可以取得标的物的权利,这不仅有利于保护买受人的利益,而且可以维护交易安全,维护后续交易安全和稳定性。五是担保物权制度。市场经济是信用经济,担保制度对于市场经济的发展具有重要作用。债权的顺利实现是交易安全的当然要求,而担保物权的主要功能即在于担保债权的实现。一方面,担保物权可以在债权人个人信用之外,为债权的实现提供更多的担保;另一方面,相对于普通债权,担保物权具有优先受偿的效力,更能保障债权的实现。

六、动产的重要性日益凸显

在近代民法中,动产与不动产的二元对立格局源于《法国民法典》。

在19世纪,物权法以调整不动产法律关系为主,因为在当时的社会生活中,不动产的价值更大、地位更高。传统的物权法规则主要是不动产法,物权法的许多规则也基本上是从不动产发展出来的(如物权变动规则等)。然而,到了近代社会,动产的重要性逐渐凸显出来,在法律上也获得了越来越重要的地位。在现代社会,物权法仅仅以不动产为核心来确立其体系已经越来越不符合社会发展的需要了。

首先,随着现代科学技术的发展,动产的价值在现代社会越来越大,无论是在交换价值还是使用价值上,动产都具有越来越重要的地位。例如,汽车、航空器、船舶等动产的价值可能远远超过了许多不动产。尤其是现代社会已经进入了所谓的"消费社会",动产的形态不断丰富,价值不断上升,成为社会经济中的一个显著的现象。动产与不动产在价值上的差异逐渐消失,是财产发展的一种趋势。① 一方面,科学技术手段的飞跃发展,大量新型的动产财富被创造出来;另一方面,"消费社会"中对于休闲产品(如赛马、赛车、游艇等)、艺术收藏品的需求,处于持久增长的态势。因此,完全以不动产为中心构建物权法体系是不适应社会发展需求的。正如德国学者霍恩教授在评价《德国民法典》第823条第1款规定的保护范围时写到的,"《德国民法典》第三编所规定的物之所有权以及动产、不动产之上的特别权利,构成了财产秩序的核心";"按当时的一般观念,财产首先应是物之所有权(并以侵权法对其加以保护)";"大量的非以物权形式存在的资产,如股票或者其他公司股份,当时很少引起民法典立法者的注意"。② 但现在,诸如股票、证券等财产的重要性日益凸显,劳森认为:"如果合同所创设的权利可以转让,法律就将其作为一种财产来对待。其实,在英国法中就将其称为'物',虽然它使用的是古老的法语'诉体物'(chose in action)这一术语。"③

其次,现代社会中动产与不动产的区分在很大程度上越来越模糊。一些所谓的"第三类"财产的出现,使得传统的二分格局显得越来越尴尬和不合时宜。譬如,对于某些形态的集合财产,它是动产、不动产甚至还包括无形财产的总括和集合,显然很难将它硬性地归入动产或者不动产之中。还有,随着所谓财富的"非物质化""去物质化",纯粹以价值形态而存在的无

---

① 参见尹田:《法国物权法》,法律出版社1998年版,第80页。
② 〔德〕诺伯特·霍恩:《百年民法典》,申卫星译,载《中外法学》2001年第1期。
③ 〔英〕劳森、拉登:《财产法》(第二版),施天涛等译,中国大百科全书出版社1998年版,第3—4页。

形财产大量出现,也很难简单地将它们归入传统的动产和不动产之中。①

最后,动产和不动产所适用的法律规则出现了交错,传统上适用于某一类财产的规则如今也越来越多地适用于另一类财产。例如,抵押在最初只能适用于不动产,而动产采用质押的方式,这就是所谓"动产质押——不动产抵押"的二分法模式,但现代物权法中抵押制度也越来越多地适用于动产;传统上登记只是不动产权属变动规则,现在特殊的动产也适用登记规则。又如,善意取得制度最初是以动产为中心而建立的,而随着登记功能的变迁和登记模式的发展,不动产善意取得也成为可能,我国《物权法》就确立了不动产善意取得制度。由此可知,物权法如果仍然仅仅以不动产为中心来建立体系和确定法律规则的话,将与现实社会发生脱节,不符合社会发展的需要。

应当看到,从物权法的发展趋势来看,动产和不动产的规则呈现出相互渗透甚至相互转化的状况。因为一方面,随着不动产证券化趋势的发展,不动产具有动产化的趋向。物权的证券化有利于充分实现不动产的交换价值,也为权利人开辟了新的融资渠道。另一方面,某些动产(如船舶、航空器等)也要在法律上采取登记制度,从而与不动产的规则趋同。还要看到,在担保物权中,不动产抵押和动产抵押基本上采用相同的规则。正是由于这一原因,一些学者认为应当使动产和不动产规则统一化。可见,当代物权法越来越注重对动产的归属和利用的调整,不宜完全以不动产为中心构建物权法体系。

七、物权客体出现扩张趋势

大陆法系国家和地区民法效仿罗马法,将物权的客体主要限于有体物。所以《法国民法典》中所有权的概念是对有形物的权利。《德国民法典》第903条关于所有权的概念仅涉及物,而且在第90条中规定,物仅包括有体物。但《瑞士民法典》第655条已经对物的概念有所突破,将某些权利也纳入所有权的客体范围。② 然而,大陆法系国家和地区民法将所有

---

① 关于"新财产",详见徐国栋:《现代的新财产分类及其启示》,载《广西大学学报(哲学社会科学版)》2005年第6期。

② Jacob H. Beekhuis et al., International Encyclopedia of Comparative Law: Volume Ⅵ: Property and Trust: Chapter 2: Structural Variations in Property Law, J. C. B. Mohr(Paul Siebeck), Tuebingen, 1973, p. 5.

权限制在有体物上,却忽视了无体物。

随着社会的发展和人类生产力和创造力的提高,一些新型财产形式不断产生。由于这些新的财产类型的出现,物权客体的范围也相应扩张,这就需要物权法不断扩大其适用范围,确认和保护一些新型的财产形式。具体来说,物权客体的扩张主要表现在如下几个方面:

第一,有价证券的产生与发展。在农业社会中,土地和其他不动产在经济生活中居于最重要的地位,随着商品经济的发展,动产逐渐显得重要。如果说在1804年《法国民法典》中,财产的客体主要是土地、房屋等,那么在1900年《德国民法典》中,财产的重要客体是有价证券,有价证券被视为新的动产。有价证券形式上是债权,实质上是所有权。特别是对无记名证券来说,谁依法占有无记名证券,谁就成为该证券所记载的财产的所有人。有价证券的出现改变了财产的概念,它使财产易于保管、隐藏、使用和转让,极大地促进了市场经济的发展。正如英国学者詹克斯所言:"由于工业的逐渐发展和商业活动的更大发展,终于创造了另外一种和最初的形态完全不同的动产;这种动产的价值并不取决于它的自然性质,而是取决于它的法律性质。如果把一张一百生丁的票据看作一个自然界中的对象,那么它可能值不了什么;如果把它看作某个有钱人的付款保证,那么它就可能值一百法郎。债券、股票、保险证券以及其他许多系争财产和作为债务要求权对象的财产,都和上述情况一样。"[1]

第二,集合财产的产生。日本著名民法学家我妻荣认为,所有权制度变化的一个重要特点表现在物权关系和客体的结合。例如,不动产与附随不动产的权利成为一体,集合物作为单一的物权客体;一个企业的许多物的权利关系和事实关系结合而成为企业的财产,并作为一个物权的客体来看待。[2] 权利和物结合共同构成法律上的集合物并成为所有权的客体和某项交易的对象,表明交易的对象日益丰富以及对物的利用效率在不断提高。在现代社会,为了促进物尽其用,充分发挥担保物的价值,集合财产作为担保物的现象越来越普遍,尤其是以企业整体财产作担保越来越普遍。因为一方面,以企业整体财产作担保,可以把企业的品牌、信用等无形财产计算到担保财产之中。另一方面,以企业整体财产作担保,就可以将企业财产拍卖,而整体财产拍卖一定比单个财产出售更有价值。

---

[1] 〔英〕詹克斯:《英国法》,转引自〔苏〕E. A. 弗莱西茨:《为垄断资本服务的资产阶级民法》,郭寿康、李群、李光谟译,中国人民大学出版社1956年版,第16—17页。

[2] 参见〔日〕我妻荣:《物权法》,岩波书店1995年版,第2页。

整体财产出售,还可以导致整体财产的接管,受让人在买受时,可以对企业进行整治,从而使企业起死回生。但是,如果将企业财产分拆拍卖,将会导致企业的消灭。由此可见,集合财产担保是很有效率的。正是因为越来越多的集合财产作为担保物,从而使物权客体的范围有所扩张。正如日本学者川岛武宜所指出的:"使近代法中的集合物成立的时机,是该组成物之间的交换价值的关联,集合物的近代性格正是存在于这一点上。"[1]在大陆法系国家和地区,企业所有权的概念得到了普遍的承认。除了特殊的动产和不动产所有权,大陆法系也承认对因其各个组成部分具有一个共同的目的而被视为一个整体的复合物,在交易中企业作为一个整体可以成为交易的标的物。[2]

第三,一些公法意义上的财产和无形财产也越来越多地成为物权的客体。例如,政府补贴、福利资助、特许权、营业许可、许可证、排污权、收费权、航道经营权等。[3] 同时,随着知识经济的发展,网络时代的到来,计算机软件、网络虚拟财产等也可以成为重要的财产。由于市场经济的发展和经济全球化的加速,促使资源在更大范围内的有效流动从而能够对资源实现更为有效的利用,相应地出现了一些新型的无形财产形式。例如,知识产权、商业秘密、商号、商誉、计算机软件、空间权、特许经营权以及客户信息、经营网络等都成为社会中重要的无形财产。这些无形财产的价值日益凸显,利用方式也越来越多样化。例如,商标、收费权等,可以成为质押的对象。

第四,各种资源也大量成为物权的客体。比如,无线电频谱资源、海域使用权等。我国物权法就在建设用地使用权中规定了空间权,并将"海域""无线电频谱"纳入物的概念之中,这对于有效利用空间等资源具有重要意义。

八、物权法强化了对自然资源的调整

所谓自然资源,按照1992年联合国开发署的定义,是指"在一定时

---

[1] 〔日〕川岛武宜:《所有权法的理论》,岩波书店1987年版,第170页。
[2] Jacob H. Beekhuis et al., International Encyclopedia of Comparative Law: Volume VI: Property and Trust: Chapter 2: Structural Variations in Property Law, J. C. B. Mohr(Paul Siebeck), Tuebingen, 1973, pp. 10–11.
[3] 参见宁红丽:《私法中"物"的概念的扩张》,载《北方法学》2007年第3期。

间和条件下,能够产生经济价值以提高人类当前和未来福利的自然环境因素的总称"①。传统的物权法通常并不调整自然资源,自然资源的归属和利用是由公法和特别法调整的。但在现代社会,不仅各种传统的自然资源,如土地、水资源、石油、矿产等因日益稀缺而凸显出其更大的战略意义,而且随着科学技术手段的提高,人们的活动范围不断扩大,更多的自然资源受到物权法的调整。因而物权法必须对这些自然资源的归属与合理利用加以调整。② 物权法强化对自然资源的调整,主要表现在:一方面,扩大了用益物权的客体范围,海域使用权、探矿权、采矿权等被纳入物权法调整范畴,这也符合国际范围内物权法的发展趋势。③ 另一方面,从调整方式上看,除了直接确认自然资源的归属,还通过对财产权利行使的限制来对自然资源进行规制。尤其是在西方发达国家,因越来越强调对环境和生态的保护,从而对自然资源的利用设定一些新的限制,这尤其体现在与国计民生有重大关系的领域。例如,土地利用必须符合环境保护的要求,禁止闲置或者抛荒某些土地;对于某些私人房屋或者建筑,如果其构成国家文化遗产,则对其的利用和处分将受到某些公法规范的限制。④

如前所述,传统大陆法系民法并不调整因自然资源所产生的民事关系。但现代物权法越来越注重对各类自然资源归属和利用的调整,且自然资源的范围日益宽泛。例如,自然资源不仅包括土地、矿藏等,还包括遗传资源、生物资源等。我国《物权法》也适应强化资源与环境保护的发展趋势,对自然资源的保护作出了规定。在我国,绝大部分自然资源都属于国家所有。但在对自然资源的利用过程中,出现了很多乱挖滥采、对自然资源进行破坏性利用的情况,如何在维护人与自然的和谐、保护生态环境的前提下,有效率地利用自然资源,显得十分重要。此外,未来我国要走新型工业化的道路,经济的发展要从粗放型转向集约型,对自然资源的合理有效的利用更加需要采取法律的方式加以调整,因此《物权法》中需要规定对自然资源实行有偿利用原则,并确立合理的利用制度。在现代社会,由于人口激增、经济快速发展以及日益加快的城市化,导致不可再

---

① 蔡运龙编著:《自然资源学原理》,科学出版社2000年版,第39页。
② 例如,有的国家规定基于公共利益,可以利用私人所有的土地的地下一定深度的空间;某些国家甚至规定,土地所有权地下若干米之下的空间归国家所有。
③ 参见《法国民法典》第598条、《意大利民法典》第987条。
④ 参见石佳友:《物权法中环境保护之考量》,载《法学》2008年第3期。

生的土地资源越来越稀缺,这就决定了人类对土地的利用需要逐步从平面利用向立体利用发展,因而《物权法》必须对这些自然资源的归属与合理利用加以调整。例如,有的国家出于公共利益的考量,规定地下一定深度的空间应当由国家利用。

九、担保物权设定和实现更加便利灵活

基于担保物权在担保债权的实现、保障金融安全、促进商品流通和资金融通等方面的重要功能,各国和地区法律都十分重视担保物权制度的构建。从发展趋势来看,担保物权朝着逐步扩大担保物、担保标的的范围、降低担保设立费用、提高担保物的利用效率、减少担保物的执行成本等方向发展。担保的方式更为灵活便捷,具体来说:

第一,担保财产的范围更加宽泛。联合国国际贸易法委员会于2010年发布了《动产担保交易立法指南》、2016年发布了《动产担保交易示范法》,其中规定要扩大担保物的范围,在所有种类的财产上均能设定担保权,充分利用各类财产的交换价值。各国和地区有关担保的法律也普遍完善,其中一个重要的趋势就是不断扩大担保财产的范围。这不仅有利于保障债权的实现,同时也有利于充分利用物的交换价值,增进物尽其用。

第二,在担保的设定上,更加简便、灵活,以降低融资成本。例如,许多国家和地区对担保物权的设定采用登记对抗模式,担保物权从达成协议之日起便产生物权设定的效力。尤其是借助于互联网的担保方式,不再以固定的形式要件为必要。例如,在互联网金融领域,相较于既有的担保方式,担保设立和公示的成本较低,审核的成本也较低,更有利于降低当事人的融资成本。

第三,公示方式的多样化。在担保领域出现了多种公示方法,这也是担保制度发展的另一个趋势。例如,奥地利1920年制定了关于动产担保的特别法,为了对当事人之间的关系予以明确并向第三人公示,实行"编制目录"(das Verzeichnis)及"编制表格"(die Liste)两种登记制度。[1] 日本以及我国台湾地区创设了粘贴标签、打刻标记等公示方法,美国、加拿大和受其影响的许多国家和地区采用的则是更为适合现代社会发展需要

---

[1] Koch, Warenkredit, S. 121ff. 转引自〔日〕我妻荣:《债权在近代法中的优越地位》,王书江、张雷译,中国大百科全书出版社1999年版,第96页。

的、通过互联网进行的电子登记制度。有关的示范法也要求,动产担保权应以有效的方法低成本地予以公示。对移转占有型担保而言,占有事实本身即足以公示,对非移转占有型担保而言,应采取其他方法(如登记或通知)以使第三人知悉担保权的存在。多数示范法建议采取统一电子登记的形式公示担保权;由于电子登记方式具有成本低、查阅方便、适用范围广等优点,因此电子登记方式已经在实践中得以广泛运用并且运行良好。①

第四,制定有效、迅速的担保物权实现程序。现代担保物权制度发展的一个趋势就是简化担保物权的实现程序,降低担保物权的实现成本。根据《物权法》第 195 条的规定,抵押权的实现应当以双方协议以折价、拍卖或变卖等方式进行,抵押权人有权就价款优先受偿。当事人可以就抵押权的实现达成协议,在协议未能履行的情况下,抵押权人可以不再要求法院审理主合同,而直接就该协议依据非诉讼程序作出裁定,进而依据此裁定强制执行。依据《物权法》第 195 条第 2 款的规定,在当事人就抵押权的实现方式没有达成协议的情况下,抵押权人可以直接请求法院拍卖或变卖抵押财产。②

结　语

探讨物权在当代的发展,可以从中把握物权法的发展规律和趋势。一方面,法律应当与市场经济的发展紧密结合在一起,当财产和财富在市场经济中呈现出如此多样化的形态时,法律也应当随之进步革新。另一方面,立法必须为市场经济的发展提供必要的指引和服务,当物权的形态和利用方式表现出多元化的趋势时,我国立法也必须随之进行修改完善,为物权的高效、多层次利用提供必要的制度保障。此外,在现代社会资源稀缺的情况下,所有权的利用还必须注重对环境的保护,实现人和自然的和谐共处,实现社会的可持续发展。总之,把握物权法的发展趋势,才能使我国物权立法不断与时俱进,彰显时代精神和时代特征。

---

①　参见高圣平:《交易安全与交易效率视角下的动产抵押登记制度》,载高圣平:《担保法前沿问题与判解研究》(第二卷),人民法院出版社 2019 年版,第 198—201 页。

②　参见王君、郭林将:《论担保物权的完善——以〈物权法〉为视角》,载《新学术》2007年第 3 期。

我国民法典物权编的修改与完善[*]

前言：民法典物权编应当坚持"小修小补"模式

在《民法总则》颁行后，民法典分则各编的编纂工作也提上了重要议事日程。毫无疑问，民法典物权编应当以2007年3月16日通过的《物权法》为基础而编纂，但究竟应当对现行《物权法》进行小修小改，还是大修大改，仍然众说纷纭。笔者认为，应当看到，《物权法》颁布十余年以后，我国社会经济生活确实出现了许多新情况、新问题，需要未来民法典予以应对，但从《物权法》施行十余年的情况来看，其所确立的基本制度、基本规则被证明是科学的、正确的，是符合我国国情的，因此，民法典物权编并不需要对《物权法》进行脱胎换骨式的修改，而应该在保持《物权法》的基本制度与基本规则不变的情况下，以问题为导向，进行必要的、适当的修改。从这个意义上说，我国民法典物权编的编纂应当采取"小修小补"的模式，主要理由在于：

首先，我国《物权法》以宪法为依据，确认了以公有制为主体、多种所有制共同发展的基本经济制度，规定了我国实行社会主义市场经济的基本原则。在公有制基础上实行市场经济，可以说是人类历史上从未经历过的、前所未有的伟大社会实践。《物权法》在坚持公有制的前提下，规定了建设用地使用权制度，实现了土地使用权的有效流转，最终实现了市场对土地等重要生产资料的优化配置。从《物权法》实施十余年来的情况来看，该法已经做到了将土地公有制与市场经济的科学、有机的结合，并有力地促进了我国市场经济的繁荣和社会财富的增长。

其次，《物权法》在规定国家、集体、私人所有权的基础上，确立了平等保护原则。平等保护原则要求各类市场主体平等地享有并行使财产权，在其权利遭受侵害的情况下，也应当适用相同的救济规则，这也是市场经

---

[*] 原载《清华法学》2018年第2期。

济的内在要求。①《物权法》确认平等保护原则,有利于维护市场主体的平等地位和基本财产权利,并为市场经济提供基本的产权制度框架,也为促进社会财富的创造提供了有效的激励机制。平等保护原则是社会主义初级阶段"两个毫不动摇"原则的具体体现②,它既为市场主体平等发展创造了条件,也为市场经济的繁荣和经济的增长提供了动力与源泉。

最后,《物权法》的基本体系与结构是科学合理的。《物权法》的体系包括总则、所有权、用益物权、担保物权、占有等部分,这是在借鉴比较法的科学经验并立足于我国国情的基础上形成的科学体系,具有内在的逻辑一致性,是经过实践检验的成功的立法经验。因此,我国民法典物权编的编纂应当维持现行《物权法》的基本体系结构。尤其是我国《物权法》所规定的用益物权制度也是完全符合我国现有国情的,实现了与当前农业经营体制的契合。目前,我国仍然是城乡二元体制,而以"统分结合"为基础的家庭承包经营体制作为农业的基本经营制度长期不会改变。保护耕地、维护粮食安全也是我国的基本国策,对土地用途进行管制是土地管理的最主要的方法。立足于这一国情,用益物权制度的改革就是要改变与目前生产力水平不契合的地方,而非进行重大变革。是否打破城乡二元结构、允许农村土地进入土地一级市场、宅基地能否自由转让,都是亟待解决的现实问题。尽管现行《物权法》在这些问题上仍然作了较多的限制,但也为未来的改革预留了一定的空间。这主要是考虑到我国目前土地制度改革仍然处于探索阶段,尚未定型,立法在规定基本制度问题时应当预留一定的发展空间。

总之,《物权法》颁行十余年来的实践证明,该法基本适应了现阶段我国市场经济发展的现实需要,其基本规则具有可操作性,基本满足了司法实践的需求,某些规则存在的缺陷也已经通过相应的司法解释得到了细化、补充和完善。因此,在我国民法典物权编编纂中,并不需要对《物权法》进行"大手术"式的改造,更不能推倒重来,而应当采取"小修小补"的修订模式,即凡是《物权法》的成功立法经验,都应当予以保留,在民法典中予以吸收和借鉴,但要以问题为导向,对于不足和欠缺之处,有必要进行相应的修改和完善。

---

① 参见本书《平等保护原则:中国物权法的鲜明特色》一文。
② "两个毫不动摇"是党的十六大报告提出的,它是指"毫不动摇巩固和发展公有制经济"和"毫不动摇鼓励、支持、引导非公有制经济的发展"。

一、物权编总则的完善

在编纂我国民法典物权编时,对于物权编总则部分,应当在《物权法》总则部分的基础上,进行如下修改和完善。

(一)动产交付规则的修改

《物权法》第26条对指示交付作出了规定,即"负有交付义务的人可以通过转让请求第三人返还原物的权利代替交付",但在指示交付的情形下,物权何时发生变动?究竟是在交付义务人与受让人之间达成指示交付协议时发生物权变动,抑或在受让人取得标的物占有时发生物权变动?该条并没有作出规定。指示交付情形下物权的变动不仅关系到相关财产所有权的变动时间,也关系到善意取得等制度的准确适用,因此,有必要予以明确。《物权法司法解释(一)》第18条对该问题作出了规定①,物权编有必要吸收这一规则,即明确在交付义务人与受让人之间达成指示交付协议时,物权发生变动。同时,依据《物权法》第26条的规定,指示交付的前提是"第三人依法占有"动产,这里强调"依法"就使得指示交付的适用受到限制(如第三人因侵权行为而占有动产就无法适用),因此,"依法"的要求显然是不必要的②,物权编也需要对该规则进行必要的调整。

(二)明确特殊动产物权变动中登记与交付的效力

公示原则是我国《物权法》确立的一项基本原则,它适用于各种类型的基于法律行为发生的物权变动。依据公示原则,动产物权变动以交付为公示方法,而不动产物权变动以登记为公示方法,理论界与实务界对此均无异议。然而需要讨论的是,针对船舶、航空器和机动车等特殊动产的物权变动,现行《物权法》第24条规定的是所谓登记对抗要件主义,即依据该条规定,"船舶、航空器和机动车等物权的设立、变更、转让和消灭,未经登记,不得对抗善意第三人"。由于该条并没有提及特殊动产交付的效力问题,更没有明确规定登记与交付之间效力冲突的解决规则,因此在理

---

① 《物权法司法解释(一)》第18条第2款规定:"……当事人以物权法第二十六条规定的方式交付动产的,转让人与受让人之间有关转让返还原物请求权的协议生效时为动产交付之时。"

② 参见崔建远:《民法分则物权编立法研究》,载《中国法学》2017年第2期。

论和实务中产生了不同的观点。①《买卖合同司法解释》第 10 条试图为解决此类纠纷设定统一标准,进而确立了交付优先于登记的规则。但是,由于交付优先于登记的规则与《物权法》的相关规定发生诸多矛盾,反而引发了更多质疑和争议。此外,由于登记对抗模式会内生地产生登记与交付这两种公示方法的冲突,并引发特殊动产一物数卖时的各种纠纷,所以,解决特殊动产物权变动公示方法的冲突应当成为我国民法典物权编需要考虑的一个重要问题。对此,笔者认为,登记和交付均为特殊动产物权变动的公示方法,特殊动产既可以将登记作为物权变动的公示方法,也可以将交付作为其公示方法。② 同时,登记对抗模式的立法本意仍然是鼓励登记,因为交易相对人为了取得具有对抗第三人效力的所有权,必须进行登记。如果当事人没有办理登记,虽然也可以因交付而发生物权变动,但其取得的物权的效力会受到影响,新的物权人需要承担不能对抗善意第三人的风险。因此,法律虽然不强制当事人必须办理登记,但当事人如果选择办理登记,其所取得的物权就应当受到更强的法律保护,登记可以成为确权的重要依据。当然,如果登记权利人是恶意的,其不能依据登记取得物权。例如,如果登记权利人在办理登记之前,就已经知道该财产已经转让,且已经交付并为受让人占有,则其不得主张优先取得物权。因此,笔者建议对《物权法》第 24 条作出适当修改,承认登记和公示都可以成为公示方法,并明确登记的公示效力在一般情形下优先于交付的规则。

(三) 协调物权保护制度中物权请求权与侵权损害赔偿请求权的关系

我国《物权法》采取了物权请求权与侵权损害赔偿请求权相结合、对物权进行全方位保护的模式,这种做法符合我国司法实践需要,也有利于更好地保护物权。因为在侵害物权的情形下,此种物权保护模式如同递交"菜单"一样,可以使权利人非常清楚地了解其所享有的各种救济途径。

---

① 参见冉克平:《论机动车等特殊动产物权的变动——兼析法释〔2012〕8 号第 10 条的得与失》,载《法学评论》2015 年第 4 期;陈永强:《特殊动产多重买卖解释要素体系之再构成——以法释〔2012〕8 号第 10 条为中心》,载《法学》2016 年第 1 期;周江洪:《特殊动产多重买卖之法理——〈买卖合同司法解释〉第 10 条评析》,载《苏州大学学报(哲学社会科学版)》2013 年第 4 期;景光强:《特殊动产物权变动解释论——重新审视〈物权法〉第 24 条》,载《法律适用》2016 年第 6 期。

② 参见本书《论特殊动产物权变动的公示方法》一文。

但如果不严格区分物权请求权和侵权损害赔偿请求权,则此种模式也存在一定的弊端。例如,《物权法》第37条规定:"侵害物权,造成权利人损害的,权利人可以请求损害赔偿,也可以请求承担其他民事责任。"该规定似乎表明,损害赔偿制度是物权独有的保护方法,这就可能导致实践中的混乱。关于物权请求权与侵权损害赔偿请求权的关系,学界存在较大争议。① 事实上,物权请求权和侵权损害赔偿请求权存在以下明显的差异:一是是否以过错为构成要件。物权请求权旨在维护权利人对物的圆满支配状态,其成立并不要求行为人具有过错;而侵权损害赔偿请求权的成立则一般需要行为人具有过错。二是权利人是否需要证明存在损害不同。权利人在主张物权请求权时,其仅需要证明其对物的圆满支配状态受到了不当影响即可,不需要证明自身遭受了损害;而在权利人主张侵权损害赔偿请求权时,其一般需要证明自身遭受了损害。三是是否适用诉讼时效不同。物权请求权一般不适用诉讼时效;而侵权损害赔偿请求权则需要适用诉讼时效。物权法上独有的保护方法限于物权请求权,因此,有关恢复原状和损害赔偿的规则,应当由侵权法调整,在民法典物权编规定相应的引致条款即可。例如,民法典物权编中可以规定,因侵害物权造成他人损害,需要恢复原状或赔偿损失,应当适用本法侵权责任编的相关规定。

二、所有权制度的修改与完善

我国《物权法》采用所有权多元化的模式,分别确认了国家、集体和私人所有权,这一制度完全符合中国国情,符合《宪法》的规定,但经过十余年的适用,《物权法》所规定的所有权制度仍然有必要完善。具体而言,在民法典物权编应当对如下制度加以修改完善。

(一)所有权取得方法的丰富和完善

我国《物权法》第7条确认了物权的取得和行使应当合法的原则。然而,在所有权的取得方式方面,《物权法》只是规定了征收、善意取得、遗失物所有权的取得、漂流物和埋藏物所有权的取得、合法建造等几种方式。笔者认为,就所有权的取得方法,尚有以下重要的制度应当加以明确规定。

---

① 参见魏振瀛:《论返还原物责任请求权——兼与所有物返还请求权比较研究》,载《中外法学》2011年第6期;崔建远:《侵权责任法应与物权法相衔接》,载《中国法学》2009年第1期。

(1)添附制度。所谓添附,是指不同所有人的物结合在一起而形成不可分离的物或具有新物性质的物。① 自罗马法以来,添附就是公认的所有权取得方法,其立法理由在于:两个以上的物合并为一体,若要使其分离,必然要毁损或减少物的价值,支付不必要的费用;更何况,在添附的情况下,要恢复原状往往在事实上已不可能。因此,从增进财富、充分发挥物的效用的原则出发,须承认添附可以取得所有权。从我国司法实践来看,因添附引发的纠纷较多,特别是在房屋租赁情形下,承租人常常因装修问题而与出租人发生纠纷。因此,《民通意见》第86条曾对添附作出规定②,这也是目前我国现行法中关于添附的主要规定。但该意见强调关于添附的规则是任意性规范,在没有约定的情况下,如何确定添附物的归属,该解释仍有需要完善之处。我国民法典物权编有必要规定,在当事人就添附发生争议的情形下,有约定的依据约定;没有约定的,应当根据效率原则,从有利于发挥物的经济效用以及保护善意当事人的角度,确定添附物的物权归属。

(2)先占制度。所谓先占,是指以所有的意思,先于他人而占有某项无主的动产,并依法取得所有权。③ 先占是一项古老的财产取得方法,在古代法律中,由于财产常常没有确定归属,所以先占成为取得所有权的主要方法。著名法学家梅因在《古代法》一书中曾指出,"先占"(Occupatio)是古罗马《法学阶梯》中"取得所有权的自然方式"中的一种。④ 然而,我国《物权法》却没有规定先占制度,这主要是考虑到,如果承认该制度,可能导致国有财产的流失和生态环境的破坏。笔者认为,《物权法》制定时没有规定先占制度,固然有其相应的考虑,但必须看到的是,在社会生活和司法实践中,确实存在一些无主物需要确定归属,这就有必要承认先占可以成为所有权的取得方式。例如,如果没有先占制度,那么人们捡拾垃圾而实现废物利用时,该物的所有权究竟归谁?⑤ 对于人们抛弃的动产,他人能否取得所有权? 因此,在我国民法典物权编规定先占规则,有利于

---

① 参见谢在全:《民法物权论(上册)》(修订二版),三民书局2003年版,第505页。
② 《民通意见》第86条对添附作出以下规定:"非产权人在使用他人的财产上增添附属物,财产所有人同意增添,并就财产返还时附属物如何处理有约定的,按约定办理;没有约定又协商不成,能够拆除的,可以责令拆除;不能拆除的,也可以折价归财产所有人,造成财产所有人损失的,应当负赔偿责任。"
③ 参见史尚宽:《物权法论》,中国政法大学出版社2000年版,第123—124页。
④ 参见〔英〕梅因:《古代法》,沈景一译,商务印书馆1997年版,第139—140页。
⑤ 参见崔建远:《民法分则物权编立法研究》,载《中国法学》2017年第2期。

解决无主财产的所有权归属,维护财产秩序。当然,为了保护国有资产和公共利益,可以设置除外条款,即国有资产以及重要的自然资源不适用先占制度①,从而保护国有财产和公共利益。

(3)取得时效制度。严格地说,诉讼时效和取得时效是两个相对应的制度。在诉讼时效届满以后,义务人仅享有抗辩权。如果所有物返还请求权适用诉讼时效,且诉讼时效已经届满,则义务人可以享有抗辩权,但义务人并不能因此取得相关财产的所有权,而有关所有权的归属如果不能解决,就不利于维持相关的财产秩序,也会影响物的经济效用的发挥。②从比较法上来看,取得时效和诉讼时效是各国普遍承认的,二者是相互对应、相辅相成的制度,都是时效制度的重要组成部分。尤其是,取得时效也是所有权取得的重要方法。诉讼时效届满后,如果义务人提出抗辩,则其并不负有返还义务,但义务人也不能取得该动产的物权,该动产的物权仍归属原权利人,只是在权利人主张权利时占有人享有抗辩权而已。《民法总则》第196条规定:"下列请求权不适用诉讼时效的规定:(一)请求停止侵害、排除妨碍、消除危险;(二)不动产物权和登记的动产物权的权利人请求返还财产;(三)请求支付抚养费、赡养费或者扶养费;(四)依法不适用诉讼时效的其他请求权。"从该条规定来看,对于未登记的动产物权而言,似乎可以适用诉讼时效,这就会产生一个问题,即在诉讼时效经过后,如果义务人提出时效抗辩,则其将无须返还该动产,但由于我国并未规定取得时效制度,义务人又无法取得该动产的物权,就会使相关的财产秩序长期处于不确定的状态。因此,《民法总则》的上述规定实际提出了相关的财产保护问题,需要取得时效制度加以解决。

(二) 对集体经济组织成员权制度作出具体规定

《物权法》第59条确定了集体财产归集体经济组织成员集体所有的规则,从而第一次明确了成员权的概念,该规定也为未来我国集体经济组织的发展与完善提出了新的路径。农民是农村集体经济组织的成员,基于此种身份,其应当享有成员权。成员权作为一种身份权,不同于集体土地的所有权。从实践来看,集体经济组织和其成员利益存在一定的脱节现象,普遍存在集体土地所有权弱化和虚化的问题,这产生了一些漠视集

---

① 例如,实践中出现的乌木、陨石等是否适用先占制度,应当确定这些财产是否属于重要的自然资源,从而明确其是否适用先占制度。

② 参见尹田:《论物权法规定取得时效的必要性》,载《法学》2005年第8期。

体经济组织成员利益的问题。① 其主要原因在于,成员权的虚化和弱化,故此需要规定集体经济组织成员权制度,扩大集体经济组织成员在管理集体经济组织事务方面的自主权。但是,现行《物权法》并没有规定成员权制度,从而实践中出现很多问题,如外嫁女是否依然属于集体经济组织成员的问题、在城市定居的人为取得土地承包经营权而故意将户口迁回农村等问题。因此,在民法典物权编中有必要对集体经济组织成员权作出更加明确的规定,包括对成员资格认定方法的规定,明确成员资格取得与丧失的条件、成员享有的具体权利和承担的义务等。

(三) 适当降低建筑物区分所有权行使的条件

《物权法》首次确认了建筑物区分所有权,解决了住宅商品化背景下物权的确认和保护问题,对于明晰产权、维护业主合法权益具有重大意义。就建筑物区分所有权制度,我国民法典物权编在编纂时应当完善以下规则:

(1) 对业主表决程序的完善。《物权法》第 76 条对业主共同决定的投票程序采用了人数加面积的办法,注重保护小业主的利益,也注重保护房产面积较多的大业主的利益。尤其是考虑到《物权法》第 76 条所规定的事项涉及业主的重大利益,必须广泛凝聚业主的共识,所以对表决程序作出严格的规定是有必要的。且这些规定都属于强行法,业主不得通过约定改变。但是,《物权法》该条规定的两个"三分之二",则过于苛刻,实践中使得业主难以就相应的事项作出决定。笔者认为,可以适当放松要求,只要人数或面积中任意一个达到"三分之二"即可。

(2) 应当区分全体业主共有与部分业主共有。对建筑物区分所有权而言,有的区域是全体业主共有,如小区的绿地、道路等,有的区域则是部分业主共同使用,应当属于部分业主共有,如某栋住宅内的大厅、楼梯等。按照权利义务相对等的原则,对于仅属于部分业主共有的部分,其修缮费用也应当由该部分业主分担,而不应当由其他部分业主分担。因此,不同的共有形态下当事人的权利义务是不同的,《物权法》并没有对上述两种共有形态作出区分,这不利于明晰当事人之间的权利义务关系。故此,我国民法典物权编应当在区分全体业主共有与部分业主共有的基础上,设置不同的规则。

(3) 其他规则的完善。我国民法典物权编中应当明确规定,建设单位、物业服务企业或者其他管理人等利用业主共有部分产生的收益,应当

---

① 参见陈小君:《我国农民集体成员权的立法抉择》,载《清华法学》2017 年第 2 期。

属于业主共有。当然,此种收益应当是扣除必要成本之后所获得的利益。此外,分管协议的效力也是建筑物区分所有权制度的重要问题,但现行《物权法》中缺乏规定。所谓分管协议,就是共有人就共有物的管理和使用达成的协议。为了维持共有物管理和使用的稳定性,立法上有必要适当突破债的相对性规则,即认可经过登记的分管协议可以拘束新的共有人。

三、用益物权制度的修改与完善

(一) 农村土地"三权分置"背景下经营权制度的完善

中国改革开放所取得的巨大成就,归根结底依赖于产权激励,尤其是农村承包经营权的确立,为农村改革的成功奠定了制度基础。但在当前人口大规模流动、土地流转已经展开的社会背景下,承包权的成员性所带来的封闭特征与经营权的财产性所带来的流动特征的矛盾日益凸显①,承包经营权的利用效率受到了严格限制,在此背景下,"三权分置"改革为实现农村土地高效利用提供了可能。民法典物权编应当及时确认农村土地改革的成果,并引领改革的发展,因此,有必要在承认农地"三权分置"的基础上,对土地经营权作出系统规定。具体来说,应当重点规定如下内容:

(1)确认土地经营权。民法典物权编中可以规定,土地承包经营权人可以在土地承包经营权上为经营主体设立土地经营权。经营权是在承包经营权基础上产生的,通常以经营大户与承包经营人之间订立合同的形式形成。经营权主体应当突破承包经营权的身份限制,包括一些经营单位(如专业公司、种植能手等),以充分发挥土地经营的效用。当然,土地经营权的存续期间不能超过土地承包经营权的期间。

(2)民法典物权编主要规定物权性质的土地经营权。应当看到,土地经营的范围十分宽泛,既包括一些长期的租赁和转包,也包括一些短期的临时借用、代耕代种、短期托管等。如果将短期的出租和转包都界定为物权,显然与物权的稳定性、长期性的土地利用关系政策目标不一致。有鉴于此,笔者认为,可以将经营权区分为两种类型:一是短期的具有债权性质的经营权(如临时借用);二是长期的、稳定的具有物权性质的经营权

---

① 参见国务院发展研究中心农村经济研究部:《集体所有制下的产权重构》,中国发展出版社2015年版,第105—106页。

(如长期租赁)。但民法典物权编仅应当规定长期、稳定的土地经营权,并将其界定为用益物权。① 也就是说,对于订立长期经营合同并且进行登记的,可以认为具有物权的效力;而短期的经营则不应当界定为物权,而应将之明确为债权,交由当事人自行约定更为合适,如土地经营权的内容、投资回报、补偿等问题,可以由当事人约定,相关权利义务关系适用民法典合同编的相关规定。

(3) 明确规定土地经营权的内容。对于物权性的土地经营权而言,其主要内容是从事农业生产经营活动,作为一种物权,土地经营权应当具有可流转性,如可以进行抵押,从而满足权利人的融资需要②,这也有利于充分发挥土地的经济效用。在确认土地经营权内容的同时,也应当明确规定土地用途的管制规则,即土地经营权的设置和行使应当坚持保护耕地、维护粮食安全的基本国策,这就有必要将其内容限于农业经营活动,而不得用于其他目的。③

(4) 土地经营权应当登记。当事人在设立土地经营权时,可以选择登记,也可以选择不登记,但作为一种物权,土地经营权必须进行登记。之所以要求物权性质的土地经营权必须进行登记,主要理由在于:一方面,土地经营权的主体与土地承包经营权的主体不一致,需要通过登记进行必要的区分。另一方面,有利于防止承包经营权人多次设置经营权。此外,要求物权性质的土地经营权必须进行登记,也可以为其抵押创造条件,从而发挥其融资功能。④ 如果当事人没有将土地经营权进行登记,则该权利仅在当事人之间发生效力,而不能对抗第三人。

(5) 在从土地承包经营权中分离出经营权之后,还应当对土地经营期间届满后投资的补偿问题、承包地被征收时对土地经营权人的补偿问题以及土地经营权期间届满后土地经营权人的优先续租权问题等作出规定。

(二) 增设居住权

所谓居住权,是指居住权人对他人所有的住房以及其他附着物所享

---

① 参见高圣平:《承包土地的经营权抵押规则之构建——兼评重庆城乡统筹综合配套改革试点模式》,载《法商研究》2016年第1期。
② 参见高海:《论农用地"三权分置"中经营权的法律性质》,载《法学家》2016年第4期。
③ 参见高圣平:《土地承包经营权权能论纲——以处分权能为中心》,载《社会科学》2012年第7期。
④ 参见焦富民:《"三权分置"视域下承包土地的经营权抵押制度之构建》,载《政法论坛》2016年第5期。

有的占有、使用的权利。在罗马法中,居住权包括在人役权中。居住权制度对大陆法系国家和地区民法产生了重大影响。① 居住权制度对于解决非继承人的居住问题、离婚后需要经济帮助一方的居住问题、长期非婚同居者的居住问题、政府和事业单位工作人员在公有房屋中的居住问题等,都具有重要的现实意义。同时,居住权的设置还可以适当解决住房紧张,实现千百年来人们所追求的"居者有其屋"的理想,也有利于维护社会稳定。我国相关司法解释实际上已经规定了居住权。② 此外,如果我国民法典继承编将父母作为第二顺位继承人,则更有必要规定居住权,以保障被继承人父母的基本生活需求。因此,笔者认为,民法典物权编有必要采取"旧瓶装新酒"的方式对居住权的功能做出必要的扩张。

由于居住权是一种新型的法律制度,物权编有必要确认如下规则:一是明确居住权以满足居住生活需要为目的。在实践中,居住权形态多种多样,既有生活保障型的,也有投资型的。③ 但物权编所规定的居住权应当是生活保障型的,其目的在于实现对社会弱势群体,如对妇女、未成年人、老人居住权益的保护。二是明确居住权的设立方法。居住权的设定主要采取意定的方式,即通过合同和遗嘱的方式设定。是否允许通过裁判设定居住权,值得探讨。从审判实践来看,已经出现了通过裁判设立居住权的案件。④ 既然居住权制度主要是为了保护弱势群体,强化人文关怀,因此,可以考虑允许法官通过裁判设立居住权。三是明确居住权未经登记不能对抗第三人的规则。在设立居住权的情形下,房屋的所有权主体与居住权主体处于分离状态,此时,房屋所有权一旦发生变动,居住权能否对抗新的房屋所有权人,即成为问题。笔者认为,物权编应当明确居

---

① 参见李显冬、王胜龙:《从居住权渊源看其现实意义》,载费安玲、〔意〕桑德罗·斯奇巴尼主编:《罗马法·中国法与民法法典化(文选)——从罗马法到中国法:权利与救济》,中国政法大学出版社2016年版,第100页。

② 例如,《婚姻法司法解释(一)》第27条规定:"婚姻法第四十二条所称'一方生活困难',是指依靠个人财产和离婚时分得的财产无法维持当地基本生活水平。一方离婚后没有住处的,属于生活困难。离婚时,一方以个人财产中的住房对生活困难者进行帮助的形式,可以是房屋的居住权或者房屋的所有权。"

③ 有学者在考察了其他法域的居住权实践情形后,认为居住权的社会功能正在从保护弱者向促进财产的多样化利用演进。参见申卫星:《视野拓展与功能转换:我国设立居住权必要性的多重视角》,载《中国法学》2005年第5期。

④ 参见"王某某、张某某与李某、王某甲等合同纠纷案",安徽省亳州市中级人民法院(2016)皖16民终312号民事判决书;"许某某与黄某某离婚纠纷上诉案",湖南省永州市中级人民法院(2016)湘11民终922号民事判决书。

住权未经登记不得对抗第三人的规则,即在当事人已经对居住权办理了登记的情况下,则该居住权可以对抗房屋的买受人,在未对居住权办理登记的情形下,出于保护交易安全的需要,居住权不得对抗房屋的买受人。四是明确居住权不能转让和继承的规则。原则上说,生活居住类型的居住权,是为了满足特定人的居住利益而设置的,因此,其不能继承和转让。

(三)细化住宅建设用地使用权的自动续期规则

由于房屋是每个公民的基本财产,对于绝大多数人来说,房屋也是安身立命之本,并可能是其终身的积蓄。我国实行土地公有制,而且城市建设用地使用权是有期限的,而无期限的房屋所有权又附着在建设用地使用权上,这样一来,无期限的房屋所有权与有期限的建设用地使用权的矛盾如何解决,在《物权法》制定时,就成为广大人民群众普遍关注的重大问题。《物权法》第149条专门规定了住宅建设用地使用权的自动续期规则,该规则在立法上首次区分了住宅建设用地使用权和非住宅建设用地使用权,完善了《城市房地产管理法》和《土地管理法》所确立的建设用地使用权续期制度。① 该规定切实保护了公民的基本财产权、居住权和基本人权,保障了老百姓的基本民生,保护了广大人民群众的利益,因而该规则成为《物权法》的重大亮点。但是,在《物权法》制定时,对住宅建设用地使用权到期后究竟应当续期多长时间、是否收取以及如何收取相关费用等问题,立法者采取了回避的态度。② 因此,有必要在物权编中加以完善。

笔者认为,民法典物权编应当本着形成保护住宅财产的长久稳定预期的原则,对该问题作出更细致、明确的规定。具体而言,应当规定如下三个方面的问题:首先,应当明确自动续期的内涵,即不需要向政府申请审批,办理审批手续。住宅建设用地使用权人不需要审批,应当在到期以后自动延长。这既有利于减轻权利人的负担,也有利于保障公民的财产

---

① 例如,1990年施行的《城镇国有土地使用权出让和转让暂行条例》第40条规定:"土地使用权期满,土地使用权及其地上建筑物、其他附着物所有权由国家无偿取得。土地使用者应当交还土地使用权证,并依照规定办理注销登记。"《城市房地产管理法》第22条规定:"土地使用权出让合同约定的使用年限届满,土地使用者需要继续使用土地的,应当至迟于届满前一年申请续期,除根据社会公共利益需要收回该幅土地的,应当予以批准。经批准予续期的,应当重新签订土地使用权出让合同,依照规定支付土地使用权出让金。土地使用权出让合同约定的使用年限届满,土地使用者未申请续期或者虽申请续期但依照前款规定未获批准的,土地使用权由国家无偿收回。"

② 参见胡康生主编:《中华人民共和国物权法释义》,法律出版社2007年版,第332页。

权益,防止出现因建设用地使用权续期未获批准而使房屋所有权不能受到保护的情形。其次,不宜永久续期。① 这主要是考虑到,我国实行土地公有制,如果实行永久续期,将使建设用地使用权实际上转化为所有权,从而在土地之上形成了两个所有权,这显然与土地公有制的性质不符。因此,续期应当有期限限制。但从形成保护住宅财产的长久稳定预期的原则出发,应当规定相对较长的续期年限,笔者建议,可明确自动续期的最高年限为70年,同时为保护公民的房屋所有权,也应当规定续期的最低期限不低于30年。最后,原则上应当实行有偿续期。因为无偿自动续期有违市场经济公平公正原则,毕竟出让期限越长,住宅建设用地使用权人所支付的土地出让金也越高,如果对不同出让期限的住宅建设用地使用权的期限都平等对待,一律无偿续期,则有悖公平理念,也可能会加剧房地产市场的投机行为,且会降低土地利用效率,加剧土地资源稀缺性的矛盾。② 当然,住宅建设用地使用权有偿续期不宜采纳出让金标准,且从保障公民的民生出发,收费标准也不宜过高,可以考虑在区分居住与投资等情形的基础上,确立不同的收费标准。

(四) 删除建设用地使用权的提前收回制度

现行《物权法》第148条规定了建设用地使用权的提前收回制度。笔者认为,未来民法典物权编中应当删除该规定,这是因为:一方面,即使出于公共利益的需要,要收回建设用地使用权,也应当通过征收的程序进行,而不能简单地通过提前收回的方式任意收回,而不给予土地使用权人必要的补偿。另一方面,权利人是通过出让合同取得建设用地使用权的,允许政府提前收回,就给予了地方政府基于公共利益的需要任意解除合同的权利,如此规定虽然有利于维护公共利益,但由于该制度给予地方政府过大的权力,该权力一旦被滥用,就会损害建设用地使用权人的合法权益。③ 笔者建议,依据我国《宪法》和《物权法》的相关规定,即使基于公共利益需要提前收回土地,也应当通过征收制度解决。因此,应当删除建设用地使用权提前收回制度,而借助征收制度予以解决。

---

① 参见渠涛:《关于住宅建设用地使用权"自动续期"的思考》,载《法学家》2017年第2期。

② 参见袁志锋:《城市住宅建设用地使用权期满自动续期初探》,载《中国地质大学学报(社会科学版)》2013年第S1期。

③ 参见蔡立东、刘思铭:《闲置国有建设用地使用权收回制度的司法实证研究》,载《法商研究》2014年第3期。

(五) 增设典权制度

典权是我国习惯法所固有的一种物权类型,它是指典权人支付典价,占有出典人的不动产,并对其进行使用、收益的权利。郑玉波先生指出,"虽典权人对出典人亦有一定金额的支付,但此种给付乃典权之对价,并非缔结借贷契约,以作成一债权,而非以典物为担保,故斯须给付不曰借款,而名为典价;出典人之回赎,不曰清偿债务,而曰回赎典物"①。我国民法典物权编应当对典权制度作出规定,理由主要在于:

第一,有利于继承和发扬我国优秀的传统法律文化。典权在我国具有一千多年的历史,属于中国土生土长的法律制度,该制度对其他亚洲国家产生了一定的影响,如日本的不动产质,韩国的传贳权等,都在一定程度上借鉴了我国的典权制度。我国现行立法虽然没有规定典权制度,但典权在我国具有深厚的社会基础,有其适用的社会基础,有必要在法律上予以规定。

第二,典权制度的设置具有重要的现实意义。从我国现阶段的国情来看,根据有关统计,我国目前农村进城务工人员总数接近3亿人②,其在农村的房屋许多长期处于闲置状态,而且年久失修,价值不断降低。如果承认典权制度,则既可以满足其融资的需要,也可以充分发挥房屋的经济效用,而且由典权人对房屋进行使用、收益,也可以及时修缮房屋,维持房屋的经济价值。此外,如果进城务工人员将来需要使用房屋,还可以将房屋回赎。

第三,典权制度既可以发挥融资的功能,也可以在公民之间互通有无,相互接济。有学者建议,典权制度可以被抵押和不动产质所替代。此种观点不无道理,因为从融资的角度看,尽管典价可能比从银行获得的借款要少,但典权的确有与抵押权类似的功能。不过典权具有不同于抵押权和不动产质的特点,主要表现在:一方面,无论是抵押还是不动产质,都只能发挥担保的作用,不能实现对财产的用益。而典权不仅仅具有融资功能,还具有用益功能。由于典权具有用益功能,从而有利于充分发挥物的使用效能。如某人的房屋暂时闲置(例如公民因为出国留学,房屋空闲),该公民以其房屋设立抵押,房屋仍然由自己占有,也会造成房屋的闲置,但如果将该房屋设立典权,则由典权人行使对该房屋的占有、使用和收益权,从而能够充分发挥对该房屋的利用效率。另一方面,通过抵押、

---

① 郑玉波:《民法物权》(第二卷),三民书局1986年版,第139页。
② 参见《2015农民工总量27747万人 外出务工者人均月薪3359元》,载人民网(http://society.people.com.cn/n1/2016/0428/c1008-28311721.html),访问日期:2019年5月24日。

质押借款尽管能够从借款人处借得比典价更高的款项,但债务人要支付利息,如果以房屋设立典权,出典人获得典价,典价通常低于房屋的卖价,而且可能大大低于借款的数额,同时出典人对典价无须支付利息。此外,如果出典房屋的价格上涨,高于典权,当事人之间可以"找贴",这表明典权制度确实有互通有无的特点。所以,典权制度无法被抵押、不动产质等制度替代,其具有特殊的制度功能。

四、担保物权制度的修改与完善

(一)建立统一的动产担保登记制度

《物权法》第 10 条规定:"……国家对不动产实行统一登记制度。统一登记的范围、登记机构和登记办法,由法律、行政法规规定。"该条规定了不动产统一登记制度,极大地推进了我国登记制度的完善,也使我国的登记制度进入了科学化、规范化的发展轨道,也成为我国《物权法》的最大亮点。但是,该条只是规定了不动产的统一登记制度,就担保领域来看,并没有规定统一的动产担保登记制度,动产担保登记制度在很大程度上仍然处于部门化、分散化的状态。

产生这一问题的重要原因在于,长期以来,我们把登记视为一种行政管理方式,而没有把登记看作物权的公示方法[①],不同的政府部门管理不同的动产和权利的相关事务,因而负有不同的登记职责。从我国目前登记管理体系来看,共有大约 15 个登记部门负责不同类型的动产、权利登记,甚至同一财产上的不同担保权利,还登记在不同的登记簿上。这既导致登记规则的不统一,也会给登记申请人办理登记带来极大的不便。这种分散的动产担保制度为信息的披露和公开造成了极大的障碍,由于相关的登记系统并未联网,必然会产生"信息孤岛",不仅造成查询登记的困难,而且会影响登记信息的充分披露,甚至有可能给欺诈行为提供可乘之机,妨碍交易的安全、有序。从交易实践来看,由于查询的困难,也会极大地增加交易相对人查询动产登记的成本和负担。例如,要以企业现有的存货、设备等动产,以及知识产权等财产作为集合财产进行交易,受让人要到多个部门去查询、了解这些财产是否办理了抵押或质押登记,查询成

---

① 参见李明发:《论不动产登记错误的法律救济——以房产登记为重心》,载《法律科学》2005 年第 6 期。

本很高。①

除了信息的公开、降低查询成本、鼓励交易、维护交易安全外,建立统一的动产担保登记制度还具有如下重要意义:

第一,明确各种权利之间的优先顺序。与债权相比较,物权具有优先性,但物权的效力常常需要依据登记而确立优先顺位。一方面,如果没有登记,通常只是在当事人之间形成合同关系,第三人对是否设立物权、能否产生物权的效力并不知晓,因而容易产生各种纠纷。例如,所有权保留是一种担保方式,经过登记后,出卖人对已经交付的物享有优先于第三人取回的权利,但如果未经登记,则第三人可能基于善意取得而获得对标的物的所有权,从而影响所有权保留担保功能的实现。② 另一方面,因为动产之上既可能存在动产质押也可能存在动产抵押,此外在动产之上还可能设有所有权保留、融资租赁等担保,这也需要通过登记确定不同的优先顺位。也就是说,要适用登记在先、权利在先规则。而建立统一的动产担保登记制度,则可以完整展示特定动产之上的担保状况,并明确不同动产担保之间的效力顺位关系。

第二,适应现代社会财产及其交易发展的要求。不少人认为,动产的价值不如不动产重要,因此没有必要规定统一的动产担保登记制度。此种看法是不妥当的,事实上,动产的价值在不断增长,其价值可能超过不动产,且以权利作为融资手段的需要日益增长。现代社会是知识经济的社会、信息爆炸的社会,是以信息、知识、技术等生产分配和使用为主体的时代,知识产权等权利的重要性越来越突出,已经逐渐取代有形财产。随着动产交易日益频繁,动产担保登记的需求也在日益增长,因此,动产和权利登记的类型日益增多。例如,《物权法》并未规定保证金、账户质押,收费权质押、数据权利质押的规则也不清晰,这也会影响相关交易的发展,需要在法律上作出规定。当动产和权利担保的类型增加之后,在客观上也要求建立统一的动产担保登记制度。

第三,适应互联网、高科技时代发展的需要。21 世纪是大数据、互联网的时代,我国物权立法应当与时俱进,体现 21 世纪的特色。在互联网时代,与时代相一致的登记制度应当互联互通,资源共享,信息共享,动产和权利的担保应当互联互通,可以查询。这就要求我们尽快建立一个统

---

① 参见高圣平:《统一动产融资登记公示制度的建构》,载《环球法律评论》2017 年第 6 期。

② 参见柴振国、史新章:《所有权保留若干问题研究》,载《中国法学》2003 年第 4 期。

一的登记制度,才能适应时代的要求。① 联合国国际贸易法委员会《动产担保交易立法指南》和《移动设备国际利益公约》都倡导要建立基于互联网的计算机化的统一电子登记系统,这一观点值得借鉴。

第四,极大地鼓励动产担保。随着动产抵押、质押交易的发展,可以设定担保物权的动产的范围也在不断扩张,这在客观上也需要构建统一的动产担保物权登记系统,以明确不同动产担保物权之间的效力顺位关系。动产担保登记机关不统一,会导致实践中各部门相互推诿或相互争抢的现象,影响交易秩序和交易安全。建立统一的动产担保登记制度,则可以有效解决相关担保的公示问题,也有助于提高动产担保登记的公信力,从而鼓励动产担保交易的发展。

我国民法典物权编应当完善各编动产担保登记规则,构建统一的动产担保登记制度,并且应当借助登记制度协调担保物权与债权性担保在效力上的冲突。例如,在合同编中,对于起到担保作用的合同,如融资租赁合同和所有权保留买卖合同,可以考虑规定统一的登记系统,明确相关担保登记的效力。所以,物权编中规定统一的动产担保登记制度,也有利于合同编中担保规则的完善。

(二) 适当放宽流押契约禁止规则

所谓流押契约(lex commissoria),又称绝押契约,其包含流抵契约和流质契约,它是指当事人双方在设立抵押或质押时,在担保合同中规定,债务履行期限届满而担保权人尚未受清偿时,担保物的所有权移转为债权人所有。② 我国《物权法》为了保护债务人的利益,防止债权人利用债务人一时急需而强迫债务人订立流质契约,同时也为了通过清算程序使其他债权人能够获得清偿,保护其他债权人的利益,从而在抵押中规定了禁止流抵协议(第 186 条),在质押中规定了禁止流质契约(第 211 条)。但对这两条规定的合理性,学界一直存在争议。不少学者认为,严格禁止流押契约不利于简化担保物权的实现程序,而且也不利于尊重当事人的私法自治,不利于充分发挥物的经济效用。③ 此种观点有一定的道理。笔者认为,物权编应当对这一问题作出回应,适当放松对流押契约禁止的立

---

① 参见董学立:《民法典分则编纂建议——意定"动产担保物权法"部分》,载《法学论坛》2017 年第 6 期。

② 参见史尚宽:《物权法论》,中国政法大学出版社 2000 年版,第 305 页。

③ 参见程啸:《担保物权研究》,中国人民大学出版社 2017 年版,第 124 页。

场,这既有利于简化担保物权的实现程序①,也有利于充分尊重当事人的私法自治。从比较法上看,一些国家和地区的法律开始对流押契约解禁,逐渐承认其效力。例如,法国在 2006 年 3 月 23 日通过了修改原担保法的法令,从而明确承认了流押契约的效力。我国台湾地区"民法"曾经设有禁止流押抵押的规定,但在 2007 年 3 月 5 日修改之后,也一改以往的做法,于该法第 873 条之一第 1 款规定:"约定于债权已届清偿期而未为清偿时,抵押物之所有权移属于抵押权人者,非经登记,不得对抗第三人。"尽管该条要求订立流押契约必须登记,但实际上已明确允许当事人设立流押契约。

如何适当放宽流押契约禁止的立场?笔者认为,首先,物权编应当承认流押契约的效力,即应当肯定当事人所约定的流押条款的效力。其次,为了保护其他债权人的利益,应当要求流押契约必须进行登记,因为流押契约除涉及担保人的利益外,还涉及第三人的利益。例如,担保人在担保财产上设定抵押权、质权后,其仍然可能处分该标的物,在此情形下,一概肯定流押契约的效力,由担保物权人取得担保财产的权利,可能不利于保护第三人的利益。因此,笔者认为,流押契约原则上应当登记,在流押契约办理登记以后,交易第三人在交易时可以查询抵押财产的权利状态,并知晓流押契约的存在②,此时,肯定流押契约的效力,也不会损害交易第三人的利益。当然,如果没有登记,也并非一概无效,只是不能产生上述对抗效力,即仅在当事人之间具有效力。最后,对流质契约而言,因其无法办理登记,有必要借鉴比较法上的经验,明确规定担保物权人负有清算义务。从这一意义上说,物权编承认流质契约的效力,只是承认了担保权人可以依据流质契约直接取得标的物的所有权,但是担保权人仍然负有一定的清算义务,而且只有在清算后,抵押人才负有配合办理所有权移转登记的义务,如果担保物权人拒绝清算,则抵押人可以主张同时履行抗辩权,拒绝配合办理所有权移转登记。③

(三) 规定营业质权

所谓营业质权,是指当铺营业人以约定的期限和利息向借款人出借款项,并以借款人交付占有的动产为标的,在债务人不能偿还借款本息

---

① 参见孙鹏、王勤劳:《流质条款效力论》,载《法学》2008 年第 1 期。
② 参见程才芳:《流抵及流质契约之解禁》,载《台湾本土法学杂志》2009 年第 134 期。
③ 参见高圣平:《论流质契约的相对禁止》,载《政法论丛》2018 年第 1 期。

时,当铺营业人可以直接取得该标的物的所有权。从实践来看,营业质权主要发生在典当交易中,典当是指当户将其动产、财产权利作为当物质押或者抵押给典当行,交付一定比例费用,取得当金,并在约定期限内支付当金利息、偿还当金、赎回当物的行为。在我国,典当已经成为一种重要的融资方式,其特点在于以移转实物的占有为担保形式,为中小企业和个人获取临时性贷款提供担保。中华人民共和国成立后,自1987年第一家典当行在成都设立以来,截至2017年11月底,全国共有典当企业8 478家。① 典当关系中存在多种法律关系,如质押、抵押等,这些法律关系已经受到《物权法》的调整,但在抵押、质押之外,还存在营业质权关系,它是指当铺营业人对于出当人移转占有的动产,在出当人不能按期偿还借款时,就该动产或者其变价优先受偿的物权,此种法律关系并没有受到《物权法》的调整。依据《典当管理办法》第43条第2项的规定,"绝当物估价金额不足3万元的,典当行可以自行变卖或者折价处理,损溢自负",该规定实际上是关于营业质权的规定。从我国典当行实践来看,设定营业质权以借款是中小企业和自然人重要的融资手段之一,典当作为民间融资手段在小额信贷市场迅猛增长②,这为营业质权进入民法典提供了社会实践基础。我国台湾地区曾对当铺经营以"当铺业管理规则"的方式进行规定,但是并没有把营业质权纳入,因此,在台湾地区"民法"物权编修改时,专门增加了营业质权的规定(参见台湾地区"民法"第899条)。这一经验也值得我们借鉴。

  物权编所确立的营业质权应当具有如下特点:首先,主体具有特殊性。营业质权以"营业"为特征,营业的主体主要是当铺营业人,即典当行。商务部、公安部于2005年出台的《典当管理办法》对于典当行的设立进行了严格的限制。非依法批准设立从事典当业务的法人和自然人均不得从事营业质权的设定业务。其次,设立上的特殊性。通常而言,质权的存在乃是为先前存在的债权提供担保,营业质权的成立则与主债权的成立同时发生,同时,借款合同以设立营业质权为条件。③ 再次,该权利的客体是价值相对较低的动产。依据《典当管理办法》第43条的规定,对于3

---

① 参见商务部流通业发展司:《2017年9月全国典当行业运行情况》,载商务部网站(http://pawn.mofcom.gov.cn/pawn_monitor/_news/html/2017/11/1/1509507371355.html),访问日期:2019年5月24日。

② 参见中国人民银行调查统计司编:《金融统计与分析(2016.03)》,中国金融出版社2016年版,第70—71页。

③ 参见屈茂辉、戴谋富:《论营业质权》,载《法学评论》2001年第6期。

万元以上的当物,应当按照《担保法》处理,而对于 3 万元以下的当物,才有营业质权适用的余地。至于银行存单、存折等有价证券,不得设定营业质权。最后,实现程序不像一般的质权那样受禁止流质规定的限制。换言之,一般质权实现需要进行清算程序,但营业质权则并不受禁止流质的限制。因此,如果借款人在约定期限届满时不能偿还借款本息的,当铺营业人直接取得质物。营业质权的实现也不存在多退少补的问题。变价质物所得价款不足清偿当铺营业人的债权时,当铺营业人不得向借款人追偿。因为典当行应当对自己的酌价评估不准承担相应的后果,这是营业质权与一般质权相比较最显著的区别,其主要是考虑到典当行业经营的特征,即期限普遍较短,金额相对较小,严格按照质权的实现程序会导致效率较低,不利于行业的健康发展。①

营业质权的上述特点决定了其不同于一般的质押关系,更不同于抵押。有观点认为,营业质权可以通过放宽流押契约规则予以解决。但笔者认为,通过放宽流押契约无法解决营业质权的规范问题,因为一方面,流押契约只是担保物权的一种特殊实现方式,而营业质权则是一种特殊的担保物权。另一方面,流押契约需要登记才能产生对抗第三人的效力,此外,营业质权是一种特许经营方式,其主体具有特殊性,即仅限于典当行,而流押契约适用的主体并没有特殊限制。

(四) 承认动产让与担保

债务人或第三人为担保债务人的债务,将担保标的物的权利事先移转给担保权人,在债务清偿后,标的物的权利应返还给债务人或第三人,当债务人不履行债务时,担保权人可以就该标的物受偿。让与担保有广义和狭义之分。广义上的让与担保,是指以转让权利人所有权利(包括所有权、股权、债权等权利)为标的的担保;狭义的让与担保主要是指以移转所有权的方式进行担保,使债权人获得原先属于担保人的财产上的归属性权利,从而在其债权到期不能实现时,能够取得该物的财产所有权。②动产让与担保本质上是一种非典型的担保,也就是说,它并不是由法律直接规定的,而是通过习惯和司法判例创设的。各国和地区法律大多没有将其在物权法中作出规定。例如,以德国为代表的国家就是通过习惯法

---

① 参见邹海林、常敏:《债权担保的理论与实务》,社会科学文献出版社 2005 年版,第 287 页。
② 参见张翔:《物权法典规定让与担保的可行性质疑——从让与担保的交易机制出发》,载《法商研究》2006 年第 2 期。

的形式承认了动产让与担保,并在实务中广泛采用了动产担保形式。

在我国《物权法》制定过程中,曾经有不少学者呼吁对动产让与担保作出规定,但是现行立法并没有对此作出规定。笔者认为,在民法典物权编编纂过程中,有必要对动产让与担保作出规定。一方面,动产让与担保具有独特的制度功能,承认这种担保方式,可以给当事人更多的制度选择,从而便于当事人进行融资。既然动产抵押都得到了法律上的承认,动产让与担保也应当被法律承认,毕竟动产抵押权只是当事人约定的在动产之上设定的他物权,而动产让与担保是当事人约定的移转所有权。另一方面,如果不承认动产让与担保,当事人可能会采取一些变通的方法(如分别签订借款合同和动产的买卖合同),从而实质上采取了动产让与担保的方式为债权提供担保。尤其应当看到,这种交易方式在实践中已经产生,只不过法律上没有承认其为一种物权,这也在一定程度上影响了其作用的发挥。

问题在于,放宽流质契约的限制能否解决动产让与担保问题?笔者认为,这是不同的情形,不能相互替代。因为流质契约是指担保物权实现时,标的物的所有权移转归债权人所有,而动产让与担保生效时,所有权已经转让,而且所有权的移转是担保的方式。尤其是流质契约并不改变担保的方式,而只是改变了担保物权的实现方式。但是动产让与担保生效时,结构发生变化,所有权已经转移。所以,动产让与担保是一种独立的担保方式,不同于既有的抵押权、质权。

(五) 完善抵押物转让的规则

《物权法》第 191 条明确规定,抵押物转让必须取得抵押权人的同意。该制度的主要目的是保护抵押权人,防止抵押人在未经抵押权人同意的情形下处分抵押财产,因为如果抵押人不将转让的价款用于清偿债务,将直接导致对抵押权人的损害。但笔者认为,应当修改抵押物转让必须取得抵押权人同意的规则,因为一方面,抵押权为支配抵押物交换价值的权利,保护抵押权人的权利主要是维护其对抵押物价值的支配,而不是对抵押物实物的支配,因此,如果抵押物转让不影响抵押权的实现,则法律没有干涉的必要。① 抵押权是一种变价权,它并不禁止转让抵押财产。② 另一方面,抵押权作为物权的一种,存续于抵押财产之上,只要承认抵押权

---

① 参见邹海林、常敏:《债权担保的方式和应用》,法律出版社 1998 年版,第 151 页。
② Vgl. Westermann/Gursky/Eickmann, Sachenrecht, 2011, S. 762.

具有物权的绝对效力,就应该肯定抵押财产的自由转让。从比较法来看,各国和地区大多采自由转让说,即使未经抵押权人同意,抵押人也可以自由转让抵押财产。① 还要看到,允许抵押物自由转让,也有利于鼓励交易,促进物尽其用,即在抵押权设定之后允许抵押人自由转让抵押物,有利于所有权人对抵押财产的充分利用,充分发挥物的使用价值,提高物的利用效率。例如,在目前的二手房交易实践中,如果房屋上有抵押负担,出卖人必须先清偿债务,涂销抵押登记,才能与受让人办理移转登记,但如果受让人不能足额支付价金,还得向银行申请贷款,这样就导致两次信贷交易,如果承认抵押权的追及效力,允许抵押人未经抵押权人同意即可转让抵押物,即可以减少"先清偿债务,涂销抵押登记"这一交易流程,这就可以简化交易流程,提高交易效率,发挥物的效用。

但是,在允许抵押物自由流转后,为保护抵押权人的利益,对已经登记的抵押权而言,应当允许抵押权人追及行使其抵押权。因为抵押权作为一项物权,客观上应当具有追及效力,而且对已经登记的抵押权而言,受让人在受让抵押物时,明知抵押物上存在抵押权,允许抵押权人追及行使其抵押权,并不会损害买受人的利益。尤其是在抵押权已经登记的情形下,买受人无法通过善意取得规则消灭该抵押权。我国相关司法解释也采纳了这一立场。《担保法解释》第67条规定:"抵押权存续期间,抵押人转让抵押物未通知抵押权人或者未告知受让人的,如果抵押物已经登记的,抵押权人仍可以行使抵押权……"可见,司法解释这一规定实际上承认了抵押权的追及效力。② 民法典物权编可以借鉴这一经验,对没有登记的抵押权而言,如果受让人不知道或者不应当知道抵押物上存在抵押权,则其可以主张善意取得抵押物的所有权,在此情形下,抵押权人不得再向受让人追及行使抵押权。

当然,民法典物权编在允许抵押人自由转让抵押财产后,要注意防止抵押人滥用这一权利,损害抵押权人的合法权益。对此,笔者认为,可以采取如下两种方法加以解决:一是赋予抵押权人要求抵押人提前清偿的权利;二是抵押人应当将所获得的价款提存,专门用于清偿抵押权人的债权。毕竟债务还未届清偿期,要求提前清偿,可能会损害债务人的期限利益,此时可以通过提存予以解决。

---

① Vgl. Westermann/Gursky/Eickmann, Sachenrecht, 2011, S. 762.
② 参见许明月:《论中国担保物权制度的现代化》,载《安徽警官职业学院学报》2004年第6期。

(六) 适当放开质押的客体范围

关于质押财产的范围,可以有如下两种规范模式:一是以"正面清单"列举可以作为质押客体的物或权利;二是以"负面清单"列举不可作为质押客体的物或权利。我国《物权法》第 180 条第 1 款第 7 项在规定抵押财产的范围时,采用了"法律、行政法规未禁止抵押的其他财产"这一表述,这实际上是采用了负面清单的立法模式,有利于保持抵押财产范围的开放性;但《物权法》第 223 条第 7 项在规定可以设定质权的权利范围时,则采用了"法律、行政法规规定可以出质的其他财产权利"这一表述,这实际上是采用了正面清单的立法模式,可以设定质权的财产权利的范围较为封闭。笔者认为,有必要对质权的客体范围作适当修改,应当采用负面清单的立法模式确定质押财产的范围,因为一方面,正面清单模式会不当限制质押财产的范围,也不利于交易实践的发展。例如,实践中,当事人在出口退税权上设立质押时,需要将其解释为应收账款质押,否则其效力难以受到法律认可。① 但是,将出口退税权解释为应收账款,显然较为牵强。另一方面,从现代社会的财富类型来看,各种新型的动产和权利会越来越多,价值也会越来越大,法律上很难列举穷尽,采用正面清单的规范模式,将不利于新型财产的有效利用。例如,数据、网络虚拟财产等已经为《民法总则》所确认的财产权,是否可以进行质押?按照现行《物权法》的规定是不能质押的,这显然会限制新型财产的有效利用。因此,笔者建议,应当放宽质押财产的范围,即采用负面清单的模式对质权的客体范围作出规定,这有利于有效发挥这些财产的效用,也有利于鼓励更多具有经济价值的财产进入担保领域。例如,可将数据、网络虚拟财产、有线电视收费、电厂收费、广告的收益、公园门票收益、科技创新企业未来的收益权等纳入质权的客体范围。

当然,并非任何权利之上的担保都可以成立权利质押,应当结合物权法定和能否有效公示加以判断。② 质押的设立同样应当遵循公示原则。一般动产的质押可以通过转移占有的方式进行。有价证券尤其是提单的质押,事实上也是通过占有移转的方式进行公示的。当前,不少学者建议,应当允许铁路货运提单进行质押。笔者认为,由于提单通常被作为权利凭证,具有一定的物权效力,尤其在国际货运中,提单的交付可能意味

---

① 参见刘保玉:《完善我国质权制度的建议》,载《现代法学》2017 年第 6 期。
② 参见陈本寒:《新类型担保的法律定位》,载《清华法学》2014 年第 2 期。

着占有的移转①,因此,此类提单的质押符合公示的要求。

此外,在采用负面清单模式扩大质押财产的范围时,必须与动产担保公示系统配合,这就需要统一登记,否则,不仅会增加查询成本,而且会导致交易的混乱,损害交易安全。而在无法通过占有移转进行有效公示的场合,则需要辅以登记作为公示手段。《物权法》并没有规定登记机关,实践中,中国人民银行等不同单位已经陆续提供登记服务。但如果采取负面清单模式,可以预见,新兴的质押客体会大量涌现,则可能会出现登记机关或争抢或推诿的局面,导致新兴客体的质押无法高效实现,利益相关人的查询登记成本也会显著增加。因此,对于登记机构进行统一的规定,是保障负面清单模式落实的制度保障。

五、结　语

法治不可能大跃进,其发展和进步并不是一蹴而就的,而应当是一个渐进的不断积累的进程。从制度变迁的角度来看,如果人们希望改革,渐进式的改革总是容易被接受,因为渐进式改革从总体上是一种"帕累托改进"或近似于"帕累托改进"的过程。激进的改革,则具有"非帕累托改进"的性质,其成本和代价极高。② 我国民法典物权编的编纂同样如此。凡是现行《物权法》及相关法律和司法解释中的规定,已经被实践检验,被证明是先进的、科学的规则、制度和经验,都应当在未来民法典物权编中予以保留。同时,"法与时转则治",物权法的规则和制度也应该与时俱进,对于那些不符合社会发展的规则应当删除,对社会经济生活中出现的新情况和新问题,应当加以重视并认真对待,从而作出相应的规定。

---

① 参见王文军:《提单物权效力的法律构成》,载《清华法学》2010 年第 4 期。
② 参见樊纲:《渐进改革的政治经济学分析》,上海远东出版社 1996 年版,第 155 页。

平等保护原则：中国物权法的鲜明特色[*]

所谓物权法上的平等保护原则，是指物权的主体在法律地位上是平等的，其享有的所有权和其他物权在受到侵害以后，应当受到物权法的平等保护。我国《物权法》第4条规定："国家、集体、私人的物权和其他权利人的物权受法律保护，任何单位和个人不得侵犯。"该条以立法的方式确立了平等保护原则。平等保护是物权法的首要原则，也是制定物权法的指导思想。平等保护原则充分体现了我国市场经济体制的社会主义特色。因为在西方国家，物权法以维护私有财产为其主要功能，所以没有必要对所有权按照主体进行类型化，并在此基础上提出平等保护问题。但是，在我国，由于实行的是以公有制为主体、多种所有制共同发展的基本经济制度，因此在法律中尤其是物权法中确立平等保护原则对维护社会主义基本经济制度具有重要意义。

一、平等保护原则完全符合我国宪法

物权是一定财产关系在法律上的表现，物权法作为调整平等主体之间的财产归属和利用关系的法律，必须确认和体现一国宪法所确认的基本经济制度。一方面，物权法必须在宪法的框架内调整财产的归属与利用关系，"物权制度有关一国的经济，势不能不采取一贯的政策，以为社会的准绳"[①]。也就是说，物权法必须采用宪法所确定的政策作为其基本规则设计和体系构建的指导思想。另一方面，物权法也必须反映一个国家的所有制关系形态。正如德国法学家鲍尔所指出的："作为法律制度一部分的物权法，包含着人类对财物进行支配的根本规则。而该规则之构成，又取决于一个国家宪法制度所确立的基本决策。与此同时，国家的经济

---

[*] 原载《法学家》2007年第1期。
[①] 郑玉波：《民法物权》（第二卷），三民书局1986年版，第15页。

制度,也是建立在该基本决策之上,并将其予以具体化。"①正因如此,物权法才具有浓厚的固有法和本土性的色彩。我国物权法作为调整平等主体之间财产归属和利用的法律,是宪法所确立的基本经济制度在民法上的表现,也是宪法中保护各类财产权利法律规则的具体化。因此,物权法必须体现宪法的精神,符合宪法的要求。

物权法作为基本财产法,必须反映宪法的所有制关系。西方国家的物权法以保护私有财产权作为其基本的功能②,而我国物权法虽然也具有保护私有财产权的功能,但它对财产权的保护不是单一的。在我国社会主义初级阶段,由于存在多种所有制形式,因而我国物权法必须确认平等保护原则,反映基本经济制度的要求和满足维护多种所有制的需要,平等保护国家、集体和个人的财产。《物权法》第4条确立的平等保护原则,正是宪法所确立的基本经济制度在物权法上的具体体现,也是对宪法的基本精神的反映。

之所以说平等保护原则完全符合我国宪法,是由于该原则符合我国宪法所确立的社会主义基本经济制度。我国是社会主义国家,按照《宪法》第6条的规定,我国目前处于社会主义初级阶段,在所有制形态上实行以公有制为主体、多种所有制经济共同发展的基本经济制度。因此,"以公有制为主体,多种所有制并存"构成我国的基本经济制度,物权法的平等保护原则正是对这种基本经济制度的充分反映和具体体现。

首先,"以公有制为主体,多种所有制并存"的基本经济制度在内容上包括各种所有制形式之间的平等,并不意味着不同所有制之间存在高低差别。所谓"以公有制为主体",主要是强调各种公有制对国计民生、经济安全以及政府实现宏观调控等方面的基础性作用及其对国民经济的重要影响,也是为了保证生产关系的社会主义属性。笔者个人理解,"主体"的本意更多的是强调公有制对经济关系的影响力和对经济生活的基础性作用。比如说,对关系到国民经济命脉的钢铁、交通、汽车、能源等大型产业实行公有制,有利于维护基本的经济制度和属性,保护国家的经济安全和实现政府的调控能力。只有保证公有制的主体性的作用,才能保证社会主义的方向。上述宪法规定虽然在措辞上存在着主体和非主体的差别,但只能理解为各种所有制在国民经济中的作用是有差异的,而不能理解

---

① 〔德〕鲍尔、施蒂尔纳:《德国物权法》(上册),张双根译,法律出版社2004年版,第3页。
② See J. L. de Los Mozos, Estudio Obsre Derecho de los Bienes, Madrid, 1991, p.54.

为各种所有制的法律地位是不平等的,不是说公有制为主体就意味着公有制处于优越的法律地位,其他所有制处于次要的法律地位。正是因为在宪法上,多种所有制在法律地位上是平等的,因而决定了《物权法》需要规定对各类所有权的平等保护原则。

其次,平等保护完全符合宪法关于以公有制为主体的规定。一种观点认为,不同的所有制形式在国民经济中的地位和作用是不同的,因为《宪法》第12条(社会主义的公共财产神圣不可侵犯)和第13条(公民的合法的私有财产不受侵犯)是核心条款和关键条款,两者并不是平等和同等的,否则不能表明我国物权法和西方国家物权法的区别。有观点认为物权法坚持平等保护原则,与宪法的相关规定是不符合的。笔者认为这种观点是对宪法的误解。现行《宪法》第12条的规定,作为一条宣示性的条款是具有其合理性的,在1982年制定该条的时候,针对"文革"期间一些人大搞"打、砸、抢",破坏公共财产的现象,在宪法中宣示公共财产的神圣性是必要的。作出这种规定,从强化国家主权的角度,也有一定的道理。因为一些国有自然资源与国家主权具有密切的联系,有必要从强化国家主权的角度宣示公共财产的神圣性。但该条规定显然不是对基本经济制度的规定,不能因为存在"神圣"两个字就认为《宪法》所确认的各种所有制是不平等的,更不能从"神圣"两个字引申出要对国有财产优先保护,而对私人财产另眼看待。还应指出的是,《宪法》第12条的规定并不是关于我国社会主义基本经济制度的规定,《宪法》第6条关于以公有制为主体多种所有制并存的规定才是对基本经济制度的规定。

再次,宪法关于基本经济制度的规定强调多种所有制的共同发展,而共同发展的基础和前提就是平等保护。一方面,按照《宪法》第6条的规定,我国目前处于社会主义初级阶段,在所有制形态上实行以公有制为主体、多种所有制经济共同发展的基本经济制度。《宪法》虽然规定了国有经济是国民经济的主导力量,但同时维护多种所有制的共同发展。立足于这样一种基本经济制度,要求我们不是搞私有化,而是实行多元化,鼓励和保护多种所有制的共同发展。这就是我国社会主义初级阶段所有制的基本特点。既然要实行多种经济成分的共同发展,就要对其他经济成分给予同等保护。所以,强调物权法对不同所有制的平等保护,这也是对宪法同等保护各种所有制唯一符合逻辑的解释。没有平等保护就难以有共同发展,失去了共同发展,平等保护也就失去了其存在的应有目的。另一方面,只有通过物权法规定平等保护原则,才能巩固社会主义初级阶段的基本经济制度,排除各种"左"的和"右"的干扰,坚定社会主义改革开放的正确方向。宪法规定多种所有制经济共同发展,也是对社会主义初级阶段经济发展规律的总结。实践证明,只有努力促进多种所有制经济共同发展,才能巩固社会主义的基本经济制度。从长远来看,物权法之所以要确认平等保护原则,就是要使多种所有制共同发展成为我国的一项基本国策而长期存在。通过平等保护,促进多种所有制共同发展,才能真正发挥物权法在维护社会主义基本经济制度方面的作用。

最后,平等保护与产业政策等方面的差异并不矛盾。应当承认,在我国,不同的所有制在公共资源配置、市场准入、银行贷款等方面有所区别,对不同类型的企业,国家在税收、信贷、市场准入和用人指标等方面确实存在一些政策上的差异,对一些国有企业在贷款方面确实存在这种倾斜。对关系国家安全和国民经济命脉的重要行业和关键领域,必须确保国有经济的控制力,但这些区别与平等保护原则并不矛盾。一方面,物权法是私法,它确立的是财产的归属和利用,而国家的宏观调控政策以及关于市场准入等方面的特别规定,属于公法调整的范畴,不属于物权法的内容。事实上,各国在产业政策上针对不同的领域和不同的主体都存在一定的差异,但这并不影响对私有财产的平等与统一的保护。另一方面,产业政策的差异主要影响的是财产的取得,并不影响对已经取得某一财产权的民事主体之间的平等保护,物权法的平等保护原则涉及的是民事主体取得财产权之后的平等保护问题。这些差异主要体现在他们取得财产之前,在取得财产以后,法律对他们的财产当然要给予平等的保护。物权法并不涉及有关取得财产的优惠的调整,也不应该介入政策性优惠领域。从物权法角度出发,具有不同来源和不同性质的财产,一旦确定其明确的归属之后,它们在交易关系中,就应该适用同一法律规则予以平等保护。

之所以说平等保护原则完全符合我国宪法,是由于我国宪法不仅确立了多种所有制形式,而且规定了对所有权的平等保护。宪法本身对财产的保护,就贯彻了平等原则的要求。例如,现行《宪法》虽然规定了"社会主义的公共财产神圣不可侵犯",但同时又规定了"公民的合法的私有财产不受侵犯"。"国家依照法律规定保护公民的私有财产权和继承权。"①宪法强调对国有财产的保护,但是,宪法对各类财产规定的保护规

---

① 参见《宪法》第 13 条第 2 款。

则并没有差别。尤其应当看到,对各类财产权的平等保护是国家的义务。例如,《宪法》第11条第2款规定:"国家保护个体经济、私营经济等非公有制经济的合法的权利和利益。国家鼓励、支持和引导非公有制经济的发展,并对非公有制经济依法实行监督和管理。"该款实际上明确了国家负有保护非公有制经济的义务,国家机关在行使各自的职权过程中负有保护非公有制经济的合法的权利和利益不受侵害的义务。所以,按照我国宪法学者的一致看法,从宪法本身的内涵来看,实际上也体现了平等保护的精神。① 而物权法的平等原则,只不过是宪法平等原则在物权法中的具体表现。

之所以说平等保护原则是符合宪法的,是由于对各类财产的平等保护符合宪法平等保护的精神。法律面前人人平等是基本的法律原则,也是基本的宪法原则。1789年法国《人权宣言》第6条就宣称:"法律对于所有人,无论是施行保护或处罚都是一样的。"我国《宪法》第33条第2款规定:"中华人民共和国公民在法律面前一律平等。"一般认为,宪法中的平等既是一种基本权利,又是一项宪法原则。因为宪法意义上的平等概念,是以宪法规范的平等价值为基础,在宪法效力中体现平等的内涵。② 所谓"法律面前的平等"或"法律上的平等"这一类宪法规范,对于国家一方而言,可表述为"平等原则",而对于个人一方而言,可表述为平等权。③ 法律面前人人平等,其中也包括了财产权的平等。一方面,既然法律面前人人平等包括权利的平等,财产权作为公民基本权利的一种,依据平等原则,必然应该与公共财产一起受到平等的保护。另一方面,财产权作为主体的基本权利,对于保障其主体资格的实现也具有重要意义。财产不平等就谈不上主体的平等,尤其是对企业而言,企业与其财产是不可分割的,企业财产是企业生存和发展的血脉。从一定意义上讲,企业本身甚至是为一定目的而存在的财产。在一些企业买卖中,企业本身也是被当作财产来作为交易的对象的。如果财产不平等,也就意味着主体是不平等的,势必会动摇法治社会的根基。在我国,已经将"依法治国,建设社会主义法治国家"写入宪法,而法治国家的特点就是要对各类主体进行平等保

---

① 参见韩大元:《由〈物权法(草案)〉的争论想到的若干宪法问题》,载《法学》2006年第3期。
② 参见胡锦光、韩大元:《中国宪法》,法律出版社2004年版,第223页。
③ 参见林来梵:《从宪法规范到规范宪法——规范宪法学的一种前言》,法律出版社2001年版,第111页。

护。从某种程度上来讲,不仅仅是所有制形式本身要求平等保护,而且各类财产权也要求平等保护,法治社会的根基就是对所有社会主体都要平等对待,这也是构建法治社会的必然要求。

二、平等保护是建立和完善社会主义市场经济体制的必然要求

准确、全面地理解社会主义基本经济制度,必须要看到,我国的基本经济制度除了以公有制为主体、多种经济形式共同发展这一面之外,还包括另一面,就是我国实行的是社会主义市场经济体制。我国宪法明确规定"国家实行社会主义市场经济",这也是对我国社会主义基本经济制度的完整表述。只有将这两方面结合起来,才能完整、全面地理解与认识我国宪法对基本经济制度的规定。

党的十六届三中全会报告指出,要建立和完善社会主义市场经济体制,就必须"保障所有市场主体的平等法律地位和发展权利"。据此,作为调整财产归属和利用关系的物权法,应当把保障一切市场主体的平等法律地位和发展权利作为其基本的任务和目标之一,为此,《物权法》就必须确立平等保护原则,保障所有参与市场经济活动的主体的平等地位,确立起点的平等,使每一主体都能够进行平等的交易和公平的竞争,最终促进社会主义市场经济的繁荣与发展。

第一,坚持平等保护,才能为市场经济提供基本的产权制度框架。平等保护原则是由我国社会主义市场经济的性质所决定的。所谓市场,是由无数的每天重复发生的纷繁复杂的交易所构成的。交易的最基本的要素就是财产权和合同,因为交易要求以交易主体各自享有财产权为前提,并以财产权的转移为交易追求的目的。因而产权的构建是市场的基本规则,但作为市场经济规则的产权制度,必须建立在平等保护的基础上。一方面,市场经济天然要求平等,因为交易本身就是以平等为前提,以平等为基础。否认了平等保护,就等于否定了交易当事人的平等地位,否认了市场经济的性质。另一方面,市场经济天然要求市场竞争主体的地位是平等的,只有平等才能实现竞争的平等。任何企业无论公私和大小,都必须在同一起跑线上平等竞争,并适用同一法律规则,承担相同的责任,这样才能真正促进市场经济的发展。而平等地位需要通过物权法的平等保护来实现。如果对不同所有制给予不同的保护,就没有所有制上的平等

和法律上的平等。这必然导致国有企业和非国有企业在法律上的不平等,国有企业必然享有一定的法律特权,而这和我们要建立的市场经济体制的内在要求是完全不相符合的。没有平等保护,便不可能存在一套公平、公正的财产权制度。

第二,平等保护是构建市场经济秩序的基础。没有平等,就没有公平的竞争,也就不存在公平竞争的市场秩序。在市场经济条件下,交易主体是平等的,利益目标是多元的,资源的配置也具有高度的流动性,市场主体都从自己的利益最大化出发,各自追求自身的利益,这样就会使市场经济的运行交织着各种矛盾、冲突。因此,必然要求物权法确立平等保护物权的原则,维护公平竞争的法治环境,为市场经济的建立与发展确立基本的条件。物权法确认的平等保护原则,充分鼓励市场主体广泛深入地从事市场交易活动,展开公平竞争。即使国家作为民事主体,以国有资产为基础,参与各类民事活动,如发行国债、发行国库券、对外担保等,国家也应该和其他民事主体处于平等地位,并遵守民法调整民事活动的一般规则。国家从整体上作为民事主体的时候,和其他民事主体都是平等的,同样,国有企业、国家控股参股的公司参与民事活动时,与其他民事主体之间也应该是平等的,不能对其支配的国有财产设置一些特殊的保护规则,否则就限制了此类市场主体在市场竞争中的积极性和创造力,最终不利于国有资产的保值、增值。在我国现行民事立法尤其是民事基本法——《民法通则》中,强调民事主体在民事活动中一律平等,这就意味着只要是从事民事活动,无论民事主体的具体形态是什么,都要平等地遵守相同的游戏规则。否则,其所从事的民事活动就不能称为民事活动,这类主体也没有资格被称为民事主体。

第三,平等保护是市场主体平等发展的条件。在市场经济条件下,财产保护的平等不仅为市场主体从事市场交易和公平交易创造了前提,也为各类所有制企业的共同发展提供了条件。中华人民共和国成立后,在一段时期内采取高度集中的计划经济体制,实行"一大二公"的政策,公有制经济和非公有制经济并不存在平等的关系,这就严重压抑了非公有制经济的发展。财产保护的不平等就意味着不同的企业在法律地位上存在差异,甚至对一些企业实行明显的歧视性待遇,这会严重损害企业的生存和发展。改革开放以后,国家建立了市场经济体制,促进各类所有制经济共同发展。我国改革开放的实践表明,正是因为我们坚持了各种所有制"平等保护、共同发展"的方针,最大限度地挖掘了社会主义公有制的潜力,调动了亿万人民创造财富的积极性,从而使中国经济四十多年能够保持高速发展,综合国力得到迅速提升。中国社会主义市场经济的特色也正在于此。可以说,正是在政策法律上对不同所有制经济实行平等保护,才使我国的经济持续、健康、快速发展,社会财富迅速增长,综合国力大幅提升,广大人民群众的生活水平得到极大提高。只有通过平等保护,才能为市场主体的平等发展创造基本条件。

受到平等保护的权利是各类市场主体赖以生存和发展的法制基础。一方面,财产的平等意味着企业的平等。企业作为进行市场活动的主体,其赖以生存的基础就是对一定财产的支配和控制,而市场的交易行为在相当大的程度上体现为企业对一定财产的处分,如果对于财产不能进行平等的保护,企业之间的法律地位不平等,市场交易根本无法进行。如果将各类财产根据其财产归属主体的不同区别对待,实际上就是将市场主体划分成不同等级,这就根本无法实现市场主体之间的平等竞争,平等发展也就无从谈起。另一方面,平等保护意味着要遵守共同的财产规则。当前,衡量一个国家或地区的经济体制是否为市场经济,关键看市场是否在资源的优化配置中发挥基础性作用,而其中一个重要的标志就是市场主体的法律地位是否平等,是否遵循同样的游戏规则,规范市场经济的民商法体系是否建立和健全。维护市场经济的基本法律规则,如反垄断法、反不正当竞争法等,都旨在维护和保障市场主体之间的平等地位,而物权法则是通过对各类财产的平等对待和一体保护来实现市场主体之间的平等。这种平等对待要求各类市场主体在享有并行使财产权,以及在其权利遭受侵害,需要法律救济时都要遵循共同的规则,这也是市场经济的内在要求。如果作为市场经济基本法的物权法摒弃了平等保护原则,对不同财产进行不平等的对待和保护,就很难证明我国真正实行的是社会主义市场经济体制。①

第四,平等保护是市场经济繁荣和经济增长的动力与源泉。美国法学家庞德有一句名言,即"在商业时代里,财富多半是由许诺组成的"②。既然合同构成财富的主要内容,它天然地要求在市场主体之间存在着平等关系,而财产的归属是进行交易行为的前提条件,这就要求在物权法上对各类财产的主体进行平等保护。只有确认市场主体之间的平等,才能

---

① 参见郝铁川:《〈物权法(草案)〉"违宪"问题之我见》,载《法学》2006年第8期。
② 参见[英]P. S. 阿蒂亚:《合同法概论》,程正康、周忠梅、刘振民译,法律出版社1982年版,第3页。

建立一个有效的激励机制,使市场经济的主体具有足够的动力来参与市场经济活动,促使经济的繁荣与发展。平等保护原则不仅要求强调对公有财产的保护,也要求将个人财产权的保护置于相当重要的位置。财富是由芸芸众生创造的,充分释放个人创造财富的潜力,是搞活经济、迅速提高我国综合国力的基础。古人说,"有恒产者有恒心",如果缺乏对私有财产权平等、充分的保护,则人们对财产权利的实现和利益的享有都将是不确定的,也就不会形成所谓的"恒产",也很难使人们产生投资的信心、置产的愿望和创业的动力。物权法强化对这些财产的平等保护,才能鼓励亿万人民群众创造财富、爱护财富、合法致富。如果我们对各类财产采取区别对待的办法,对私有财产"低看一眼",甚至采取"劫富济贫"的办法,公民不敢置产创业,企业不敢做大做强,就会出现财富大量浪费、资产大量外流的现象,民穷国弱,整个中华民族的伟大复兴也就无从谈起。

三、平等保护原则适用于所有类型的国有财产

物权法的平等保护原则,作为确认财产归属和利用,尤其是对财产进行保护的规则,不仅可以适用于已经进入交易领域的财产,也可以适用于那些没有进入交易领域的财产,即使对国有财产来说也不例外。有一种观点认为,各类市场主体的财产并不一定都会进入市场交易领域,所以物权法对财产的平等保护,不一定与市场经济存在着必然的联系。由于许多国有财产并不进入交易领域,因此物权法的平等保护原则对国有财产关系的适用范围是有限的。

应当承认,物权法确立的平等保护原则与市场经济的内在要求有着密切联系,它首先是作为市场经济的基本规则存在的,对市场经济的发展发挥重要作用。这并不是说,平等保护原则仅仅调整进入交易领域的财产关系,也适用于大量没有进入交易领域的财产关系。一方面,平等保护原则作为物权法的基本原则不仅反映市场经济的内在要求,也是对社会主义基本经济制度的反映。我国基本经济制度的内涵已经包含了对所有制在法律地位上平等对待的要求,因此,物权法的平等保护原则就不仅仅是与交易关系相联系,其适用范围也是十分宽泛的。任何类型的财产关系不管是否进入交易领域,客观上都要求在物权法上平等对待,在其财产权遭到侵害时受到物权法的平等保护。物权法作为调整财产关系的基本法,并不仅仅规范交易关系,也不仅仅调整与交易相关的财产权关系,还

应当确认和保护各类财产权,如果平等保护原则不能适用于各类财产,那么,这与物权法作为基本财产法的属性也是不符合的。另一方面,任何类型的财产,在有关财产归属和利用的规则上,都不可能不受物权法的调整。财产如果不受物权法的保护,就意味着它不是一种合法的财产,而只要受物权法的调整,就必须适用物权法的规则。因为任何财产归根结底都是民事权利的客体。在财产被侵害的情况下,采取民法的方法,可为权利人提供更为充分的救济。

从实践来看,确实有一些国有财产并不进入交易领域,如许多国家机关、事业单位占有的国有财产,并不发生财产的移转,对这些财产是否可以不适用市场经济的平等保护原则？笔者认为,平等保护原则适用于各种类型的财产,也适用于所有类型的国有财产。因为任何类型的国有财产不管其是否进入交易领域,都要适用平等保护原则。这是因为：

第一,任何类型的国有财产都要在法律上表现为一种财产权利,对这种权利必须通过物权法来确认。这就是说,国有财产本身仍然是一种民事权利,或者说是一种私法上的权利,尽管国有财产在财产的管理、监督以及行使等方面都具有浓厚的行政色彩,甚至在很多情况下国家的所有权和行政权并没有严格地区分开,但当国有财产作为一种财产权利表现的时候,它只能以民事权利的形式表现出来。如果国有财产仅由公法确认而非物权法确认的权利,它就不是真正意义上的财产权利。而物权法在确认国有财产权的时候,必须要将国有财产权和其他财产权同等对待,承认其平等的地位。所以,即使没有进入交易领域的财产,仍然是财产的一种类型。不进入交易领域的财产,可能要受到多个部门法的限制,但这并不意味着其就具有优越于其他财产的地位。即便是国有自然资源,虽然具有十分重要的战略地位,甚至关系到国家主权,但仍然要适用民法的财产规则。我们也很难设想去设计一种使国有自然资源具有优越地位的法律规则。当然,我们可以在物权法上根据其自身特性设计一些例外规则,比如说,关于国家对自然资源的所有权,不用办理登记就可以享有,但这些规定并不说明其具有优越地位。国有财产即使不进入交易领域,也要适用民法的规则。

物权法基于平等保护原则,确立国有财产权制度,将成为我国国有资产监督管理制度建立的基础。在我国,2009年施行的《企业国有资产法》对国有资产的监督、保护作出更为具体、更富可操作性的规定。但企业国有资产法也必须要坚持物权法的平等保护原则。相对于企业国有资产法而言,物权法是基本法。物权法要保护国有资产,但它更要平等保护各类财产,所以物权法不是单纯地保护国有财产的法律。不能将保护国有资产、防止国有资产流失的任务都交由物权法,还需要其他保护国有资产的法律与物权法配套。毕竟国有财产不过是物权的一种具体形态,严格地说,物权法的理念和制度规则应为企业国有资产法所遵循和坚持,唯有如此,才能够防止法律规则之间的重复和矛盾。因为平等保护原则是物权法的基本原则,企业国有资产法也应当坚持平等保护基本原则,自是题中应有之义。

第二,国有财产的归属发生争议,必须适用物权法的平等保护原则。对那些没有进入交易领域的国有财产来说也会发生产权归属争议。比如,历史遗留下来的挂靠在集体名下实际上以个人出资的企业发生了很多产权纠纷;再比如,许多个人兴办的企业,过去因为种种原因要"戴红帽",经常会发生争议。一方面,有关这些财产的权属纠纷,首先应当适用物权法的相关规定,而不能完全依据国资产部门的规章制度来解决。因为在发生产权争议的情况下,国家和其他主体之间产生的是民事权利的冲突,只能依靠民法而不能依靠行政法来解决这些冲突。而作为调整归属和利用关系的物权法,就是专门确立解决产权之诉和各种争议的规则的法律。所以,不进入交易领域的国有财产与其他财产之间发生归属的争议,只能适用物权法关于确认产权的规则来解决。另一方面,在发生争议之后,应当由司法机关居中裁判,而不能由国有资产监督管理机构来决定。① 因为当国有财产的产权发生争议的时候,国有资产监督管理机构作为国有资产的管理者,本身属于国家所有权一方的机构,其与争议的相对方是平等的,因而不能作为裁判者负责产权的界定,而应当将此种争议交由司法程序来解决。

第三,如果国有财产遭受侵害,也只能适用物权法、侵权法等法律的规定来获得救济,无救济则无权利,救济不平等就不能保障权利的平等。在国有财产遭受侵害的情况下,对国家所有权的保护应该与其他所有权的保护同等对待。一方面,在国有财产遭受侵害的情况下,也应当通过司法程序来解决纠纷并对国有资产提供救济。不能仅仅因为是国有财产就

---

① 例如,《企业国有资产监督管理暂行条例》(2003年)第30条第1款规定:"国有资产监督管理机构依照国家有关规定,负责企业国有资产的产权界定、产权登记、资产评估监督、清产核资、资产统计、综合评价等基础管理工作。"此处规定国有资产监督管理机构可以负责企业产权界定工作,这显然是有问题的。

不受司法程序的管辖。而司法机关要对国有财产进行保护也必须遵循平等保护原则,因为这一原则是一项重要的司法原则,它为司法实践中法官正确处理各类纠纷提供了基本的法律依据。如果在国有财产遭受侵害的情况下不能与其他财产受到同等的保护,就会造成严重的司法不公。另一方面,在国有财产遭受侵害,进行损害赔偿时,也必须与非国有财产遭受侵害一样,适用"有多少损害,赔偿多少损失"的原则。不能说,侵害了国有财产就要多赔,侵害了个人财产就要少赔。民法上有多种保护财产的方法,这些方法对国有财产的保护都是适用的。

物权法所规定的保护物权的方法,是对各类财产进行救济的最有效的方式,当然也是保护国有财产的最佳方式。例如,物权法规定了返还原物请求权,一旦有人非法占有国有财产,损公肥私,国家机关可以请求其返还,怎么可能使非法财产合法化呢?相反,如果不承认平等保护原则,最终损害的还是国家利益。也就是说,物权法、侵权法等设计的保护方法是保护国有财产不受侵害的最佳途径。民法中物权法的保护方法和债权法的保护方法,可以对动态的和静态的国有财产形成周密的保护。当国有财产进入交易领域的时候,它受到合同法的调整;当国有财产没有进入交易领域的时候,它受到物权法的调整。因为物权法对归属、利用以及侵害救济都确立了非常健全的法律规则,应当使这些规则在国有财产保护方面发挥作用。如果国有财产不受物权法的保护,就意味着放弃了这些全面的、丰富的保护手段,反而不利于维护国有财产权利人的利益。

物权法是平等保护各类财产的法,而不是仅仅强调保护某一类财产的特权法。平等保护原则适用于所有类型的国有财产,只会有利于国有财产的保值增值,不可能损害国有财产。中华人民共和国成立后数十年的实践已经证明,对国家所有权和集体所有权提供特殊保护,不但不利于确定公有制的主体地位,反而会助长国家所有权和集体所有权的行使者在权利保护上的惰性。物权法是维护国家基本经济制度的法,是规范市场经济的法,如果规定了不平等保护原则,则是违反法治原则的法、继续实行计划经济的法,此类规则也是不具有可操作性的。

四、平等保护是对所有民事主体的一体保护

物权法作为一种调整财产归属和利用关系的基本法律,其基本规则是建立在民事主体在法律地位上一律平等的基础之上的。《民法通则》第

2条关于民法调整对象的规定,就明确强调了民事主体的平等性。平等保护原则的核心,是维护各类民事主体的人格平等,无论民事主体是国家、法人还是自然人,都应该受到平等的对待。就自然人而言,平等保护原则强调对所有自然人合法的个人财产进行一体的保护。无论自然人贫富、强弱,其财产都应该受到平等对待。个别极端的观点认为,平等保护只是对富人的宝马、别墅的保护;穷人没有财产,根本不需要物权法的保护,因此物权法实际上保护的是富人。笔者认为,这种观点是不正确的,理由如下:

第一,物权法的平等保护原则,是对公民的基本人权的保护。私有财产权是公民的基本权利,它与生命权、自由权一起被并称为公民的三大基本权利。一方面,私有财产权直接关系到公民生存权的问题,就广大人民群众所享有的私有房产权而言,一旦遭受侵害,就可能影响到广大人民群众的生存。例如,某些地方官员打着公共利益的旗号,进行非法拆迁并且不给予合理补偿,这就使得一些老百姓的利益受到侵害。在这种情况下,强调平等保护,实际上有利于对广大人民群众利益的维护。所以,对广大人民群众的财产保护,不仅关系到其基本财产,而且关系到其生存权。另一方面,财产权关系到公民的人格尊严和自由,尊重和保障人权,首先要平等对待和保障私人财产所有权。物权法的平等保护原则正是为了保障公民基本权利的实现,而且根据宪法尊重和保障人权的要求,也需要对公民的财产权实行平等的保护。

第二,物权法的平等保护原则,是维护最广大人民群众根本利益的要求。我国自改革开放以来,随着市场经济的繁荣和发展,广大人民群众的生活水平有了极大的提高,个人拥有的财富也迅速增加。尽管存在着比较严重的贫富差距,但是财富的普遍增加是不争的事实。据统计,近年来房屋建设工程突飞猛进,预计到2020年全国住宅保有量约有690亿平方米。[①] 这在客观上需要物权法对公民合法的私有财产实行平等保护。尤其是改革开放以来,广大民众通过合法经营、诚实劳动等途径积累了相当多的财富,也使我们的综合国力得到了很大的提高,人民生活水平得到了极大的改善。如果对私有财产不予以平等保护,不仅将极大地损害公民创造财富的积极性,严重阻碍生产力的发展,而且也不利于巩固改革开放的成果。平等保护就是要保护每一个公民的财产,保护广大人民群众的

---

① 参见《我国城市建筑保有量约390亿平方米》,载《辽宁经济统计》2006年第8期。

根本利益。尤其是这种财产不仅是看得见、摸得着的动产和不动产,还包括8亿农民所享有的承包经营权、宅基地使用权等财产权利。这些权利都应当受到物权法的平等保护。

第三,物权法的平等保护原则,是构建和谐社会的法律保障。构建和谐社会必须以法治为中心,建设一个秩序井然、公平公正、人民的权利得到充分保障、人人能够安居乐业、和睦相处的社会,可以说和谐社会就是法治社会,只有加强法治,才能保障社会有秩序地运行,确保社会和谐稳定、国家长治久安、人民享有殷实安康的生活。这就要求必须切实保护公民的财产权利,一方面,需要发挥物权法定分止争、解决财产争议的功能;另一方面,在财产权遭受侵害的情况下,通过物权法的平等保护获得法律的救济。为维护私有财产权,物权法规定因公共利益需要对公民私有财产进行征收、征用时,必须给予合理的补偿。这对于化解社会纠纷、缓和社会矛盾、促进社会和谐,都有重要的现实意义。

应当承认,在市场经济发展过程中,贫富分化情况比较严重,贫富分化指数已经达到了警戒线,社会不公已经成为人民群众不满情绪的重要内容。我们要构建社会主义和谐社会,就要着力消除贫困,缓解因两极分化而导致的矛盾。解决社会贫富差异的问题,关键在于建立一套完整的社会保障体系,国家通过法律、政策等方式对财富进行公正合理的二次分配。物权法通过对所有民事主体的一体保护,有利于鼓励亿万人民创造财富。物权法不是直接分配财富的法律,而是鼓励创造财富的法律。但构建和谐社会,就需要鼓励更多的人富起来,实现共同富裕的伟大历史使命,物权法正是实现这一伟大历史使命的法律工具。更具体地说,物权法所追求的是穷人数量的不断减少、合法致富的人的数量的不断增加,这样才能逐渐消除贫富差距,解决社会不公问题,从而真正构建社会主义和谐社会。

需要强调的是,物权法所要保护的财产只是合法的财产,不可能是非法的财产。事实上,财产存在合法与非法之分,而财产权利不存在合法与非法之分,因为权利本身是法律对特定主体所享有的利益的肯定评价,物权作为财产权利基本内容之一,当然不存在合法物权与非法物权之分。物权法的颁行不会发生所谓"非法财产合法化"问题。按照物权法所确定的财产所有权的取得必须合法的原则,对于非法取得的财产,物权法并不会确认其具有物权,更不会有所谓赦免"原罪"的问题。非法取得的财产如果已经触犯刑法,行为人将受到刑法的追究,即便是过去取得的财产,只要在刑法的追诉期内,仍然应当按照刑法的规定追究责任,并予以没收财产。从物权法角度来讲,即使非法取得财产没有触犯刑法,并非就永久得到物权法的保护。我国《物权法》在"物权的保护"一章首先规定如果因为"物权的归属、内容发生争议,利害关系人可以请求确认权利"。例如,某人通过侵害国有财产获得了财产,有关国家机关可以请求重新确认财产。国有财产被非法占有的,有关国家机关和国有财产的权利人可以请求返还原物。

总之,平等保护原则是物权法的一项基本原则,也是我国物权法的社会主义属性的充分体现。它鲜明地体现了我国物权法的中国特色,因为西方国家物权法从保护私有制出发只是规定了抽象的所有权规则,不存在所有权的类型化问题,因而也不存在对各类所有权平等保护的原则。只有在我国物权法上,因其要反映社会主义基本经济制度,所以才产生了平等保护原则。只有坚持这一原则,才能坚持我国物权法的社会主义方向,坚持物权法的中国特色。

物尽其用:物权法的基本价值[*]

引 言

物权法的价值实际上就是物权法的基本功能。一般认为,物权法主要具有确认物权、物尽其用、保护物权等功能。[①] 所谓物尽其用,是指通过明确权利人对物享有的权利和对物权的保护,充分利用各种可用之物,最大限度地发挥物的效用。我国清代诗人阮元在《吴兴杂诗》中云:"交流四水抱城斜,散作千溪遍万家。深处种菱浅种稻,不深不浅种荷花。"这是一首通俗的田园诗,但其中隐念着深刻的物尽其用的生活常理。尤其是在现代社会,资源的稀缺性与人类社会不断增长的需求呈现出越来越紧张的矛盾关系,为缓解这一矛盾就需要充分提高这些资源的利用效率,促进物尽其用。而调整物的归属与利用的物权法,也当然应以促进物尽其用作为其基本的价值追求。

物尽其用是现代物权法的基本价值,体现了物权法作为财产法的独特作用。也就是说,物权法需要在充分发挥定分止争重要功能的前提下,促进物尽其用功能的实现。无论是从物权法自身的演变来看,还是从制度构造来看,物权法的功能不仅仅在于界定财产归属、明晰产权从而达到定分止争、实现维护社会秩序的效果,更在于使有限的资源得到充分利用,从而更好地满足社会经济生活的需求。从定分止争到物尽其用的发展,诠释了物权法功能上的演进过程,在我国民法典物权编制定过程中,正确理解物尽其用的基本价值,对于明确物权法的规范目的,在立法上优化设计良好的规范,并准确适用物权法,充分发挥物权法在社会生活中的作用,都具有重大意义。

---

[*] 本文完稿于1998年,2007年修改。
[①] 参见国务院法制办公室编:《中华人民共和国物权法注解与配套》(第三版),中国法制出版社2014年版,第3页。

一、物权法从"归属到利用"的发展体现了物尽其用的基本价值

自物权制度产生以来,人类社会就形成了两种各具特色的物权体系,即以"所有"为中心的罗马法物权体系和以"利用"为中心的日耳曼法物权体系。罗马法物权体系由于受个人主义思想的影响,强调所有而非利用;日耳曼法物权体系受团体主义的影响,强调利用而非对物的所有。① 在罗马法上,所有权为抽象的支配的权利,对物的利用乃是抽象的支配的作用,所有权被定义为"对物显要的主宰"(signoria eminente sulla cosa)。② 由于所有权是对物的抽象的支配权,因此他物权是由所有权全面的支配权功能所产生的,是对物的部分的、特定的支配权。罗马法上有"余发见余物时,余即回收"(Ubi meam rem invenio ibi vindico)原则,又有"物在呼叫主人"(res clamat ad dominium)原则,即所有人可随时收回其物,这些原则均属于重保护静的安全思想之表现。③ 此种理念有助于明晰物权、定分止争、保护物权,但并没有充分彰显物的利用功能,无法为物的多层次利用提供手段。而日耳曼法物权体系并不注重物的抽象支配,也并未将所有权视为抽象的支配权,而是基于各种物的利用形态来分别认可各种权利,从而以利用为中心建立了物权体系。④ 这种物权体系并不注重物的抽象支配,而是保护对物的各种积极利用的权利,因而相较于罗马法物权体系而言,更关注物的利用,从而更有利于为物的利用提供多层次的手段,以实现物尽其用。⑤

罗马法以所有为中心的物权体系由于适应了早期资本主义经济发展的需要,因而为大多数西方国家所接受。在这种物权体系下,物权法注重保护所有权本体的完整性,强调对所有人享有的各项权能进行全面保护。罗马法以降,传统的大陆法系物权法的核心价值主要体现在确定物的静态归属,从而达到定分止争、界定产权的作用。近代大陆法系国家民法是

---

① 参见史尚宽:《物权法论》,中国政法大学出版社2000年版,第1—7页。
② 〔意〕彼德罗·彭梵得:《罗马法教科书》,黄风译,中国政法大学出版社1992年版,第194页。
③ 参见郑玉波:《法的安全论》,载刁荣华主编:《现代民法基本问题》,汉林出版社1981年版,第3页。
④ 参见〔日〕我妻荣:《物权法》,岩波书店1995年版,第3页。
⑤ 参见〔日〕我妻荣:《物权法》,岩波书店1995年版,第49页。

继受罗马法的产物,将产权保护提高到了前所未有的位置。在 1789 年法国《人权宣言》第 17 条中,所有权被界定为天赋人权,处于和自由同等的地位。《法国民法典》第 544 条宣告:"所有权是对于物有绝对无限制地使用、收益及处分的权利,但法令所禁止的适用不在此限。"这就形成了近代民法的三大原则之一,所有权绝对不受限制的原则。《法国民法典》第二编财产以及对所有权的各种限制,都是以绝对所有权为中心构建起来的。1900 年《德国民法典》虽然受所有权社会化观念的影响,已经对所有权的绝对性作出了必要的限制,但在第 903 条规定:"在不与法律或第三人的权利相抵触的限度内,物的所有人可以随意处置该物,并排除他人的一切干涉。"正是在这样一种确认和保护物的归属和处分权能的基础上,构建了《德国民法典》的物权体系。然而,自 20 世纪以来,所有权已不仅仅注重物的归属和支配,更注重行使所有权而实现物的价值,以实现物尽其用的目的。

定分止争只是提供了物尽其用的前提,却并未提供对物进行多层次有效利用的手段。作为基本法律制度的物权法,其立法目的在于保护主体对于财物的支配,但支配本身并不能自然地使被支配对象发挥充分的效益。相反,任由权利人滥用利用和处分的权利甚至会破坏有序的人类共同生活。① 因而,在定分止争的功能已经获得实现之后,物权法的重心应当转换到如何使被主体支配的财物充分发挥效益,促进社会财富的增长,有效增进人类的福祉。尤其应当看到,随着社会的发展,资源的有限性与人类不断增长的需求和市场的发展形成尖锐的冲突和矛盾。由于人口增长,经济发展速度加快,现代社会的资源和环境对于发展的承受能力已临近极限。由于资源利用中冲突的加剧,物权法必须承担起引导资源合理和有效利用的功能,"以使互不相侵而保障物质之安全利用"②。在世界范围内,传统的所有权绝对主义观念也在保护生态环境的大背景下出现松动,并在相当程度上融入了"预防原则"和"可持续发展原则"的要求。③ 而在资源严重紧缺、生态严重恶化的情况下,更应当重视资源的有效利用④,这也使得物权法的价值发生了相应的转化,从传统的注重对静

---

① 参见〔德〕鲍尔、施蒂尔纳:《德国物权法》(上册),张双根译,法律出版社 2004 年版,第 5 页。
② 史尚宽:《物权法论》,中国政法大学出版社 2000 年版,第 1 页。
③ 参见石佳友:《物权法中环境保护之考量》,载《法学》2008 年第 3 期。
④ 2006 年 6 月,国务院新闻办公室发表了《中国的环境保护(1996—2005)》白皮书。白皮书指出,由于资源相对短缺,生态环境脆弱,生态环境恶化的趋势仍未得到有效遏制。

态财产的保护转向对物的更有效的利用。

可以说,定分止争和物尽其用是现代物权法的两大功能,正如川岛武宜所说:"市民社会的主要目标是保护所有权。人的存在是以对自然界的支配和利用为基础的。外界自然通过某种方法为人类所利用,其直接的前提是给予所有权。"①郑玉波先生认为,在民商法上,交易安全通常被区分为静的安全和动的安全,所谓静的安全,是指法律对主体已经享有的既定利益加以保护,使其免受他人任意侵夺;所谓动的安全,是指法律对主体取得利益的行为加以保护。② 物权所表彰的,是抽象的支配,也正因为如此,物权法被普遍认为从来都是由以占有、使用、收益、处分的权能为内容的所有权为中心构成的。然而,当代物权法在发挥定分止争功能的同时,也以物尽其用为其重要功能。

物权法从"归属到利用"或从"所有到利用"的表现是多方面的。一是物权法的基本宗旨发生改变。在以所有权绝对为宗旨的立法中,保护物权成为首要目的。但是在当代物权法中,物尽其用也成为物权法所追求的目标。《欧洲示范民法典草案》在确立该草案的基本价值时认为,物权编的一个重要宗旨是,采取更高效、更灵活的方式来实现权利让与财产转移、确保债务履行以及管理财产的各种权利。③ 二是对物权的需求从拥有转向追求使用价值、交换价值,对物的占有不再仅是为了拥有而拥有,而在于拥有该物、利用该物、追求价值和价值的增值。④ 在制度的设计上,将物尽其用真正作为物权法的价值之一,与保护物权并列。而这种价值在物权法的内容体系中贯穿适用。对财产权的客体、权能、属性、用益物权、相邻关系以及征收等制度进行重新审视,强化物尽其用的义务。例如,所有权和经营权的分离就体现了这一价值理念的变化。所有权人享有物的所有权,但未必需要实际控制和利用物,所有权人也未必具有充分利用物的专业技能,因此,在社会分工高度专业化的今天,将物的使用交给具有专业技能的人,能够充分发挥物的效用。因此,"所有"与"控制"的分离是提升物的利用效率的必然选择。三是制度体系的变化。在物权

---

① 〔日〕川岛武宜:《所有权法的理论》,岩波书店1987年版,第17页。
② 参见郑玉波:《法的安全论》,载刁荣华主编:《现代民法基本问题》,汉林出版社1981年版,第1页。
③ 参见欧洲民法典研究组、欧盟现行私法研究组编著:《欧洲示范民法典草案:欧洲私法的原则、定义和示范规则》,高圣平译,中国人民大学出版社2012年版,第51页。
④ 参见高富平:《从实物本位到价值本位——对物权客体的历史考察和法理分析》,载《华东政法学院学报》2003年第5期。

法中,用益物权制度的功能也日益凸显。从物权的功能来看,物由所有人进行现实的支配并由其自己利用,从而导致权利主体对物的所有关系和利用关系趋于一致。从所有权来看,其包括了使用权能和处分权能。前者包括所有人可以采用任何方式使用其物的权利,后者则是指所有人可以转让其所有物,并且可以在其物之上设立他物权。① 使用不仅是指对物的效用的利用,还包括在物之上获得经济利益,因而使用权应包括收益权。只有充分发挥所有权的使用权能和收益权能,才能使所有权实现其经济价值,从而实现物尽其用。所有权仅意味着权利主体对财产的支配、控制状态获得了法律的确认和保障,这一确认本身并不意味着一定能实现物尽其用、促进社会财富的增长。欲使资源最大限度地发挥其效用,就必须由最能有效利用资源的人来利用资源。因此,近代不动产所有权之趋势应为利用权优于所有权,因为对不动产加以利用生产物品者,比单纯拥有不动产所有权而不加以利用者对社会的贡献更大。固然取得不动产所有权有其成本,但此种成本已经不影响人们利用现有资源以生产产品或服务,因此,拥有不动产所有权者未必加以利用,不加以利用,则无法提供产品和服务以满足人们的需要,因此,法律必须鼓励人们去利用不动产加以生产,因为利用权人才是真正利用不动产以生产产品或服务之人,而所有权人并非直接利用不动产之人,因此,利用权应优于所有权而受保障。② 在市场经济条件下,土地不动产的利用价值越来越强调效益性,用益物权在社会生活中的作用日益凸显。四是担保物权的种类不断丰富。"物权法借助于担保移转、抵押、土地债务以及质权为融资手段提供了担保手段,即所谓真正的信用。流入经济需求当中的资本量的大小,在很大程度上取决于物权法对担保方式的扩大或者限制。"③

当代物权法经历了从"归属到利用"或从"所有到利用"的历史演变过程,这表明,人类作为主体对客体认识和利用程度的深化。根据经济分析法学派的观点,所有的法律规范、法律制度和法律活动归根结底都是以有效地利用资源、最大限度地增加社会财富为目的,也就是通过法律手段促进资源的优化配置,实现帕累托最优。④ 无论是财产权的初始分配,还

---

① Jacob H. Beekhuis et al., International Encyclopedia of Comparative Law: Volume VI: Property and Trust: Chapter 2: Structural Variations in Property Law, J. C. B. Mohr (Paul Siebeck), Tuebingen, 1973, p.12.
② 参见谢哲胜:《财产法专题研究》,三民书局1995年版,第140页。
③ 〔德〕曼弗雷德·沃尔夫:《物权法》,吴越、李大雪译,法律出版社2002年版,第11页。
④ 参见王启富、马志刚:《权利的成本——效益分析》,载《政法论坛》1999年第4期。

是在产权初始分配之后的合同交易中,法律的制度安排都应当将物尽其用作为重要的政策目标。在财产权的初始分配中,是否需要在一宗财产上设置产权以及让何人享有产权,一个核心的考虑因素就是谁有助于更好地发现、维护、流通和利用这些财产。① 同时,这也表明法律制度更应当有效地回应社会的需求,回应时代的需要。如前述,现代社会人与资源之间的矛盾,比历史上以往任何时候更为突出和尖锐。为有效解决人与资源之间的矛盾,需要促使有限的资源发挥最大限度的效用,民法典必须承担起引导资源合理和有效利用的功能,"以使互不相侵而保障物质之安全利用"②。因此,法律应当鼓励对资源进行多种形式的利用与共享,实现其效益最大化。

由此可见,现代物权法除具有界定财产归属、明晰产权的功能,其重心已表现为最大限度地发挥资源的效用以获得最佳的经济社会效益。③物尽其用和定分止争并不是相互排斥的,而是相辅相成的,其原因主要在于,一方面,这种注重确认和保护物权的模式本身也能发挥物的效用,因为产权不明晰,人们就会为抢夺资源发生利益冲突,进而导致资源利用效率低下。因此,定分止争本身就是一种有效利用资源的前提。正如波斯纳所说:"对财产权的法律保护创造了有效率的使用资源的激励。"④另一方面,产权的确认本身也有利于实现物尽其用。法律保护所有人自由处分其物本身也是物尽其用的具体体现。根据经济分析法学派的观点,在判断财产权制度是否有效率的三个标准中,一个重要的标准就是财产权是否具有可转让性。⑤ 如果财产权具有可转让性,就意味着资源能够流向最能有效利用该资源的主体,从而实现资源的优化配置,否则,财产只能由所有权人加以利用,而所有权人不一定是财产的最佳利用人,这就难以实现物尽其用。可见,物尽其用以自由处分为前提,自由处分以物尽其用为目的。市场经济是通过资源的优化配置而实现效益目标的,资源应当如何优

---

① See Steven Shavell, Foundations of Economic Analysis of Law, Harvard University Press, 2004, pp. 16–19.
② 史尚宽:《物权法论》,中国政法大学出版社2000年版,第1页。
③ 参见马俊驹、尹梅:《论物权法的发展与我国物权法体系的完善》,载《武汉大学学报(哲学社会科学版)》1996年第5期。
④ 〔美〕理查德·A.波斯纳:《法律的经济分析》(上),蒋兆康译,中国大百科全书出版社1997年版,第40页。
⑤ 参见高德步:《产权与增长:论法律制度的效率》,中国人民大学出版社1999年版,第83页。

化配置,这不仅取决于资源的占有量,更重要的是要有一套资源配置规则和交易规则,这种规则主要是通过确定财产的所有权归属,明确财产所有权的主体,并承认其处分财产的权利,从而为资源的交易提供法律前提。此外,物尽其用还要求对物进行多种形式的利用,这不仅要求确认物的所有权归属,还要确认与保护他物权。现代物权法出现了从"归属到利用"、从"所有到利用"的发展趋势,为了充分利用资源,充分发挥财产的效用,吸收更多的主体利用资源,在一物之上需要设立越来越多的物权形态,从而促进财产的动态利用。[①] 借助于他物权制度,尤其是用益物权制度,非所有人可以利用所有人的财产组织生产经营,从而充分发挥物的效益。我国物权立法应当尽可能确认和保护各项用益物权,凡是实践中出现的对不动产的使用、利用形态都应进行认真整理和审视,对于不违反法律规定的利用方式,可以考虑将其确认为物权类型,以充分发挥物的经济效用。

总之,作为一种解决因资源的有限性与需求的无限性而引发的紧张关系的法律手段,物权法的功能不仅仅在于界定财产归属、明晰产权从而达到定分止争、实现社会秩序的效果,更在于使有限自然资源的效益得到充分发挥,从而更好地满足人类的需求。无论是从物权法自身的演变来看,还是从制度构造来看,物权法都以充分发挥资源的经济社会效益作为其追求的目标。

二、现代物权法在物尽其用价值方面所展现的若干趋势

现代各国和地区物权法十分重视对物的充分有效利用,使财产最大限度地达到物尽其用的状态,物尽其用的效益价值已经成为物权法的重要价值。因此,现代物权法也表现出若干新的发展趋势。

(一) 所有与利用分离的多样化

传统上,大陆法系国家和地区民法主要是通过设定他物权的方式实现对物的利用,因为大陆法系的物权法理论以所有权"权能分离"为基础。所谓"权能分离"是指所有权包含的使用权能和处分权能在行使中可以与所有人的所有权相分离,所有人可以在自己的财产之上,为他人设定各种用益物权,或用物提供担保设定担保物权,还可以将所有权出租设立信托等方式

---

① 参见吕来明:《从归属到利用——兼论所有权理论结构的更新》,载《法学研究》1991 年第 6 期;林刚:《物权理论:从所有向利用的转变》,载《现代法学》1994 年第 1 期。

加以利用。这种分离并不导致所有权的消灭,反而使所有权更为有效地行使和利用,并通过分离充分实现财产的使用价值和交换价值。而在当代物权法中,所有与利用的分离更加复杂,更加多样化。正如施蒂尔纳所指出的:"所有权人可以让别人分享对物的使用,也可以将对物的变价权转让给别人,甚至还可以赋予第三人取得属于自己所有之物的取得权。换言之,所有权人有可能为了他人的利益,自其完全权利中'分离'出去一部分权能,并且这种分离可以采取使该他人取得一项物权性权利的方式。"①

首先,他物权的形态更加多样且更有利于促进物尽其用。在不动产所有权权能的基础上分离出越来越多的权利,这些都表明了对物的利用价值日益提高。尤其是不动产之上的物权类型越来越多,对物的利用更有效率。法律鼓励当事人设立更多的互不矛盾的物权,从而使主体能够更充分、有效地利用资源。例如,在当代,地役权适应物尽其用的需要产生了所谓空间地役权、公共地役权等形态。从比较法上来看,各国和地区的法律对地役权的种类并无限制,从而使地役权的发展保持了开放性,尤其是允许当事人通过约定地役权充分发挥不动产的利用价值,可以说就地役权而言,权利人自由创设空间较大。这些优势使其能够适应社会的不断发展,满足各种利用他人土地的社会需求。②

其次,对土地和建筑物的不同利用方式形成了不同的权利。在土地和建筑物之上构建了一个多重的使用权体系,形成一个复杂的"权利束"结构,同时允许多个使用权人获取同一土地和空间的不同效用。所有权权能分离现象充分体现了物尽其用的价值。例如,各国和地区的法律普遍承认对土地之上和土地之下的空间进行利用的权利,该项权利或者被认为是独立的权利(如空间权),或者被认为是土地所有权的内容而已。③另外,土地之下还有矿产资源等,它们可能被认为是土地所有权的客体,也可能形成独特的物权。④ 只要这些物权之间并不发生冲突,一块土地之

---

① 〔德〕鲍尔、施蒂尔纳:《德国物权法》(上册),张双根译,法律出版社2004年版,第32页。

② 参见刘乃忠:《现代地役权发展趋势》,载《中南财经政法大学学报》2002年第3期。

③ Jacob H. Beekhuis et al., International Encyclopedia of Comparative Law: Volume Ⅵ: Property and Trust: Chapter 2: Structural Variations in Property Law, J. C. B. Mohr(Paul Siebeck), Tuebingen, 1973, p.9.

④ Jacob H. Beekhuis et al., International Encyclopedia of Comparative Law: Volume Ⅵ: Property and Trust: Chapter 2: Structural Variations in Property Law, J. C. B. Mohr(Paul Siebeck), Tuebingen, 1973, p.9.

上可以设定多种物权。土地之下可以形成空间利用权,地下资源的开采权、利用权;土地之上可以设定地上权、空间的利用权等,土地所有权本身还可以用于抵押,物上的权利状态越来越复杂。

最后,由于实物和价值形态发生分离,实物高度价值化,权利人不仅可以对实物进行利用,同时也可以对价值进行利用和支配。只要对价值和实物的支配和利用之间不发生冲突,就可以形成多样化的权利。① 例如,将某栋建筑物作价 1 000 万元分别抵押给不同的债权人,从而使债权人在抵押物的交换价值上享有多个抵押权,就实现了多个权利人对交换价值的支配。这种价值的支配和利用确实已经突破了一物一权的限制,"一物一权限制人们就一物上设定物权的个数,将影响对一物利用的密度,自然影响资源利用的效率"②。当权利人对价值进行支配和利用时,其实一物之上已经形成了对实物的支配和对价值支配的分离。

还应当看到,所有与利用的分离在信托制度中表现得更为明显。虽然信托是英美法的传统制度,但是因为实现了对信托财产的高效利用,因而为大陆法系国家和地区所广泛借鉴,甚至许多大陆法系国家和地区的民法典(如《魁北克民法典》)都对信托制度进行了规定。

(二) 建筑物区分所有权制度的发展

建筑物区分所有权不同于独门独院、一家一户的传统所有权之处,就在于它是在对建筑物进行区分的基础上形成的产权。所谓区分所有,是指在对建筑物进行纵向、横向分割的基础上,形成一层或者一套房屋的产权,进而产生专有部分的所有权、共有权以及共同管理权,这些权利共同构成建筑物区分所有权。建筑物区分所有权制度也是解决人与资源之间矛盾的典型制度,它突破了传统物权法的一物一权制度,允许在同一个物之上同时存在多个所有人,以区分所有的形式,共同对物进行利用与共享。建筑物区分所有权制度立足于传统的共有理论,区分所有人对建筑物的整体进行共同利用的法律框架,是所谓专有部分及共有部分的构造;在这样一整套法律框架的基础上,区分所有人共同对建筑物进行利用、享有和处分。有观点认为,建筑物区分所有权制度是低效率的,但是现在却

---

① 参见陈晓敏:《大陆法系所有权模式历史变迁研究》,中国社会科学出版社 2016 年版,第 108 页。
② 谢哲胜:《台湾物权法制发展》,载吴汉东、陈小君主编:《私法研究》(第六卷),法律出版社 2008 年版,第 164 页。

普遍认为该制度能够有效提升对建筑物的充分管理和利用。①

(三) 所有权的期限分割

物权发展的另一个趋势就是所谓所有权的期限分割。② 所有权的期限分割,又称为有期产权,它是通过有期共享([西班牙语]tiempo compartido)的形式而产生的一种新的物权形式。从现实来看,此种制度通常是与旅游、度假、休闲联系在一起的,特别是在旅游圈中出现的轮换度假([西班牙语]intercambio vacationl)模式,使有期产权人可以轮换不同的地方,享用相应期限的不动产及设施的使用权。③ 这种新的权利形式赋予购买人在事先确定的期限内排他性地使用特定不动产的权能;通常是由许多人长期或短期相继和轮换使用同一不动产,且这种权利可以在生前或死后转让。④ 例如,某人想每年夏天到北欧某个国家的海边度假,他可以在当地购买一栋别墅的7月和8月的所有权。如果他想每年冬天到那里去滑雪,可以只购买该栋别墅12月份的所有权。这种做法不仅可以使所有人获取较高的收益,而且可以充分实现这栋别墅的价值。在该期限内,权利人享有对其购买的房屋的完全支配权,任何人占用其财产,其都可以以所有人的身份请求返还财产、排除侵害。当然,每个权利人只是在既定的时间内享有独占的支配权。一些国家,如葡萄牙,已经通过立法承认其为有期物权,也有国家称其为"度假寓所所有权"(Ferieneigentum)。欧盟在1994年发布了一项关于时间分配式共有的指令⑤,此种所有权的产生是所有权无期限原则的一种例外,也是现代社会对资源进行更有效利用的产物。然而,这种期限所有权究竟是一种物权还是债权,在大陆法系国家也存在疑问。一些学者认为,期限所有权在本质上是一种分期租赁,因此是一种债权。然而,它在法律上又与租赁存在区别,主要表现在:权利人在既定的期限内享有完全的所有权,对某栋房屋而言,权利人如不使用,可以以出租人的身份出租出去,由他人承租使用。

---

① Jacob H. Beekhuis et al., International Encyclopedia of Comparative Law: Volume VI: Property and Trust: Chapter 2: Structural Variations in Property Law, J. C. B. Mohr (Paul Siebeck), Tuebingen, 1973, p. 5.
② 参见徐国栋主编:《罗马法与现代民法》,中国法制出版社2000年版,第122页。
③ 参见高富平:《物权法原论》(上),中国法制出版社2001年版,第212页。
④ 参见高富平:《物权法原论》(上),中国法制出版社2001年版,第212页。
⑤ 参见〔德〕鲍尔、施蒂尔纳:《德国物权法》(上册),张双根译,法律出版社2004年版,第679页。

(四) 共有制度的发展

首先,物权法放宽了共有物处分的条件。大陆法系国家传统上有代表性的观点是,关于共有物处分应采一致决定说。此种观点认为,共有物归属于全体共有人,对共有物进行处分应当征得全体共有人的同意,否则可能构成对某一共有人利益的侵害。例如,《德国民法典》第747条规定:"整个共有物仅得由全体共有人共同处分。"但要求共有物的处分必须取得全体共有人的同意十分困难,不符合物尽其用的要求,因为在很多情况下,可能因为某一共有人不同意处分共有财产而丧失利用共有物的最好时机。因此出现了多数决定说[1],我国物权法采纳了这种模式。[2]

其次,共有物分管协议也体现了物尽其用原则。所谓共有物分管协议,是指共有人之间订立的,由部分或全部共有人分别占有共有物的特定部分,并对这一部分进行管理的合同。[3] 共有物分管协议以共有人对共有物的特定部分进行管理的安排为内容。在比较法上,虽然各国法律大多将共有物分管协议作为债权合同,但是在共有物分管协议进行登记之后,也具有一定的物权效力,并能够拘束新加入的共有人。根据共有物分管协议,可以由共有人中的部分人来管理共有物,也可以委托共有人之外的第三方来管理,与全体共有人直接管理共有物的方式相比,此种方式显然更具有效率,也符合专业化分工的原则,有利于对物的最有效利用。

再次,准共有制度也体现了物尽其用原则。所谓准共有,是指两个以上单位、个人共同享有用益物权、担保物权等权利。[4] 例如,三个人共同购买一块土地的使用权,对该土地使用权享有共有权,此种共有属于准共有。因为法律允许多个主体共同享有用益物权,共有的客体不再限于所有权;法律设置共有制度的主要原因是确立对物的共同利用的规则,允许用益物权共有,有利于促进物尽其用。

最后,共有财产的分割也应遵循物尽其用原则。从各国物权法的发展趋势来看,物尽其用原则在共有财产的分割中发挥了越来越重要的作用。例如,在法律上,进一步放松了对共有财产分割的限制,禁止当事人订立长期的禁止分割的协议,努力降低因分割形成的交易成本等,这些都

---

[1] 参见《瑞士民法典》第647条、《意大利民法典》第1105条。
[2] 参见《物权法》第97条。
[3] 参见谢在全:《分别共有内部关系之理论与实务》,三民书局1995年版,第91页。
[4] 《物权法》第105条规定:"两个以上单位、个人共同享有用益物权、担保物权的,参照本章规定。"

体现了物尽其用的立法政策。① 我国《物权法》也适应这一发展趋势,在共有财产分割中作出了特殊的规定。②

(五) 添附物所有权归属的确定

所谓添附(accessio),是指不同所有人的物结合在一起而形成不可分离的物或具有新物性质的物。③ 从比较法上来看,添附制度成为大陆法系国家物权法中取得财产权的重要方法,从而解决物权在归属上的纠纷。在解决物和物之间因附合、混合、加工等原因而产生的纠纷方面,添附制度具有物权请求权制度所不可替代的功能。一般而言,如果某人使用他人的物进行加工、装修或发生混合,就构成对他人物权的侵害,权利人可行使物权请求权请求返还原物,从而恢复对原物的占有。但是在许多情况下,因物和物之间发生混合和附合,权利人不能行使物权请求权,尤其是在以他人财产进行加工、装修等发生添附的情况下,不能拆除或者拆除将会造成很大的损失时,如果一定要他人拆除,从而取回原物,不仅违反了民法的公平和诚信原则,也违反了效率原则。此时,就需要通过添附制度解决财产的归属,但添附物所有权归属的确定也应遵循物尽其用原则。如果发生添附之后对物无法进行分割,则应确定物的最终归属。就此而言,如果当事人之间有约定,应按照约定处理;如果没有约定,则要尊重物尽其用原则,以符合物的效用最大化原则,确定物的最终归属。因此,在当代物权法中,添附制度也能发挥物尽其用的作用。

(六) 强化用益物权以充分发挥物的使用价值

物尽其用原则最充分地体现于用益物权制度中。从定分止争到物尽其用,很大程度上体现在物权法中不仅仅注重财产的抽象归属,而且通过用益物权制度保障对物的使用价值的充分利用,这就是说,物权人可以自己利用其物,也可以交由他人利用。用益物权不仅类型丰富,其地位和作用也日益凸显。④ 用益物权以获取物的使用和收益为原则,其最终目的在于以最充分的方式利用物,这正是物尽其用原则的内涵所在。物权法的重心在现代社会出现了从所有到利用的发展趋势,用益物权比以往任何时候都显得重要。因为就不动产而言,人们更加注重的是对土地和其他

---

① 参见苏永钦:《寻找新民法》(增订版),北京大学出版社2012年版,第441页。
② 参见《物权法》第99条。
③ 参见谢在全:《民法物权论(上册)》(修订二版),三民书局2003年版,第505页。
④ 参见王胜明主编:《中华人民共和国物权法解读》,中国法制出版社2007年版,第4页。

资源的利用并获取收益。只有这样,才能充分鼓励权利人对物进行合理的利用,充分发挥物的使用价值,促进社会经济的发展。适应物尽其用的需要,许多国家法律确认了空间利用权、空间地役权、空间地上权。这就可以使权利人利用空间,兴建空中走廊、空中花园、地下车库、地下商场等建筑物,从而可以在不占用更多土地的情况下,利用空间来创造社会财富。随着社会的发展,人们对财产的利用能力的增强,利用财产的方法增加,这些都导致新的用益物权的产生。只要这些用益物权相互之间不发生冲突,都可以为法律所承认。①

(七) 物权的证券化

物权的证券化主要体现在不动产的证券化上。所谓不动产证券化,是将不动产上的财产权变成证券形态。具体而言,是将对土地及建筑物的财产权,由直接支配的物权关系,转变为具有债权特性的证券形态,使原来流通性不强的土地及建筑物财产权转化为流通性较强的证券。物权的证券化主要有如下几种形态:第一,将不动产的价值形态分成若干份额,以证券的形式对外出售。② 第二,美国土地信托的典型操作模式,即开发业者购买一块生地(raw land),租给一家由该开发业者组成的公司,并将该土地的所有权信托移转给一位受托人,依据信托契约,受托人发行土地信托受益凭证,而由委托人(开发业者)销售该受益凭证,受益凭证代表对土地所有权(信托财产)的受益权,销售受益凭证所得的资金,用来改良土地。受托人收取租金,负有给付受益凭证持有人固定报酬的义务,并将剩余租金用来买回受益凭证,使开发业者的实质所有权(对信托财产的受益权)所受的负担解除。③ 第三,抵押权以证券化的形式转让。所谓抵押权的证券化,是指在抵押权设定以后,因为抵押权常常由银行所有,银行可以将抵押权转移给投资公司,投资公司以抵押权所具有的权益发行证券。物权的证券化使物权和债权的关系更为密切,也就是说,物权不仅仅是权利人对物所享有的独占的支配权,而且物权可以作为一项可交易的财产,以具有债权特点的证券形式在社会上进行流通,证券化可以使对物的利用更有效率。当然,所谓资产证券化也具有一定的风险,一味地追求物的价值最大化,而忽视物本身所具有的使用价值的限度,就有可能放大债权不能受偿的风险,带来系统性金融风

---

① 参见房绍坤:《用益物权基本问题研究》,北京大学出版社 2006 年版,第 105 页。
② 有日本学者认为,金钱不仅使物权与债权获得了前所未有的高度统一,同时也使二者区别之限愈益模糊。参见〔日〕于保不二雄:《物权法》,有斐阁 1956 年版,第 5—6 页。
③ 参见谢哲胜:《不动产证券化之研究》,载《台大法学论丛》1997 年第 27 卷第 1 期。

险,美国当年的次贷危机就是十分典型的例证。第四,实物的电子化。近几十年来,随着互联网和数字化的发展,实物也可以以电子化的形式表现出来。例如,储存的商品可以以电子化的权利体现出来,并可以进入交易领域进行交易,这就使得对物的利用效率更高。

(八)担保物权的类型日益丰富,可担保财产的类型和范围日益扩大

担保物权作为保障债权实现的方式,以物权人取得标的物的交换价值为指向。现代市场经济条件下,担保的功能日益突出,担保的类型越多,越方便担保债权的实现,资金的融通也更为便利,可见担保与金融创新关联密切。因此,一方面,各国和地区法律为充分发挥财产的金融价值,准许大量具有交换价值的财产进入担保领域,从而使交换价值得到了充分的、更有效率的利用,这是比较法上的重要趋势。在立法例上,根据《魁北克民法典》第2660条的规定,除了家用、生活必需品等不得作为担保财产外,其他具有交换价值的财产均可进入担保领域。另一方面,现代各国极大地扩大了抵押和质押的范围,动产抵押的重要性日益增加,已经与不动产抵押并驾齐驱,海域使用权抵押、浮动抵押等方式也被广泛采用。同时,质押的范围也不断扩大,从动产向权利扩张,新类型的质押不断出现。例如,应收账款质押、基金份额质押等大量出现,尤其是动产让与担保、纳税担保等非典型担保形式开始产生。这就改变了传统上依据标的物的不同对担保物权进行分类的特点。担保物权类型的不断丰富使得财产能够通过提供担保而发挥更大的经济效用,这也是物权法物尽其用原则的重要体现。还应当看到,在担保物权的实现程序中,担保物权的实现更为简便。权利实现的效率得到提升,在动产担保物权的实现中,部分情形下允许当事人采取私力救济,在程序设计上,在平衡担保人和担保权人利益关系的基础上,保障担保权人能够简单、迅速地实现权利。

总之,现代各国物权法已经逐渐放弃了传统的注重对物的实体支配和确定财产的归属,转而注重对物的多样态利用和财产的价值形态,对物的有效利用已经成为物权法的一项基本原则,这些规则也是人类生活经验的总结,应当为我国《物权法》所借鉴。

三、物权法彰显物尽其用的价值应当处理好几种关系

(一)处理好物尽其用与节约利用资源、保护生态环境的关系

物尽其用不仅需要充分发挥物的经济效用,还需要强化对环境资源

的保护,也就是说,物尽其用并不是说竭泽而渔、滥用地力、无度开发,将物的价值全部用尽,恰恰相反,物尽其用的含义是将各种可用之物充分利用。尤其是在维护生态环境的前提下,应当节约利用资源、有效利用资源。在西方,即使是一些主张保护财产就是保护自由的学者也认为,为了共同体的利益,过度、非伦理地适用财产是非常危险的。"一个民族的人们越是成熟,越是注重发展私有财产的社会方面,以阻止其浪费和滥用。"[1]在美国发生的一起相邻关系纠纷中,法官霍尔姆斯提出了一个著名的论断,即"限制所有人财产的有害使用乃公共利益的要求。这一公共利益表明了一道界线,使所有人不得逾越"[2]。

物尽其用包含了节约利用资源的含义,而不是无度地利用资源,节约本身就是物尽其用的一种体现。改革开放以来,伴随着我国经济的高速发展,也出现了无序开发资源、浪费资源的现象。矿产的无度开发将危及子孙后代所能开发的资源,造成了代际的不平等。有报道称,在露天开采煤矿的过程中,每开采1吨煤就会破坏0.02~0.18公顷的土地资源,排土场占地约为露天采矿占地的2倍以上,土地塌陷面积为开采面积的1.2倍,塌陷区土壤有机质含量平均下降30%[3],由此也造成了资源过度开采、环境严重污染、产业结构不合理以及价格扭曲等诸多现象。[4] 我国是一个水资源短缺的国家,目前,我国人均水资源量仅为世界人均水平的1/4,局部地区人均水资源量远远低于世界人均水平,水资源很可能成为21世纪中国最为稀缺的自然资源。[5] 而与此同时,对水资源的浪费以及因污染造成的损害依然十分严重,这其中的观念误区就在于,将物尽其用看作竭泽而渔式的无度开发。

贯彻物尽其用原则就必须要树立节约资源的理念。《民法总则》第9条规定:"民事主体从事民事活动,应当有利于节约资源、保护生态环境。"这就确立了绿色原则,该条实际上将节约资源与保护生态环境视为绿色

---

[1] Gottfried Dietze, In Defense of Property, Johns Hopkins, University Press, 1971, p.113.
[2] Gottfried Dietze, In Defense of Property, Johns Hopkins, University Press, 1971, p.110.
[3] 参见吕世海、叶生星、郑志荣等主编:《北方森林草原交错带》,中国环境科学出版社2012年版,第194页。
[4] 参见《中国以23%的稀土资源储量长期供应全球90%以上的市场需求》,载http://www.gov.cn/wszb/zhibo518/content_2165776.htm,访问日期:2019年5月6日。
[5] 我国水资源总量不足,人均水资源只有世界平均水平的1/4,全国600多个城市中有400多个水资源短缺,其中100多个严重短缺。参见周生贤:《采取最严格的措施 让江河湖海休养生息——在第三届环境与发展中国论坛上的主旨报告》,载《环境教育》2007年第9期。

原则的一体两面,将节约凸现出来表明了节约资源的理念,在制度设计中融入了节约与环境保护相结合的先进理念和指导思想。《物权法》必须以保护环境和生态、节约资源作为其一项重要任务,这就决定了《物权法》在注重充分发挥资源的有效利用的前提下,强调合理利用资源、保护环境,维护生态平衡。因此,在物权法中贯彻物尽其用原则,需要妥当平衡物尽其用与保护环境、节约之间的关系。

在现代社会,随着人口激增、经济快速发展以及城市化的日益加快,土地等不可再生资源越来越稀缺;在这样的背景下,节约资源,保护环境,维持生态平衡,实现可持续发展,就成为各国和地区法律普遍关注的重要课题。如何有效率地利用资源,并防止生态环境的破坏,也已成为直接调整、规范物的归属和利用的《物权法》的重要使命。正是因为这一原因,现代物权法发展的重要趋势之一,就是要在强化物的利用效率、促进物尽其用的同时,越来越重视环境的保护。例如,许多国家的法律明确要求,物权人在行使权利时必须要注重保护环境,用益物权人在行使其权利时也负有保护环境、尊重生态的义务。① 因此,物权法与环境保护的关系不仅是环境法上的重要议题,也是物权法研究的前沿问题。在我国资源严重紧缺、生态严重恶化的情况下,更应当重视资源的有效利用。"保护"与"利用"之间必然存在内在的张力,保护对利用形成必要的合理限制,从这一意义上说,保护生态环境这一原则正好是对物尽其用原则的限制。物尽其用要求所有人在行使物权,尤其是在利用物的过程中,不得浪费资源。如果忽视对环境资源的保护,可能构成权利滥用。

物尽其用要求用益物权人在行使用益物权时,必须要遵守法律有关保护和合理开发利用资源的规定。《物权法》第120条规定:"用益物权人行使权利,应当遵守法律有关保护和合理开发利用资源的规定。所有权人不得干涉用益物权人行使权利。"根据这一规定,所谓合理开发和利用资源,是指开发和保护必须结合起来,对于自然资源的利用和养护必须协调处理,既要保证资源的有效利用,防止浪费,又要保证长远的可持续发展,兼顾近期的利用效率和长远利益。就物权的行使与抛弃而言,应当尽量做到物的有效率利用,要尽量节约资源、保护生态环境。例如,我国目前可耕作的土地面积为18.4亿亩,人均不足1.4亩,是世界平均水平的1/3。这一数字不仅远远低于世界平均水准,而且耕地总体质量差,沙化

---

① 参见吕忠梅:《关于物权法的"绿色"思考》,载《中国法学》2000年第5期。

现象严重。① 所以,对耕地实行最严格的保护政策,是我国一项基本的国策。出于保护耕地原则要求,《物权法》规定,农村集体经济组织的成员在行使承包经营权的过程中,不得改变土地的用途。用益物权人在行使其权利的过程中,必须合理利用土地,保护耕地。例如,不能擅自占用耕地建房、修坟、取土、挖沙等。②

物尽其用原则要求对海域使用、矿产资源的开发、水资源的利用等必须本着节约原则,有效率地利用,同时要注重维护生态环境。《物权法》第119条规定:"国家实行自然资源有偿使用制度,但法律另有规定的除外。"该条确立了自然资源有偿使用制度,对于有效防止资源滥用具有重要意义。而《物权法》确认准用益物权,就适应了我国可持续发展的要求。因为我国当前的生态环境十分脆弱,保护生态平衡已成为当务之急。例如,就水资源的利用与保护而言,在物权法中将取水权规定为准用益物权,通过确认和保护对水资源的取用权利,最大限度地发挥水资源的经济效益,从而实现水资源可持续利用的终极目标,这对于保护环境和生态的平衡是十分必要的。

(二) 兼顾物尽其用与保护民事权利的关系

物尽其用原则也对财产权利的行使设置了一定的限制,即权利人在行使财产权利时,应当考虑个人利益与社会利益的平衡。传统民法以个人利益为中心,一般而言,权利人有权按照自己的意愿行使物权,他人不得非法干涉。但按照绿色原则,民事主体从事民事活动时,应当有利于节约资源、保护生态环境,这实际上是对权利人行使权利作出了一定的限制,在一定程度上可以说是民法典社会化的重要体现。③ 罗马法时期曾有法谚云:"任何人不恶用自己的物,乃国家利益之所在(expedit enim rei publicae ne quis re sua male utatur)。"19世纪末叶以后,各国均以法律或判例的形式确立了"权利滥用禁止"原则。任何人对自己的财产进行使用和收益,不得以牺牲资源、环境为代价。从事生产开发,侵害所有人和其他人的利益,也将构成权利滥用,并应承担相应的责任。④ 例如,土地承包经营权人不得采用污染土地的方式利用土地等,否则也构成权利的滥用。

物尽其用与保障私权之间可能发生冲突。强调物尽其用是必要的,

---

① 参见孙佑海:《物权法与环境保护》,载《环境保护》2007年第10期。
② 参见胡康生主编:《中华人民共和国物权法释义》,法律出版社2007年版,第267页。
③ 参见陈甦主编:《民法总则评注》(上册),法律出版社2017年版,第68页。
④ 参见孙佑海:《物权法与环境保护》,载《环境保护》2007年第10期。

但并不意味着要因此损害权利人的私权,因此,应当妥善处理物尽其用与保障私权之间的关系。以共有物的管理规则为例,在比较法上看,有的国家法律规定,共有财产性质的变更、改造等必须要取得全体共有人的一致同意,此种一致同意的方式在效率上较为低下。因此,为了贯彻物尽其用原则,一些国家的法律如《意大利民法典》第1105条就采取了多数决规则,优先考虑物的价值的有效利用。但是多数决有可能会损害单个所有人的利益,因此,该条也同时规定"这一改造不得损害其他共有人的权利且不得造成过重的费用负担"。这实际上就有效协调了物尽其用与保护少数共有人权益的关系。我国《物权法》第97条为共有物的利用效率,将一致同意改为2/3多数决,这种规定确实有利于提高效率,但却忽视了对少数共有人利益的保护。因此有必要借鉴《意大利民法典》的相关经验,规定共有物的管理和处分不得损害少数共有人的权利。① 由此可见,物尽其用与保障私权之间应当实现妥当的平衡。

(三) 兼顾物尽其用与维护交易安全的关系

物尽其用以确保物的分配达到最高效率为目的。然而,各个主体对于物的利用效率是不同的,对于同样的物,有的主体可以高效利用,有的主体则可能造成物的浪费。此时,如果严格遵循物尽其用原则,那么应当将物的归属确认给高效的利用人。但是,这种分配方式却可能与交易安全发生冲突。例如,某人多次处分自己的物给不同的受让人,第一受让人对物的利用效率较低,因而可能也会出价较低,而后的受让人因为对物的利用效率更高,因而可能出价更高。此时,如果完全按照物尽其用原则,则当然应当将物分配给后面的受让人,但这将给交易安全带来不可估量的影响。因而,在发生交易安全与物尽其用的冲突时,还是应当依据物权变动的一般规则确认物权的归属,即不能以牺牲交易安全换取对物尽其用原则的贯彻。波斯纳指出:"如果(一方当事人)从违约中获得的利益超出他向另一方作出履行的期待利益,如果损害赔偿限制在对期待利益的赔偿方面,则此种情况将形成对违约的一种刺激,当事人应该违约。"② 由于此种违约可以使资源转移到最有能力利用它的人手中,因此,对社会整体利益是有利的,因此,当违约能够实现更大价值时,应当鼓励此种违

---

① 参见陈晓敏:《大陆法系所有权模式历史变迁研究》,中国社会科学出版社2016年版,第96页。

② Posner, Economic Analysis of Law, Little Brown and Company, 1977, pp.89-90.

约。笔者认为,此种观点值得商榷,因为法律的目标并不是为了实现所谓的效率,而更应当强调对交易秩序的维护,因此,即使违约对一方当事人更有效率,但该行为也会构成对社会整体交易秩序的破坏。尤其是在一系列交易相互联系的情形下,一方当事人的违约行为不仅会破坏单个的合同关系,而且可能造成多个交易锁链的断裂,给多个交易当事人造成损害。

四、我国民法典物权编应充分彰显物尽其用的价值

物尽其用是民法典物权编的重要价值,我国正在制定的民法典物权编应当贯彻这一价值目标。应当看到,我国《物权法》在制定之时,已经充分考虑到了物尽其用原则,为权利人充分利用财产留下很大的活动空间,物权法不仅规定了所有权人对物的占有、使用和收益,而且还规定了所有权人之外的其他主体享有利用物的权利,如用益物权、担保物权等[1],从而鼓励权利人创造财富、积累财富。[2] 物尽其用是物权法的基本功能,贯穿于物权法始终,体现在物权法的各个方面。当然,由于各方面的原因,我国《物权法》整体上更为注重物权的确认,对于物尽其用原则的贯彻仍有进一步完善的空间。因此,正在制定的民法典物权编应当进一步充分体现物尽其用原则,具体表现在如下几个方面:

第一,在基本原则中确立物尽其用原则。在现代民法中,效率原则具有日益重要的地位,效率原则在物权法中主要体现为物尽其用原则。在民法典物权编的基本原则部分确立物尽其用原则,一方面,有助于对物权编立法以及特别法的制定发挥指导和价值引领功能;另一方面,这一原则的确立也有助于法官在适用法律时准确解释法律规定。

第二,规定添附制度,充分发挥物的效用。如前所述,物权法上的添附制度也能发挥物尽其用的作用,但我国现行物权法并未规定添附制度,所以在发生添附的情形下,财产被添附的一方如果主张恢复原状则可能导致损失和浪费。例如,某人在未经他人同意的情形下,在租用的房屋上加盖新的楼层,或者未经出租人同意进行精装修,添附人可能已经投入了

---

[1] 参见王胜明主编:《中华人民共和国物权法解读》,中国法制出版社2007年版,第4页。

[2] 参见王胜明主编:《中华人民共和国物权法解读》,中国法制出版社2007年版,第4页。

大量的人力、物力,且添附的结果对于被添附人而言是有益的,在此情形下,如果财产被添附一方坚持恢复原状,则可能要求拆除添附部分,这就造成了损失和浪费。因此,我国民法典物权编有必要规定添附制度,无论是将所有权确认给添附一方还是被添附的一方,都有利于继续发挥物的利用效率。通过添附制度解决其归属问题,而不是使原权利人行使物权请求权,实际上体现了效率原则。因此,作为一种维护物的经济价值的法律技术,添附制度有助于充分发挥物的效用,避免造成财产的损失和浪费。

第三,修改区分所有权人的组织机构的决议程序,完善建筑物区分所有权制度。根据效率原则,在坚持民主表决的前提下,应当降低业主大会作出有效表决的门槛,避免会议出现表决僵局。考虑到《物权法》第76条所规定的事项涉及业主的重大利益,必须广泛凝聚业主的共识,所以对表决程序作出严格的规定是有必要的,但该条规定的两个"三分之二"则过于苛刻,实践中使得业主难以就相应的事项作出决定。笔者认为,可以适当放松要求,只要人数或面积中任意一个达到2/3即可。

第四,明确承认相邻关系中的容忍义务,有效地协调权利人之间对不动产的利用关系,减少权利行使中的冲突成本。合理的相邻关系制度要求不动产权利人要容忍相邻的其他不动产权利人对其物的合理利用行为。从相邻不动产所有人的角度来看,其在行使对不动产的权利时可要求不动产所有人提供便利,从而能够使其对自己的不动产进行充分利用,经济社会效益得到最大限度的发挥。这就需要一方承担一定的容忍义务,容忍另一方的权利扩张,尤其是在一方利用自己的财产可能会造成另一方的损害时,如此才能使得财产发挥更大的利用价值。例如,一方为利用自己的土地,不得不借助邻人的土地通行,如果该邻人封闭其土地,不允许该方通行,则显然不利于土地的高效利用。再如,在越界建筑的情形下,考虑到越界建筑的施工必然花费了成本,并且越界建筑既已建成,若将之拆除,不但浪费所支出的建筑成本,也会损害建筑物的利用价值,并附带产生拆除建筑物的费用。我国物权法虽有不少条文涉及容忍义务的内容,但由于物权法关于容忍义务的规定并不明确,不能应对和解决所有相邻关系情形的容忍义务。鉴于容忍义务在相邻关系中的核心地位,我国民法典物权编有必要在相邻关系部分增设专门的容忍义务条文,并将其扩张适用于其他绝对权领域,这有利于妥当解决绝对权行使过程中的权利冲突问题,充分发挥对不动产的利用效率。

第五，承认共有物分管协议制度，完善共有制度。关于共有物分管协议，《物权法》第 96 条规定："共有人按照约定管理共有的不动产或者动产……"第 98 条规定："对共有物的管理费用以及其他负担，有约定的，按照约定；没有约定或者约定不明确的，按份共有人按照其份额负担，共同共有人共同负担。"这些条款虽然承认对共有物的管理可以按照约定来确定，但并没有对当事人可否事先订立分管协议作出规定。从效率上说，分管协议的订立有利于有效地利用共有物，因为一方面，在许多情况下，依照份额确定各共有人的权利义务并不完全合理。例如，有的共有人懂得如何管理共有财产，而有的共有人却不知如何管理，这就需要由各共有人之间通过协商，以确定合理的、最有效率的管理和利用方法。采用分管协议的方式，有利于充分发挥共有人对共有物的管理和利用。另一方面，在某些情形下，某物可能由多个部分组成，各个部分可能是各自分开的，或者即使构成一个整体，也可以分开管理，这就需要各共有人之间达成分管协议，约定各共有人在物的管理方面的权利义务关系。共有物的管理事务不必非得由共有人自己承担，应根据效率和专业分工原则，交由专业的第三方机构进行管理。例如，物业管理如今都交由专业的物业公司来承担，而非由业主自己来完成，因为这超出业主自己的专业能力范畴。

第六，规定居住权制度，促进"居者有其屋"的目标实现。所谓居住权，是指居住权人对他人所有的住房以及其他附着物所享有的占有、使用的权利。该制度起源于罗马法，并为大陆法系国家所普遍认可。居住权是一项人役权，其主要是为保障特定家庭成员的住房需要而设立的，具有家庭成员之间相互扶助和帮助的特点。我国民法典物权编采纳这一制度时，应当扩张其适用范围，"旧瓶装新酒"，以解决我国正在面临的住房问题。通过该制度可以为住房制度改革提供法律保障，并进一步促进公租房、社会福利房等住房制度的改革。换言之，即在国家对这些房屋享有所有权的情形下，为个人设置居住权，从而保障低收入群体的居住生活需要。① 由于土地资源的有限性及建筑成本的昂贵等原因，并非所有人都能够购买商品房、取得商品房的所有权，因此，设置居住权制度，有利于缓解住房紧张的现实困境，实现"居者有其屋"的目标，这也有利于维护社会稳定。另外，在诸如合作建房、购买分时度假房屋等领域，只要当事人出于

---

① 参见申卫星：《从"居住有其屋"到"住有所居"——我国民法典分则创设居住权制度的立法构想》，载《现代法学》2018 年第 2 期。

居住需求而参与交易,仍能取得居住权。如此一来,居住权在我国就具有广阔的适用空间,能解决许多现实问题,并能充分发挥物尽其用的效果。

第七,规定土地经营权制度,进一步发挥农地的经营效应。承包地"三权分置"是农村土地制度改革的重要举措和创新。由于家庭联产承包责任制生产规模过小,规模利益无法体现,边际效应不断递减,效率降低,逐渐落后于农村生产力的发展水平,因此确有必要实行土地承包权与经营权的分离。[1] 通过三权分置不仅能在一定程度上克服土地承包责任制的缺陷,而且能够促进土地要素合理流转,提升土地规模效益和竞争力[2],因此有必要在民法典物权编对土地经营权作出明确规定。物权编中可以规定,土地承包经营权人可以在土地承包经营权上为经营主体设立土地经营权。经营权是在承包经营权基础上产生的,该权利可以是债权性的也可以是物权性的。经登记的经营权可成为物权,并产生对抗第三人的效力。土地经营权人可以土地经营权为金融机构设定抵押权,以促进农地金融的发展,充分发挥土地经营的效用。[3] 当然,土地经营权的存续期间不能超过土地承包经营权的期间。

第八,确认更多类型的担保物权,充分发挥物的交换价值。市场经济以信用为王,以担保为重。为适应市场经济的需要,《物权法》扩大了担保物的范围,允许原材料、半成品、产品应收账款、基金份额等作为担保财产,完善了担保物权体系,明确规定了浮动抵押、最高额质押等各种新的担保形式,但受立法经验所限,《物权法》对担保物权的类型和范围仍有一些不必要的限制。例如,依据我国《物权法》第223条第7项的规定,法律、行政法规规定的财产权利才能出质。而在我国实践中,很多权利都被纳入担保财产的范围,如收益权、收费权等。因此有必要在正在制定的民法典物权编中承认更多的担保客体和担保方式,充分发挥物的交换价值。

五、结 语

从注重物的归属到注重物的利用是现代物权法重要的发展趋势,我国《物权法》侧重于调整物的归属关系,一定程度上忽视了物尽其用的价

---

[1] 参见刘先江:《农村土地经营权流转的政治学分析》,载《政治学研究》2014年第4期。
[2] 参见韩长赋:《土地"三权分置"是中国农村改革的又一次重大创新》,载《光明日报》2016年1月26日。
[3] 参见高圣平:《承包地三权分置的法律表达》,载《中国法学》2018年第4期。

值。因此,我国正在编纂的民法典物权编应当进一步彰显物尽其用原则。但是,在进一步强化物尽其用原则时,应当妥当处理物尽其用与环境保护之间的关系,必须在充分保护生态环境的前提下发挥物的效用,对物的利用不能以破坏生态环境为代价。物尽其用也不意味着要将物的使用价值耗尽,而应当与生态环境保护形成有效的衔接,从而既有利于社会财富的创造,也有利于保护生态环境,实现"让子孙后代能遥望星空、看见青山、闻到花香"的目标。

物权行为若干问题探讨[*]

我国物权法的立法工作迫在眉睫,而针对物权立法的理论研究亟须深入并展开,在探讨物权立法的基本理论时,围绕我国物权立法是否应采纳德国的物权行为理论,在学术界存在激烈的争论。鉴于许多学者将物权行为理论视为物权体系的理论基础[①],或物权法的基本原则[②],因此,对物权行为理论进行探讨,并回答我国物权法是否应借鉴这一理论的问题,十分必要。本文拟就此谈一些粗浅的看法。

一、传统的物权行为概念

物权行为的概念最早是由德国学者萨维尼在其1840年出版的《现代罗马法体系》一书中提出的。[③] 但实际上,物权行为制度最早在罗马法中便已存在。例如,罗马法上的交付(traditio)要求当事人一方以转移所有权的意思,移交物件于另一方,才能移转所有权。"在古典法和优士丁尼法中,对占有的转让可以通过某些隐蔽的和准精神方式加以完成,几乎是通过双方合意来宣布对所有权的转让。"[④]另外,罗马法上的要式买卖(mancipatio)也强调物权移转必须采取一定的方式,在要式买卖契约中,不得附带条件、期限或负担。这些制度都对萨维尼物权行为理论的形成产生了重大影响,萨维尼也正是在总结和解释罗马法制度的基础上创设了物权行为理论,并对德国民法的物权体系乃至大陆法系的物权法产生重大影响。

究竟什么是物权行为?萨维尼在《现代罗马法体系》一书中写道:"私法上契约,以各种不同制度或形态出现,甚为繁杂。首先是基于债之

---

[*] 原载《中国法学》1997年第3期。
[①] 参见孙宪忠:《物权行为理论探源及其意义》,载《法学研究》1996年第3期。
[②] 参见申政武:《论现代物权法的原则》,载《法学》1992年第7期。
[③] 参见王泽鉴:《民法学说与判例研究》(第一册),三民书局1975年版,第275页。
[④] 〔意〕彼德罗·彭梵得:《罗马法教科书》,黄风译,中国政法大学出版社1992年版,第211页。

关系而成立之债权契约,其次是物权契约,并有广泛适用。交付(Tradition)具有一切契约之特征,是一个真正的契约,一方面包括占有之现实交付,他方面包括移转所有权之意思表示。此项物权契约常被忽视,如在买卖契约中,一般人只想到债权契约,便却忘记 Tradition 之中亦含有一项与买卖契约完全分离,以移转所有权为目的之物权契约。"① 萨维尼的这一论述包含了三项重要原理:第一,物权行为的独立性原理。因为萨维尼认为交付是一个独立的契约,它是独立于债权契约的"一个真正的契约",与买卖契约是完全分离的。它与买卖契约即原因行为并非同一个法律关系。② 第二,交付必须体现当事人的独立的意思表示,由于这一独立意思表示与原因行为无关,便产生了物权行为的无因性理论。③ 第三,交付必须以所有权的移转为目的,物权行为的实施旨在使物权产生变动。

萨维尼的上述思想虽包含了物权行为的重要原理,但并未明确提出物权行为的概念,后世对物权行为的界定,历来众说纷纭。物权行为又称物权合意(die Dingliche Einigung),或者物权契约(der Dingliche Vertrag),依照德国通说,是指当事人双方就物权的设立、移转、变更或消灭的合意。④ 根据物权行为理论,首先要区分处分行为和负担行为,负担行为是指仅以设立债的关系为目的的法律行为,处分行为是以物权变动为目的的行为。负担行为是否有效不影响处分行为的效力,这就是所谓的"物权无因性原则"⑤。德国学者一般认为物权行为并不需要一个原因性的目的(即内容无因性),同时物权行为的效力也不取决于负担行为效力(即外部无因性)。⑥ 但近几十年来,物权行为的无因性也在瑕疵同一性(die Fehleridentität)、行为一体性(die Geschäftseinheit)以及条件关联性(die Bedingungszusammenhang)等场合被突破,这体现了无因性的缓和。⑦

---

① 王泽鉴:《民法学说与判例研究》(第一册),三民书局1975年版,第283页。
② 参见孙宪忠:《物权行为理论探源及其意义》,载《法学研究》1996年第3期。
③ 参见王泽鉴:《民法学说与判例研究》(第一册),三民书局1975年版,第283页。
④ Vgl. Harm Peter Westermann/Dieter Eickmann/Karl-Heinz Gursky, Sachenrecht, 2011, S. 308 ff.
⑤ Vgl. Kegel, Verpflichtung und Verfügung-Sollen Verpflichtungen Abstrakt oder Kausal sein?, in: Internationales Recht und Wirtschaftsordnung, Festschrift für F. A. Mann zum 70. Geburtstag, 1977, S. 57 ff.
⑥ 参见[德]鲍尔、施蒂尔纳:《德国物权法》(上册),张双根译,法律出版社2004年版,第92页。
⑦ Wolfgang Wiegand, Die Entwicklung des Sachenrechts im Verhältnis zum Schuldrecht, AcP 190(1990), 122.

从我国学者的论述来看,大体上有以下几种观点:第一,从物权行为的目的出发界定物权行为。如史尚宽先生认为:"物权行为谓以物权之设定、转移、变更或消灭为目的之法律行为。"①郑玉波先生认为:"……物权变动之原因虽多,但最重要者厥为法律行为。此种法律行为,系以直接发生物权之变动为目的,故亦称物权行为。"②第二,从物权行为的构成角度界定物权行为。如姚瑞光先生认为:"物权行为,由物权的意思表示,与登记或交付相结合,而成立要式行为。"③谢在全先生认为:"物权行为系物权变动之意思表示,与登记、书面或交付相结合之法律行为。"④王泽鉴先生也认为:"惟无论我们对物权行为采取狭义说或广义说,依法律行为而生之物权变动,必须具备意思表示及交付(动产)或登记(不动产)二项要件,则无疑问。"⑤第三,从独立性和无因性角度界定物权行为。如钱明星教授认为,物权行为是指物权变动效力的发生,直接以登记或交付为条件,即在债权合同之外还有以直接发生物权变动为目的的物权合同(物权行为)。⑥

比较上述三种观点,笔者认为都不无道理。但是第二种观点较为全面地体现了传统的物权行为理论,尤其是萨维尼的物权行为理论。根据这一观点,传统的物权行为是指以物权变动为目的,并须具备意思表示及交付或登记两项要件的行为。其主要特征如下:

(1)物权行为以物权变动为目的,也就是说以设立、变更或消灭物权关系为目的,它与债权行为不同。债权行为是以发生给付为目的法律行为,所以又称为负担行为。而物权行为是以发生物权变动为目的的行为,又称为处分行为。⑦ 由于物权行为将发生物权变动,因此行为人应对标的物享有处分权,"而于负担行为,则不以负担义务者对给付标的物有处分权为必要"⑧。

(2)物权行为以交付或登记为其生效要件。物权行为以物权变动为目的,但单纯的物权变动的合意不足以发生物权的变动,还必须依赖于交

---

① 史尚宽:《物权法论》,荣泰印书馆1979年版,第17页。
② 郑玉波:《民法物权》,三民书局1963年版,第35页。
③ 姚瑞光:《民法物权论》,1988年自版,第18页。
④ 谢在全:《民法物权论》(上册),中国政法大学出版社1999年版,第68页。
⑤ 谢在全:《民法物权论》(上册),中国政法大学出版社1999年版,第68页。
⑥ 参见钱明星:《物权法原理》,北京大学出版社1994年版,第48页。
⑦ 参见王泽鉴:《民法学说与判例研究》(第五册),北京大学出版社2009年版,第112页。
⑧ 谢在全:《民法物权论》(上册),中国政法大学出版社1999年版,第68页。

付或登记行为。有德国学者指出,物权行为区别于负担行为在于,"仅仅存在当事人意思表示的一致并不能一定保证产生物权变动的效果,而是要以标的物确实的交付作为法律行为产生效力的前提。交付是物权变动的外在形式,也是当事人合意的外在表现,交付本身并不能直接体现其目的,交付的目的是由当事人直接的物权合意所决定的"①。王泽鉴先生曾以买卖为例,指出了物权行为与债权行为的区别(见图1)。

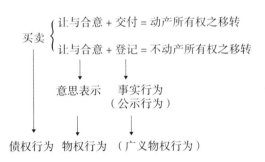

图1 物权行为与债权行为的区别

根据图1,王泽鉴先生认为,依广义物权行为概念,物权行为必然包括登记或交付。② 而我国台湾地区学者也大都接受了这一观点。正如谢在全所指出的,"不动产之物权行为,乃物权变动之意思表示,与登记、书面相互结合之要式行为;动产之物权行为,乃动产物权变动之意思表示,与交付相结合之法律行为"③。

(3)物权行为必须具有物权变动的合意。物权行为以物权变动为目的,而物权变动又必须经当事人达成物权变动的合意。此种合意学者通常称为物权契约。而狭义的物权行为理论,认为物权行为仅指物权契约,"物权行为就其固有意义而言,仅指当事人欲使发生物权变动之意思表示"④。物权合意直接决定了登记或交付行为的实施,由于交付或登记都是基于物权合意而产生的行为,无论是通过交付或登记设立所有权或他物权,都取决于物权合意的内容。物权合意的存在是物权行为独立于债

---

① Vgl. MüKoBGB/Oechsler, BGB §929, Rn. 3.
② 参见王泽鉴:《民法学说与判例研究》(第一册),北京大学出版社2009年版,第278页。
③ 谢在全:《民法物权论》(上册),中国政法大学出版社1999年版,第67页。
④ 王泽鉴:《民法学说与判例研究》(第一册),北京大学出版社2009年版,第277页。

权行为的基础。从此种意义上说,物权合意是物权行为的核心。以上几点是对萨维尼及其他采纳物权行为理论的学者所提出的观点的归纳。

这些观点最初是萨维尼在解释罗马法的形式主义立法过程中提出来的。萨维尼采用历史的研究方法,通过历史的溯源而寻找法律的规则和理论,不失为一种独特的法学研究方法。然而,随着社会生活的发展及法律文明的演进,过去的规则不一定符合现实的需要,不能将历史的规则照搬到现实生活中。例如,罗马法的要式买卖,随着简单商品经济的迅速简便的内在需要,已在罗马帝政后期逐渐被废除①,而在更进一步要求交易迅速简便的现代市场经济时代,更不可能采纳上述制度。所以,从罗马法的上述规则中抽象出的物权行为理论,并适用于各种动产或不动产的交易,其研究方法本身是值得怀疑的。

二、对物权行为的独立性理论的评述

所谓物权行为的独立性,是指物权行为与债权行为相互分离,而且是独立于债权行为之外的。② 独立性原则也可追溯自交付原则。所谓交付原则是指物权行为的效力以交付作为生效的前提。③ 根据独立性原则,物权的移转表现为两个截然不同的法律行为。④ 债权契约仅能使当事人互享债权和负担债务,而不发生所有权移转的效果。只有通过物权行为,才能导致所有权的移转。以买卖为例,当事人之间缔结买卖合同的合意是债权行为或债权合同,它仅能使双方当事人负担交付标的物和支付价金的义务。如果要发生标的物和价金的所有权移转,则当事人必须达成所有权移转的合意,同时还要进行登记或交付行为。许多学者认为,物权行为的独立性是物权行为的基本特征,甚至有人认为它是物权法的基本原则。⑤

承认物权行为独立性理论的学者,在阐述物权行为与债权行为的关系时,认为物权行为与债权行为可能发生四种不同的联系:一是物权行为与债权行为同时并存。例如,在特定物的买卖、赠与、互易等关系中,当事人订立债权合同,必须实施物权行为才能移转所有权。二是债权行为先

---

① 参见周枏:《罗马法原论》(上册),商务印书馆1994年版,第306页。
② 参见谢在全:《民法物权论》(上册),中国政法大学出版社1999年版,第69页。
③ Vgl. MüKoBGB/Oechsler, BGB §929, Rn. 2.
④ Vgl. MüKoBGB/Oechsler, BGB §929, Rn. 5.
⑤ 参见申政武:《论现代物权法的原则》,载《法学》1992年第7期。

于物权行为。例如,在不特定物的买卖中,债权行为仅能发生移转某不特定物的所有权的义务,必须嗣后为物权行为才能使某项不特定物的所有权移转。三是仅有债权行为而无物权行为,如雇用。四是仅有物权行为而无债权行为,如抵押的设立、即时买卖、即时赠与。①

总之,主张物权行为独立性理论的学者认为,移转物权的合意与交付或登记行为的结合本身是独立于债权行为的,因此物权行为是独立的。笔者认为物权行为独立性的观点不能成立。其根据在于:

第一,所谓移转物权的合意实际上是学者虚构的产物,在现实的交易中,不可能存在独立于债权合意之外的移转物权的合意。以买卖为例,当事人订立买卖合同的目的,就是使一方支付价金而取得标的物的所有权,而另一方通过交付标的物而取得价金的所有权。因此,移转价金和标的物的所有权既是当事人订立债权合同的目的,也是债权合同的基本内容,如果将移转标的物和价金的所有权的合意从买卖合同中剥离出来,买卖合同也就不复存在了。而且,当事人订立任何一份买卖合同,都必须对价金和标的物移转问题作出规定,否则买卖合同将因缺少主要条款而根本不能成立。既然当事人在买卖合同中规定了价金和标的物的移转问题,他们没有必要就标的物和价金的所有权移转问题另行达成合意。因此,所谓移转物权的合意是包含在债权合同之中的,它本身不可能超出债权合同。正如有的学者所指出的:"物权行为中所包含的意思表示在法律意义上是对债权行为意思表示的重复或履行。"②"物权行为不过是原来债权行为意思表示的贯彻或延伸,并非有一个新的意思表示。"③尤其是在许多情况下,买卖双方当事人在订立买卖合同后便不再直接接触,从而也没有再作出意思表示的机会,根本不可能达成所谓的物权合意。

物权和债权的性质区别并非必然导致物权的意思表示独立于债权的意思表示,也并非是产生特殊的物权变动方法的根据。张龙文先生指出,"盖债权契约,仅发生特定给付之请求权而已,债权人不得依债权契约而直接取得物权。故应认为债权契约以外,有独立之物权移转之原因即物权契约之存在"④。笔者认为这一观点值得商榷。因为一方面,物权的变

---

① 参见张龙文:《民法物权实务研究》,汉林出版社1977年版,第4页。
② 董安生:《民事法律行为——合同、遗嘱和婚姻行为的一般规律》,中国人民大学出版社1994年版,第166页。
③ 谢哲胜:《物权行为独立性之检讨》,载《政大法学评论》1994年第52期。
④ 张龙文:《民法物权实务研究》,汉林出版社1977年版,第4页。

动并不需要物权移转的合意,即使就即时买卖、即时赠与来说,并非无债权合同而仅有物权合同。相反,在即时买卖、即时赠与关系中,当事人在达成买卖和赠与合意以后,并立即履行了债权合同,因而仅存在债权合同,而不存在所谓的物权合同。只不过这种债权合同是以口头方式表现出来而已。另一方面,债权合同也要发生物权变动的后果。例如,在买卖合同中,当事人约定移转价金和标的物的所有权,实际上就是在债权合同中确定了物权变动。只不过是实际的物权移转必须待履行期到来以后,因当事人的实际履行才能发生,但这丝毫不能否认债权合同以移转财产权为内容的特点。

第二,就交付行为来说,它并不是独立于债权合意而存在的,交付的性质是实际占有的移转,从物权法理论来看,单纯的实际占有的移转并不能必然导致所有权的移转。例如,出租人将房屋交给承租人,虽然实际占有发生移转,但所有权不发生移转。然而,为什么在动产买卖合同中,动产一旦交付就会导致所有权的移转呢?其原因在于,在交付以前,当事人在买卖合同中就已形成移转动产所有权的合意,因为该合意的存在,从而使动产一经交付便发生移转所有权的效果。如无所有权移转的合意,而只有使用权移转的合意(如租赁),是根本不可能因交付移转所有权的。由此可见,交付效果不可能与买卖合同分割开来。尤其应当看到,实际交付标的物不是什么单独的行为,而是当事人依据债权合同履行义务的行为。例如,在买卖合同中,交付标的物是当事人应负的基本义务,而一个交付行为是否真正完成,取决于出卖人所实施的交付行为是否符合买卖合同的约定。如果出卖人未按合同约定的期限提前或迟延交付,或交付的标的物有瑕疵,或交付标的物的数量不足,显然不符合合同的约定,不能构成真正的交付。所以,如果将交付行为与买卖合同割裂开来,那么交付行为的正确和正当与否也失去了评价标准。

第三,就登记来说,其本身并非民事行为,而是行政行为。一切极力主张物权行为独立性的学者,也认为登记系公法上之行为,显然不能作为法律行为之构成部分。① 有些学者进一步指出,"在不动产登记之情形,不仅时间上有差距,而且是地政机关依公法所为之行为,却指为私法上物权行为的一部分,实在是不伦不类"②。

民法确认不当得利返还请求权是否意味着民法承认物权契约的存

---

① 参见王泽鉴:《民法物权》(第一册),三民书局1992年版,第67页。
② 谢哲胜:《物权行为独立性之检讨》,载《政大法学评论》1994年第52期。

在？所谓不当得利,是指无合法根据取得利益,而造成他人的损害。不当得利制度的根本目的在于剥夺受益人的非法所得,维护受益人与受损人之间的利益平衡。① 赞成物权行为独立性的学者认为,不当得利制度的创设就证明了物权行为独立性的存在,"盖如依债权契约即可移转物权,则债权契约无效之场合,物权仍属原主所有,原主仅得本于所有权请求回复占有,自不生不当得利返还请求权"②。笔者认为,这一观点也是不能成立的。从我国的民事立法来看,尽管在《民法通则》第134条所规定的返还财产的责任形式中,包括了不当得利的返还和原物的返还,但两者在性质上是不同的,它们在适用中既可以单独存在,也可以并存。一方面,由于返还原物以原物依然存在为要件。如果原物因不法占有人的利用而遭受毁损,或者原物已改变了形态或转化为货币,则所有人可要求返还不当得利,而不能要求返还原物。但如果原物依然存在,未造成任何毁损,占有人也未对原物进行使用和收益,则所有人可以要求返还原物,而不能要求返还不当得利。另一方面,返还原物与返还不当得利的请求权可以并存。例如,占有人对原物已使用,并从中获得一定利益,而原物依然存在。在此情况下,所有人既可以要求返还原物,也可以要求返还所获得的利益。正如德国学者 Hedemann 所指出的,"不当得利请求权,对于一切不能圆满解决之情形,负有调节之任务"③。不管是否承认物权行为的独立性,不当得利返还请求权和所有物返还请求权既可以发生竞合,也可以发生聚合。可见,不当得利制度的存在与物权行为是否存在是毫不相干的。

除德国立法与判例以外,绝大多数国家的立法和判例并不承认物权行为理论。法国采纳纯粹的意思主义,主张物权的变动依当事人的债权意思表示即发生效力,而不须采取登记或交付等形式。瑞士法采纳登记或交付主义,即物权的变动除债权意思表示外,还必须以登记或交付为要件。美国法则采纳契据交付主义,即有关不动产权利变动之情形,除让与人债权意思表示外,仅须作成契据(deed),交付给受让人,即发生不动产权利变动之效力,受让人可以将契据拿去登记,但一般而言(各州规定不尽一致),登记不是生效要件而是对抗要件。④ 这些立法例各具特色,对促进和鼓励交易,维护当事人的利益,以及维护交易安全都发挥了重要作

---

① 参见王泽鉴:《不当得利》,三民书局1990年版,第12页。
② 张龙文:《民法物权实务研究》,汉林出版社1977年版,第4页。
③ Hedemann, Schuldrecht, 3. Aufl., 1949, S. 330, 334.
④ 参见谢哲胜:《物权行为独立性之检讨》,载《政大法学评论》1994年第52期。

用。当然上述制度因强调某一方面的功能可能弱化了其他方面的功能,但其薄弱之处依然可以通过其他制度加以弥补。可见,采纳物权行为理论并非世界各国立法的通例。即使在德国,对物权行为理论的批评也甚多。例如,德国学者基尔克对萨维尼的物权行为理论作出了尖锐的批评,认为这一理论是"学说对社会生活的凌辱"。因为按照这一理论,"到商店购买一双手套,当场付款取回标的物者,今后亦常非考虑到会发生三件事情不可。即,第一,债权法上缔结契约,由此契约所生债权关系,因履行而会消灭;第二,与此种原因完全分离之物权契约,为得所有权让与缔结;第三,除此两个法律行为以外,还须有行使'交付'之法律上的行为。这完全是拟制的,实际上此不过对于单一的法律行为有两个相异的观察方式而已。今以捏造两种互为独立之契约,不仅会混乱现实的法律过程,实定法亦会因极端之形式思考而受到妨害"[①]。

三、对物权行为的无因性理论的评述

法律行为有要因和不要因之分。所谓要因,是指法律上的原因(Cause);所谓无因,是指物权行为的法律效力不受债权行为的影响。依照萨维尼的观点,无因性原则(der Abstraktionsprinzip)是物权行为的核心原则之一,来自于罗马法,在他的解释之下,物权的变动也是当事人自由意志的结果,因此其效力也是由特定的当事人意志所决定。[②] 正如谢在全指出的:"若债权行为会左右物权行为之效力,则该物权行为系有因行为(有因主义)。反之,倘物权行为之效力,不受其原因即债权行为所影响时,则该物权行为系无因行为(无因主义),具有无因性。"[③]简言之,根据无因性理论,原因行为即债权行为的不成立、无效或被撤销,并不影响物权行为的效力,物权行为一旦生效,就发生物权变动的效果。"物权无因性原则"是物权行为的核心原则。[④]

物权行为的无因性和独立性是联系在一起的,由于物权行为独立于债权行为之外,所以债权行为的效力不影响物权行为的效力。如果物权

[①] 刘得宽:《民法诸问题与新展望》,三民书局1979年版,第468页。
[②] Vgl. MüKoBGB/Oechsler, BGB §929, Rn. 8.
[③] 谢在全:《民法物权论》(上册),中国政法大学出版社1999年版,第79页。
[④] Vgl. Kegel, Verpflichtung und Verfügung-Sollen Verpflichtungen Abstrakt oder Kausal sein? in: Internationales Recht und Wirtschaftsordnung, Festschrift für F. A. Mann zum 70. Geburtstag, 1977, S. 57 ff.

行为本身不能独立存在,那么无因性理论也就无法成立,也就是说,物权行为的独立性是无因性的基本前提。通说认为物权行为无因性理论的优点主要在于:

第一,有利于区分各种法律关系,准确适用法律。根据无因性理论,法律关系非常明晰。以买卖为例,则分为三个独立的法律行为:一是债权行为如买卖契约;二是转移标的物所有权之物权行为;三是移转价金所有权的物权行为。每个法律关系容易判断,且有利于法律适用。

第二,充分保护交易当事人的利益和交易安全。如前所述,根据物权行为的无因性,债权合同即使被宣告无效或被撤销,也不影响物权行为的效力,买受人仍然取得所有权,而且将标的物移转给第三人时,第三人也能取得标的物的所有权,这对当事人利益和交易安全的保护是有利的。无因性避免了过分强调保护出卖人的利益,忽视对买受人利益保护的弊端,在整体上较好地平衡了当事人之间的利益。①

第三,有利于完善民法体系。无因性理论对德国民法物权法和债权法的制定产生了重大影响,《德国民法典》的起草者认为,采纳物权行为理论有助于区分债权和物权。因此,该法典中许多条文都体现了这一理论,如《德国民法典》第929条要求具有所有权移转的合意并同时有物的交付,才能移转动产所有权。第1205条要求在一项动产上设立担保物权,必须具有设立该担保物权的合意并同时具有物的交付。正如德国民法立法草案理由所指出的:比较古老的法典,尤其是普鲁士的一般州法以及民法法典,常将债权法之规定与物权法之规定相混……此乃对概念上之对立无正确的评价。此会困惑对于法律关系本质之洞察,同时也会威胁法律之正确适用。② 而无因性理论正好解决了物权法与债权法的区分,从而有利于完善民法体系。

物权行为无因性理论有利于充分保障当事人的利益吗?笔者认为对此种论断需要作具体分析。以动产的买卖为例,如果出卖方已交付标的物,买受方未支付价金,而买卖合同被宣告无效或被撤销,在此情况下,根据无因和有因理论进行判断,当事人的利益状态是不同的。

依据有因性理论,标的物的所有权并不因交付发生移转,在法律上仍归出卖方所有,买受人必须返还原物。如果买受人宣告破产,则出卖人享有别除权,如果买受人将标的物卖给第三人,则构成无权处分,出卖人可

---

① 参见孙宪忠:《物权行为理论探源及其意义》,载《法学研究》1996年第3期。
② 参见刘得宽:《民法诸问题与新展望》,三民书局1979年版,第468页。

享有追及权,但如果第三人取得财产时出于善意,则可以取得标的物的所有权。如果买受人在标的物上设立抵押、质押,因为买受人对该标的物不享有所有权,除相对人构成善意取得外,其无法取得抵押权、质权。

依据无因性理论,在买卖合同被宣告无效或被撤销以后,标的物的所有权因交付即发生转移,出卖人丧失所有权,所有权在法律上归买受人享有,出卖人不得向其主张返还原物,而只能请求其返还不当得利。如果买受人宣告破产,则出卖人不能享有别除权,而只能作为普通债权人参与破产财产的分配;如果买受人将标的物出卖给第三人,则为有权处分,出卖人不能享有追及权,而只能请求买受人返还因转卖所得的价金。第三人直接取得标的物时,即使是出于恶意(即明知或应知买卖合同已被宣告无效或被撤销),也能取得标的物的所有权。如果买受人在标的物上设立担保物权,由于担保物权具有优先于普通债权的效力,出卖人不能请求返还标的物,只能向买受人请求赔偿。①

从上述分析可见,无因性理论虽对买受人和第三人有利,但对出卖人却极为不利。因为出卖人在交付标的物而未获得价金的情况下,买卖合同因被宣告无效或被撤销,而不能享有对标有物的所有权,对其显然是不公平的。一方面,出卖人已经履行了合同义务,交付了标的物,而买受人并未履行合同义务,这表明出卖人并无过错而买受人可能是有过错的。尤其是在买卖合同的无效或被撤销是因买受人的过错造成的情形,否认出卖人对其交付的标的物的所有权,而承认有过错的买受人享有所有权,根本违反了民法的公平和诚信原则,而且也鼓励了交易当事人的不法行为。另一方面,虽然出卖人享有不当得利返还请求权、价金返还请求权或损害赔偿请求权,但这些请求权都是债权请求权而非物权请求权,不能产生优先于普通债权的效力,也不能对抗第三人。如果买受人破产,或将标的物低价转让等,在此情况下,出卖人仅享有债权请求权,根本不能维护其利益,甚至使其一无所获。如果使出卖人享有所有权,可以据此产生优先于普通债权或对抗第三人的效力,则可有力地保护出卖人的利益。

无因性理论虽然有利于维护买受人和第三人的利益,但这种保护是以违背民法的公平和诚信原则为代价的。因为买受人尚未交付价金,表明其没有依据先前的合同履行合同义务,买受人在自己未曾履行合同义务时,根本不能获得对方交付的财产的所有权。否则,可能会鼓励欺诈及

---

① 参见梁慧星:《民法总论》,法律出版社1996年版,第157页。

其他违背诚信原则的行为。尽管合同被宣告无效或被撤销,但买受人未作出对待履行可能是有过错的。在此情形下承认买受人取得标的物的所有权,则会极大地鼓励其过错行为。从民法上看,不管合同是否被宣告无效或被撤销,买受人在未作出对待履行以前,不应取得出卖人交付的标的物的所有权,更不能将标的物转让给第三人。如果允许买受人取得所有权,并可以自由转让,实际上是鼓励无权处分行为,这对交易秩序的维护无丝毫的作用。尤其应当看到,依据无因性理论,第三人在恶意的情况下,也能取得标的物的所有权,这本身与所有权善意取得制度是相违背的,而且不符合所有权取得的合法原则。

我国审判实践经验和民间习惯与无因性理论也是大相径庭的。例如,买受人在未支付价款的情况下也能取得标的物的所有权、买卖合同被宣告无效后买受人仍可转让标的物、第三人出于恶意也能取得标的物的所有权等,这些规则根本不可能为审判实践采纳,也不符合民间习惯,一些主张无因性理论的学者也认为该理论"违背生活常情,与一般观念显有未符"①。

物权行为无因性理论是否有助于区分各种法律关系,并有助于法律适用?如前所述,物权合意本身是一种理论的虚构,就一个买卖关系,将其分成三个不同的法律关系即买卖合同、移转标的物所有权的物权行为和移转价金的物权行为。事实上这三种关系完全是虚构的,因为现实生活中只存在一种法律关系即买卖关系,不可能存在三种关系。从法律适用的角度来看,笔者认为,这一理论不仅无助于法律适用,反而使法律的适用更为困难。例如,按照承认物权行为的一般观点,物权行为是法律行为,故应适用法律行为的一般规定。② 事实上,由于独立于债权合意的物权合意根本不存在,而交付或登记行为是事实行为,根本不是法律行为,尤其就交付行为而言,完全是一种履行合同的事实行为,如何能适用法律行为的一般规定呢?交付行为的正确和适当与否,只能依据合同而非法律行为的一般规定来作出判断。

正是由于无因性理论存在明显的弊端,许多学者利用解释的方法,尽量强调物权行为与债权行为的联系,提出了所谓物权行为无因性相对化

---

① 王泽鉴:《民法学说与判例研究》(第一册),北京大学出版社 2009 年版,第 286—287 页。
② 参见史尚宽:《论物权行为之独立性与无因性》,载郑玉波主编:《民法物权论文选辑》(上),五南图书出版公司 1984 年版,第 4 页。

理论。该理论共有三种:一是共同瑕疵说。该说认为,如果债权行为因为当事人欠缺能力,或因欺诈、错误、违法等原因而被宣告无效或被撤销,物权行为也因具有共同的瑕疵而应被宣告无效或被撤销。二是条件关联说。此说认为,当事人可以依据其意思将物权行为的效力与债权行为的效力联系在一起。此种意思可以是明示的,也可以是默示的,在很多情况下,可以解释当事人有默示意思。三是法律行为一体说。此说认为,应将物权行为与债权行为统称为一个整体的法律行为,适用民法关于法律行为一部分无效而导致整个法律行为无效的规定。因此,当债权契约无效时,物权契约也应该宣告无效。①

笔者认为,上述物权行为无因性相对化理论也是值得商榷的。共同瑕疵说认为物权行为的效力要受到债权行为效力的影响,这不仅否认了物权行为的无因性,而且也动摇了物权行为独立存在的基础。条件关联说试图通过解释当事人的默示意思,使物权行为的效力系于债权行为上,此种观点实际上在很大程度上否定了物权行为的无因性,而且当事人默示的意思如何解释,在何种情况下进行解释,在实践中也是很难操作的。同时,由于物权的合意本身是虚构的,此种所谓的解释也难免摆脱虚构的色彩。而法律行为一体说,一方面承认物权行为的独立性,并认为物权行为是与债权行为不同的法律行为,另一方面又认为物权行为与债权行为是一个整体的法律行为,这本身是相互矛盾的。这三种理论实际上反映了这样一种现象,即物权行为无因性理论具有明显的弊端,而承认物权行为无因性理论的学者被迫对该理论作出某些修正。但修正的结果则在一定程度上否认了物权行为无因性理论。

物权和债权的区别并不意味着物权行为必须独立存在,且不受债权行为效力的影响。物权是直接支配物并排斥他人干涉的权利,债权是特定当事人之间请求为一定行为或不为一定行为的权利。物权与债权在性质上是有区别的。但取得这两种权利的法律行为的性质在绝大多数情况下并无明显区别。② 也就是说,物权和债权的设定在很多情况下都可以以同一个债权合同为基础。债权行为的效力直接决定交付行为的效力。如果债权合同被确认无效或被撤销,交付行为仍然可能有效,这就是萨维尼所说的"源于错误的交付也是有效的"理论,这将使无法律根据的交付合

---

① 参见王泽鉴:《民法学说与判例研究》(第一册),北京大学出版社2009年版,第287页。
② 参见谢哲胜:《物权行为独立性之检讨》,载《政大法学评论》1994年第52期。

法化,甚至使违法的交付行为也成为合法行为。例如,当事人一方故意欺诈对方,向对方交付假冒伪劣产品。后受欺诈方要求撤销合同,在此种情形下,当然是属于不合法的交付行为,不能承认其效力。而依照无因性理论,双方当事人所为的物权行为不当然无效,受让人可以保有其已经取得的所有权,这势必对交易安全与秩序的维护产生负面效应。

有一种观点认为,物权行为无因性理论为保护善意的第三人提供了充足的理论基础。① 这显然也是不能成立的。因为按照物权行为无因性理论的本旨,物权行为的效力不受债权行为的影响,不管原因行为是否合法有效,不管第三人取得财产是善意还是恶意,均可以取得对财产的所有权。而此种制度设计无疑与同样具有保护善意第三人功能的善意取得制度存在显著的差异,这主要体现在善意取得制度保护的对象是善意且无过失的第三人,如果第三人恶意则不得主张善意取得,而如果根据无因性理论,第三人在取得财产时基于恶意且具有过错,也能取得所有权。也正因为如此,笔者认为,不宜采纳物权行为无因性理论,债权行为一旦被确认无效或被撤销,物权行为自然无效或一同被撤销。如果受让人已将财产转让给第三人,则可以通过善意取得制度对第三人进行保护。较之物权行为无因性理论,善意取得制度不仅有利于保护善意第三人,而且因其可以区别第三人是善意还是恶意的不同情形,以决定是否对其进行保护,也能体现社会公平正义和诚信原则的要求。

还应看到,萨维尼"源于错误的交付也是有效的"无因性理论,极有可能纵容受让人与第三人之间恶意串通,损害出卖人的利益。例如,受让人通过欺诈方式取得了出卖人交付的某项具有重要价值的特定物,为防止出卖人追夺该物,遂与第三人恶意通谋,以虚假的买卖合同将该物转让给第三人,而按照无因性理论,买卖合同尽管因欺诈而被撤销,受让人和第三人尽管都具有恶意,但仍能取得该物的所有权,这显然是不妥的。

四、我国民法是否应采纳物权行为理论

我国现行民法是否已采纳了物权行为理论,对此存在两种截然对立的观点。一种观点认为,我国民法不承认物权行为。② 另一种观点认为,

---

① 参见孙宪忠:《物权行为理论探源及其意义》,载《法学研究》1996年第3期。
② 参见梁慧星:《我国民法是否承认物权行为》,载《法学研究》1989年第6期。

我国民法和司法实践均已不自觉地承认物权行为理论。① 这两种观点,哪一种更符合现行立法规定,值得探讨。从我国现行立法规定来看,确实承认了登记和交付为物权变动的要件。就动产所有权移转而言,我国《民法通则》第72条第2款规定:"按照合同或者其他合法方式取得财产的,财产所有权从财产交付时起移转,法律另有规定或者当事人另有约定的除外。"就不动产所有权的变动而言,我国法律明确要求,不论是土地权属的变更,还是房屋所有权的变更,均应当登记。② 还应当看到,我国现行立法对许多物权的设定要求采取书面形式,如《担保法》第38条规定:"抵押人和抵押权人应当以书面形式订立抵押合同。"从上述规定来看,我国现行立法在物权的变动上并未采纳法国法的纯粹的意思主义,认为物权的变动不能仅以债权意思表示即发生效力,还必须采取交付、登记或书面形式,才能发生物权变动的效力。

那么,这是否意味着我国民法采纳了物权行为理论？笔者认为,我国民法并未采纳这一理论,其根据在于:

第一,就动产来说,我国民法从未承认动产所有权的移转必须具有物权合意。《民法通则》第72条第2款规定:"按照合同或者其他合法方式取得财产的,财产所有权从财产交付时起移转,法律另有规定或者当事人另有约定的除外。"梁慧星教授认为,此处所说的"合同",当然是指债权合同,包括买卖合同、互易合同、赠与合同等;所说的"其他合法方式"首先是指民法方式,如继承、遗赠等,其次应包括法院判决、拍卖,最后应包括某些公法上的行为,如征用、没收等。③ 笔者认为,这一解释是完全符合立法本意的。因此,该款并未要求当事人在债权合同之外另订物权合同,并基于该合同交付动产,移转动产所有权。从我国现行《合同法》关于出卖人应当按照约定的质量、数量交付标的物的规定来看④,我国司法实践历来是将动产的交付作为履行债权合同对待的,而未承认交付行为是独立于债权行为之外的物权行为。如果买卖等债权合同被宣告无效或被撤销,当事人应依据法律规定,返还原物,恢复原状,而绝不能因交付行为而取得所有权。

---

① 参见《城市房地产管理法》第60、61条;《土地管理法》第10条;《城市私有房屋管理条例》第6条。
② 参见牛振亚:《物权行为初探》,载《法学研究》1989年第6期。
③ 参见梁慧星:《民法学说判例与立法研究》,中国政法大学出版社1993年版,第126页。
④ 参见《合同法》第153条、第154条、第155条、第158条。

第二,就不动产来说,有关不动产合同的内容,尽管常常在物权法中加以规定①,但我国法律历来认为有关房地产转让的合同,本质上也是一种民事合同,并应适用民法关于合同的一般规定。在这一点上,它与债权合同并不存在差异。我国法律也不承认在不动产转让合同中存在债权合同和物权合同两个合同,不动产的交付也是依据不动产买卖合同所产生的义务,而不动产登记也要以不动产买卖合同为依据。例如,依据房屋买卖合同,买受人须履行支付价款的义务,出卖人履行交付房屋并协助买方到不动产所在地的房地产管理机关办理不动产过户登记手续的义务。最高人民法院1995年12月27日发布的《房地产管理法施行前若干问题的解答》(现已失效)第12条规定:"转让合同签订后,双方当事人应按合同约定和法律规定,到有关主管部门办理土地使用权变更登记手续,一方拖延不办,并以未办理土地使用权变更登记手续为由主张合同无效的,人民法院不予支持,应责令当事人依法办理土地使用权变更登记手续。"从这一司法解释来看,它并未承认登记或交付行为是独立于买卖合同之外的物权行为,而是买卖合同履行行为的组成部分。如果一方不履行交付或登记手续,另一方有权依据合同要求其履行。在我国司法实践中,如果当事人之间订立的不动产买卖合同,因具有欺诈、胁迫或违法因素等,被法院确认为无效或被撤销以后,即使不动产已交付和登记,也应涂销登记。这就表明我国司法实践并未承认物权行为的无因性。

第三,就抵押权、质权、土地使用权的设定来说,尽管我国法律规定,这些合同的订立要求采用书面形式,这只是对合同形式要件的规定,并未要求在债权合同之外另行订立物权合同。从学理上说,质押合同的目的在于设立质权,但质权是否设立并不影响质押合同的效力,也就是说,质押合同的生效仅需当事人意思表示一致即可,其并不以质权的设立为生效要件。②

总之,我国现行立法并未承认物权行为的存在,现行立法对交付、登记等物权变动的要件规定,主要是出于公示的要求,不能成为物权行为存在的依据。概括来说,我国民法的规定类似于瑞士法的立法模式。此种模式要求物权之变动,除债权意思表示外,还须以登记或交付为要件。③而此种模式与德国法的模式是完全不同的。从我国的实际情况来看,采

---

① 参见《城镇国有土地使用权出让和转让暂行条例》和《城市房地产管理法》。
② 参见《物权法》第187条、第188条、第212条。
③ 参见刘得宽:《民法诸问题与新展望》,三民书局1979年版,第466页。

取此种模式较之于采取物权行为模式,其优越性明显地表现在:首先,它符合我国的立法传统,而且易于被执法者理解和掌握。物权行为理论"捏造了独立于债权行为之外的物权行为,又进一步割裂原因与物权行为的联系,极尽抽象化之能事,符合德国法学思维方式对抽象化之偏好,严重歪曲了现实法律生活过程,对于法律适用有害无益,毫无疑问是不足取的"①。其次,我国的立法模式切实反映了各种纷繁复杂的动产交易和不动产交易的内在需要,体现了市场活动的一般规律,而且完全符合我国现实生活常情。可以说,这一模式是本土化的产物,对于规范本土交易关系具有其他模式不可替代的作用。而德国的物权行为理论将现实生活中某个简单的交易关系,人为地虚设分解为三个相互独立的关系,使明晰的物权变动过程极端复杂化。这不仅不像有的学者所说的"物权行为理论追求的,是建立精确、细致、完全、公开的法律体系,它只能为复杂而又层次较高的市场经济服务"②。相反,它使本身简单明了的现实法律过程徒增混乱,有害于法律的正确适用。③ 所以德国学者批评这一理论是"学说对实际生活的凌辱"是十分恰当的。再次,我国的立法模式能够有效、平等地保护交易当事人的利益,不管是对出卖人还是对买受人都能够兼顾其利益,并平等地加以保护。而物权行为无因性理论,割裂交付、登记与原因行为的关系,虽然强调了对买受人的保护,但忽视了对出卖人的保护。最后,我国立法模式能够有效地维护交易安全和秩序,同时借助于善意取得制度,也可以有效地保护善意第三人。而物权行为无因性理论,主张"源于错误的交付也是有效的",第三人基于恶意也能取得所有权,买受人在买卖合同被确认为无效后仍能转卖标的物等,这些规则不仅不利于维护交易安全,同时也将破坏交易秩序。

笔者认为,物权行为理论尽管被德国立法和实务界所采纳,但并不符合我国的实际情况。朱苏力先生曾经指出,现代的作为一种制度的法治不可能靠"变法"或移植来建立,而必须从中国本土资源中演化创造出来。④ 法治建设必须借助于本土资源。德国的物权行为理论符合德国的抽象化偏好,但并没有被其他国家立法和实践所接受,反映了法律本土化

---

① 梁慧星:《民法学说判例与立法研究》,中国政法大学出版社1993年版,第122—123页。
② 孙宪忠:《物权行为理论探源及其意义》,载《法学研究》1996年第3期。
③ 参见梁慧星:《民法总论》,法律出版社1996年版,第122页。
④ 参见苏力:《法治及其本土资源》,中国政法大学出版社1996年版,第17页。

的必要性。同样,按照法律本土化的要求,我国物权立法也不宜采纳这一理论,而只能从我国实际出发,进一步完善我国现行的立法模式和规则体系。

笔者认为,我国物权立法和实务不宜采纳物权行为理论,并不妨碍在学说上对这一理论展开深入研究。同样,从理论上看,借助物权合同的概念概括某些合同,揭示其不同于其他类型的合同的特点,也可能是必要的。根据我国许多学者的观点,我国民法中的合同是当事人之间设立、变更、终止债权债务关系的合意,合同为发生债权债务关系的法律事实,债权债务关系为合同发生法律效力的后果,所以合同毫无疑问只能是债权合同。这一观点是有一定道理的。但如果采纳这一合同概念,虽能概括绝大多数民事合同,但对某些合同却难以概括其中。这些合同主要是指抵押合同、质押合同、国有土地使用权出让合同、承包合同等。这些合同与一般的合同关系不同,其目的在于设立、变更、终止物权,且具有特定的形式要件的要求。尤其应看到,这些合同不仅受合同法规范,而且受物权法的规范。一般债权合同主要受合同法的调整,并且通常作为有名合同在合同法中加以规定。而抵押合同等,虽然也适用合同法的一般规则,如合同的订立、变更、解除、违约责任等。但这些合同主要是在物权法中加以规定。因此,也主要受物权法调整。所以,有学者认为,此类合同不同于一般的债权合同,似乎可以将其作为物权合同对待。但笔者认为,虽然这些合同与一般的合同相比较,确实存在一定的区别,而且其以设立物权为目的,但其本质上仍然是当事人设立、变更、终止民事权利义务关系的协议,其在合同的订立、履行、变更、终止等方面,仍然适用合同法的一般规定,尤其是其与物权行为不同,按照物权行为理论,物权变动需要两个合同,即债权合同与物权合同,而在我国的物权变动模式下,物权变动仅需要一个合同,当事人之间并不存在独立的物权合意。由此可见,即便承认此类合同具有设立、变更、终止物权的目的,也不能将其认定为物权合同。总之,无论合同具有什么样的特点,只要符合《民法通则》第85条的规定,都可统称为合同,并适用合同法的规定。至于物权法中有关合同的规定,都可以看成是合同法的有机组成部分。

论物权请求权与侵权损害赔偿请求权的分离[*]

物权请求权(die Dingliche Ansprüche)又称物上请求权,是旨在将物权恢复到与物权内容相应的状态的请求权。[①] 物权请求权是保护物权的特有方式[②],物权人在其物被侵害或有可能遭受侵害时通过行使物权请求权而恢复对物进行支配的圆满状态。传统大陆民法中的物权请求权有三类,即返还原物请求权、排除妨碍请求权与消除危险请求权。我国《物权法》第三章"物权的保护"也对物权请求权作出了详细规定,其中,第34条规定的是返还原物请求权,而第35条规定的是排除妨害、消除危险请求权。然而,《物权法》中并未将物权请求权与其他请求权尤其是侵权损害赔偿请求权作出严格的区分,该法在物权请求权的规定之后,还于第36条规定:"造成不动产或者动产毁损的,权利人可以请求修理、重作、更换或者恢复原状。"第37条规定:"侵害物权,造成权利人损害的,权利人可以请求损害赔偿,也可以请求承担其他民事责任。"尽管在《物权法》第三章"物权的保护"中详细列举各种保护物权的方法有助于更全面地认识物权的保护方法,但由于物权请求权与侵权损害赔偿请求权具有不同的目的、作用和特征,因此从立法技术上而言,应当将两者适当分离,这有助于实践中准确适用《物权法》对物权进行更为全面和准确的保护。有鉴于此,笔者拟对物权请求权与侵权损害赔偿请求权的关系提出几点粗浅的意见。

一、物权请求权独立存在的价值是其与侵权损害赔偿请求权相分离的基础

在民法中,基础性的民事权利都有相应的请求权,并且这些请求权因其所保护的基础权利的功能差异而相互区别、各自独立。正因如此,应当

---

[*] 本文完稿于2000年,2007年修改。
[①] MünchKomm/Baldus, Vor §985, Rn. 27.
[②] MünchKomm/Baldus, Vor §985, Rn. 30.

对物权请求权与侵权损害赔偿请求权进行区分。古罗马法中虽然尚不存在实体法上请求权与诉权的区分,但通过各种诉讼(Actio)的形式的区隔,实际上在保护实体权利方面也起到了不同的作用。① 根据古罗马法学家的解释,"诉讼(Actio)只不过是通过审判要求获得自己应得之物的权利"②。就物权请求权而言,罗马法中已经形成了保护所有权的"对物之诉"。该诉讼分为以下三种形式:第一,所有物返还之诉(res vindicatio),即所有人有权提起诉讼,请求非法占有其物的人返还原物,此种诉讼是市民法保护所有权的诉讼。③ 该请求也被形象地称为"余发见余物时,余即回收"(Ubi meam rem invenio ibi vindico)的原则。法谚中所谓"物在呼叫主人"(res clamat ad dominum),即所有权人有权随时收回其所有物。第二,排除妨害之诉(actio negatoria),即在他人侵害其所有权时,所有人有权提起诉讼,请求排除行为人的妨害。该诉讼主要适用于他人对不动产主张役权的情形。该诉讼最初仅所有权人可以提起,之后他物权人亦可以主张援用。④ 第三,普布利西亚那之诉(actio publiciana)。这种诉讼是一种以时效取得为基础的虚拟的所有物返还之诉,但该诉讼形式后来随着要式物与略式物区别的消失而消失。罗马法的上述三种诉讼形成了一种独特的物权保护方式,并最终演化为德国民法中物权请求权的来源,而对人之诉则融入了债法。⑤ 可见,在罗马法时期,物权受到独立的诉讼的保护,其已经与侵权发生了分离。

《德国民法典》中规定了独立的物权请求权,从而在物权保护方面形成了物权请求权与侵权损害赔偿请求权并存的局面。《德国民法典》在制定前,学者曾对罗马法上的前述诉权展开过讨论,尤其是对于排除妨害之诉,18世纪至19世纪之间的潘德克顿法学曾对此有深入的研究。德国著名法学家萨维尼在《当代罗马法的体系》一书中,就对罗马法的"诉讼"一词作了详细分析。他认为,罗马法中的诉权是一种主观权利,其表现为权利受到侵害而呈现的对抗加害人所表现的状态,这实际上是已经很接近实体法上请求权的概念。⑥ 德国学者海瑟(Heisse)认为,排除妨害之诉应

---

① 参见辜明安:《物权请求权制度研究》,法律出版社2009年版,第32—33页。
② 转引自黄风:《罗马私法导论》,中国政法大学出版社2003年版,第23页。
③ 参见周枏:《罗马法原论》(上册),商务印书馆1994年版,第350页。
④ 参见周枏:《罗马法原论》(上册),商务印书馆1994年版,第355页。
⑤ MünchKomm/Baldus, Vor §985, Rn. 28.
⑥ 参见朱岩:《论请求权》,载王利明主编:《判解研究》(2003年第四辑),人民法院出版社2004年版,第68页。

当与所有物返还之诉相并列,二者都是保护所有权的制度。《德国民法典》的主要起草者温德沙伊德在萨维尼观点的基础上进一步提出,罗马法中的"Actio"是一种能够积极向他人主张的权利,即便在权利未受到侵害的状态下,权利人也可以积极主张。温德沙伊德认为,"Actio 在罗马法中并不是权利的结果,而是权利的反映",也就是说,"Actio"并不仅仅是权利遭受侵害时的保护方式,其本质上应当是实体法上的请求权,这实际上是"将罗马法中通过 actio 语言方式表示出来的内容转化为我们法学的语言(实体权利的语言)"①。

正是在罗马法 Actio 概念的基础上,温德沙伊德等人提出了实体法上请求权的概念,进而发展出了物权请求权等制度,并使该请求权成为一种独立的物权保护方法。②《德国民法典》首次规定了基于所有权的请求权,从而形成了物权请求权的概念,该法典第985条及第1004条规定了三种基于所有权的请求权,即所有物返还请求权、所有权除去侵害请求权及不作为请求权,而在他物权部分也规定他物权可根据各自的内容和效力相应地准用关于所有权保护的规定。③ 自《德国民法典》颁布以来,许多学者认为,物权请求权主要包括三种,即物权的返还请求权、物权的妨害除去请求权与物权的妨害防止请求权。④《德国民法典》所规定的侵权请求权以损害赔偿为中心,而侵权损害赔偿请求权属于债务关系法的范畴,侵权法规则也对物权提供保护。⑤ 也就是说,在物权遭受侵害的情形下,权利人既可以主张物权请求权,也可以主张侵权损害赔偿请求权。

法国法上,对物权的保护是通过赋予权利人以特定诉权的方式实现的。例如,在出卖他人之物的情形下,物的所有人有权提起所有物返还之诉(action en revendication)。这一诉讼可以由所有人针对其财产的占有人提起,而通过诉讼,所有人可以要求法院对其权利加以确认。另外,返还原物诉讼既适用于不动产,也适用于动产(动产返还诉讼旧称"entierce-

---

① Windscheid, Die Actio des Roemischen Civilrechts, vom Standpunkt des Heutigen Rechts, 1856, S. 3. 转引自朱岩:《论请求权》,载王利明主编:《判解研究》(2003年第4辑),人民法院出版社2004年版,第68—72页。

② 参见陈华彬:《德国相邻关系制度研究:以不可量物侵害制度为中心》,载梁慧星主编:《民商法论丛》(第四卷),法律出版社1996年版,第314—315页。

③ 参见《德国民法典》第1017条、第1027条。另参见程啸:《论未来我国民法典中物权请求权制度的定位》,载《清华大学学报(哲学社会科学版)》2004年第5期。

④ 参见黄宗乐:《物权的请求权》,载《台大法学论丛》1982年第2期;谢在全:《民法物权论》(上册),中国政法大学出版社1999年版,第39页。

⑤ 参见《德国民法典》第823条、第826条。

ment")。① 《法国民法典》认为所有权是一项绝对的权利,但并未规定任何与所有权诉讼证据相关的条款。依据法国法,在诉讼双方对所有权权属发生争议的情况下,应由对所有权归属存在异议的原告负举证责任,因为占有人被推定为所有人(《法国民法典》第 230 条)。由于所有权是最完整的权利,是一项永久性权利,因此,对所有权的保护要与其属性相适应。② 在侵害所有权的情形下,按照《法国民法典》第 1382 条的规定,受害人还可以提起侵权之诉。因此,法国法上对物权的保护既可以采取物权保护的诉讼,也可以采取侵权诉讼的方式。

《日本民法典》虽然没有规定物权请求权的规则,但受德国法影响,日本学者也普遍承认请求权的概念。奥田昌道认为,请求权可以是对某人请求从事某种事情的权利,这是一种广义上的请求权,请求权还可以表述为"作为权能的请求权"③。《日本民法典》物权编没有明确规定物权请求权,但是在对占有的效力的规定中规定了占有保护请求权,即确认了占有人享有占有之诉(第 197 条)、占有保持之诉(第 198 条)、占有保全之诉(第 199 条)、占有回复之诉(第 200 条),这实际上类似于物权请求权。日本学者一般认为,物权请求权的根本目的在于保护权利人对其物的直接支配权,当某种因素妨碍物权内容的完全实现时,权利人即可以主张物权请求权。④ 关于物权请求权的性质,有学者认为其属于债权请求权,但多数学者认为,其应当属于一种独立的请求权类型,效力要强于债权请求权。⑤

通过分析自罗马法以来大陆法系国家民法中的物权请求权制度可以发现,物权请求权作为物权保护的一种特殊方式,在不少国家已经获得了法律的承认,并与侵权损害赔偿请求权相分离。即便有的国家没有承认独立的物权请求权,实际上也明确区分了侵权诉讼与物权保护诉讼,客观上起到了类似的效果。在笔者看来,物权请求权之所以与侵权损害赔偿请求权相分离,并成为一项独立的请求权,根本原因在于以下几点:

第一,物权请求权与侵权损害赔偿请求权相分离符合物权作为基础

---

① Yves Strickler, Les biens, PUF, Collection "Thémis", 2006, p. 429.
② Philippe Malaurie et Laurent Aynès, Droit civil, Les biens, Defrénois, 2004, p. 177.
③ 〔日〕奥田昌道:《請求権概念について》,载《法学論叢》82 卷(2·3·4)号(1968 年),第 241 页。
④ 参见〔日〕我妻荣:《新订物权法》,罗丽译,中国法制出版社 2008 年版,第 23 页。
⑤ 参见〔日〕我妻荣:《新订物权法》,罗丽译,中国法制出版社 2008 年版,第 24 页。

性民事权利的内在要求。侵权法对所有的民事权益给予保护,但各类基础性的民事权利都有其特殊保护方式的独特要求,不能仅仅满足于受侵权法的保护。物权与债权是两类最基本的也是最基础性的民事权利,物权和债权的分离本身就决定了物权请求权和债权请求权的分离。其中,物权请求权是物权法保护物权的特有方法,物权请求权的产生客观上使得物权的保护方式不再局限于单一的侵权损害赔偿请求权,而物权请求权独立存在的价值正是其与侵权损害赔偿请求权分离的理论基础。在传统大陆法系,侵权请求权以损害赔偿为中心,属于债的范畴,"侵权行为法是而且一直是债法(law of obligations)的一部分"①。物权请求权是基于物权而产生的、保护物权的请求权,也是物权法为保护物权而特别设定的一种方法。② 物权请求权源于物权的支配性,即当权利人对其物的圆满支配状态受到他人侵害时,为恢复此种圆满支配状态,物权人有权行使此种请求权。由此可见,物权请求权的行使可以使物权恢复圆满状态和支配力,其本质上是物权效力的体现。物权请求权本身不可与物权相分离。随着物权的产生,物权请求权也相伴而生;物权发生了移转,物权请求权也随之移转,其不能脱离物权而单独转让③;当物权消灭时,物权请求权也随之消灭。物权请求权行使的目的是使行为人实施一定的积极行为,即返还原物、排除妨害。当然,物权人在向义务人主张物权请求权时,义务人可能负有作为的义务(即为一定行为),也可能负有不作为的义务(即不为一定行为)。与物权请求权不同的是,侵权损害赔偿请求权属于债权请求权,在体系上属于债权的范畴。因此,物权请求权与作为债权请求权的侵权损害赔偿请求权的分离,是物权与债权分离的必然结果,也是物权作为基础性民事权利对独特保护方式的内在要求。

  第二,物权请求权与侵权损害赔偿请求权相分离,是物权积极权能产生与发展的结果,是物权支配力的体现。如果仅将物权的保护方法限定为侵权损害赔偿请求权,则只有在物权遭受侵害并给物权人造成损害时,权利人才能向侵权人提出赔偿请求。而在物权未遭受侵害或虽受侵害却并未遭受损害时,权利人就不能行使侵权损害赔偿请求权。但是,物权请求权却不以物权遭受了侵害或者损害为要件,只要存在侵害的危险或者

---

① 〔德〕克雷斯蒂安·冯·巴尔:《欧洲比较侵权行为法》(上卷),张新宝译,法律出版社2004年版,第4页。
② 参见谢在全:《民法物权论》,三民书局2003年版,第48—49页。
③ 参见〔日〕我妻荣:《新订物权法》,罗丽译,中国法制出版社2008年版,第24页。

客观上构成了侵害,物权人就可以行使物权请求权,从而恢复物权的圆满状态。这样一来,物权请求权就在客观上形成了一种强有力的私权保障机制,其与侵权损害赔偿请求权的并用能够充分保障权利人在物权行使与保护方面的功能。① 由此可见,物权请求权的产生在物权的保护方面既促成了实体法上的权利与诉讼法上的权利相互分离,也拓展了物权的权能空间,使物权真正成为一项主观权利。不仅如此,物权请求权与侵权损害赔偿请求权分离而成为独立的物权保护方式,也体现了物权的支配力。换言之,物权人对其物具有法律上的直接支配力,在行为人不当妨害权利人对其物的支配时,权利人有权主张物权请求权,以排除妨害、消除危险。当物权请求权的行使遇到障碍时,权利人既可以依法从事自助行为,也可以提起诉讼寻求司法保护。②

第三,物权请求权与侵权损害赔偿请求权相分离,有利于更好地预防侵害物权的行为。侵权损害赔偿请求权主要具有的是事后补救的功能,而物权请求权则是在物权受到妨害或者有妨害之虞时即可行使,显然更有利于对损害的预防。③ 例如,在德国法中,损害赔偿以恢复原状为原则,损害赔偿的目的在于将权利人的财产状态重新恢复到损害没有发生时权利人应处的状态。④ 德国学者认为,损害赔偿请求权以过错为要件,而妨碍排除则无须行为人具有过错。物权请求权的根本目的就是恢复物权的圆满状态,不论是原物返还请求权还是排除妨害请求权,目的都是为了恢复物权的圆满状态。因此,物权请求权的行使并不要求权利人证明行为人构成侵权,只要行为人妨害了权利人对其物的圆满支配状态,权利人就可以主张物权请求权,这就可以在侵权之外对物权提供保护。

需要讨论的是,作为绝对权请求权的物权请求权以支配权为产生依据,那么,其是否可以适用于其他权利的保护?换言之,除物权以外,其他绝对权如知识产权、人身权,也是支配权,是否可以适用物权请求权?笔者认为,其他绝对权并不是物权,因而不能产生物权请求权,从此意义上说,物权请求权仅为物权所独有。但是由于物权请求权是基于支配权而产生的,因此,如果知识产权、人格权的保护已经有相应的绝对权保护请

---

① 参见辜明安:《物权请求权制度研究》,法律出版社2009年版,第95页。
② 参见辜明安:《物权请求权制度研究》,法律出版社2009年版,第185页。
③ 参见辜明安:《物权请求权制度研究》,法律出版社2009年版,第169页。
④ Pfeiffer, Beseitigung und Schadensersatz, in: Egon Lorenz (Hrsg.), Karlsruher Forum 2012 – Beseitigung und Schadensersatz, Verlag Versicherungswirtschaft GmbH, 2013, S. 7.

求权的规定,则应当适用该规定,在缺乏专门的绝对权保护请求权的规则时,也有可能类推适用物权请求权的规则。当然,每种绝对权的权利功能、效力等存在差别,保护方式也存在差异。因此,即便是知识产权、人格权等领域不存在相应独立的绝对权保护请求权,物权请求权也不能完全准用于知识产权、人身权领域。例如,所有物返还请求权,并不能适用于知识产权和人身权的情况。

二、物权请求权与侵权损害赔偿分离的必要性

(一) 以侵权请求权涵盖物权请求权的弊端

从比较法上来看,各国民法典大多区分了物权请求权和债权请求权,包括侵权损害赔偿请求权,二者的体系位置并不相同。例如,在德国法中,涉及绝对权请求权的法律规定是《德国民法典》第1004条,该条规定了妨碍排除请求权(der Beseitigungsanspruch)和不作为请求权(der Unterlassungsanspruch,即妨碍防止请求权)。一般来说,不作为请求权与损害赔偿的关系比较容易理解。前者针对的是具有重复发生的风险(die Wiederholungsgefahr)[①],指向的是未来可能发生的妨碍;旨在预防未来发生的、对所有权的不法妨碍,且不以义务人有过错为必要。[②] 后者则针对的是已经发生的损害,其主要具有填补功能(die Ausgleichsfunktion),即对受害人已经蒙受的不利进行补偿,以义务人具有过错为前提。[③] 侵权损害赔偿请求权通常被规定于债编之中。

我国《民法通则》中并不存在明确的物权的概念,更未明确承认物权请求权。《民法通则》在对侵权行为的规定中包含了绝对权请求权。《民法通则》第134条规定的10种承担民事责任的方式中,既包括了物权请求权,也包括了损失赔偿。受这一模式的影响,2007年颁布的《物权法》采纳了大侵权责任的模式,即通过范围极为宽泛的侵权责任方式对物权进行保护。因而,该法单设第三章"物权的保护",对包括物权请求权、侵权损害赔偿请求权在内的侵害物权的侵权责任承担方式统一作出了规定,并未明确采用"物权请求权"的概念。2009年颁布的《侵权责任法》第

---

① MüKoBGB/Baldus, 7. Aufl., 2017, BGB §1004, Rn. 289; Staudinger/Karl-Heinz Gursky, 2012, BGB §1004, Rn. 213.
② BeckOGK/Spohnheimer, BGB §1004, 2019, Rn. 253.
③ MüKoBGB/Wagner, 7. Aufl., 2017, Vor. BGB §823, Rn. 43.

15条延续这种大侵权责任的模式。2017年施行的《民法总则》第179条再次对该模式加以认可。应当说,《物权法》《侵权责任法》《民法总则》采用的"大侵权责任模式"确实有一些优点,其能够结合各种对物权的保护方法实现对物权的完整保护。但是,这种模式很不精细,使人产生一定的疑问,即在现有的立法体系下,侵害物权是否都应当适用侵权责任,从而排除物权请求权的适用?而采纳绝对权请求权(包括物权请求权、知识产权请求权等)与侵权损害赔偿相区分的模式,能够使物权保护规则清晰度更高、更为精细。物权请求权与侵权损害赔偿请求权相分离的模式有助于实现对物权更精细化、更科学、更合理的保护。

具体而言,以侵权请求权涵盖物权请求权,主要存在以下几个方面的缺陷:

第一,物权请求权包含在侵权请求权中,将抹杀二者在目的和功能上的差异。讨论物权请求权制度的价值,首先需要考虑侵权损害赔偿请求权能否实现物权请求权的制度功能。显然,物权请求权与侵权损害赔偿请求权的立法目的是不同的。① 物权请求权之所以不同于侵权请求权,在于其主要目的是为了恢复对物的圆满支配。例如,在物被他人非法占有,返还原物就是恢复权利人对物的圆满支配。一方面,物权请求权行使的前提是物权的支配客体仍然客观存在,物权请求权的行使必须以物仍然存在为前提。如果物发生灭失,只能通过侵权损害赔偿的方式进行救济,而无法行使原物返还请求权。② 另一方面,损害赔偿请求权以补偿功能(die Kompensationsfunktion)为主要功能,妨碍排除请求权更强调预防功能(die Präventionsfunktion),不具有补偿功能。③ 就损害赔偿请求权与物权请求权的关系而言,德国学者认为,权利人在自身权利受到他人行为的威胁时,无须等到权益侵害发生时再依据《德国民法典》第823条以下的不法行为规则主张损害赔偿,而可以在自身的权利范围内借助防御性请求权来对抗即将发生的妨害。④ 不过,对权益的威胁本身并不属于《德国民法典》第823条第1款意义上的权益侵害,也不是《德国民法典》第249条以下意义上的可赔偿损害,因此,不能产生恢复原状的损害赔偿请求权。⑤

---

① 参见程啸:《侵权责任法》(第二版),法律出版社2015年版,第178页。
② 参见孙宪忠:《中国物权法总论》,法律出版社2003年版,第317页。
③ Staudinger/Karl-Heinz Gursky, 2012, BGB §1004, Rn. 139; Pfeiffer, a. a. O., S. 8 f.
④ MüKoBGB/Wagner, 7. Aufl., 2017, Vor. BGB §823, Rn. 38.
⑤ MüKoBGB/Wagner, 7. Aufl., 2017, Vor. BGB §823, Rn. 39.

总的来说,受到侵权法保护的权利和利益在面临妨害时,都能获得发挥预防性作用的防御性请求权的保护。① 损害赔偿请求权着眼于损害,针对的是加害结果,其不仅包括财产损害,还包括非财产损害,妨碍排除请求权则与此无关,针对的是妨碍源而非损害结果;就损害赔偿请求权而言,按照"差额说",损害是指受害人现实财产状况与假定财产状况的对比,损害赔偿的结果应当是加害行为未曾发生时的财产状况,损害赔偿着眼于过去,而妨碍排除请求权指向的是现时妨碍的除去,着眼于物的现时、实际状态与所有权内容不符,消除对物权行使的障碍,不涉及过去状况的比较。

简言之,物权请求权具有防止和制止对权利的侵害的功能,因而属于权利的事先的、主动的防御。相对而言,侵权请求权则属于事后的、被动的救济。② 所以,如果将物权请求权包含于侵权损害赔偿之中,必然导致物权请求权的预防功能无法发挥。

第二,物权请求权置于侵权责任的责任形式之中,将无法实现对物权精准、全面的保护。在某些情形下,对物权的妨害只是具有侵害之虞,而并无实际的损害结果发生,此时只能请求行使物权请求权,而不能行使以实际损害发生为必要的侵权损害赔偿请求权。例如,某人修理自家烟道不当,造成邻人的烟道排烟不畅,但并未给邻人的财产造成实际的损害,该邻人则只能请求排除妨害。侵权损害赔偿请求权以损害的发生为基本构成要件,这种损害可以金钱进行计算,没有损害就没有赔偿。故此,侵权赔偿请求权只能适用于造成损害的情形,而物权请求权可适用于并未造成损害的情形,且针对物权的保护更为精细、更具有针对性。侵权法仅针对侵权行为而适用,其旨在保护所有的民事权益,难以兼顾各类权利保护的特殊性而设立不同的救济规则。因此,将物权请求权置于侵权责任的责任形式之中,将无法实现对物权的精准、全面的保护。

第三,物权请求权通常是与对有体物的保护联系在一起的,其保护方式具有特殊性。③ 物权请求权主要是为了恢复对物的圆满支配状态,其是基于对有体物的保护而产生的,通常以恢复对有体物的支配为内容。物

---

① MüKoBGB/Wagner, 7. Aufl., 2017, Vor. BGB §823, Rn. 40.
② 参见曹险峰:《侵权责任本质论——兼论"绝对权请求权"之确立》,载《当代法学》2007 年第 4 期。
③ 参见尹田:《论物权请求权的制度价值——兼评〈中国物权法草案建议稿〉的有关规定》,载《法律科学》2001 年第 4 期。

权请求权是在物权人所有或占有的物受到他人侵占、妨害或侵害时的保护方法,其主要适用于对有体物的保护。在无体物受到妨害或侵害时,则主要通过债的保护方法对权利人提供救济。鉴于物权请求权主要针对有体物的保护发生作用,功能受限,一些学者建议应扩大物权请求权的适用范围,如在无形财产遭到侵占时,可以类推适用物权请求权。该观点虽有一定道理,但如果普遍适用这一方法保护无形财产,则可能改变物权的请求权的性质和目的,并可能使物权请求权与侵权请求权发生混淆。

第四,法律上的限制不同。侵权损害赔偿以实现损害填补为目的,为避免行为人动辄得咎,法律往往对损害赔偿进行限制。① 例如,在适用无过错责任的侵权行为,法律上往往设有最高赔偿限额的规定,从而确保侵权行为人能够通过责任保险等方式分散损失。如我国《侵权责任法》第77条规定:"承担高度危险责任,法律规定赔偿限额的,依照其规定。"但是,就物权请求权而言,由于其旨在恢复物权人对其物的圆满支配状态,因而法律上对这种责任的承担既不应当也无必要加以限制。这也是应当区分侵权损害赔偿请求权与物权请求权的一个重要原因。另外,因为"排除妨碍""停止侵害"等请求权的适用本身就以"快速、及时和有效"为目的,如果与侵权损害赔偿请求权一样,都需要逐一证明各种构成要件,显然不利于实现这一功能。②

(二) 物权请求权与侵权损害赔偿请求权的区别

如前所述,以侵权请求权包含物权请求权,将会产生诸多弊端,而这些弊端的产生根本上是由于物权请求权与侵权损害赔偿请求权的区分所导致的,具体而言,物权请求权与侵权损害赔偿请求权的区别具体表现在以下几方面。

1. 物权请求权与侵权损害赔偿请求权具有不同的功能和目的

物权请求权的方式主要是请求返还原物、请求侵害排除和请求侵害防止,其目的在于排除物权受侵害的事实或者可能,恢复或者保障物权的圆满状态③;在物权保护中,行使侵权损害赔偿请求权就是要求加害人履行损害赔偿之债,其目的是填补物权人无法通过行使物权请求权而得以

---

① 参见曹险峰:《侵权责任本质论——兼论"绝对权请求权"之确立》,载《当代法学》2007年第4期。

② 参见曹险峰:《侵权责任本质论——兼论"绝对权请求权"之确立》,载《当代法学》2007年第4期。

③ 参见王泽鉴:《民法物权(一):通则·所有权》,三民书局2001年版,第65页。

弥补的损失,即以货币方式恢复被损害物的价值状态,弥补受害人所遭受的价值损失。

一般而言,因为物权请求权的保护更为便利和高效,在出现物权遭受侵害或有遭受侵害的可能时,可以优先适用物权请求权,从而实现对物的圆满支配。① 而在物权遭受侵害并已经造成了损害,且无法通过行使物权请求权得到充分救济的情况下(如物的价值遭到了贬损),则可以行使侵权损害赔偿请求权,请求加害人承担损害赔偿责任。二者在很多情况下并不会发生竞合。如果物权虽然遭受侵害却并未导致价值减损时,或者物权仅有遭受侵害的可能性而并未影响物权人的现有权益时,就只能行使物权请求权获得对物权的保护;如果物权遭受的损害已经发生,而且损害没有必要或没有可能通过恢复原状等物权请求权获得救济,就只能通过损害赔偿的侵权损害赔偿请求权获得价值上的补偿。因此,作为两种对物权的不同保护方式,二者从不同角度对物权损害予以不同的救济,既可以独立适用,也可以结合适用。② 基于这两种保护方式的不同功能,立法上应当同时采取这两种不同的保护方式,不能偏废。单纯试图只保留任何一种请求权的模式,都无法实现全部的功能,因而应当同时确立物权请求权与侵权损害赔偿作为对物权的完整保护方式。

2. 物权请求权与侵权损害赔偿请求权要求相对人承担责任的要件不同

首先,两者的归责基础不同。与损害赔偿请求权不同,物权请求权的行使不以妨碍人有过错为要。③ 依据我国法律,除了法律所规定的特别侵权行为外,侵权行为的成立以行为人具有过错为要件,在负有举证责任的一方不能举证证明该要件时,加害人不应承担侵权责任。与之不同的是,当物权人要求侵权人返还财产、排除妨害和消除危险时,不以侵权人具有过错为要件。换言之,物权人只需要证明其物遭受了他人不法侵害或妨害,即可主张物权请求权,而不需要证明行为人具有过错。如果权利人主张侵权损害赔偿请求权,则权利人需要证明行为人具有过错,与物权请求权相比,权利人的举证负担显然更重,如果以侵权损害赔偿请求权代替物权请求权显然不利于物权的保护。

---

① 参见温世扬、廖焕国:《论物权的民法保护之范式——以物上请求权与侵权请求权为中心考察》,载《中南大学学报(社会科学版)》2004 年第 1 期。
② 参见史尚宽:《物权法论》,中国政法大学出版社 2000 年版,第 11 页。
③ MüKoBGB/Wagner, 7. Aufl., 2017, Vor. BGB § 823, Rn. 41.

其次,从危害后果上来看,在物权的保护中,行使侵权损害赔偿请求权的前提是存在损害赔偿之债,没有损害赔偿之债,就失去了行使侵权损害赔偿请求权的基础。损害赔偿之债要求加害人造成了受害人财产损失才应负赔偿的义务,没有损失就没有赔偿。① 但是物权人行使物权请求权的前提是物权遭受侵害或者有遭受侵害的可能,而不以造成财产损失为前提。也就是说,只要行为人不当妨碍了物权人行使物权,不论是否给权利人造成了现实的损害,物权人都可主张物权请求权。在行为人侵害或者妨害他人物权时,通常并没有造成权利人现实的损害,此时,权利人难以主张侵权损害赔偿请求权,但权利人仍可主张物权请求权,以排除妨害或者消除危险。在物遭受侵害或者妨碍的情形下,如果侵害的危险还没有消除,物权人也有权主张物权请求权。所以,试图以侵权损害赔偿请求权代替物权请求权的做法也加重了受害人的举证负担,不利于全面保护物权。

3. 物权请求权与侵权损害赔偿请求权是否适用诉讼时效不同

诉讼时效的适用对象是债权请求权,根据我国《民法总则》第188条的规定,侵权损害赔偿请求权适用普通诉讼时效期间是3年,而权利遭受损害的最长保护期间是自权利受到损害之日起20年。但物权请求权显然不能适用上述诉讼时效的规定。一方面,对于诸如返还原物的请求权而言,适用3年普通诉讼时效,将不利于保护所有人的利益,或者说不利于保护所有权人的权利。② 例如,在某人的房屋边上挖掘窖坑,严重影响到房屋的安全,如果房屋所有人请求行为人排除妨害,行为人提出该窖坑是在三年前挖的,因而已过诉讼时效,其没有义务恢复原状,这就意味着经过一定的期限后将使某种违法的行为合法化,显然不符合时效制度设定的目的。另一方面,对返还原物、排除妨害、消除危险等物权请求权而言,也很难确定诉讼时效的起算点。因为物权的请求权通常适用于各种继续性的侵害行为,侵害和妨害行为通常是持续不断进行的。例如,非法占有他人的财产,只要没有返还,物权就仍然处于遭受侵害的状态;再如,在他人的房屋边挖洞,只要该洞存在就会威胁到他人房屋的安全。如果严格适用消灭时效的期间起算办法,即自"受害人知道或者应当知道自己

---

① 参见史尚宽:《物权法论》,中国政法大学出版社2000年版,第11页。
② 有学者认为,在我国法律尚未规定取得时效的背景下,不宜承认物权请求权(物的返还请求权)适用诉讼时效制度。参见崔建远:《物权:规范与学说——以中国物权法的解释论为中心》(上册),清华大学出版社2011年版,第317页。

的权利受到侵害之日起"计算物权请求权的消灭时效,则对物权人是不公平的,也不利于保护物权。正因如此,《民法总则》第 196 条才明确规定"请求停止侵害、排除妨碍、消除危险"请求权,以及"不动产物权和登记的动产物权的权利人请求返还财产"请求权不适用诉讼时效的规定。这也说明了,《民法总则》的立法者也充分认识到了物权请求权与侵权损害赔偿请求权在诉讼时效制度适用上的根本差异,从而将物权请求权排除在诉讼时效的适用范围之外。

4. 物权请求权与侵权损害赔偿请求权的法律效力不同

物权请求权以物权为本权,故其效力强于作为债权请求权的侵权损害赔偿请求权。例如,在发生债务人破产的场合,物权人可以行使原物返还请求权,即所有人基于返还原物的请求权而应当对其物享有取回权,其应优先于一般债权而受到保护。① 但是侵权损害赔偿请求权只是一种债权请求权,除非法律基于某种价值考量而有特别的规定,否则在被执行人破产或者无法清偿所有的债务时,损害赔偿债权的权利人和其他债权人应当平等地就破产财产而受清偿。② 如果混淆物权请求权与侵权损害赔偿请求权,就意味着只允许所有人采用侵权损害赔偿请求权的方法保护自己的物权,那么在债务人破产或者被执行财产不足以清偿全部债务时,所有人就只能以一般破产债权人的身份按比例受偿,这显然是错误的,不仅在理论上与物权的性质不符,实践中也不利于对物权的保护。需要注意的是,物权请求权的行使也受到一些特殊的限制。例如,在相邻的所有人之间行使排除妨害请求权,还要适用相邻关系的规则,受到妨害的一方应当适当忍受来自另一方的轻微妨害,而侵权损害赔偿请求权的行使则不存在上述限制。

5. 物权请求权与侵权损害赔偿请求权的费用承担不同

在物权请求权的行使中需要讨论行使权利的费用分担。例如,某人庭院中的树木因为被大风吹倒至邻人院中,树的所有权人可以行使所有物返还请求权,请求邻人返还该树木,而相邻的一方则可以行使排除妨害

---

① 参见程啸:《侵权责任法》(第二版),法律出版社 2015 年版,第 178 页。
② 对于被侵权人的损害赔偿债权优先于其他债权的特别规定,如最高人民法院《关于刑事裁判涉财产部分执行的若干规定》第 13 条规定:"被执行人在执行中同时承担刑事责任、民事责任,其财产不足以支付的,按照下列顺序执行:(一)人身损害赔偿中的医疗费用;(二)退赔被害人的损失;(三)其他民事债务;(四)罚金;(五)没收财产。债权人对执行标的依法享有优先受偿权,其主张优先受偿的,人民法院应当在前款第(一)项规定的医疗费用受偿后,予以支持。"

请求权,请求对方移走树木。就移走该树木的费用而言,因为在物权请求权中,不以行为人的过错为要件,所以在一方没有过错的情况下,其也应当承担该费用。但是,在侵权责任中,如果行为人没有过错,除非适用公平责任,否则行为人无须承担该费用。

三、物权请求权与侵权损害赔偿请求权的竞合与聚合

侵害物权造成权利人损害的,权利人既可以请求损害赔偿,也可以请求行为人承担其他民事责任。《物权法》第38条第1款规定:"本章规定的物权保护方式,可以单独适用,也可以根据权利被侵害的情形合并适用。"依据这一规定,物权请求权在适用中可能出现以下两种情况:一是请求权的竞合。所谓请求权竞合,是因为某种事实的发生而导致两种或者两种以上的请求权并存并相互冲突,"即同一给付请求因数个请求权规范而成立"①。这就是说,在侵害物权的情况下,受害人在物权请求权和侵权损害赔偿请求权之间只能选择一种请求权。例如,权利人的物权遭受他人的妨害,受害人请求排除妨害、消除危险,一般不能再基于侵权的请求权主张损害赔偿。由于物权的请求权是专门为保护物权而设定的,因而选择物权的请求权通常对受害人是有利的。二是请求权的聚合,也称责任聚合,是指同一法律事实基于法律的规定以及损害后果的多重性,而应当使责任人向权利人承担多种法律责任的形态,即当事人可以同时主张数种以不同的给付为内容的请求权。② 例如,受害人在其物被他人非法占有之后,可以在请求返还原物的同时,就返还的费用主张损害赔偿。

(一) 原物返还请求权与侵权损害赔偿请求权的竞合

在非法侵夺、非法占有他人之物的情形下,可能发生原物返还请求权与侵权损害赔偿请求权的竞合,在此情形下,权利人既有权请求行为人返还原物,也有权请求行为人承担侵权损害赔偿责任。例如,在"王某与被告畅某某、解某某物权保护纠纷案"中,被告畅某某因外出需要而借用原告王某的宝马车,后畅某某向被告解某某借款,并将该车交由解某某开走,双方约定在畅某某还款时,解某某将车辆返还。后因畅某某无法还款,车辆一直被解某某占有。原告主张二被告返还车辆,并赔偿损失。法院认为,被告解某

---

① 〔德〕迪特尔·施瓦布:《民法导论》,郑冲译,法律出版社2006年版,第164—165页。
② 参见王泽鉴:《法律思维与民法实例》,1999年自版,第199页。

某负有返还原物的义务,而且车辆并没有全部毁损,可以返还,因此,原告无权主张赔偿损失,无法成立原物返还请求权与侵权损害赔偿请求权的聚合。① 笔者认为,本案中,毫无疑问,原告可以请求所有物返还请求权,但这并不意味着其不得主张侵权损害赔偿请求权。虽然车辆没有全部毁损,但被告的使用已经造成了车辆的损耗。而且,在汽车被他人无权占有的情形下,所有权人需要另行租车或负担交通费,或车辆无法投入运营而遭受收入丧失等损害。因而,单纯行使物上请求权并不能使权利人所遭受的损害获得完全填补。笔者认为,解某某明知车辆并非畅某某所有,仍然将车开走作为借款的担保,且拒不归还,显然具有过错,应当构成侵权,因此,王某也有权请求解某某承担侵权损害赔偿责任。

由此可见,在侵害物权的情形下,并不仅仅造成对物权行使的妨害,也可能由此导致损害。甚至在占有他人之物的情形下,即使没有造成物的毁损灭失,也有可能因占有该物而造成权利人的其他损失。例如,非法占有他人运营的车辆,致使受害人不能将车辆投入运营,进而带来收入的损失。在此情形下,如果仅仅允许受害人行使物权请求权,则并不能充分保护受害人,因此仍有必要肯定受害人的侵权损害赔偿请求权。在当前我国正在编纂的民法典物权编中,即便规定了物权请求权,仍应当允许受害人就行使何种权利进行选择。当然,在侵害物权的情形下究竟发生的是物权请求权和侵权损害赔偿请求权的竞合抑或聚合,则应依具体情形而定。

(二) 排除妨碍请求权与损害赔偿请求权的聚合

在适用排除妨碍请求权与损害赔偿请求权时,必须认真区分损害和妨碍。损害是已经现实发生的、客观存在的,受害人请求行为人承担损害赔偿责任时,既需要证明其客观上遭受了一定的损害,又需要证明其损害的具体程度与数额,否则可能难以获得救济。而妨碍在性质上是一种正在持续的侵害状态,最终所导致的损害的具体程度和数额此时并不确定,最终损害结果也尚未形成。妨碍并不一定造成实际的损害,它只是一种持续性、尚未结束的不利影响,而损害是已经结束的造成了实际后果的侵害状态。奥地利法学家库奇奥认为,妨碍与损害是两个有本质差异的侵害类型:妨碍体现为对被妨碍人在法律上可享有的法益构成限制(das rechtliche Können),而损害体现为对受害人事实上享有的法益构成限制(das

---

① 参见陕西省西安市雁塔区人民法院(2017)陕 0113 民初 12019 号民事判决书。

tatsächliche Können）。① 一般而言，对已经终止的损害应当适用侵权损害赔偿，而对于单纯的妨碍行为，则应当适用排除妨碍请求权。在物权请求权适用的情形下，权利人并不仅仅针对已经发生的损害，而是针对未来可能发生的损害，因此，目的在于预防未来损害的发生。②

在德国法上，妨碍排除请求权与损害赔偿请求权的适用关系一直存在争议。这是因为，德国法就损害赔偿采纳了恢复原状主义，损害赔偿旨在将权利人的财产状态恢复到损害未发生的应然状态，与妨碍排除的功能具有相当性。③ 对此，德国学者认为，损害赔偿与妨碍排除至少存在以下几点区别：第一，损害赔偿请求权以过错为要件，妨碍排除无须过错；第二，损害赔偿请求权以权益侵害为要件，而妨碍排除仅仅要求"妨碍"的存在；第三，损害赔偿请求权着眼于损害，针对的是加害的结果，其赔偿的范围不仅包括财产损害，还包括非财产损害，妨碍排除请求权则与此无关，针对的是妨碍源而非损害结果；第四，就损害赔偿请求权而言，按照"差额说"，损害是指受害人现实财产状况与未遭受损害的财产状况的对比，损害赔偿的结果应当是就像加害行为未曾发生那样的财产状况，损害赔偿着眼于过去，而妨碍排除请求权指向的是妨碍的除去，妨碍排除请求权的适用，着眼于物的现时，或指向的是未来，不涉及过去状况的比较；第五，损害赔偿请求权以补偿功能（die Kompensationsfunktion）为主要功能，妨碍排除请求权更强调预防功能（die Präventionsfunktion），一般不具有补偿功能。④ 如行使排除妨碍请求权，妨碍人无须将权利人的状态恢复到妨碍未发生之前的状态（Wiederherstellung des status quo ante），只需要将已造成的妨碍除去，或采取与其妨碍行为相反的行为（actus contrarius）即可。⑤

损害赔偿请求权以权益侵害为要件，而妨碍排除仅仅要求"妨碍"的存在，在行为人的行为仅造成妨碍而无损害的情况下，只能满足物权请求权的要件，因为侵权损害赔偿请求权以实际损害的发生为前提。就排除妨碍而言，在通常情形下不会与侵权损害赔偿请求权发生竞合。但在特

---

① 参见〔奥地利〕海尔姆特·库齐奥：《侵权责任法的基本问题（第一卷）：德语国家的视角》，朱岩译，北京大学出版社2017年版，第29页。

② Jabornegg/Sttasser, Nachbarrechtliche Ansprüche als Instrument des Umweltschutzes, 1978, 132 ff.

③ Pfeiffer, Beseitigung und Schadensersatz, in: Egon Lorenz（Hrsg.）, Karlsruher Forum 2012–Beseitigung und Schadensersatz, Verlag Versicherungswirtschaft GmbH, 2013, S. 7.

④ Staudinger/Karl-Heinz Gursky, 2012, BGB §1004, Rn. 139; Pfeiffer, a. a. O., S. 8 f.

⑤ MüKoBGB/Baldus, 7. Aufl., 2017, BGB §1004, Rn. 225.

殊情形下，二者也可能发生竞合。例如，一方越界建筑，甲建造房屋时，逾越其宅基地范围，侵占了乙的宅基地范围。如果出现了某种损害也是妨碍的情形，权利人可以主张恢复原状，也可以主张损害赔偿，二者之间并不矛盾和排斥。

不过，排除妨碍与损害赔偿请求权之间很可能发生聚合，因为在许多情形下，行为人妨碍他人物权的行为可能造成了相对人财产或人身的损害。在此情形下，排除妨碍请求权与损害赔偿请求权也可能发生聚合，受害人既可以请求排除妨碍，也可以就损害提出损害赔偿的请求。例如，在"杨某某诉挚合物业公司、马某某健康权纠纷案"①中，原告杨某某与被告马某某系上下楼邻居关系，被告马某某私自在主排烟道内加装管道，致使原告厨房排烟不畅，并导致原告身体不适而住院就医，后物业公司向马某某下达了限期恢复原状整改通知书，但马某某收到该通知后并未恢复原状。杨某某认为二被告的违法行为造成其损害，故起诉请求法院依法判令二被告承担连带赔偿责任。被告认为其雇用专业人员施工，自己无过错。法院经审理认为，被告马某某虽然是雇用专业公司安装管道并享有燃气使用证，但对相邻方造成损害，依法亦应承担赔偿责任，不以其对损害事实的发生存在过错为前提。故原告要求被告马某某承担损害赔偿的请求，于法有据，依法应予支持。笔者认为，本案中，被告私自加装管道的行为已经构成了对他人不动产使用的妨碍，原告可以依据物权请求权要求被告拆除改装，恢复原状以排除妨碍，此种请求权不以过错为要件。当物权受到妨碍或有受到妨碍的危险的同时又给权利人造成了损害，此时构成请求权的聚合。受害人可以同时主张物权请求权和侵权损害赔偿请求权。不过，此种侵权损害赔偿请求权的适用仍然应当遵循《侵权责任法》关于侵权赔偿责任归责原则的规定。

四、我国民法典应当区分物权请求权与侵权损害赔偿请求权

（一）在民法典物权编中规定独立的物权请求权

《物权法》虽然同时规定了物权请求权和侵权损害赔偿请求权，并将其作为物权的保护方法，但笔者认为，从《物权法》的相关规定来看，其也

---

① 参见天津市第一中级人民法院(2015)一中民一终字第1465号民事判决书。

承认了独立的物权请求权,因为该法第 34、35、36 条实际上是对物权请求权的规定,尤其该法第 38 条第 1 款规定:"本章规定的物权保护方式,可以单独适用,也可以根据权利被侵害的情形合并适用。"这实际上是肯定了在物权遭受侵害的情形下,权利人可以单独行使物权请求权。① 据此,物权同时受到物权请求权与侵权损害赔偿请求权的保护,这实际上已经突破了《民法通则》的规定。当然,由于《物权法》也规定了侵权损害赔偿请求权,因而在该法中,物权请求权的独立性没有得到凸显。笔者认为,在正在编纂的民法典物权编应当确认独立的物权请求权。应当对《物权法》第 37 条作出适当修改,即修改为:"侵害物权,造成权利人损害,权利人请求损害赔偿的应适用本法侵权责任编的相关规定。"作出此种修改主要有如下两个方面的意义:一方面,本条款表明,损害赔偿并非物权请求权的范围,而属于侵权损害赔偿请求权,不应当与物权请求权相混淆;在侵害或妨碍物权的情形下,如果没有造成损害,则原则上应当适用物权请求权,而无须主张侵权损害赔偿。在构成侵权损害赔偿责任时,才可以行使侵权损害赔偿请求权。侵权责任法调整的是权益遭受侵害时所发生的损害赔偿关系。毫无疑问,损害赔偿的主要目的体现在保护法律赋予受害人的各种法益之中。② 当然,法律保护的民事权利遭受侵害或威胁时,不只赋予受害人损害赔偿请求权,还允许受害人行使绝对权请求权。在物权遭受侵害的情况下,法律除提供侵权损害赔偿请求权外,还提供了物权请求权作为救济。另一方面,从法律适用的角度,对物权请求权与侵权损害赔偿请求权进行区分:前者适用物权编的规定,而后者适用侵权责任编的规定。因此,法官在判定侵害物权的损害赔偿时,应当援引侵权责任编的规定,而不应适用物权编的规定。

(二) 民法典侵权责任编应将侵权责任形式聚焦于损害赔偿

为了与物权编的修订相对应,侵权责任编也需要作出必要的修订。也就是说,侵权责任编在保留"大侵权"模式之下,将侵权责任聚焦于损害赔偿,使得侵权请求权主要体现为损害赔偿请求权。

首先,应当继续保留"大侵权"模式。之所以需要保留这一模式,一方面,侵权法保护的范围极为宽泛,依据《侵权责任法》第 2 条的规定,除绝

---

① 参见程啸:《侵权责任法》(第二版),法律出版社 2015 年版,第 179 页。
② 参见〔奥地利〕海尔姆特·库齐奥:《侵权责任法的基本问题(第一卷):德语国家的视角》,朱岩译,北京大学出版社 2017 年版,第 18 页。

对权,侵权法还保护股权、继承权等各种民事权益,而且随着社会的发展,除人格权、物权、知识产权,将来还有可能出现新型的财产权益,如网络虚拟财产、数据财产等都可能需要借助于物权请求权或侵权损害赔偿请求权进行保护。在这些绝对权益遭受侵害的情形下,都需要借助多元化的责任方式予以救济。从这个意义上讲,即便物权请求权、人格权请求权与侵权损害赔偿请求权发生分离,但侵权责任编关于侵权责任的预防性承担方式的规定仍然具有兜底性。另一方面,保留"大侵权"模式也可以给当事人提供选择权利保护方式的权利。也就是说,在物权受到侵害的情形下,按照私法自治原则,权利人可以主张物权请求权,但如果其能够证明行为人构成侵权,并愿意主张侵权请求权,也应当允许权利人请求行为人承担侵权责任。所以,笔者主张,侵权责任编在总则中应保留"大侵权"模式,而没有必要删除,但侵权责任编中责任承担方式的章名,可以将原来的"责任构成和责任方式"改为"损害赔偿",这就意味着要将侵权责任的承担方式聚焦在损害赔偿上。

其次,侵权请求权主要应采取损害赔偿的责任形式,这是侵权责任的独特功能,也是其特色所在。其实,传统的大陆法国家的侵权责任形式主要是损害赔偿。冯巴尔认为,"侵权行为法之存在告诉我们,这些规则之发展是为了让受到他人之不当行为造成的损害或损失的人(一般也只有该人)有权得到赔偿"[1]。之所以在债法中规定侵权,是因为侵权会产生损害赔偿之债,在受害人遭受实际损害的情况下,损害赔偿对受害人可提供有效救济。在我国,构建以损害赔偿为中心的侵权责任体系,就可以将侵权损害赔偿请求权与绝对权请求权(如物权请求权、人格权请求权)相区分。所谓绝对权请求权,是指绝对权被侵害时或者有受损害之虞时,为了恢复绝对权支配的圆满状态,权利人有权要求加害人停止侵害、排除妨害、消除危险等。在以德国为代表的大陆法系国家,区分了侵权损害赔偿请求权和物权请求权等绝对权请求权,其认为,停止侵害、排除妨害、消除危险等责任方式属于绝对权请求权,而侵权责任的形式则只限于损害赔偿。有关绝对权请求权主要由物权法、人格权法作出规定,侵权责任编主要规定侵权损害赔偿。采纳绝对权请求权包括物权请求权、知识产权请求权与损害赔偿请求权相分离模式,就会构建一个更清晰、规则设计更为精细的权利保护模式。

---

[1] 〔德〕克雷斯蒂安·冯·巴尔:《欧洲比较侵权行为法》(上卷),张新宝译,法律出版社 2004 年版,第 6 页。

因此,正在制定的民法典有必要依据物权请求权与侵权损害赔偿请求权分离的模式构建责任体系。具体而言,首先,民法典侵权责任编(二审稿)第二章的章名应从之前的"责任构成和责任方式"改为"损害赔偿",就体例结构来说,这是本次侵权责任编的最大改动之一。该章集中规定损害赔偿的范围、权利主体、精神损害赔偿、惩罚性赔偿等问题,同时,这一改动也意味着侵权责任形式将主要聚焦于损害赔偿。而民法典物权编于物权保护一章中,应主要规定物权请求权,有关侵害物权的损害赔偿应适用侵权责任编的规定。

论物权法定原则[*]

物权法定原则是物权法最具特色的基本原则,该原则又称物权法定主义(拉丁语为"numerus clausus",德语为"Typenzwang",葡萄牙语为"tipicidade"),它决定了物权法的基本性质与特征,也严格地限制了当事人在创设新型物权、改变既有物权内容等方面的意思自由。在我国物权法的起草过程中,理论界与实务界的多数人士赞同将物权法定原则作为物权法的一项基本原则加以规定。但是,对于该原则的含义、违反该原则的法律后果以及物权法定的依据等问题,仍存在不同的看法。有鉴于此,本文拟对该原则谈一点看法,供理论界与实务界参考。

一、物权法定原则的内涵探讨

在物权法起草过程中,对是否应当采纳物权法定原则,该原则的内涵以及在立法上如何表述,存在较大的争议。有人主张,物权法定的内涵仅限于物权种类法定与物权变动方式法定。[①] 也有学者认为,物权法定包括物权的种类与物权的内容法定,不能由当事人任意创设或改变。[②] 还有观点主张,物权法定还应当包括物权的变动、公示方法等方面的法定。[③] 笔者认为,所谓物权法定原则,是指物权的种类、内容、效力以及公示方法由法律规定,原则上不能由法律之外的规范性文件进行规定,也不允许当事人自由创设物权的种类以及确定物权的内容、效力和公示方法。

(一) 物权法定首先包括物权的种类法定

所谓物权的种类法定(numerus clausus, der Typenzwang),是指哪些权

---

* 原载《北方法学》2007年第1期,原标题为《物权法定原则》。
① 参见李开国:《民法基本问题研究》,法律出版社1997年版,第267页。
② 参见谢在全:《民法物权论》(上册),中国政法大学出版社1999年版,第43页;常鹏翱:《体系化视角中的物权法定》,载《法学研究》2006年第5期。
③ 参见孙宪忠:《德国当代物权法》,法律出版社1997年版,第79页。

利属于物权,哪些不是物权,要由物权法和其他法律规定。① 毫无疑问,物权法定原则首先应当包括物权类型法定。拉丁语"numerus clausus"一词本义为"数目封闭",德国法中,因为立法没有对物权法定的内涵作出定义,而学者大多从种类法定的角度对其进行解释,因此国内学者大都将德国法中的"Typenzwang"一词译为"类型法定"②,也有学者将与此相关的词译为"种类强制"或者"种类固定"③。从大陆法系各国和地区的表述来看,物权法定主要是从物权的种类的角度排斥当事人设定物权的自由,即当事人不能约定物权法之外的物权种类,也不能改变现有的物权种类。④ 在物权法定之下,尽管对于是否要设定物权,或者要设定哪一种物权的问题,当事人具有一定程度的行为自由,但当事人设定的物权必须符合法定的物权类型。也就是说,有关物权类型的规定都是强制性的,不能由当事人通过约定加以改变。⑤

从总体上看,物权种类法定包含下述两层含义:一方面,物权的具体类型必须由法律明确确认,当事人不得创设法律所不承认的新的类型的物权,我国物权法定原则也应当具有此种内涵。但应当看到,此处所说的法律,必须是立法机关通过立法程序制定的规范性文件,能产生普遍适用的效力,只有在这种法律基础上设定的物权类型,才能产生正确引导当事人行为和指导法官处理纠纷的作用。为了保证法律适用的一致性,也为了确保物权法定原则发挥其应有的功能,物权类型法定就不能仅仅具有限制当事人意思自治的作用,还要限制立法机关之外的国家机关通过规范性文件或者司法机关通过个案设定物权类型的情形。另一方面,物权种类法定既不允许当事人任意创设法定物权之外的新种类物权,也不允许当事人通过约定改变现有的法律规定的物权类型。理论上也将此种情况称为排除形成自由(die Gestaltungsfreiheit)。⑥ 当事人之间的协议不发

---

① Gaier, in: MünchKomm zu BGB, Einleitung, Rn. 11.
② 参见[德]鲍尔、施蒂尔纳:《德国物权法》(上册),张双根译,法律出版社2004年版,第7页。
③ 参见[德]M.沃尔夫:《物权法》(第二版),吴越、李大雪译,法律出版社2004年版,第14页。
④ 参见[德]鲍尔、施蒂尔纳:《德国物权法》(上册),张双根译,法律出版社2004年版,第15页。
⑤ 参见[德]鲍尔、施蒂尔纳:《德国物权法》(上册),张双根译,法律出版社2004年版,第7页。
⑥ 参见[德]M.沃尔夫:《物权法》(第二版),吴越、李大雪译,法律出版社2004年版,第14页。

生创设物权的效力,这与合同法的规则不同,合同法实行合同自由,因此存在所谓有名合同和无名合同的区分。除了法律规定的买卖、租赁、承揽等有名合同,还有大量的无名合同。这些无名合同只要不违反强行法的规定,都是有效的。但物权法因为实行物权法定原则,当事人没有创设无名物权的权利。当事人在其协议中不得明确规定其通过合同设定的权利为物权,也不得设定与法定的物权不相符合的物权。

(二) 物权法定应当包括内容法定

物权内容法定(die Typenfixierung)与物权种类法定是密切联系在一起的。按照施蒂尔纳的观点,物权内容法定是种类法定的自然产物。依法律规定成立的物权,其内容至少在轮廓上需由法律强制性予以规定。① "物权的标志是其绝对性效力,任何人对物权都负有尊重义务。而实现这一要求的前提,就是物权的内容能为其他当事人所认识,也就是说,物权的内容必须类型化。"② 物权的内容法定包括两个方面:一方面,物权的内容必须由法律规定,当事人不得创设与法定物权内容不符的物权,也不得基于其合意自由决定物权的内容。③ 例如,依据法律的规定,农村土地承包经营权的内容中的使用权能限于农业生产,当事人不能通过合同约定更多的权能,如不能约定在土地上进行建设。对所有权的限制必须由法律作出规定,这也属于内容法定的范畴。另一方面,内容法定就是强调当事人不得作出与物权法关于物权内容的强行性规定不符的约定。比如,《物权法》第186条规定:"抵押权人在债务履行期届满前,不得与抵押人约定债务人不履行到期债务时抵押财产归债权人所有。"这一规定属于强行性规定,当事人不得约定债务人不能清偿债务时,抵押物的所有权就转归抵押权人所有。再如,当事人在设定不动产抵押权时,不能约定不需要办理抵押登记手续债权人就能够取得抵押权。

在物权种类法定之外,物权法定是否还应包括物权内容法定,学理上对此持否定见解者居多,但笔者认为,物权内容法定是物权法定的一个必要组成部分,主要理由在于:

第一,物权内容法定体现了物权法的特色所在以及它和合同法的区

---

① 参见〔德〕鲍尔、施蒂尔纳:《德国物权法》(上册),张双根译,法律出版社2004年版,第6、7页。

② 〔德〕鲍尔、施蒂尔纳:《德国物权法》(上册),张双根译,法律出版社2004年版,第8页。

③ Gaier, in: MünchKomm zu BGB, Einleitung, Rn. 11.

别。合同法主要是任意法,包含了大量的任意性规范。合同法规则大多是可以通过当事人的约定来改变的,合同的内容只要不违反强行法和公序良俗就是有效的。物权法实行物权内容法定原则,物权法作为调整物权的法律体系,在整体上具有不容当事人更改的强制性。

第二,物权的强制性规则是一种系统性的制度建构,已经把物权的方方面面融合为一体。仅具有物权类型的法定而没有物权内容的法定,就无法表达物权法的上述特性,也不能把物权法和债权法区分开来。如果允许当事人可以随意变更物权内容,实际上是变相允许当事人随意创设物权,物权种类法定也就变得毫无意义了。这说明,物权种类法定和内容法定是不可分割的,它们是相辅相成的关系。因为变更物权的内容,实质上就等于创设了新的物权类型。① 如果不要求物权内容法定,则法律规定了某一物权,当事人借助该物权的名义随意将自己约定的内容塞入其中,如此必然导致物权法定原则最终被架空。

第三,如果当事人在不改变法定的物权类型的情形下,可以自由变更物权的内容,就容易让第三人产生错觉,误认为当事人设定的物权就是法定的物权,这就极易损害第三人对法律的信赖,损害交易安全。因此,通过确认物权内容法定,可以使交易当事人明确物权的内容,从而维护交易安全。通过对物权内容的法定,不允许当事人自由创设,也可以减少当事人检索物上负担的成本。内容法定禁止当事人随意约定与法律规定不符合的内容,实际上也有利于减少当事人谈判的成本,保障法律目的的实现。②

第四,物权内容法定还有利于提高司法审判的效率和公平。如果当事人在实践中约定的物权内容纷繁不一,面对这样的现实,如果没有物权内容法定,法官很难进行公平而又有效率的裁判,最终同一名称的物权,不同的法官可能认为具有不同的内容,这不仅违背类似案件应当类似处理的基本裁判标准,使当事人不能形成合理的制度预期,还会使物权法定原则被架空,丧失其存在的意义。

从物权法的发展趋势来看,物权内容法定出现不断缓和的现象,例如,为缓和物权法定与意思自治之间的僵硬关系,许多国家民法在地役权

---

① 参见〔日〕三潴信三:《物权法提要》(上卷),孙芳译,中国政法大学出版社2005年版,第15页。
② 参见苏永钦:《物权法定主义松动下的民事财产权体系》,载《月旦民商法杂志》2005年第8期。

的规定中,并未对地役权的内容进行比较具体的列举规定,而只是泛泛地规定为了土地之便利,允许当事人可以较为自由地设定地役权的内容。①这就是说,在物权法定之下,也要给当事人留下一定的意思自治的空间,这可以说是物权法定的一种发展。这些经验也是值得我们借鉴的。

(三) 物权法定还应当包括物权的效力以及公示方法的法定

原则上,物权的效力必须由法律规定,而不能由当事人通过协议加以设定。换言之,物权对权利人之外的第三人所产生的对抗效力、优先效力只能由法律作出规定,不能由当事人通过合同任意创设或改变。一方面,效力的法定意味着当事人必须按照法律规定的效力来确定物权的效力。②例如,《物权法》在不动产物权变动中采取登记要件说,而在特殊动产物权变动中采用了登记对抗主义。因而,在登记对抗的情况下,物权的对抗效力是受限制的,当事人在没有办理登记的情况下,所设立的物权必须符合法律关于物权效力的规定。另一方面,效力的法定表明当事人不得改变法律关于物权效力的规定。例如,法律规定了抵押权具有优先受偿的效力,抵押当事人不能通过合同剥夺抵押权人享有的针对第三人的优先受偿的效力。③

物权法定原则之所以要包括效力法定,理由如下:第一,物权效力是由法律赋予的,物权的对世效力、优先效力,都要对第三人产生效力,物权的效力直接关涉交易安全,因此不能由合同当事人自由作出安排。第二,如果没有效力法定,则种类法定和内容法定在现实生活中将失去规制的作用。物权的效力包括对世性、支配性和优先性以及追及性,它是物权基本性质的体现,也是物权和其他权利的基本区别。假如允许合同当事人随意改变物权的效力,那么物权和债权的区别将不复存在,种类法定和内容法定也就丧失了意义。第三,就物权所具有的对世性、支配性和优先性的具体内涵以及在不同的物权中的表现来说,在理论和现实生活中都存在较大的争议。例如,就对世性而言,有的物权具有对抗任何第三人的效力,有的物权只具有对抗另一方当事人的效力,而不能对抗善意第三人。再如,就优先性而言,存在很多例外,必须由立法作出明确的规定,防止给司法实践带来混乱。例如,买卖不破租赁规则就是物权优先效力的例外,

---

① 参见尹飞:《物权法·用益物权》,中国法制出版社 2005 年版,第 56 页。
② Gaier, in: MünchKomm zu BGB, Einleitung, Rn. 22.
③ 参见余能斌主编:《现代物权法专论》,法律出版社 2002 年版,第 41 页。

所以,解决物权的优先规则,必须在物权的效力方面明确规定物权的优先效力。尽管我国《物权法》第 5 条规定物权的种类和内容由法律规定,其中没有明确规定效力法定的问题,但并不意味着物权法否定了效力法定的必要性,只不过是因为物权的定义以及与物权有关的规定中涉及效力的问题,因此在物权法定的表述中没有提到效力问题。

　　物权公示方法的法定是否属于物权法定原则的内容?毫无疑问,强调公示方法的法定是十分必要的。因为一方面,我国物权法以公示方法(交付与登记)作为基于法律行为的物权变动的生效要件,如果没有公示,那么物权变动的效力就不会发生,此时只产生债权而不发生物权变动。尽管在公示方法的选择上,境外的一些立法给予当事人一定的意思自治空间。例如,动产的担保如果选择登记,则成为动产抵押;选择交付,就成为质押。但在物权的设定和变动方面,是否应当公示以及公示方法的类型依然由法律明确加以规定,而不能实行意思自治。另一方面,物权是一种绝对权、支配权,具有强大的法律效力,一般会影响到第三人的利益,因此在基于法律行为的物权变动中,如果不按照法律的要求加以公示,必将对他人的利益造成损害,危害交易安全。[1] 如果法律规定了某种物权变动时所必需的公示方法,那么当事人希望设立该物权时就必须按照法律规定的公示方法。交易中的当事人进行查询时也可以依据这种公示查询。如果当事人可以任意违反法律规定的公示方法,对于交易安全就构成了威胁。因为当事人不知道通过何种方法来了解某一物权的存在及其内容,如此一来,公示就等于形同虚设。例如,法律规定动产质权的设定须移转动产占有,当事人设定不移转占有的动产质权,自然不应发生物权的效力。[2] 我国《物权法》已经明确将物权公示作为一项基本原则,实际上,在物权公示原则中,一项基本的要求就是公示方法的法定,此外还包括公示的对象、公示的效力、公示的范围等方面的问题。正是因为考虑到公示原则已经包括公示方法的法定,因此物权法定原则中不再特别突出公示方法的法定,但是从物权法定原则的整体含义来看,公示方法的法定仍是其题中应有之义。

　　我国《物权法》第 5 条规定:"物权的种类和内容,由法律规定。"笔者认为,该规定基本上表述了物权法定的内涵,尤其是结合《物权法》关于物

---

[1] 参见欧洲民法典研究组、欧盟现行私法研究组编著:《欧洲示范民法典草案:欧洲私法的原则、定义和示范规则》,高圣平译,中国人民大学出版社 2012 年版,第 58 页。

[2] 参见王泽鉴:《民法物权》,中国政法大学出版社 2001 年版,第 46 页。

权效力、公示方法的规定来看,我国《物权法》已将物权法定作为一项基本原则加以确认。

二、比较法的考察及对我国立法的启示

根据许多学者的看法,物权法定原则源于罗马法。① 诚然,罗马法中确认了所有权(dominium)、役权(servitutes)、永佃权(emphyteusis)、地上权(superficies)、抵押权(hypotheca)、质权(pignus)等物权形式,并创设了与对人之诉(actio in personam)相对应的对物之诉(actio in rem),以对上述权利进行保护。罗马法学家也曾经使用过"iura in re"(对物的权利)② 以及"jus ad res"(对物之权)③,然而,断言物权法定是罗马法的一项原则,根据是不充足的。因为"物权"(Jus in re)一词甚至"他物权"(iura in re aliena)一词,在罗马法中并未出现。④ 罗马法中对物之诉与对人之诉的区分主要是从程式诉讼的便利考虑的,目的并不在于区分物权和债权⑤,所以罗马法上并没有真正实行物权法定原则。

在西方漫长的中世纪,由于在土地之上存在双重的财产权结构,并没有采纳罗马法的自由的所有权概念,通常适用的是"占有"(seisin)一词,"如果领主直接占有那块土地,说他的封君也占有那块土地,而封君的封君也占有那块土地。世袭佃户是占有者,终身佃户也是占有者,甚至短期佃户也是占有者,而在诉讼时,所争的也不是谁所有那块土地,而是谁占有那块土地"⑥,因而中世纪法律中的所有(dominius)与占有并无严格区别。既然在封建法中没有形成自由的土地所有权观念,也不存在与所有权相对应的他物权制度,所以,不可能实行物权法定原则。

物权法定原则是近代民法的产物。这一原则实际上是中世纪后期随着自由所有权的形成以及他物权的产生才逐渐形成的。土地所有权的自由转让为物权法定原则的形成提供了坚实的基础。按照梅利曼的看法,

---

① 参见屈茂辉:《物权法·总则》,中国法制出版社2005年版,第85页。
② 参见[意]彼德罗·彭梵得:《罗马法教科书》,黄风译,中国政法大学出版社1992年版,第183页。
③ See Vinding Kruse, The Right of Property, Oxford University Press, 1953, p.131.
④ See Gyorgy Diosdi, Ownership in Ancient and Preclassical Roman Law, Akodomiai Kiado, Budapest, 1970, p.107.
⑤ See Vinding Kruse, The Right of Property, Oxford University Press, 1953, p.131.
⑥ 马克垚:《西欧封建经济形态研究》,人民出版社1985年版,第116—117页。

在罗马法复兴后,大陆法通过法典化全盘继受了罗马法的所有权观念,该观念强调所有权的支配性、排他性和不可分性。在所有权基础上产生的他物权,不过是所有权作用的体现,就维护所有权的效力而言,必然要求他物权也应当符合法律规定。所以,物权法定实际上是继受罗马法上所有权观念的必然结果。① 为了最低限度地减少对所有权的束缚,有必要通过物权法定限制他物权的类型和内容。例如,《法国民法典》承认了绝对所有权的原则,除非法律有明确规定,否则所有权不应受到限制,这对于土地所有权摆脱封建权力的束缚具有重要意义,但所有权绝对原则也可能对交易安全构成妨害,这就有必要在法律上具体列举物权的种类。② 葡萄牙的 Oliverira Ascensão 教授认为,物权种类法定原则旨在维护所有权的自由。③ 自 19 世纪以来,大陆法系国家和地区民法坚持了所有权的整体性理论(the unitaty theory of property rights),认为所有权权能是不可分割的,只能为单个的所有人享有,而不能将所有权的内容分割为不同的人享有。只有在法律所允许的例外情况下,才能够允许这种分离,这就是法律规定的特殊的物权,如地役权、抵押权等,没有法定的依据,不能创设他物权。这就产生了物权法定原则。④ 大陆法系国家和地区采纳物权法定原则,最初就是为了尽可能地限制物权的种类,以减少对所有权的束缚。⑤

　　物权法定原则在发展过程中,也在一定程度上受到了登记制度发展的影响。例如,在德国,在 16 世纪以后因为经历了长期的战争,发生经济恐慌和信用膨胀等问题,极需要强有力的登记制度来规范不动产信用制度,并确保交易的安全。⑥ 18 世纪左右,德国城邦的登记法发展成"抵押登记"与"土地登记"两大制度。1782 年的《普鲁士土地所有权取得法》采纳了土地登记体系,并在此基础上形成了物权体系。在法律上确认物权的体系确实为登记的类型提供了指引。登记簿将权利分门别类进行规定,本身就是对物权体系的构建。⑦ 1783 年的《普鲁士抵押法》以及《普鲁

---

① 参见〔美〕约翰·亨利·梅利曼:《所有权与地产权》,赵萃萃译,载《比较法研究》2011 年第 3 期。
② 参见唐晓晴:《论物权法定原则》,澳门大学法学院未刊稿。
③ José de Oliveira Ascensão, A Tipicidade dos Direitos Reais, Lvisboa, 1968, p.74.
④ See Henry Hansmann and Reinier Kraakman, The Numerus Clausus Problem and the Divisibility of Rights, 31 J. Legal Stud., p.373.
⑤ See Henry Hansmann and Reinier Kraakman, The Numerus Clausus Problem and the Divisibility of Rights, 31 J. Legal Stud., p.373.
⑥ 参见谢在全:《民法物权论》(上册),中国政法大学出版社 1999 年版,第 114 页。
⑦ 参见唐晓晴:《论物权法定原则》,澳门大学法学院未刊稿。

士土地法》分别对这些不同的权利进行了规定。

迄今为止,物权法定已经被大陆法系国家和地区所普遍采纳。很多国家和地区的法律都规定了一些容易识别的、可以被采取的物权形式,并阻碍那些背离这些形式的"物权"的创造。就此而言,物权法和合同法是不同的,合同法原则上允许当事人自由创设的合同产生效力。① 但是大陆法系国家和地区物权法对于物权法定原则的规定存在不同立法模式,主要采取以下两种模式:

第一种模式是在物权法中具体列举物权的类型,但不明确确认物权法定原则,有关物权法定原则主要是通过判例与学者的解释总结出来的。这一模式是大陆法系国家(如《德国民法典》)和地区的典型做法。按照这一模式,物权法具体规定了各类物权以及物权的基本内容,但在基本原则中并没有将物权法定作为一项原则表述出来,物权法定原则是由判例和学说通过解释物权法而确立的原则。在这一模式下物权法定实际上是完整的制度构建,一般都具有强制性,当事人不得修改与调整相关规定。② 《德国民法典》正式从立法上规定了物权的概念,且具体规定了各类物权,但法典并没有明确确认物权法定原则。虽然《德国民法典》无明文规定,但解释上均认为有此原则的适用。③ 德国民法学通说认为物权法定的内容主要有两项,即物权法所有可能的物权性权利都必须在法律中固定下来,此即所谓的"类型法定原则";依第一项原则所可能成立的权利,其内容至少在轮廓上须由法律强制性地予以规定,成为"内容法定原则"④。该原则被认为是民法典对财产权定义的限制。⑤ 民法草案理由书中明确提出,应采纳物权法定原则,判例学说也公认物权法是立足于物权法定主义之上的。按照德国学者的看法,物权法定也称为物权类型强制与固定

---

① See Henry Hansmann and Reinier Kraakman, The Numerus Clausus Problem and the Divisibility of Rights, 31 J. Legal Stud., p. 373.

② 参见段匡:《德国、法国以及日本法中的物权法定主义》,载梁慧星主编:《民商法论丛》(第七卷),法律出版社1997年版,第265页。《法国民法典》除规定了所有权以外,还规定了役权和担保物权。法国民法按照罗马法的分类方法,将役权分为人役权和地役权,人役权包括用益权、使用权、居住权,地役权包括因地点情况发生的役权、法定役权、由人的行为设定的役权。担保物权包括质权、优先权和抵押权。

③ Gaier, in: MünchKomm zu BGB, Einleitung, Rn. 11.

④ 参见〔德〕鲍尔、施蒂尔纳:《德国物权法》(上册),张双根译,法律出版社2004年版,第7页。

⑤ Philipp Heck, Grundriß des Sachenrechts, Tübingen, 1930.

原则①,但有些学者所解释的物权法定不仅包括物权类型和内容的限制,而且还包括物权设立和公示方法的限制②。

第二种模式是在民法典中明确规定物权法定原则。此种模式的特点在于,法律不仅在物权法中列举物权的各种类型,而且在物权法中明确规定该原则,这样总则中规定的物权法定原则与分则中具体列举的物权制度构成了完整的物权法体系。此种模式始于《日本民法典》,其第175条规定:"物权,除本法及其他法律所定者外,不得创设。"这就在物权法中确认了物权法定这一原则,由此也表明,物权法定并不是学理上的原则,而是一项由法律明确规定的原则,其内涵主要指对物权的种类和内容加以法律的限定,不允许当事人随意创设。③《葡萄牙民法典》第1306条规定:"除法律规定之情况外,不容许对所有权设定物权性质之限制或其他具有所有权部分内容之权利;凡透过法律行为而产生之不符合上述要求之限制,均属债权性质。"④《韩国民法典》第185条也以明文规定了这一原则。受日本民法影响,我国台湾地区"民法"第757条规定:"物权除本法或其他法律有规定外,不得创设。"我国台湾地区学者对其立法上明文规定的对法定物权外的物权的"创设"的禁止规定中之"创设"的理解,则均认为是对物权种类和内容之任意创设的限制。⑤

上述两种模式各具特点。第一种模式由于未在立法中明确表述物权法定原则,从而使物权法定这一原则具有更强的弹性以及一定程度的开放性,这有利于法官对新产生的物权类型的承认,从而给习惯法创设新的物权类型以及公示方法提供了一定的空间。但由于在法律中没有明确规定物权法定原则,也使得物权法定原则只是一种由判例学说通过解释物权法而被确认的一项原则,它是否能够成为当事人必须严格遵守的原则,具有一定的不确定性。这种立法模式在法官素质参差不齐的国家和地区中,容易导致司法裁断的不统一。第二种模式规定了物权法定原则,强化了物权法定原则的强制性,限制了当事人创设物权的自由,为当事人坚守这一原则提供了法律上的直接依据,也使法官能够在裁判中坚守物权法定原则。在我

---

① Gaier, in: MünchKomm zu BGB, Einleitung, Rn. 11.
② 参见〔日〕我妻荣:《日本物权法》,有泉亨修订、李宜芬校订,五南图书出版公司1999年版,第23页;史尚宽:《物权法论》,中国政法大学出版社2000年版,第13页。
③ 参见段匡:《德国、法国以及日本法中的物权法定主义》,载梁慧星主编:《民商法论丛》(第七卷),法律出版社1997年版,第274页。
④ 《澳门民法典》第1230条也采用了相同的规定。
⑤ 参见尹田:《物权理论评析与思考》,中国人民大学出版社2004年版,第114页。

国物权法起草过程中,有许多学者对采纳第二种模式的合理性提出了质疑,认为在法律中明文规定该原则,有可能妨碍当事人灵活地利用物权的形式创设物权类型,也可能导致物权种类的封闭性,从而会滞固社会经济的发展。但我国最终通过的《物权法》仍然采纳了第二种模式。

虽然"两大法系都将物权限定在数量有限的一些种类"①,但严格地说,是否采纳物权法定,构成了大陆法与英美法的财产法的重大区别。② 英美法国家的财产法中没有采纳物权的概念,更没有明确采纳物权法定原则。按照许多学者的观点,普通法的财产概念是"一整套的权利",或称"权利的集束",实际上是受法律保护的有价值的利益。普通法中的财产法常用的表述是:拥有(owned)、持有(held)或依法占有(seised)地产权,所以,地产权是连接租户和土地之间的一个法律概念。财产是人与人之间的权利关系,并且是有限的而不是绝对的权利。③ 对土地的权益"是不同束的法律权益(sets of legal interests),有永久地产权(the fee simple)的人拥有最大束的法律权益,当他转移一束或多数给其他人时,那部分就没了"④。可见,这和大陆法的抽象所有权观念,以及在此基础上所产生的他物权概念相去甚远。大陆法因为采纳了罗马法上抽象的所有权观念,强调所有权的绝对性、支配性和排他性,因而要求在所有权之上产生的各类物权也应当法定,此种模式有利于明晰产权,并促进物的自由流转,但是确实此种模式严格限制了所有权之外各种权利的创设,在实现财产配置的多样化和灵活性方面有所不足。⑤ 而普通法财产权制度更为灵活,允许甚至鼓励当事人就物上创设各种类型的权益,因此有利于鼓励物尽其用,更有效率地充分利用资源。但因为未采物权法定原则,使得相关规则具有一定的模糊性。两种制度孰优孰劣很难一分高下。当然,普通法为了防止对财产权利的不正当限制以及登记的方便,也对一些财产权

---

① Henry Hansmann and Reinier Kraakman, The Numerus Clausus Problem and the Divisibility of Rights, 31 J. Legal Stud., p. 373.

② Jacob H. Beekhuis et al., International Encyclopedia of Comparative Law: Volume VI: Property and Trust: Chapter 2: Structural Variations in Property Law, J. C. B. Mohr(Paul Siebeck),Tuebingen, 1973, p. 10.

③ See Vanervelde, The New Property of the Nineteenth Century: the Development of the Modern Concept of Property, Buffalo Law Rev. 29(1980).

④ 〔美〕约翰·亨利·梅利曼:《所有权与地产权》,赵萃萃译,载《比较法研究》2011年第3期。

⑤ 参见陈晓敏:《大陆法系所有权模式历史变迁研究》,中国社会科学出版社2016年版,第66页。

利进行明文列举,如《美国统一商法典》规定了一些需要登记的权利类型,如果不进行登记,不得对抗第三人。但这并非意味着普通法采纳了物权法定原则,因此物权法定仍然是大陆法系所特有的概念。

三、物权法定原则存在的必要性

物权法中是否有必要明确承认该原则,以及该原则具有何种功能,在学界还一直存在一定的争议。我国《物权法》第5条规定:"物权的种类和内容,由法律规定。"由此可见,我国《物权法》第5条明确规定了物权法定原则。在民法上,物权法定原则体现了物权法的基本属性,充分体现了物权法的特色及与合同法的区别。因为物权法贯彻了物权法定原则,所以物权法主要是强行法,包含了较多的强行性规则。而合同法遵循合同自由原则,从而使合同法主要是任意法,包含了大量任意性规范。物权法的规则大多是不能通过当事人的约定加以改变的。所以在物权法中,不存在有名物权和无名物权的区分,因为所有的物权都是法定的。物权法中明确规定物权法定原则,将对当事人设定、变动以及行使物权起到重要的指导或者引导作用。长期以来,由于我国立法缺乏物权的概念、立法也没有确立物权的体系,导致在实践中物权观念非常淡薄,当事人也不知道如何正确地设定和变动物权,由此产生了许多争议,这就有必要在法律上明确规定物权法定原则,从而禁止当事人创设物权的类型,并严格依据物权的公示方法来变动物权。具体而言,物权法定原则存在的必要性主要体现在以下几个方面。

(一) 反映社会的所有制关系,维护国家的基本经济制度

物权法是落实宪法所规定的基本经济制度和所有制关系的民事基本法。不同的所有制的选择,必然会在物权法上通过物权法定的方式加以体现。"物权制度有关一国的经济,势不能不采取一贯的政策,以为社会的准绳,此物权的种类所必须法定也。"[1]物权法定原则,是保证一国基本经济制度下的物权制度设计方案不可任由私人意志加以改变之必需。[2]如前所述,物权法定原则在西方出现的原因,首先是要排除对私人所有权

---

[1] 郑玉波:《民法物权》(第二卷),三民书局1986年版,第15页。
[2] 参见尹田:《物权法理论评析与思考》,中国人民大学出版社2004年版,第119—120页。

的不正当的限制,排除对所有权的不正当的负担。因为他物权是对所有权的限制,或者说是所有权上所设定的负担,所以通过列举物权的形式才能实现对所有权的限制。从这个意义上来说,西方国家的物权法中的物权法定原则具有保护私有财产权的功能。[①]

在我国,物权法的首要功能是维护国家的基本经济制度,所以物权法定原则也必然担负维护基本经济制度的功能。一方面,物权法中的所有权制度是直接反映社会基本经济制度的。我国《物权法》所列举的各种所有权类型,就是直接反映我国以公有制为主导、多种所有制并存的经济制度。对于反映所有制关系的基本财产权利,如果允许当事人随意创设,势必会对我国的基本经济制度造成妨害。说到底,之所以要采纳物权法定原则,就是因为从物权关系到基本经济制度,无论是从制度层面还是从价值层面,法律对该原则的规定都非常重要。因此,物权的种类必须通过物权法加以确认,从而确认和巩固社会经济关系并维护正常的社会秩序。也就是说,所有制关系经过所有权制度的调整才能成为一种财产法律关系,从而明确产权归属,确定权利义务的内容。另一方面,物权是公民个人的基本财产权利,它关系到公民的基本人权,是公民安身立命之本。如果允许某个个人、团体的意志以及政府机关通过各种规范性文件可以随意地规定公民个人的财产权类型,限制公民财产权的内容,那么这种财产权利就会处于不稳定的状态。不仅公民的正当财产权会受到不正当的干预,也会损害法治的基础。还要看到,物权法中关于用益物权、担保物权以及物权变动的规定,也与所有制关系有密切的联系,这些制度就是对各种财产归属、流转和利用关系在物权法上的具体体现。

（二）维护交易安全,保障交易秩序

交易安全是民法保护的重要法益,通过物权法定排除当事人在物权类型与内容方面的意思自由,对于维护交易安全、保障交易秩序是十分必要的,具体来说：

第一,物权的设定和变动具有外部性(externalities),对第三人权益的影响十分重大,因此为维护交易的安全,物权必须法定。所谓外部性,就是指人们在从事经济行为时,可能会有一部分利益自己无法享受,或者有一部分成本不需要自己负担,也无法由自己负担,这些问题就是外部性问题。从事经济活动的当事人将部分成本转嫁于交易当事人以外之第三

---

① J. L. de Los Mozos, Estudio Obsbre Derecho de los Bienes, Madrid, 1991, p. 54.

人,该成本就被称为"外部成本"(external costs)。① 合同当事人之间的约定是当事人自己的内部事务,不涉及第三人的利益,所以按照私法自治原则,可以由当事人自己来安排,但是由于物权具有绝对性、排他性与优先的效力,所以常常关系到第三人的利益,涉及交易的安全与秩序。这就决定了有关物权的设定与物权的内容问题不仅涉及当事人自身的利益问题,而且还涉及整个交易的安全和秩序问题,因而具有外部性。假如将涉及外部性的问题完全交由当事人通过合同来安排,则会损害第三人的利益。"物权是绝对权,其效力及于所有人并且必须得到每个人的遵守。因此,只有当物权的数量被明晰化并彼此独立出来,才能有效地保护这种绝对性权利。唯有如此,才能期待第三人了解并且维护这些权利。"② 只有将物权加以公示,使第三人知道或能够知道,方能减少或排除第三人的侵害或妨害。第三人利益实际上正是市场经济交易秩序的化身,社会经济秩序的整体都是由众多的第三人的利益构建起来的。③ 若允许当事人可以自由地创设物权,漫无限制地增加物权种类,且自由地变更物权的内容,必然会妨碍交易的安全。④

第二,从公示的角度考虑,物权只有法定才能够公示,使物权的公示简便、易行。如果允许当事人自由创设物权,而法律又无法给当事人任意创设的物权提供相应的公示方法,就会增加公示的困难,妨害交易的安全与秩序。⑤ 例如,根据法律规定,当事人订立抵押合同后,还必须办理不动产抵押登记,才能设立不动产抵押权。如果抵押权仅因当事人订立的抵押合同的生效而生效,这显然有害交易安全。例如,赵某有一套价值100万元的房产,其只想把它给债权人张某,而不给其他债权人李某、王某,则其就可能和张某之间订立一个抵押合同,如果允许通过合同随意创设物权,张某就享有物权,从而可以优先于其他债权人受偿,这显然不利于保护交易安全。

---

① See Robert Pindyck & Daniel Rubinfeld, Microeconomics, 6th. ed., Person 2005, pp. 641-642.
② 〔德〕M.沃尔夫:《物权法》(第二版),吴越、李大雪译,法律出版社2004年版,第14页。
③ 参见孙宪忠:《论物权法》,法律出版社2001年版,第28页。
④ 参见〔日〕三潴信三:《物权法提要》(上卷),孙芳译,中国政法大学出版社2005年版,第14页。
⑤ 参见申政武:《论现代物权法的原则》,载《法学》1992年第7期;傅穹、彭诚信:《物权法专题初论》,吉林大学出版社2001年版,第9页。

物权法定是公示制度的基础。有一种观点认为,可以通过登记制度来替代物权法定原则,登记机关在物权登记中,对某一类权利,只要有适当的公示方法,就可以认可其作为一种新的物权类型。笔者认为,这种观点是不妥当的,因为登记机关在决定是否应当允许当事人设定物权或作出物权变动进行公示时,必须以法定的物权类型和公示方法为依据,而不能交由登记机关自由决定。尤其是在我国,因为登记机关是行政机关,如果允许登记机关可以决定物权的类型和设立,实际上是由行政机关来决定物权的类型以及是否设立,这无异于由行政机关来决定基本的民事法律制度,显然是十分危险的。登记机关必须按照法律认可的物权类型办理登记手续,而不能自由决定哪一种权利可以登记,哪一种权利不能登记。如果允许登记机关随意登记,登记机关实际上就会享有立法者的部分职能,从而给登记机关过大的权限。而就其目的而言,物权法定很大程度上就是要限定行政机关创设物权的权力。尽管我国登记制度在不断完善,但无论如何完善,登记制度仍然无法替代物权法定原则。

第三,依据物权法定原则所设定的物权公示制度,有利于防止欺诈,维护交易安全。物权法定规定的物权类型就是对登记的指引与规范。[①] 在物权法定的情况下,第三人知道哪些物权需要登记,哪些物权不需要登记,从而可以主动查阅登记,并且第三人才负有查阅登记的义务。如果设定某一类物权,当事人可以查阅登记而没有查阅,由此形成的负担应该由当事人自己承担。而如果采取物权自由设定原则,第三人就不负有查阅义务。即使已经查阅,当事人也无法知道此种登记的权利是否具有物权效力,这就很难防止欺诈。此外,在物权法中明确规定物权法定原则,可以有效地规范登记机关的行为,防止登记机关滥用登记职权。物权法定原则是与公示制度紧密结合起来的,因为我国的物权登记机关是行政机关,如果不将其作为一种原则进行规定,就会使得登记机关在物权登记时具有巨大的自由裁量权,就会自由决定登记的种类方式。

第四,物权法定原则还具有确定行为标准、维护行为自由的功能。物权本质上是对世权,具有优先效力,权利人之外的一切人都是其义务人,所以,必须要让每个人都知道此种权利的存在,从而不至于动辄得咎。如果不能确定其类型,就不利于维护其他人的行为自由。这也是维护交易的稳定与安全所必需的。

---

① 参见常鹏翱:《体系化视角中的物权法定》,载《法学研究》2006年第5期。

(三) 节省交易成本,提高经济效益

物权法定在节省交易成本中的作用还表现在如下几个方面:

第一,物权法定有利于节省谈判成本。因为法律规定了物权的种类和内容,当事人在创设物权时就不需要再谈判协商创设某一种物权应当具备什么样的条件以及有关物权的内容应该如何确定。物权法定其实就是要形成一种物权创设的标准化(standardization)。这就是说,在物权法定的模式下,法律所规定的物权类型和内容,是法律设计的最优化的财产权标准(optimal standardization),按照这种标准化来创设物权就可以节省谈判成本。[①] 物权被法定之后,当事人在谈判中只需严格依据法律规定的内容以及类型进行协商,而不必就某一类物权具有什么样的内容、达到什么样的条件才能创设物权以及该物权具有哪些效力等问题大伤脑筋,这样就减少了当事人谈判的成本。而且物权法定也有利于减少当事人因为设定不符合法律要求的物权及其内容,最终不被法律承认而不得不承担的挫折成本(frustration cost)。[②]

第二,物权法定可以减少当事人的搜索成本。[③] 在物权法定之下,当事人在设定或变动物权时,应当知道具有某种公示方法的存在,从而根据法律上规定的公示方法搜索某种物权是否存在或不存在,物权法定可以使有关当事人和第三人在交易中对创设某种物权或者转让某种物权时了解将会取得何种权利或利益,或者承受何种负担,并且也知道哪种物权已经创设,需要通过查阅登记的方法来确定。如果没有查阅,则相关当事人会承担一定的风险和负担。这就可以避免因新物权的设定而给交易带来的一些不必要的搜索成本。

第三,物权法定原则有利于减少解决纠纷的成本。一方面,因为既定的物权已经规定了双方的权利与义务,通过类型限制,一般人通过查阅登记可对任何私有财产的归属一目了然,实现财产秩序透明化,这与物权的绝对性和对世性相契合。[④] 当事人在交易中就可以了解权利的各种情形

---

① See Henry Hansmann and Reinier Kraakman, The Numerus Clausus Problem and the Divisibility of Rights, 31 J. Legal Stud., p.373.
② See Thomas W. Merrill, Henrz E. Smith, Optimal Standardization in the Law of Property: The Numerus Clausus Principle, 110 Yale L. J. 1–70(2000). 转引自苏永钦:《物权法定主义松动下的民事财产权体系》,载《月旦民商法杂志》2005年第8期。
③ 参见苏永钦:《物权法定主义松动下的民事财产权体系》,载《月旦民商法杂志》2005年第8期。
④ 参见李国强:《相对所有权的私法逻辑》,社会科学文献出版社2013年版,第121页。

以及负担,而潜在的侵权行为人也能够知道哪些权利是物权,从而是不能被侵害的。另一方面,由于物权具有对世性,物权类型的扩张可能会对第三人造成侵害,通过物权法定,设定最优化的财产权标准(optimal standardization)就可以有效地避免对第三人的损害。① 通过物权法定,第三人的交易成本显然大大降低了。

第四,采纳物权法定主义有利于维护物权的绝对性,节省交易成本,发挥物尽其用的经济效用。② 因此,物权法定有效实现了外部成本的内部化,从而有利于节约交易成本。

(四) 构建物权体系,完善物权制度

从物权体系本身来说,实行物权法定主义,就是要通过物权法的制定,整理现有的物权类型,构建一套完整的物权体系。从世界各国和地区物权法的制定来看,都要通过物权法定原则来对旧物权进行整理,建立一套科学完整的物权体系,我国也不例外。③ 多年来,我国的物权立法滞后,物权的类型和体系一直没有在法律上建立,造成权利归属不明、内容不清的现象。实践中出现的众多产权纠纷也与此有关,因此采纳物权法定原则,通过对我国的物权类型认真地整理、仔细地研究,确认哪些物权的类型需要保留,哪些需要增补,在此基础上建立比较完善的物权法体系,从而为界定产权,维护交易安全和秩序发挥重要作用。因为物权法定涉及整个物权制度的安排,如果允许当事人可以随意创设物权,将会严重损害立法的权威性,使得这种体系的安排欠缺法律的公示力,形同虚设。

然而坚持严格的物权法定主义,这将会导致只有法律规定的物权才能称为物权,物权权能的移转和分离只有通过法律规定的方式才能发生,而且只限于法律规定的有限的物权,这也会过度限制当事人的意思自治。由于大陆法系的物权法定过于僵化,随着物权公示方法的发展,也在一定程度上对物权法定原则提出了新的挑战和要求。按照苏永钦教授的观点,是否应当实行物权法定,关键在于有没有能力建立一个统一的登记制度,如果具备了一个非常高效的登记制度,则物权自由化将是水到渠成的事。④ 应当看到,现代科技的发展导致登记成本和查询成本大幅度降低,

---

① See John Henry Merryman, Estate and Ownership: Variations on a Theme by Lawson, 48 Tulane L. Rev. 916 (1974).
② 参见王泽鉴:《民法物权》,北京大学出版社 2009 年版,第 46 页。
③ 参见谢在全:《民法物权论(上册)》(修订二版),三民书局 2003 年版,第 48 页。
④ 参见苏永钦:《民法的积累、选择与创新》,载《比较法研究》2006 年第 2 期。

尤其是网络登记和网络查询使得交易成本降低,同样可以实现物权公示的作用,但即便公示制度十分完善,并不意味着物权法定就没有必要,因为权利的创设、变动需要办理登记,必须要由法律明确规定,也就是说要法定。通过登记而公示出来的权利究竟具有何种效力,仍然需要法律的确认。如果允许当事人的约定不受限制地通过公示取得完全的物权效力,有可能造成登记机关随意通过登记确认某种物权,且可能导致物上权利的顺序和范围极为复杂,进而导致交易第三人查询成本的过分增加,其无法简单地通过登记而了解物上所存在权利的具体效力关系和范围关系,这就有可能增加交易成本。从这个意义上讲,物权法定仍然有其存在的必要。

四、物权法定原则的强制性及其缓和

(一) 物权法定原则的强制性

物权法定原则具有强制性,是指非由法律的规定,任何人不得创设新类型、新内容的物权。这种违反物权法定原则而创设的物权既包括创设新类型的物权,也包括创设与既有物权类型相悖的物权。[1] 虽然有学者从宪法的角度认为物权法定过于严格不利于保障公民的财产权[2],但不可否认的是,物权作为一项基本的民事权利,即便是对其进行种类和内容的限制,也应当由立法机关制定的法律进行。鉴于物权为绝对权,具有对世效力,涉及公共利益,此时只能通过法律进行控制。[3] 从这一意义上说,物权法定的强制性是必要的。具体而言,物权法定的强制性包括如下几个方面的含义。

第一,物权只能由法律规定而不能由当事人任意创设。当事人通过合同在法定物权类型之外创设物权,将违反物权法定原则,无法产生创设物权的效力,因而不能受到物权法的保护。物权法定原则的强制性首先体现在,排除了当事人在设定物权和确定物权内容等方面的意思自治,没有这种强制性,物权法定的功能与作用就不能实现,物权法本身的宗旨也

---

[1] 参见谢在全:《民法物权论》(上册),中国政法大学出版社1999年版,第44页。
[2] 参见苏永钦:《物权法定主义的再思考——从民事财产法的发展及经济观点分析》,载《经济论文丛刊》1991年第2期。
[3] 参见龙卫球:《物权法定原则之辨:一种兼顾财产正义的自由论视角》,载《比较法研究》2010年第6期。

不能发挥。这种强制性虽然使得当事人的意思自治受到必要的限制,但这种限制仍然是必需的、合理的。①

然而,物权法定原则的强制性与意思自治原则并不矛盾。首先,私法自治的本质是在不违反法律的强制性规定与公序良俗的情况下,当事人可以自主自愿地安排他们自己的事务,但是如果当事人安排的事务已经超出了法律规定的范畴,显然私法自治原则不能得以适用。尽管在物权法定范围内,当事人的意思自治受到一定的限制,但这种限制正是维护交易安全和交易秩序所必需的。"在不采纳物权法定的情形,为防止在一物之上任意创设不相容的数个物权,对合同进行外部的控制是不可避免的,从而只能导致合同自由被否定的结局。因此,只有坚持物权法定原则,才能使合同自由得以实现。"②其次,物权法定并不意味着绝对排斥当事人的意思自治。实行物权法定旨在限制当事人在创设物权以及确定物权内容等方面的自治,但一般不会限制市场主体的行为自由,而且由于该原则旨在维护交易安全和秩序,保护第三人的利益,因此最终是为了使交易当事人获得更为广泛的自由。最后,即使就创设物权以及确定物权内容而言,物权法定原则并不完全禁止当事人的自由约定。事实上,物权法在规范内容上为当事人预留了不少决定或者更改物权内容的空间。当事人也可以通过适当的约定弥补物权法定的不足。因而当事人意思自治在物权法中并没有被完全否定。③ 例如,就内容的法定来说,并不是说法律将事无巨细地规定物权的所有内容,一般而言,法定只是就物权的基本权能作出抽象和概括的规定。例如,对所有权的权能、担保物权的权能进行概括性规定。但当事人通过合同设定物权时,也可能会规定一些具体条款,如土地使用权转让的价款、支付方式等。尤其是大量的担保物权的内容需要当事人在设定担保物权的合同中加以确定。据此可见,就限制当事人的意思自治而言,物权法定的强行性和当事人之间的意思自治并不是绝对对立和相互排斥的。

第二,物权种类和内容只能由立法机关所制定的法律创设。在大陆法中,法典是权利义务的主要来源④,物权法定原则为民法典所确认,法典

---

① 参见王泽鉴:《民法物权》,北京大学出版社 2009 年版,第 17 页。
② 梁慧星主编:《中国物权法研究》(上),法律出版社 1998 年版,第 67 页。
③ 参见常鹏翱:《体系化视角中的物权法定》,载《法学研究》2006 年第 5 期。
④ See Thomas W. Merrill, Henry E. Smith, Optimal Standardization in the Law of Property: The Numerus Clausus Principle, 110 Yale L. J. 1–70(2000).

所规定的物权类型成为司法机关必须遵守的基本规定①,当事人不能通过合同来创立某种物权,司法机关也不能随意创设物权,否则法典就不再是物权的权利义务的唯一来源了。②

在我国,关于物权法定的"法"如何界定的问题,存在不同的见解。但一般认为,物权法定中的"法"主要应当限定在全国人大及其常委会制定的法律。这里所说的法律不仅仅是指《物权法》,而且包括《物权法》以外的其他法律。例如,《城市房地产管理法》《土地管理法》《森林法》《草原法》等大量涉及物权关系的法律。之所以将物权法定中的"法"限定为法律,主要有如下几点理由:首先,根据《立法法》的规定,基本的民事制度应该由法律进行规定,而物权属于基本的民事法律制度,属于民事基本权利的范畴,应该由法律进行规定。其次,维护公民的基本财产权。在我国,实际采用了"多元立法"的体制,除了全国人大及其常委会制定的法律,各级地方政府和部门也经常通过颁布规章、文件,最高人民法院通过司法解释甚至判例来修改和排除法律规定,它们在很大程度上成了具有普遍适用性的规范。如果允许法律之外的各类规范性文件均具有创设物权的功能,势必使得物权法定原则形同虚设。如果不对物权法定中的"法"进行限定,将会导致成千上万的规范性文件具有确定物权类型与内容的效力,一些行政机关也因此具有创设物权的权力,从而给公民的财产权利施加限制,这样就势必会严重影响对公民的物权的保护,而且也会导致物权法类型的混乱,这与颁布物权法"定分止争"的宗旨是相违背的。最后,确保法律的一致性与统一性。因为如果允许行政机关或者法院可以随意创设新的物权类型,这样不同的行政机关、不同的法院都可以创设不同的物权,从而使得当事人难以遵循,有损于法律的一致性和统一性。所以,有学者认为,较之于通过司法来改变物权种类,通过立法来传递物权种类变化的信息是更有效率的。③

---

① See Bernard Rudden, Economic Theory v. Property Law: The Numerus Clausus Problem, John Eekelaar & John Bell (eds.) in Oxford Essays in Jurisprudence, Third Series 239, 241, 1987.

② See Henry M. Hart, Jr., Albert M. Sacks, The Legal Process: Basic Problems in the Making and Application of Law 749 (William N. Eskridge, Jr., Philip P. Frickey eds., 1994); John Henry Merryman, The Civil Law Tradition: An Introduction to the Legal Systems of Western Europe and Latin America 22-23 (2d ed. 1985).

③ See Thomas W. Merrill, Henry E. Smith, Optimal Standardization in the Law of Property: The Numerus Clausus Principle, 110 Yale L. J. 1-70(2000).

关于行政法规是否可以创设物权,学界一直存在争议。笔者认为,根据《立法法》第9条的规定,全国人大及其常委会有权作出规定,授权国务院根据实际需要,对包括民事基本制度在内的事项制定行政法规。因此,行政法规也可以在特定情况下创设新的物权类型。我国《合同法》第52条规定,违反法律和行政法规的强制性规定的合同无效,这也从侧面说明了行政法规的强制性规范可以对民事行为作出限制。因而行政法规同样可以成为设定法定物权的法律依据。当然,行政法规在创设物权时必须获得全国人大及其常委会的授权,而且这种授权不是泛泛的一般授权,而只能是针对某一类物权的设定而作出的授权。从目前来看,现行立法并不存在这样一种授权,因此可以认为,行政法规并不具有创设物权的功能。

行政规章和地方性法规也不宜规定物权的类型以及内容,主要理由在于:一方面,《立法法》第71条第2款规定:"部门规章规定的事项应当属于执行法律或者国务院的行政法规、决定、命令的事项。"如前所述,只有在全国人大及其常委会进行特别授权的情况下,行政法规才具有创设物权的效力。在没有这种授权的情况下,行政法规不具有创设物权的效力,作为执行法律和行政法规的行政规章自然不能创设新的物权类型。行政规章作为规范具体类型行政权力行使的立法文件,不得对基本民事法律制度作出规定。而物权制度属于基本民事制度的范畴,因而不能由行政规章来加以创设。另一方面,物权属于公民的基本财产权利,如果允许行政规章具有创设物权的权利,行政机关就可能在公民的物权之上创设新的物权,从而构成对公民财产权利的限制,或者使公民的财产负有了不正当的负担,这就不利于保护公民的财产权。还要看到,如果由行政规章来创设物权类型和内容的话,那么在目前我国登记机关都是行政机关的情况下,这就意味着登记机关可以通过行政规章自由创设权利并设定公示方法,这些权利都可以获得物权的效力,这样一来,物权法定原则将名存实亡。

第三,判例不能创设物权。在物权法定原则之下,法官不得在法定的物权之外通过判例创设物权,在我国,更不宜允许判例创设物权。理由在于:一是我国并不是判例法国家,法律渊源并不包括判例,所以,判例在我国并不能够如同法律规范那样对其他当事人具有拘束力,所以,判例在我国也不应该具有创设物权的效力。二是如果允许法官通过判例来创设物权,可能会损害法的安定性。三是通过判例来创设物权,实际上就改变了物权法定原则。物权法定的目的就是要实现物权的统一,而允许法官通过判决来创设,就会使得每一个法官都可以通过判例来创设某种物权,不仅不符合类似案件类似处理的原则,而且将会使得物权的设定以及内容的确定变得极不统一。例如,由于非典型担保构成各国担保法的重要组成部分,而非典型担保类型很多,有的法官承认某种担保为物权,有的法官则不予承认,这将导致物权认定标准的不统一,结果就会使得物权法律制度不统一,这与物权法的目的也是大相径庭的。

第四,物权不能由习惯法创设。大陆法中虽主张物权法定,但一些国家也承认通过习惯法创设的物权。例如,日本耕作的水流使用权及温泉专用权、德国让与担保等制度等都属于习惯法创设的物权。① 通过习惯法创设物权,在一定程度上缓和了物权法定主义的僵化。② 在我国,有学者认为,可以通过习惯法的方式创设物权。③ "习惯法形成之物权若明确合理,无违物权法定主义存在之旨趣,且有公示之可能,社会上确有其实益及需要,而透过上述物权法定缓和之运用,又已逾解释之界限,将抵触物权之核心内容时即有以习惯法之物权,加以承认之余地。"④笔者认为,习惯法也不应当成为创设物权的渊源,理由在于:首先,如何界定习惯法缺乏必要、明确的标准;其次,习惯法本身是否具有合理性,是否符合公序良俗,需要由法官进行审查,如果承认习惯法可以创设物权,就会影响到交易安全,而且法官的自由裁量权过大;最后,习惯法本身需要通过成文法来检验和评价,如果允许习惯法可以创设物权,物权法定将名存实亡。

(二) 物权法定原则的缓和

如果我国物权法在基本原则中确认了严格的物权法定原则,而没有留有缓和的空间,那么,在物权法的具体制度设计中,就应当保持一定的开放性,从而使得物权法能够适应社会经济发展的需要,并可以使新的物权类型得以确认。

应当承认,在立法中明确规定物权法定原则也可能会产生一定的弊端,它可能会限制法官通过判例创设新型物权,也会限制习惯法对新型物

---

① Gaier, in: MünchKomm zu BGB, Einleitung, Rn. 12.
② 参见谢在全等:《民法七十年之回顾与展望纪念论文集》(三),元照出版公司2000年版,第87页。
③ 参见杨立新:《民法分则物权编应当规定物权法定缓和原则》,载《清华法学》2017年第2期。
④ 谢在全:《民法物权论(上册)》(修订二版),三民书局2003年版,第65—66页。

权创设的空间。如果过度强调该原则的强行性，可能使得该原则变得过于封闭，从而不能适应社会经济发展的需要。任何封闭的列举都不符合社会经济发展的需要，而且封闭列举会妨碍人们更有效率、灵活地利用财富。① 如果物权体系是完全封闭的，不能因应社会的变化而变化，其必然不能适应社会生活的发展需要，而逐渐脱离社会现实。应当看到，物权由法律确认确有其合理性，但立法者的理性是有限的，并不能预见将来可能出现的物权类型。尤其是我国正处于转型时期，社会经济生活发展变化十分迅速，各种新型的物的利用关系也将随之应运而生、不断发展，因此物权的类型也不可能是完全封闭、一成不变的。相反，立法应当因应社会经济发展的需要，承认一些新类型的物权。如果在物权方面采取僵硬的态度，不承认人们在现实生活中出现的一些新的对物的利用方式，扼杀制度创新的空间，也会妨碍社会资源的最优配置、妨碍市场主体在利用财产方面的创新。为此，在确定物权法定原则的同时，应当保持一定的缓和空间。从两大法系的经验来看，缓和物权法定原则就是允许法官在一定情况下创设物权，从而使得该原则不断适应社会经济发展的需要。两大法系也都逐渐认可，法官可以通过判例逐渐创设物权。② 这些经验也是值得我们借鉴的。

从两大法系物权法的发展来看，物权法定原则在现代民法中出现了缓和趋势。一方面，为适应社会经济发展的需要，对物权类型的封闭列举逐渐突破，法院在物权创设方面的作用越来越突出。例如，动产让与担保的出现，表明了习惯法在创设物权中的作用。物权类型的设立虽然不如合同类型那般具有很强的自由性，但是在他物权尤其是担保物权方面，一些新形态的物权类型也在不断出现。另一方面，物权的内容出现缓和化的趋向。因为现代社会中各种财产关系越来越复杂，因此物权法不可能对各种物权内容作出详细规定，立法在物权法定原则之下应当给意思自治留下必要的空间。例如，地役权被许多学者称为"形式法定、内容意定"的物权。还要看到，物权的公示方法等方面也出现了一定程度的意定性，如动产抵押的当事人可以选择各种不同的公示方法。物权法总体上的发

---

① 在国外，葡萄牙学者 José de Oliveira Ascensão 便认为，这种分别的列举会妨碍对财富的有效利用。参见《物权法》，唐晓晴译，澳门大学法学院1997—1998年度法律课程教材，第118页。我国也有学者持这种观点。

② See Henry Hansmann and Reinier Kraakman, The Numerus Clausus Problem and the Divisibility of Rights, 31 J. Legal Stud., p.373.

展趋势就是在有关公示方法、公示的效力以及新的物权类型、物权的内容等方面都受到法院判例的影响。① 正如梅利曼所指出的:"大陆法所有权具有确定性、简单性、通用性等优势,意大利和大多大陆法系国家都是其坚定不移的拥护者。所有权的不可分性避免了创设财产利益的随意性,但同时也不可避免要进行假定或缓和,以使实践中创生并被允许的制度与传统理论相符。"②

物权法定原则具有强行性,但是又应当允许适当的缓和,保持一定程度的开放。在我国,物权法定原则的缓和主要表现在如下几个方面:

第一,允许司法解释在有限的范围内创设物权。我国现行的司法解释事实上已经在实践中发挥了创设物权的功能,主要表现在:一是对物权类型的创设。例如,我国法律并未规定典权,但最高人民法院针对典权曾经出台了不少司法解释,可以说,我国司法实践是承认典权的。二是对物权客体的扩张。例如,《担保法解释》规定了收费权可以成为质押权的客体。三是对物权内容的扩展。物权内容的法定也是物权法定原则的当然要求,如果物权的内容不受法律限定,则当事人可能通过约定扩张法定物权的内容,从而变相突破物权法定原则。当然,随着交易实践的发展,物权的内容也可能出现一定的滞后性,此时,司法实践也可以根据交易实践发展的需要,对物权的内容进行适度的扩展。在我国《物权法》颁行前,《担保法解释》就对《担保法》中抵押权的内容进行了扩展。例如,《担保法》并未赋予抵押权以追及效力,而《担保法解释》第 67 条规定,"抵押权存续期间,抵押人转让抵押物未通知抵押权人或者未告知受让人的,如果抵押物已经登记的,抵押权人仍可以行使抵押权;取得抵押物所有权的受让人,可以代替债务人清偿其全部债务,使抵押权消灭"。这实际上就确认了抵押权的追及效力。故而,对于司法解释所创设的物权,如具有相应的公示方法,可以考虑予以适当地承认。但允许司法解释创设物权并非不受任何限制。首先,司法解释所创设的物权应该符合物权的性质,此种权利确实能够具备物权的支配性、对世性以及优先性。其次,必须要有相应的公示方法,以表彰这种权利的设定和变动。如果根据司法解释确定

---

① 例如,我国台湾地区学者蔡明诚曾详细列举了台湾地区法院的判例对物权法在登记效力等方面的影响,认为判例对物权制度的完善产生了积极的推动作用。详见蔡明诚:《民法物权编的发展与展望》,载谢在全等:《民法七十年之回顾与展望纪念论文集》(三),元照出版公司 2000 年版,第 57 页。

② 〔美〕约翰·亨利·梅利曼:《所有权与地产权》,赵莘萃译,载《比较法研究》2011 年第 3 期。

了某种权利为物权以后,此种权利若不具有一定的公示方法,则无法进行登记或者采用其他公示方法公示,此时,按照公示原则的要求,此种权利仍然不能成为物权。所以司法解释所确认的新的物权也应该有严格的条件限制。不过是否应当允许司法解释在符合一定条件时创设物权,还有待学理上的进一步探讨。

第二,扩大部分物权的客体范围。物权客体范围扩大主要体现在担保物权中,担保物权的主要目的是担保债权的实现,原则上具有交换价值的物或者权利都可以成为担保物权的客体。例如,目前的权利质权采取的是法律、行政法规允许出质的权利才可以设立权利质权,但实践中,许多新型权利同样存在交换价值,如最高人民法院通过司法解释和指导性案例所承认的项目收费权,《应收账款质押登记办法》在修订中也扩大了应收账款的含义和范围。实践中还出现了将出口退税权利、信托权利进行质押的现象。随着科技的发展,数据、虚拟财产的价值日益凸显,将来也可能成为担保物权的客体。

第三,适度增加新的物权类型。我国《物权法》采取了严格的物权法定主义,所列举的物权类型有限,随着实践需求的增加,可能会出现物权类型法律供应不足的情形,导致不能实现物尽其用,难以满足生产和生活的需要,居住权始终未能作为物权就是适例。作为债权的长期租赁无法代替居住权,仅通过占有对居住权进行保护也是不足的。实践中,公房、拆迁安置、共同生活、夫妻离婚后一方的居住权、以房养老等实践需求,都可以部分通过居住权的设置予以满足。① 但由于我国《物权法》并没有承认居住权,导致这些权利无法形成物权保护,无法形成长期稳定的物权。此外,在民间,已根据社会生活的需要产生了一些物权的类型,但并没有受到法律的认可。例如,民间习惯法一直存在典权,法律上承认典权,将可以有效结合用益物权和担保物权的功能。再如,公共地役权也可以通过地役权这种私法方式实现一些公法目的,从而实现物权功能的扩容。我国正在制定的民法典物权编有必要在满足公示等要件的前提下,承认一些新类型的物权。

五、违反物权法定原则的法律效果

物权法定原则应当具有强制性,这是保障该原则得以贯彻、遵循的基

---

① 参见李俊晔:《不动产财产权利价值论》,中国人民大学出版社2016年版,第73页。

础,而此种强制性在很大程度上又体现为,如果违反了物权法定原则,将会引发一定的法律上的不利后果,否则,也难以真正贯彻物权法定原则。关于违反物权法定原则的法律效果,学者一直存在争议,主要有三种观点:第一种观点认为,物权法定是强制性的规范,物权法定的制度构建都是强行性的,自由创设物权的条款无效。① 违反物权法定原则,与合同法中关于违反强行性规定合同无效的原理一样,应当使当事人的约定全部被宣告无效。也有人认为,违反物权法定只是部分无效,只有违背物权类型和内容的合同内容才无效。第二种观点认为,应当区分物权合同和债权合同,违反物权法定原则,设定物权的合同无效,但债权合同仍然具有效力。物权的内容不许自由设定,对此当事人之间的协议在违反法律规定的物权内容时,只能发生债法的效力,却不可以改变物权内容本身。② 第三种观点为"效力转换说",此种观点认为,违反物权法定原则将导致设定物权效力的合同转换为债权效力的合同,对物权效力的期待不再存在,但因为此种期待没有违反公共利益,所以不必导致无效,可以推定当事人的意思是希望建立一个债权关系来取代物权关系,因而在物权法定的情况下,当事人的意思表示将转化为债权的效力。③

笔者认为,上述三种观点虽有一定的道理,但都值得商榷。

第一种观点虽然强调了物权法定的强行性,但混淆了合同效力与物权效力。我们说物权法定具有强行性,但这种强行性与法律的禁止性规定仍然是有一定差异的。违反物权法定原则,与合同法中关于违反强行性规定导致合同无效不同,不能够简单地以违反物权法定原则为由,使设立物权的合同无效。

第二种观点主张区分物权合同和债权合同,以确定违反物权法定的效果,在逻辑上虽然是清晰的,但由于我国并没有采取物权行为理论,并

---

① 参见〔日〕三潴信三:《物权法提要》(上卷),孙芳译,中国政法大学出版社 2005 年版,第 15 页。

② 参见高富平:《物权法原论》(中),中国法制出版社 2001 年版,第 695—696 页。最高法院 1941 年上字第 2040 号判例认为:"'民法'第 757 条规定:物权,除本法或其他法律有规定外,不得创设。此所谓法律,按之采用物权限定主义之本旨,系指成文法而言,不包含习惯在内。故依地方习惯房屋之出租人出卖房屋时,承租人得优先承买者,惟于租赁契约当事人间有以之为 283 号判例亦认为'未定期限之典权,订明回赎时,须先订立永远批约。虽非无债权的效力,但变更物权内容即属创设物权,依第 757 条规定,不能发生生物权效力'。故依据上述判例之见解可知,非法定之物权虽无物权效力,但原则上仍具有债之效力。"

③ 参见《澳门民法典》第 1306 条;《物权法》,唐晓晴译,澳门大学法学院 1997—1998 年度法律课程教材,第 118 页。

没有严格区分物权合同和债权合同,因而不存在物权行为无效和债权行为有效的问题。因此,在我国,也不存在违反物权法定原则导致物权合同无效的问题。

第三种观点旨在解释违反物权法定之后,债权合同仍然有效。但该观点也是值得商榷的。一方面,此种观点的理论前提在于,物权法定原则的内涵不涉及公共利益,所以不导致无效,但从无效理论出发,并不是不涉及公共利益的意思表示都是有效的。依据我国《合同法》第52条的规定,违背法律、行政法规的强制性规定的合同无效。另一方面,该说主要采取推定的方式,但推定当事人的意思是设定债权,而不是设定物权,这与当事人的本意不符,当事人本意就是设定物权,而不是设定债权。此外,物权法定作为强行性规范,应当产生一定的效果,而效力转换说实际上完全否定了物权法定的效果。所以,效力转换说在理论上存在缺陷。

笔者认为,讨论违反物权法定原则的后果问题,首先应当区别合同关系与物权关系。设定物权类型和确定物权内容的合同,属于合同关系,应当由合同法来加以调整。这就是说,只要当事人就设定物权类型和确定物权内容的主要条款达成合意,符合合同法规定的合同生效的条件,该合同就可以产生效力,当事人就应当受到该合同的拘束。然而,就设定物权与变动物权而言,属于物权关系的范畴,应当由物权法来加以调整。按照物权法定原则的要求,违反物权法定将导致设定与变动物权的行为无效,物权不能有效地设立与变动,但这并不影响合同的效力。[①]《物权法》第15条规定:"当事人之间订立有关设立、变更、转让和消灭不动产物权的合同,除法律另有规定或者合同另有约定外,自合同成立时生效;未办理物权登记的,不影响合同效力。"这就意味着,凡是违反了法定的公示方法的,应当认定物权不能有效设定,但并不影响设定和变动物权的合同的效力。例如,动产让与担保作为非典型担保形式,并没有在《物权法》中得到承认,其显然不能成为物权,但这并不意味着当事人设定动产让与担保的合同无效。如果发生纠纷完全可以依据合同执行担保物。只不过因为不产生物权的效力,不能对第三人产生优先受偿的效力。

笔者认为,违反物权法定原则不影响设定物权和变动物权的合同的效力,不能将违反物权法定与违反法律的禁止性规范导致合同无效的情形相混淆,这并不意味着物权法定在性质上不再是强制性规范而只是一

[①] 参见中国物权法研究课题组:《中国物权法草案建议稿:条文、说明、理由与参考立法例》,社会科学文献出版社2000年版,第103页以下。

种倡导性的规范。违反了物权法定原则将导致物权不能有效地移转与变动,由此表明物权法定仍然是强制性的规范。在物权法中,就当事人关于物权设定的约定违反物权法定的后果,应当根据不同的情况来确定:

第一,违反种类法定。这就是说,当事人在合同中创设了法律没有规定的物权类型,例如,当事人通过合同设定了居住权,如果在物权法中没有规定此种权利,那么这种创设就不具有物权的效力。如前所述,笔者认为,种类法定在物权法定原则中相对于其他方面更为严格,除了在例外的情况下可以由司法解释创设物权的类型之外,当事人所创设的物权必须要有严格的法律依据,否则不能产生物权设定的效果。

第二,违反内容的法定。违反物权内容的法定要依据具体情况来决定。首先,要确定该内容是否属于该物权的基本内容。如果属于物权的基本内容,则不能由当事人随意创设。例如,关于抵押权所具有的优先受偿权,属于法律确定抵押权的基本内容,当事人之间的合同不能对此加以改变。但如果当事人在合同中对所有权或其他物权的行使进行了某些限制,尽管这些限制没有明确的法律依据,也因为这些限制没有改变物权的基本内容,不能认为当事人的这些约定都是无效的。其次,要区分是否属于法律关于内容的禁止性规定。例如,当事人的约定如果违反法律关于流质契约的规定,则应当认定其无效。

在此需要讨论的是,对于法律没有规定的一些有关物权的内容,是否允许当事人约定？有学者认为,对当事人约定的有关物权的事项在物权法上无明确规定时,一般视同违反法律的强制性或禁止性规定,应认定无效或不能发生物权法上的效力。这一点与合同法上以合同自由原则为基础的法律推定规则在结果上正好相反。[①] 笔者认为,此种看法是值得商榷的,判断当事人的约定是否有效,关键应看当事人的约定是否违反了法律的强制性规定,如果当事人约定了法律没有规定的内容,也不宜简单地认为这些约定都是无效的,而要考虑到当事人约定的内容是否违反了法律的强制性规定,是否改变了物权的基本内容,是否因为这些约定而改变了物权的类型,等等。否则,这些约定应该是有效的。

第三,违反公示方法。如前所述,公示方法的设定必须要符合法律的强制性规定。如果当事人的约定违反了法定的公示方法,则不能产生物权设定和变动的效果。问题在于,违反公示方法并不是在所有情况下都

---

① 参见刘保玉:《物权体系论——中国物权法上的物权类型设计》,人民法院出版社2004年版,第75页。

必然导致物权不能设立。在某些情形下,法律并没有严格限定物权公示的方法,此时,当事人应当享有选择公示方法的自由。同时,如果当事人在设定某种物权时没有采用某种法定的公示方法,而采用了其他的公示方法,也并不当然导致物权不能设定,可能只是导致某一种物权没有设立,但设立了另外一种物权。例如,当事人设定动产抵押时,因没有办理登记,而只是交付了动产,可以认为动产抵押没有设立,但可以解释为设立了动产质权。

第四,违反物权的效力。通常来说,物权的效力是法律所赋予的物权设立的结果。物权之所以具有关涉第三人的利益和交易安全的性质,很大程度上是由物权所具有的对世效力以及优先效力决定的。所以,物权的效力也不能由当事人自由约定。"仅使其具有一定之物权效果即可符合社会之需要者,得依个别具体情形赋予若干物权效果。"[1]如果当事人在合同中约定物权具有特殊的效力,而实际上法律并没有赋予其该种效力,在此情况下,只能认为,当事人关于物权效力的约定只能在当事人之间产生效力,而不能对第三人产生效力,因此,当事人关于约定的效力并非都无效。

结　语

物权法定是物权法的核心原则,物权法定的强制性不仅表现在限制当事人在创设物权以及物权的内容、公示方法等方面的约定自由,而且也要对规范物权的类型和内容的法律规范作出明确的界定,从而确保物权作为绝对权的权利范围和内容为不特定人所知悉,以保护交易安全、节省交易成本。但是在充分发挥该原则作用的同时,也不能过度僵化,从而形成对交易的遏制和阻碍。因此,物权法定原则要保持一定程度的缓和,强制性和适度的缓和之间并不是矛盾的,而是充分发挥物权法定原则作用的体现。在我国正在制定的民法典物权编中,也应当对二者进行适当的平衡。

---

[1] 谢在全:《民法物权论(上册)》(修订二版),三民书局2003年版,第65—66页。

论《物权法》对我国证券市场的影响[*]

第十届全国人大第五次会议以高票通过了《物权法》,这意味着我国在建设社会主义法治国家的道路上又迈进了重要的一步。《物权法》的颁布与实施在我国法治进程中具有里程碑意义,必将对我国经济、社会的发展和社会主义和谐社会的构建产生深远影响。《物权法》的实施也必将对我国证券市场产生重大影响,下面笔者就此谈几点个人的看法。

一、《物权法》的实施确立了资本市场运行的制度框架

党的十七大报告中首次提出"创造条件让更多群众拥有财产性收入"的目标,其内涵丰富、富有新意。所谓财产性收入,是相对于工资收入而言的,一般是指家庭拥有的动产和不动产,如银行存款、有价证券、房屋、车辆、土地,以及由此所获得的收入,凡是工资收入之外的收入都可以称为财产性收入。财产性收入除了个人投资及其收益,还包括其他丰富的形式。例如,公民所购买的房产在升值之后所得到的收入,也构成财产性收入。具体而言,财产性收入包括出让财产使用权所获得的利息、租金、专利收入,以及财产营运所获得的红利收入、财产增值收益等。这就意味着老百姓的收入不仅来自工资,国家还将创造条件增加老百姓的多元化收入,财产性收入与通过辛勤工作所获得的收入一样,都是国民增加财富收入的重要来源。创造条件增加财产性收入,首先是指国家通过政策、法律来保障群众拥有财产性收入。既然国家鼓励和促进更多群众拥有财产性收入,则无论是增加有形财富(如房屋、车辆)还是无形财富(如股息、红利),都需要通过《物权法》等基本法律对其加以保护。

《物权法》的实施确立了资本市场运行的制度框架。我国实行社会主义市场经济,这就决定了我国的资本市场就是法治市场。为了更好地保护广大投资者的合法权益,健全我国资本市场法治,我们就需要认真贯彻

---

[*] 原载《法学杂志》2008年第2期。

实施《物权法》。这主要是因为《物权法》对于资本市场的运行和发展具有重要功能。

（一）维护秩序的功能

《物权法》的颁行，为整个证券市场的运行和发展提供了基础性的制度保障。从宏观的角度来讲，证券市场是我国整个市场经济的重要组成部分。从内容上看，证券是财产性权利和其他权利的凭证，证券交易本身就是对财产的交易，只是此种财产交易方式与传统的实物交易有所不同而已。证券市场的特殊性在于，权利以证券作为载体，从表面上看交易的对象是证券，而交易的实质是权利的转换，某一证券的交易背后实际上蕴涵了巨大的财产价值。从交易方式上看，证券交易与传统的买卖双方直接交易不同，其采用大规模的集中竞价交易形式来促成买卖的发生和完成，且不需要完成交付行为。

证券交易实质内容和交易方式的特殊性，对证券交易的安全和秩序提出很高的要求，但这种制度和安全只能建立在完善的交易和监管规则的基础之上。证券交易必然伴随有市场风险，这一特点在买空卖空的期货交易中就更为明显，其对交易安全和秩序具有很高的要求。我国《物权法》作为明确财产归属、保护交易安全的民事基本法，其中许多制度对维护健康的证券市场交易秩序具有重要作用。例如，《物权法》对投资者权益的保护、确定物权的登记制度、保护善意第三人的善意取得制度、证券票据担保制度等，都是与证券市场交易密切相关的制度。从宏观的角度来看，市场交易越安全，资本市场就越发达，交易就越迅速、越有秩序。《物权法》对所有权制度的完善，为交易确定了前提和基础，给投资者提供了稳定的预期，也为证券市场的有序进行奠定了基础。所以，《物权法》对于整个交易安全的维护，必然能够为建立一个稳定的证券市场秩序发挥重要作用。[①]

（二）促进投资的功能

投资人到证券市场从事证券交易活动，本身就是一种投资行为，我国整个证券市场投资者人数众多，交易数额巨大，证券市场市值曾经超过国民经济总量。证券投资者的利益首先体现为一种财产利益，而我国《物权法》的基本立法精神是保护合法收益、保护投资、鼓励创造，因此，该法从

[①] 参见邱永红：《〈物权法〉对我国资本市场的影响分析》，载《证券市场导报》2007年第5期。

基本法的角度为证券投资财产利益提供了制度保障。在一切法治国家,财产权都被视为公民最重要的权利之一,它与生命权、自由权一起被并称为公民的三大基本权利。保护合法的财产权,就是保护公民的基本人权,就是保护公民通过诚实合法的劳动创造的财富,保护公民基本的生产和生活条件。在《物权法》的制度框架下,任何证券持有者对其合法取得的财产权利都不受剥夺。根据《物权法》中的占有制度,任何人持有股票、债券应当推定其为法律上的权利人(在物权法上,对权利的占有视为准占有),任何人不能举证证明持有人取得的权利是非法的,则都无权剥夺持有人的权利。《物权法》所确立的平等保护等原则,为广大投资者尤其是广大民营企业参与投资提供了充分的法律保障,增强了他们通过投资取得合法收益的信心,这也将大大推动我国多层次资本市场尤其是创业板市场的构建和发展。① 《物权法》对证券投资者财产权利的确认机制和平等保护原则,无疑让证券投资者吃下了一颗"定心丸",对鼓励和促进广大投资者投资证券市场具有重要意义。

(三) 保护收益的功能

股票、债券等有价证券的收益就属于党的十七大报告中所说的财产性收入,也是亿万人民群众依法取得的合法财产,所以保护公民从证券市场所获得的各种财产性收入本身就是《物权法》的重要功能的体现。我国《物权法》第一次采纳了私人所有权的概念,扩大了对所有权的保护范围,强化了对私人投资及其收益的保护。因为在私人所有权的概念中,已经不仅仅包括动产和不动产所有权,而且包括对投资及其收益所享有的权利。《物权法》第65条第1款明确规定:"私人合法的储蓄、投资及其收益受到法律保护。"这就以基本法的形式确立了对投资者从事证券投资所取得的收益的法律保护。就具体物权法律制度而言,《物权法》所贯彻的平等保护原则和物权确认请求权、占有保护请求权等保护方法对保护证券市场投资者的收益都具有重要的作用和意义。

《物权法》对投资和收益的保护实际上就是对证券投资者各项权益的保护,证券财产本身是一种价值化的财产,证券市场所聚集的财富,其实是以证券背后的企业实业为基础的,离开实物经济的实际增长,证券市值的增长其实就是泡沫。既然虚拟经济以实物经济为基础,而以主要调整

---

① 参见邱永红:《〈物权法〉对我国资本市场的影响分析》,载《证券市场导报》2007年第5期。

有形财产的交易为对象的物权法,就成为证券法的基础,物权法对有形财产的保护,从根本上为证券投资和交易提供了前提和基础。因为主体在占有和支配实际财产过程中所形成的财产关系是社会基本的经济关系,是产生其他形态社会财富的基础。例如,因货物的运输、买卖才产生提单、仓单,因实物的出资才能产生股权。任何一个国家,无论其证券法律制度如何健全,如果没有一套保护其财产权的基本制度,那么,其有形财产将无法得到有力的保护,则整个证券制度必然是立足于空中楼阁,证券市场的长远发展也必然受到制约。《物权法》对有形财产秩序的调整和对实物经济的促进,必然促进建立在实物经济之上的虚拟经济的发展日趋成熟和理性。这也意味着,如果投资者在证券市场上通过合法途径所获取的收益受到侵害时,司法机关应当对其予以保护。《物权法》的多个条文都体现出对于劳动和创造的尊重和保护。依此精神,证券投资及其收益同样也是《物权法》的保护对象,《物权法》同样保护证券投资者。

(四) 化解纷争的功能

《物权法》的首要功能就是明确和界定产权,定分止争。在各类财产法中,物权法保护和界定各类财产的制度设计为其他财产权制度的建立提供了良好的范本,也可为证券交易所适用或参照。例如,权利归属的确认、公示、移转、变更等有关规则是值得证券法借鉴的。证券法律制度可以通过借鉴物权法上相关界定产权的制度,明确证券市场中各类权益的界定和流转规则,降低证券交易的风险。从实践来看,证券市场中的权属纠纷也大量存在,例如,有的投资者利用他人的身份证件购买证券,证券登记机构将身份证上的人登记为证券权利人,而后实际投资人与登记的权利人发生证券权益归属纠纷。还有的证券公司因挪用客户资金,混淆自营和代营业务,擅自在证券市场上进行投资,由此所得的收益的归属也经常引发纠纷。此外,因为国债回购引发的纠纷,很大程度上属于担保纠纷。这种情况下,借鉴《物权法》中的登记制度原理来设计纠纷解决方案具有重要意义。《物权法》的颁行为解决此类纠纷提供了重要的法律依据,也为未来证券市场的风险防范和控制提供了可供依循的方法。

(五) 制度创新的功能

《物权法》作为市场经济的基本财产性法律,为交易的规模化运行奠定了制度性框架和基础。证券市场可以说是传统交易形式的集成,其资本的大规模流动特征更为明显。我国应当以《物权法》的施行为契机,进一步完善证券法制,促进资本的大规模流动有序展开。在生产要素的流动中,最灵活、规模最大、作用最大的是资本流动,即国际投资。商品和服务国际流动形成了世界市场,而国际资本流动促进了世界生产,从而使生产方式进入新的发展阶段。资本的国际流动能极大地促进生产要素的跨国界优化组合,使生产要素在更高水平上得以配置。①《物权法》颁布之前,我国市场经济中的相关基本法律缺位,致使证券资本市场中的一些法律问题缺乏基础法律的支撑,例如关于股东权益的保护问题,虽然在公司法和证券法中作出了一些规定,但是股东行使这些权利都是以享有基本财产权利为基础的,这就需要《物权法》从基本法律的角度对股东的财产权予以确认和保护。我国《物权法》的颁行奠定了财产法的基础,也为其他相关单行法的颁布确立了基本规则,我们应当完善资本市场的各类详细交易规则,使我国的资本市场更加规范化和国际化,更好地吸引世界范围的投资,促成资本的国内和国际流动。此外,《物权法》也为金融产品的创新提供了制度基础和空间,使许多金融创新有了民事基本法的依据。

《物权法》作为主要调整有形财产的法律,与证券法等调整无形财产的法律的结合,共同构成财产法保护的完整框架。从这个意义上说,《物权法》的颁行不仅对构建有形财产秩序具有重要意义,而且对于整个证券市场的发展和完善也具有十分深远的影响。

二、《物权法》在证券法律关系中的适用

《物权法》作为调整财产关系的基本法律,对于证券市场的繁荣和发展有深远影响,这除了表现为《物权法》的实施确立了资本市场运行的制度框架以外,还表现为《物权法》对证券法律关系在多个层面上的适用。诚然,关于股票、债券和票据等具体的证券法律关系主要由公司法、证券法和票据法规范和调整,而《物权法》主要是调整因有体物的归属和利用而产生的财产关系,其不具体调整这些无形财产关系。从性质上看,股权体现了股东的一种资格和地位,是一种无形财产权,其作为一种混合型的权利很难受到《物权法》的调整;而债券的权利主要是债权,也不应受到《物权法》的调整。尽管如此,应当注意的是,《物权法》并不排斥对无形财产的归属和利用关系的调整。一方面,我国采用民商合一体制,该体制最大的特点在于,民法典的基本制度适用于所有商事法律关系,二者之间

---

① 参见《利用外资方式、对外投资和合作方式的两个创新》,载《光明日报》2007年12月14日。

构成"一般法与特别法"的关系。《物权法》作为我国未来民法典的重要组成部分，理所当然地对证券法所规范的商事法律关系产生影响。另一方面，有形财产与无形财产之间也并非严格割裂、互不相干的，相反，二者之间具有紧密的内在联系。就证券资产而言，其利益的最终实现还是要指向一定的有形物，例如，股东分红必然涉及对公司法人财产的分割；再如，期货交易法律关系中，合约在一定程度上构成所谓的物权证券，直接指向特定数量的实物交易品种。从这个意义上看，调整有形财产的《物权法》必然对证券法律关系产生影响。还要看到，《物权法》确立了基本的财产形态，该法第2条规定，"本法所称物，包括不动产和动产。法律规定权利作为物权客体的，依照其规定"，这也就是说财产形态包括动产、不动产和财产权利三大类。《物权法》承认证券、基金份额等可以成为质权等物权的客体，并且这些财产可以与有形财产构成集合体用于设立担保。这无疑对证券法律关系的规范具有重要意义。

正确认识《物权法》在证券法律关系中的适用，对完善我国证券市场的监管工作是十分必要的。我国证券市场的监管工作不能片面注重以行政规章作为监管的依据，而应当注重以法律、法规作为监管的法律依据。尽管证券监管机构在性质上属于事业单位，但其因为法律、法规的授权而享有监管证券市场的权力。因此，证券监管活动本身属于行政行为，为了保障依法行政，证券监管机构实施监管也应当依据《物权法》等法律、法规开展。为此，我们就需要深入分析《物权法》对证券法律关系的具体适用。具体来说，《物权法》对于证券法律关系的适用，主要表现在如下几个方面。

（一）《物权法》的直接适用

1. 所有权的规则

尽管所有权是以有形财产为客体的，但是，我国《物权法》中规定的所有权的客体范围实际上是很宽泛的。以私人所有权为例，《物权法》第一次采用"私人所有权"的概念，赋予了私人所有权丰富的内涵。就私人投资而言，私人所有权这一概念除了包括投资财产本身之外，还包括投资的收益（股息、红利等），这就使得私人所有权的客体不限于有形财产。尤其值得注意的是，我国《物权法》第65条特别规定："私人合法的储蓄、投资及其收益受法律保护。"《物权法》第67条、第68条规定了企业法人的财产权，这也确立了证券市场主体的基本财产权利，并且从财产权层面界定了股东和企业之间的相互关系。这些都是《证券法》《公司法》《票据法》等单行法不能代替的制度功能。

2. 物权变动的部分规则

物权变动就是指基于法律行为和其他法定原因而发生的物权设立、变更、转让和消灭。所有权是最完整的物权,其以有体物为客体,而随着所有权分离而产生的用益物权和担保物权则不一定以有体物为客体,例如票据质权、应收账款质权是以票据权利、债权为客体。尽管如此,票据质权、应收账款质权等权利仍然属于物权的范畴,应当遵循物权变动的一般规则。例如,设立权利质押要符合质权设立的一般要件。再如,应收账款质押要依法办理登记手续。因为某些特定的物权的客体可以是证券,在证券之上可以设立特定的物权,对于这部分物权的取得变动和丧失规则,应当适用《物权法》而非《证券法》。此外,无记名证券在法律上一般视为动产,从而适用动产物权变动的一般规则。物权的变动中的一些其他规则,也有可能适用于证券,例如,善意取得制度也可以适用于权利质权的取得。如果证券公司违规操作,挪用客户的证券,善意第三人也可能在符合《物权法》第106条规定的情况下取得证券权利。

3. 权利抵押和质押的规则

《物权法》扩大了动产抵押的范围,尤其是确立了动产浮动抵押制度和集合抵押制度,这对于证券市场具有重要意义。这实际上是允许证券和其他财产捆绑在一起设立抵押,而此种抵押的设立必须直接依据《物权法》的规定进行。根据我国《物权法》的规定,权利质押的客体包括股权、基金份额、债券等有价证券。因此,证券市场上的证券质押原则上都可以适用《物权法》关于权利质押的规则。例如,基金份额质押就必须符合《物权法》第226条规定的要件。另外,按照《物权法》第224条的规定,有权利凭证的证券质押,应当交付该证券,没有权利凭证的证券质押,应当办理登记。

4. 关于证券权利的确认与保护的规则

《物权法》首次确立了物权请求权等权利保护的具体救济方法,这也为保护各种具体的财产形态提供了依据。就证券资产而言,其权益的保护除了通过合同和侵权的手段来救济,还可以通过《物权法》所确立的物权确认请求权来获得保护。

5. 占有的规则

占有可以分为基于合同关系的占有和非基于合同关系的占有。《物权法》第241条关于基于合同关系产生的占有的规定,同样也可以适用于证券市场。例如,根据《物权法》的规定,在委托投资和委托理财等情况下产生的占有，当事人之间收益分配、违约责任等的确定，应当依据合同来进行，如果没有合同约定或者合同约定不明的，应当依照有关法律规定来确定。此外，《物权法》还确立了占有保护请求权制度。对证券的持有，也是一种占有，都可以适用占有的规则。因此，占有人在占有受到侵害时，可以行使占有保护请求权。例如，某人的权利凭证为他人所非法占有，其合法所有人可以依循《物权法》的有关规则，要求非法占有人返还其权利凭证。

（二）《物权法》的准用

《物权法》中大多数规范旨在调整有形财产物权关系，其中许多规则无法直接适用于证券法律关系。但是，《物权法》确立的不少制度和规则可以准用于证券法律关系。一方面，《物权法》的许多规则虽然无法直接适用于证券法律关系，但是，考虑到《物权法》作为财产关系的一般法的基础性地位，其有关制度可以准用于无形财产交易。另一方面，我国有关财产利用的证券法律制度还不够完善，难以满足调整证券法律关系的需要。因此，在法律没有规定时，有必要准用《物权法》的相关规定。

《物权法》准用于证券法律关系的制度主要体现为物权登记制度。《物权法》的登记规则虽然适用于动产和不动产，但是其基本的技术和机制可以准用于证券登记制度。《物权法》的登记制度反映了法律调整财产关系的一般性规则，具体来说包括如下内容：一是登记的效力。按照《物权法》第16条的规定，"不动产登记簿是物权归属和内容的根据"。因此，当事人就证券归属发生争议时，也应当准用该条规定，即以相关登记簿上的记载证券权利人为准，除非有相反证据。二是区分合同的效力和登记的效力。如果当事人以有价证券设立质押，质押合同是否生效与质押权是否有效设立应当区分开来，登记仅仅影响权利质权的设立，而不影响质押合同的效力。三是特殊形态的登记形式。我国《物权法》确立了新型的登记形式，如异议登记、预告登记等，这些新型的登记形态也可以准用于证券登记。四是登记的查询。如果证券进行了登记，通过准用《物权法》第18条的规定，权利人、利害关系人可以申请查询、复制相关的登记资料，登记机构应当提供。五是登记机构的责任。《物权法》第一次在法律上明确了登记机构的责任，在证券法律制度还没有确立完善的登记机构责任时，可以准用《物权法》的规定。

（三）《物权法》的基本原则、精神、立法理念的适用

《物权法》的基本精神、原则和理念反映了民事交易的内在要求，对于

保护交易安全具有重要作用,对于其他交易关系也具有启示作用,因此其可以适用于证券法律关系。例如,物权变动的公示原则、物权效力和债权效力的区分原则、保护善意第三人的规则,都可以参照适用于证券法律关系,甚至《物权法》保护物权的精神,在整个证券法律关系中可以作为一种基本的精神得到体现。我们说保护投资者权益,它和平等保护投资者物权的精神是一致的。当然,证券交易具有特殊性,其对交易安全提出更高的要求。

还应当看到,《物权法》作为基本的财产法,其对于其他财产的形式确认为证券法的制度创新预留了广阔的空间。通过包括《物权法》在内的法律制度厘清财产权限,保障合法的财产性收益,能从根本上改善我国的财产投资环境和民众的财富观念,这不仅有利于我国证券市场的良性、健康、持续发展,也能增加证券投资者的投资兴趣和信心,最终保护证券投资者的利益。

三、《物权法》为证券业的金融创新提供了充分的制度基础

《物权法》在法律上第一次确认了抵押、质押等担保权利为物权,并且规定了各种新的担保形式,进一步完善了担保物权的设立和变动的规则,它为金融市场的繁荣和发展、为金融产品的创新提供了法律依据和基础。例如,我国证券市场不断创造出一些新的金融品种,其中国债回购实际上就是一种质押,具有融资的功能。

我国《物权法》的颁行为进一步提高担保在证券市场中的作用和影响提供了良好契机,这将为未来的证券市场发展提供广阔的前景。一方面,我们可以利用《物权法》规定的新的担保方式依法创造新的金融产品。例如,以应收账款质押为载体,可以实现抵押和质押的证券化,使其进入资本市场进行流通。《物权法》第171条第1款规定:"债权人在借贷、买卖等民事活动中,为保障实现其债权,需要担保的,可以依照本法和其他法律的规定设立担保物权。"这就允许特别法设立新的担保物权。另一方面,我们可以依据《物权法》来建立各种金融产品的流转规则。我国未来证券市场的发展很大程度上取决于担保物权是否可以进入资本市场进行流转。担保产品类型越多,证券化程度越高,证券市场就越繁荣。长期以来,制约证券市场发展的原因在于制度不健全。所以,我们应当以《物权

法》的颁行为契机制定配套的特别法。《物权法》规定了新的担保形式，如股份、应收账款和基金份额的质押等具体制度，并预留了充分的制度发展空间。

（一）动产浮动抵押

所谓浮动抵押（floating charge），也称浮动担保，是指以其现有或者将有的财产设定担保，在担保设定以后，债务人仍然有权继续处置其财产，但在特定的事项发生时，担保财产将予以确定（即结晶），债权人仅能就此范围内的财产优先受偿。① 浮动抵押起源于英国法。我国《物权法》在借鉴英国法的基础上，规定了动产的浮动抵押。《物权法》第181条规定："经当事人书面协议，企业、个体工商户、农业生产经营者可以将现有的以及将有的生产设备、原材料、半成品、产品抵押，债务人不履行到期债务或者发生当事人约定的实现抵押权的情形，债权人有权就实现抵押权时的动产优先受偿。"这就在法律上确立了动产浮动抵押制度。

证券市场需要大量融资，《物权法》规定动产浮动抵押的担保方式，将其界定为一种物权，这就为扩大融资渠道提供了基本的制度框架，也为证券业在此基础上进行动产浮动抵押的制度创新奠定了基础。一方面，许多证券持有人可以将其证券等财产与其他动产结合在一起形成集合物，从而设立浮动抵押。证券持有人单纯以证券作为抵押财产或者单纯以其他财产作为抵押财产设立担保，可能都不足以设立足额的担保，而通过设立浮动担保可以发挥担保物的整体效用，实现物尽其用。另一方面，证券和其他财产结合以后设立的担保，还可以通过证券化使其进入证券市场进行竞价交易，从而促进证券的流动，实现资源的优化配置。此外，实现动产浮动抵押，可以在一定程度上简化登记制度。设立动产浮动抵押无须制作财产目录清单，也不需要公示财产，只需要采用书面形式订立抵押合同，并在有关机构进行登记即可。因为这种担保形式不要求罗列出详细的财产清单，甚至将未来的财产都可以纳入抵押财产的范围，每一项财产无须进行单独登记，而是作为整体进行"一揽子"登记，从而可以起到简化登记的作用。②

---

① 参见王闯：《规则冲突与制度创新（上）——以物权法与担保法及其解释的比较为中心而展开》，载《人民法院报》2007年6月20日。
② 参见王闯：《规则冲突与制度创新（上）——以物权法与担保法及其解释的比较为中心而展开》，载《人民法院报》2007年6月20日。

(二) 证券的最高额质押

所谓最高额质押,是指以质押财产担保一定数额范围内的债权。[①] 如果以证券作为质押客体,就可以设立最高额权利质押。我国《物权法》第222条第1款规定:"出质人和债权人可以协议设立最高额质押。"而根据《物权法》第229条的规定:"权利质权除适用本节规定外,适用本章第一节动产质权的规定。"可见,我国《物权法》第一次确认了最高额质押,这也为金融产品的创新提供了法律依据。这就是说,证券持有人可以在市场中以一定价值的股权设立最高额质押,在股票市值范围内连续多次借贷进行融资。在决算期到来之后,根据当时的市值确定担保物(股票)价值,进而实现优先受偿。这种方式的优点在于,其不仅简化了质押设立的成本,而且可以充分发挥股票的担保功能。

(三) 基金份额质押

所谓可以转让的基金份额,是指基金公司公开发行的、表彰基金份额持有人权利的凭证。依据《物权法》的规定,凡是可以依法转让的且允许出质的财产,可以出质。既然基金份额是一种财产性权利,且持有人有权依法转让其持有的基金份额,则基金份额可以出质。此类份额类似于股份,一般是指基金投资人对基金享有的份额,体现了基金投资人(基金份额持有人)的权利和义务。基金份额和股份一样,是资本市场中的一种重要的财产类型,且随着我国资本市场的发展,基金已经成为一种越来越重要的财产形式。[②] 法律上既然允许依法可以转让的股份作为担保物,亦应允许依法可以转让的基金份额作为担保物,以扩充当事人的融资担保工具。依据我国《物权法》第226条的规定,质权自证券登记结算机构办理出质登记时发生效力。因此,基金份额质押实行登记的,应当在证券登记结算机构办理登记。

《物权法》规定的基金份额质押,也为正在推行的房地产投资信托基金(Real Estate Investment Trusts, REITs)制度提供了法律依据。REITs实际上就是一种信托基金,它是以发行收益凭证的方式汇集信托人(即投资者)的资金,由专门投资机构进行投资经营管理,并将投资综合收益按比例分配给信托人的信托基金制度。REITs起源于美国,1965年首只REITs

---

① 参见姚红主编:《中华人民共和国物权法精解》,人民出版社2007年版,第385页。
② 参见李泫永:《论我国证券投资基金法的缺失与完善——以基金治理机制为视角》,载《华南理工大学学报(社会科学版)》2006年第4期。

在纽约证券交易所上市交易。① REITs 可以分为三种类型,即权益型、抵押贷款型和混合型。当前我国选择和发展 REITs,具有拓宽居民投资渠道、活跃房地产市场、培育和健全资本证券市场、促进经济发展等多方面意义。②

(四) 应收账款质押

应收账款是一个会计学上的概念,指权利人因提供一定的货物、服务或设施而获得的要求义务人付款的权利,包括现有的和未来的金钱债权及其产生的收益,但通常不包括因票据或其他有价证券而产生的付款请求权。③ 我国《物权法》第 223 条规定了应收账款可以质押。笔者认为,我国《物权法》规定应收账款质押对于证券市场金融产品的创新将产生重大影响。例如,银行可以通过将大量应收账款设立质押而进行融资,在条件成熟的情况下,银行可以将抵押权和债权一起打包进行证券化。这些金融产品进入市场,将极大地丰富资本市场的金融品种,开拓投资渠道。再如,在条件成熟的情况下,收费权人将其权利证券化,并在证券市场发售。中国人民银行已经颁布了《应收账款质押登记办法》,这就为应收账款的质押登记提供了操作程序。从各国立法发展的趋势来看,允许应收账款质押符合担保物权制度发展的总体趋势④,也是我国未来证券市场发展的重要法律形式。

需要指出的是,《物权法》在起草过程中曾经就是否规定让与担保问题发生过激烈的争议。让与担保有广义、狭义之分。广义上的让与担保,包括买卖式担保与让与式担保。买卖式担保,是指以买卖形式进行信用的授予,给予信用者即债权人并无请求返还价金的权利,但接受信用者即债务人却享有通过支付价金而请求返还自己让与债权人的标的物的权利的一种担保形式。⑤ 这种担保形式在日本民法上称为卖渡担保。让与式担保,是指债务人或第三人为担保债务人的债务,将担保标的物的权利事先移转给担保权人,在债务清偿后,标的物的权利应返还给债务人或第三

---

① 参见王仁涛:《我国发展房地产投资信托基金的法制环境研究》,载《经济问题探索》2005 年第 9 期。
② 参见姚琦、刘洪蛟:《我国发展房地产投资信托基金的法律思考》,载《华中农业大学学报(社会科学版)》2006 年第 2 期。
③ 参见中国人民银行 2007 年《应收账款质押登记办法》第 4 条。
④ 参见梅夏英、高圣平:《物权法教程》,中国人民大学出版社 2007 年版,第 495 页。
⑤ 参见史尚宽:《物权法论》,中国政法大学出版社 2000 年版,第 423 页。

人,当债务人不履行债务时,担保权人可以就该标的物受偿的一种担保形式。狭义上的让与担保仅指第二种情况。[1] 考虑到让与担保缺乏相应的公示方法,且其设立的合理性仍有争议,《物权法》中没有对其作出规定。一些学者认为,《物权法》没有规定此项制度将可能影响证券市场的融资问题。在实践中,融资融券交易就是以让与担保为核心构建的交易,不过,虽然《物权法》未规定让与担保制度,但是,目前已经开展的融资融券业务并不会受到影响。这是因为即使《物权法》没有规定让与担保,当事人可以依据《信托法》确立法律关系。《证券公司融资融券业务试点管理办法》第31条规定:"证券登记结算机构依据证券公司客户信用交易担保证券账户内的记录,确认证券公司受托持有证券的事实,并以证券公司为名义持有人,登记于证券持有人名册。"据此,有学者认为,作为担保物的证券,属于信托财产,证券公司是该证券的名义持有人。[2] 证券公司融资融券实际上仍是一种信托关系。但在条件成熟的时候,也可以制定特别法来确立让与担保制度。

---

[1] 参见刘得宽:《民法诸问题与新展望》,中国政法大学出版社2002年版,第452页。
[2] 参见台冰:《融资融券业务中的法律风险问题》,载《深交所》2007年第5期。

论民法典物权编中预告登记的法律效力[*]

引 言

预告登记(die Vormerkung)也称为暂先登记、预登记、预先登记等,它是与本登记相对应的概念,日本民法称为假登记。① 预告登记,是指为确保一项旨在发生未来的物权变动(die Dingliche Rechtsänderung)的债权请求权之实现,而向登记机构申请办理的预先登记。② 由于此种债权请求权的实现能够引起物权变动法律效果的发生,所以也有学者将其称为以将来发生不动产物权变动为目的的请求权的登记。③ 通过预告登记,债权人以实现不动产物权变动为内容的请求权的效力被增强了。④ 预告登记是德国中世纪民法创立的制度⑤,发端于早期普鲁士法上的"异议登记"(der Widerspruch),后为奥地利、瑞士民法所采纳,并为日本法所继受。⑥ 我国《物权法》第 20 条规定:"当事人签订买卖房屋或者其他不动产物权的协议,为保障将来实现物权,按照约定可以向登记机构申请预告登记。预告登记后,未经预告登记的权利人同意,处分该不动产的,不发生物权效力。"这是我国法律首次确认预告登记的概念。

预告登记在实践中的运用较为广泛,由此引起的各种纠纷的数量也不少。在中国裁判文书网中以"《物权法》第二十条"为关键词进行检索,可以搜索到有关预告登记纠纷的案件共 12 314 件。然而,关于预告登记的法律效力,自《物权法》颁布以来,一直存在很大争议。学理上一般认

---

* 原载《清华法学》2019 年第 3 期。
① 参见孙宪忠:《争议与思考——物权立法笔记》,中国人民大学出版社 2006 年版,第 115 页。
② Jauernig/Berger, § 883, Rn. 2; MünchKomm/Kohler, 5. Aufl., 2009, § 883, Rn. 2.
③ MünchKomm/Kohler, § 883, Rn. 2.
④ 参见程啸:《论抵押权的预告登记》,载《中外法学》2017 年第 2 期。
⑤ Biermann, Widerspruch und Vormerkung, 1901, S. 1 ff.
⑥ 参见张双根:《商品房预售中预告登记制度之质疑》,载《清华法学》2014 年第 2 期。

为,预告登记具有权利保全、顺位保证、破产保护等效力。① 但是,我国《物权法》第20条并未就预告登记的法律效力作出明确规定。因此,在我国法上,预告登记究竟能够产生何种效力,理论界与实务界众说纷纭,莫衷一是。

应当看到,预告登记本身并不是直接表彰物权变动结果的公示方法,而仅仅是在物权变动过程中为保障权利人取得物权的一种公示方式。② 按照德国学者鲍尔等人的观点,预告登记本身所担保的是以物权变动为内容的债权请求权,但因其涉及物权变动,所以也可以纳入物权的范畴。③ 王泽鉴教授认为,预告登记系介于债权与物权之间,兼具二者的性质,可认为系于土地登记簿上公示,以保全对不动产物权之请求权为目的,具有若干物权效力的制度。④ 正因如此,预告登记的效力问题较为复杂,属于物权法和债法交叉领域的问题。科学合理地确定预告登记的法律效力,对于维护不动产交易安全、稳定交易秩序具有重要作用,也有助于司法实践中裁判规则的统一,提高法律适用的统一。尤其应当看到,我国当前正在编纂民法典,民法典物权编如何规定预告登记的法律效力,成为物权编制定中的一大难题,鉴于预告登记在整个物权法中具有基础性的意义,因此,民法典物权编不应回避这一问题,而应当对预告登记的法律效力作出明确规定。有鉴于此,笔者拟对民法典物权编中的预告登记效力问题作出初步探讨。

一、保障债权实现的效力

保障债权实现的效力,也称为担保效力、保全效力。德国学者认为:"预告登记之制度目的,在于保护以物权变动为内容之债权请求权,以免受债务人处分行为之妨害。"⑤所谓保障债权的实现,就是指保障预告登记的债权能够在未来顺利转化为物权,并使得未来的物权变动顺利、有序进行。严格地说,在预告登记的权利人办理预告登记时,其尚未实际取得物权,而只是享有以物权实现为内容的债权请求权。预告登记的目的就

---

① 参见孙宪忠:《中国物权法总论》(第三版),法律出版社2014年版,第384页。
② MünchKomm/Kohler,§883,Rn. 2.
③ 参见[德]鲍尔、施蒂尔纳:《德国物权法》(上册),张双根译,法律出版社2004年版,第419页。
④ 参见王泽鉴:《民法物权》(第一册),中国政法大学出版社2001年版,第128页。
⑤ [德]鲍尔、施蒂尔纳:《德国物权法》(上册),张双根译,法律出版社2004年版,第418页。

在于确保这种债权请求权能够实现,并最终完成不动产物权的顺利变动。① 在这一点上,预告登记与本登记是不同的。所谓本登记,即对于已实际发生的物权变动所进行的登记。换言之,本登记是对不动产物权的产生、转移、变更、消灭而进行的公示。在基于法律行为发生的不动产物权变动的情形下,本登记一旦完成,物权变动的法律效果就实际发生。然而,预告登记的完成并不意味着不动产物权变动的法律效果的发生,并没有使债权转化为物权,也没有使预告登记的权利人享有对物的支配权。② 预告登记只是为了确保登记权利人在将来能够顺利实现不动产物权的变动。因为债权人所期待的未来发生的物权变动对自己具有重要意义,因而需要通过办理预告登记,以保障自己将来取得物权。由此可见,在预告登记的情形下,买受人的权利可以分为两个阶段:第一个阶段,在预告登记之前,买受人仅能基于买卖合同享有单纯的债权请求权;第二个阶段,即办理了预告登记之后,买受人债权请求权的效力得到增强,成为具有物权效力的债权,故此学理上也之称为准物权。尽管此种准物权不以有体物为支配对象,但经过登记后,可成为一种具有物权效力的权利。③

依据我国《物权法》第 20 条的规定,预告登记保障债权实现的效力,主要体现为保障将来取得物权的效力,即债权人将来能够取得物权或者发生物权变动。预告登记就是为了确保将来发生的物权变动,其之所以具有排他效力,也是为了确保将来债权能够转化为物权,取得权利人所期待的法律结果。④ 司法实践中,预告登记所具有的保障将来物权变动的效力,已经得到了普遍肯定。例如,有的法院明确表明,预告登记是以保障将来的不动产变动而进行的,经预告登记的债权具有类似于物权的优先和排他效力,获得法律的特殊保护。⑤ 即使不动产登记发生错误,第三人基于对登记状态的合理信赖而与登记的权利人进行交易并办理预告登记的,该预告登记也可以对抗不动产的真正权利人。⑥ 具体来说,预告登记的保障债权实现的效力主要体现在以下两个方面。

---

① MünchKomm/Kohler, § 883, Rn. 2.
② 参见常鹏翱:《物权法的展开与反思》(第二版),法律出版社 2017 年版,第 395 页。
③ 参见常鹏翱:《不动产登记法》,社会科学文献出版社 2011 年版,第 204 页。
④ 参见王轶:《物权变动论》,中国人民大学出版社 2001 年版,第 164 页。
⑤ 参见广西壮族自治区高级人民法院(2015)桂一终字第 44 号民事判决书。
⑥ 《不动产登记暂行条例实施细则》第 80 条规定:"不动产权利人或者利害关系人申请更正登记,不动产登记机构认为不动产登记簿记载确有错误的,应当予以更正;但在错误登记之后已经办理了涉及不动产权利处分的登记、预告登记和查封登记的除外。"

(一) 不动产一物数卖的情形

在没有预告登记的时候,一物数卖很可能导致在先买受人的权利落空。因为在所有权人再次转让其不动产并办理了相应的转移登记的情形下,在先的买受人只能向出卖人即不动产的所有人主张违约责任。在先买受人与出卖人之间的合同关系对第三人并不具有拘束力。但是,通过预告登记,就可以使该合同所产生的债权能够在一定范围对第三人发生效力。相较于违约损害赔偿责任,预告登记显然能够为买受人提供更充分的保障。申言之,"虽然受让人一经享有不动产所有权转让合意期待权,就获得了或多或少的保障,但是,在这之前出卖人还是可以阻却受让人取得所有权。预告登记制度正是为了预防这种危险"[1]。《物权法司法解释(一)》第 4 条明文规定:"未经预告登记的权利人同意,转移不动产所有权,或者设定建设用地使用权、地役权、抵押权等其他物权的,应当依照物权法第二十条第一款的规定,认定其不发生物权效力。"依据该条规定,预告登记具有防止出卖人再次处分不动产的作用,从而保障预告登记权利人未来物权的实现。如果出卖人已经为其他买受人办理了物权变动登记,则预告登记的权利人有权请求更正登记。以预售商品房预告登记为例,为了保障期房买卖债权的实现,买受人可以向登记机构申请办理商品房预售登记,这有利于保障其期房买卖债权的实现。否则,出卖人可能在办理所有权变更登记前再次转让房屋,受让人就有目的落空的现实风险,从这一意义上说,预告登记无疑是消弭该风险的一剂良方。[2]

(二) 不动产被抵押的情形

不动产被抵押又分为两种情况:一是在某不动产上先办理了预告登记,所有人又在该不动产之上设立了抵押权,此时如何保障预告登记权利人的权利?一般认为,即使不动产权利人之后以各种理由拒绝办理抵押权登记,债权人也可以因为办理了预告登记而获得较为充分的保障。[3] 依据《不动产登记暂行条例实施细则》第 85 条第 2 款的规定:"预告登记生效期间,未经预告登记的权利人书面同意,处分该不动产权利申请登记的,不动产登记机构应当不予办理。"也就是说,在已经办理不动产预告登

---

[1] 〔德〕曼弗雷德·沃尔夫:《物权法》,吴越、李大雪译,法律出版社 2002 年版,第 208 页。
[2] 参见常鹏翱:《预告登记制度的死亡与再生》,载《法学家》2016 年第 3 期。
[3] 参见刘国臻主编:《土地与房产法研究》,中国政法大学出版社 2013 年版,第 267 页。

记的情形下,不动产权利人再次处分该标的物时,登记机构应当不予办理相关的登记。① 即便因登记机构的原因而办理了相关的登记,如办理抵押登记,则办理抵押权预告登记的权利人的权利不得对抗房屋买受人的权利,因为在办理了房屋预告登记之后,抵押权预告登记权利人负有查询预告登记是否存在的义务,在其没有查询时,当然应当由其承担相应风险。二是在某一不动产之上设立抵押权预告登记(学理上也称为"预抵押"),而没有办理抵押权本登记,不动产权利人能否继续在该不动产上设立其他抵押权? 应当看到,抵押权与所有权不同,一物之上可以存在多个抵押权,成立在后的抵押权的受偿顺序靠后,但应当不影响其成立。由于我国《物权法》承认多重抵押,即在同一财产上可以设定多个抵押权,因此,在存在抵押权预告登记的情形下,不动产权利人应当可以再次设定抵押权。由于预告登记本身并不具有设定抵押权的效力,所以,即使办理了预告登记,权利人也无权主张优先受偿,但是,从保护抵押权预告登记权利人的角度出发,在抵押权预告登记权利人办理了抵押权登记后,则应当优先受偿。在时间的顺位上,即便办理抵押权预告登记的权利人办理抵押登记时间在后,也可以溯及至预告登记时,从而获得优先受偿。② 如此,就可以使得经过预告登记的债权人(即未来的抵押权人)的权益得到充分保障。

从上述两种情形可见,预告登记对保障债权请求权的实现至关重要,而其保障债权实现的主要途径就是,限制预告登记义务人(即不动产权利人)在预告登记后针对不动产实施处分行为。从比较法上来看,此种限制主要有两种模式:一是限制处分模式,即在办理预告登记后,未经预告登记的权利人同意,义务人不得处分该不动产,其效力主要体现在如下两个方面:第一,义务人的处分行为是无效的;第二,登记程序上的限制,即义务人的处分不得在登记机构办理登记。目前,我国《物权法》和《不动产登记暂行条例》《不动产登记暂行条例实施细则》采取的是该模式。二是相对无效模式,《德国民法典》第 883 条第 2 款采取了这种模式,按照这种模式,预告登记并不构成对登记权利人处分权的限制,义务人在办理预告登记后仍然可以处分不动产,只要不损害预告登记权利人的利益,则该处

---

① 《物权法司法解释(一)》第 4 条规定:"未经预告登记的权利人同意,转移不动产所有权,或者设定建设用地使用权、地役权、抵押权等其他物权的,应当依照物权法第二十条第一款的规定,认定其不发生物权效力。"依据该条规定,未经预告登记的权利人同意,即便办理了抵押权登记,也应当认定其不发生物权效力。

② 参见常鹏翱:《物权法的展开与反思》(第二版),法律出版社 2017 年版,第 407 页。

分就是有效的；当然，如果损害了预告登记权利人的利益，则该处分对于权利人而言是无效的。① 不少学者认为，我国立法应借鉴德国法经验，采取相对无效模式。②

笔者认为，我国立法采取的限制处分模式是合理的。一方面，德国法上相对无效模式主要是依靠权利顺位的方法确定预告登记的效力，这可能使得各项权利之间的关系过于复杂，当事人之间的法律关系不如采取限制处分模式那样清晰明确。另一方面，按照德国法的模式，只有在所有权人之后的处分可能会妨害预告登记权利人权利实现时，预告登记的权利人才可以请求确认后来的处分行为无效，这必然要求在具体案件中由法官来判断义务人的处分行为是否构成对权利人的妨害，如此不仅增加了当事人的纠纷解决成本，也会增加权利救济的不确定性。③ 而按照限制处分模式，在办理预告登记之后，不仅不动产权利人无权再次处分标的物，否则不产生物权变动的效力，而且在登记程序中也对不动产权利进行限制，这显然更有利于对预告登记权利人的保护。尤其要看到，我国现行民事立法和民法理论并未承认相对无效制度，如果采取相对无效模式，认为预告登记的义务人擅自处分标的物的行为相对无效，显然与现行立法和理论上的无效制度不符，也可能引发司法实践中很大的混乱。

需要注意的是，预告登记还具有预警的效力。预告登记的预警效力与其保全权利的效力及保全顺位的效力是一脉相承的，也就是说，正是因为预告登记具有权利保全和顺位保全的效力，因此，第三人在同预告登记的义务人进行交易时，通过预告登记可以判断相关的交易风险，其应通过预告登记认识到预告登记权利人日后为本登记的可能性。如果第三人无视预告登记的存在而仍然与预告登记的义务人进行交易，则不能以不知预告登记为由而主张善意之抗辩。日本学者将预告登记的此项效力称为"警告的效力"④。

二、对抗第三人的效力

所谓预告登记对抗第三人的效力，是指经过预告登记的权利可以对

---

① 参见程啸：《不动产登记法研究》（第二版），法律出版社2018年版，第815页。
② 参见杨涛：《预告登记效力探讨》，载周林彬主编：《物权变动与商事自治规范之法律问题研究》，中国政法大学出版社2015年版，第121—122页。
③ 参见常鹏翱：《物权法的展开与反思》（第二版），法律出版社2017年版，第400页。
④ 孙鹏：《不动产预告登记》，载《法治论丛》2003年第5期。

抗第三人,阻止其取得与预告登记的权利相冲突的物权。这就意味着,预告登记能够使普通债权产生一种对抗第三人的效力。例如,在办理商品房预售登记之前,在当事人之间仅仅产生合同关系,而未发生物权的变动。但是,在办理预告登记后,合同债权产生了一定的物权效力,如果将该办理了预告登记的财产再次出售,预告登记权利人就具有了对抗后手受让人的效力。例如,就期房买卖而言,在办理预告登记后,如果建设单位将该房屋另行出售,预告登记的债权请求权就能对其后的受让人产生对抗的效力。[1] 如前所述,预告登记可以产生债权物权化的效果。"物权化"的体现就是,预告登记权利人的权利具有了对抗第三人的效力。当然,这一对抗是因为对预告登记财产进行处分而产生的,在财产没有被处分时,因为无新的受让人,因而没有第三人出现,自然就无对抗可言。因为出现了处分行为,基于预告登记,能够使经过预告登记的债权产生一种对抗第三人的效力。从比较法上来看,采纳预告登记制度的立法都普遍承认预告登记具有对抗第三人的效力。例如,按照《德国民法典》第883条第2款第1句,在预告登记后,就不动产或权利所为的处分,妨碍预告登记所保全的请求权实现或妨害该请求权的,不生效力。对此,德国学界通说认为,经预告登记的债权请求权具有了一定的物权效力,也就是对抗第三人的效力。[2] 从这一意义上说,预告登记的债权与所有权保留中买受人对取得所有权的期待权(das Anwartschaftsrecht)并不完全相同。[3] 因为预告登记并非仅仅使债权请求权转化为对物权的期待,还可能使得该债权具有一定的对抗第三人的效力。[4] 不过,债权请求权并不因预告登记自动地变成完全的物权。这就是说,预告登记只是使得债权具有了某些物权的效力,但并非使债权转变为物权,或者具有完整的物权效力。例如,在"中国东方资产管理股份有限公司广东省分公司诉陈长江等确认合同无效纠纷案"中,广州市中级人民法院认为,预告登记只是为了登记主体将来实现物权的中间状态登记,其并非物权本身的登记。因而,预告登记无法产生物权设立的效果,在未获得物权登记的情形下,抵押权的预告登记并不能使预告登记的权利人获得优先受偿的效力。[5]

---

[1] 参见胡康生主编:《中华人民共和国物权法释义》,法律出版社2007年版,第61页。
[2] MüKoBGB/Kohler, 7. Aufl., 2017, BGB §883, Rn. 49.
[3] Vieweg/Werner, Sachenrecht, 7. Aufl., 2015, §14, Rn. 17.
[4] MüKoBGB/Kohler, 7. Aufl., 2017, BGB §883, Rn. 49.
[5] 参见广东省广州市中级人民法院(2017)粤01民终19334号民事判决书。

具体来说,关于预告登记对抗第三人的效力,主要涉及以下三个问题。

(一) 预告登记能否对抗强制执行

在我国现行法中,无论是《物权法》还是《民事诉讼法》,都没有对预告登记能否对抗强制执行作出规定,在司法实践中对该问题的争议也很大。应当说,在预告登记义务人的不动产遭受强制执行时,法律对于如何保护预告登记权利人的权利没有规定,从而构成了法律漏洞。这就需要根据预告登记的目的填补该法律漏洞,以妥当地平衡执行债权人与预告登记权利人之间的关系。具体而言,可以从以下两方面加以分析:

1. 预告登记能否对抗法院就预告登记的不动产采取的拍卖、变卖等处分性的执行措施

《物权法》第20条第1款第2句规定:"预告登记后,未经预告登记的权利人同意,处分该不动产的,不发生物权效力。"据此,有观点认为,为使预告登记制度良性运作,《物权法》该条中的"处分"一词,就包括作为民事执行措施的拍卖、变卖等处分措施,因此预告登记可以排除强制处分。[①] 笔者认为,这一解释显然过于简单。因为基于文义解释和体系解释,《物权法》中的"处分"一词通常仅指当事人基于法律行为对不动产物权所进行的处分,而不包括人民法院通过强制执行程序对被执行标的进行的处分。

但是,从现实需要来看,有必要承认预告登记具有对抗人民法院强制执行程序中对标的物进行处分的效力。我国相关司法解释也采取了此种立场。最高人民法院《关于人民法院办理执行异议和复议案件若干问题的规定》第30条规定:"金钱债权执行中,对被查封的办理了受让物权预告登记的不动产,受让人提出停止处分异议的,人民法院应予支持;符合物权登记条件,受让人提出排除执行异议的,应予支持。"依据这一规定,不动产预告登记的权利人可以要求法院停止拍卖、变卖等处分措施。由此可见,我国司法实践认可预告登记具有对抗强制执行的法律效力。[②] 有一种观点认为,若执行法院启动强制拍卖的变价性执行措施,对预告登记的权利人而言,预告登记义务人因不动产所有权丧失而陷入履行不能的境地,但是预告登记不应随不动产拍卖而消灭。[③] 笔者认为,这一观点值得商榷,因为这种做法只会使得法律关系更加复杂,也无法保障法院的强

---

① 参见章晓英:《论房屋所有权转让预告登记在金钱债权执行中的法律地位》,载《政治与法律》2016年第11期。
② 参见程啸:《不动产登记法研究》(第二版),法律出版社2018年版,第829页。
③ 参见庄加园:《预告登记在强制执行程序中的效力》,载《当代法学》2016年第4期。

制执行程序的进行。承认预告登记具有对抗强制执行的效力,意味着当预告登记转为本登记的条件满足时,拍卖中的买受人所取得的不动产会被预告登记权利人取得,这将直接影响不动产的拍卖,可能导致流拍,不利于执行程序的顺利进行。这种做法不如直接承认预告登记可以对抗拍卖、变卖等强制执行措施更为简便。因而,上述司法解释对预告登记在执行程序中的效力的规定是合理的。

2. 预告登记后,人民法院能否对不动产采取查封、扣押等保全性执行措施

依据最高人民法院《关于人民法院办理执行异议和复议案件若干问题的规定》第 30 条的规定,即便是办理了预告登记,法院虽然不能采取强制拍卖或者变卖等处分性执行措施,但可以采取查封等保全性的措施。这是因为,预告登记并未完成本登记,预告登记的权利人尚未取得不动产所有权。① 在执行中判断被执行的不动产是否属于被执行人的财产时,主要应当依据不动产物权的归属来判断,而依据我国《物权法》的规定,基于法律行为的不动产物权变动原则上采取的是登记生效要件主义。因此,主要应当依据本登记来判断不动产物权的归属。既然预告登记并非本登记,那么预告登记权利人就不是不动产的物权人,不具有提出执行异议从而排除查封等执行措施的权利。况且,即便采取了查封等保全性的执行措施,也不会损害预告登记权利人的利益,不影响预告登记转为本登记。② 只有当预告登记权利人证明其按照约定已经符合取得预告登记物权的条件,可以确定地取得不动产物权时,法院才应解除查封③,目前我国司法实践也普遍采取了这一观点。

(二) 预告登记是否具有破产保护效力

所谓预告登记的破产保护效力,是指预告登记之后,预告登记的不动产究竟是作为破产财产,由破产债权人依破产清算程序进行分配,还是不纳入破产财产,而归属于预告登记的权利人,即预告登记的权利人对该不动产是否享有取回权或者别除权。

应当看到,预告登记权利人不同于普通债权人,经过预告登记后,权利人已经取得了一定的物权的效力。因此,在破产程序中,应当将预告登记权

---

① 参见李锡鹤:《物权论稿》,中国政法大学出版社 2016 年版,第 514—515 页。
② 参见程啸:《不动产登记法研究》(第二版),法律出版社 2018 年版,第 828 页。
③ 参见司伟:《预告登记排除金钱债权执行中的几个问题——以房屋所有权预告登记为例》,载《法律适用》2017 年第 21 期。

利人与普通的破产债权人进行一定的区分,对前者的保护程度也应当强于后者。有观点认为,在办理本登记前,如果债务人破产,则预告登记权利人可以行使别除权而不能行使取回权。① 笔者认为,关于预告登记在破产程序中的法律效力,应当区分不同的情形分别讨论。具体而言,如果在预告登记的义务人被破产宣告前,预告登记转为本登记的条件已经满足,此时应当允许预告登记转为本登记,从而使得预告登记的权利人在实际取得不动产物权后,基于该不动产物权而享有取回权或者别除权。② 如果预告登记的义务人进入破产宣告后,预告登记转为本登记的条件尚不满足,此时预告登记的权利人不享有取回权或者别除权。因为在预告登记还不具备转为本登记的条件时,就让预告登记权利人处于如同已经完成本登记的物权人所处的位置,则对于其他破产债权人而言是不公平的。事实上,从前述关于预告登记在强制执行程序中的效力来看,司法解释也只是认可只有当预告登记在查封后可以转为本登记时,预告登记权利人才能排除相关的执行措施。破产程序和强制执行程序都是对债权人的清偿程序,而破产程序更强调的是对全体债权人的公平清偿。因此,在破产程序中更应当采取更为谨慎的态度来确定预告登记的效力。毕竟取回权和别除权只能由所有权人、担保物权人行使,预告登记的权利人并未取得标的物所有权,也没有取得担保物权,因而不能行使取回权和别除权。通过采取上述区分的处理方式,能够做到既不过分强化预告登记的法律效力,也使预告登记的债权有别于普通债权,预告登记的权利人旨在将来实现物权变动的债权在破产程序中也能得到实现,兼顾了各方的利益。③

(三) 抵押权的预告登记能否产生优先受偿效力

所谓抵押权的预告登记,是指抵押人与债权人签订了约定设定抵押权的合同,但是因为尚不具备办理抵押权登记的条件,故此双方约定办理抵押权的预告登记,从而保障债权人在将来条件具备时能够取得抵押权。从实践来看,抵押权预告登记以预购商品房抵押权预告登记为典型。这是因为,预购商品房尚未建造完成,没有办理所有权的首次登记,故此购房人只能与房地产开发企业办理预购商品房的预告登记,然后在此基础上以预购的商品房抵押给银行,银行办理的是预购商品房抵押权的预告登记。

---

① 参见李锡鹤:《物权论稿》,中国政法大学出版社2016年版,第513页。
② 参见陈耀东主编:《房地产法》,复旦大学出版社2006年版,第129页。
③ 参见庄加园:《预告登记的破产保护效力》,载《南京大学学报(哲学·人文科学·社会科学)》2014年第6期。

就抵押权预告登记而言,在债务人不履行债务时,债权人能否如同享有抵押权的债权人那样享有针对不动产的优先受偿权,在司法实践中存在较大的争议。一种观点认为,预告登记权利人尚未取得抵押权,故此不能享有优先受偿权。例如,在"中国光大银行股份有限公司上海青浦支行诉上海东鹤房地产有限公司、陈思绮保证合同纠纷案"中,二审法院认为,"在未办理房屋抵押权设立登记之前,其享有的是当抵押登记条件成就或约定期限届满对系争房屋办理抵押权登记的请求权,并可排他性地对抗他人针对系争房屋的处分,但并非对系争房屋享有现实抵押权"[1]。另一种观点认为,抵押权的预告登记尤其是预购商品房抵押权的预告登记非常特殊,为了保障权利人的利益,应当特别承认权利人的优先受偿权。例如,在"中国建设银行股份有限公司福州城北支行与周文娟、高源等金融借款合同纠纷案"中,法院认为,"商品房已办理抵押权预告登记,且已具备物权登记条件,人民法院应责令购房人限期协助办理抵押登记手续。购房人拒不办理而导致抵押登记无法完成的情况下,可依据物权法第二十条规定判决债权人对抵押房产的处置价款行使优先受偿权"[2]。笔者赞同前一种观点,理由主要在于:一方面,不动产物权变动的方式具有法定性,不动产抵押权的成立以办理抵押权登记为要件,而抵押权预告登记并不是抵押权成立的法定公示方法,不能产生成立抵押权的效力。另一方面,抵押权预告登记所保障的对象是一种合同债权,即以将来成立抵押权为内容的合同债权,债权原则上具有平等性,除法律另有规定外,某一债权并不具有优先于其他债权的效力。我国现行立法并没有承认办理抵押权预告登记的债权具有优先效力,因此,原则上其与其他债权在效力上应当是平等的。尤其应当看到,抵押权预告登记不同于抵押权的本登记。抵押权的预告登记只是使预告登记的权利人获得了在符合条件的情形下办理抵押权登记的请求权,而并没有使预告登记的权利人对物享有支配权,不能产生设定抵押权的效力。[3]

三、限制物权处分的效力

所谓限制物权处分的效力,是指预告登记之后,原物权人的处分行为

---

[1] 《最高人民法院公报》2014年第9期。
[2] 福州市中级人民法院(2015)榕民终字第5965号民事判决书。
[3] 参见常鹏翱:《物权法的展开与反思》(第二版),法律出版社2017年版,第395页。

受到法律限制。处分包括法律上的处分和事实上的处分。由于事实上的处分客观上难以受到限制,而且事实上的处分在性质上属于事实行为,不适用民法中意思表示的规定,其一旦完成,客观上也就产生相应的后果,不存在有效或者无效的问题。由此可见,事实上的处分不属于保全效力中的处分。① 例如,房屋所有权人(房屋转让预告登记义务人)将房屋拆除,这导致预告登记权利人不能达到取得房屋所有权的目的,义务人对此应当承担违约责任等法律后果。但是,该事实行为却无法被认定为无效。因此,此处所说的"限制物权处分"仅限于法律上的处分,其在实践中主要体现在一物数卖的情形。这就是说,如果所有权人将物转让给数人,在先买受人已经办理了预告登记,则后来的买受人无法办理所有权的移转登记,也无法取得所有权。在办理预告登记之后,由于第三人知道该标的物已经预售,可以对其起到警示作用,从而避免第三人因出卖人一物数卖而遭受损失。

预告登记后,未经预告登记权利人同意,预告登记义务人对不动产进行了处分,此时登记部门是否能够办理相应的处分登记? 对此,比较法上对此有不同的做法。在德国法上,关于预告登记后发生的处分行为的效力采取"相对无效说",即与预告登记相冲突的处分行为和担保行为相对不生效力(relativ unwirksam)。② 据此,预告登记的债务人在预告登记设立后,又就预告登记所涉权利实施处分行为的,债务人的处分并非无权处分。③ 当然,依据《德国民法典》第 883 条第 2 款的规定,如果该处分行为一旦有效,无疑会妨害预告登记所保全的请求权④,即债务人的处分行为会妨碍预告登记权利人取得权利,该处分行为相对于预告登记权利人相对不生效力。⑤ 因此,预告登记后债务人仍然可以对办理预告登记的财产进行处分,处分行为也不会妨害预告登记。尽管第三人基于预告登记义务人的处分行为,并通过登记取得了物权,但该行为对预告登记权利人不

---

① 参见常鹏翱:《比较法视野中的预告登记》,载《金陵法律评论》2005 年第 1 期。
② Wilhelm, Sachenrecht, 6. Aufl., 2019, Rn. 2286;MüKoBGB/Kohler, 7. Aufl., 2017, BGB §883, Rn. 50.
③ Vieweg/Werner, Sachenrecht, 7. Aufl., 2015, §14, Rn. 21.
④ 《德国民法典》第 883 条第 2 款第 1 句规定:"预告登记后对土地或土地上的权利所进行的处分,如有损害或妨害请求权行使之虞者,则无效。"又见 Wilhelm, Sachenrecht, 6. Aufl., 2019, Rn. 2286。
⑤ Vieweg/Werner, Sachenrecht, 7. Aufl., 2015, §14, Rn. 17.

生效,权利人仍有权请求义务人履行义务。① 然而,我国法上对于预告登记权利人的保护采取了更为严格的登记程序保护性规定。例如,《不动产登记暂行条例实施细则》第 85 条第 2 款更是明确规定:"预告登记生效期间,未经预告登记的权利人书面同意,处分该不动产权利申请登记的,不动产登记机构应当不予办理。"这就是说,依据我国现行不动产登记法的规定,未经预告登记权利人同意,对于之后的处分,登记部门不得办理相应的处分登记。这意味着,预告登记具有了限制处分的效力。

应当说,我国现行立法对于未经登记权利人同意的行为不予办理登记,此种做法有利于保障预告登记权利人的权利。因为如果按照德国的做法,预告登记并不包含事先限制处分的效力,即使未经预告登记权利人同意,登记部门仍可以对之后处分行为办理处分登记,那么,一方面这会导致预告登记的限制作用被大大削弱,另一方面也使得办理预告登记后物上的各种权利叠床架屋,以致出现各种纠纷。故此,我国法律不简单套用德国的经验是正确的。

根据我国《物权法》第 20 条第 1 款的规定,"预告登记后,未经预告登记的权利人同意,处分该不动产的,不发生物权效力",如何理解此处规定的"不发生物权效力"?笔者认为,依据《物权法》第 15 条的规定,所谓不发生物权效力,一方面,是指预告登记权利人在完成预告登记后,原物权人将预告登记财产处分给他人,后手受让人因不能完成登记,所以无法获得物权变动的效果。另一方面,是指虽然不能发生物权变动的效果,但是这并不影响合同的效力。因此,在出卖人未经预告登记权利人同意而处分该不动产时,处分该不动产的合同应当是有效的。也就是说,除非法律有特别规定或者合同另有约定,合同一经成立,只要不违反法律、行政法规关于合同效力的规定,就应当认定其合法有效。即使在出卖人一房数卖的情况下,出卖人在房屋建成以后,将房屋转让给预告登记权利人以外的人,并为其办理了现房登记,该现房登记应当被更正,但这并不影响该房屋买卖合同的效力,只不过因为履行不能,将使出卖人承担违约责任。我国司法实践也采取了此种立场。例如,在"赵某某与天津市新厦房地产开发经营公司破产清算组等纠纷案"中,法院认为:鉴于讼争房屋已经办理房产过户手续,刘某某取得了讼争房屋的产权证,应认定该房屋已经发生了物权变动的法律后果。赵某某在与天津新厦房地产开发经营公司签

---

① 参见常鹏翱:《物权法的展开与反思》(第二版),法律出版社 2017 年版,第 400 页。

订《商品房买卖合同》后,未办理房产过户手续。一审法院认为赵某某只对天津市新厦房地产开发经营公司享有债权请求权,其不能对抗刘某某依法取得物权的效力,依据充分。因此,转让合同是否生效,应当根据《合同法》的原则来判断,而不能以不动产是否已经办理物权登记来判断。①

此外,需要注意的是,预告登记并不会产生优先购买的效力。因为法律上的优先购买权,是指买受人在同等条件下可以优先购买的权利。在不存在同等条件时,就没有优先购买权的适用。在办理预告登记的场合,无论后买受人是否提供了更高的条件,都不能取得物权。所以,在预告登记中,登记权利人并未取得优先购买权,但可以阻止后买受人取得物权。

四、确定权利顺位的效力

预告登记具有确定权利顺位的效力,它是指预告登记在确定权利实现顺序方面的效力。学者也往往使用"顺位保留"来表述预告登记的顺位效力。如前所述,预告登记具有保障债权实现的作用,这种作用主要通过预告登记确定权利的顺位,换言之,经过预告登记的权利可以优先于其他权利而实现。② 在物权法上,通常实行"时间在先,权利在先"的规则,因此,物权的成立时间对于物权的顺位具有重要意义。

问题在于,在预告登记的情形下,经预告登记的债权是否具有相应的顺位效力,一直存在争议。如前述,关于预告登记的效力,德国法采取的是"相对无效说"。因为在预告登记后,即便预告登记义务人再行处分,由于预告登记权利人的权利实现顺位能够得到保障,因此,预告登记义务人再次处分标的物并不当然损害预告登记权利人的利益。③ 即使第三人完成了相关不动产登记,预告登记权利人可以依据《德国民法典》第888条第1款的规定享有请求权,从而请求已完成登记的第三人同意变更不动产登记。④ 通过预告登记的方法,可以将各项权利按照时间的先后顺序预先予以排列,并依此顺序确定物权实现的顺序。⑤ 正因如此,在德国法所采取的相对无效模式下,需要通过确定预告登记的顺位效力,以解决权利

---

① 参见最高人民法院民事审判第一庭编:《民事审判指导与参考》(2009年第2辑),法律出版社2009年版,第241—245页。
② 参见王轶:《物权变动论》,中国人民大学出版社2001年版,第169页。
③ MüKoBGB/Kohler, 7. Aufl., 2017, BGB §883, Rn. 50.
④ Vieweg/Werner, Sachenrecht, 7. Aufl., 2015, §14, Rn. 18.
⑤ MünchKomm/Kohler, §883, Rn. 3.

的冲突问题。由于在德国模式下,预告登记既不能妨碍其后权利的登记,更不具有事先限制处分的效力,这就会在同一不动产上形成多种权利,从而会产生权利冲突,有必要确定各项权利的顺位关系。尤其是在抵押权的预告登记中,抵押权的顺位按照登记先后予以确定,但为了体现预告登记的保全作用,抵押权的顺位就应当以预告登记的时间为准而予以确定。然而,在我国,依据《不动产登记暂行条例实施细则》的规定,未经预告登记权利人的同意,登记机构不得为预告登记义务人办理嗣后的处分登记。因此,在我国,预告登记将构成后续处分登记的障碍,也就是说,只要某一不动产上办理了预告登记,这就形成了对此后不动产登记的障碍。未经预告登记权利人的同意,义务人就无法再行办理处分登记①,因而我国法上预告登记的顺位效力规则的适用范围比德国法要小。

然而,不能据此否认我国法上预告登记的顺位效力。有学者认为,《物权法》第 20 条仅规定了预告登记的担保效力,而没有承认其顺位效力②,甚至有学者否认预告登记顺位效力的意义。笔者认为,即便在采取限制处分的立法模式下,预告登记的顺位效力也是有一定意义的。尤其是借助不动产登记系统,第三人在参与不动产交易时能预先了解标的物上的权利负担状况,并能有效预测自己介入交易后的权利义务关系,这就可以为第三人决定是否参与交易以及以何种条件进行交易提供判断标准。③ 这就是说,为了防止未来可能发生的因同一客体上存在多个物权的矛盾,通过预告登记的方法,将各项权利按照时间的先后顺序预先予以排列,并按照该顺序为每一个物权确定一个实现的顺序。从实践来看,承认预告登记的顺位效力对于定分止争也具有重要的意义:一方面,在大量的抵押权预告登记的情形,由于还可能在该物之上设立多重抵押,此时,确定各项权利的优先顺位就具有十分重要的意义。最高人民法院《物权法司法解释(一)》第 4 条将预告登记后不得处分的含义理解为既包括转让不动产,也包括对该不动产再次进行抵押。笔者认为,司法解释之所以作出此种规定,根本原因在于,我国现行法没有明确规定预告登记的顺位效力。如果明确了预告登记的顺位效力,那么在承认办理抵押权预告登记的抵押权具有第一顺位的效力之后,即便预告登记的义务人再次设定抵

---

① 参见程啸:《不动产登记法研究》(第二版),法律出版社 2018 年版,第 817 页。
② 参见席志国:《中国物权法论》,中国政法大学出版社 2016 年版,第 144 页。
③ 参见常鹏翱:《预购商品房抵押预告登记的法律效力》,载《法律科学(西北政法大学学报)》2016 年第 6 期。

押权,该抵押权也是第二顺位,对于预告登记的抵押权人的利益不产生影响,这就足以保障抵押权预告登记权利人的利益。另一方面,在预告登记后,虽然法律禁止义务人再次办理处分登记,但是如果出现登记机构错误登记,此时,虽然可以通过更正登记程序解决,但未必是最好的方法,而赋予预告登记权利人的顺位优先权利的效力,也可以为该问题的解决提供另一种思路。

从实践来看,关于抵押权预告登记的顺位效力,经常发生争议的主要有如下两种情形:

第一,仅办理抵押权预告登记的顺位效力。也就是说,在不动产之上仅办理了抵押权预告登记,而没有办理抵押权本登记时,其是否具有优先受偿的效力?因为这涉及经预告登记的债权是否优先于其他债权的问题,因此,其也应当属于抵押权预告登记的顺位问题。在我国司法实践中,有的法院为了强化对银行等仅办理了预告登记的债权人的保护,认为即便没有办理抵押权本登记,债权人也可以享有抵押权。此种做法与我国现行法没有明确承认预告登记的顺位效力有关。笔者认为,应当区分抵押权的预告登记与本登记,不动产抵押权的成立应当以办理抵押权本登记为条件,仅办理抵押权预告登记,无法成立抵押权。[①] 但是,办理抵押权的预告登记也具有顺位保全的效力,在预告登记转为本登记之后,抵押权优先顺位的判断时点应溯及至预告登记之时。当然,在仅办理抵押权预告登记的情形下,预告登记的权利人可以请求义务人及时办理抵押权本登记,从而使其具有优先受偿的效力。

第二,办理了抵押权预告登记后,义务人再次办理其他抵押登记(本登记)时的顺位效力。从实践来看,我国《不动产登记暂行条例实施细则》规定,在办理抵押权预告登记后,不得再对抵押物进行处分并办理登记。这主要是因为,我国采取限制处分的立法模式,而没有采纳德国法的相对无效模式。但是,如果因登记错误等原因导致出现多重抵押登记的情形,也需要通过预告登记的顺位效力解决当事人之间的纠纷。因为在抵押权预告登记后,如果当事人事后办理了抵押权本登记,则该不动产之上将存在两个抵押权,这就需要确认二者的优先顺位。如果办理抵押权预告登记后,该抵押权的本登记时间在其他抵押权之前,则在实现顺序上,其应当优先于抵押登记在后的抵押权。但如果办理抵押权预告登记

[①] 参见杜豫苏主编:《物权纠纷裁判依据新释新解》,人民法院出版社2014年版,第64页。

的抵押权,其本登记时间在其他抵押权之后,则应当如何确定两个抵押权的优先顺位？笔者认为,在此情形下,办理抵押权预告登记的抵押权的实现顺序应当在前,主要理由在于：依据《物权法》的规定,应当以成立时间的先后确立不动产抵押权优先顺位,法律作出此种规定的原因在于,登记在先、成立在先的抵押权,因已经办理登记而进行了物权公示,故此承认其具有优先效力并不会损害成立时间在后的抵押权人的信赖利益。而在抵押权预告登记的情形下,虽然该抵押权的本登记时间在后,但由于其预告登记时间在前,通过预告登记已经对其进行了有效的权利公示,赋予其优先顺位的效力,不会损害在后权利人的信赖利益,且是公平合理的。例如,在设定在建工程抵押预告登记之后,如果工程建成后抵押人又对其设定了多重抵押,则在建工程抵押权应当优先于其后的抵押权。再如,买受人在房屋尚未建成时,办理了期房登记,如果房屋建成后,建设单位又在房屋上设立抵押,此时应当优先保护买房人的利益。

结　语

预告登记虽然是介于物权法与债法领域的一项制度,同时又是一项重要的不动产登记类型。我国正在编纂的民法典物权编和不动产登记法都会对预告登记制度作出必要的规定。由于不动产登记法主要是程序法,其有必要规定预告登记的具体适用范围、登记的要件、登记的程序、登记证明的发放等具体的程序性内容,而预告登记的效力涉及物权的变动、物权效力以及各个物权之间的优先顺位问题,在物权法中具有基础性的意义,其本质上属于实体法规范,因此,应当由民法典物权编对预告登记的涵义、法律效力等作出规定。而民法典有关预告登记效力的规定也应当对不动产登记法规则的设计具有重要的指导意义,不动产登记法应当依据民法典关于预告登记的法律效力的规定,具体展开预告登记的程序的相关规定。

论特殊动产物权变动的公示方法*

公示原则是物权法确立的基本原则,它适用于各种类型的以法律行为方法发生的物权变动。基于该原则,动产物权变动以交付为公示方法,不动产物权变动以登记为公示方法,学理和实务对此均没有异议。针对船舶、航空器和机动车等特殊动产的物权变动,我国《物权法》第20条采登记对抗模式,与一般动产和不动产的物权变动模式都不相同。然而,由于登记对抗模式会内生地产生权利冲突,并引发特殊动产的一物数卖纠纷,所以确定特殊动产物权的归属就成为一个重要问题。最高人民法院《买卖合同司法解释》第10条试图为解决此类纠纷设定统一标准,但因为该规则与《物权法》的相关规定发生诸多矛盾,反而引发质疑和争议。为澄清该问题的理论意义和实务价值,笔者结合我国物权法规范、学理和实践,谈一点看法。

一、登记和交付均为特殊动产物权变动的公示方法

特殊动产是指船舶、航空器、机动车等既可移动但又具有特殊地位的动产。由于其均可移动,且移动不损害价值,因此船舶、航空器、机动车等属于动产的范畴。但因其作为交通工具使用,且价值较大,而且具有可识别的区别于他物的特征,因而作为区别于一般动产的特殊动产存在。虽然它们具有特殊性,但仍属于有体物,其物权变动理应采取相应的公示方法。在我国《物权法》有关物权变动的规范中,第二章第一节、第二节均调整依法律行为发生的物权变动,基于法律行为的特殊动产的物权变动规定在第二节之中。《物权法》第24条规定:"船舶、航空器和机动车等物权的设立、变更、转让和消灭,未经登记,不得对抗善意第三人。"尽管该条规定并未明文提及交付的作用,但因它位于第二节"动产交付"规定之中,所以交付无疑是特殊动产物权变动的公示方法。而该条又明文提及登记,

---

* 原载《法学研究》2013年第4期,原标题为《特殊动产物权变动的公示方法》。

因而登记当然也发挥着重要作用,不能因特殊动产采登记对抗主义就否定其属于动产物权变动的公示方法。

但是,关于特殊动产的物权变动应当采取何种公示方法,理论与实务上存在不同观点。

一是交付说。此种观点认为,特殊动产毕竟也是动产,其物权的变动应遵循《物权法》第23条关于动产物权的设立和转让以交付为原则的规则,在这一点上没有例外。《物权法》第24条关于特殊动产物权的规定,不是对该法第23条关于交付作为动产物权变动生效要件的否定,而是对效力强弱和范围的补充。① 如果将登记作为生效要件,则有可能将已经交付的船舶、航空器、机动车等物权关系当作尚未发生变动的物权关系,反而不利于物权关系的明晰。② 因此,在转让特殊动产时,如果没有实际交付,即使办理了登记,也不能取得物权。③《买卖合同司法解释》第10条规定:"出卖人就同一船舶、航空器、机动车等特殊动产订立多重买卖合同,在买卖合同均有效的情况下,买受人均要求实际履行合同的……(四)出卖人将标的物交付给买受人之一,又为其他买受人办理所有权转移登记,已受领交付的买受人请求将标的物所有权登记在自己名下的,人民法院应予支持。"该规定即采纳了交付说的观点。

二是登记说。此种观点认为,我国《物权法》第24条虽然只是规定未经登记不得对抗第三人,但就其立法目的而言,仍然是要求办理登记。尽管《物权法》规定船舶、机动车等特殊动产实行登记对抗,但是,在交付之后只是发生了物的占有移转而没有发生所有权的移转。当事人仍然可以通过登记而发生物权变动。④ 也有学者认为,特殊动产的物权变动自合同生效时发生效力,并不以登记或交付为要件,但是,当事人办理了登记,可以产生对抗第三人的效力。⑤

笔者认为,上述两种观点都认为特殊动产的物权变动只能采取一种公示方法,这些看法虽然不无道理,但也都值得商榷。特殊动产物权区别于一般动产物权的重要特点在于,它绝非采用一种公示方法,而是同时采

---

① 参见崔建远:《再论动产物权变动的生效要件》,载《法学家》2010年第5期。
② 参见最高人民法院民事审判第二庭编:《最高人民法院关于买卖合同司法解释理解与适用》,人民法院出版社2012年版,第177页。
③ 参见崔建远:《再论动产物权变动的生效要件》,载《法学家》2010年第5期。
④ 参见程啸:《论动产多重买卖中标的物所有权归属的确定标准——评最高法院买卖合同司法解释第9、10条》,载《清华法学》2012年第6期。
⑤ 参见李勇主编:《买卖合同纠纷》,法律出版社2011年版,第56页。

用了两种公示方法。也就是说,登记和交付都是特殊动产物权变动的公示方法。

(一) 特殊动产可以以登记作为其物权变动的公示方法

依据我国《物权法》第9条的规定,对于不动产的物权变动,未经登记不发生法律效力。这似乎给人一种印象,即只有不动产的物权变动才需要登记。其实,特殊动产物权也要采取登记的方法予以公示。《物权法》第24条明确采用了"登记"的表述,从文义解释的角度来看,其明确了特殊动产以登记为公示方法。然而,《买卖合同司法解释》第10条确立了在特殊动产买卖中交付可以对抗登记的效力规则。该规则的基本出发点是把交付作为特殊动产物权变动的唯一方法。

笔者认为,特殊动产也应同时以登记作为公示方法,主要理由在于:

第一,特殊动产的特殊性决定了其可以采用登记的方法。

特殊动产不同于一般的动产,可以采用登记的方法。主要原因在于:一是具有可识别的区别于他物的特征。批量生产的动产如电视机、冰箱等,往往不具有显著的可识别性。例如,一台20英寸的海尔牌电视机与另一台同品牌同型号的电视机之间,几乎很难发现其差异。这就给动产之间的识别和登记带来很大困难。而特殊动产则不同,这些动产具有很强的可识别性。例如,一艘6万吨散货船就与其他吨位的船舶具有显著的不同,甚至船舶之上用作甲板的钢板都有特殊的标记。这就决定了船舶可以通过登记显示出其可识别性,因此具有登记能力。二是特殊动产价值巨大。总体来看,特殊动产具有较大的价值,有的甚至超过了不动产,因此,其物权变动对于当事人的利益影响巨大,需要采用更为确定的公示方法以保护当事人的利益。三是特殊动产是作为交通工具使用的,影响到公众的安全,所有权人负担了较重的注意义务和社会责任,一旦发生权属争议,不仅会给权利人带来较大的损害,而且不利于保护社会公众的利益。四是特殊动产在利用过程中,往往因借用、租赁等原因而发生多次交付,占有的情况各不相同,更何况其游移不定,仅以交付作为公示方式,第三人很难确定其真正的权利归属。例如,机动车的借用时常发生,无法通过占有的方式来准确地公示其物权。正是因为特殊动产的占有人和处分权人往往并不一致,所以,如果仅以占有为物权公示方法,很容易产生无权处分、非法转让等行为,甚至很容易诱发欺诈。五是特殊动产往往需要金融机构介入其中,例如,船舶就经常采取融资租赁、光船租赁等方法取得和利用,这时会发生占有和所有分离的情形。为了明晰特殊动产的物权状况,有必要以登记这一较强的公示方法作为其物权变动的公示方法。六是对于某些特殊动产而言,其往往需要办理保险,而保险需要以特殊动产的实际登记人作为依据进行办理,如果特殊动产没有进行登记,会对保险的办理造成诸多障碍。

第二,我国法律已经对特殊动产采用登记的方法。

从我国现行立法来看,相关法律都已经规定了特殊动产的登记制度。《海商法》第9条第1款规定,"船舶所有权的取得、转让和消灭,应当向船舶登记机关登记"。《民用航空法》第11条规定:"民用航空器权利人应当就下列权利分别向国务院民用航空主管部门办理权利登记:(一)民用航空器所有权;(二)通过购买行为取得并占有民用航空器的权利;(三)根据租赁期限为六个月以上的租赁合同占有民用航空器的权利;(四)民用航空器抵押权。"《道路交通安全法》第8条规定,国家对机动车实行登记制度。基于上述法律规定,国务院和有关部委也颁布了有关登记的配套法规和规章,如《船舶登记条例》《民用航空器权利登记条例》《机动车登记规定》等,并设立了专门的机构负责登记事务(民航总局负责民用航空器的登记,公安部门的交通管理局负责对机动车的登记事项)。由此可见,在我国,特殊动产一直都是以登记作为公示方法。

问题在于,这些登记到底是一种物权法上的公示方法,还是仅仅是一种行政管理措施。对此一直存在争议。事实上,反对以登记作为特殊动产物权公示方法的重要理由,就是认为这些登记仅仅是行政管理措施,而并非是物权公示的方法。例如,《道路交通安全法》第8条规定:"国家对机动车实行登记制度。机动车经公安机关交通管理部门登记后,方可上道路行驶。尚未登记的机动车,需要临时上道路行驶的,应当取得临时通行牌证。"该规定具有较为浓厚的行政管理色彩,似乎不属于物权法意义上的登记。但笔者认为,即便机动车登记具有行政管理的色彩,也并不排斥其具有物权公示的功能。因为机动车登记也具有确权的功能,机动车登记证书其实就是所有权凭证,伪造、变造机动车登记证书将承担相应的法律责任。另外,依据我国《侵权责任法》第49条的规定,在机动车借用、租赁等情况下致他人损害,虽然要由机动车使用人承担赔偿责任,但机动车所有人有过错的,也要承担相应的赔偿责任,而确定机动车所有人的依据就是登记。可见,登记绝非仅仅是行政管理手段。更何况,对船舶、航空器而言,因为其价值较大,且流动性较强,经常发生船舶和航空器的抵押、租赁等情况,如果没有登记,将无法确定法律上的所有人,极易发生各种纠纷。

正是因为这一原因,《民用航空法》第11条明确规定了航空器的权利登记。显然,这绝非行政管理措施,而是一种物权法上的公示方法。

第三,《物权法》针对特殊动产并非仅以交付作为公示方法。

从体系解释来看,依据我国《物权法》的规定,特殊动产并非仅以交付作为公示方法。一方面,《物权法》第23条规定,动产物权的设立和转让,自交付时发生效力。以此而言,动产物权以交付为一般公示方法,但是,该条还规定"法律另有规定的除外"。而根据规范内容和条文顺序来看,《物权法》第24条就属于第23条指出的除外情形。在此意义上,不能简单地以《物权法》第23条的规定来限定第24条的内容。另一方面,与一般动产相比,船舶、航空器、机动车等特殊动产影响到公众安全,为了防止发生权属争议,物权法仍然要求针对特殊动产办理登记。《物权法》第24条就明确提到了登记。其实,该条规定最初来源于特别法的规定。例如,《海商法》第9条第1款规定:"船舶所有权的取得、转让和消灭,应当向船舶登记机关登记;未经登记的,不得对抗第三人。"该条首先确立了船舶所有权的登记制度,然后确立了登记对抗的效力。《物权法》第24条的本意与《海商法》第9条的本旨是相同的。首先是鼓励当事人办理登记,只不过采登记对抗主义而已。《物权法》第24条规定特殊动产适用登记对抗主义,这就意味着特殊动产适用特别规定,因此其公示方法不能完全适用一般动产的公示方法。由于特殊动产仍然属于动产的类型,《物权法》将特殊动产与动产一起作出规定,但这并不意味着两者的公示方法完全一致。如果将特殊动产的公示方法仅仅理解为交付,并不符合立法者的立法本意。登记对抗并不意味着完全不需要登记,只不过不以登记作为物权变动的生效要件,登记仍然是特殊动产的重要公示方法。

比较法上对于特殊动产大多采用登记对抗的模式。例如,在日本,物权变动原则上采意思主义。① 但对于商法上要求进行登记的船舶,以登记作为所有权移转的对抗要件(参见《日本商法典》第687条)。而依据《日本道路运输车辆法》的规定,供运行之用的机动车,均应在机动车登录原簿上登录(第4条),已接受登录的机动车以登录作为所有权移转的对抗要件。此外,依据《日本航空法》第3条的规定,已被登录的航空器的所有权移转,也以登录作为对抗要件。② 正是因为登记亦可适用于特殊动产,

---

① 参见《日本民法典》第176条。
② 参见〔日〕我妻荣:《新订物权法》,罗丽译,中国法制出版社2008年版,第193—194页。

一些新的民法典从严格区分动产与不动产的二分法，发展到注重区分登记物与不登记物。到目前为止，最有效的公示方法还是财产权关系的登记制度。① 比较法上的经验可资借鉴。我国《物权法》第24条的规定也是在借鉴各国立法经验的基础上确立的。

（二）特殊动产要以交付为公示方法

虽然《物权法》第24条中并没有提及"交付"二字，但绝不应当理解为，对特殊动产的物权变动不适用交付。因为一方面，特殊动产仍然是动产，因此，其物权的变动应遵循《物权法》第23条关于动产物权的设立和转让以交付为原则的规则，在这一点上没有例外。从体系解释来看，《物权法》之所以将特殊动产置于动产中予以规定，即意味着特殊动产的物权变动原则上以交付为公示方法。从《物权法》第24条所处的位置来看，其并非被置于《物权法》第二章第一节"不动产登记"之中，这也表明特殊动产物权的公示并非仅仅采登记的方法，而是也应当适用交付的规则。② 虽然《物权法》第24条采用了登记对抗主义，但登记对抗并不意味着特殊动产物权变动无需采用交付的公示方法，正如《物权法》的起草机构所指出的，特殊动产的所有权移转一般在交付时发生效力。③ 交付以后，至少在双方当事人之间发生物权变动的效力，只是受让人所取得的物权的效力是不完全的，不能对抗善意第三人。另一方面，对特殊动产而言，移转物权如果需要交付，必须要实际交付财产，否则不能产生物权变动的效果。④ 从我国《物权法》第二章的规定可知，除了法律特殊规定采债权意思主义外，如土地承包经营权、地役权的设立，对于特殊动产物权的变动，法律并没有明文规定采债权意思主义。因此，对于此类物权的变动，在当事人没有登记的情况下，如果也没有实际交付，即当事人没有就物权变动采任何公示方法，当事人之间就仍然是一种债权关系，而没有进入物权关系领

---

① 参见苏永钦：《寻找新民法》（增订版），北京大学出版社2012年版，第157页。
② 参见程啸：《论动产多重买卖中标的物所有权归属的确定标准——评最高法院买卖合同司法解释第9、10条》，载《清华法学》2012年第6期。
③ 参见全国人大常委会法制工作委员会民法室编著：《中华人民共和国物权法条文说明、立法理由及相关规定》，北京大学出版社2007年版，第24页。
④ 笔者认为，特殊动产的物权变动采登记对抗主义，交付是为了强化物权的公示效力。所以，此处强调"实际交付"（包括简易交付和现实交付），至于占有改定和指示交付，则不能作为公示方法。

域。① 对特殊动产物权的设立和变动采取登记对抗主义,绝非意味着单纯的合同关系就可以导致物权的变动。因为合同仅仅是当事人之间的内部关系,只是设立了债的关系而没有设立相应的物权的关系。如果当事人之间要形成物权关系,至少必须交付此类动产。所以,在既未交付也未登记的情况下,只能认为当事人之间仅仅存在合同关系。

对于特殊动产的物权变动,如果当事人没有采取登记的公示方法,只能以交付为公示方法。而当事人已经交付了标的物,则涉及交付的效力问题,对此下文将详细探讨。

在一般情形下,特殊动产的公示方法兼具登记和动产的交付两种方式,只有完成了这两种公示方法,受让人才能取得完全的物权。当然,法律采登记对抗模式,就意味着登记不是强制性的义务,是否办理登记完全由当事人自由选择。在特殊情形下,如果法律明确仅以登记作为公示方法,则不必交付就可以发生物权变动。例如,依据我国《物权法》第188条的规定,特殊动产的抵押就仅仅需要登记,而不需要交付。

二、登记对抗主义并非意味着交付的效力优于登记

讨论登记与交付在特殊动产物权变动中的效力问题,不能回避《物权法》第24条关于特殊动产的登记对抗规则。依据该条规定,"船舶、航空器和机动车等物权的设立、变更、转让和消灭,未经登记,不得对抗善意第三人"。由于该条并没有提及特殊动产交付的效力问题,更没有明确规定登记与交付之间的效力冲突,因此理论和实务中产生了不同的观点。《买卖合同司法解释》第10条甚至确立了交付优先于登记的规则。笔者认为,这种规则是值得商榷的。

所谓登记对抗,是指就特殊动产物权的变动而言,当事人已经达成协议的,即使没有办理登记手续,也可以因交付而发生物权变动的效果。如果涉及物权的转让,则受让人可以依法取得物权,只是此种物权不能对抗善意第三人。登记对抗与登记要件主义存在一个很重要的区别,即在物权变动的情况下,当事人即使未办理登记,也可以发生物权变动的效果。法律之所以对特殊动产采用登记对抗主义,不强制要求物权变动必须进行登记,主要原因在于特殊动产登记成本较高或者有时难以进行登记。

---

① 参见程啸:《论动产多重买卖中标的物所有权归属的确定标准——评最高法院买卖合同司法解释第9、10条》,载《清华法学》2012年第6期。

一方面，由于船舶、航空器、机动车在现实生活中始终不停地发生空间上的移动，在很多情况下实行强制登记会给当事人从事交易造成很多不便。例如，在异地要进行船舶抵押或者其他担保，如果采取登记要件主义，则必须回到此类财产的原始财产登记地才能办理抵押登记，这将给当事人带来很大不便。再如，某船旗国下的船舶因远洋航行至其他国家，而在该国又发生抵押的情况，如果必须回到船旗国办理抵押登记，则会极大地增加当事人的交易费用，而且无法满足当事人的及时需求。另一方面，特殊动产（如机动车、船舶等）往往处于变动不居的状态，强制特殊动产的物权变动必须进行登记，可能会过分增加交易成本，影响特殊动产的交易。而采登记对抗要件，则有利于降低交易成本并加速财产流转。①

在特殊动产的物权变动中，登记仍然具有重要意义。在登记对抗的情况下，并非不要求登记或者不考虑登记的效力。事实上，登记对抗模式的立法本意仍然是鼓励登记。因为交易相对人为了取得具有对抗第三人效力的所有权，必须进行登记。法律虽然不强制当事人办理登记，但当事人如果选择办理登记，就可以取得效力完整的物权；而如果其未办理登记，虽然也可以因交付而发生物权变动，但其取得的物权的效力会受到影响，其要承担不能对抗善意第三人的风险。如果已经办理了登记，登记也可以成为确权的重要依据。只不过登记不能成为确权的唯一依据。如果登记权利人在办理登记之前，就知道该财产已经转让，且已经交付并为受让人占有，则登记权利人是恶意的，其不能依据登记取得物权。但如果登记权利人是善意的，则即使特殊动产已经交付，占有人也不能对抗登记权利人，从这个意义上说，登记也具有确权的效果。从比较法来看，即使采登记对抗模式，登记也越来越受到重视。例如，日本最初在法律上选择登记对抗主义模式，主要原因在于当时商品经济尚不发达，物资流通并不复杂，而且登记簿当时也没有取得较强的公信力。而现在随着登记簿公信力的增强，登记在物权变动中发挥着越来越重要的作用。② 这也说明，随着登记簿公信力的增强，登记也逐渐成为确认特殊动产物权的重要方法。

特殊动产物权变动采登记对抗模式，也表明了特殊物权变动与一般动产物权变动的区别。一般动产的物权变动，依据《物权法》第 23 条的规定，仅因交付而发生效力。而《物权法》第 24 条规定采登记对抗模式，表明特殊动产不能通过交付而发生完全的所有权移转，还必须办理登记。

---

① 参见渠涛：《不动产物权变动制度研究与中国的选择》，载《法学研究》1999 年第 5 期。
② 参见龙俊：《中国物权法上的登记对抗主义》，载《法学研究》2012 年第 5 期。

如果仅仅以交付为特殊动产物权变动的要件,将混淆一般动产物权变动与特殊动产物权变动的区别,这也使得《物权法》第 24 条的规定变得毫无意义。①

但是,针对《物权法》第 24 条规定的"未经登记,不得对抗善意第三人",仍然存在不同的看法。按照交付优先于登记的观点,在特殊动产物权的变动中,一旦交付,物权变动已经完成,再进行登记就没有实际意义。所以,交付完成后,即可以对抗任何登记权利人。笔者认为,此种观点是值得商榷的。其实,就登记对抗的本意而言,就包括了交付不得对抗登记权利人的含义。从这个意义上说,交付不具有优先于登记的效力。

问题的关键在于,未经登记不得对抗的第三人包括哪些人?按照学界的共识,已交付但未经登记的物权变动并非不能对抗任何第三人,不得对抗的第三人的范围在法律上是有一定限制的。② 仅交付而未经登记的特殊动产物权变动能对抗一般债权人,这一点毫无疑问。③ 因为交付移转了占有,而占有通常代表了动产所有权,这意味着受让人据此取得了物权,自然能对抗债权。更何况在现实交付中,受让人还取得了合法占有,而债权人并无占有,受让人仅凭占有也有权对抗债权人。因此,上述第三人不包括一般债权人。此外,从物权法的规定来看,其将第三人限于善意第三人,这实际上也对第三人的范围作出了限制。

笔者认为,在所有第三人中,不能对抗的只能是善意的登记权利人。在特殊动产某一物权受让人满足交付公示方法时,并不排除其他受让人满足登记的公示方法。对于善意的登记权利人,仅受领交付的受让人就不能对抗。换言之,在通常情况下,善意的第三人是指对船舶、航空器和机动车等物的交付不知情并办理了登记的第三人。具体来说,善意的第三人具有如下特点:

一是善意。所谓善意,是指对船舶、航空器和机动车等特殊动产的交付不知情。换言之,对于特殊动产的交易合同是否知情并不重要,而对于特殊动产交易合同订立后是否已经交付,才是知情的对象。例如,甲、乙双方就买卖一艘船舶达成协议,乙已经支付了价款,并已经办理了登记过

---

① 参见程啸:《论动产多重买卖中标的物所有权归属的确定标准——评最高法院买卖合同司法解释第 9、10 条》,载《清华法学》2012 年第 6 期。
② 参见龙俊:《中国物权法上的登记对抗主义》,载《法学研究》2012 年第 5 期。
③ 参见王泽鉴:《动产担保交易法上登记之对抗力、公信力与善意取得》,载王泽鉴:《民法学说与判例研究(第一册)》(修订版),中国政法大学出版社 2005 年版,第 228 页。

户手续。但因为船舶尚未完全装修完毕,因此没有交付。后来,出卖人甲又将该船舶转让给丙,并将该船舶交付给了丙。由于乙并不知道甲在以后又将船舶交付给丙的事实,所以,可以认定其属于善意。所谓"恶意"第三人,主要是指在发生物权变动之后,知道或者应当知道物权变动的事实的人。善意第三人通常有两种类型,一类是登记先于交付的第三人,另一类是登记在后但不知或不应当知道已经交付的第三人。如船舶所有人在设立抵押权时,已经将船舶转让给第三人并实际交付,但却隐瞒事实,并为抵押权人办理了登记手续,抵押权人即属于善意第三人。

二是已经办理了登记过户手续。在登记对抗模式下,虽然法律允许当事人就是否登记进行选择,但登记仍然具有明显强于交付的公示效力,因此,在未登记而已交付的情形下,毫无疑问,受让人所享有的物权虽可以对抗一般的债权人,但能否对抗其他享有物权的人,则不无疑问。既然特殊动产是有体物,不可能发生两次实际交付,因而不可能再存在另一个因实际交付而取得物权的人。这就意味着,除了交付取得物权的人,其他取得物权的人只能是登记权利人。而在一个当事人受领交付,另一个当事人已经办理移转登记的情形下,已经取得物的占有的权利人不能对抗经过登记取得物权的善意的权利人。所以,《物权法》第24条所规定的善意第三人,只限于一种人,这就是已经办理了登记的权利人。除此之外,因交付取得权利的人可以对抗任何人。如果采用交付优先于登记的观点,则因交付取得的权利可以对抗任何人,成为效力完整的物权。这就意味着《物权法》第24条规定的善意第三人已经不复存在,该条规定本身也变得毫无意义。所以,采交付优先于登记的观点,实际上与登记对抗主义是矛盾的。此种看法不仅不恰当地高估了交付的效力,而且贬低了登记的效力。它意味着登记人只能对抗一般债权人,而无法对抗取得占有的人。

根据上述分析可知,"未经登记,不得对抗善意第三人"的规则包含如下几层含义:

第一,登记在先的权利优先于交付在后的权利。

不能对抗善意的登记权利人意味着,并非在任何情况下交付均优先于登记,相反,在已经办理登记的情况下,在先的登记应当优先于在后的交付。正是从这个意义上说,登记应当是优先于交付的。因为对于特殊动产而言,登记具有一定的公示效力,也能够发生物权变动的效力。

在特殊动产中,交付可以采取多种方式。在尚未交付的情况下,如果已经办理变更登记,则登记的效力应当优先于交付。尽管关于登记确权的一系列规则是在《物权法》第二章第一节"不动产物权"中加以规定的,但这并不意味着登记确权规则仅适用于不动产而不适用于特殊动产。只要当事人发生了真实的交易关系,且已经办理了登记移转所有权的手续,就应当认为所有权已经发生移转。只有采取这种方式才能真正确立登记动产的物权,因为登记一般不会产生双重登记的问题。但如果采取交付优先,这就可能导致一种权利不清晰的状况,因为占有存在直接占有和间接占有等不同的占有类型,这会导致权利状况非常难以确认。

第二,登记在后的权利人是善意的,其权利仍优先于实际交付所取得的权利。

应当看到,在特殊动产物权的买卖中,登记在后的当事人有可能是非善意的,因为其在交易时应当负有一定的查询或调查的义务,了解该特殊动产的权利状态。所以,确实单凭登记无法证明其是善意的,也不能因此而当然取得所有权。但是,这并不是说所有的交易都需要在办理登记时查询或调查是否已经交付,这一义务的确定需要考虑个案的诸多具体情况,具有个案认定的特点。因为在一些情况下,特殊动产物权的变动可能并不以交付为要件(如抵押),无论发生什么样的交付,登记权利人都是善意的,已经符合《物权法》第 24 条规定的"善意第三人"的含义。

在特殊动产物权变动的情形下,不应当由登记权利人证明其是善意的,而应当由对其登记效力提出异议的人负担举证责任,如果其不能证明登记权利人为恶意,则登记应当具有优先于交付的效力。主要原因在于:一方面,登记的权利人可能已经满足动产善意取得的要件,依据善意取得的规定取得了完整的所有权;另一方面,即便其不能完全符合善意取得的要件(因为善意取得需要受让人支付合理的对价,而登记权利人可能并没有支付合理的对价,从而并不符合善意取得的要件),仍应当认为登记的效力具有优先性。毕竟与登记相比,交付对社会公众公示物权信息的功能相对较弱,对于权利的证明效力也不强,仅凭交付来表明物权变动完全完成,与物权的绝对性和排他性不符,也与交易实践不符。

第三,登记时已交付,登记在先的权利优先于实际交付在后的权利。

特殊动产仍属于动产,所以,除非法律另有规定(如抵押权的设定),其物权变动仍应当进行交付。如前所述,在当事人没有登记时,特殊动产的交付必须采取实际交付的方式(包括简易交付和现实交付),但是,在当事人已经登记的情况下,特殊动产的交付方式是多样的。我国《物权法》

第25条至第27条规定了观念交付,这就决定了交付并不纯粹是实际交付,也可能采取观念交付方式(包括占有改定和指示交付)。除了简易交付存在受让人之占有,不可能再次发生交付之外,在占有改定和指示交付情况下,都可能发生再次交付的问题。例如,在特殊动产物权转让时,双方已办理了登记,但特殊动产的转让人希望继续占有该动产,如船舶转让人需要在一定期限内继续使用该船舶,当事人双方可以订立合同,特别约定由转让人继续占有该动产,而受让人因此取得对标的物的间接占有以代替标的物的实际交付。[1] 但转让人将该特殊动产一物数卖,又将该动产交付第三人,该第三人也因交付取得对该特殊动产的占有。再次交付之后,该交付的效力是否优先于登记?如前所述,由于登记在先,登记的权利人可以对抗后来的受让人。在此情况下,虽然前一受让人已经因为交付与登记取得了完整的所有权,后一受让人也已经受让了交付,此时还涉及登记与交付的效力问题。此时,应当认为,在先登记的效力具有优先于在后交付的效力。

总之,登记对抗模式本身就包含了登记优先于交付的涵义。如果按照《买卖合同司法解释》第10条第4项的规定,先受领交付的人可以对抗所有已取得登记但未受领交付的人,无论后者是善意还是恶意。而依据《物权法》第24条的规定,已交付但未经登记者不得对抗善意第三人。可以看出,司法解释的规定与《物权法》第24条的规定之间产生了一定的矛盾,甚至可以说与《物权法》第24条的规定是相冲突的。要准确地理解《物权法》第24条的规定,只能理解为,即便已经交付,也不得对抗已经登记的善意的权利人。

三、特殊动产物权变动中登记应当优先于交付

前文已经讨论,登记对抗模式其实已经包含了登记优先于交付的涵义。明确这一规则绝不仅仅具有语义学上的意义,而具有重要的理论和实践价值。在特殊动产物权的变动过程中,登记与交付可能因为多种原因发生冲突。《买卖合同司法解释》第10条虽试图确立统一的解决方案,但是该条所确立的方案不仅误读了《物权法》第24条的规定,而且会给实务带来更多困扰。下面从类型化的角度,对实践中最频繁、最重要的三种

---

[1] MünchKomm/Oechsler, 5. Aufl., 2009, §930, Rn. 9 ff.

特殊动产物权变动形态进行进一步探讨。

(一) 特殊动产的一物数卖

一物数卖,是指出卖人以某一个特定不动产或动产为标的物先后与多个买受人签订买卖合同。① 在特殊动产的一物数卖情形中,出卖人将特殊动产分别转让给数个受让人时,可能分别采取了交付和登记的公示方法,这就会导致因交付和登记而取得的权利的冲突问题。例如,甲、乙双方就买卖一艘船舶达成协议,甲将其建造的船舶出卖给乙,乙已支付价款,并办理了登记手续。后甲又将该船舶出卖给丙,丙已支付价款,甲将该船舶交付给丙。后来,乙要求甲交付船舶,丙依据《物权法》第 23 条的规定主张其享有所有权,而乙则依据《物权法》第 24 条的规定认为其享有对该船舶的所有权,从而与丙发生权属争议。依据《买卖合同司法解释》第 10 条的规定,在该案中,丙虽为第二买受人,但依据交付优先于登记的规则,其可以取得船舶的所有权。因此,其可以主张先前的登记无效,并可以主张变更登记,即将该船舶登记在自己名下。应当承认,这一规则对于解决实践中的特殊动产二重买卖问题确立了明晰的规则。在一些案件中,这一规则的适用也可能具有合理性。但如前所述,按照这一规则处理特殊动产的一物数卖显然是不合理的。笔者认为,在特殊动产一物数卖情况下,登记应当优先于交付,理由主要在于:

第一,采登记应当优先于交付的规则,有利于解决一物数卖情况下的产权归属问题。

从法律上看,登记的公信力要明显高于占有的公信力,因为登记是由国家机构作为独立的第三者,通过现代的数据管理手段而将登记的事项予以记载并对外公示,登记的方式具有较高的权威性,且因为登记机关要进行必要的审查,登记的内容具有真实性和可靠性。登记通过文字信息等清楚地载明物权信息,而且在信息化的当代,第三人可以用较低成本进行调查,此外,登记机关的责任机制也为当事人提供了有效的法律保障。如前所述,正是因为特殊动产不仅关系到权利人的个体利益,还涉及社会公众的利益,为了营造和规范有序的特殊动产交易市场,以及为在发生特殊动产侵权事故时便于确定责任主体,国家有义务通过登记的方法来明确特殊动产的物权状态。

交付较之登记具有天然的缺陷,其无法准确地判断实际所有权。一

---

① 参见许德风:《不动产一物二卖问题研究》,载《法学研究》2012 年第 3 期。

是交付具有内在性,交付本身仅发生于转让人和受让人之间,第三人往往难以知晓,尽管交付的结果发生了占有移转,占有具有一定的公示性,但较之登记,交付的公示程度仍然较弱。二是交付所表征的权利不具有完整性和清晰性。从实践来看,当事人交付标的物的原因复杂,占有人究竟基于何种权利而占有该物,其权利的内容和具体范围如何,都无法通过占有得到清晰而完整的公示。三是交付因方式的多样性而不具有典型的公开性(如简易交付和占有改定就无法实现公示的效果),也无法进行准确的查询。交付仅仅是一种社会现实,受到时间和空间的很大限制,第三人虽然可以进行核查,但所需成本太高。

其实,从公示制度的发展来看,最早还是以交付作为物权变动的公示要件,以后逐渐发展到登记。罗马法最初对所有权的移转注重形式,要求采用曼兮帕蓄(mancipatio)和拟诉弃权(iure in cessio)等形式[1],以后逐渐采取了占有移转或交付(traditio)的方式。登记制度最初适用于不动产,但也逐渐适用于动产。根据学者的一般看法,登记制度开始于12世纪前后德国北部城市关于土地物权变动须记载于市政会所掌管的都市公簿(das Stadtbuch)上的规定。[2] 在很长一般时间内,登记只适用于不动产,但后来由于互联网技术的发展,登记制度逐渐适用于动产。在动产交易中,登记制度也能够发挥很高的便利交易的效能,尤其是对于特殊动产而言,各国广泛采用了登记的方法。从比较法上来看,各国均把船舶、航空器等交通运输工具纳入法律的管理范围之内,针对这些交通运输工具制定了相应的行政法规和私法性规范。对于特殊动产的物权变动,许多国家也采取了登记的公示方法。这一发展过程表明,就特殊动产而言,登记的适用范围具有扩张趋势,这也说明登记具有较之于交付不可比拟的优势。

第二,采登记应当优先于交付的规则,更符合效率原则。

从效率上看,通过登记确定产权较之于通过交付确定产权更有效率。

---

[1] 所谓曼兮帕蓄,即要式买卖,是专门针对要式物的最富有特色的形式,以至于在它被适用于略式物后,本身不再具有任何意义。在这种形式中,卖主有义务保证物的所有权,如果卖主出卖的物不是他自己的,则退还双倍的价款,这种保证叫作"合法性",有关诉讼叫作"合法性之诉"。所谓拟诉弃权,是在执法官面前进行的转让,它采取要求返还诉的形式,转让者(即虚拟的请求人)在诉讼中不提出异议,因而虚拟的诉讼在"法律审"中完结。拟诉弃权是转让要式物和略式物的共同方式,但是一般来说,对于要式物在古典法时代很少使用。参见〔意〕彼德罗·彭梵得:《罗马法教科书》,黄风译,中国政法大学出版社1992年版。

[2] 参见谢在全:《民法物权论》(上册),中国政法大学出版社1999年版,第59页。

如前所述,由于强制要求特殊动产的登记可能给当事人带来不便,所以法律没有采登记要件主义,但就确认物权归属而言,登记较之于交付更有效率。一方面,特殊动产作为交通工具,游移不定,甚至可能在世界范围内运行,会多次发生占有主体的变更。如果没有登记作为其确权依据,而仅以交付为标准,往往会发生争议,影响确权的效率。另一方面,特殊动产物权变动仅以交付为标准,交易成本也很高。因为交易相对人无法从占有中判断真正的权利人,其必须进行认真的调查或查询,也要为此付出高昂的费用。在德国,对于已经登记的内河船舶而言,登记具有推定力和公信力,因此登记簿上记载的权利人即推定为真实权利人。[1] 通过法律行为取得船舶所有权、船舶抵押权或者船舶用益权的人,为了其利益,船舶登记簿的内容被视为正确,但已进行异议登记或者受让人明知登记非为正确的除外。[2] 从效率角度来看,此种做法有利于降低交易成本,提高交易效率。

第三,采登记应当优先于交付的规则,有利于减少一物数卖,甚至欺诈行为。

严格地说,一物数卖本身就是不诚信的行为,其中常常涉及欺诈。从立法的价值取向而言,应当尽可能地减少一物数卖情况的发生。然而,如果采纳交付优先于登记的规则,其结果必然形成一种导向,即鼓励当事人不办理登记。如此一来,将会使占有人更容易进行一物数卖,其结果不是减少而是刺激了一物数卖。而如果采取登记优先于交付的规则,则会鼓励当事人办理登记,在办理登记之后,潜在买受人通过查询登记就能够知晓权利的移转,从而不再与出卖人进行交易,可以大大减少一物数卖情况的发生。

第四,采登记应当优先于交付的规则,有利于保护善意买受人,维护交易安全。

在特殊动产一物数卖的情形下,善意买受人的保护是法律关注的核心问题之一。而善意买受人的保护首先取决于财产权利的明晰。较之于交付而言,登记更有利于保护善意第三人。毕竟,登记的权利记载明确,而且具有较强的公信力;而占有的方式有多种,以其作为效力十分强大的公示方法,将使不同的当事人主张依据不同的占有类型而享有权利,不仅不利于法律关系的明晰,而且会使第三人无法了解真实的权利状况,危及交易安全。

---

[1] Hans Josef Wieling, Sachenrecht, Springer, Band 1, 2006, S. 356.
[2] 参见德国《关于登记船舶和船舶建造物的权利的法律》(SchRG)第16条。

(二) 特殊动产的无权处分

所谓无权处分,是指处分人没有获得处分权而处分他人财产。特殊动产在实践中也经常发生无权处分问题。例如,某人借用他人机动车,未经车主许可而擅自将机动车转让给他人。在特殊动产无权处分情形下,也会发生登记和交付的冲突问题。例如,在船舶租赁情形,实际占有船舶的承租人将船舶转让给第三人,已经将船舶交付但未办理登记。在此情形下,按照交付优先于登记的观点,第三人的权利要优先于作为出租人的登记人。此种做法鼓励了非法转让行为。事实上,在有登记的情形下,买受人一般是无法援引善意取得获得保护的,因为他应当事先查询登记,在未尽到查询义务的情形下,也就谈不上什么善意,不存在保护其信赖利益的必要。在第三人没有经过查询登记时,如果其所取得的物权仍受到保护,不仅不利于对所有权人的保护,甚至还会导致许多侵权的发生,也会产生许多新的产权纠纷。为了防范特殊动产的无权处分行为,应当采登记优先于交付的规则,尽可能鼓励当事人办理登记,以降低无权处分的可能性,保护原权利人的利益。尤其应当看到,随着现代市场经济的发展,对于特殊动产的利用方式也在不断增加。对于船舶和航空器,实践中大量采用租赁、融资租赁方式,以发挥其使用价值。而在租赁或融资租赁之情形,必然要交付,一旦采取交付优先于登记的规则,而承租人又将物予以转让,则所有人的权利无法得到保护,不利于防范租赁中的法律风险。

由此还需要讨论,就特殊动产物权的善意取得而言,交付优先于登记的规则将会彻底否定《物权法》第106条规定中的善意取得制度,其结果也将形成对善意买受人保护的不足。笔者认为,对特殊动产物权的善意取得,不能仅要求受让人在受让特殊动产时是善意的并以合理的价格受让该财产,而且应当要求受让人已经办理了登记手续,才能发生善意取得的效果。《物权法》第106条第1款第3项确认善意取得的要件之一是"转让的不动产或者动产依据法律规定应当登记的已经登记,不需要登记的已经交付给受让人"。对于特殊动产而言,究竟应采取哪一种公示方法,存在争议。笔者认为,就特殊动产的善意取得而言,并非当事人可以自由选择登记或交付,而只有通过登记才能善意取得。一方面,因为善意取得关系到对原权利人所有权的剥夺,它是为保护交易安全而限制原权利人的措施,对其适用应当作更严格的限制。所以,只有通过登记的方式才能有效限制其适用,保护原权利人的利益。① 另一方面,为了防范无权处分人处分他人财产,也有必要仅仅认可登记的公示方法。因为登记有更强的公信力的保障,也便利受让人查询,通过此种限定,可以尽可能地避免无权处分行为。尤其应当看到,特殊动产常常价值巨大,对于当事人利益攸关,如果过于容易地适用善意取得,其结果必然严重损害原权利人的利益。采纳交付优先于登记的规则,会鼓励当事人不办理登记,并使得善意取得的适用条件过于宽松,其结果是不仅不利于交易的安全,反而鼓励了当事人的不诚信行为。

在融资租赁交易中,也会发生无权处分的问题。虽然融资租赁中的所有权主要是名义性的,但是出租人仍然是法律上的所有人,所以,承租人擅自处分标的物,仍然构成无权处分。在此情形下,如果采取交付优先于登记的观点,则不仅会鼓励非法交易,还会导致融资租赁关系极不稳定,危及商事交易的进行。在这个意义上,融资租赁中如果发生无权处分,也应当以登记为依据认定是否构成善意取得。

(三) 抵押人擅自转让抵押的特殊动产

特殊动产在设定抵押以后,未经抵押权人许可,所有人不得擅自转让抵押财产。抵押财产一旦设定抵押,抵押人虽然享有对抵押物的所有权,但是,这种所有权是受到限制的,我国《物权法》第 191 条第 2 款明确规定,"抵押期间,抵押人未经抵押权人同意,不得转让抵押财产"。作出此种规定的原因在于,在我国社会诚信体系不健全的情况下,允许自由转让抵押财产可能导致抵押人擅自转让,或以较低的价格转让,且转让后不以所获得的价款清偿,从而可能损害抵押人的利益。②

然而,按照交付优先于登记的观点,则意味着某项特殊动产设定抵押之后,即使已经登记,抵押人仍可将财产转让给第三人,如果该财产已经交付,受让人因交付取得的权利,可以对抗抵押权,这显然与《物权法》第191 条的规定相矛盾。一方面,按照《物权法》第 191 条的规定,抵押人设定抵押以后,本来无权转让抵押的特殊动产,但按照交付优先于登记的规则,抵押人擅自转让抵押财产并将财产交付给买受人以后,该转让不仅将发生物权变动的效果,而且买受人享有的权利可以对抗已登记的抵押权,这就使《物权法》第 191 条的规定形同虚设。另一方面,虽然依据《物权

---

① 参见孙宪忠:《中国物权法总论》(第二版),法律出版社 2009 年版,第 380 页。
② 参见胡康生主编:《中华人民共和国物权法释义》,法律出版社 2007 年版,第 418 页。

法》第188条的规定,特殊动产的抵押并不要求必须办理登记,但从《物权法》第199条的规定来看,在抵押特殊动产时,已登记的抵押权应当优先于未登记的抵押权受偿。可见,交付的效力不可能强于登记的效力。如果采用交付优先于登记的观点,显然与《物权法》第199条的规定相矛盾,其结果会导致抵押权的制度目的无法实现,抵押权人的利益无法得到保护。

虽然登记可以作为特殊动产物权变动的公示方法,并不意味着在就特殊动产设立质权时也要改变动产质权的设立规则。有学者认为,以登记作为特殊动产物权变动的公示方法,将导致动产质权设立规范发生改变,会产生体系矛盾。① 笔者认为,这种担心完全没有必要,因为以特殊动产为标的设立担保物权时,只要当事人选择设立质权,就必须适用动产质权的设立规则,并不因此改变动产质权的设立规则;如果当事人选择设立抵押权,因为特殊动产可以登记,只要进行抵押权设立登记即可对抗第三人。由此也可以看出,将交付和登记作为特殊动产物权的公示方法,与担保物权的设立规范不仅没有冲突,还便于当事人选择适用法律,这也符合物权法鼓励交易、促进物尽其用的宗旨。在交易实践中,为了最大限度地发挥特殊动产的使用价值和经济价值,当事人设立特殊动产担保物权时,通常选择抵押权。

四、结 语

公示是物权变动和设立的基础,是维护交易安全的有力保障,而公示效力又是公示制度的核心。在公示效力上,虽然物权法未作具体明确的规定,但从物权法的立法精神和立法体系、立法目的仍然可以看出,立法者在尽力引导人们对特殊动产进行登记。为实现这一目的,针对特殊动产,应当坚持登记效力优先于交付效力的规则。从司法实践来看,交付优先于登记的观点并没有使特殊动产的产权明晰化,而且与现行的法律规定产生了一定的冲突和矛盾,有待于今后通过司法解释的修改而不断完善。

---

① 参见最高人民法院民事审判第二庭编:《最高人民法院关于买卖合同司法解释理解与适用》,人民法院出版社2012年版,第177页。

我国《物权法》制定对民法典编纂的启示[*]

第十届全国人大第五次会议高票通过《物权法》，这是我国法制建设中的一个大事，是我国推进民主法制建设的重要步骤，在法治进程中具有里程碑式的意义。《物权法》的颁行必将对我国经济、社会发展和社会主义和谐社会的构建产生深远影响。颁行《物权法》是我国分阶段、分步骤编纂民法典的一个重要部分，《物权法》是科学立法程序的重要内容，它所体现的立法技术、立法方针给我国民法典的后续立法以及编纂都提供了良好的借鉴。我们只有充分借鉴这些经验，才能制定出一部立足于中国实际情况，反映广大人民群众意愿的、面向未来的、科学的、高质量的民法典。因此，笔者拟对《物权法》制定的经验进行探讨。

经验一：民众的广泛参与是保证民法典质量的重要前提

我国《物权法》的制定提供了一个经验，即民众的广泛参与和凝聚最大程度的共识是立法能够具有较高质量的基础。《物权法》自 1993 年开始启动立法程序，历时 13 年，经历了 8 次立法审议，最终得以高票通过，可谓来之不易。在这个过程中，有几点经验尤其需要引起我们的重视。一是充分尊重专家学者的意见。在物权法制定的前期，一般是立法机关委托专家学者提出草案建议稿，作为立法的重要参考。由于专家学者建议稿里面有立法理由书，这也为立法提供了一些前期准备。尤其是在立法过程中，针对物权立法中的一些重大疑难问题，立法机关委托专家学者进行专题研究，从而使这些问题有了充分的理论铺垫。二是广泛召集各方面的、反映各层次、各个行业声音的研讨会议，充分听取各方面的意见，这样就有利于不同的观点、不同的声音都得到充分的反映。例如，关于小区车位车库的归属问题，立法机关就充分听取了业主、开发商、主管部门

---

[*] 原载《清华法学》2008 年第 3 期。

等的意见,尽管各方对这一问题的看法是不一致的,但对立法机关最终形成规则有着重要的参考价值。三是向全民公布草案、征求意见。当草案比较成熟时,应当向全民公布,征求意见。2005 年 7 月 10 日,《中华人民共和国物权法(草案)》向社会公布,短短一个月内,全国人大常委会法工委就收到了群众意见 11500 余件,8 月 11 日,全国人大常委会法工委将 7 月 27 日至 8 月 10 日媒体以及群众来信反映的主要意见进行了分类整理,在互联网上进行了公布①,作为立法中的重要参考,从而将讨论引向深入。当然,这种做法不是物权立法的首创。物权立法只是将我国立法机关的这一良好做法发扬光大了。

上述经验实际上充分体现了立法机关开门立法、民主立法,最大限度听取民意,这为我们未来民法典的制定提供了重要的启示。民法典是市民社会的基本法,是保护私权的基本法,是个人生活的百科全书,关系到每一个人的切身利益。所以民法典的制定更应当广开言路,吸引更多的民众参与立法过程中的讨论,凝聚最大限度的共识。英国著名学者约翰·密尔曾经指出:"我们首先要记住,政治制度(不管这个命题是怎样有时被忽视)是人的劳作;它们的根源和全部存在均有赖于人的意志。人们并不曾在一个夏天的清晨醒来发现它们已经长成了。它们也不像树木那样,一旦种下去就'永远成长',而人们却'在睡大觉'。在它们存在的每一阶段,它们的存在都是人的意志力作用的结果。"②对法律制度来说,更是如此,每一项法律制度的完善不仅需要立法机关的推动和精英阶层的智慧,也需要集思广益,汇集全民的共识,确保立法决策的民主性和科学性。民众的广泛参与大大节省了立法成本,推进了立法的速度,在一定程度上也能保证立法质量。所以笔者认为,我们未来的民法典也应当坚持这样的立法模式。民众的广泛参与,能够反映各个层次的不同意见和声音。只有各种不同意见的碰撞,才能预先发现法律施行过程中可能会遇到的问题。达成共识的本身也是一个力量博弈和利益平衡的过程。民法典的起草应该继续提供公民参与公共事务讨论的平台,在建设社会主义民主和法制的过程中,以价值取向多元化为背景,允许公民参与公共事务的讨论,凝聚更多的共识,推进民主法制建设。

我们的社会正处于转型时期,改革开放以来,原有的利益格局已经得

---

① 参见《全国人大法工委公布对物权法草案的意见(全文)》,载 http://news.xinhuanet.com/legal/2005-08/11/content_3339293.htm,访问日期:2005 年 8 月 20 日。

② 〔英〕约翰·密尔:《代议制政府》,汪瑄译,商务印书馆 1982 年版,第 7 页。

到了很大改变。利益多元化,价值取向也日益多元化;我们还处在信息大爆炸的时代,信息传播渠道广泛,受众者众多,这些因素都对立法的决策产生很大的影响,对共识的形成也会产生很大的影响。

为什么民法典必须要凝聚共识? 一方面,因为民法典调整的利益关系类型丰富且复杂,立法者必须要在民法典制定过程中,对各类冲突甚至对立的利益关系作出价值判断,或者对各种对立的利益作出价值取舍或者安排利益实现的先后顺序,这就需要在各种利益群体中去寻求妥协之道。对应的解决方案只有在凝聚共识的情况下才能找到。另一方面,因为民法典在法治建设中的独特地位,在成文法的法律传统之下,衡量一个国家或地区法治文明发展程度的一个重要标尺就是有没有一部高质量的民法典,而制定一部高质量的民法典,并且保证它在现实生活中得到执行,必须以凝聚最大限度的共识作为前提。此外,一部法律制定的过程同时是一次很好的普法过程,在民法典起草过程中,民众广泛参与民法典中各项规则的讨论,也有利于民众对民法典的了解和掌握。我们必须要看到,在法治社会,民法典有生活百科全书的美誉,它也是公民权利的宣言书。因此民法典的起草对全体中国人来说,是一个重大的公共事务,必须最大限度地吸收民众的参与以达成共识,这也为法律的施行提供了前期准备。《物权法》之所以受到全社会如此广泛的关注,也与其制定过程中广泛吸收社会各阶层的意见有很大的关系。这样的一种参与也能在一定程度上保证立法质量。

经验二:《物权法》确立的平等保护原则应当在民法典中得到充分体现

《物权法》第 4 条第一次以基本法的形式规定了平等保护原则。平等保护是具有中国特色的基本民事原则,是物权法的首要原则,也是我国《物权法》中国特色的鲜明体现。因为在西方国家,物权法以维护私有财产为其主要功能,所以没有必要对所有权按照主体的不同进行类型化,并在此基础上提出平等保护问题。但是,在我国,由于实行的是以公有制为主体、多种所有制共同发展的基本经济制度,因此在法律中尤其是物权法中确立平等保护原则,对维护社会主义基本经济制度具有重要意义。我国《物权法》突出了平等保护原则。例如,和其他的法律不同,其他的法律第一章规定的是一般规定,而《物权法》第一章规定的是基本原则,其中一个重要原因就是要确立平等保护原则。

平等保护原则不仅作为物权法的一项基本原则，而且也应当作为民法典的一项基本原则。换言之，在整个民法典的制定中，都应当充分贯彻平等保护原则，并将其作为基本价值理念贯彻始终。主要原因在于：

第一，平等保护是民事主体平等原则在《物权法》中的具体体现。我国民法贯彻民事主体平等原则，确认公民在法律上具有平等的人格，并对各类民事主体实行平等对待。无论个人在客观上是否存在财富多寡、种族差异、性格差别等方面的区别，在民法上他们都属于平等的主体。因而物权的主体也必须体现此种平等性。不管是哪一个权利人的权利受到侵害，都应该受到平等保护。物权法宣告不仅要保护老百姓的私人财产，而且也要把老百姓的财产和国家的财产置于同等保护的位置。

第二，民法典作为市场经济的基本法，平等保护是市场经济的基本规则。只有坚持平等保护原则，才能突出民法典作为市场经济基本法的地位。一方面，坚持平等保护，才能为市场经济提供基本的产权制度框架。平等保护原则是由我国社会主义市场经济的性质所决定的。市场经济天然要求平等，因为交易本身就是以平等为前提，以平等为基础，否认了平等保护，就等于否定了交易当事人的平等地位，否认了市场经济的性质。市场经济天然要求市场竞争主体是平等的，只有平等才能实现竞争的平等。任何企业无论公私和大小，都必须在同一起跑线上平等竞争，适用同等的法律规则，并承担同样的责任，这样才能真正促进市场经济的发展。另一方面，平等保护是构建市场经济秩序的基础。在市场经济条件下，交易主体是平等的，利益目标是多元的，资源的配置也具有高度的流动性，市场主体都从自己的利益最大化出发，各自追求自身的利益，这样就会使市场经济的运行交织着各种矛盾、冲突。因此，必然要求通过法律手段从宏观以及微观上对各主体之间的行为加以协调与规范，以维护市场经济的法律秩序。而通过物权法确立平等保护物权的原则，有助于维护公正的市场秩序，为市场经济的建立与发展确立基本的条件。此外，平等保护是市场主体平等发展的条件。在市场经济条件下，财产保护的平等不仅为市场主体从事市场交易和公平交易创造了前提，而且也为各类所有制企业的共同发展提供了条件。

第三，平等保护原则是基本的法治理念，奠定了我国社会主义法治的基础。宣传平等保护原则实际上就是宣传平等的观念、法治的观念。平等保护原则不仅是物权法的重要特色，也是整个物权法基本功能的体现。

由于平等保护原则的确立,它将对我们整个法治事业起到重大的推进作用。《物权法》确立了平等保护原则后,第一次以基本法的形式在法律上宣告把个人的财产置于和国家财产同等的地位,奠定了法治的基础。物权法确立平等保护原则实际上就是确立了一个法制的基本理念,这是从法律面前人人平等原则引申出来的原则,是最基本的法制理念。同等地对待个人,同样也平等地对待每一个主体的财产。平等保护私人所有权也是依法行政的标准。我们要强化物权意识,行政机关要依法行政,不得擅闯民宅,不得非法剥夺各种财物,即使是违章摆摊设点,也不得随意砸毁。征收私人财产应遵循法定程序、依法作出补偿,等等,这些都是平等保护原则的应有之意。

经验三:充分关注民生的理念应当在民法典中得到全面反映

在平等保护原则之下,特别是尊重、强化对老百姓财产权的保护,这是"民生至上"最为重要的体现。什么是"民生"?事实上,最大的民生就是老百姓的财产权问题。老百姓的财产权问题解决不好,就不可能真正解决好民生问题。例如,老百姓的房屋所有权未能够得到充分的尊重,就无法保障老百姓的基本生存条件和生活条件。物权法平等保护原则的重要内容在于,不仅要保护老百姓的财产,而且要对老百姓的财产予以同等保护。《物权法》对民生的保护具体体现在它的很多规定中。一是《物权法》第149条的规定,住宅建设用地使用权期限届满自动续期,这实际上体现了对公民房屋所有权的特别保护。住宅不仅是每个公民基本的财产,也是每个公民最基本的人权保障条件。所以保护公民的房屋所有权,实际上也就是最大限度地关注民生、保障人权。一个国家要真正做到使人们"住有所居",就要切实保护公民的房屋所有权。从法律上说,买受人取得了无期限的房屋所有权。但由于其只享有一定年限的建设用地使用权,期限届满以后,如果建设用地使用权连同地上建筑物一同返还给国家,则买受人的商品房所有权不能得到有效保护。二是《物权法》在区分所有权中关于车库、车位必须首先用来满足业主的需要的规定。三是《物权法》关于预告登记的规定(第20条),赋予了购房人强有力的措施防止开发商将房屋以更高的价格出卖给他人,从而有效地阻止了"一房二卖"

情况的发生,保障了购房者的合法利益。① 四是通过完善征收、征用制度,从而保护公民的财产权,防止行政权侵害公民的财产权。这些都体现了浓厚的人本主义精神和对民生的最大关注。

在民法典制定过程中,应该将物权法中充分关注民生的理念进行全面的反映,从而保障公民的基本生存权利。

第一,民法典之所以要充分关注民生,首先是因为民法典本质上是人法,要体现人本主义。民法典的现代化,体现在其对人的尊重和关怀。孟德斯鸠说过:"在民法慈母般的眼里,每一个个人就代表整个的国家。"② 因此民法典是否科学合理,并不在于其形式上采用何种编纂体例,而是体现在其对人作为主体的尊重,反映了人的主体性。一部充分关爱个人的民法,才是一部具有生命力的高质量的民法,才能得到人民的普遍遵守和拥护。

第二,民法是保护私权的法,保护私权不仅仅体现在物权法之中,其他如侵权责任法、人格权法等法律也要保护私权。物权不仅是私权的问题,也是关系到民生的问题。只有个人的财产、人格等得到普遍的保护,人才是完整的人,其生命和生活才具有全部的意义。另外,民法保护个人物权等,才能使人民安居乐业,免受各种非法侵害和干扰,使人们过上安静的生活,这些都是民生的重要内容。所以平等保护物权等权利,也是强调对民生的最大关爱。

第三,充分关注民生也是关注对弱势群体的保护。近代民法强调形式平等,而当代民法在维护形式平等的同时,也兼顾实质正义,这是因为民生保护还涉及对弱势群体的保护问题。强调平等保护,就是在平等保护的前提下,实现对弱者的特别保护。从现实来看,对于公民权利的最大威胁主要来自公权力的侵害,所以现代法制的理念在于规范、约束公权力,这也是法治理念最核心的内容。对法治的一个最广泛共识就是规范公权力,保障私权利。另外,民事权利的侵害也大量来自经济上处于强势优势地位的大公司、大企业,尤其是垄断企业,也可能来自一些处于相对优势地位的社会团体,利益冲突中双方的现实地位很难处于平衡状态,所以对于处于弱势地位的一些社会阶层和个人的民事权利的保护也是民法典要关注的重心。德国法中的消费者作为一种独立类型的民事主体,经

---

① 参见全国人大常委会法制工作委员会民法室编:《中华人民共和国物权法条文说明、立法理由及相关规定》,北京大学出版社2007年版,第31—32页。

② 〔法〕孟德斯鸠:《论法的精神》(下册),张雁深译,商务印书馆1963年版,第190页。

历了从边缘到核心的过程,最终被纳入民法典之中。① 尽管它体现的理念是国家干预和对弱势消费者一方的保护,与民法的平等保护理念不大相符,但是仍然被吸纳到民法典之中。笔者认为,这其中的出发点就体现了对民生的关注,对弱势群体的关注。所以,在未来民法典的制定过程中要高度关注民生问题,比如劳工赔偿问题、工资拖欠问题、消费者权益保护问题等。

经验四:《物权法》将公有制与市场经济结合的做法应在民法典中得以继续坚持

《物权法》立足于我国现实国情,充分反映了社会主义基本经济制度的内在要求。《物权法》确认和巩固了国家所有权和集体所有权制度,明确了土地等自然资源属于公有,但财产的效用不在于确定和固定权属,更重要的是使资源进入市场进行流通,从而实现资源的优化配置,这是市场经济的内在要求。物权法充分重视这一点,其最突出的表现,就是通过用益物权制度解决土地等自然资源的利用和流通问题。

用益物权制度是充分维护公有制、发挥公有的土地等自然资源效用的最佳途径。在私有制国家的物权法中,要贯彻物尽其用的宗旨,只需要强调所有权神圣原则,再结合民法的契约自由等原则即可实现。但在我国,根据《宪法》的规定,土地及大多数自然资源都实行公有制,土地等重要的自然资源要么属于国家所有,要么属于集体所有,而且,土地等资源不得买卖。在此背景下,如何有效率地利用公有的土地等资源,是如何实现公有制与市场经济结合所需要解决的一个重要课题。借助用益物权制度,由国家和集体以外的其他民事主体对土地等自然资源进行利用,才有利于保障物尽其用立法宗旨的实现,因此,强调用益物权在物权法中的重要地位,具有特殊的意义和价值。② 我国《物权法》在确认土地等自然资源属于国家或集体的前提下,允许用益物权(如建设用地使用权)转让,实现了公有制与市场经济的结合。而且在我国物权法上,认可了更为多样和丰富的用益物权类型。用益物权本身能够在对土地和自然资源等的利

---

① 参见《德国民典》第 13 条。该条是通过 2000 年 6 月 27 日的法律被纳入民法典的。Siehe Dieter Schwab, Einführung in das Zivilrecht, C. F. Müller Verlag, 2005, S. 54; Dieter Leipold, BGB I, Einführung und Allgemeiner Teil, Mohr Siebeck, 2008, S. 104.

② 参见梅夏英、高圣平:《物权法教程》,中国人民大学出版社 2007 年版,第 201 页。

用过程中,引入市场机制,通过当事人的自由协商和有偿使用机制,实现资源的最有效配置,让最有条件和能力的主体利用有限的资源,实现自然资源价值的最大限度的发挥。另外,由于土地和其他自然资源是最重要的生产要素,只有通过用益物权制度使这些资源进入市场,才能通过市场的手段使资源得到效率最大化的配置和使用,发挥最大的价值。①《物权法》的做法既照顾了我国的基本经济制度,又不拘泥于此,而是采用开放的视野,从域外法律中吸取合理的经验,再加以适合国情的改造,使之具有很强的现实性,并有充分的弹性,能与传统民法形成对接。可以说,这种做法是在传承中有创新,是民法典编纂可取的科学方法。

就民法典编纂而言,也必须从我国的社会主义公有制基本经济制度出发,将其与市场经济完美结合起来,并将之作为立法的最根本考虑要素之一。这是因为民法典是市场经济基本法,其制定必须立足于维护我国的基本经济制度,并在此基础上建构市场经济的基本规则。所以,民法典的制定以维护基本经济制度为前提,同时还要建立一套符合我国国情、有利于促进社会主义市场经济发展的规则体系。这种思路不仅是物权法的立法经验表现,也应体现在债权法等其他财产法之中,比如,涉及国有资产、自然资源的合同,不能因交易而改变标的物的国有属性,但同时又不能对国有企业等进行特别保护。又如,物权法没有规定取得时效是一大缺憾,应由民法典给予妥当的调整和规范,而民法典在设计取得时效制度时,应尊重公有制特色,不能改变国有财产的权属状态;但为了促进经营性国有资产的流通和增值,不能给予它们特殊的法律地位,使之不受取得时效的限制。在民法典中应继续坚持将公有制与市场经济完美结合,这不仅是民法典维护国家基本经济制度的基本功能的体现,同时还是其作为市场经济基本法所应具有的本质使命。

经验五:《物权法》扩大财产保护范围的经验应当在民法典中得以体现

《物权法》主要保护各种有形的财产权,但是又不限于对有形财产权的保护。《物权法》还进一步扩大了对于财产性权利(例如股权、债权、知识产权等权利)保护的范围。《物权法》平等保护各类财产,但仅仅保护

---

① 参见姚红主编:《中华人民共和国物权法精解》,人民出版社2007年版,第209页。

公民的有形财产权是不够的,还应当保护公民的投资、收益和其他财产。

首先,《物权法》第一次在法律上确认了"私人所有权"的概念,保护私人所有的各种合法财产,尤其是《物权法》第 65 条特别以明文的方式,规定保护"合法的储蓄、投资及其收益",这就是要保护公民的私有财产。

其次,《物权法》扩大了物权客体的范畴,将无形资产也纳入其所调整和保护的范围。例如,《物权法》第 2 条第 2 款规定,法律规定权利作为物权客体的,即依照《物权法》和其他法律进行保护。

最后,物权法保护占有。即使是无权占有,也可能受到占有制度的保护,尤其是在拾得遗失物、发现埋藏物等情况下的无本权占有,也应当受到法律保护。之所以如此规定的理由在于:

一是现代法治社会要求,任何纷争最终都应当经过法律程序加以解决,任何人不得非法凭借其私力改变占有的现状,即便所有权人或者其他物权人也不能自行从无权占有人手中抢夺其物。如果允许私人执法,随意使用暴力,则整个社会秩序将严重混乱,甚至形成弱肉强食的丛林社会。因此,物权法上建立占有制度就是为了维护社会秩序,禁止私人执法或采取非法自助的方式来保护占有。在某人的财产被他人非法占有之后,所有人不得通过非法的私力救济手段来保护占有。"无论在占有人之自力防御权中,还是在其占有保护请求权中,禁止私力这个概念均有重要意义。只有存在禁止私力时,占有之保护功能才会显现。"[1]

二是确立正当程序观念的需要。正当程序的观念就是法治的观念。在现代法治社会,即使是针对无权占有,也必须经过正当的、合法的程序才能剥夺占有人的占有。对于无权占有的财产,除有关国家机关依法可以剥夺占有人的占有之外,任何人不得没收、强占占有人占有的标的物,否则占有人有权行使占有保护请求权。保护无权占有的实质在于强调只有经过正当的程序才能剥夺无权占有。例如,某人未经批准建造的违章建筑,只能由法定的机关依据合法的程序予以拆除和没收,其他任何单位和个人不得非法强占、拆除和没收。即使国家行政机关在针对无权占有人采取相应的行政强制行为时,也应当严格按照法律程序进行,否则也构成对占有人的侵权行为。当然,保护无权占有并非要使非法占有的事实长期化、合法化,如果需要尽快中止非法占有的,也应当通过法定程序进行。

---

[1] 〔德〕鲍尔、施蒂尔纳:《德国物权法》(上册),张双根译,法律出版社 2004 年版,第 155 页。

民法典作为保护私权的基本法,应全面保护民事主体的财产及其权益,而不受制于物权法的适用范围。物权法主要调整以有形财产为客体的权利取得和变动所形成的关系,不能涉及其他的财产权利以及财产性权益,而无形财产以及新型财产在实践中所发挥的作用越来越大,必须引起立法者的重视。要全面保护民事主体的财产及其权益,不仅需要物权法、债权法等详尽规定已经成熟的财产权规则,还要为将来可能出现的新型财产或者财产性利益预留空间,由民法典规定财产保护的一般条款,使之来指导民法典的各组成部分的财产规则以及特别法中的财产规则,并对法律未明文规定的财产保护提供支持和依据。就此而言,民法典保护的财产,不仅应是财产权利,还应当包括其他法律应当保护的财产性利益。

经验六:《物权法》兼顾稳定性和开放性,为民法典的制定提供了有益的经验

法国学者对立法技术阐述道:"法律制定的艺术,是立法科学的一部分,为了立法方针的选择不仅仅是对法律文本的修改,或者更通常意义上是形式上(形式上表达,安排,章节名、分编、逐条陈述)的,而且还包括法律规范宣告模式的配置以及立法程序的实现……"①《物权法》的立法即是这一阐述的良好体现,第一次在我国法律上确立了物权法定原则(numerus clausus)。物权法定对物权种类的列举实际上是一种分别性的列举,难免使物权法具有一定的封闭性。种类法定既不允许当事人任意创设法定物权之外的新种类物权,也不允许当事人通过约定改变现有的法律规定的物权类型。理论上也将此种情形称为排除形成自由(Gestaltungsfreiheit)。② 通过明确物权内容的规定,可以使交易当事人明确物权的内容,从而维护交易的安全。通过对内容的禁止性规定,不允许当事人自由创设物权,也可以减少当事人检索物上负担的成本。内容法定禁止当事人随意约定与法律规定不符合的内容,实际上还有利于减少当事人谈判的成本,保障法律目的的实现。③ 但严格的物权法定所产生的过度的

---

① Gérard Cornu, Vocabulaire juridique, Association Henri Capitant, édition:7e édition, PUF, 2005, p.89.
② 参见〔德〕曼弗雷德·沃尔夫:《物权法》,吴越、李大雪译,法律出版社2002年版,第14页。
③ 参见苏永钦:《物权法定主义松动下的民事财产权体系》,载《月旦民商法杂志》2005年第8期。

封闭,难免使民法所奉行的私法自由大打折扣,并会阻碍经济发展的需求①,因而在物权法定主义的模式下,需要有效地协调物权的封闭性与开放性的关系。我国《物权法》在立法中已经注意到了这一点。

第一,从物权法固有的内容来看,它主要以调整有体物为内容。但我国《物权法》承认无形财产在例外情况下可以成为物权的客体。《物权法》第 2 条第 2 款规定:"本法所称物,包括不动产和动产。法律规定权利作为物权客体的,依照其规定。"这就是说,在法律有特别规定的情况下,权利本身也可以成为物权的客体。我国《物权法》确认了各种权利担保的方式,实际上是承认了大量的无形财产可以成为担保物权的客体。我国《物权法》明确将"无线电频谱资源"纳入物权法的适用范围,这实际上也扩大了物权客体的范围。我国司法实践也承认,电、热、声、光等在物理上表现为无形状态的物,作为有体财产的延伸,仍然属于有体物的范畴,从交易观念出发,它可以被作为物对待。② 我国《物权法》第 136 条规定,空间权可以成为一项权利,这实际上是将空间资源纳入物权客体的范围。我国《物权法》甚至承认了集合财产在特殊情况下可以成为物权客体。③ 这些都表明了物权法不仅以有形财产作为其调整的对象,而且也扩大了其保护的范围。

第二,在所有权中,《物权法》注重对资源的归属确认。所谓自然资源,按照 1992 年联合国开发署的定义,是指"在一定时间和条件下,能够产生经济价值以提高人类当前和未来福利的自然环境因素的总称"④。传统的物权法并不调整自然资源,也不调整自然资源以外的其他资源。自然资源的归属和利用是由公法和特别法调整的。但现代社会,不仅各种传统的自然资源如土地、水资源、石油、矿产等因日益稀缺而凸显出其更大的战略意义,而且随着科学技术手段的提高,人们的活动范围不断扩大,资源也越来越受到物权法的调整。因而物权法必须对这些自然资源

---

① 我国台湾地区学者苏永钦近年来即借鉴经济分析的方法多次发表文章主张物权的自由化,参见苏永钦:《物权法定主义松动下的民事财产权体系》,载《月旦民商法杂志》2005 年第 8 期;苏永钦:《民事财产法在新世纪面临的挑战》,载苏永钦:《走入新世纪的私法自治》,中国政法大学出版社 2002 年版;苏永钦:《法定物权的社会成本》,载苏永钦:《民事立法与公私法的接轨》,北京大学出版社 2005 年版。
② 《关于审理盗窃案件具体应用法律若干问题的解释》第 1 条第 3 项已经将盗窃电力、煤气、天然气等无形物的行为纳入盗窃罪的处罚范围。
③ 参见《物权法》第 181 条。
④ 蔡运龙编著:《自然资源学原理》,科学出版社 2000 年版,第 39 页。

的归属与合理利用加以调整。① 我国《物权法》确认了矿藏、水流、海域、野生动植物资源、无线电频谱资源等的归属。这些自然资源不是纯粹的有体物,其中也有一些属于无形财产。《物权法》对此作出规定,有利于实现对资源合理而有效的利用和保护生态环境,对于维护生态环境和保护资源也具有重要意义。

第三,在用益物权中,尽管《物权法》列举的各种用益物权都是不动产物权,但是,该法第 117 条规定:"用益物权人对他人所有的不动产或者动产,依法享有占有、使用和收益的权利。"因而,用益物权的客体也不限于不动产,还包括动产。动产用益物权为将来居住权等人役权的设立预留了空间。这里要特别指出的是《物权法》第 153 条,该条规定:"宅基地使用权的取得、行使和转让,适用土地管理法等法律和国家有关规定。"该条维持了现行规定,具有其合理性。但是,随着我国市场经济的发展和改革开放的深化,对宅基地使用权流转严格限制的做法,也有进行改革的必要。所以该条在维持现行规定的同时,也为今后逐步放开宅基地使用权的转让、修改有关法律或调整有关政策留有余地。② 目前我国有些地区正在进行宅基地使用权转让试点。③ 如果试验成果获得了政府有关部门的认可,也可以认为符合《物权法》第 153 条所说的符合"国家有关规定"。由此也可以看出,《物权法》的规定也为宅基地使用权制度的改革留有空间。④

第四,在担保物权方面,《物权法》在物权法定主义模式下,给担保物权留下了充足的发展空间。例如,《物权法》第 180 条第 1 款第 7 项规定的"法律、行政法规未禁止抵押的其他财产"都可以抵押,将来法院完全可以根据

---

① 例如,有的国家规定基于公共利益,国家可以利用私人所有的土地的地下一定深度的空间;某些国家甚至规定,土地所有权地下若干米之下的空间归国家所有。另外,在西方国家,法律因越来越强调对于环境和生态的保护,从而对自然资源的利用行为设定一些新的限制,这尤其体现在与国计民生有重大关系的领域。例如,根据有些国家的立法,对于土地的利用必须要符合环境保护的要求;禁止对某些土地的闲置或者抛荒;对于某些私人房屋或者建筑,如果其构成国家文化遗产,则其利用和处分将受到公法规范的限制。

② 参见王兆国 2007 年 3 月 8 日在第十届全国人民代表大会第五次会议上所作的"关于中华人民共和国物权法草案的说明"。

③ 现在一些地方也在积极探讨集体土地进入市场进行交易的问题。例如,2003 年 6 月,广东省人民政府出台了《关于试行农村集体建设用地使用权流转的通知》,该通知指出,集体建设用地可以上市流转,包括出让、转让、出租、抵押等形式。2004 年 2 月,大连市出台了《大连市集体建设用地流转管理暂行办法》,该办法指出,农村集体建设用地可以自由买卖。

④ 参见胡康生主编:《中华人民共和国物权法释义》,法律出版社 2007 年版,第 340 页。

这一规定解释出一些新的担保形式。再如,《物权法》第 192 条规定了抵押权可以在法律有特别规定的情况下与主债权分离,允许它有一定的独立性。该条规定也为未来一些新型担保物权留下了一定的发展空间,包括允许当事人通过特别约定使抵押权与主合同发生一定的分离等,这些都是在一定程度上缓和了严格的法定主义所带来的僵化和刚性。

总之,《物权法》在体系构造上不是封闭的,而是开放的,这就使得《物权法》不仅能够适应社会生活的需要,而且能够适应未来社会变动的需要。《物权法》为未来法律的发展预留了空间。这种做法也为未来民法典的制定提供了经验。我国民法典既要坚持其内在体系的周延性,继续维持权利法定的立法模式,也要兼顾其开放性,例如,适当规定个别具有高度概括性特点的民事权利如一般人格权,并通过侵权责任法等对尚未上升为权利的合法利益加以保护。尤其是可以在法律中设置一些一般条款,以避免列举式规定挂一漏万的弊端,并为未来民法规则的发展预留一定的空间。

经验七:《物权法》充分借鉴了两大法系的制度与原则,为民法典的制定提供了宝贵的经验

《物权法》的基本概念、范畴与体系,来自于大陆法系。"物权"一词最早起源于罗马法。罗马法曾确认了所有权(dominium)、役权(servitutes)、永佃权(emphyteusis)、地上权(superficies)、抵押权(hypotheca)、质权(pignus)等物权形式,并创设了与对人之诉(actio in personam)相对应的对物之诉(actio in rem),以对上述权利进行保护。罗马法学家也曾使用过 iura in re(对物的权利)[1]以及 jus ad res(对物之权)的表述[2];中世纪注释法学家在解释罗马法时,曾经从对物之诉和对人之诉中引申出"物权"和"债权"的概念,并将物权的两种形式即完全物权(Plena in re potestas)和他物权(iura in re aliena)用"物权"(iura in re)这个词来概括。物权法关于用益物权、担保物权分类的体系,以及有关的物权法原则(如物权法定)、物权请求权、占有保护、地役权等,都来自大陆法系。所以,在整个体系结构上,我国物权法并未在根本上突破大陆法系的框架。但是,这并不等于说物权法没有自己的创新。在从我国的实际情况出发的基础上,

---

[1] 参见[意]彼德罗·彭梵得:《罗马法教科书》,黄风译,中国政法大学出版社 1992 年版,第 183 页。

[2] See Vinding Kruse, The Right of Property, Oxford University Press, 1953, p.131.

物权法中也包含了大量的制度创新,其中最重要的是从我国土地公有制的实际出发所构建的所有权和用益物权制度,如国家所有权、集体所有权、土地承包经营权、建设用地使用权、宅基地使用权等,它们体现了鲜明的本土性。此外,《物权法》也适当吸收了英美法的有关经验,规定了浮动抵押制度(第181条)①、应收账款质押(第223、228条)等。

在立法上充分借鉴两大法系的经验,这一重要的工作方法应当在未来民法典编纂中予以坚持。在当代,两大法系之间已经出现了一定程度的相互接近。虽然法典和法典化是大陆法系的标志性特征之一(正因为如此,大陆法系也被比较法学家们称为"法典法系"),但是,这并不意味着在法典化的过程中不能借鉴普通法的一些具体制度和做法。必须看到,在全球化的今天,两大法系的相互交融已是一个重要发展趋势②,在这样的背景下,在法典化过程中对普通法的借鉴尤其必要。在充分借鉴两大法系经验的基础上所制定出来的民法典,才能保证立法质量和科学性。

经验八:立法对于司法实践和法律实务中一些成熟的做法及时予以总结,将有关制度以立法形式予以规定

我国社会正处于转型时期,各种利益关系错综复杂,相关法律制度尚不完善,面对各种新情况、新问题,不可避免地要通过行政法规、规章以及司法解释来解决。这些规范性文件虽然不是法律,但它们是经过实践检验的实务经验的总结。在《物权法》起草过程中,立法者及时对司法实践和法律实务中一些较为成熟的做法进行了总结,并将其上升为立法。譬如,对于建设用地使用权的出让,相关部委规章原则上要求采用招拍挂方式,这对于遏制土地出让领域的权钱交易、官商勾结、"暗箱操作"等非法现象发挥了重要作用。《物权法》第137条第2款对此进行了规定,即出让经营性用地及有两个以上用地意向者的土地时,需要采取招标、拍卖等公开竞价的方式。

---

① 参见全国人大常委会法制工作委员会民法室编:《中华人民共和国物权法条文说明、立法理由及相关规定》,北京大学出版社2007年版,第328页。
② 参见〔日〕大木雅夫:《比较法》,范愉译,法律出版社1999年版,第125—127、136、137页;〔美〕约翰·亨利·梅利曼:《大陆法系》(第二版),顾培东、禄正平译,法律出版社2004年版,第26页。

在担保物权方面,《物权法》大量借鉴了司法解释中的成功经验。例如,《担保法》第 28 条第 1 款规定:"同一债权既有保证又有物的担保的,保证人对物的担保以外的债权承担保证责任。"《担保法解释》第 38 条第 1 款第 1 句结合司法实践在《担保法》规定的基础上区分了第三人提供的物的担保和债务人提供的物的担保,在第三人提供物的担保的情形,债权人既可以请求保证人承担担保责任,也可以请求物的担保人承担担保责任,从而对《担保法》第 28 条的规定进行了一定的限缩。《物权法》吸收了《担保法解释》的经验并作出进一步的完善,于第 176 条规定:"被担保的债权既有物的担保又有人的担保的,债务人不履行到期债务或者发生当事人约定的实现担保物权的情形,债权人应当按照约定实现债权;没有约定或者约定不明确,债务人自己提供物的担保的,债权人应当先就该物的担保实现债权;第三人提供物的担保的,债权人可以就物的担保实现债权,也可以要求保证人承担保证责任。提供担保的第三人承担担保责任后,有权向债务人追偿。"再如,《担保法解释》第 79 条第 2 款规定:"同一财产抵押权与留置权并存时,留置权人优先于抵押权人受偿。"《物权法》第 239 条在此基础上又将质权纳入进来。《物权法》第 239 条规定:"同一动产上已设立抵押权或者质权,该动产又被留置的,留置权人优先受偿。"此外,《担保法解释》针对《担保法》的规定过于粗疏、个别制度有悖法理的问题,在一些内容上进行了进一步的完善,如抵押权的优先顺序、抵押权的行使期限、转质等。这些内容都被《物权法》适当调整后所采纳。

民法典的制定是几代法律人的梦想,在物权法制定之后,民法典究竟离我们还有多远?我们既不能说民法典已经离我们只有一步之遥,也不能说民法典仍然遥不可及或遥遥无期,毕竟《物权法》及 1999 年颁布的《合同法》已经奠定了民法典的主干,为民法典的制定打下了坚实的基础,我们需要在此基础上加快民法典制定的步伐,尽快地推出一部立足中国国情、体现 21 世纪时代精神和时代特色的、具有中国特色的民法典。

财产所有权

罗马法与日耳曼法的所有权概念比较*

一、罗马法上所有权概念的形成

一般认为,大陆法的所有权概念来源于罗马法的"dominium"(所有)一词,它是指依据罗马市民法(ius civile 或 ius Quiritium)所享有的、针对包括奴隶在内的财物的支配权,是一种只有罗马市民才能享有的权利。① 事实上,在该词产生之前,罗马人就已经有一些关于人对物直接所有关系的表述(如 meum esse、erus、dominus)。在对物的誓金之诉中,原告时常宣称,"物是我的"(meum esse)。② 在古罗马时期,曾经出现了一些表达财产概念的词,如 familia、pecunia、mancipium、manus、partia、potestas 等。但这些概念都没有准确地表达所有人对物的绝对支配的含义,其在内涵上大都包括家长对子女的权利。根据西方罗马法学者的看法,"dominium"一词是在罗马共和国晚期出现的,有人认为是由罗马共和国末期的法学家瓦鲁斯(Alfenus Varus)创设的,亦有人认为是由奥古斯都时期的法学家拿比奥(Labeo)首次使用的。无论如何,在《学说汇纂》(digest)中还没有发现这个词。这个词来源于"dominus"(主人),它实际上表明了早期家父对家庭内部的人和物都享有统一的支配权。③ 在公元前2世纪至3世纪以前,"dominium"一词主要是指"奴隶的所有人、主人"的概念。

至公元前1世纪,一些法学家如西塞罗和瓦洛(Varco)等人多次将这一概念作为"所有人"的概念使用,后来,它才逐渐具有所有权的含义。④

---

* 本文完稿于1999年。
① 参见黄风:《罗马私法导论》,中国政法大学出版社2003年版,第182—183页。
② 参见陈晓敏:《大陆法系所有权模式历史变迁研究》,中国社会科学出版社2016年版,第7—8页。
③ 参见陈晓敏:《大陆法系所有权模式历史变迁研究》,中国社会科学出版社2016年版,第12页。
④ See Gyorgy Diosdi, Ownership in Ancient and Preclassical Roman Law, Akodomiai Kiado, Budapest, 1970, pp.133–135.

罗马法上所有权概念的产生过程实际上是罗马土地公有制与在经济发展过程中不断成长的土地私有制斗争的过程。按照许多罗马法学家的看法,"dominium"的形成,是地役权(servitus)和用益物权(usus fructus)产生的结果。① 这标志着土地私有的制度化。地役权和用益物权的形成时间大约在公元前 3 世纪或公元前 2 世纪左右,从《学说汇纂》中的一些片断来看,前古典法学家曾探讨过用益物权的概念,地役权与用益物权的产生需要明确土地所有人的法律地位,这就促使了所有概念的诞生。最初,所有权是与用益物权相对应使用的,按照罗马法学家塞尔维的看法,它是与通行地役权相对应的。② 因而,所有权概念的产生就形成了所有权与所有权之外的他物权类型的并列。诚然,这一概念的抽象性表明了罗马法学家在发明这一概念时,多少受到了希腊哲学的影响,但是按照许多学者的看法,这个时候由于古希腊的土地公有制尚在一定范围内存在,因而古希腊没有一个与所有相对应的概念。③

罗马法的所有权概念在很长时间内是与家父权交织在一起的。如前所述,在相当长时期内,所有主要是指"奴隶的所有人、主人"的概念,逐渐扩展到家庭内部家长对物和人的权利,后来才开始逐渐形成为对财产的权利。所有权的主体并不是广泛及于所有人的,而只是家父权在客观世界中的反映。有学者认为所有权是"家父权力在物上的延伸,构成家父完整人格不可分割的部分"④。当"dominium"一词被称为所有权的时候,它所表达的不再是家长的权利,而是对财产的权利。因此,德国学者莫里尔(Monier)指出,"dominium"一词的出现意味着从有限的家父权转化为对物的完全控制权。⑤

所有概念的出现,表达的是一种"这是我的"的含义,体现的是人对物的支配关系,尤其是对第三人的排斥。⑥ 所有权排斥任何外在的负担,是

---

① See Gyorgy Diosdi, Ownership in Ancient and Preclassical Roman Law, Akodomiai Kiado, Budapest, 1970, pp. 133 – 135.
② 参见《学说汇纂》(第八卷),陈汉译,中国政法大学出版社 2009 年版,第 97 页。
③ See Douglas M. MacDowell, The Law in Classical Athens, Ithaca, Cornell University Press, 1978, p. 137.
④ 陈晓敏:《大陆法系所有权模式历史变迁研究》,中国社会科学出版社 2016 年版,第 33 页。
⑤ See Gyorgy Diosdi, Ownership in Ancient and Preclassical Roman Law, Akodomiai Kiado, Budapest, 1970, pp. 132 – 133.
⑥ 参见陈晓敏:《大陆法系所有权模式历史变迁研究》,中国社会科学出版社 2016 年版,第 32 页。

"罗马法所有权所具有的排他特质即所有权的完整性使然"①。罗马法所有权概念的出现又进一步促进了所有权权能的分离。诚如多斯迪(Diosdi)所指出的:"可以说,所有权的某些权利与所有权相分离,以及法定的和实际的权利的必要分离,是因为这种抽象的所有权形成的结果。"②所有权促进了他物权制度的发展、占有与所有的分离、占有补救的产生以及有体物与无体物的分类等。

随着商品经济的发展,大约在古罗马帝国第一世纪末期,产生了罗马法上的所有权的另一个表述"proprietas"③,该词的内涵非常明确,即所有权人可以在法律许可的范围内对物进行占有、使用和滥用。其包括了三种形式的所有权,即市民法所有权(dominium ex iure Quiritium)、个人对形式上属于国家所有的行省土地的占有和用益权以及受到裁判官法保护的善意拥有(in bonis habere)。④ 许多学者也称这一词是后世的所有权概念(英文的 property、法文的 propretie)的起源。

按照中世纪注释法学家的观点,"proprietas"所称的滥用(abuti),仅指对物的完全的支配权(plenanre、potestas),而不是指对物进行狂妄的和不道德的滥用。实际上,滥用一词准确地概括了罗马法的绝对所有权的特点。所谓滥用,表明了所有权人可以随意处分其物,正如罗马法谚所说,"一个人可以在不侵犯他人的情况下对自己的物为所欲为"(in suo hactenus fecere licet quatenus nihil quis in alienum immittat)。⑤ 中世纪法学家正是试图以罗马法的绝对所有权概念来解释中世纪在封建土地占有制度基础上形成的双重所有概念,而对"滥用"一词作了不恰当的解释。巴特鲁斯在对优士丁尼《学说汇纂》进行评注时,给所有权作出了一个经典的定义,即"所有权乃是完全的、绝对的支配物的权利"(Ius de re corporali perfecte disponendi nisi lege prohibeatur)。⑥ 另一位注释法学家在对《学说汇纂》进行评注时,明确参照了巴特鲁斯的观点,对所有权进行了类似的定

---

① 马新彦:《罗马法所有权理论的当代发展》,载《法学研究》2006年第1期。
② Gyorgy Diosdi, Ownership in Ancient and Preclassical Roman Law, Akodomiai Kiado, Budapest, 1970, pp.133–135.
③ Gyorgy Diosdi, Ownership in Ancient and Preclassical Roman Law, Akodomiai Kiado, Budapest, 1970, p.136.
④ 参见黄风:《罗马私法导论》,中国政法大学出版社2003年版,第183页。
⑤ 〔意〕彼德罗·彭梵得:《罗马法教科书》,黄风译,中国政法大学出版社1992年版,第245页。
⑥ Alan Rodger, Owners and Neighbours in Roman Law, Oxford: Clarendon Press, 1972. p.2.

义,提出"所有权是在不违背法律的前提下,自由支配有体物的权利"(ius de re corporali libere disponendi nisi lex prohibeatur)。① 这些有关所有权概念的表述为后世所继承。

罗马法上所有权概念注重抽象的支配,并以所有权为中心构建了财产体系,这是简单商品经济在法律层面的反映。但由于罗马法时期实行简单的商品经济,经济规模较小,市场交易有限,因而决定了在罗马法中并不注重物的利用。在对所有权与他物权的关系的认识上,罗马法认为所有权与他物权之间只是在量上不同,而并不存在质的区别。各种他物权的权能相加,即形成了所有权的权能,将所有权的权能分解,就出现各种各样的他物权。② 罗马法关于所有权的弹力性规则(即所有权权能的分离只是对所有权的暂时限制,所有权最终仍恢复至圆满状态),其实也表明在那个时代所有权的权能的分离相对简单,对物的利用方式也相对有限。但是,罗马法的所有权概念又能够服务于现代市场经济对财产法的要求,因此,19世纪后期的注释法学家发现这个概念与自由资本主义时期的个人主义精神是一致的,对此大加推崇。《法国民法典》深受其影响,该法典第544条几乎完全照搬了罗马法的所有权概念。这一概念甚至对德国民法的制定也产生了一定的影响。《德国民法典》的起草人温德沙伊德(Windscheid)一再宣称,"所有权应该是无限制的,任何限制都有损于所有权"③。他的这种观点完全体现在1887年的《德国民法典》草案第一稿中,以至于受到基尔克等学者的强烈批评。在基尔克看来,所有权并不是一种与外界对立的、毫不受限制的绝对性权利,恰恰相反,所有权人在行使权利时应当遵循法定的程序,并顾及各个财产的性质与目的。④

二、日耳曼法上的物权概念的形成

公元410年,日耳曼人南侵,导致西罗马帝国灭亡。长期的战争导致

---

① 陈晓敏:《大陆法系所有权模式历史变迁研究》,中国社会科学出版社2016年版,第26页。
② 参见陈晓敏:《大陆法系所有权模式历史变迁研究》,中国社会科学出版社2016年版,第34—35页。
③ Alan Rodger, Owners and Neighbours in Roman Law, Oxford: Clarendon Press, 1972. p.2.
④ 参见陈华彬:《物权法原理》,国家行政学院出版社1998年版,第206页。

商业摧毁、商事交易锐减、城市衰退,欧洲进入了所谓的"黑暗时期"[①]。在征服罗马帝国之后,蛮族人建立了大大小小众多的日耳曼王国,从此欧洲进入了长达一千多年的中世纪,在这一历史过程中,日耳曼人逐渐发展了以农业社会为基础的固有法,在物权制度领域形成了与罗马法截然不同的、独具特色的制度。

日耳曼的物权制度并非是以抽象的所有权为中心构建起来的,从日耳曼人征服罗马帝国后,日耳曼民族已从游牧经济转为农耕经济,并按照部落成员的亲属关系群居,亲属关系较近的较大集团占有一定的地区,日耳曼人住宅归各家私有,但是土地并非私有,而是集体所有,根据一些历史文献的记载,当时土地是公社的财产。公社按照人口多少占有相应的地段,并由公社将土地分配给个人。[②] 恩格斯也曾经指出:"至少,塔西佗(在恺撒之后150年)就只知道由各个家庭耕种土地。但是,分配给这些家庭的耕地,期限也只有一年;每隔一年,又要重新进行分配和更换。"[③] 由于土地的非私有制,决定了当时日耳曼人对土地并不享有所有权,而只是享有占有权。根据恺撒在《高卢战记》中的记载:"他们中间没有私有的或划开的土地,也不允许在一个地方居住一年以上。"[④]日耳曼人在占有土地的过程中,基于其游牧传统和封建农业社会的需要,在土地上逐渐形成了以"Gewere"(占有)为基础的物权制度。

"Gewere"一词来自于拉丁语的"vestitura",本意为穿衣、着装。后来,这一词逐渐转化为对占有的一种支配状态。[⑤] "Gewere"一词虽译为"占有",但其与罗马法中的"占有"一词大相径庭,因为其不仅表达了对物的控制,而且表达了对财产的拥有状态。物权只有以"Gewere"行使为基础和条件,不存在占有(Gewere),就不存在物权,并不能受到物权法的保护。日耳曼法形成的以占有为基础的物权制度主要具有如下特点:

第一,不动产的占有具有多样性。从不动产层面观察,"Gewere"一词具有多重含义,一是事实上的占有,此种占有和物权的享有密不可分,能够占有物,权利人才能享有物权,对物的权利与占有的外形始终是相伴随

---

① 参见李宜琛:《日耳曼法概说》,中国政法大学出版社2003年版,第2页。
② 参见马克垚:《西欧封建经济形态研究》,中国出版集团、中国大百科全书出版社2009年版,第22页。
③ 《马克思恩格斯全集》(第十九卷),人民出版社1995年版,第355页。
④ 恺撒:《高卢战记》卷四,一。转引自马克垚:《西欧封建经济形态研究》,中国出版集团、中国大百科全书出版社2009年版,第19页。
⑤ 参见李宜琛:《日耳曼法概说》,中国政法大学出版社2003年版,第54页。

的,土地权利的确定必须通过一定的外部事实来表彰,只有具有 Gewere 表彰的权利,才能受到物权法的保护,一旦丧失占有,物权也随之消灭。因此,Gewere 不仅仅是一种占有事实,其也具有公示权利的作用。① 二是对土地进行收益、处分的权利。在日耳曼法中,这种占有还表现为对不动产的使用、收益。三是占有的权利受到保护。在诉讼中,当事人的争议并不是所有,而是哪一种占有更为有效,当事人之间的所有权纠纷也就集中体现为对于占有的争议。正如川岛武宜所指出的,在"Gewere 式规范体系"中,人们只有在某人具有事实上现实占有时,才会尊重这种所有或占有。产生占有纠纷后,要确定哪一个占有更为有效。从"所有权"的事实状态到"所有权的观念化",这是一种主观自发性的近代法观念上的进步。② 四是 Gewere 强调实际的占有和支配,而且只有现实占有才会得到法律的承认。物权只有通过实际占有才能受到物权法的保护,只有对物进行事实上的支配才能享有物权,所以占有和本权具有密不可分的关系。只有以 Gewere 表现的权利才属于物权,并受到物权法的保护。而正是因为 Gewere 包含了本权,所以这一概念不同于罗马法上与本权相分离的"占有"③。

在日耳曼法中,占有(Gewere)具有特殊的效力,具体而言,主要表现在如下几点:一是权利推定效力。这就是说,谁获得了占有,就推定谁享有权利。可以说这是现代物权法中的占有推定规则的历史起源。由于占有推定制度对于保护财产秩序具有极为重要的作用,为现代各国民法所充分采纳,以对抗所有权人的原物返还请求权作为逻辑的起点,保护善意取得为目的。④ 占有(Gewere)虽然不是物权本身,但却可以成为物权的表现形式,即凡具有占有(Gewere)的形式、在他人不能举出反证予以推翻的情况下,就推定享有占有(Gewere)的人拥有真实的权利。⑤ 他人如果要对享有占有(Gewere)的权利提出异议,必须证明自己享有真实的权利,

---

① See Rudolf Huebner, A History of Germanic Private Law, Trans. by Francis S. Philbrick, Little Brown and Company, Boston, 1918, pp. 184–185.
② 参见〔日〕川岛武宜:《现代化与法》,王志安、渠涛、申政武等译,中国政法大学出版社1994年版,第79页以下。
③ 参见易继明:《论日耳曼财产法的团体主义特征》,载《比较法研究》2001年第3期。
④ Baldus, in Münchener Kommentar zum BGB, §1006, Rn. 8.
⑤ See Rudolf Huebner, A History of Germanic Private Law, Trans. by Francis S. Philbrick, Little Brown and Company, Boston, 1918, pp. 193–200.

且该权利优于享有占有(Gewere)者的权利。① 二是权利防御的效力。对于裁判范围外的侵害行为,拥有占有(Gewere)的人可以基于自力救济予以排除。三是在占有被侵夺的情形,拥有占有(Gewere)的人可以请求排除侵夺者的侵害。② 无论占有人是基于善意或恶意导致权利人丧失占有(Gewere),享有占有(Gewere)的人都可以请求其返还占有。在日曼法上,并没有罗马法上所有权与占有的区分,占有(Gewere)本身就构成物权。

第二,以物的利用为中心构建物权制度。日耳曼人长期处于村落社会,生存环境比较封闭,土地为公社所有,再分配给家庭利用。因而,日耳曼法中的物权制度并不重视抽象的归属,而重视对不动产价值的利用。日耳曼法中的物权体系,实际上是以使用为中心构建起来的③,其物权制度是建立在土地的利用基础之上,以利用为中心而展开各项权利。占有(Gewere)包含了现代的所有权、他物权、占有等各种支配利益。对于土地的权利的确定不注重抽象的支配和归属,而更注重土地的不同利用者从不同的角度控制土地,物在一方面受到某一个人的支配,同时在另一个方面也受到他人的支配。土地的管理、处分等应当受到团体或领主的支配,而在具体的使用、收益等方面则受到团体成员或臣下的支配。在日耳曼法中,此种支配在以不动产为对象时则表现为用益。

第三,物权具有团体性。日耳曼人从游牧民社会过渡到农业社会以后,其社会的共同体就是"马尔克"公社。马克思指出:在马尔克公社那里,"个人土地财产既不表现为同公社土地财产相对立的形式,也不表现为以公社财产为媒介,而是相反,公社只是在这些个人土地所有者本身的相互关系中存在着,公社财产本身只表现为各个个人的部落住地和所占有土地的公共附属物","这实际上是个人所有者的公共财产"。④ 日耳曼法通过封建的身份关系来维系土地关系,其物权制度的特点即表现为团体性。在日耳曼法中,占有(Gewere)本身具有浓厚的团体法色彩。⑤ 在日耳曼法的土地制度下,一定的社会单位(如庄园、氏族和公社)内的个人如果要转让其"所有"的土地,则只能在同一公社内部转让,而不允许将土地的所有权转移到外公社去。同样,任何人迁入村庄也需要团体成员的

---

① 参见李宜琛:《日耳曼法概说》,中国政法大学出版社2003年版,第60—61页。
② 参见易继明:《论日耳曼财产法的团体主义特征》,载《比较法研究》2001年第3期。
③ 参见薛姣:《论所有权的限制》,中国政法大学出版社2017年版,第22页。
④ 《马克思恩格斯全集》(第四十六卷·上册),人民出版社1979年版,第480—482页。
⑤ 参见李宜琛:《日耳曼法概说》,商务印书馆1944年版,第12页。

同意。按照《撒利克法典》的规定,即使只有一个人出来反对,他人也不得迁入。①

第四,所有权是受限制的、相对所有权。日耳曼法上的所有权是日耳曼农业社会的体现。同时日耳曼社会的商品经济并不发达,人与人之间形成了强烈的人身依附关系,因此个人主义的所有权并没有形成,其所有权性质仍然属于团体性质。对所有权的限制正是日耳曼法中的物权制度的一个重要特征。② 在日耳曼法中,并不存在罗马法上的适应商品经济发展要求的绝对所有权的观念,所有权受到了一定的限制,此种限制主要表现为:一方面,从司法上看,所有权是基于团体本位和双重所有的观念,个人的物权都是受限制的、相对的权利。由于日耳曼法中的土地并非私有,而是集体所有,因此,个人对土地并不享有处分权,而只是享有利用与收益的权利,这就决定了日耳曼法中并不存在完整的所有权概念。另一方面,日耳曼法上的所有权又受到公法上的限制,公法上的身份等级及隶属关系直接影响了个人对所有权所享有的各项权利。因此,有学者认为:"日耳曼法上的物权现象实则为社会上身份支配关系之反映,及封建制度发达,土地所有权更与土地上之公法的支配相混同。一面以各种公法的支配权为土地所有权之副产物;一面复以各种公法的支配权视为无体之不动产,承认其为所有权之客体。于是公法上之权利义务遂亦包摄于物权之观念中焉。"③

第五,在土地之上形成了双重所有制度。在日耳曼法中,土地的管理、处分等受到团体或领主的支配,而土地的使用、收益等规则受到团体成员或臣下的支配,这就导致土地所有权和土地利用权的分离。采邑主和封建农奴享有不同的所有权,也就是将同一土地的所有权区分为"直接所有权"(dominium directun)和"利用所有权"(dominium utile),分别由采邑主和农奴享有④,承认双重所有权,即封建主所有的高级所有权以及同时存在的佃农的低级财产权或地权。⑤ 正如梅因所述:"诚然,查士丁尼把完全所有权重新合而为一,但蛮族在这样许多世纪中所接触到的是西罗马帝国经过部分改革的制度而不是查士丁尼的法律学。"⑥梅因认为,

---

① 参见易继明:《论日耳曼财产法的团体主义特征》,载《比较法研究》2001年第3期。
② 参见〔日〕我妻荣:《物权法》,岩波书店1995年版,第2页。
③ 李宜琛:《日耳曼法概说》,商务印书馆1944年版,第50页。
④ 参见陈朝璧:《罗马法》(下册),台北商务印书馆1936年版,第304页。
⑤ 参见〔英〕梅因:《古代法》,沈景一译,商务印书馆1984年版,第167页。
⑥ 〔英〕梅因:《古代法》,沈景一译,商务印书馆1984年版,第167页。

在中世纪,"封建时代概念的主要特点,是它承认一个双重所有权,即封建地主所有的高级所有权以及同时存在的佃农的低级财产权或地权"①。这种双重所有的特征首先表现为土地的多重占有。在封建的多重所有关系中,土地权利与人身依附关系密不可分。"如果领主直接占有那块土地,说他的封君也占有那块土地,而封君的封君也占有那块土地。世袭佃户是占有者,终身佃户是占有者,甚至短期佃户也是占有者,而在诉讼中,所争的也不是谁所有那块土地,而是谁占有那块土地。"②可以说,封建的人身依附关系是中世纪双重所有权的一个重要特征。

三、罗马法和日耳曼法上的所有权观念的比较

罗马法上的所有权强调私人的绝对所有权。马克思指出,罗马人的"主要兴趣是发现和规定那些作为私有财产的抽象关系的关系"③。此种所有权概念完全是建立在个人主义的基础之上的,同时罗马法上的所有权制度是基于简单商品经济发展需要而产生的。按照川岛武宜的观点,它是一种商品的所有权概念。然而如前述,日耳曼法上的物权制度的发展在人类法制史上形成了一种与罗马法的所有权观念相区别的、独具特色的制度,它是适应农耕经济社会自给自足生活方式的需要而产生的,其物权制度是建立在团体本位之上的。因此,正如李宜琛所指出的,罗马法"就内容说,是主张意志自由,充满了个人主义的思想。日耳曼法的产生,虽在罗马法之后,但因为是农业社会的法律规定,所以反映着前资本主义的精神,没有成文的法典,只有习惯的聚集,法律的内容也大都是支配、服从义务拘束的关系,不过可以说是富于团体本位的思想"④。就所有权制度来说,两种制度存在如下区别。

(一) 抽象的支配与具体的利用的区别

在罗马法上,所有权为抽象的、支配的权利,对物的利用是一种抽象的支配,所有权被定义为"对物的最重要的支配权"(signoria eminente sulla cosa)⑤。为什么所有权是一种抽象的支配权呢?因为"人们不可能在定

---

① 〔英〕梅因:《古代法》,沈景一译,商务印书馆1984年版,第167页。
② 马克垚:《西欧封建经济形态研究》,人民出版社1985年版,第116—117页。
③ 《马克思恩格斯全集》(第一卷),人民出版社1995年版,第382页。
④ 李宜琛:《日耳曼法概说》,商务印书馆1944年版,第1页。
⑤ 史尚宽:《物权法论》,荣泰印书馆1987年版,第1页。

义中列举所有权人有权做什么,实际上所有权人可以对物行使所有可能行使的权利;物潜在的用途是不确定的,而且在经济、社会运动中是变化无穷的,在某一特定时刻也是无法想象的,法只以否定的方式界定所有权的内涵,确定对物主宰权的一般约束"①。罗马法上的个人本位是以家父身份为基础的,也就是说,家父是所有权的唯一享有者,这就实现了家父的个人性与所有权抽象性的结合。所有权是一种抽象的对物的支配权,因此他物权只是所有权全面的支配权功能所致,它只是对物的部分的、特定的支配权。尤其是罗马法深受希腊哲学的影响,将一切权利客体归结为物,无论动产还是不动产,都是一种对物的支配权,适用同一原则。按照罗马法上的所有权的观念,"土地上有很多物权,这些物权在不同人之间的分配并不影响土地所有权。不管这些权利波及多广,仍旧有一个确定的所有权人"②。

然而,日耳曼法上的所有权概念并不是一种抽象的支配权,而是根据各种对物的利用形态认可相应的权利,也就是说,日耳曼法上的物权体系是以对物的利用为中心而构建的。③ 日耳曼法根据对物的利用形态确认各种对物的利用的权利,对物的利用方式不同,对物的支配形式也存在差异。例如,权利人对动产与不动产的利用方式不同,对物的支配效力与保护方法也存在差异。④ 在日耳曼法上,对不动产的占有并不像罗马法那样必须具备所有的意思(animus dominium),而只需要占有人现实持有该不动产,这就可以在同一不动产之上存在多个用益物权,各个用益物权人都对该不动产具有事实上的利用关系。在日耳曼法上,既有永久的所有权,也有附期限和附条件的所有权,既有自由的所有权,也有附负担的所有权和不能处分的所有权。⑤ 此外,由于日耳曼法将单独利用的各种物的结合作为一个物来对待,所以集合物和集合财产可以作为支配的客体。⑥

(二) 一物一权和一物多权的区别

根据罗马法,一物之上只能产生一个所有权,"所有人虽于其所有物

---

① 〔意〕彼德罗·彭梵得:《罗马法教科书》,黄风译,中国政法大学出版社1992年版,第194页。
② 〔美〕约翰·亨利·梅利曼:《所有权与地产权》,赵莘译,载《比较法研究》2011年第3期。
③ 参见〔日〕我妻荣:《物权法》,岩波书店1995年版,第3页。
④ 参见〔日〕我妻荣:《物权法》,岩波书店1995年版,第49页。
⑤ 参见李宜琛:《日耳曼法概说》,商务印书馆1944年版,第1页。
⑥ 参见〔日〕我妻荣:《物权法》,岩波书店1995年版,第2页。

上设定他物权,将物之使用收益完全委于他人,仍不失为所有人"①。"一切其他物权均从属于所有权,并且可以说它们体现所有权,一切其他物权,至少在其产生时,均以所有权的存在为前提条件,它们是对他人物品的权利(iusin realiena)。"②美国学者劳森(Lawson)指出:"所有权对法律的门外汉而言是很简单的理念,就是你的和我的问题。如果东西是我的,我就拥有它,不是我的,我就不拥有。"③所有权却始终保持排他性、唯一性和不可分性。④ 正是由于一物一权原则,决定了罗马法中所有权权能的分离都是暂时的,设定他物权也只是对所有权的暂时限制;在他物权消灭后,对所有权的限制也随之解除,所有权将恢复其圆满状态,即使所有权的各项权能与所有权发生分离,使所有权成为一项空虚的权利,但所有权人仍然享有对物的支配权,这就是所有权的弹性力(Elastizitt)或归一力(consolidit)。⑤ 各个物不过是单个的抽象支配权的客体,而集合物不能成为抽象支配权的客体。⑥

日耳曼法主要根据对物的利用形态确定物权,从而在不动产之上形成多重所有权关系,而未采纳一物一权规则,其典型形式是在同一土地之上并存上级所有权和下级所有权。在日耳曼法上,由于注重事实上的利用关系,各种对不动产进行利用的权利可以形成独立的物权,不论各个权利人对物的利用范围大小、效力强弱,都属于对物进行支配的权利。在《德国民法典》制定时,针对日耳曼法上的分割所有权概念,立法者予以拒斥,尤其表现为第一草案中的一段话:"在采邑法中,涉及因很久以前的政治、经济关系形式而存在的制度。在绝大多数国家中,立法在思考消除这些制度。这些制度的残余逐渐归于消亡,从而将其纳入民法典是不合适的。"⑦所以,《德国民法典》没有采纳日耳曼法上的多重所有权制度,而是采纳了罗马法上的单一所有权制度,并在此基础上构建了完整的所有权

---

① 史尚宽:《物权法论》,荣泰印书馆1987年版,第2页。
② 〔意〕彼德罗·彭梵得:《罗马法教科书》,黄风译,中国政法大学出版社1992年版,第194页。
③ F. H. Lawson, Introduction to the Law of Property, Oxford University Press (Clarendon Law Series), 1958, p.6.
④ 参见〔美〕约翰·亨利·梅利曼:《所有权与地产权》,赵莘萃译,载《比较法研究》2011年第3期。
⑤ 参见史尚宽:《物权法论》,中国政法大学出版社2000年版,第62页。
⑥ 参见〔日〕我妻荣:《物权法》,岩波书店1995年版,第2页。
⑦ 〔德〕罗尔夫·克尼佩尔:《法律与历史——论〈德国民法典〉的形成与变迁》,朱岩译,法律出版社2003年版,第240页。

制度体系。当然,按照现代学者的观点,所谓多重所有权制度,完全有可能以罗马法或大陆法的术语,通过区分所有权和他物权,就可以解决"直接所有权"和"利用所有权"的区分问题。

(三) 个人主义与团体主义财产权的区别

在罗马法上,所有权制度是建立在个人主义之上的,主要是单个个人的权利。尽管罗马法没有明确规定所有权的特征,但中世纪注释法学家将罗马法上的所有权的特征概括为绝对性、排他性和永续性,这些特征是与财产特别是土地的私有联系在一起的。因为"所有权的绝对性、排他性和永续性是由于人口繁殖,对利用有限的财富、避免争夺、由公有制而蜕变为私有制,以利提高生产力而发展起来的"①。所有权主体主要是单个的个人,法律赋予个人对其物享有无限制的支配权。而日耳曼社会中的不动产主要由家庭、公社等享有所有权,团体则给予成员某种使用、收益的权利。

日耳曼人以家庭为单位,实行自给自足的生活方式,因此,日耳曼法中并不存在以个人为本位的所有权概念。日耳曼法在长期的社会实践中产生了一种总有制度,与罗马法上的共有制度存在区别。所谓总有,是指将所有权的内容依据团体内部的规定加以分割,其管理、处分等支配的权能属于团体,而使用、收益等利用的权能则分属于其成员。团体成员总体上的权利与各个团体成员的权利共同构成了总有关系,这显然不同于罗马法上的所有权制度。②

(四) 所有权的绝对性与相对性的区别

罗马法上的所有权被称为绝对、不受限制的权利,它被理解为"对物最一般的实际主宰或潜在主宰"③。罗马法谚云:"行使自己的权利,无论对于何人皆非不法"(Qui iure suo utitur, nemini faci iniuriam)。④ 但是在日耳曼法中,所有权与他物权都被称为"Gwere",只有完全自由的所有权与不完全自由的所有权(即负有负担的所有权)之分。完全自由的所有权人享有管理、使用、收益和处分的全部权能,而不完全自由的所有权人则

---

① 周枏:《罗马法原论》(上册),商务印书馆1994年版,第299页。
② 参见李宜琛:《日耳曼法概说》,商务印书馆1944年版,第10页。
③ 〔意〕彼德罗·彭梵得:《罗马法教科书》,黄风译,中国政法大学出版社1992年版,第194页。
④ 〔美〕埃尔曼:《比较法律文化》,贺卫方、高鸿钧译,生活·读书·新知三联书店1990年版,第76页。

仅享有使用和收益的权能。① 在日耳曼法中,物权是受到严格限制的,并不存在所谓的完整所有权,而只存在有限的占有和利用权利。在共同体之间的交换也是不会发生的,"像在大部分的日耳曼部落中那样,让与在实际上几乎是不能实行的,因为要移转就必须取得多数人的同意"②。

（五）量的分割与质的分割的区别

在罗马法上,对所有权的分割主要是一种量的分割,其典型形式为共有。罗马法上的共有人不是对全部共有物享有所有权,只是享有部分所有权。各共有人在行使其权利时,与单个的所有权人相似,只不过其权利的行使受到其他共有人权利的限制,各共有人可自由处分其应有部分并可以随时请求共有物的分割。③ 可见,罗马法上的共有具有所有权的效力,每个共有人对其应有份所享有的权利是完全所有权的一部分,其与所有权权利内容相同,因此共有属于对所有权的量的分割,分割以后的所有权与分割以前的所有权在性质上完全相同。

日耳曼法上并不存在罗马法中的共有,只是存在总有的概念。此种财产权形态是对所有权进行了质的分割而产生的,即将所有权中的管理、处分、使用、收益各项权能进行分割,由不同的主体分别享有不同的权能。例如,甲取得管理权能和处分权能,乙取得使用权能和收益权能。④ 分割的所有权和未分割的所有权在性质上是完全不同的。在所有权分割以后,各部分都成为独立的权利,而各部分的权利内容和价值并不是完全统一的。总有实际上是日耳曼法上财产利用的主要形态。

（六）纯粹的或非纯粹的私法上的支配权的区别

罗马法上的所有权纯粹是私法上的物的支配权。⑤ 物权关系不是基于身份关系产生的,而是与身份关系相分离的。罗马法对所有权也有一定的限制,如因相邻利益的限制、宗教利益方面的限制等,但这些限制都只不过是对所有权行使的限制。甚至在罗马法中,法律为维护社会和公共利益对所有权也作出了某些限制,但这些限制并没有改变所有权的内容,只是对其行使施加限制,这是一种外在的限制而非内在的限制。但在

---

① 参见易继明:《论日耳曼财产法的团体主义特征》,载《比较法研究》2001 年第 3 期。
② 〔英〕梅因:《古代法》,沈景一译,商务印书馆 1959 年版,第 154 页。
③ 参见〔德〕马克斯·卡泽尔、罗尔夫·克努特尔:《罗马私法》,田士永译,法律出版社 2018 年版,第 241—245 页。
④ 参见史尚宽:《物权法论》,荣泰印书馆 1987 年版,第 3 页。
⑤ 参见〔日〕我妻荣:《物权法》,岩波书店 1995 年版,第 2 页。

日耳曼法中,物权观念是社会身份关系的反映,土地上的权利义务与对人的支配权和公法上的义务是密不可分的,"物权把公法的支配和公法的义务包含在其概念之中,即物权具有社会性"①。因此,日耳曼法上的财产权并不是纯粹的私权。

(七) 所有与占有存在区别

在罗马法上,严格区分了所有和占有的概念。所有权是一种法律赋予所有人享有的对物的支配权;而占有只是对物事实上的支配状态,占有本身并不是权利。由于所有与占有存在区别,因此罗马法上产生了所有之诉与占有之诉,分别对所有权与占有进行保护。然而,如前所述,在日耳曼法上,本来不存在罗马法上的所有和占有概念,而只是存在占有(Gewere)概念,此种占有和物权是不可分割的,谁获得了占有,就推定谁享有权利。此种占有包括对物的使用、收益,凡对不动产行使权利的,都可以称为占有,并且具有物权的效力。因此,在一个不动产上可以有数个占有同时并存,每个占有都具有物权性质。

四、两种所有权观念对后世财产法的影响

狄骥指出,"所有权是用以适配一种经济需要而成立的法律制度,和其他各种法律制度一样必须随着经济需要和本身而演进"②。罗马法和日耳曼法上的所有权观念都对后世的法律产生了深远影响。整个中世纪的土地制度实际上采纳的是日耳曼法上的所有权制度,而罗马法上的所有权观念与封建制度是难以相容的。自罗马法复兴以后,欧洲大陆才逐渐接受罗马法上的所有权观念。资产阶级革命胜利以后,因罗马法上的个人本位及绝对的所有权观念适合于自由资本主义发展的要求,大陆法系国家逐渐采纳了罗马法上的所有权观念。虽然大陆法系国家的土地制度受到习惯法等的影响,但是在民法法典化之后,财产法基本完全继受了罗马法上的所有权制度,因而在罗马法上的所有权观念的基础上形成了大陆法系的所有权制度。"日耳曼法之发达,虽在罗马法之后,但因其时值古代资本主义凋落之时期,其法律内容反而具有罗马法的性格。故中

---

① 〔日〕我妻荣:《物权法》,岩波书店1995年版,第2页。
② 〔法〕莱昂·狄骥:《〈拿破仑法典〉以来私法的普通变迁》,徐砥平译,中国政法大学出版社2003年版,第139页。

世纪末期,又不得不以继受的形式将自己的地位返还给罗马法。"①

当然,日耳曼法上的物权制度对大陆法也产生了一定的影响。从比较法上来看,Gewere 制度对后世的法律制度产生了一定的影响。首先,Gewere 体现了团体法的思想,也时常受到后世一些学者的推崇。在近代法典编纂过程中,日耳曼法上的团体法思想受到了排斥,被罗马法上的个人主义的所有权所取代。但即便如此,时至今日,日耳曼法上的团体法思想却在很多领域得到重视,尤其是对法人制度和所有权限制等方面的规则构建具有非常重要的作用。其次,Gewere 对于公示制度的影响。由于对土地的每一项权利均需要 Gewere 作为表征,所以当转让这些权利时,必须以 Gewere 的转移作为前提条件以及正当程序。Gewere 是权利的外衣,它有公示权利移转的功能,Gewere 移转即意味着权利的移转。而在现代法中,不动产交易的公示与移转功能由登记承担,而动产的移转则由现代的"占有"(Besitz)所承担。② 再次,其注重对物利用的思想对现代物权法物尽其用价值也产生了重要影响。最后,Gewere 对善意取得制度的产生具有一定的影响。许多学者认为,日耳曼法上的 Gewere 是现代善意取得制度的来源。从法发生学的角度考察善意取得制度,其源自日耳曼法上的"以手护手"(Hand muss Hand wahren)原则。"以手护手"原则是指,只有自他人受取物之 Gewere 者(第一手)应保证其对于交付 Gewere 者(第二手)为返还。③ 在"以手护手"原则之下,所有人丧失对物的占有,可能导致其所有权的效力减弱,受让人也可基于其与实际占有人之间的交易关系而取得所有权。在适用此原则时无须区分受让人为善意还是恶意。现代民法学者大多认为其为现代善意取得制度的来源,或者说善意取得制度的产生受到了日耳曼法上 Gewere 制度的影响。④

日耳曼法是否对当代英美法产生影响,以及产生多大的影响,学者对此鲜有讨论。但毫无疑问,英美法主要受到封建土地制度的影响,这种制度与日耳曼法上的财产制度相类似,是一种多重所有制度,在封建土地制度上逐渐形成了普通法的财产法制度。在英国,英国的财产法主要是从封建土地制度演变而来的,11 世纪时,罗马法开始复兴,但是英国的土地

---

① 李宜琛:《日耳曼法概说》,商务印书馆 1944 年版,第 14 页。
② 参见季境:《占有制度溯源与现代民法之借鉴》,载《国家检察官学院学报》2012 年第 5 期。
③ 参见李宜琛:《日耳曼法概说》,商务印书馆 1944 年版,第 92 页。
④ 参见易继明:《论日耳曼财产法的团体主义特征》,载《比较法研究》2001 年第 3 期。

制度已经形成,始终抗拒罗马法的影响,并在此之后英国的财产法与继受罗马法的大陆法形成了并行的制度体系,并为美国财产法所接受。因此直到现在,出现了两种不同的财产法制度体系。① 在英美财产法中最典型的一种权利是"fee simple absolute",通常被译为"绝对土地权利",或"不限嗣继承地产权",或"自由继承地产",但严格说来它只是一种用益物权,是一种可以被支配和转让的土地权利。该种权利被作为与大陆法系的土地所有权最为接近的英美法概念。② 大陆法主要继受罗马法的所有权制度。美国学者梅里曼教授指出:"罗马式所有权可以被想象成一个写有'所有权'标签的盒子,拥有盒子的人就是所有人,在所有权完全无负担的情况下,盒子中包含了特定权利,占有、使用、收益、处分。主人可以打开盒子,拿出一个或一些权利转让给其他人,但只要盒子仍在,他就仍然是所有权人,即使盒子是空的。而地产权则简单得多,没有所谓的盒子,有的仅是不同束的法律权益(sets of legal interests),有永久地产权(the fee simple)的人拥有最大束的法律权益,当他转移一束或多数给其他人时,那部分就没了。"③大陆法系所有权对于确认产权归属,明确划定产权范围,对财产有效利用具有重大意义,但是却因为所有权的不可分性,导致其以物权法定为必要,这又会导致一定程度的僵化。而英美法的所有权制度并不需要确定财产归谁所有,只是确定谁对财产享有利益,当事人创设某种利益形成某种法律关系,相对而言是更为灵活简便的。

20 世纪以来,随着个人本位向团体本位的发展,所有权观念不断从抽象支配向具体利用转化,日耳曼法上的所有权观念也对大陆法系国家的物权制度产生了重要影响。日本学者我妻荣认为,对绝对所有权的修正实际上是直接或间接地援用了日耳曼法上的所有权制度,即借鉴和吸收了日耳曼法中以物的"利用"为中心的物权制度。"复兴日耳曼法理论的动力,当然是近世经济发达的新的需要,但也不能忘记借用古老理论作为新需要手段所起的作用。"④由此可以看出,日耳曼法中的物权制度在一定程度上适应了所有权受限制的发展趋势。

---

① 参见〔美〕约翰·亨利·梅利曼:《所有权与地产权》,赵萃萃译,载《比较法研究》2011 年第 3 期。
② 参见薛姣:《论所有权的限制》,中国政法大学出版社 2017 年版,第 23 页。
③ 〔美〕约翰·亨利·梅利曼:《所有权与地产权》,赵萃萃译,载《比较法研究》2011 年第 3 期。
④ 〔日〕我妻荣:《债法在近代法中的优越地位》,王书江、张雷译,中国大百科全书出版社 1999 年版,第 35 页。

从比较法上来看,西方国家虽然都采取私有制,但所有权制度在两大法系又存在重要的区别,追根溯源,此种区别的产生乃是受到罗马法和日耳曼法不同影响所致。因此,考察罗马法和日耳曼法上的所有权制度,对于理解当代所有权制度的产生及其发展不无意义。

全民所有制企业国家所有权问题的探讨*

我国是生产资料公有制的社会主义国家。全民所有制企业的国家所有权问题,是当前我国经济体制改革中正在探索的一个重要课题。

所有权的内在结构包括所有人对其财产的占有、使用、收益和处分的权能,而所有权的集中表现则是所有人如何行使对其财产的支配权。从社会主义的实践来看,所有权的权能集中于国家手中并由国家直接行使,是不利于社会生产力的发展的。所以,在经济体制改革中,必须从理论和实践上正确划分国家所有权的四项权能的行使范围,从而把微观经济搞活。与此同时,还要解决好国家通过行使支配权从根本上保障企业的社会主义方向。

一、所有权的核心和灵魂是支配权

所有权的权能可以同所有权发生分离,分离范围的大小取决于支配权行使的程度。通过对各个社会经济形态的考察,我们发现,所有权的权能可以依据所有人的意志和利益,通过法定程序与所有权发生分离,但并不导致所有人丧失所有权,这是因为所有人可以通过行使支配权而控制和实现其所有权。

在生产社会化程度不高、经营方式比较简单的条件下,所有人往往集所有权的各项权能于一身。但是,随着社会经济的发展,尤其是进入社会化大生产以后,占有、使用、收益和处分的权能不可能也不需要集中于所有人一身,其财产不必完全由他自己经营。有关权能完全可以依据所有人的意志和利益从所有权中全部或部分地分离出去。实现这种分离的法定方式是多样的。例如,通过契约的方式,所有人将其所有权权能转让给非所有人,非所有人在契约规定的期限和条件下可行使所有人的权能。再如,所有人通过订立协议或章程①创设某个或某些经济组织,这些组织

---

* 本文系与李时荣合著,原载《中国社会科学》1986 年第 1 期。
① 在法学上,订立协议或章程的行为,不同于订立契约的行为,前者称为共同行为,后者称为双方行为。

不论是否具有独立的法律人格都可直接经营所有人的财产,并依法行使所有人的占有、使用和处分权能。

这就出现了一个奇怪的现象:如果所有人已经失去了占有权、使用权和处分权,那么他是否仅剩下如罗马法所称的有名无实的"裸体所有权"(nuda proprietas)呢?如果所有人将其所有权的各项权能都分离出去,是否将导致其所有权的丧失呢?事实并非如此。不仅在资本主义条件下,股份有限公司的股东不会丧失其出资给公司的财产的所有权,即使在封建社会,经济的发展进入大庄园、大地主垄断土地的时期,只要所有人仍然保留收益权,则该项权能仍然可以表明所有权的存在。在现实生活中,所有权的四项权能依据所有人的意志分离出去之后,所有权在法律上可能并不丧失,比如在财产被扣押或被偷盗的情况下,其所有权仍然存在。甚至所有人的财产被他人长期善意占有,而当占有时效届满以后,其所有权也并不绝对消失。那么,所有人的所有权存在的根据是什么呢?是否在所有权的四项权能之外,还存在着一种与所有权不可分离的权利?客观事实表明,这种权利是确实存在的,通常把它称为支配权。

支配权的内涵是什么?马克思在论及什么是"土地所有权"时指出:"土地所有权的前提是,一些人垄断一定量的土地,把它作为排斥其他一切人的、只服从自己个人意志的领域。"[①]他还说:"私有财产如果没有独占性就不成其为私有财产。"[②]"不同地租形式的这种共同性——地租是土地所有权在经济上的实现,即不同的人借以独占一定部分土地的法律虚构在经济上的实现——使人们忽略了其中的区别。"[③]马克思在这里所指出的"独占"的概念,已经确定了支配权的含义。也就是说,支配权是在同一物之上独立支配其物的排他的权利。

罗马法曾明确规定,所有权是在法律许可的范围内,对于物的占有、使用和滥用权(ius utendi et abutendi re su, quatenus iuris ratio patitur)。收益权的概念,是中世纪注释法学派在解释罗马法时提出的。[④] 注释法学派解释道,滥用并不是指狂妄和不道德的滥用,而仅仅是指对物的"完全的

---

① 《马克思恩格斯全集》(第二十五卷),人民出版社1995年版,第695页。
② 《马克思恩格斯全集》(第三卷),人民出版社1995年版,第425页。
③ 《马克思恩格斯全集》(第二十五卷),人民出版社1995年版,第715页。
④ 据学者考证,中世纪初注释法学派代表人巴托鲁在解释罗马法的"所有"(dominium)一词时,认为该概念中包含了对物权(ius in re),其中尤其是用益权。此后,用益权被表述为一种广义上的特别所有权或部分所有权(pars dominium)。参见米健:《用益权的实质及其现实思考——法律的比较研究》,载《政法论坛》1999年第4期。

支配权"(plena in re potestas)。按照 1793 年法国《人权宣言》的说法,所有权是"享受和随意支配自己的财物、自己的收益、自己的劳动和勤勉的果实的权利"。1900 年的《德国民法典》第 903 条规定:所有权是指物之所有人,在不违反法律或第三人权利之范围内,得自由处分其物,并得排除他人对物之一切干涉之权。根据学者的解释,这一规定是把所有权视为一般的支配权,为他物权之泉源。① 由此可见,传统民法在所有权的概念中本来就包括了支配权。

所有权最终体现为支配权,它是对同一物之上享有的独占性的排他的权利。例如黑格尔认为:"人把他的意志体现在任何物中,因而该物成为我的东西。""人把他的意志体现在物内,这就是所有权的概念。""但人是一个单元,所以所有权就成为这个单元意志的人格的东西……这就是关于私人所有权的必然性的重要学说。"②所有权不同于其他物权的最重要区别,在于其是对客体的一般性、全面性的支配,甚至曾被认为具有"绝对不拘束性",正是由于这种支配权的性质,才产生了物权请求权等制度。③

应该指出,被西方学者奉为"所有权的灵魂"的排他性权利,自罗马法以来,特别是在自由资本主义时期,本身具有双重含义:一是指同一物之上的独占性的权利;二是指绝对排斥他人干涉的权利。前者是与所有权本来的含义相联系的,后者则是与所有权绝对不受侵犯的观念相联系的。罗马法关于所有权的基本原则是:所有权的权利尽可能不受限制和给予个人行动和主动性最大限度的自由。④ 自由资本主义时期的《法国民法典》把这一原则发展到了顶峰。但是自 20 世纪以来,随着"所有权的社会化"的发展,所有权已由"外在的限制"变为"内在的限制"⑤,所有权绝对不受干预的观念正趋于衰落,因为把所有权视为绝对排斥他人干涉的权利已与法律对所有权的限制相矛盾。所以,正如澳大利亚学者麦克尔森(Michaelson)所说:所有权只是独占性的权利,而不是一个不受干涉的个人权利。⑥

---

① 参见史尚宽:《物权法论》,荣泰印书馆 1957 年版,第 55 页。
② 〔德〕黑格尔:《法哲学原理》,范扬、张企泰译,商务印书馆 1961 年版,第 52—55 页。
③ 参见〔日〕我妻荣:《新订物权法》,罗丽译,中国法制出版社 2008 年版,第 268—270 页。
④ See K. W. Ryan, An Introduction to the Civil Law, Law Book Co. of Australasia, 1962, p. 161.
⑤ Gyula Eorsi, Comparative Civil Law, Akademiai Kiado, July 2002, p. 65.
⑥ See Eugene Kamenka and R. S. Neale, (ed.), Feudalism, Capitalism and Beyond, The Arnold Press, 1975.

有学者认为,在当代,"一般把所有权当作一种排他的权利而不作为一种绝对的权利"①。这里也就表明,所有权通过支配权体现它的存在,已是法律反映现实社会经济关系而出现的一种发展趋势。

在这个问题上,苏联和东欧学者的观点也许是更为明确的。苏联学者维涅吉克托夫在其《国家所有权》一书中批评了《苏俄民法典》继承罗马法而给所有权下的定义②,认为罗马法上的所有权观点与社会主义经济条件是不相符的。维涅吉克托夫指出,作为一种主观权利,所有权具有支配某物的权利,作为一种客观权利,所有权是法律规范赋予的、在某种条件下的支配权,它包括了法律对这种支配权的保护。维涅吉克托夫详细分析了"支配权"的性质,认为支配权包括两个因素:一方面,这是一种行使支配的权力;另一方面,是因支配所产生的利益。据此,维涅吉克托夫把所有权定义为:个人或集体以自己的权力和为自己的利益,在特定社会存在的阶级关系结构并与该结构相一致的基础上,支配生产资料和产品的权利。③

维涅吉克托夫关于所有权的定义,曾经在苏联和东欧学者中产生了重大影响。但是,对于什么是"自己的权力"? 维涅吉克托夫对此并未作出解释。捷克斯洛伐克法学家克拉普(Klapp)对此的解释为:所有者的权力是一种"特别的权力",意味着在同一物之上独立于其他任何权力而控制该物的权力。从法律的观点来看,这正是所有权所具有的不同于其他权力的特征。④ 由此,克拉普将维涅吉克托夫的所有权定义修正为:在与特定社会结构相适应的阶级关系所决定的范围内,并与该关系的结构相一致,某人由于自己的权力(即不受在同一物之上控制该物的其他既存的权力制约的权力)的效力而使用某物的权利。⑤

---

① 上海社会科学院法学研究所编译:《民法》,知识出版社1981年版,第78页。
② 1922年《苏俄民法典》第58条规定:"所有人在法律规定的限度内有占有、使用和处分财产的权利。"
③ See Jacob H. Beekhuis et al., International Encyclopedia of Comparative Law: Volume Ⅵ: Property and Trust: Chapter 2: Structural Variations in Property Law, J. C. B. Mohr (Paul Siebeck), Tuebingen, 1973, p. 36.
④ See Jacob H. Beekhuis et al., International Encyclopedia of Comparative Law: Volume Ⅵ: Property and Trust: Chapter 2: Structural Variations in Property Law, J. C. B. Mohr (Paul Siebeck), Tuebingen, 1973, p. 37.
⑤ See Jacob H. Beekhuis et al., International Encyclopedia of Comparative Law: Volume Ⅵ: Property and Trust: Chapter 2: Structural Variations in Property Law, J. C. B. Mohr (Paul Siebeck), Tuebingen, 1973, p. 37.

马克思曾经指出:"在每个历史时代中所有权以各种不同的方式、在完全不同的社会关系下面发展着。"①然而,无论何种社会条件下的所有权,都具有一个共同的特征,这就是它们都包含了支配权。所以说,所有权的核心和灵魂就是支配权,它本身概括和赋予了所有人能够实际享有的占有、使用、收益和处分的权能。但是,这种实际的支配权,也可以不直接表现为对物的实际占有、使用、收益和处分权能,所有人完全可以根据自己的利益和需要,将其各项权能分离出去。当占有权分离出去后(如由他人保管财产、财产出质等),支配权就表现在使用、收益和处分权能上;当占有、使用权分离出去后(如将财产出租等),支配权就通过收益和处分权表现出来;当占有、使用和收益权分离出去后(如出典、在财产上设定用益权等),支配权就通过处分权表现出来;当占有、使用和处分权分离出去后(如以财产出资等),支配权就通过收益权表现出来;当四项权能都分离出去后(如以财产抵押等),所有人的支配权是通过为法律所确认的代表其利益和要求的独占权表现出来的,但此时所有权已表现为"空的所有"(dominium condum)。由于支配权始终是附属于所有人的,因此,支配权是永久的,从而决定了所有权与诸种权能的分离不论经过多长时间,都只是暂时的分离,这些权能最终要并入所有权中,使所有权恢复其圆满状态(这即是罗马法所确认的所有权的"弹力性"或"伸缩性"原则)。由此可见,无论是根据所有人的自我意志还是根据法律的意志将所有权的诸种权能分离出去,从而对所有权作出限制,都只是对于因支配权而产生的一般权能的限制,并不是对支配权本身的限制。也就是说,所有权的一般权能同所有权无论发生何种情况的分离,都不导致支配权同所有权的分离,因而也不导致所有权的丧失。

所以,所有权的诸种权能是由所有权具有的支配权决定的。在所有权丧失以前,支配权是不能够与所有人发生分离的,否则,所有权的性质、主体以致反映所有权的某些社会关系都会发生质的变化,这是任何国家的法律所不能容忍的。在任何社会条件下,一个非所有人(经营者)可以享有从所有权中分离出来的各项权能,但始终不能享有所有人独有的支配权,而且不论非所有人享有多大的权能,都要受所有人的支配权在不同程度上的制约。从罗马法以来,调整所有权权能分离关系的各项法律制度,特别是大陆法系的他物权制度和英美法的信托制度,都确认所有人对

---

① 《马克思恩格斯全集》(第四卷),人民出版社1995年版,第180页。

物本体保留最终收回或处分的权利,而他物权人和受托人在经营所有人的财产、行使所有人的权能中,要充分尊重所有人的意志和利益。这就说明,无论所有权权能与所有权发生何种形式的分离,所有人都可以依据其支配权,对其财产实行有效的控制。

支配权体现着所有人的意志和利益。由于所有人享有支配权,因而他实际上享有最终的处分权,这是所有人最终的意志的体现。由于所有人享有支配权,所有人可以将所有权权能分离出去,以实现其一定的经济目的,这是所有人的意志和利益的体现。而且,当所有人的支配权不是直接表现为对物的占有、使用和处分而是通过所有人的收益实现时,更明显地体现了所有人的利益。马克思在讲到资本的概念时,曾经指出资本是一种支配权,他说:"资本不仅像亚当·斯密所说的那样,是对劳动的支配权。按其本质来说,它是对无酬劳动的支配权。"①在《1844年经济学哲学手稿》中,马克思认为资本是对劳动及其产品的支配权,即对剩余劳动的支配权,他又指出:"工人所出卖的不直接是他的劳动,而是他暂时转让给资本家支配的他的劳动力。"②这就说明,资本的所有权无论在权能上可能会发生何种形式的分离,资本所有人通过其支配权,能够产生具有剥削和奴役他人性质的各种权利,充分地实现其意志和利益。由于法律赋予所有人的支配权具有排他的效力,因而产生了所有权的排他性原则,即"一物不容二主",同一物之上的所有权只能是单一主体,不能是多重主体。一物不容二主原则的实质,不过是说明所有权最终要体现所有人的意志和利益。

从以上分析可知,权能的分离状态,只是一种形式上的变化,而不是所有权实质的改变。由于支配权是所有权的核心和灵魂,所以,支配权的改变必然引起所有权实质的改变。在所有人保留支配权的前提下实行所有权权能的不同形式的分离,这是不同形态社会都存在的一般规律,是人类社会经济发展与法律制度发展相结合的产物,是顺应社会生产力发展要求的。因而,在社会主义公有制国家,这一规律同样存在。国家对社会主义全民所有制企业所享有的所有权的各项权能同样可以分离。担心这种分离会使国家丧失所有权,以至于改变社会主义国营经济性质的看法,是不懂得、不善于运用法律手段保护和促进全民所有制发展的一种表现,也是离开发展社会生产力而盲目追求某种经济模式的结果。只有明确认识这一点,我们才能大胆地、自觉地推进经济体制的改革。同时,还要看

---

① 《马克思恩格斯全集》(第二十三卷),人民出版社1995年版,第584页。
② 《马克思恩格斯全集》(第十六卷),人民出版社1995年版,第144页。

到,由于经济体制的改革只能是在国家享有支配权的前提下的所有权权能行使方式的改变,也就是说,它是在国家所有制不发生根本变革的前提下,经营方式和所有制形式的改革和完善。因此,在改革中实行国家所有权权能的分离从而扩大企业自主权,也要配套地解决国家行使支配权的方式和方法,包括通过税收形式取得应有的收益权、通过调节经营者利益的手段行使分权等,以合理地实现国家的意志和利益并保障社会主义经济的发展方向。只要所有权权能的分离和支配权的行使这两个方面搞好了,就能够做到"放开、搞活、管好",宏观上不失控,微观上又搞得活,从而逐步建立起具有中国特色的、充满生机和活力的社会主义经济体制,促进社会生产力的发展。

二、占有不等于占有权

占有权只是从所有权中分离出来的一项权能,有占有权不等于就有使用、收益和处分权。在经济生活中,占有权是一项具有实际意义的重要权利。但是,占有和占有权是两个不同的概念,如果划不清两者的界限,往往会混淆所有权和所有制的关系,从而会发生视所有权权能的分离为所有制关系变革的误解。因此,有必要对占有和占有权问题作一番研讨。

根据马克思的观点,罗马人是在占有的基础上创造了私有财产的权利。罗马法首创了占有与所有权相分离的实体法制度,以及占有之诉与所有之诉相区别的程序法制度,并且赋予占有以明确的概念。罗马法上的占有有两种情况:一是市民法上的占有(possessio civilis),即市民法上承认和保护的占有。这种占有能够导致时效的产生,但必须伴随着某种仪式,才能使对物的实际控制因时间的经过而获得所有权。二是自然占有(possessio naturalis),即实际占有。自然占有只需已经握有某物即可,它虽然不能因时效而取得所有权,但受到法律的保护。罗马人对于物的私有财产权是由对土地的自然占有开始的,即由先占而获得所有权,但这种权利本身不是产生自然占有的原因,相反是法律保护自然占有的结果。

马克思在研究罗马法的基础上得出如下结论:"私有财产的真正基础,即占有,是一个事实,是不可解释的事实,而不是权利。只是由于社会赋予实际占有以法律的规定,实际占有才具有合法占有的性质,才具有私有财产的性质。"①马克思在分析原始公社所有制时指出:"每一个单个的人,只有作为这个共同体的一个肢体,作为这个共同体的成员,才能把自己看成所有者或占有者。"②马克思强调,在这里"不存在个人所有,只有个人占有"③,并说"可以设想有一个孤独的野人占有东西。但是在这种情况下,占有并不是法的关系"④。这就明确告诉我们:占有是人类社会产生以来就存在的一种事实状态,这种事实状态本身不能产生权利,只是由于法律的规定,才使占有获得了权利的性质。由于占有是一种事实状态,因此它是一个永恒的范畴。正如马克思在论及未来的共产主义社会时指出的:"从一个较高级的社会经济形态的角度来看,个别人对土地的私有权,和一个人对另一个人的私有权一样,是十分荒谬的。甚至整个社会,一个民族,以致一切同时存在的社会加在一起,都不是土地的所有者。他们只是土地的占有者,土地的利用者。"⑤所以,在国家和法消亡了的社会中,占有尽管没有法律上的表现,但仍然作为一种事实状态而存在。

占有在历史发展的每个特定阶段都表现出一定的社会形式和社会性质。占有本身并不是为了孤立、静止地控制某物,或为占有而占有。占有的目的是为了产生人和自然之间的结合以及物质的变换。人对自然的占有,实际上是对再生产条件的占有。"实际的占有,从一开始就不是发生在对这些条件的想象的关系中,而是发生在对这些条件的能动的、现实的关系中,也就是实际上把这些条件变为自己的主体活动的条件。"⑥实际的占有,意味着在生产过程中生产资料同劳动者的结合。生产、分配、交换和消费四个环节首先以占有为前提,并且以占有为结果。占有在再生产的各个环节得到了表现并获得了自身的规定性,它是人和自然之间的物质变换的一般条件,也是再生产过程的一般条件。所以,从运动和发展的观点来看占有,即维涅吉克托夫所说的"动态的占有",就是所有制关系的现实形态。

根据马克思和恩格斯的观点,占有本身就是所有制。马克思在批判资产阶级经济学家离开生产的社会性质,从虚构的鲁宾逊式的孤独个人出发研究生产问题时指出:"一切生产都是个人在一定社会形式中并借这

---

① 《马克思恩格斯全集》(第一卷),人民出版社1995年版,第382页。
② 《马克思恩格斯全集》(第四十六卷·上册),人民出版社1995年版,第472、481页。
③ 《马克思恩格斯全集》(第四十六卷·上册),人民出版社1995年版,第472、481页。
④ 《马克思恩格斯选集》(第二卷),人民出版社1972年版,第104页。
⑤ 《马克思恩格斯全集》(第二十五卷),人民出版社1995年版,第875页。
⑥ 《马克思恩格斯全集》(第四十六卷·上册),人民出版社1995年版,第493页。

种社会形式而进行的对自然的占有。从这个意义上说,所有制(占有)是生产的一个条件,那是同义反复。"①可见,人们借一定社会形式对自然的占有也就是发生在直接生产过程中的所有制形式。考察特定的占有形式也就是考察特定社会的所有制形式。在私有制下,所有不单纯表现为对生产条件和劳动的占有,而更多地表现为对生产条件和剩余劳动的占有,即是对他人劳动的支配。所有者"主要地、几乎完全地依靠和通过对物的支配来进行对人的支配"②。这就说明,占有就是生产关系的基础,即所有制。有人认为,马克思使用所有权(Eigentum)一词往往与所有制不分,如马克思说"给资产阶级的所有权下定义不外是把资产阶级生产的全部社会关系描述一番"③。马克思在这里所说的"Eigentum",实际上是指对生产资料和产品的占有,即所有制。而马克思在批判蒲鲁东关于所有权的观点时指出:"所有制形成蒲鲁东先生体系中的最后一个范畴。在现实世界中,情形恰恰相反:分工和蒲鲁东先生的所有其他范畴是总合起来构成现在称之为所有制的社会关系。"④在这里出现的"所有制"(Eigentum)应译为"所有权",因为蒲鲁东仅仅提出过所有权而没有提出过所有制的概念,马克思所要批判的只是蒲鲁东关于所有权的谬论。所以,马克思所说的占有、所有制和所有权的概念是明确的,他所说的占有和罗马法中的"占有"概念在内涵上是一致的,都是指个人或集团对物(生产资料和劳动产品)实行控制的事实。占有和所有制是共同的,而占有和所有权是不同的。二者的关系只是所有制与所有权的关系,所有权就是占有关系在法律上的反映。在实际生活中,占有关系的变化,必然要反映到作为上层建筑的法律中来,使所有权制度和所有权关系相互适应,而所有权制度的变化反过来又为占有关系的变化创造一定的条件。

以上讨论的是经济学上所说的占有的含义。在法学上,对何谓占有的问题,学者历来存在不同的观点。笔者认为,占有是主体对于物基于占有的意思进行控制的事实状态。占有尽管是主体对物事实上的控制状态,但在法律上具有一定的意义,法律保护占有也是十分必要的。占有在罗马法中从来不存在明确的概念,有关占有的理论都是后世学者总结出来的。在19世纪,德国法学家萨维尼提出,应该将"心素"(animus)或"体

---

① 《马克思恩格斯选集》(第二卷),人民出版社1972年版,第90页。
② 《马克思恩格斯全集》(第二十卷),人民出版社1995年版,第202页。
③ 《马克思恩格斯选集》(第一卷),人民出版社1972年版,第144页。
④ 《马克思恩格斯〈资本论〉书信集》,人民出版社1976年版,第19页。

素"(corpus)作为占有的要素。心素是指所有的意思,体素是指占有的事实。萨维尼认为,不以所有人的意思而事实上占有某物,就不是"占有",仅为"所持"。萨维尼认为,罗马法承认保管人、质权人、永佃权人的占有,仅为例外的规定,只能称为传来占有。① 继萨维尼之后,德国学者耶林认为,萨维尼的观点会导致罗马裁判官法上所保护的占有人不是占有人而是持有人,从而与《国法大全》的正文相矛盾。耶林提出要强调客观条件,认为占有不必有所有的意思或为自己所有的意思。任何人只要有对物的实际控制即可形成权利。因此,保管人、质权人、永佃权人等的占有受到法律的保护是理所当然的。②

在《法国民法典》制定时,由于耶林的学说尚未提出,因而《法国民法典》以及以其为蓝本制定的其他民法典,仅仅是在罗马法的"市民法上的占有"的意义上承认占有,即仅承认因时效而获得所有权的占有,尚不承认承租人、借用人、受寄人等享有占有权。而德国和瑞士民法典则受耶林学说的影响,一方面,承认为自己所有的意思的占有,即自主占有,这种占有是可因时效而获得所有权的占有;另一方面,也承认直接和间接占有的概念,承租人、借用人、受寄人等享有占有权。③《德国民法典》第854条将占有的概念定义为:"物的占有,因对物有实际控制而取得。""在取得人能够对物行使控制时,有原占有人与取得人的协议足以取得占有。"④该法典第868条规定:"作为用益权人、质权人、用益承租人、使用承租人、受寄人或基于其他类似的法律关系而占有其物的人,由于此类关系对他人暂时享有占有的权利和义务时,该他人也是占有人(间接占有)。"但《日本民法典》则借鉴了日耳曼法的模式,突破了罗马法的传统,将占有确认为一种权利。

苏联和东欧国家的民法典关于占有权的规定是极不统一的。《波兰民法典》第336条区分了"普通占有(即所有人的占有和继受的占有)"和"非所有人的占有(即非所有人的合法占有)"。苏联和蒙古国民法典只是在给所有权下定义和规定对所有权的保护时提到了占有。《匈牙利民法典》第98条明确规定"占有权与占有的保护权属于所有人",并且在取得时效中确认了占有权。

---

① Philippe Malaurie, Laurent Aynès, Droit Civil, Les biens, Defrénois, 2003, pp.128–129.
② Philippe Malaurie, Laurent Aynès, Droit Civil, Les biens, Defrénois, 2003, p.129.
③ MüKoBGB/Joost, Vorb. §854, Rn.1.
④ MüKoBGB/Joost, Vorb. §854, Rn.2.

应该指出,和大陆法系各国民法典一样,前公有制国家的民法典,对占有权也没有明确的定义。诚然,给占有权下一个定义是十分困难的。一方面,占有是基于对物的实际控制产生的。另一方面,对物的实际控制可能只是一种事实状态而并不能形成权利。比如某人遗失某物但并不丧失对物的所有权,而占有遗失物的人并不能获得对物的所有权。再如小偷占有赃物不能成为物的所有人。因时效取得所有权,法律要求占有人要以所有人的意思而善意占有;但在依合同而取得占有权时,法律并不要求占有人以所有人的意思进行占有。可见占有和占有权十分复杂,以致很难对占有权下一个确切定义。正如苏联学者坚金(М. Генкин)在评述《苏俄民法典》时指出:占有是由某人持有某物的事实,这种占有的事实状态是受法律保护的,从而能排斥第三人的干涉,因而占有形成了一种权利。①

占有权与所有权是什么关系?正如前文已指出的,占有与所有是有联系的,但是占有权本身并不是所有权。经典作家对这个概念的运用总是异常审慎的,在《〈政治经济学批判〉导言》《资本主义生产以前各形态》《资本论》中,马克思往往在"所有""占有""所有者""占有者"等字的下面加上着重号,以提示人们注意其间的区别;列宁更指出"不了解所有权、占有权、支配权、使用权等概念的区别",就会发生误会。② 这就说明占有权和所有权是不能混淆的。

占有权可以成为独立的权利,一些国家的民法在所有权的权能中并未规定占有权。例如,《法国民法典》第 544 条规定:"所有权是对于物无限制地使用、收益及处分的权利。"所有权中排除了占有权能的原因在于,占有本身是事实状态,不受法律确认的事实状态不能产生权利。而产生权利的占有权,在许多情况下又与所有权是重合的。尽管法律没有明确规定占有为所有权的一项权能,但是学者一致认为所有权应包括占有权能。例如,史尚宽指出,民法典在所有权中未规定占有权能,但占有权"仍有事实上的作用",因而应该成为所有权的权能。③

苏联和东欧国家的民法典大都规定了占有权为所有权的一项权能。

---

① See Jacob H. Beekhuis et al., International Encyclopedia of Comparative Law: Volume Ⅵ: Property and Trust: Chapter 2: Structural Variations in Property Law, J. C. B. Mohr (Paul Siebeck), Tuebingen, 1973, p. 41.
② 参见《列宁全集》(第十三卷),人民出版社 1959 年版,第 314 页。
③ 参见史尚宽:《物权法论》,荣泰印书馆 1957 年版,第 57 页。

苏联的民法著作认为,占有权是所有权的一项权能,享有占有权的不仅是所有人,还有根据合同从所有人那里取得财产的人。但是,在这种场合,所有人并未丧失所有权,而占有权也没有脱离所有权,占有权是由所有权派生的、从属于所有权的,它不能对抗所有权。

笔者认为,占有权并不是独立于所有权之外的法定权利。从绝对意义上说,有占有权而无所有权,同有所有权而无占有权一样,是不可思议的。所有权就是占有在法律上的反映,而法律所确认的占有权,也不过是所有权的一项权能。占有权作为所有权的一项权能,在大多数情况下与所有权是重合的,因为所有权只有从占有开始,才能由客观权利变为主观权利,而且只有当占有权回复到所有人手中,所有权才最终恢复其圆满状态。正如苏联法学家约菲所指出的:占有是一个复杂的多阶段的过程,以从自然界夺取物质财富开始至在为人类的服务中把这些财富完全用尽完结。因此,所有权在它所统一的随便哪一个权能中(无论占有、使用还是处分)都可以作为占有权出现。① 马克思对于所有权与占有权相统一的问题,曾经予以特别注意,他有时用"享有"(die Aneignung)一词来概括这种现象。如说"自然的享有"(die Aneignung der Natur),最后,在消费中,生产物变成享受的、个人享有的对象②,等等。但是占有权也可以与所有权发生分离,形成一种独立的权利,这种分离的现象大多是依据合同而产生的。例如,根据保管、租赁、担保合同而转移占有并转移占有权。占有人取得占有权后,可以排斥第三人的干涉,甚至可以对抗所有人。但是这种权利是所有人根据自己的意愿转让的,是所有人为了使自己的所有物能得到更好的保管、保存或为获得外界的信任,以及获得更大的利益而转让给占有人的,这是符合所有人的意志和利益的。

占有权是由所有权分离出来的一项权能。这种分离之所以能够形成占有人的权利,是因为它符合法律的规定和所有人的意志,否则,就不可能形成合法占有权,而只可能是一种事实状态。占有权既然是从所有权中分离出来的一项权能,那么,这种权利就不能超出它本身的范围,也就是说,占有权不能包括使用、收益和处分权,而仅仅为对生产资料和劳动产品实行控制的权利。在他物权(如抵押权、典权、留置权及财产上的用

---

① 参见[苏]O.C.约菲:《苏联民法思想的发展》(第二卷),列宁格勒大学出版社1978年版,第5页。
② 马克思:《政治经济学批判》,人民出版社1955年版,第150、152页。"Aneignung"一词也有的译为"占有",参见《马克思恩格斯选集》(第二卷),人民出版社1972年版,第91页。

益物权等)中,物权人除占有权外,所享有的使用和收益权,也是根据合同而不是根据占有权本身所产生的。

有人认为:"占有权与所有权没有因果关系,占有权与占有才有因果关系。"[①]这种把占有权的产生与所有权权能的分离脱离开的观点是值得商榷的。离开了所有权,无所谓占有权,离开了占有权亦无完整的所有权,不基于法律和所有人的意愿而转让占有权,占有人如何能够取得占有权?如果认为占有权仅与占有发生因果关系,显然漠视了所有人的意愿。

从以上对占有和占有权的考察中可见,占有是所有制关系的表现,所有权不过是对占有关系的反映,而占有权则是从所有权中分离出来的一项权能。当占有权分离出来后,所有物就与所有人发生了分离,所有人便失去了对物的直接控制的权能,而把对物的占有权交给了经营者。同时,在合法占有权而不是单纯的占有同所有权发生分离后,经营者依据其权利,可以将自身的意志和利益体现在对物的实际控制过程中,从而为经营者更有效地使用其财产创造了前提条件。因而占有权与所有权的分离,也是经济体制改革中扩大企业自主权的一个内容。但是,经营者有了占有权,不等于就有了使用、收益和处分权。确认经营者对国家财产的使用、收益和处分权,同样需要根据所有人的意志和权益,通过法定的程序实现,而不能简单地认为拥有占有权就当然有使用、收益和处分权。否则,就会导致法律上和事实上的混乱。例如,在实际生活中,如果承认占有权自然包括收益和处分权,就等于承认保管人能够随意处分为他人保管的财产,承租人能够随意处分出租人的财产,并在他人的财产基础上获取非法利益,这显然是法律所不允许的。在占有的事实中包括了对物的事实上的使用和处分内容,但这只是生产资料和劳动者的结合形式,只是所有制的内容问题。当占有的事实即所有制上升为法律上的权利时,已经表现为所有权而不是占有权。在任何时候和任何情况下,占有权都不能包括处分权。所以,在占有权从所有权中分离出来以后,还需要所有人根据其意志和利益,将其权能作出进一步的分离,使经营者在法律上享有必要的使用、收益和处分权。只有到了这个时候,经营者才能真正成为一个具有权利和义务的法律主体,成为一个相对独立的商品生产者和经营者。总之,笔者认为,不能把国家与企业之间的关系,仅仅视为所有者与占有者之间的关系,把扩大企业自主权理解为仅仅是扩大企业的占有权。

---

① 孟勤国:《论占有、占有权能和占有权》,载《法学研究》1985 年第 2 期。

只有从所有权的全部权能的分离出发,探讨所有权与经营权的分离问题,才能正确处理好国家与企业之间的财产关系,真正解决好增强企业活力的问题。

三、使用权、收益权、处分权与所有权发生分离是商品经济发展的要求

享有所有权的四项权能的主体,才能成为相对独立的商品生产者和经营者。使用权、收益权和处分权集中于同一主体,是自然经济形态的一种表现。所有权向收益形式转化并通过支配权来实现是商品经济发展的要求,也是经济体制改革的一项内容。

首先考察使用权。在任何社会经济形态中,占有生产资料和劳动产品都不是目的,占有的目的是为了获取物的使用价值或增值价值。所以,不论是所有人还是非所有人,他们占有财产,最终是为了对财产有效地利用或从中获得经济上的利益。这种利用财产的权利,就是使用权。法律上有所有权的人有当然的使用权,但享有使用权的人,并不一定有所有权。

罗马法学家曾将使用权表述为"为了任何不违法的目的使用物的权利"[①]。实际上,物的使用权在本质上是由物的使用价值所决定的。获取物的使用价值以满足所有人的需要,是所有人的意志和利益的体现,而所有人以外的其他人,负有不妨碍所有人获取其物的使用价值的义务。所以,使用权能够成为所有人的一项独立权能。

使用权是所有权的独立权能,而不是由他人的权利所派生出来的,因此,所有人可以在法律规定的范围内,依自身的意志而使用其物,同时也可以取得所有物的孳息,包括天然孳息和法定孳息。然而,由于物的使用价值是由物的自然属性决定的,如粮食可以充饥、衣服可以御寒等,因此,物的使用权首先要受物的自然属性的制约。同时,具有自然属性的使用价值的发现和应用,是人类生产经验日益丰富和科学技术日益进步的结果,它将随着科学技术的进步和生产力水平的提高而不断提高。因此,物的使用权也受到所有人对物的利用水平和使用方式的限制。

使用权是直接于所有物之上行使的权利,因而使用权的存在首先以

---

① 法学教材编辑部《民法原理》资料组:《外国民法资料选编》,法律出版社1983年版,第228页。

占有物为前提。当物与所有人分离以后,所有人的使用权亦与所有权发生分离。然而,对物的使用的事实本身不能当然形成使用权,更不能形成所有权。在国家和法产生以前,被习惯承认的对物的占有是以对该物的长期使用为前提的,保尔·拉法格在描写处于原始发展状态的人们的习惯时指出,"在野蛮人那里,财产惟一可能的和可以理解的根据,就是使用"①,"使用是个人占取的主要条件。即使是某个人制造的物品,也只有当他使用它们,并借使用来表明它们的归属时,才被认为是属于他的。一个爱斯基摩人可以有两只小船,如果他制造了第三只,那么这船就要归他的氏族支配;他所不使用的一切东西都归为公共财产"②。在国家和法产生以后,物的使用权甚至所有权的取得都必须依据法律规定。所有人根据法律规定或合同约定,可将使用权转移给非所有人行使。非所有人取得使用权后,即使在已经对物实行事实上使用的情况下,也必须依据法定的方式,而且非所有人的使用权是由所有权派生出来并依赖于所有权的。非所有人行使使用权时,必须根据法律的规定或合同的约定进行,一般要按照指定的用途使用。所以,非所有人享有的使用权,不过是从所有权中分离出来的一项权能。

有一种观点认为,应从广义上理解使用权。使用不仅是指对物的效用的利用,还包括在物之上获得经济利益,因而使用权应包括收益权。笔者认为,这种看法是有一定道理的,但严格地讲,不能认为有了使用权就必然有了收益权。因为这毕竟是两个不同的权能。如果使用权包括了收益权,那么就有可能助长一些全民所有的企业无限占有企业的收入,这样不仅直接侵犯了国家的收益权,而且最终损害了国家所有权。从社会经济生活来看,在使用权和收益权的行使中,一般会出现四种情况:一是因有使用权而获得收益。例如,使用物而获得天然孳息,在这里,收益并不是一项独立的权能。二是既有使用权又有收益权,两者是联系在一起的。例如,在典权中典权人就同时具有这两种权利,它是使用在先、收益在后。三是只有使用权但不获得收益。例如,在房屋租赁中承租人只有使用权,但不能通过转租获得收益。四是只有收益权而没有直接使用权。公司的股东对其认购的公司股票的权利就是如此,股东不能对其出资的财产直

---

① 〔法〕拉法格:《财产及其起源》,王子野译,生活·读书·新知三联书店1962年版,第62、45页。
② 〔法〕拉法格:《财产及其起源》,王子野译,生活·读书·新知三联书店1962年版,第62、45页。

接使用,但能够凭着股票而获取收益。在后两种情况下,使用和收益显然是完全脱离的。即使在前两种情况下,使用和收益的性质也是不一样的。使用是为了获取物的使用价值,而不是单纯为了获取物的价值。所有人和非所有人享有使用权和收益权,是为了分别追求不同的经济目的。

使用权在不同经济条件下的作用是不同的,马克思指出,"只要'生活资料和享受资料'是主要目的,使用价值就起支配作用"①,因而使用权的存在及其内容,对于所有人和非所有人都具有重要意义。在自然经济条件下,以使用价值为目的进行生产,或者以获取使用价值为目的进行交换,所有人注重的是在物之上所行使的使用权;所有人交换其物取得其他物的所有权,最终也是为了取得对其他物的使用权以满足自身的生产和生活需要。在物的生产中,生产者注重的是物的使用价值,在物的交换中,交换双方注重的是物的效用和对物的使用权。在商品经济条件下,不论是私有制还是公有制,虽然商品有二重性,但消费者和生产者所追求的目的是不同的。在生产过程中,所有人使用生产资料追求的是价值,价值起着支配作用。对消费者来说,其追求的是使用价值,使用价值起着支配作用。

在我国,由于长期不承认商品经济的存在,不承认社会主义经济是商品经济,不承认生产资料是商品,认为企业生产产品只是为了使用价值而不是为了价值,甚至把追求价值当作"利润挂帅"批判,所以,企业没有内在的经济上的动力,仅有受使用价值支配的实际使用。特别是在高度集中的管理体制下,由于国家机关对企业管得太多,统得过死,企业对国有财产的使用也受到过多的行政命令的限制,而不能自主地、创造性地对国有财产进行使用。这样,企业仅能够实际使用国有的财产,缺乏自我改造和自我发展的能力。

应该看到,在商品经济条件下,企业使用国有财产不单是为了自身获取使用价值,而主要是为了生产产品满足社会的需要,并通过商品交换的形式实现社会效益。至于企业享有收益权的程度、收益的多少等,是所有权与收益权分离时由法律规定的问题,而不是由使用权的形式所决定的。在高度集中的经济体制中,企业生产出来的产品全部提供给所有人——国家统收统配,企业既不能从交换中获得利益,更不能依自身的意志进行交换,这就严重影响了企业的主动性、积极性和创造性,使企业丧失了应有的活

---

① 《马克思恩格斯全集》(第四十六卷·下册),人民出版社 1995 年版,第 388 页。

力。由此可见,如果承认整个公有制社会只能实行直接的产品分配和消费,而企业只是作为一个产品生产者出现,那么它只需享有对国有财产的使用,而不需要享有使用权和由商品的价值所决定的收益权和处分权。如果承认公有制社会的经济仍然是商品经济,而企业也仍然是以一个相对独立的商品生产者出现,那么它就不仅要有使用权而且要有相应的收益权和处分权。这是企业作为商品生产者必备的权利。

其次是收益权问题。收益权与使用权有着密切的联系,它是在使用物上获取经济利益的权利,是所有权的一项独立权能。

罗马法上的所有权概念排斥了收益权能。这种法律现象不过是罗马社会简单商品经济的反映。简单商品经济是在自然经济条件下所发生的简单商品交换,这种交换的目的,是为了满足所有人的生产和生活的消费而不是在生产的基础上追求价值。所以,在实际的生产过程中,所有人注重的是使用权,即获取物的使用价值的权利,而往往忽视了追求物的价值的权利,即收益权。同时,由于在自然经济条件下,生产规模较小,生产方式简单,因而财产的所有人就是财产的实际占有和使用人。财产的所有人集占有、使用和处分权能于一身而并没有也不需要将其中的某项权能转移出去。由于财产和所有人没有分离,因而于财产之上所产生的利益就完全由所有人获取,而不可能产生在所有人和作为实际的生产者的非所有人之间的利益的分配。因此收益权由所有人行使时,就会在观念上把它视为一种由使用权所派生出来的权能而不是一种独立的权能。

收益权的概念,是中世纪注释法学派在解释罗马法时提出的。注释法学派认为,在所有权的权能中应补充收益权的概念。这种观点主要是为了解释中世纪西欧封建社会所存在的双重所有权形式。英国学者梅因指出:封建时代概念的主要特点,是它承认一个双重所有权,即封建主所有的高级所有权以及同时存在的佃农的低级财产权或地权。[①] 恩格斯也指出,某些真正拥有土地的农民"为了不受官吏、法官和高利贷者的粗暴蹂躏,他们往往托庇于有权势者以求保护……保护者向他们提出了这样的条件:他们把自己的土地所有权转让给他,而他则保证他们终身使用这块土地"[②]。某些封建主宣布自己是土地主人时,也同时承认农民对地面的权利。所以土地的领主所有和农民的世袭占有就构成了中世纪西欧封建土地所有权的基本特征。由于这种双重所有权的存在,因而在中世纪

---

① 参见〔英〕梅因:《古代法》,沈景一译,商务印书馆1959年版,第167页。
② 《马克思恩格斯选集》(第四卷),人民出版社1972年版,第147页。

欧洲基本上不存在自由的土地所有权,领主对土地享有的实际权利,是在土地上获取收益即占有农奴的剩余产品的权利。农奴虽然对土地没有所有权,但也可享有获取部分剩余劳动产品的权利。这种现象决定了中世纪的欧洲一般都把所有权看成一种收益权,从而使收益权成为一种独立的权能。

在当代资本主义条件下,资本所有权已完全表现为一种收益权。西方学者一般认为,现代所有权的观念就是由绝对所有权向收益权的转化,认为所有权均为收益权。[①] 这种看法也不无道理。因为资本所有权的目的就是为了获取价值和剩余价值,占有他人的无偿劳动。收益权表现了资本的剥削性质。特别是由于近代资本社会化运动的发展,股票和其他有价证券的权利已不能完全表现为对财产的占有、使用和处分权,而主要表现为对于价值和剩余价值的占有权。居拉·埃雾西指出:股份所有权集中为一点,即不进行任何经济活动,但却能从世界各地的不知其名称的公司或仅从报纸上了解的股东的公司中获取收益。[②] 这就说明,收益权作为所有权的独立权能,已成了当代资本主义所有权的发展趋势。

收益权不仅是所有权的一项权能,而且是一项重要的权能。因为所有权必然要求在经济上实现自己和增值自己。人们所有的某物,都是为了在物之上获取某种经济利益以满足自己的需要,只有当这种经济利益得到实现后,所有权才是现实的。如果享有所有权对所有人毫无利益,所有人等于一无所有。所有权在经济上实现自己,除了获取物的使用价值(使用)和获取物的价值(处分),还要取得用物化劳动所产生出来的新价值(收益)。特别是在商品经济社会,商品生产者追求的也正是物的价值。而且,获取物的价值即对物获取收益,并不限于传统民法所说的"孳息"。不论是自然生产的(如树木的果实)还是因法律规定产生的(如利息)孳息,它只是物在静止的支配状态下产生的,而不是在实际的生产过程中产生出来的。孳息中包含的利益也是极为有限的。而在现代社会,收益是在实际的生产过程中产生的,它包括的利益范围是极为广泛的,绝不限于孳息。

还应该看到,现代社会生产力的提高导致大规模的所有和占有的形

[①] See Diòsdi, G., Ownership in Ancient and Preclassical Roman Law, Budapest, 1974, p. 247.

[②] See Diòsdi, G., Ownership in Ancient and Preclassical Roman Law, Budapest, 1974, p. 248.

成。在扩大经营规模条件下，所有者和具体的经营者是必须分开的。所有者不需要而且也不可能自己去直接占有、使用财产，他可以按照自己的意志把具体的占有和使用权能转让给他人。这样，所有者和经营者发生分离，必然形成所有人和经营者在经济利益上的分配。在一般情况下，这种分配实际上是国民收入的初次分配。这就必然使收益权显得特别突出。这种情况在中世纪西欧封建土地所有制下就曾存在过。在资本主义条件下，随着股份有限公司的发展，这个问题也显得日益突出。

在大规模的生产活动中，所有人获得对物的收益，必然要通过物的价值形态变化，使固定资产和流动资金向商品资金转化，并将新价值凝聚在新产品中。所有人最后分得的是通过交换实现的产品价值中投入的资金价值部分和利润。

把收益权作为所有权的一项权能，有助于我们正确理解社会主义国家与全民所有制企业之间的财产关系。正如上述，收益权是国家所有权在经济上实现自己的重要表现，国家所有权必然包括收益权。这就意味着国家要依据其生产资料的所有权，通过法定程序和一定的经济形式，控制部分产品的分配和交换，并通过征税和收缴红利、股息等实现其所有权。如果逐步实行股份制，更多地运用经济杠杆实行间接控制，那么国家所有权通过收益权实现自己，则是显而易见的。保障国家的收益权，对于保障国家的财政收入，巩固社会主义公有制和发展社会主义经济是十分必要的。任何企业偷税漏税、滥发奖金和实物而分光吃光的现象，都是对国家收益权的侵犯。同时，也要看到，企业作为国有财产的经营单位，根据其在实际生产过程中付出的劳动或向国家和全体人民履行的义务，也应该享有收益权。这就是说，企业依法有权拿走一部分剩余产品由自己处分，有权将税后留利部分由自己合理支配。企业可以将其收益的部分用于扩大再生产，也可以用来提高职工工资、奖金和发放职工福利。只有这样，才能消除那种只顾社会利益而漠视局部利益，或只顾局部利益而漠视社会利益的现象，从而使企业的活动与其自身的利益联系起来，焕发出内在的应有的活力。

收益权绝不同于用益权，前者为所有权的一项权能，而后者为因所有权而产生的他物权。但两者又有联系，就用益权而言，其内容主要包括收益权。有一种观点认为，国营企业享有的财产权是一种"用益权"。这一观点把国家所有权的内容限定在"纯为最终收回财产或财产价金的权利"，"向国营企业下达经济计划的权利"，等等。国营企业作为用益权人

"享有独立进行生产经营活动,占有、使用和处分企业财产的权利"[①]。用益权强调了国家所有权在经济上的实现和企业应该享有的经济利益,这是正确的。但是以用益权这一传统民法中的他物权概念来概括企业财产权则不够确切。第一,企业享有财产权不能像用益权人那样,以国家的财产仅为自己谋取利益,国家的所有权也不能因用益权的设定而变为"虚有权"。第二,用益权是基于合同产生的,具有时间的限制,而企业的财产权则是根据法律的规定产生和消灭的,其存续完全根据社会的需要和自身的经营效果而决定,没有明确的时间限制。第三,传统民法的用益权不包括对财产的处分权。所以,用益权的概念显然不能说明企业对国有财产拥有一定的处分权的事实。

最后探讨所有权中的处分权。所谓处分权,就是所有人对财产(生产资料和劳动产品)进行消费和转让的权利。对财产的消费(包括生产和生活的消费)属于事实上的处分,对财产的转让属于法律上的处分。两者都会引起所有权的绝对或相对消灭,所以处分权决定了财产的归属,这也是所有权区别于他物权的一个重要特征。

处分权是由物具有交换价值决定的,法律上的处分意味着物的转手。各所有人对财产实行的法律上的处分形成了商品的交换,而一连串的处分行为就形成了总体的交换即商品的流通。

在市场经济社会中,处分权是一个独立的商品生产者应有的权利。因为所有权是生产和交换的前提和结果。如果主体对生产工具和劳动对象不享有事实上的处分权,他就无法在生产领域将生产资料和劳动力结合起来,从而无法进行实际的生产活动。如果主体对劳动产品不享有法律上的处分权,在交换中他就不能作为所有者将商品转让。在各个法律主体之间发生的法律上的处分行为中,一个没有处分权的主体,是无权与他人缔结转让财产的合同的。

应该指出,尽管处分权为所有权的核心,但是处分权作为所有权的一项权能,也是可以基于法律规定和所有人的意志而与所有权分离的。处分权的分离并不导致所有权的丧失。当某个所有人不是作为实际的生产者,而是作为利益的享有者(如股票所有人)时,他可以仅享有收益权而不享有对财产的处分权,收益权的存在即标志着所有权仍然在经济上实现自己、增值自己,标志着所有权仍然存在。

---

① 李开国:《国营企业财产权性质探讨》,载《法学研究》1982年第2期。

在苏联理论界,长期以来不承认国营企业对国有财产享有处分权,苏联学者维涅吉克托夫在他的"经营管理说"中就完全排除了国营企业处分权的存在。按照维涅吉克托夫的观点,国营企业是在经营管理国家的财产,只能按照国家所有者的指令进行经营活动,绝不能以自己的意志处分国有财产。这种传统观念的弊端随着客观经济的发展暴露得越来越明显了。

排除国营企业的处分权,首先是否认了国营企业所享有的事实上的处分权。应该指出,首先,国营企业作为一个社会基本经济单位已经享有对国有财产的事实上的处分权,没有处分权,从事任何生产活动都是不可能的。即使国营企业只是一个产品生产者而不是一个商品生产者,事实上也享有这种权利,只不过其范围有限并受到国家的直接干预罢了。我们讲扩大企业的权利,其前提就是承认企业有一定的处分权。其次,法律上的处分权,是一个商品生产者必须具备的权利。市场经济存在的一般条件首先就是要承认各个商品生产者对其产品享有所有权。生产者对劳动资料和劳动成果没有所有权,交换就不必按照由社会必要劳动决定的价值来进行,劳动的交换、产品的交换就不会转化为商品的交换。马克思曾经这样描述过商品交换的过程:"两个所有者都不得不放弃自己的私有财产,不过,是在确认私有权的同时放弃的,或者是在私有权关系的范围内放弃的。"① 所以对产品是否享有处分权,决定着企业是作为一个产品生产者还是作为一个商品生产者出现在交换领域。企业对产品没有处分权,那么它就不是商品的"监护人",而只是产品的所有者,其交换活动就不是真正意义上的商品交换。在社会主义社会,国家的财产除产品外还包括企业所占有的固定资产。如果将固定资产以法律的形式交由企业处分并承认其处分权,那么国家所有权就需要通过收益权实现了。按照马克思上述关于商品交换的观点,也可以把固定资产作为商品通过交换转让给企业,而这种交换是在公有制权利关系范围内的交换,交换过程的实现,不超出公有制领域,不会改变社会主义性质。长期以来,在我国由于不承认企业对固定资产的处分权,使企业在很大程度上对自己从事的经济活动无力负责、无权负责,这种现象是不正常的。用法律的观点来看,国营企业在从事经济活动时,以国家的固定资产享受权利并获得利益,理所当然地也要以这些固定资产承担义务,并以此清偿债务。否则,就会人

---

① 《马克思恩格斯全集》(第四十二卷),人民出版社1995年版,第26—27页。

为地造成两种所有制企业之间在财产交换上的不平等现象,同时也会给那些应该对自己的行为负责而又极力推卸责任的企业以可乘之机,助长了它们不求进取而躺在国家身上"吃大锅饭"的思想和行为。所以,要使企业对自己从事的经济活动的后果负责,就要承认企业依法对固定资产享有处分权。当然,关于企业享有固定资产的处分权问题,涉及国家学说、经济学和法学的一系列问题,对此尚需要作多方面的探讨。

自然,承认企业是一个相对独立的商品生产者,就必须承认它对其产品享有法律上的处分权。企业自主权的扩大在很大程度上就表现为这种处分权的扩大。但是,企业享有的处分权仅仅是从国家所有权中分离出来的一项权能。企业对其产品仅仅享有部分的处分权,国家保留了对另一部分产品的处分权,所以国家可以制定大部分产品的价格,并根据指令性计划对这些产品进行分配,而企业仅对部分产品进行定价并作计划外自销。企业可以依法将税后留利部分用于扩大再生产,包括用作计划外的投资,而国家作为所有权人对整个企业的产品享有最终的处分权,这是我国现有的实际情况。由此可见,企业的处分权可以分为两种:一种是代表国家所行使的处分权,如对闲置的固定资产进行租赁和出让、依指令性计划供应产品等;另一种是依自身意志而行使的处分权,如对计划外的产品实行自销等。在这两种情况下,企业的意志在处分权中体现的程度是不同的,但都要在不同程度上受作为所有人的国家意志的限制和制约。这也决定了企业仅仅是一个相对独立的,而不是一个完全独立于国家的商品生产者。

综上所述,使用权、收益权、处分权与所有权发生分离,是市场经济发展的要求。这些权能分别涉及社会再生产的生产、交换、分配和消费各个环节,决定着企业在生产和再生产活动中能否成为一个相对独立的商品生产者和经营者的地位问题。企业缺乏任何一种权能,它作为商品生产者和经营者以及作为法人,都是不完备的。所以,所谓国家所有权的适当分离,是指国家所有权的各项权能的适当分离,而不只是部分权能的分离。只有使企业从这种分离中依法享受到国家所有权的各项权能,才能使它成为相对独立的经济实体和具有一定权利义务的法人。

产权保护:市场经济的基石[*]

2007年《物权法》的颁布,标志着我国产权保护法律制度进入了一个新的阶段。党的十八大以来,产权保护更是受到高度的重视。2016年11月,中共中央、国务院发布了《关于完善产权保护制度依法保护产权的意见》。该意见提出,健全以公平为核心原则的产权保护制度,推进产权保护法治化,有利于完善社会主义市场经济法律体系,保障社会主义市场经济的健康发展。无论是从历史的维度,还是从比较法的视角,都可以看到,产权保护是推动市场发育和经济增长的基石。"有恒产者有恒心。"保护产权,实质上就是保护劳动、保护发明创造、保护和发展生产力。从宏观层面看,产权保护对营商环境的改善和经济的稳定增长具有基础性的意义;从微观层面看,产权保护具有激励投资兴业、创造财富的重要作用。当前,我国改革开放正处于关键时期,各种社会矛盾相对比较突出。改革要再出发,经济要有序发展,就必须进一步强化产权保护,加大完善产权保护相关法律制度的力度。有鉴于此,笔者拟对产权保护与市场经济的关系谈一点粗浅的看法。

一、从历史的维度看产权保护与市场的关系

从过去两百年的人类历史中,我们可以看到,凡是在经济发展上取得重大成就的国家,都在不同程度上建立了有效的财产权保护制度。[①] 因为,如果个人的产权得不到有效保护,人们就没有足够的动力去积累和创造财富,也就没有动力去进行投资或者将已经取得的财产再进行投资和生产。[②] 秘鲁经济学者索托(Soto)在《资本的秘密》一书中指出,市场经济模式在美国、

---

[*] 本文完稿于2009年。
[①] 关于这一点的专题研究,参见 Douglass C. North, R. Thomas, The Rise of the Western World: A New Economic History, Cambridge University Press, 1973。
[②] See DaniRodrik, One Economics, Many Recipes: Globalization, Institutions, and Economic Growth, Princeton University Press, 2007, p.156.

西欧国家以及日本都取得了极大的成功,但此种模式在许多发展中国家却并未发挥实效。索托认为,之所以这些发展中国家与资本市场之间就像隔着一层透明玻璃一样,怎么都进不去,根本原因在于:这些发展中国家并没有建立起将资产转换为资本的制度机制,也就是说,最根本的原因在于它们欠缺产权确认和保障的法律机制。① 英国历史学家弗格森(Niall Ferguson)认为,西方之所以能够在过去的五百年里长期控制世界,主要借助于六大"杀手级工具"(killer applications),其中之一就是产权保护。②

产权保护理念源远流长,其并非现代社会特有的观念。早在古罗马时期,罗马法就十分重视对私权的保护,这也正是罗马帝国强大的基础。马克思在《黑格尔法哲学批判》一书中提到,"其实是罗马人最先制定了……抽象的权利,抽象的人格权利","罗马人主要兴趣是发展和规定那些作为私有财产的抽象关系的关系"。③ 到中世纪后期,伴随着罗马法的复兴,私权制度尤其是产权保护观念开始在欧洲落地生根,并逐步深入人心。中世纪以后的欧洲,逐步建立起了较宽容的世俗的政府,与此相适应,政治和法律制度开始注重保障财产所有权和严格执行合同,从而促进了市场的发展。当时的欧洲,在发展国际汇兑和信贷市场、金融及会计业务等方面也成为先驱,同时还以定期支付利息的强制性政府贷款为基础,逐步建立了有效的政府公债市场。④ 英国普通法较早地构建了产权保护的法律制度安排。在工业革命后,英国于 1689 年通过了《权利法案》,该法案第 4 条明确宣告:"凡未经国会准许,借口国王特权,为国王而征收,或供国王使用而征收金钱,超出国会准许之时限或方式者,皆为非法。"这就通过对公权的限制极大地强化了对产权的保护,为英国经济的发展奠定了基础。按照美国经济学家诺斯等人的观点,自"光荣革命"以后,英国就已经形成了相对完善的产权保护制度,这也是英国成为"日不落帝国"并主导世界秩序将近二百年的重要原因。⑤

---

① See Hernando De Soto, The Mystery of Capital: Why Capitalism Triumphs in the West and Fails Everywhere Else, Basic Books, Reprint edition, 2003, pp. 1–10.
② Niall Ferguson, Civilization: The West and the Rest, Penguin Books, Reprint edition, 2012, pp. 96–140.
③ 《马克思恩格斯全集》(第一卷),人民出版社 1995 年版,第 382 页。
④ 参见傅军:《国富之道》,北京大学出版社 2009 年版,第 94 页。
⑤ See Douglas North, Barry Weingast, Consititution and Commitment: the Evolution of Institutions Governing Public Choice in Seventeenth Century England, Journal of Economy History, 1989, 49(4): 803–832.

中世纪以后，欧洲国家在向市场化过渡的过程中，宣扬"天赋人权"，竭力保护私有财产，使资本主义市场"与国家互为一体"，从而逐步建立了资本主义市场经济。① 马克斯·韦伯第一次将理性的、欧洲式的法律体系与资本主义工业化发展联系起来。韦伯指出："一般意义而言，法律的理性化和系统化，尤其是法律程序功能的日益准确性，构成了资本主义企业生存的重要条件之一，没有法律安全保障，就不可能存在资本主义企业。"②事实上，在哥伦布发现新大陆之后，伴随着全球贸易市场的开拓，一些欧洲国家（其中尤以荷兰、英国等国为代表）从贫穷落后快速走向富强发达。而助推此种巨变的重要原因在于，这些国家通过财产权、公司、保险等制度构建了相对完善的产权激励机制。近代私法三大原则中有两项原则，即无限制所有权和契约自由，根本目的都是为了保护产权。秉持这些原则的《法国民法典》有力助推了法国的发展，使其从风车水磨的农业社会快速转变为资本主义社会。

美国在建国之初，就在其宪法中确立了全面保护财产的法律制度，为美国以后的强大奠定了坚实的制度基础。美国宪法第五修正案确立了征收的规则，即"不给予公平赔偿，私有财产不得充作公用"，从规范公权的角度保障了私有财产。美国宪法第十四修正案规定："不经正当法律程序，不得剥夺任何人的生命、自由或财产。"这就确立了私有财产保障的宪法原则并普遍贯彻于美国的立法和司法中。这两条宪法修正案的精神成为美国保护财产权的基本宪法原则。在保护实体财产权的同时，美国尤其重视对知识产权的保护，美国1789年《宪法》第1条第8款声明："国会有权立法给发明人和作者以有限的专利权和版权以鼓励发明、激励创造。"依据宪法所确立的保护知识产权的条款，早在1790年，美国就同时颁布了第一部《版权法》和《专利法》，后又于1870年颁布了《美利坚合众国联邦商标条例》。可以说，美国经济的腾飞并成为世界头号经济大国，与其从建国之始就保护产权、鼓励发明和创造具有密不可分的关系。

历史学家关于西方社会的研究也揭示了商品和市场经济与私有财产法律保护之间的密切关系。黄仁宇先生在《资本主义与二十一世纪》一书中，从历史发展的视角比较了东西方的市场化过程。在他看来，中国古代

---

① See Fernand Braudel, Capitalism and Material Life, Harper and Row., 1973, p.326.
② Kenneth L. Karst and Keith S. Rosenn, Law and Development in Latin America, University of California Press, 1975. 转引自〔美〕李·J. 阿尔斯顿、斯瑞恩·艾格森、道格拉斯·C. 诺斯主编：《制度变迁的经验研究》，杨培雷译，上海财经大学出版社2014年版，第83页。

的一些朝代虽然也出现了繁荣的商品经济,但中国古代始终未能形成一套完整的私权保障法律制度。所谓"普天之下,莫非王土",皇权至高无上,可以任意侵夺私人财产,因而私有财产长期不为"中国法制所支持",这也导致中国的资本主义市场经济未能形成和发展。① 其实,中国古代社会史和思想史同样有关于产权保护与经济秩序维系之关系的精辟论述。商鞅在《商君书》中就曾举了一个非常精辟的例子对此加以说明:"一兔走,百人逐之,非以兔为可分以为百,由名之未定也。夫卖兔者满市,而盗不敢取,由名分已定也。故名分未定,尧、舜、禹、汤且皆如骛焉而逐之;名分已定,贪盗不取。"由此可见,在我国古代法家学者看来,保护产权的首要目的就是要明确财产的归属,只有明确财产的权利主体,才能从根本上实现定分止争。要避免丛林法则,就需要通过法律制度保障人们的安全,这首先需要确认财产的归属,即实现定分止争。"田者不侵畔,渔者不争隈。道不拾遗,市不豫贾,城郭不关,邑无盗贼,鄙旅之人相让以财,狗彘吐菽粟于路,而无仇争之心。"(《淮南子》)财产归属的安定性和确定性是人类社会生活的基本前提,也是人类安全的重要内容。孟子曾言:"有恒产者有恒心,无恒产者无恒心。"②这句话精准地概括了保障产权对于鼓励人们创造财产、投资兴业的重要意义。然而,由于长期的封建专制统治,严重压抑了社会的活力,产权保护也难以得到法律的支持。我国古代法律制度始终没有很好地解决产权保护问题。所谓"千年田换八百主",就鲜明地反映了我国古代产权保护的不足。正因如此,在我国古代的一些时期,虽然也出现了较为发达的简单商品经济,但多为昙花一现,终归于湮灭,始终未能形成真正的市场经济。

经济学和法学的研究一再证明,财产权的安全可以产生促进投资的积极效应,有利于减少低效率或浪费性的资源竞争。③ 专门研究殖民史的学者指出,在新西兰、澳大利亚、美国等国家,模仿作为宗主国的英国的稳定财产权制度,取得了与欧洲类似的经济成功。④ 而在一些法属、葡属殖民地,由于赋予了政府更大的干预私人财产权的空间,经济则始终明显处于弱势地位。虽然单个法域的比较可能有一定的偏差,但对各个殖民地

---

① 参见黄仁宇:《资本主义与二十一世纪》,联经出版事业公司1991年版,第24页。
② 《孟子·滕文公上》。
③ 参见[美]戴维·凯瑞斯编辑:《法律中的政治——一个进步性批评》(原书第三版),信春鹰译,中国政法大学出版社2008年版,第174页。
④ See Alfred Crosby, Ecological Imperialism: The Biological Expansion of Europe 900 - 1900, Cambridge University Press, 1986.

的综合比较表明,财产权的保护水平与投资激励和经济增长还是有直接关联性的。①

1949年新中国建立以来,由于受"左"的思想指导和"一大二公"的观念影响,产权保护并未受到重视。1978年我国进行经济体制改革以来,在所有制改革方面的重大成果之一就是彻底摒弃了"一大二公"的"左"的指导思想,打破了单一的公有制经济一统天下的格局,初步形成了公有制占主导地位、多种所有制经济形式并存和共同发展的结构。1988年通过的《宪法修正案》承认了私营经济的合法性,明确规定"国家保护私营经济的合法的权利和利益",并确认了"国家允许私营经济在法律规定的范围内存在和发展。私营经济是社会主义公有制经济的补充……对私营经济实行引导、监督和管理"。1999年通过的《宪法修正案》更是将个体经济和私营经济从"社会主义公有制经济的补充"的地位提升为"社会主义市场经济的重要组成部分"。2004年通过的《宪法修正案》则将《宪法》第11条第2款"国家保护个体经济、私营经济的合法的权利和利益。国家对个体经济、私营经济实行引导、监督和管理"修改为:"国家保护个体经济、私营经济等非公有制经济的合法的权利和利益。国家鼓励、支持和引导非公有制经济的发展,并对非公有制经济依法实行监督和管理。"进一步提升了私有财产权的法律地位。

在宪法的指导下,我国相关的法律、法规在保护产权方面得到了进一步完善,1988年国务院发布了《私营企业暂行条例》《私营企业所得税暂行条例》和《关于征收私营企业投资者个人收入调节税的规定》三部法规,使私营经济的发展和管理也逐步纳入了法制轨道。《合伙企业法》《独资企业法》《公司法》《继承法》《企业破产法》等法律的陆续颁布,也进一步体现了保护私有财产的精神。1992年中国共产党第十四次全国代表大会确立了"市场经济体制"的改革目标模式,提出要建立中国市场经济的法律体系。为适应发展市场经济的要求,2007年颁行的《物权法》第一次从民事基本法的层面构建了产权制度的基本框架,对物权法律制度进行了系统安排,尤其是该法确认了各项财产权平等保护原则,并全面确认了各类主体的基本财产权利,这就真正从民事基本法的层面奠定了产权保护的制度基础。伴随着产权保护的不断受重视以及相关法律制度的日益完善,中国经济社会也发生了翻天覆地的变化,中国经济走上了高速

---

① See Landes, David S., The Wealth and Poverty of Nations: Why Some Are So Rich and Some So Poor, W. W. Norton & Co., 1998.

发展的轨道。经过改革开放四十年的发展,民营经济在法治的保障下蓬勃发展,民营经济已经呈现出"三分天下有其一"的格局。其中,产权的激励是关键因素。农村的改革取得巨大的成功,始终是围绕农村产权重建展开的制度变迁过程。这个过程包括承认农民的私有财产权利,推行联产承包责任制,保障承包农户的产权等,这些产权保护的举措极大地调动了农民的积极性,使中国农村发生了天翻地覆的变化。① 在城镇,经济的发展也是与产权的保护密不可分的。以中国房地产业的蓬勃发展为例,其就与《物权法》的颁布具有密切的关系,特别是与该法第 149 条关于建设用地使用权期限届满后自动续期的规则,有着非常重要的关系。该项规则的出台首先突破了 70 年住宅使用权的限制,即到期后自动延长,更重要的是,它消除了很多老百姓购房后的担心,真正给老百姓吃了"定心丸",对自己的房产形成了一种合理的预期。"有恒产者有恒心",这就为蓬勃发展的房地产业创造了非常有利的法治化环境,提供了制度保障。

二、从营商环境角度看产权保护对经济发展的影响

近年来,"营商环境"成为中国经济学中的热门词汇和专题研究对象。② 营商环境的评价需要考虑诸多因素,但产权保护的水平是重中之重。保护好产权是营造互惠交易市场环境的重要条件。营商环境实际上是法律环境,而构建良好的法律环境的核心是保护好产权。早在 18 世纪,英国法学家边沁曾指出:"财产权与法律生死相依,没有法律,就没有财产权;法律消失了,财产权也就消失了。"③这就深刻揭示了法律保障的核心是产权保障问题,保障财产也是构建良好的法律的核心问题。有关产权保护对营商环境的影响,可以从国际和国内两个层面进行考察。

(一) 国际层面营商环境与产权保护关系的观察

从国际层面看,产权保护是经济发展的重要条件,不少经验研究表

---

① 详细请参见周其仁:《产权与中国变革》,北京大学出版社 2017 年版,第 60—65 页。
② 参见聂辉华:《改善营商环境,如何评价考核地方官员最关键》,载《中国建设报》2018 年 12 月 7 日。
③ Kenneth L. Karst and Keith S. Rosenn, Law and Development in Latin America, University of California Press, 1975, p.695. 转引自〔美〕李·J. 阿尔斯顿、斯瑞恩、艾格森、道格拉斯·C. 诺斯主编:《制度变迁的经验研究》,杨培雷译,上海财经大学出版社 2014 年版,第 84 页。

明,一个法域的财产权制度安排与投资者投资积极性有着明显的相关性。① 一个法域对财产权的尊重和保护程度越高,或者说政策越稳定,那里的人们就会有更大的积极性在有形财产和无形人力资源上进行投资,并借此获得更高的收入回报。② 诺斯指出:"17世纪的荷兰和18世纪的英国的资本市场利率的显著下降表明,产权稳定性的提高是大量正规与非正规约束有效地相互作用的结果。例如,合约的实施是从包括惩罚违背协议的商人行为规范演进而来的,其结果是将习俗方式用于正规法。"③这方面的研究结论不仅在全球的大量法域都得到了验证,而且在很多微观的商业生态系统中都有相应的证据支持。④ 从全球比较来看,凡是经济发达国家,其法律制度对财产权的尊重和保护程度都相对更加稳定;即便是大量新兴的经济体,其经济的快速增长,也与这些国家在产权保护制度方面的改进和优化有密不可分的联系。秘鲁经济学家索托专门对此作过研究,其认为,产权保护制度的差异对于国家经济发展的作用极为重要,产权保护的强弱和经济的发展程度存在密切的正相关关系。索托认为,在不发达国家中,其并没有建立完善的产权登记制度,公司制度也不健全,"企业处于金融家和投资者视野之外;他们的财产权利,没有得到可靠的登记和确认,无法顺利地转化成资本。他们的交易,只能在彼此了解和信任、范围狭隘的熟人圈子中进行,而不能延伸到更开阔的市场上。他们的资产,既不能作为抵押物而获得投资,也不能投资为股票"⑤。美国学者罗森曾经考察了巴西的法治环境,他认为由于政府对经济生活干预过多,法律缺乏体系性,交易成本过高,例如,1981年为了在巴西获得一个出口许可证,必须同13个政府部委和50个机构打交道,共完成1470项不相关的法律事项。潜规则盛行,腐败严重,企业在低效率的体制缺陷

---

① See Timothy Besley, Property Rights and Investment Incentives: Theory and Evidence from Ghana, Journal of Political Economy, 1995, 103(5): 903-37.
② See Douglass C. North, and Robert P. Thomas, The Rise of the Western World: A New Economic History, Cambridge University Press, 1973.
③ 〔美〕道格拉斯·C.诺斯:《制度、制度变迁与经济绩效》,刘守英译,生活·读书·新知三联书店1994年版,第59页。
④ See Daron Acemoglu, Simon Johnson, and James A. Robinson, The Colonial Origins of Comparative Development: An Empirical Investigation, The American Economic Review, 1369-1370 (2001).
⑤ 〔秘鲁〕赫尔南多·德·索托:《资本的秘密》,于海生译,华夏出版社2017年版,第5页。

下运行,导致经济发展速度低下。①

产权保护不足就会导致营商环境恶化,直接导致资本外逃的发生,在影响资本外逃的诸多因素中,相较于宏观经济因素,制度因素的影响是更为突出的。其中,最为重要的制度因素即为产权保护制度。一些经济学术研究成果表明,产权保护程度和资金外逃呈现出负相关的关系,即产权保护水平越高,资金外逃的可能性就越低,反之,则资金外逃的可能性越高。而在产权保护制度的构建中,应当强化公权力机关对产权的保护,明确区分私有产权与公共产权的界限,以提升产权保护水平。② 一国或一区域的产权保护制度,是影响资金流向的重要因素,政府对产权限制或干预过多,也将直接影响投资者的投资行为,影响资本的流动。③ 世界银行的营商环境保护所列出的各项评价指标,大多涉及立法规范和执法规范等法治问题。例如,开办企业中注册登记的办理程序、费用和最低注册资本,产权登记中的程序、时间和费用,少数投资者保护中的信息披露、董事责任、股东诉讼便利和权利保护、公司透明度等,合同执行中的纠纷解决成本和司法程序质量等,这些大多涉及产权保护问题。

(二) 国内层面营商环境与产权保护关系的观察

近四十年来,虽然中国经济取得了飞速发展,营商环境也在不断改善,其中很重要的一个原因就是,中国法治对产权的保护在不断加强。2018年10月底,世界银行集团发布了《2019年营商环境报告》,中国营商环境排名从上一年的第78位跃升至第46位,首次进入前50位。其重要原因在于,中国在合同履行、投资者保护、商业纠纷解决等方面表现良好,显而易见,这与中国的民事法律制度的保障作用是密不可分的。

但是应当看到,我国地域辽阔,各地在营商环境方面存在明显的区域差异。营商环境区域差异的背后,一个重要因素就是产权保护制度的落实状况存在差异。从国内层面来看,产权保护是营商环境的重要组成部分。2018年,由中央广播电视总台发布的《中国城市营商环境报告2018》选取4个直辖市、27个省会城市和自治区首府,以及5个计划单列市作为

---

① See Keith S. Rosenn, Brazil's Legal Culture: The Jeito Revisited, Florida International Law Journal 2-42, at 2 (Fall 1984).

② 参见才凌惠、朱延福:《产权制度对资本外逃的影响——基于跨国数据的实证分析》,载《北京工商大学学报(社会科学版)》2018年第5期。

③ Pepinsky T. B., The Politics of Capital Flight in the Global Economic Crisis, Economics & Politics, 2014, 26(3): 431-456.

营商环境评价对象。报告列举的在各项因素中排名前十的城市主要为东部地区城市和一线城市,这些城市的营商环境与经济发展水平呈现出明显的正相关关系。2018 年,普华永道在其发布的《2018 中国城市营商环境质量报告》中,综合考察各个城市的营商环境,将深圳市、北京市、上海市、成都市、广州市排名前五位。在该报告中,东北地区排名最高的城市是哈尔滨市,为第 22 位,东北地区其他城市排名大多靠后。① 该报告也指出了一线城市与东北地区在营商环境方面存在明显的区域差异。应当说,东北地区曾经是我国经济发展的引擎,也是我国经济发展的重镇。东北地区有白山黑水,沃野千里,是祖国重要的粮仓;森林繁茂,林木业发达,是我国社会生产和建设资料的重要来源。大庆油田,鸡西、鹤岗煤矿,更是国家当时的重要能源基地。一些重工业企业如鞍钢等,是当时国内工厂的领头羊。但是,现在这么一片沃土居然衰落了,营商环境甚至陷入"投资不过山海关"的困境。② 这个例子也从一个侧面反映了我国当前营商环境建设面临的困难。良好的营商环境是至关重要的,也是促进经济平稳有序发展的前提和基础。

习近平同志强调,法治是最好的营商环境。之所以如此,是因为法治制度的变迁直接决定了经济的发展。但从现实来看,民营企业和农村集体产权的保护存有明显的不足。国家发展和改革委员会经济体制与管理研究所"构建有效产权保护体制机制"课题的调研结果显示,在民间投资增速下滑的所有原因中,民企产权保护不到位成为重要的影响因素,在所有因素中占比为 29.4%。③ 对民企保护不足,就会导致许多民营企业家对其财产缺乏安全感。复旦大学 2014 年年底发布的一项报告表明,人们对政府的反腐行为普遍感到满意,但与此同时,社会上也普遍存在不公平感与不安全感等负面社会情绪。④ 这种不安全感极易引发短期行为、资金外流、创新动力缺乏等,从而也会影响中国经济的健康、持续发展。

---

① 参见普华永道 &BBD:《2018 中国城市营商环境质量报告》,载 http://www.199it.com/archives/794577.html,访问日期:2019 年 5 月 20 日。

② 在 2016 年 10 月 18 日的国务院振兴东北地区等老工业基地推进会议上,李克强总理说:"网上有一种说法,叫'投资不过山海关'。东北可千万不能让这种说法变成现实啊!"参见《李克强:东北要痛下决心优化营商环境》,载中国新闻网(http://www.chinanews.com/gn/2016/10-19/8037068.shtml),访问日期:2019 年 5 月 24 日。

③ 参见李红娟:《平等保护各类产权是产权保护法治化的根本》,载《宏观经济管理》2017 年第 5 期。

④ 参见支振锋:《安全与稳定是最基本的公共产品》,载《内蒙古日报》2015 年 4 月 27 日。

从法治的角度来看,营商环境的关键是构建良好的法治环境。现代社会应当是法治社会,社会中任何主体应当在法律的规范下行为,并在法律的范围内自由发展。世界上没有哪个国家能够在没有法治的情况下,形成良好的营商环境。党的十九大报告提出,应当"加快社会治安防控体系建设,依法打击和惩治黄赌毒黑拐骗等违法犯罪活动,保护人民人身权、财产权、人格权",这为我们构建良好的营商环境确立了行动纲领,指明了努力方向。从根本上讲,营商环境还需要从市场和法治两个层面来加以完善。各个国家取得经济成功的制度方案并非千篇一律,而是存在制度多样性。[1] 许多经济学家作了大量的实证研究,发现在全球范围内,凡是治理成果显著的国家,都离不开"市场"加"法治"这一条基本经验。而市场与法治的一项核心要素就是产权保护。甚至有实证证据显示,全世界人均GDP高的国家,都是市场化和法治化程度高的国家。[2] 经济发展水平与民主选举并没有必然的联系,但却与法治发达存在正相关性。欧洲中世纪后经济大幅度增长的原因,除了市场的作用,更重要的是法治的力量。尤其是,政府致力于保护产权,信守契约,维护合同的效力,同时以法治为基础和保障,建立有序的金融和证券交易市场。[3] 市场与法治就像是硬币的两面,缺一不可,市场是法治的基础和前提,法治是市场的保障。营商环境需要解决好市场与法治的关系。在离开了法治的市场中,很难开展自由、高效的交易活动。这就好比一场球赛,在没有明确的竞技规则及裁判时,很难期待该比赛能够成为公正的比赛,而这种缺乏规则的比赛最终只会变成一种倚强凌弱的暴力活动。现代法治是与自由市场的发展相伴而生的。对于一个单纯强调遵纪守法而不发挥市场主体自主性的经济形态,也不可能是一个好的法治。法治既是治国理政的基本方式,同时也是营造良好经济环境最重要的保障。因此优化营商环境,本质上就是要发挥法治在促进和保障市场有序发展中的根本作用。[4]

营造法治化的营商环境,关键在于必须坚持"两个毫不动摇",在产权保护上强化对民营企业财产权的保护。首先,必须严格规范公权力,真正

---

[1] See DaniRodrik, One Economics, Many Recipes: Globalization, Institutions, And Economic Growth, Princeton University Press, 2007, p.156.
[2] See Jones, Eric L., The European Miracle: Environments, Economies and Geopolitics in the History of Europe and Asia, Cambridge University Press, 1981.
[3] 参见傅军:《国富之道》,北京大学出版社2009年版,第94—97页。
[4] See Mancur Olson, Big Bills Left on the Sidewalk: Why Some Nations Are Rich, and Others Poor, 10 J. Econ. Perspectives 3(1996).

把权力关进制度的笼子里。保护产权就是要保护生产力,保护社会主义市场经济的基石。保护产权的关键在于规范公权,这就要求必须全面落实《物权法》等法律对私人财产权的保护规则,强化对公权力的制约。从实践来看,民事主体相互之间的产权纠纷是容易解决的,然而一旦公权力介入,则不仅普通的民事纠纷难以解决,而且极为容易出现公权侵害私权的各种情形。事实上,对于民营企业而言,其财产权最容易遭到来自于公权力机关的侵害,并且这种侵害要预防和纠正更加困难。其次,必须树立产权平等保护意识。总之,应当真正按照《关于完善产权保护制度依法保护产权的意见》的要求,强化对产权的保护,才能构建一个良好的营商环境。

三、从市场构建角度看产权保护对市场经济的基础性作用

产权是一个国家基本经济制度的反映。社会历史形态往往以经济制度作为划分标准,而其中最为重要的就是产权制度的不同。正如德国法学家鲍尔与施蒂尔纳所指出的:"作为法律制度一部分的物权法,包含着人类对财物进行支配的根本规则。而该规则之构成,又取决于一个国家宪法制度所确立的基本决策。与此同时,国家的经济制度,也是建立在该基本决策之上,并将其予以具体化。"[1]国家的基本经济制度决定了产权制度的基本构架和内容,同时产权制度又对基本经济制度起着具体化的反向影响的作用。这就是说,"人类社会的一切制度,都可以被放置在产权分析的框架里加以分析"[2]。西方国家物权制度以保护私有财产为基本功能,我国物权法要适应以公有制为主体多种经济制度并存的基本经济制度的要求,对国家、集体和私人财产实行平等的一体保护。

产权保护制度是市场经济构建的基本要素,同时对市场经济的形成和发展起着基础性的作用。马克思谈到在交换过程中形成的商品关系时曾经指出:"商品不能自己到市场去,不能自己去交换。因此,我们必须找寻它的监护人,商品所有者……为了使这些物作为商品彼此发生关系,商

---

[1] 〔德〕鲍尔、施蒂尔纳:《德国物权法》(上册),张双根译,法律出版社2004年版,第3页。

[2] 〔以〕约拉姆·巴泽尔:《产权的经济分析》(第二版),费方域、段毅才、钱敏译,格致出版社、上海三联书店、上海人民出版社2017年版,第2页。

品监护人必须作为有自己的意志体现在这些物中的人彼此发生关系,因此,一方只有符合另一方的意志,就是说每一方只有通过双方共同一致的意志行为,才能让渡自己的商品,占有别人的商品。可见,他们必须彼此承认对方是私有者。"①市场的形成必须具备三个条件,即商品"监护人"(所有者)、商品交换者对商品享有所有权、商品交换者意思表示一致。在这个过程中,所有权既是整个交易的前提,也是交易的结果,属于市场形成的最基本的要素。经济学和法学的研究都证明,产权的保护对市场经济具有奠基性作用。诺斯指出:"制度加上技术,决定了构成总生产成本的交易及转换(生产)成本,从而影响经济的表现。由于制度与采用的技术之间有密切的关联,所以市场的效率可以说是直接取决于制度面的架构。"②经济学家认为,产权是排他地使用资产并获取收益的权利。按照产权经济学理论,在产权界区清晰的情形下,交易成本为零,此时市场机制被认为是有效的。与之相反,在产权界区不清晰时,交易成本不为零,市场的机制就会失去作用。③ 这些都深刻揭示了产权保护是市场经济的基石,物权法也是市场经济的基本法。产权保护对市场经济发展的基础性作用主要表现在以下方面。

(一) 市场秩序的构建

保护产权是构建市场秩序的核心,市场是无数交易的总和,交易本身是所有权的转手,因此保护产权实际上就是承认产权人对自己财产的控制和处分权利。正常交易的前提是交易主体对其交易的财产享有所有权,否则将难以保障交易安全。在市场经济社会,财产所有权的重要制度功能在于确认产权归属,规范交易关系,从而划定交易主体支配财产的权利边界。

市场交易安全有赖于稳定的市场交易秩序。亚当·斯密认为,产权是市场交易的基础条件。④ 在完善的产权保护制度下,要取得他人的财产,就必须让渡自己的财产,即按照市场法则进行公平交易,在对他人财产造成损害时,则应依法赔偿。政府不得非法征收、征用、掠夺他人的财产,也不得非法限制他人对财产的利用,财产保护安全是市场有序的基础。这种安全体现在:市场主体充分信赖法律,不必担心其合法财产利益

---

① 马克思:《资本论》(第一卷),人民出版社1975年版,第102页。
② 转引自傅军:《国富之道》,北京大学出版社2009年版,第107页。
③ Ronald H. Coase, The Problem of Social Cost, Journal of Law and Economics, 1960(3).
④ 参见张乃根:《法经济学——经济学视野里的法律现象》,上海人民出版社2014年版,第25页。

会遭受他人的非法占有、妨害及侵害,也不必害怕"树大招风"和"露富"的危险,更不用四处寻找"靠山"以维护其利益。强化对产权的保护,就意味着任何人都不得非法侵占他人的财产,尊重他人的财产权利,这实际上就是尊重他人的劳动成果。

市场秩序的构建要求建立完整的产权保护规则。市场是由交易构成的,在市场交易中不能适用丛林法则,而应当按照有序的交易规则进行。产权规则与交易规则是很难截然分开的。物权法保护的许多方式,如物权法定、客体特定、公示原则、担保物权等,不仅具有确认物权归属的作用,也具有保障交易安全的功能。明确界定和保护产权,可以使人们放心地交易。[1] 物权法与合同法共同作为维护市场交易的基本规则,支撑了市场交易的有序运行。

(二) 资源的优化配置

科斯定理深刻地揭示了产权保护与资源优化配置的关系,"有效率的私人财产权"与"公平而自由的交换"是有密切联系的。[2] 按照法经济学观点,一旦产权界定清晰,就会通过交易而使得初始产权流向对产权评价最高的人那里,这就是效率,而资源优化配置的前提是产权得到清晰的界定。在产权归属明晰的情形下,资源的流转和利用就必须通过交易或者所有权权能分离的方式,发挥财产的经济效用。在市场经济条件下,财产的流转频率通常与财产价值的增长成正比,财产无法流转或者流转受到严格限制,则将难以充分发挥其经济效用。资产流动本身也为资源的合理配置特别是资产存量的合理化调整提供了方便的途径。而通过资产的流动来提高资产的使用效率,必须加强对财产包括私有财产的保护。

保障产权有利于降低交易费用。诺斯指出:"制度决定完成交易的成本大小。成本既包括交易物,也包括法律成本,还包括签约成本、合同实施成本,以及因测度不完全性导致的价值不确定性的折现和交易条件的执行成本等。制度决定折现值,买卖双方之间发生的交易成本反映了制度特征。"[3] 根据科斯定理,在考虑交易成本的场合,合法权利的初始界定

---

[1] Henry Hansmann and Reinier Kraakman, Property, Contract, and Verification: the Numerus Clausus Problem and the Divisibility of Rights, 31 J. Legal Stud. 373(2002).

[2] 参见〔美〕道格拉斯·诺思、罗伯特·托马斯:《西方世界的兴起——新经济史》,厉以平、蔡磊译,华夏出版社1989年版,第88—97页。

[3] 〔美〕道格拉斯·C.诺斯:《制度、制度变迁与经济绩效》,刘守英译,生活·读书·新知三联书店1994年版,第62—63页。

以及经济组织的形式会对资源配置效率产生影响。产权界定本身就具有降低交易费用的功能,因为法律界定了清晰的产权归属,就能大大节省当事人之间通过自行谈判所需要付出的交易成本。① 对此,美国学者德姆塞茨进一步指出:"产权的一个主要功能是导引人们实现将外部性较大地内在化的激励。与社会相互依赖性相联系的每一成本和收益就是一种潜在的外部性,使成本和收益外部化的一个必要条件是,双方进行权利交易(内在化)的成本必须超过内在化的所得。"②

保障产权有利于最有效地利用财产,实现物尽其用。索托在《资本的秘密》一书中通过对美国、秘鲁、苏联等国的情况进行考察后指出,在美国总值约 13 万亿美元的金融市场中,资产证券占到 4 万亿美元,这些证券化的资产多数都被用来抵押和抵押后的再贴现。完善的产权保护制度,有效保障了人们财产流转的安全,稳定了整个金融体系,也使得美国的金融十分发达。而在秘鲁和苏联等国,其资本市场并不发达,70% 以上的人都尚不拥有土地或房产的合法权利。③ 在有些地区(如非洲、南美洲),有些人虽然创造了巨额的财富,但由于这些财富无法登记,权利人只能够占有这些财产,但无法通过抵押、出租等方式充分利用其财产,这些财产的使用价值和交换价值也难以得到充分发挥。在对两类地区进行比较的基础上,索托认为,将无法流动的财产转化为可以流动的资产,关键在于对其权利予以"正式化"(formalization),而完善的产权保护制度则是其基础和保障,其也是建立大规模金融市场的基础和前提。④ 通过对比可以看出,完善的产权保护制度既有利于明确产权的归属,也有利于促进财产的流转和利用,从而更好地发挥财产的经济效用。

(三) 鼓励投资和创新

投资、消费与出口是拉动一国经济增长的重要手段。保护产权,除了能够在一般意义上鼓励人们积极从事交易,还有助于在商业投资领域鼓励大规模、稳定的投资,从而获得规模性的国民经济可持续发展效应。经

---

① Ronald Coase, The Institutional Structure of Production, The American Economic Review, Vol. 82, 713–719(1992).
② Demsetz, H., Towards a Theory of Property Rights, Amer. Econ. Rev. 57(May 1967).
③ See Hernando De Soto, The Mystery of Capital: Why Capitalism Triumphs in the West and Fails Everywhere Else, Basic Books, Reprint edition, 2003, pp.1–10.
④ 参见柯武刚、朱利安·西蒙、詹姆斯·格瓦特尼等:《经济、法律与公共政策的规则》,秋风、史世伟、孙一梁等译,重庆大学出版社 2013 年版,第 120—121 页。

济增长有赖于投资的推动作用。只有不断将利润转化为投资,促进资本的不断积累,企业才能不断发展,也才能推动社会财富的积累和创造。但一个国家的投资者有多大的投资积极性,取决于这个国家对人们的财产权的保护力度。[①] 为此就必须在法律上充分保障投资安全。长期以来,我国很注重改善外商投资环境,强化对外国投资者的保护,这无疑是正确的。但是,吸引外资与鼓励国内投资在刺激经济发展中同等重要,缺一不可。在市场经济条件下,对私有财产的保护与投资自由、经营自由关联密切,对个人产权的保护程度越高,就意味着个人在法定范围内享有广泛的自由;反之,如果缺乏健全的产权保护制度,即使人们拥有大量财产,也很难有动力将这些财产继续从事投资经营活动,而是进行奢侈性消费或者向境外转移财产,导致资本外流。如果各种财产都受到法律切实有效的保护,就可以促进投资的增长以及投资形式的多样化,促进劳动力、技术、信息等市场的充分发展,还可以促使个人因追求资产的价值而合理地交换财产和转移所有权权能,使资源向更有能力利用的人手中转化,最终真正实现市场对资源配置的决定性作用。

(四) 鼓励公平竞争

市场的发展有赖于公正有序的竞争环境,有赖于公平的竞争。然而,在单一的市场主体之下,难以形成有序的竞争环境,市场的发展也无从谈起。在市场存在多种所有制主体,各种财产上有各种不同性质的所有权如国家所有权、集体所有权和私人所有权时,对于不同所有制主体以及不同性质的所有权均给予平等的产权保护,是实现市场经济公平交易法律框架的重要前提。我国长期以来存在的"一大二公"思想和计划经济思维至今依然有一定的影响,歧视私营企业和漠视私人所有权的情形也时有发生。要建立市场,就必须要保障私有财产,因为"只有在安全、有秩序和有法律保障的商业路线、交易市场和契约关系之下,利润才能增值"[②]。产权保护目标的实现有赖于一系列的法律机制。例如,不动产交易就有赖于不动产登记制度的完善,因为该制度使得不动产物权的登记清晰明确且具有公开性。通过登记可以使相对人了解不动产上的权利状态,从而大胆地进行交易,保障交易安全。还应当看到,强化产权保护,也有利于树立信用观念。尊

---

① See Lee J. Alston, Thrainn Eggertsson, Douglass C. North (eds.), Emperical Studies in Institutional Change, Cambridge University Press, 1996, p. 31.

② North, Douglass C. and Robert Paul Thomas, The Rise of the Western World: A New Economic History, Cambridge University Press, 1973, pp. 56–57.

重他人财产和劳动成果的观念也是市场经济所包括的信用经济的重要内容。正如黄仁宇先生所指出的,信用的建立使资金得以灵活运用,而信用又全靠法治维持①,具体就是依靠完善的产权保护制度。

在民法上,完整的财产权包括能决定财产归属的处分权,而自由处分财产,必然要求财产所有者能够相对自由地进入交易市场,通过缔结合同而配置资源、组合生产、交换财产。在这个基础上,市场主体能够根据其意志,在平等基础上进行竞争,这样才能促进市场经济的发展。这也就是所谓的"市场权威"的观念。② 我国改革开放四十年来的实践一再证明,民营企业基于自身利益驱使会无所顾忌地投身于市场,按照优胜劣汰的竞争规律在市场大海中拼搏,同时,他们也要为自身行为受到最彻底的市场规律的奖励和惩罚。因此,保护私有财产、尊重民营企业,使之与国有、集体企业之间享有平等的发展机会与空间,才能真正促使市场竞争的机制得以扩展,也才能刺激市场体系的发育。我国"社会主义市场经济之所以能在中国这片热土上形成主旋律,个体、私营经济客观上率先起到了推波助澜的作用"③。民营经济的发展有利于促进竞争的展开,并促使国有企业感受到日益激烈的竞争,为了在竞争中获胜,国有企业必须转变经营机制,解决自身存在的经营不善、决策缓慢、官商作风等问题,从而使国有企业本身也实现"市场化改造"。还应该看到,市场经济是对外全方位开放的经济,需要大力鼓励个体经营者运用灵活的经营机制和发展战略,积极参与国际市场交易和竞争,不断增强我国企业的国际市场竞争能力。总之,公平竞争与私有财产的发展是联系在一起的,如果私人所有者不能在机会均等的条件下进入市场,或不能与其他所有者在竞争中处于平等地位,则公平竞争秩序难以形成,市场经济也很难得以充分发展。

四、从行为激励角度看产权保护 对经济发展的决定性作用

前文从全球历史经验、跨法域比较和中国区域差异的角度分析了产权保护对市场经济发展的重要影响。从这些不同的维度,都可以看到产

---

① 参见黄仁宇:《资本主义与二十一世纪》,联经出版事业公司1991年版,第24页。
② 参见〔比〕保罗·纽尔:《竞争与法律:权力机构、企业和消费者所处的地位》,刘利译,法律出版社2004年版,第148页。
③ 周桂根等:《加快发展个体和私营经济》,载《新华日报(南方)》1993年1月9日。

权保护是维系市场经济秩序、促进经济发展的基石。而从微观的视角进行分析,则有助于进一步理解产权保护对经济增长的具体促进作用。经济学者诺斯在《制度、制度变迁与经济绩效》一书中指出,有效的产权安排被认为是经济增长的关键。只有产权受到保护和足够的尊重、能够较好地得以实施,公平、有序的竞争才有可能存在,经济增长才有可能出现产权激励。关于这一点,当代经济学研究已经有了非常丰富的研究成果。①

改革开放四十年来,我国已经从一个贫穷落后的国家走上了繁荣富强的现代化道路。现在,中国已经成为全球第二大经济体。人民群众食不果腹的时代已经结束,已经进入一个追求更加美好生活的新时代。中国经济发展的奇迹已经深刻地诠释了产权保护在经济发展中的重要作用。新中国成立以后,全面继受了苏联有关生产资料国有化及高度集中的计划经济管理模式,直至"文革"结束,私有财产在中国社会几无立锥之地,高度垄断的计划经济体制在资源的配置与流动上取得绝对优势地位,社会成员的私人特性被涤除殆尽,中国陷入贫穷落后的困境。伴随着改革开放进程的深入、法律对于产权制度保护的强化,中国的经济发生了翻天覆地的变化,这足以诠释产权保护对经济发展的促进作用。

具体而言,从行为激励角度看,法律对产权进行保护,对经济发展的决定性作用主要表现在如下几个方面:

第一,提供稳定的制度预期。"有恒产者有恒心",所谓恒产,就是受到法律稳定保护的财产。法律对产权的保护有利于形成对财产的安全感。完善的产权保护制度可以为个人提供长期稳定的预期,这就有利于激励人们进行长期投资,不必担心因政策变动带来的投资风险。由于存在稳定的"制度预期",私人所有者会主动捍卫其财产权利,并排除一切对其财产权利的不法干涉,从而保障其在法律规定范围内的经营活动。而面对各种投资风险,完善的产权保护制度还可以为市场主体采取措施预防和化解风险提供保障。② 财产的安全性提升了投资的激励效果。③ 这种安全性使得权利人有一种稳定的利益期待,进而鼓励其放心大胆地再投资。同时,财产的安全性也能够避免对财产进行短期的掠夺性利用,防

---

① 代表性的作品如〔美〕Y. 巴泽尔:《产权的经济分析》,费方域、段毅才译,上海三联书店、上海人民出版社2006年版。

② See Dani Rodrik, One Economics, Many Recipes: Globalization, Institutions, and Economic Growth, Princeton University Press, 2007, p.156.

③ See Michael J. Trebilcock and Mariana Mota Prado, Advanced Introduction to Law and Development, Edward Elgar Publishing Ltd., 2014, p.66.

止短期行为,避免出现"公地悲剧"。如果缺乏完善的产权保护制度,将无法形成稳定的产权合理期待,这也不利于人们创造财富,并打压人们的投资信心、置产愿望和创业动力。

第二,保障财产的安全。只有有效保护财产的安全,人们才会有投资的信心、置产的愿望和创业的动力。没有健全的法治,将导致人才、智力的外流与财富的流失。没有安全感,不仅会导致资产的无谓消耗与浪费,也会导致资产外流,抽空社会财富。在全球化时代,资本就像一只容易受到惊吓的小鸟,对法治具有很强的依赖性,一旦法治出现缺陷,资本必然会像小鸟受到惊吓四处逃散一样,纷纷外流。有了安全感,人们才敢大胆投资兴业,大胆创新,进行长期、持续的投资。

第三,维护投资兴业的自由。法律对产权的保护有利于调动权利人的积极性和能动性。著名的哲学家康德认为,自由和财产权是不可分割地联系在一起的。在康德看来,个人的行动自由是在不妨碍他人的情形下,追求自己的利益,而享有财产则是这种自由的重要组成部分。财产是自我人格的延续,没有财产则个人就是不完全、不独立的。如果没有财产安,个人不能完全地说,这是我的,那是你的,就没有安全的社会。① 按照英国哲学家洛克的观点,产权是个人自由的保障。② 物权法保护个人财产权,就是要保障个人自由发展的物质基础(die gegenständliche Basis für die freie Entfaltung) 和他在财产法领域自我负责地进行生活。③ 一方面,保护产权需要维护私法自治,保障合同自由,使广大市场主体可以按照自己的意愿在法律的范围内自由从事市场活动,参与交易。而交易越活跃,市场就越繁荣,经济就越发展。另一方面,保护产权就是要保障物权行使自由。在法律上,要充分保护物权人对其财产的占有、使用、收益和处分;非依法律规定,任何组织或个人都不得限制他人的财产权利,也不得加以侵害或征收、征用。通过此种对物权行使自由的保护,既可以激励人们勤奋工作、艰苦创业、积累财富,也可以激励人们大胆投资兴业,勇于创新,促进社会财富的增长。

第四,鼓励大胆创新。创新是民族进步的灵魂,是一个国家兴旺发达

---

① 参见李梅:《权利与正义:康德政治哲学研究》,社会科学文献出版社2000年版,第218页。

② 参见张洪亮:《论洛克的财产权观》,载《朝阳法律评论》编委会编:《朝阳法律评论》(第九辑),浙江人民出版社2014年版,第214页。

③ 参见[德]曼弗雷德·沃尔夫:《物权法》,吴越、李大雪译,法律出版社2002年版,第23页。

的不竭动力。惟创新者强,惟创新者胜。激励创新,永远离不开完善的产权保护制度。一方面,只有保障产权,尤其是保护创新过程中所形成的各种新型财产权利,才能保障个人的行为自由,激发个人的创造力。另一方面,只有充分保护产权,才能激励人们创新。与有形财产不同,科技创新中产生的知识产权、数据权利等,属于无形财产权利。与物权等有体物上的财产权不同,无形财产的权利人无法在事实上排他地支配权利客体,因此,其权利的实现很大程度上只能依赖于法律制度的保障。如果没有法律上的保障,他人可以随意窃取或仿冒、假冒以及从事其他"搭便车"的行为。这样一来,在科技创新和新技术、新产品研发中,发明人或创造者不仅无法因此获利,而且其投入的大量资金、人力和物力也根本无法收回,这就会极大地挫伤人们创新的动力和积极性。各国的历史经验都表明,一个国家只有注重对包括知识产权在内的产权的保护,才能真正鼓励创新,社会才具有活力。[1] 在我国,据统计,65% 的创新是由民营企业完成的,中国高科技公司如互联网 5G 公司,大多都是民营企业。这就更依赖于法律对民营企业的各项财产权的保护。只有不断完善产权保护制度,才能激发个人的创新动力与欲望,从而不断推进中国科技的进步和技术的发展。

五、从保护产权的角度看法律的完善

中国改革开放所取得的伟大成就始终伴随着产权保护制度的完善。法律虽然不直接创造社会财富,但却能刺激和鼓励人们创造社会财富。彼德·斯坦指出:"法律规则的首要目标,是使社会中各个成员的人身和财产得到保障,使他们的精力不必因操心自我保护而消耗殆尽。"虽然我国在改革开放以后取得了飞速的经济发展成就,建立了较为完善的产权保护制度,但仍然有不少地方需要予以精细化改进,且依赖于这些法律在实践中的有效实施。在这些方面,前述经验对我们今天的法律改革和发展仍然有重要的参考价值。首先,从公法来看,我国现行行政法应当加强对公权力的限制,防止公权力对私权尤其是产权的不当干预。保障产权和规范公权本身是相辅相成、不可或缺的。正因如此,《关于完善产权保护制度依法保护产权的意见》明确要求,强化对产权的保护,需要大力推

---

[1] See Heidi L. Williams, Intellectual Property Rights and Innovation: Evidence from the Human Genome, 1 Journal of Political Economy 121, 1-2(2013).

进法治政府和政务诚信建设,政府要诚实守信,认真履约,合同要遵守,违约要赔偿。依据《关于完善产权保护制度依法保护产权的意见》的规定,建立政务失信记录,建立健全政府失信责任追究制度及责任倒查机制,加大对政务失信行为的惩戒力度。保护产权也需要完善财产征收、征用制度,合理界定征收、征用适用的公共利益范围,不能将公共利益扩大化,征收、征用必须遵循法定权限和程序。需要进一步明确征收、征用补偿的范围、形式和标准,给予被征收、征用者公平合理补偿。政府对公民私有财产的干预不仅要有法律依据,而且应当遵守正当的程序,这都需要推进行政法治的完善。其次,在刑法领域,我国应进一步完善对私有产权侵害的刑事制裁措施;强化无罪推定、疑罪从无等原则;按照《关于完善产权保护制度依法保护产权的意见》的规定,严格遵循法不溯及既往原则,坚持罪刑法定、无罪推定原则,严格区分违法所得与合法财产。在处置违法所得时,不得牵涉合法财产,要区分股东的财产与公司的财产,股东犯罪时,不得查封、扣押公司的财产。完善涉案财物管理和处置制度,着力解决案件办理过程中不适当地采取强制措施、随意牵连合法财产和处置涉案财产不规范等问题,这些都需要进一步推进刑法的完善。

在私法领域,当前我国正在编纂的民法典中应当加强对产权的保护,具体而言:

第一,进一步完善平等保护原则,坚持全面保护。保护产权不仅要保护物权、债权等有形财产权利,也要保护知识产权及其他各种无形财产权。只有保护知识产权,才能鼓励人们进行知识创新。民营企业是市场经济中最具有活力和创新意识的民事主体,但创新必须要有法治的保障。我国《物权法》第4条规定的平等保护原则仅限于对物权的平等保护,《民法总则》第113条则将物权平等保护原则进一步扩张为财产权利受法律平等保护原则,因而平等保护的范围更为扩大。笔者认为,根据《民法总则》第126条的规定,民法既然不仅保护民事权利,还保护权利外的利益,那么,就有必要将平等保护的范围扩张至财产权利之外的财产利益,如数据、网络虚拟财产、商业秘密和占有等,这些都是尚未为法律所确认的民事权益。民法典物权编平等保护的范围也应当扩张及于这些权益。

第二,进一步完善征收、征用制度。一方面,需要严格限制对公共利益的认定并予以清晰的界定。虽然《国有土地上房屋征收与补偿条例》已经对公共利益作出了一些列举,但是仍然过于概括笼统,有进一步完善的必要。同时,要明确公共利益的内涵,由于公共利益过于抽象,具有不确定性,因此需要具体化。另外,还应当进一步完善公共利益的认定程序。例如,应当增加召开被征收人会议、完善表决机制,使听证程序更加合理化等,从而保障政府征收权的正当行使。另一方面,对政府的征收、征用决定,产权人应当有权向法院提起诉讼,寻求司法救济。① 在征收、征用补偿争议发生之后,目前主要是通过行政诉讼方式予以解决,但行政相对人证明行政机关的违法行为比较困难,因此,有必要通过民事诉讼程序解决征收、征用补偿等问题。

第三,进一步完善住宅建设用地自动续期的规则。《关于完善产权保护制度依法保护产权的意见》指出,"研究住宅建设用地等土地使用权到期后续期的法律安排,推动形成全社会对公民财产长久受保护的良好和稳定预期"。续期期限要形成对公民住宅财产的长久受保护、良好和稳定预期的局面,但应当续期多长时间,是《物权法》悬而未决的问题,也是当前亟待解决的现实问题。笔者认为,续期制度的构建要促使形成对公民住宅财产长久受保护的状态,使居民在住宅建设用地上的房屋成为"恒产"。因为只有成为恒产,才能使人们产生投资的愿望和置产的动力,而要形成这种长久受法律保护的状态,续期的期限显然不能过短,否则就不可能形成恒产。还应当看到,房屋本身也是一种商品,其可以成为抵押、转让、继承的对象。一般而言,房屋的产权期限越长,其交换价值越大,反之,期限越短,则房屋价值越小。

第四,规定占有的权利推定规则。所谓占有推定规则,是指动产的占有人在法律上推定是动产的权利人,但此种推定具有可以辩驳的效力,只要存在相反的证据证明,就可以推翻此种推定。占有的权利推定,实际上是法律上的推定而非事实推定。一是任何人占有某项财产,在法律上都应推定其享有权利,它是指从占有人的占有事实状态中推定其具有相应的权利,此种权利既可能是所有权,也可能是其他物权。二是即使是无权占有,也推定占有人是善意占有。三是采取举证责任倒置的办法,由向占有人的占有提出异议的人负担举证责任。也就是说,一旦有人对占有人的占有提出异议,提出异议的人必须证明占有人的占有是非法的,是无权占有,如果其主张返还原物请求权,还必须证明自己是权利人。占有的权利推定规则对保护公民财产权利具有重要意义,在我国物权法起草过程

---

① See Jeremy Webber & Kristy Gover, Proprietary Constitutionalism, in Mark Tushnet, Thomas Fleiner & Cheryl Saunders, Routledge Handbook of Constitutional Law, Routledge, 2013, pp. 364–365.

中,《物权法(草案)》(第四稿)第4条确立了占有的权利推定规则,但该条后来被删除了。笔者认为,从维护财产秩序、促进社会和谐出发,民法典物权编应当规定占有的权利推定规则。在占有的权利推定规则基础上,可以通过占有的保护规则对占有人提供保护。即使占有人是非法占有,任何单位和个人都不能以其是非法占有,任意对其进行暴力剥夺,而只能由有关国家机关通过一定的程序对其占有进行剥夺。从实践来看,占有的权利推定是规则也是判断某项财产是合法还是非法的一项标准。

当然,民法对产权的保护不限于物权制度,对产权保护是整个私权体系的重要组成部分,必须把产权保护放到整个私权体系中予以整体观察,不可因为强化对产权的保护而忽视对其他私权的保护。首先,产权保护的前提是对人格权的保护,人格权保护和产权保护是相互配合、相辅相成的。生命、健康、身体、肖像等权利,对企业家而言,是人格尊严的具体体现,也是保障其从事正常经济活动的基本条件。即使一个人有万贯家财,但如果不保护其人格权,则保护其财产也将失去意义。按照黑格尔的观点,财产本身就是个人人格的延伸。因此,保护产权的目的恰恰是使产权人获得人格自由所包含的经济自由,使其人格尊严的维护具有财产性基础,保护产权实质上就是维护个人的人格尊严;同样,对产权的保护也要求民法通过人格权编强化对人格权的保护。其次,产权的保护与债权的保护是一个完整的整体。我们通常从狭义上将产权理解为静态的财产,实际上,产权同样也应当从动态角度观察,债权保护同样属于广义上的产权保护的范畴,只有将物权保护和债权保护有机结合起来,产权保护才具有更为完整的含义。因此,强化产权的保护也应当进一步完善民法的合同编制度,明确承认企业之间的合同对企业具有约束力,坚决纠正"新官不理旧账"的行为,防止因任意违约而导致非违约方产权的弱化甚至丧失,尤其是通过诚实守信、恪守承诺、尊重合同的理念也能为产权的保护提供良好的法治环境。再次,产权的保护和继承权的保护是相辅相成的。保护产权不仅要保护个人生前的产权,也保护其死后由其继承人继承其产权。因此,需要通过完善民法典继承编进一步强化对继承权的保护。最后,知识产权保护是产权保护的内在要求。从广义上看,知识产权作为无形财产,是财产权的重要组成部分。现代社会是知识经济的时代和数字的时代,知识产权在财产权体系中的地位和作用越来越凸显。在一些企业之中,知识产权甚至构成了企业的核心资产,而要实现创新,最集中的体现就是知识产权方面的创新。因此,在民法中强化对知识产权的保护,是产权保护的重要环节。

综上可知,保护产权绝不仅仅是物权法的任务,而应当是整个民法的任务。因此,应当将产权保护作为一项重要价值贯穿于民法典的始终,如此才能使得产权保护更为完整、切实、有效。

六、结　语

英国法学家布莱克斯通曾言:"在人类历史上,还没有一种东西能够像财产权那样激发人们的注意力、想象力和创造力。"[1]在现代国家,财产权不仅是公民自由、幸福生活的必备要素[2],是发展市场经济的基石,也是依法治国的重要标尺。对所有权的确认和保护,将直接决定市场经济的发展水平。同样,在公有制基础上,社会主义市场经济体制的形成也依赖于法律对所有权(包括私人所有权)的保护。诚然,对私有财产的保护必然会刺激私有财产的增长,从而引起贫富差距的拉大,社会中也可能出现以强凌弱、以富欺贫的现象,但这些现象的出现不能成为否定对私有财产保护的理由。社会主义要达到的目的是共同富裕而不是共同贫穷,而通向共同富裕之路只能是增进效益、提高生产力、增长社会财富,为此,需要通过完善各种法律制度,保护公民的正当收入、投资、储蓄、房产、股息、红利等,保障公民行使财产权的自由,鼓励公民从事各种有利于国计民生的经营活动。唯有如此,才能促进社会财富的迅速增长和社会主义市场经济的迅速发展,并最终实现共同富裕。

---

[1] William Blackstone, Commentaries (1765).
[2] Charles Reich, The New Property, 73 Yale L. J. 733 (1964).

论物权法中车位、车库的归属及相关法律问题[*]

所谓车位,是指车库中的停车位,以及规划用于停车的具体地点。所谓车库,是指隶属于整个小区,具有独立的空间、以存放车辆为目的的附属建筑物。车库又常常被称为地下车库,但不限于地下车库,因为在有些建筑物内,地上一层或者二层也可能兴建车库,这也涉及其归属问题。车库四周是封闭的,其可以通过登记表彰权利的范围。随着城市化的快速发展、人们生活水平的提高,私家车的保有量也越来越多,作为业主的代步工具的存放地点,车位和车库的辅助功能也越来越重要。可以说,车位和车库与居住环境、生活条件越来越密切,成为现代城市人们生活质量提高不可或缺的重要部分。传统物权法只注重业主的建筑物区分的归属问题,而车位、车库一直是法律所忽视的角落,导致实践中出现了很多问题,引发了诸多争议。所以,在现代区分所有权制度中,在理论上对车库、车位的归属作出合理的界定也就较为迫切。本文拟对此谈一些粗浅的看法。

一、车位、车库的归属为什么需要界定

车位与车库都是建筑物区分所有权的重要内容,二者都具有构造上和利用上的独立性,不论是车位还是车库,其固有用途都是用于停放车辆,而不是用于居住或者其他营业目的[①];而且车位与车库都有明确的四至范围,具有可登记性,都可以成为专有权的客体。但车库不同于车位,二者的区别主要在于:一方面,车库的四至相较于车位更为清晰,因而更容易确定其范围。另一方面,与小区在路边、空地设置的露天停车位不同,车库一般不是利用土地地表兴建的,其大都是利用地下空间而建造

---

[*] 原载《现代法学》2006 年第 5 期,原标题为《论物权法中车库的归属及相关法律问题》。
[①] 参见高圣平:《住宅小区车位、车库的性质及其权利归属研究——兼评〈物权法〉第 74 条》,载《法学家》2008 年第 6 期。

的,而地上车位大都是利用地表划定的。① 在建筑物区分所有中,车位、车库都是与区分所有权不可分割的组成部分。在建筑物区分所有中,商品房需要有小区车位、车库的配套,通常配套越全,商品房的市场吸引力就越大,价格也可能就越高,所以小区车位、车库是实现建筑物区分所有权功能的重要保障。由于车位、车库是整个小区的有机组成部分,是建筑物区分所有制度中的重要财产,因而讨论业主的权益必须讨论车位、车库的归属问题。

车位既可以建在地表,也可以建在地下。虽然车库又常常被称为地下车库,但严格地说,此种表述并不是准确的法律语言,因为在小区内,车库可以分为地下车库与地上车库。如果开发商独立兴建地上车库,既可能是开发商独立兴建的建筑物,又可能因为是在业主共有土地之上建造的,所以其归属就有可能在法律上确定为开发商所有或者业主共有。从这一意义上说,地上车库有别于地下车库。就地下车库而言,因其不是作为区分所有的建筑物的附属设施兴建的,它既不是在开发商的土地上建造的,也不能说完全是在业主共有的土地使用权上兴建的,因而其归属常引发争议,有必要在物权法中作出规定。当然,从严格意义上讲,需要界定归属的车库主要是指地下车库,因此本文所探讨的车库归属主要是地下车库的归属。就地下车库而言,主要是利用地下空间而兴建的。所以,不能简单地说车库的所有权归属于业主或者开发商。

车位、车库具有专有部分所有权的特点,可以满足物权法上公示的要求,因为其具有构造上和利用上的独立性,能够进行公示登记。根据学者的观点,判断构造上和利用上的独立性,应从区分界限的明确性、遮断性、通行的直接性、专用设备之存在及共用设备不存在等方面予以判定。② 一般来说,由于单纯的空间不具有遮断性,很难作为单独所有权的客体。一定的空间必须能够以墙壁等为间隔隔开,使一定的空间具有遮断性,才能使被隔开的空间具有构造上的特定性和独立性,从而为某人独立地、排他地支配。对车位而言,虽无墙壁隔开,但也具有明确的界限范围,具有空间上的独立性。就车库来说,其在建筑物内形成了一定的空间,但车库四周的范围是明确的,且具有独立的出入口,所以已经成为与住房相区别的、独立的特定物,因而可以作为独立的财产。诚然,在车库内也可能设

---

① 当然,如果车库不是占用业主共有的区域而建造的,则应当属于业主单独所有,而不应当属于业主共有财产。
② 参见陈华彬:《现代建筑物区分所有权制度研究》,法律出版社1995年版,第104页。

置为整个建筑物所使用的各种管线、电表等,但这并不能否认车库在构造上和利用上的独立性。因为这些设备在车库中仅占据了极小的空间,放置这些东西并不妨碍车库发挥作用,不能以此否认其利用上的独立性。所以车库可以与其上面楼层分开而成为单独所有权的客体,也可以作为独立的财产并成为单独的交易客体。①

关于车位、车库能否成为独立的所有权客体,依据《区分所有权司法解释》第2条的规定,如果车位、车库具有构造上的独立性、利用上的独立性以及能够登记成为特定业主所有权的客体,则其可以成为独立的所有权客体。关于如何确定车位、车库所有权的归属,存在不同的观点,一些学者根据土地使用权的权属标准、空间利用权等标准来确定车位、车库的归属方案,这些方案是否可行,笔者将在下文进行探讨。

(一) 是否可以根据建设用地使用权权属确定车位、车库的归属

车位、车库与建设用地使用权权属具有当然联系。在车位、车库权属发生争议的情况下,是否可以通过建设用地使用权的权属状况确定车位、车库的权属状况? 有学者认为,建设用地使用权在订立房屋买卖合同时就已经确定,一旦业主购买了专有部分,按照地随房走的原则,房屋所占的建设用地使用权相应地已经移转给业主。据此,许多学者认为,车位、车库也应当确定为业主所有②,此种观点是不无道理的。

但笔者认为,不能简单地通过此种方式确定车位、车库的归属。因为在商品房全部销售完毕之后,虽然建设用地使用权计入各业主的权属之中,但不能据此认为,建设单位范围内的车库、车位就当然归业主单独所有。一方面,在我国,尽管空间利用包含在建设用地使用权之中,但其又是按规划来确定的,因而建设用地使用权又可以分为地上的空间利用权和地下的空间利用权。业主购买了专有部分之后,实际上已经拥有了地上的空间利用权或地表的空间利用权,而地下的空间利用权要根据规划来界定。换言之,不论是地下车位、车库,还是地表的车位、车库,其所利用的空间与房屋所利用的空间都是相互独立的。虽然业主享有房屋所占空间的建设用地使用权,但不能据此当然认定业主享有相关车位、车库的

---

① 有学者认为,出卖人如果没有单就车库取得商品房预售许可,是不能够销售车库的。参见崔建远:《小区车库的归属论》,载《人民法院报》2006年2月15日,第B01版。但笔者认为,不能仅以商品房预售许可来限制车库的销售。

② 参见金凤:《略论住宅小区车库的权属》,载《贵州师范大学学报(社会科学版)》2004年第4期。

所有权。另一方面,开发商在车位、车库的建造过程中也进行了专门的投资,车位、车库如何修建,投资多少等,都由开发商自主决定,所以不能认为业主享有了建设用地使用权就当然享有车位、车库的所有权。此外,车位、车库的专有性也比较突出,它是独立使用的对象,不是小区公用的公共设施,不能当然认定车位、车库属于业主共有。

(二) 是否可以根据投资状况来确定车位、车库的归属

从物权法的角度来看,在产权发生争议之后,应当根据"谁投资、谁受益"的原则来确定产权的归属,但是就车位、车库的归属而言,不能简单根据投资来确定归属。诚然,车位、车库的兴建,开发商需要进行一定的投资,而且此种投资是比较大的,甚至要承担一定的投资风险,我们说开发商可以主张车位、车库的产权,但这并不意味着开发商当然地享有车位、车库的产权。因为一方面,尽管开发商进行了投资,甚至是巨大的投资,也不能排除开发商将这些投资摊入售房成本中,最终由消费者承担。对于车位、车库的建造费用是否已经计入房屋建造成本中,往往难以确定,因此根据投资状况确定车位、车库的归属可能会引发更多的纠纷。另一方面,尽管开发商对车位、车库的兴建需要进行投资,但车位、车库与建设用地使用权、地上空间隔离开来,必须利用地下空间才能够修建车库,车位的建设也需要占用一定的地面或地下空间,从这个意义上说,不能仅因为开发商对车位、车库的建设进行了投资就当然认定其归属于开发商。

问题在于,业主能否主张其对车位、车库的建设进行了一定的投资,从而应当享有车位、车库的所有权?笔者认为,业主是否分摊车位、车库的建造费用,以及在多大程度上分摊了车位、车库的建造费用,往往难以确定,而且一概认定车位、车库的投资已经摊入售房成本中,可能不利于鼓励开发商兴建更多的车位、车库,不利于缓解停车难问题。此外,从商品房交易实践来看,业主与开发商在房屋销售合同中约定出售的是成套的商品房及其组成部分,并没有将车位、车库作为商品房的附属设施一并销售,业主通常难以证明其分摊了车位、车库的建设费用,此时,业主也难以对车位、车库主张权利。

(三) 是否可以根据空间利用权来确定车位、车库的归属

所谓空间利用权,也称为空间权,是指对于地上和地下空间依法进行利用的权利。我国《物权法》第 136 条对空间权作出了规定,即空间权可以在土地的地表、地上或者地下分别设立。空间权既包括对他人土地的地上和地下空间的利用,也包括对自己土地的地上和地下空间的利用的

权利。毫无疑问,对于地下车位、车库而言,必须利用地下空间才能够兴建,没有地下空间,也就不可能形成地下车位、车库。据此,有学者认为,当商品房已经销售之后,建设用地使用权已经属于全体业主共有,开发商利用地下空间兴建了车位、车库,则该车位、车库应属于开发商所有。笔者认为,此种观点值得商榷,因为一方面,有的车位、车库虽然是在地表、地上或者地下兴建的,但其可能是占用业主共有的绿地、道路等兴建的,此时,认定该车位、车库属于开发商所有,并不妥当。另一方面,即便开发商是根据规划建设车位、车库,但规划所确定的空间并非完全归属于开发商。当然,就车库而言,开发商对它进行了单独的投资,其又与开发商的权益不可分割,这也是要单独确定车库权属的原因。

(四) 是否可以根据从物理论确定车位、车库的归属

所谓从物,是指在经济功能上服务于主物并且与主物不可分离的物。如果将车位、车库定位为建筑物的从物,那么,依据主物与从物的一般原理,车位、车库的所有权当然应随建筑物所有权的移转而转移。如果商品房已经全部销售给业主,则可以推定车位、车库归全体业主共有。同时,车位、车库与区分所有建筑物有着密切的联系,车位、车库是在区分所有的建筑物建筑区划内建设的,主要是为全体业主使用的财产,服务于区分所有建筑物使用价值的发挥。所以,我们也不能在讨论区分所有时忽视车位、车库的归属问题。但从实践来看,车位、车库通常都是单独销售的,且没有计入公摊面积;而且从法律上说,车位、车库对建筑物的利用虽然具有重要意义,但也不宜将其当然认定为建筑物的从物。同时,车位、车库在法律上也不能成为建筑物区分所有的重要部分。德国物权法中存在物的重要成分的概念(Wesentliche Bestandteile),判断重要成分的标准为两个物之间的关系密切,如果分开,将使得一个物丧失其效用。[1] 显然,这对于车位、车库是不适用的,因为车位、车库可以独立于专有部分建筑物而存在。即使业主没有车位、车库,其仍然可以对建筑物进行利用。从实践来看,并不是所有的小区所建的车位、车库与商品房的数额等同,甚至有的小区都没有修建车位、车库。所以,不能将车位、车库视为业主的区分所有建筑物的组成部分。总之,笔者认为,车位、车库作为一项重要的产权,其归属应当由物权法解决,在确定车位、车库的归属时,任何单方面

---

[1] 参见[德]鲍尔、施蒂尔纳:《德国物权法》(上册),张双根译,法律出版社2004年版,第24—25页。

的标准都难以解决车位、车库的产权问题,在此必须要考虑到各种因素,包括建设用地使用权的归属、投资、空间使用权的归属、当事人之间的特别约定等,在个案中确定车位、车库的归属,尤其是应当尊重当事人的合意,给当事人之间的意思自治留下空间。

二、对于界定车位、车库归属的各种观点的评述

在物权法起草过程中,关于车位、车库的归属,存在着较为激烈的争论,主要存在以下几种看法。

1. 业主所有说

业主所有说又分为两种观点:一种观点认为,车位、车库应归业主共有。因为既然业主对于所购房屋拥有专有所有权,也就对车位、车库拥有共有部分持分权,而不需要另行支付购买或使用小区车位、车库的费用。开发商将车位、车库作为专有部分单独出售或出租,有明显的任意变更土地用途之嫌疑,也严重侵犯了小区业主的权利。[①] 只有将车位、车库作为业主的共同共有财产而不是单独所有,才能很好地解释为什么车位、车库的使用者或车位、车库的所有者都要遵守小区的管理规约,而不能随意改变其用途。因为车位、车库已经计入了所有购房者的成本,不能因为个别业主支出了一些费用而取得车位、车库的所有权。[②] 另一种观点认为,车位、车库是作为业主的建筑物区分所有权的内容,附属于整个业主的专用部分的所有权而存在,开发商销售房屋应当为业主提供停车场所。允许开发商保留所有权,也可能刺激车位价格的上涨,损害业主的利益。从比较法上来看,归业主所有也存在先例。[③]

如前所述,如果业主能证明,车位、车库的兴建费用已经摊入了商品房成本,那么可以认为,车库属于全体业主所有,但如果业主无法证明车位、车库的兴建费用已经摊入到商品房成本中,则不能认为车位、车库归属于业主共有或者单独所有。而且如前所述,车位、车库通常可以作为专

---

① 参见金凤:《略论住宅小区车库的权属》,载《贵州师范大学学报(社会科学版)》2004年第4期。

② 在物权法征求意见的过程中,许多学者都持此种观点。参见邓光达:《论物权法草案对绿地和车库权利归属制度安排的缺陷》,载 http://www.law-lib.com/lw/lw_view.asp?no=3987,访问日期:2006年3月10日。

③ 例如,依据《奥地利住宅所有权法》第2条的规定,车位也属于住宅所有权的对象,即属于专有所有权的范围。

有权的客体,如果当事人在商品房买卖合同中没有就车位、车库的买卖作出约定,则很难认定车位、车库属于业主所有或业主共有,毕竟修建车位、车库需要利用地下空间,需要进行一定的投资,开发商在建造之后,即便没有在合同中明确地保留权属,业主也不能仅仅根据其购买的商品房,或者根据建设用地使用权主张车位、车库的所有权。

对于车位、车库的归属也不能根据公摊面积来确定。有一种观点认为,有关车位、车库的归属不需要通过明确的约定来解决,完全可以根据其面积是否已经纳入公摊面积来进行确定。① 从实践来看,许多法院在确定车位、车库的归属时,首先根据规划设计、批文、土地出让协议及测绘部门的相关文件来确定争议部分的权属。如果相关文件没有明确争议部分的权属关系,则应当根据公摊面积来确定。就车位、车库来说,如果车位、车库的面积已经计入公摊面积,则应为业主共有;如果没有计入公摊面积,则应归建设单位所有。笔者认为,这种观点虽然有一定的道理,而且操作起来也比较简便,但在法律上仍然是值得商榷的。因为公摊的前提是确定了共有部分,而车位、车库的产权归属本身待定,不能依据行政规章简单地划入公摊面积之中。如果房屋销售合同中没有将车位、车库纳入公摊面积,也并不意味着开发商就保留了车位、车库的所有权,开发商也可能将车位、车库赠与某些业主进行促销,也不排除将车位、车库纳入销售房屋的售价之中。所以,不能简单地从公摊面积的情况来确定车位、车库的归属。

2. 开发商所有说

开发商所有说认为,车位、车库应当归属于开发商所有,理由主要在于:一是业主区分所有的部分不应当延伸到车位、车库部分。业主的区分所有权包括专门部分所有权和共有权,而车位、车库既不是专有部分所有权的客体,也不是业主共有权的客体。二是小区业主分摊的是国有土地使用权,分摊面积仅限于地表的使用权,而地下车位、车库是利用该土地的地下空间而建造的,且是开发商投资建造的,理所当然应归开发商所有。② 三是归开发商所有有利于鼓励开发商多兴建车位、车库,从而缓解

---

① 1994年9月15日深圳市规划国土局颁布的《深圳市房屋建筑面积计算细则》规定,"不能分摊的公共面积是前款所列之外,建筑报建时未计入容积率的公共面积和有关文件规定不进行分摊的公共面积,包括机动车库、非机动车库、消防避难层、地下室、半地下室,设备用房、梁底标高不高于2米的架空结构转换层和架空作为社会公众休息或交通的场所等"。

② 许多开发商都持此种观点。参见《物权法草案未解难题:车库的归属》,载 http://www.nen.com.cn,访问日期:2006年3月12日。

当前停车难的问题。

笔者认为,虽然开发商对车位、车库的修建要进行一定的投资,但也不能简单地认为车位、车库所有权完全归属于开发商,因为一方面,空间的利用是根据规划来确定的,并且依附于土地使用权。开发商不能以其享有独立的地下空间利用权来主张对车位、车库享有单独的所有权。① 即使根据规划,开发商可以利用地下空间进行开发,修建车位、车库,但规划所确定的空间并非完全归属于开发商。② 另一方面,车位、车库在地下修建时,还涉及占用人防工程的问题,情况比较复杂,需要区分开发商是单独投资兴建,还是简单地利用人防工事作为车位、车库。所以需要在房屋销售合同中对此进行约定,即使是开发商投资的,那么在法律上也需要判断是否已经转让给业主,比如开发商为了促销,将车库、车位搭售或者直接赠给买受人。如果已在合同中作出了此种约定,则应确定为业主所有。还要看到,实践中车位、车库的归属问题非常复杂,车位、车库的建筑质量不等,面积大小有差异,资金投入有别,法律无法考虑到现实中纷繁复杂的情况作出"一刀切"的统一规定。

3. 国家所有说

国家所有说认为,地下车位、车库属于地下人防工程,根据《人民防空法》有关规定的精神,应当推定为国家所有。国家为了鼓励人防工程的多元化投资,按照有关规定减免了人防工程投资者的土地出让金及大部分相关税费,这些都构成国家取得所有权的对价。③ 北京市房屋土地管理局、北京市人民防空办公室1998年颁布的《关于加强居住小区内人防工程使用管理的补充通知》第2条规定:"人防国有资产是国防资产的组成部分,未开发使用的不交纳物业管理费。开发使用的人防工程,由使用人交纳物业管理费。使用人须承担产权人应交的物业管理费,并在人防工程使用协议和物业管理委托合同中注明。"

笔者认为,不宜简单地将车位、车库等同于地下人防工程,并据此认为车位、车库属于国家所有。所谓人防工程,全称为人民防空工程,根据《人民防空法》第18条的规定,是指为保障战时人员与物资掩蔽、人民防空指挥、医疗救护等而单独修建的地下防护建筑,以及结合地面建筑修建的战时可用于防空的地下室。在我国,对人防工程实行多元投资,即不仅

---

① 参见崔建远:《小区车库的归属论》,载《人民法院报》2006年2月15日,第B01版。
② 参见崔建远:《小区车库的归属论》,载《人民法院报》2006年2月15日,第B01版。
③ 参见罗佳意:《结建人防工程的所有权归属》,载《中国房地产》2009年第2期。

由国家兴建,而且在城市商品房开发当中也要求城市商品房开发商为了国防利益和国家安全而修建一定的地下防空工事。因此,随着城市商品房的发展,我国的人防工程建设发展迅速,人防工程投资建设主体已由国家作为单一投资建设主体发展为多元的投资建设主体。① 但是,有关地下人防工程的产权问题又引发了新的争议。这主要是因为实践中大量的人防工程不可能是空闲的,都用于不同的用途,有的作为地下仓库,有的作为地下停车场,有的出租作为经营场所,而大量的实际上是作为地下车库来使用的。而人防工程作为地下车库使用的时候,关于产权的问题也是不确定的。有的主张属于开发商所有,有的主张由人民防空办公室享有所有权,由开发商来经营管理。

笔者认为,首先应当将车位、车库和地下人防工程分开,这是两个具有联系但亦有差异的概念。如前所述,地下车位、车库和人防工程的内涵不同。即使将地下人防工程作为车位、车库使用,该车位、车库是否应当属于国家所有? 笔者认为,在计划经济时代,人防工程的投资主要来源于国家,由于是国家投资兴建,在法律上应当归属于国家所有。即使是国家企事业单位修建的地下人防工程,也应当属于国家所有。但是,随着我国市场经济的发展,人防工程投资来源已经多元化,并非单一由国家投资,在此情况下,仍然认为地下人防工程归属于国家所有显然是不妥当的,理由主要在于:其一,《人民防空法》并没有明确规定所有的地下人防工程都属于国家所有。《人民防空法》第 5 条第 2 款规定:"国家鼓励、支持企业事业单位组织、社会团体和个人,通过多种途径,投资进行人民防空工程建设;人民防空工程平时由投资者使用管理,收益归投资者所有。"此处只是规定了由投资者使用管理,收益归投资者所有,并没有界定人防工程的所有权归属问题。相反,在没有界定所有权归属的情况下,应当认为投资者就是所有者,而不能反过来认为在没有明确规定归属的情况下就可以认为属于国家所有。这显然与《人民防空法》的规定是不吻合的。其二,在市场经济条件下,界定产权最基本的原则仍然是投资者享有产权。对于商品房小区的地下人防工程,国家并没有作出任何投资,因此就不存在在法律上主张产权的基础。虽然在人防工程的修建过程中,国家对土地出让金和税费进行适当减免,但这种做法只是鼓励社会投资地下人防工程,不能因此就认为人防工程归国家所有。而且既然建设用地使用权

---

① 参见伍芬艳:《人防工程权属问题亟待解决》,载 http://house.focus.cn/msgview/416/53527908.html,访问日期:2006 年 6 月 8 日。

已经出让给开发商,而国家也没有单独保留地下空间的利用权,则应当认定开发商有权利用地下空间,此时,占用地下空间兴建的车位、车库应当归属于开发商。即便政府保留了地下空间的利用权,也还需要投资兴建人防工程,因此不能仅仅因为拥有地下空间,就享有地下空间权。其三,如果地下人防工程属于国家所有,政府应当承担管理和维护的义务。但是事实上,关于小区地下人防工程的管理费用并非由国家承担,大量费用是由开发商或者业主承担的。而由开发商或者业主承担管理费用但不享有所有权,这也是说不通的。当然,即使国家不享有所有权,地下人防工程不归国家所有,也不会影响对地下人防工程的使用。因为国家可以基于公共利益的需要,对地下人防工程进行征收、征用。

4. 约定归属说

约定归属说认为,对车位、车库的归属应当通过规定来确定其归属。也就是说,车位、车库并不当然属于购买房屋的业主所有,其归属应当通过当事人的约定予以确定。我国《物权法》采纳了这一立场,该法第74条第2款规定:"建筑区划内,规划用于停放汽车的车位、车库的归属,由当事人通过出售、附赠或者出租等方式约定。"由此可见,该条规定实际上是采纳了约定归属说,笔者认为,从目前实际情况出发,通过当事人约定确定车位、车库的归属是必要的,也是确定车位、车库归属的最佳标准。主要理由在于:

第一,充分体现私法自治原则。私法领域中奉行的基本原理是自治。① 物权法作为私法的重要组成部分,作为财产归属与利用的基本法,其也应遵循私法自治的内在要求。由于财产归属利用的多元化,通过私法自治,才能够很好地协调各方利益,实现各种利益归属的最大化。因为只有当事人才是自身利益的最佳判断者,法律不能越俎代庖替当事人进行选择。我国《物权法》第74条规定对车位、车库的归属应当根据约定来进行确定,正是体现了私法自治的要求。这有利于买受人和开发商通过平等协商来充分地体现自身的意志和利益,也最有利于争议的解决。

第二,符合市场经济的内在要求。通过约定解决归属,实质上是通过市场机制解决纠纷。在市场经济条件下,将此问题交给市场来解决,通过合同约定的方式,在车位、车库的归属上实现各方利益的最大化。当然这里也存在一种风险,即如果是一个完整的竞争市场,通过市场机制可以实

---

① 参见王利明:《民法总则研究》,中国人民大学出版社2003年版,第15页。

现资源的优化配置。但是如果房屋市场是一个卖方市场,房屋仍然是供不应求,在此情况下,开发商有可能通过格式合同保留车位、车库的所有权,这有可能对业主不利。但在实践中,这个问题很大程度上是由房屋买卖市场决定的,如果房屋处于卖方市场,车位、车库价值就会升高,即使将车位、车库作为共有财产,也不一定能够降低业主使用车位、车库的成本,因为开发商有可能将车位、车库成本纳入房屋的价格。如果房屋处于买方市场,开发商建成的房屋严重滞销,其根本不可能把车位、车库的价格抬得过高,为了卖掉房屋,其可能会把车位、车库进行搭售,也就是赠送,这是完全可能的。所以,在市场竞争的情况下,对于买受人来说,要获得较好的居住配套环境,就要付出合理的成本和对价。①

第三,有利于对车位、车库有效利用和管理。车位、车库是一个整体,如果再区分各个车位、车库,简单地归业主所有,也无法找到一个合适的标准,将各个车位、车库公平地划分给每个业主。在实践中,车位、车库的位置、大小不同,相应的价值也不同。有的人有车,有的人没有车;有的人车大,有的人车小;有的人不要车位,有的人需要车位;有的人车多,有的人车少。如果归业主共同管理,将难以协调各个业主之间的需求关系。在业主人数众多的情况下,即使通过业主委员会来分配,使用管理方面的效率也会大大降低,且分配未必公平合理,这势必也会引发诸多纠纷。

第四,有利于鼓励开发商修建更多的车位、车库。多年来,我国城市建设忽略了车位、车库的建设,造成目前城市车位、车库紧张的状况,停车难问题非常突出,当然,这也与汽车市场发展太快有关系。我国已经成为全球第二大汽车消费市场,将来还会进一步发展。这就需要鼓励开发商尽可能开发更多的车位、车库,来缓解目前这种紧张的局面。车位、车库具有独立的使用价值与交换价值,是一种独立的财产,可以进行转让。在停车难问题越来越突出的情况下,车位、车库的价格也会增长。正如美国学者亨利·汉斯曼(Henry Hansmann)所认为的,如果某些财产成为共有物,需要采取一种对开发商形成强有力刺激的机制,使其提供高质量的房屋产品。② 这就有必要刺激投资,以利益驱动的方式使开发商考虑为业主提供必要的、合理的车位、车库。但如果将车位、车库规定为业主的共有

---

① 参见邓光达:《论物权法草案对绿地和车库权利归属制度安排的缺陷》,载http://www.law-lib.com/lw/lw_view.asp?no=3987,访问日期:2006年3月10日。
② See Henry Hansmann, Condominium and Cooperative Housing: Transactional Efficiency, Tax Subsidies, and Tenure Choice, Journal of Legal Studies, Vol. 20(1), 25 (January 1997).

财产,那么,开发商就没有足够的动力来兴建车位、车库。最后,因为车位、车库非常紧张,停车越来越难,损害最大的仍然是业主。

允许当事人约定车位、车库的归属,也是对实践中经验的总结。大多数地方性法规基本上都允许当事人通过约定来确定车位、车库的归属。从我国的实践情况来看,车位、车库大都是按照协议进行转让,之后才进行登记的。例如,2003年《北京市城市房地产转让管理办法》第13条规定:"房地产转让时,相应的共用部位、共用设备的权利份额一并转让;按照国家和本市规定可以单独转让的地下停车库等附属建筑物、构筑物不随同转让的,应当在房地产转让合同中载明;没有载明的,视为一并转让。"该规定将车位、车库定位为建筑物的附属设施,依据主物与从物的原理,主物转让的,其从物一并转让,但当事人有约定的除外,所以,"没有载明的,视为一并转让"。此种做法既协调了开发商的利益,也在一定程度上维护了业主的利益。因此,笔者认为,关于车位、车库的归属问题,应当由开发商和业主在买卖房屋时协商予以确定,这也是解决车位、车库归属的最佳方案。

三、车位、车库的归属应当如何约定

《物权法》第74条第2款规定:"建筑区划内,规划用于停放汽车的车位、车库的归属,由当事人通过出售、附赠或者出租等方式约定。"该款确立了车库、车位归属的基本原则,即应当由当事人通过约定确定其归属。依据《物权法》第74条第2款的规定,法律上给予开发商通过约定保留车位、车库所有权的可能性,如果开发商在合同中作出了保留车位、车库所有权的约定,那么,其就获得了车位、车库的所有权。通过约定确定车位、车库的归属,在法律上仍然有一些问题需要进一步说明。

(一) 约定的主体、时间和方式

1. 约定的主体

约定的主体应该是开发商和业主,而不是仅仅在业主之间进行约定。虽然开发商与业主以约定的方式确定车位、车库的归属可以有效实现私法自治,但是开发商与买受人之间具有明显不同的交易地位。在卖方市场情形下,完全通过约定的方式对车位、车库的归属与利用进行确定,可能并不会产生立法者所原本设想的结果。如果是卖方市场,买受人根本没有与开发商进行磋商、谈判的能力。完全将车位、车库的归属交由合同约定,事实上是正当化了开发商合理取得车位、车库所有权的依据。① 因而,法律有必要对车位、车库的价格及其转让等作出规制,防止开发商任意涨价,或将车位、车库高价转让给业主以外的其他人,或高价出租给他人。

开发商与业主之间就车位、车库使用权的约定,可以采取两种方式:一是由全体业主与开发商进行约定。在实践中,由于商品房的买卖都是以零售方式进行的,所以,开发商只能够与单个业主约定,但不排除在团购的情况下,与全体业主进行统一协商。也可能在全体业主入住之后,与业主进行事后约定,但此种情况在现实中比较少见。二是由开发商与单个业主单独约定。实践中,由于开发商在销售商品房时,通常在销售合同中与各个业主就是否购买车位、车库以及具体价格进行协商,所以对归属的约定通常应该分别进行。有学者认为,开发商与购房人分别约定,并不能解决所有的车位、车库归属问题。因为开发商和某个购房人之间的约定,并不能约束其他还没有签约的区分所有人。② 笔者认为,这一看法有一定的道理。关键问题是,要确定开发商是否与大多数业主签订了保留车位、车库所有权归属的约定。此处所说的归属约定,是指在开发商与全体业主签订的房屋买卖合同中,必须要明确保留车位、车库的所有权。如果仅仅只是和极少数业主签订了保留车位、车库所有权的协议,并不能表明其保留了车位、车库的所有权。

问题在于,在当事人没有作出约定时,车位、车库的归属如何? 笔者认为,从《物权法》第 74 条第 2 款的规定来看,其允许开发商以出售、附赠或者出租等方式约定车位、车库的归属。而在当事人约定出售、附赠或者出租车位、车库时,业主将基于该约定取得车位、车库的所有权或者使用权,据此,如果当事人没有作出此种约定,则无法取得车位、车库的所有权或者使用权,这也意味着,如果当事人没有就车位、车库的归属和利用作出特别约定,业主将无权就车位、车位的归属或者使用主张权利。

如果业主与开发商就车库或车位的归属与利用达成了合意,那么在开发商与业主的买卖合同外,事实上还包含了车位、车库归属利用的合同。这两个合同虽然规定在同一份文本之中,但却是独立的两项合意。

---

① 参见高圣平:《住宅小区车位、车库的性质及其权利归属研究——兼评〈物权法〉第 74 条》,载《法学家》2008 年第 6 期。
② 参见库里达:《窗前绿地 楼顶空间 停车位是谁的?——谈物权法规定建筑区分所有权必须解决的三个问题》,载《新疆人大(汉文)》2005 年第 8 期。

在该合同中,当事人和开发商既可以约定车位或车库直接由业主依据商品房买卖合同获得,也可以约定车位或车库交由开发商进行利用,或约定由开发商取得所有权,业主可以获得使用的权利。

2. 约定的时间

当事人约定车位、车库归属的时间既可以发生在商品房买卖之时,也可能发生在商品房买卖之后,但通常约定应该是在订立商品房买卖合同时,因为只有在这个时间约定,才有利于减少纠纷。在业主入住后约定,不仅交易成本高,且易发生纠纷。在此时约定,即便开发商已经将车位、车库出租或者借给第三人使用,其也可以保留车位、车库的所有权。我国司法实践中一些案例也采纳此种观点。例如,北京市华清嘉园9名业主为索要地下人防工程所有权,将海淀区人民防空办公室告上法庭。海淀区人民法院一审驳回了业主们的诉讼请求,9名业主上诉至北京市第一中级人民法院。北京市第一中级人民法院认为,9名业主在签订合同时,应已明知其所购买的商品房面积中并不包括防空地下室,但并未提出任何异议。这表明业主在确立商品房买卖合同关系时,应明知其所支付的购房款并不包括防空地下室,因此即使维修该防空地下室的成本确为各业主所分担,但其在出资时缺乏主观能动性,也就并非法律意义上的"投资"行为。①

3. 约定的方式

约定车位、车库归属的合同应当是要式合同,原则上应当采用书面形式,因为车位、车库在性质上属于不动产,而且其归属与房屋所有权的关系非常密切。我国法律对房屋所有权的移转要求必须订立书面合同,所以,对于车位、车库所有权的归属也应当订立书面合同。当然,当事人约定车位、车库归属的方式既可以体现为商品房买卖合同中的特别条款,也可以通过单独的合同专门约定车位、车库的归属。

(二)没有约定或约定不明的归建设单位所有

如果当事人没有就车位、车库的归属作出约定,或者约定不明,此时,如何确定车位、车库的归属?所谓没有约定,是指开发商与业主之间根本没有就车位、车库的归属达成任何协议。没有约定不仅包括没有任何约定,也包括约定没有履行形式方面的要求,或者约定无效。例如,仅仅只是以口头方式作出约定,不能认为形成了约定。如果开发商在订立房屋

---

① 参见李欣悦:《索要地下室所有权业主终审败诉》,载《新京报》2006年6月10日。

买卖合同时没有明确表明保留车位、车库的所有权，但事后与业主达成车位、车库转让合同，也应当认定当事人已经就车位、车库的归属作出了明确的约定。所谓约定不明是指虽然有约定，但基于各种原因没有就归属达成明确的合意，可以通过解释的方法确定最终的归属。假如双方没有就车位、车库的归属达成约定，但业主在购房合同中单方面放弃了对车位、车库的所有权，这实际上可以解释为开发商保留了车位、车库的所有权。

笔者认为，在当事人没有就车位、车库的归属作出约定，或者约定不明时，应当认定车位、车库归开发商所有，因为从《物权法》第74条第2款的规定来看，车位、车库的归属由当事人通过出售、附赠或者出租等方式约定，这也意味着车位、车库所有权或者使用权是由开发商移转给业主的，据此，如果当事人没有就车位、车库的归属作出约定，或者约定不明，则不应当认定车位、车库的所有权或者使用权发生了变动，即车位、车库仍应当归属于开发商。

（三）占用业主共有道路或者其他场地增设的车位

我国《物权法》第74条第3款规定："占用业主共有的道路或者其他场地用于停放汽车的车位，属于业主共有。"这就意味着，关于依约定确定车位、车库的归属存在一个例外，即占用业主共有道路或者其他场地增设的车位，不属于建设单位所有，而属于业主的共有财产。《区分所有权司法解释》第6条规定："建筑区划内在规划用于停放汽车的车位之外，占用业主共有道路或者其他场地增设的车位，应当认定为物权法第七十四条第三款所称的车位。"这就进一步明确了"占用业主共有的道路或者其他场地而形成的车位归业主所有"这一规则。之所以作出此种规定，主要原因在于，我国《物权法》第73条确认了建筑区划内的道路和其他公共场所属于业主共有，因此，建设单位或物业服务企业占用该道路或其他公共场所用于停放车辆，也不应当改变该道路或公共场所的物权归属，由此形成的车位也应当属于业主的共有财产。如果将此类车位出租，则相关的收益也应当归属于业主。《区分所有权司法解释》进一步将《物权法》的上述规定解释为，即使按照建筑区划，原本不用于停放汽车，只要是占用业主共有道路或者其他场地增设的车位，就应当依据《物权法》第74条第3款的规定认定其属于业主共有。《区分所有权司法解释》的规定具有的重要意义在于，它明确了在规划以外利用共有道路和其他场地增设的车位的归属保障了业主的财产权益。

四、车位、车库应当首先满足业主的需要

根据《物权法》第 74 条的规定,确定车位、车库的归属时,应当坚持车位、车库首先满足业主的需要的原则。之所以作出此种规定,主要是基于如下原因:其一,车位、车库是业主实现其专有部分所有权的重要辅助设施,也是整个小区的配套设施,其功能应当首先满足小区居民的生活需要。在现代社会,汽车已经成为人们的代步工具,是人们日常生活的一部分,车位、车库虽然不是区分所有权专有部分,但离开了它,专有部分难以发挥其功能,车位、车库也因为区分所有的存在而获得存在的价值。因此,车位、车库首先应当满足业主的需要。其二,满足业主的需要,也是符合规划要求的。在规划中,一般要对车位、车库作出规定,甚至一些地方已经强制性要求配套车位、车库的比例,而配套必要的车位、车库,显然主要是为了满足业主的需要。其三,强调满足业主的需要,也有利于充分发挥物的效益,因为如果不能满足业主的需要,业主需要到小区之外寻找车位、车库,从而可能支付高昂的对价以及花费大量的时间成本。其四,车位、车库首先用于保障业主的需要,对于保障小区业主的财产和人身安全也是十分重要的。在实践中,有的建设单位将车位、车库高价出售给小区以外的人,或者在业主还没有地方停车的情况下,将车位、车库高价出租给业主以外的人,如果建设单位将小区的车位、车库随意转让或者出租给小区之外的第三人,第三人作为产权人必然可以随意出入小区,这不仅给对业主的管理带来不便,也会影响业主生活的安全。

如何理解首先满足业主的需要?笔者认为,所谓首先满足业主需要,是指建设单位在修建了车位、车库之后应当首先将其出租、出售给业主,而不能高价出卖或出租给第三人。如果业主有能力购买,则应当出售给业主;如果业主没有能力购买,则应当出租给业主。有观点认为,满足需要是指应当赋予业主优先购买权。[①] 所谓优先购买权,是指权利人享有的在同等条件下优先购买特定客体的权利。如果业主以外的其他人愿意支付更高的价格,那么建设单位将车位、车库卖给其他人并不侵害业主的优先购买权。笔者认为,此种观点值得商榷。一方面,如果肯定优先购买权的观点,那么可能导致开发商以"同等条件"为条件,迫使业主承受更高的

---

① 参见雷斌:《住宅小区停车库(位)若干问题研究——兼评〈物权法〉的有关规定》,载《现代物业》2007 年第 8 期。

价格。① 另一方面，根据《物权法》第 74 条的规定，车位、车库首先应当满足业主的需要，不管其他人是否提出了比业主更高的条件，都不能首先卖给其他人。可见，立法并没有采纳优先购买权的观点。

当然，满足业主需要只能是合理的需要，这就是说，只要满足业主基本的停车需要，就认为已经满足。《区分所有权司法解释》第 5 条规定："建设单位按照配置比例将车位、车库，以出售、附赠或者出租等方式处分给业主的，应当认定其行为符合物权法第七十四条第一款有关'应当首先满足业主的需要'的规定。前款所称配置比例是指规划确定的建筑区划内规划用于停放汽车的车位、车库与房屋套数的比例。"因此，依据这一规定，确定是否满足业主的需要，首先应考虑根据规划确定的配置比例。配置比例在各个地方、各个小区并不完全相同，目前法律也没有对此作出统一规定。但是，规划中都确定了配置比例。例如，如果配置比例为 1:1，则意味着每套房屋应当配套建造一个车位或车库。如果每个业主已经按照该配置比例得到了一个车位或车库，就意味着建设单位已经满足了业主的需要，其可以自行处置剩余的车位、车库。如果建设单位没有按照该配置比例来满足业主的需要，则不能将剩余的车位、车库转让给第三人。

问题在于，如果没有满足业主的需要，建设单位将车位、车库高价转让给业主以外的其他人，业主可否请求确认出卖车位、车库的合同无效？在司法实践中，有法院认为，开发商违反规定向业主之外的主体转让车位、车库的，该合同并非无效。例如，在"李某某与北京万通地产股份有限公司等确认合同无效纠纷上诉案"中，法院认为，依据《物权法》第 74 条第 1 款的规定，建筑区划内，规划用于停放汽车的车位、车库应当首先满足业主的需要，"该条款虽规定了业主优先获得使用之权利，但该条款并非效力禁止性条款，违反该条款可有其他救济方式，依现有法理不能认为违反该条款即导致合同无效"②。但笔者认为，在没有满足业主合理需要的情况下，必然损害了业主依法应当享有的权益，如果业主不能主张合同无效，相应的立法目的就无法实现。所以，笔者认为，《物权法》第 74 条的规定在性质上属于强制性规定，违反该规定而订立的合同，都应当被宣告无效。

需要指出的是，车位、车库首先应当满足业主的需要，并不是指只能

---

① 参见闵敢：《车位、车库没有"首先满足业主的需要"法律责任相关问题》，载《政治与法律》2010 年第 6 期。
② 北京市第三中级人民法院(2013)三中民终字第 01815 号民事判决书。

满足业主的需要。这是因为,一方面,根据规划要求,建设单位修建的车位、车库可能不是仅限于满足本小区业主的需要,还可能要满足其他小区业主的需要;另一方面,建设单位修建的车位、车库在满足业主需要之后,可能仍有大量剩余的车位、车库,而周边的许多业主又没有车位、车库。在此情况下,完全不允许建设单位将车位、车库卖给或者租给业主以外的人,既不利于满足他人的需要,也不利于发挥物的效用,不合理限制了建设单位的权利。

值得探讨的是,关于停车位在满足业主需要之后,能否转让给区分所有人以外的第三人? 有一些学者认为,如果允许开发商将停车位卖给小区业主以外的人,则在现代社会中,必然出现停车位的买主剥削小区业主,向其收取高额租金的情况。因此,即便在小区的停车位不可避免地归属开发商所有的情况下,开发商也不可以将其卖给小区业主以外的人,或将专有使用权出租给小区业主以外的人。① 根据我国台湾地区"民法"的规定,法定停车位属于法定停车空间以及紧急避难的空间,属于建筑物的共同所有部分,附属于建筑物,不得单独转让,任何转让协议都是无效的。但如果转让给业主,可以认为该转让并不妨碍这种停车位的附属性质,所以,转让是有效的。② 不过,《物权法》并没有规定法定停车位的问题,现实中已经出现了开发商将车位、车库转让给业主之外的第三人的现象,这样做产生了一系列问题:一是因为转让给第三人,所以造成小区物业管理的困难,也给全体业主的生活带来不便,尤其给治安带来消极影响。二是由于将车位、车库转让给第三人,会造成业主使用停车位紧张,最终影响小区业主的生活质量。三是如果允许车位、车库可以转让给第三人,就会使车位、车库价格由市场机制主导,势必造成车位、车库价格的上涨。正如有学者认为,自由转让将会使小区以外的其他人控制停车位的资源,进而向业主收取高额垄断租金③,这样也会影响小区居民的生活质量。笔者认为,小区的车位、车库本质上是小区整体财产的内容,是为服务于整个小区业主居住便利而建造的,其应该服务于小区业主购买专有部分的需要,其也是整个小区业主成员权的组成内容。对于车位、车库的自由转让

---

① 参见石磊:《关于商品房销售中停车位和会所权利归属的思考》,载《陕西省行政学院 陕西省经济管理干部学院学报》2006 年第 2 期。
② 参见庄胜荣、谢天仁:《公寓大厦宝典》,书泉出版社 1998 年版,第 120 页。
③ 参见戴忠喜:《美国法中住宅小区车库及停车位、会所、绿地的归属——兼谈对物权法草案第 76 条的修改建议》,载《中国房地产》2005 年第 11 期。

也应当在法律上作出严格的限制,即车位、车库可以在小区业主之间自由转让,但是,不能随意向小区业主以外的其他人转让。不过,在我国没有设定法定停车位的情况下,在首先满足业主需要以后,可以引入法定的优先购买权机制,在提供同样价格的情况下,业主享有优先于业主之外的第三人购买的权利。因此开发商在出售车位、车库的时候,应通知业主购买,如果没有通知业主而将车位、车库卖给业主以外的第三人,将导致买卖合同无效。

善意取得制度的构成

——以我国《物权法》第106条为分析对象*

按我国民法学的理论通说,所谓善意取得,是指无权处分其占有物的动产占有人将该物转让给他人,善意受让人依法即时取得该物的所有权或者其他物权的制度。① 《物权法》第106条第1款规定:"无处分权人将不动产或者动产转让给受让人的,所有权人有权追回;除法律另有规定外,符合下列情形的,受让人取得该不动产或者动产的所有权:(一)受让人受让该不动产或者动产时是善意的;(二)以合理的价格转让;(三)转让的不动产或者动产依照法律规定应当登记的已经登记,不需要登记的已经交付给受让人。"应当说,这种立法体例并非为我国所独创,德国、瑞士等国以及我国台湾地区的物权法均采用了这种立场。② 从我国《物权法》的上述规定可以看出,善意取得的构成包括无权处分、受让人善意、转让合同有偿、完成公示四个要件,根据《物权法司法解释(一)》第21条的反面解释,无权处分人与受让人所订立的再转让合同也应当是有效的,否则无法成立善意取得。③ 下文将逐一对善意取得的上述构成要件进行具体分析。

---

* 原载《中国法学》2006年第4期,收录时有改动;原标题为《善意取得制度的构成——以我国物权法草案第111条为分析对象》。

① 参见佟柔主编:《中国民法》,法律出版社1990年版,第243—246页;钱明星:《物权法原理》,北京大学出版社1994年版,第208页;梁慧星、陈华彬编著:《物权法》,法律出版社1997年版,第185页;魏振瀛主编:《民法》,北京大学出版社、高等教育出版社2000年版,第240—241页。

② 参见史尚宽:《物权法论》,中国政法大学出版社2000年版,第43—47页;王泽鉴:《民法物权》(第一册),中国政法大学出版社2001年版,第122页;常鹏翱:《论不动产物权善意取得》,载《月旦民商法杂志》2005年第8期。

③ 《物权法司法解释(一)》第21条规定:"具有下列情形之一,受让人主张根据物权法第一百零六条规定取得所有权的,不予支持:(一)转让合同因违反合同法第五十二条规定被认定无效;(二)转让合同因受让人存在欺诈、胁迫或者乘人之危等法定事由被撤销。"

一、构成要件一:无权处分

所谓无权处分,是指没有处分权而处分他人的财产。换言之,即权利人无处分权而对他人财产实施了法律上的处分行为。① 从最广义上来理解,处分包括事实上的处分与法律上的处分。② 善意取得制度中的"处分"指的是法律上的处分,即通过买卖、赠与、抵押等方式使标的物所有权发生变动,或者使所有权的权能发生分离。从法律关系角度来看,无权处分涉及无权处分人、第三人以及真正权利人三方主体的利益关系,在无权处分人擅自处分他人财产的情形下,真正权利人有可能请求无权处分人承担违约责任、侵权责任,或者请求无权处分人返还不当得利,这可能涉及合同法、侵权法与不当得利制度。但就标的物的权利归属问题,则应当通过物权法解决。尽管无权处分涉及三方主体,但由于无权处分人故意处分他人财产的行为在法律上已无保护的必要,故法律上所需要保护的就是真正权利人和第三人,由于这两者的利益可能会发生冲突,因而需要平衡和保护真正权利人和第三人的利益。通过使善意第三人取得所有权,从而对第三人利益予以保护,虽然在一定程度上牺牲了真正权利人的利益,但有利于对交易的迅捷和安全的保护。在物权法中,无权处分与善意取得的关系表现在:一方面,无权处分是善意取得的前提条件,假如在无权处分的情况下,法律将其单纯作为合同问题,仅仅只是简单地宣告无权处分无效,通过使合同无效而发生恢复原状的后果,使原所有权人重新取回其所有权,虽然保护了原所有权人的权利,但排除了善意取得,就不能保护善意第三人的利益和交易的安全。另一方面,在无权处分情况下,如果赋予原所有权人无限制的追及权利,将使其享有是否追认交易效力的权利,导致因无权处分发生的交易行为不能产生效力,也不能决定物权的归属。因此,在善意取得情况下,无权处分能产生物权移转的效果。因此,善意取得制度的主要功能即在于调整无权处分问题,从而妥当平衡无权处分人、第三人以及真正权利人之间的利益关系。③ 由于只有在无权处

---

① Vgl. MünchKomm/Oechsler, 5. Aufl., 2009, §932, Rn. 14.
② 参见王泽鉴:《民法学说与判例研究》(第四册),中国政法大学出版社1998年版,第136页。
③ 参见〔德〕鲍尔、施蒂尔纳:《德国物权法》(上册),张双根译,法律出版社2004年版,第64—65、490—508页;〔日〕田山辉明:《物权法》(增订版),陆庆胜译,法律出版社2001年版,第100—109页;王泽鉴:《民法物权》(第一册),中国政法大学出版社2001年版,第269页。

分等情形下,才涉及第三人的信赖是否具有合理性的问题,才涉及是否构成善意取得,因此,无权处分可以说是善意取得的适用前提和基础。

首先需要明确的是,出于保障正常社会秩序和保障财产安全的需要,任何人都不得无权处分他人的财产。在罗马法中,有"任何人只能向他人转让属于他自己的权利"的规则(nemo plus iuris transferre potest, quam ipse habet)①,大陆法系和普通法系的法律均在不同程度上继受了该规则。② 在普通法中有"任何人不得转让他人之物"(nemo dat quod non habet)的原则③,这一原则现在依然有效。我国《物权法》第106条也反映了这一规则,如果无处分权人转让财产且不成立善意取得,那么所有权人可以请求受让人返还原物。交易以处分人有处分权为前提,但是无权处分违反了该原则,侵害了他人的财产权利,因而,法律禁止无权处分行为,使无权处分人承担返还财产的责任。

但保护所有权人的利益将会与保护第三人的利益之间发生冲突和矛盾。如何协调这种矛盾? 基于不同的立场,存在两种截然不同的方案。如果侧重于保护真正权利人的利益,则无须考虑第三人是否具有善意,只要赋予真正权利人无限制的追及权即可。罗马法中的"物在呼叫主人"的法谚就赋予了所有权人一种无限制的追及权利。但此种解决方法必然要牺牲交易安全,因为无限制地追及必然会导致一系列交易无效,最终迫使第三人在每次交易前都必须查询出让人是否真正权利人或者是否具有合法的处分权,以确保自己能够有效取得标的物所有权,甚至完全放弃某些交易,从而会增加交易成本,妨碍财产的正常流转,对正常的交易秩序形成妨害。④ 如果侧重于保护第三人的利益,正如日耳曼法中的"以手护手"规则一样,无论第三人是否善意,都许可其取得权利,这样一来,就不能维护真正权利人的财物安全,不能充分保护所有人的利益。⑤ 以上两种方案均过于极端,应当妥当平衡所有权人与交易第三人的利益,即第三人在善意的情形下,可以取得特定交易标的物的所有权,这就是善意取得制

---

① 参见〔意〕彼德罗·彭梵得:《罗马法教科书》,黄风译,中国政法大学出版社1992年版,第209页。
② 参见〔德〕曼弗雷德·沃尔夫:《物权法》,吴越、李大雪译,法律出版社2002年版,第256—257、295页。
③ See J. Pomeroy, A Treatise on Equity Jurisprudence, 5th ed., 1941, p.745.
④ 参见〔德〕鲍尔、施蒂尔纳:《德国物权法》(上册),张双根译,法律出版社2004年版,第64—65页。
⑤ 参见孙宪忠:《论物权法》,法律出版社2001年版,第54页。

度。善意取得制度虽然适当兼顾了对真正权利人的保护,但主要还是强化了对善意第三人的保护,有利于对交易的迅捷和安全的保护(das Verkehrsschutzinteresse und Beharrungsinteresse,交往安全利益和维持利益)①,毕竟所有人的利益是单个的所有者的利益,而善意买受人的利益是一种信赖利益,体现的是交易安全。交易安全作为一种整体利益,应当高于真正权利人的个别利益,应当优先予以保护。② 善意取得制度正是通过对善意第三人合理信赖加以保护,以强化对交易安全的保护。可以说,善意取得制度不仅涉及对第三人个人信赖的保护,而且涉及对整个交易秩序的维护,相对于整个交易秩序,原所有权人的个人利益无法对抗对交易秩序的保护。③

依据《物权法》第106条的规定,"无处分权人将不动产或者动产转让给受让人的,所有权人有权追回",因此,无权处分是善意取得的构成要件。虽然该条没有明确将无权处分作为独立的构成要件,但从体系解释的角度来看,应当认为无权处分是善意取得的构成要件。如果转让人处分财产的行为是正当的有权处分,则转让人和受让人之间的交易是有效的,那么,即使存在欺诈、胁迫等情况而导致该交易行为被撤销,也只是涉及合同被撤销之后返还等一系列后果,而不存在需要通过善意取得制度平衡标的物权利人与第三人利益的问题。可以说,没有无权处分就没有善意取得。此外,尽管在不动产登记错误的情况下,登记权利人处分财产在广义上也属于有权处分,但从最终经过登记机关或者司法机关确认登记是错误的情形来看,也可以认为,登记权利人是无权处分,这实际上是从最终结果上来认定无权处分。因此,从这个意义上来说,无权处分是善意取得的构成要件。

在实践中,能够引发善意取得的无权处分主要包括如下几种情况:其一,非法处分合法占有的他人的动产。例如,转让借用、租赁或者保管的他人之物,这些情形都是典型的无权处分行为。其二,不动产的无权处分通常表现为因登记错误而发生的登记名义人的无权处分。例如,某人的房屋因登记错误而记载在他人名下,后登记权利人将房产出售给他人,此时,是否可以称为无权处分?一些学者认为,无权处分只是在法律上没有

---

① Vgl. MünchKomm/Oechsler, §932, Rn. 3.
② 参见尹田:《物权法理论评析与思考》,中国人民大学出版社2004年版,第311页。
③ Vgl. Westermann, Sachenrecht, Band 1, Grundlagen und Recht der beweglichen Sachen, 1990, S. 330.

权利而处分他人的财产。但是,登记权利人在未更改之前,应当认定为有权处分人。笔者认为,此处所说的无权处分是作广义解释的。这就是说,如果事后证明登记错误,法律就推定,登记权利人应当认识到,其作出的处分是无权的。是否有处分权,应当以事实为准,不动产登记簿的记载仅仅具有权利推定的效力。登记并不应当影响对无权处分的认定,否则,很难与善意取得制度相衔接。登记虽然也影响权利的认定,但是,它应当作为确权时的依据之一。因此,从立法的本意出发,必须对无权处分作广义解释。其三,所有权受限制之人非法处分所有物的情形。如在企业破产程序开始的情况下,企业法人对破产财产的处分。再如,某一共有人未经其他共有人的同意而处分共有财产。其四,代理人擅自处分被代理人的财产,如代理人依据被代理人的意思,接受第三人的履行,在占有标的物之后未经被代理人的同意,非法出卖该标的物。① 上述几种情况都发生无权处分的后果,并有可能使第三人基于善意取得制度取得标的物的所有权。

需要注意的是,以下几种情况一般不属于善意取得制度中的无权处分,因而不适用善意取得:其一,不是以物权为对象的无权处分,如非法转租。因为在非法出租中,承租人的租赁权不能对抗出租人对标的物的所有权,在承租人擅自转租的情形下,真正的所有权人可以将租赁物收回,即使承租人是善意的,也不能通过善意取得制度对其进行保护。其二,非法将通过借用或保管等方式而占有的他人的货币进行投资,如出资、入股行为。此时,虽然该处分是不合法或不符合约定的,但如果是借用他人的货币,根据占有货币即发生所有权变动的原则,则发生货币所有权的变动,此时,不适用善意取得制度。对于实物出资而言,由于没有足够的对价,也难以适用善意取得。其三,在获得授权以后,低价或无偿转让包括国有财产在内的财产。有观点认为,在国有财产转让领域适用善意取得制度,可能导致国有资产的流失,出现不合法的私有化现象。② 笔者认为,这种看法是不妥当的,严格地说,善意取得是法律处理不同利益冲突的解决机制,与国有资产流失没有必然联系,获得授权的低价贱卖国有资产的合同可能属于可撤销合同,也可能涉及刑法、行政法上的问题,但通常转

---

① 参见王泽鉴:《民法物权》(第一册),中国政法大学出版社 2001 年版,第 123 页;王泽鉴:《民法物权》(第二册),中国政法大学出版社 2001 年版,第 259—260 页。
② 参见常梦飞:《物权法草案部分条款起争议 可能助腐败分子贪污》,载 http://news.sina.com.cn/c/2006-03-02/05389239289.shtml,访问日期:2019 年 5 月 24 日。

让人的转让行为仍然属于有权处分,不符合善意取得的构成要件,无法适用善意取得制度。①

二、构成要件二:受让人善意

顾名思义,善意取得是受让人基于主观的善意而取得所有权等物权的制度,所以,受让人善意是善意取得的核心要件。② 德国著名学者弗卢梅(Flume)指出,善意在一定程度上具有取代物权出让人之处分权的机能。③《物权法》第106条将受让人的善意表述为"受让人受让该不动产或者动产时是善意的",这就明确了受让人善意是善意取得的构成要件。就善意的内涵而言,它是相对于恶意而言的,就是不知情,更确切地讲,是指受让人在受让某物时,不知道也不应当知道出卖人是无处分权人。不过,《物权法》第106条将动产和不动产统一适用于善意取得制度的规定容易在善意的判断和认定上引发一系列问题,如对动产和不动产善意取得中的善意采用一致的判断标准,会在司法适用上产生一些不必要的麻烦,影响善意取得制度的正确适用。为了避免出现上述消极后果,对于受让人善意要件,应当注意以下问题。

(一) 区分动产善意取得和不动产善意取得中的善意

诚然,无论是动产的善意取得还是不动产的善意取得,受让人的善意都表现为"在受让时不知道或者不应当知道转让人无处分权",但对动产和不动产无权处分中善意的判断仍然存在明显的差异。一方面,在动产交易中,占有具有公信力。所以,受让人应当从占有人占有动产的状态中形成一定的信赖,即信赖他有权处分,这样才受到保护。④ 但由于动产的占有外观方式的公信力较低,受让人不能仅仅凭借占有动产的事实当然地相信出让人具有处分权,因而在判断出让人是否具有处分权、受让人是否具有合理的信赖时,还必须考查其他一系列因素,如价格的高低、交易

---

① 参见王利明:《保护私有财产不是私有化》,载《中国青年报》2006年3月6日。
② Vgl. MünchKomm/Oechsler, 932, Rn. 8.
③ Vgl. Flume, Allgemeiner Teil des Bürgerlichen Rechts, 4. Aufl., Bd. II, das Rechtgeschäft, 1992, S. 142.
④ 参见姚瑞光:《民法物权论》,中国政法大学出版社2011年版,第101页。

的具体环境、交易的场所等。① 而且,经济生活中出现了大量的诸如所有权保留、所有权让与担保等占有和所有权相互分离的现象,在这种情况下,由于占有的公信力更低,更应当尝试建立一种区别对待信赖占有的方法,而不能在善意取得制度中,仅仅凭借占有就能够满足信赖出卖人享有处分权的权利外观要求。② 与动产的公示方法即占有不同,不动产登记有国家信誉的支持,具有相当高的公信力,受让人有合理理由信赖登记展现出来的不动产物权状态就是真实的权利状态,因此只要受让人是善意的,就可以取得不动产物权。③ 所以,对于不动产善意取得而言,只要受让人信赖登记即可,而无须像动产善意取得那样再去考虑相关的综合要素。④ 可见,与动产善意取得相比,不动产善意取得中的善意判断相对比较简单,在通常情形下,只要受让人信赖了登记,就是善意的,除非其明知登记错误,而无须再考虑交易的环境等因素。⑤ 另一方面,恶意排除的情况不同。在不动产中,如果出现了异议登记,也能排除第三人的善意,即真正权利人对登记权利真实性提出异议,登记机关将该异议记载于登记簿上,由于登记具有公开性,第三人据此完全可知登记存在争议,从而应当提高警惕,防止无权处分的发生。⑥ 在存在异议登记的情况下,如果第三人仍然与登记权利人进行交易,就不能认定其是善意之人,其就要为自己的不审慎行为所造成的不利益负责。在动产交易中,判断受让人是否善意的一个重要因素,就是受让人受让物品时有无支付对价,以及支付价格的高低。如果受让人受让物品时没有支付对价,或者支付的价格与同类物品的当地市场价格相比明显过低,那么,如果一个理性的交易当事人不可能会如此行为,则受让人显然不是善意的。但是对不动产买卖而言,由于不

---

① 在德国法中,判断受让人是否存在恶意,主要依据如下几个方面:第一,取得行为(Erwerbs-geschäfte)的方式和内容;第二,转让标的物时的情况;第三,市场中通常的交易情况;第四,如果受让人能够单方面决定取得标的物,受让人的个人情况以及社会地位,如银行、商人应当具有更多的交易经验;第五,对转让人是否有权转让的一般看法;第六,无权处分时,转让人的具体表述以及其是否出具了相关的证明文书;第七,转让人的具体财产状况;第八,交易当时,受让人可以知晓的转让人的个人其他情况。参见 MuenchKomm/Quack, 2. Aufl., § 932, Rdnr. 32 ff.
② Vgl. H. Hübner, Der Rechtsverlust im Mobiliarsachenrecht, 1955, S. 56 ff.
③ Giehl, Der gutgläubige Mobiliarerwerb: Dosrmatik und Rechtswirklichkeit, AcP 161, 1962, S. 357–379.
④ 参见王泽鉴:《民法物权》(第一册),中国政法大学出版社2001年版,第124页。
⑤ Vgl. Schwab/Prütting, Sachenrecht, 27. Aufl., 1997, S. 93.
⑥ 参见常鹏翱:《物权程序的建构与效应》,中国人民大学出版社2005年版,第304—320页。

动产登记具有较强的公信力,就无须过多考虑价格的高低。此外,动产善意取得需要以受让人取得占有为条件,而不动产无须受让人实际占有不动产。

(二) 善意的判断标准

在善意取得中,对受让人善意的判断应当采用客观标准。善意涉及道德上的判断,是罗马法残留在现代民法的痕迹[1],其价值主要在于给制度合理性提供道德上的支持,但对善意的判断不应当采用主观标准,而应当借助客观标准予以判断,主要原因在于,善意是一个从道德领域演进到法律领域的抽象概念,尽管每个人对善意的看法不完全相同,但是法官在判断受让人是否构成善意时,应当有一定的标准和方法,法官应当用一般人的标准来衡量受让人受让财产时的状态,即在当时的情况下,一个合理的、一般的人在主观上是否具有善意。

除了需要采用一般人的标准之外,善意判断还要考虑交易的时间、地点、交易当事人之间的关系等要素。[2] 这种判断要根据不同的案件和交易的不同情况来进行。《物权法司法解释(一)》第 17 条规定:"受让人受让动产时,交易的对象、场所或者时机等不符合交易习惯的,应当认定受让人具有重大过失。"该条明确了动产善意取得中受让人善意的认定规则。与动产不同,不动产登记簿是国家公权力机关制作的,有国家公权力作为其正确性的担保,因此,受让人在交易中的审核义务较轻,而在动产交易中,受让人应当尽到更大的审核义务。具体而言,在动产交易中,确定受让人是否为善意时,要综合考虑如下因素:一是交易的对象,即与受让人签订转让合同的转让人或者出卖人是否专门从事标的物经营活动的主体。例如,甲在路边遇见兜售名表的人,明知其形迹可疑,仍然与其交易的,则属于非善意。二是交易的场所。如果受让人是在公开市场上购买的商品,且取得了发票或办理了相应的手续,可以认为其是善意的;但如果是在非公开市场,尤其是在"黑市"购买二手货,则表明第三人可能是非善意的。再如,出卖人在火车站兜售手机,受让人贪图便宜购买的,则属于非善意。三是交易的时机。动产的交易可能需要在特定的时机进行,交易的时机可能影响标的物的价格,从而对于判断受让人是否善意具有重要意义。例如,按照当地的交易习惯,第三人在交易时是否已知道转让

---

[1] 参见曾世雄:《民法总则之现在与未来》,中国政法大学出版社 2001 年版,第 228 页。
[2] Vgl. MunchKomm/Quack, 2. Aufl., §932, Rn. 32 ff.

人为无权处分人,如果第三人以前曾与转让人进行过系列交易或与转让人非常熟悉,表明其知道或应当知道转让人对交易的财产不具有处分权,在受让时不能认为其有善意。四是其他因素。例如,要考虑转让人与受让人之间的关系。如果两者之间具有亲属关系,则受让人可能是非善意的。再如,要考虑转让的价格,如果受让人受让物品的价格,与同类物品的当地市场价格相比明显过低,一个合理的交易当事人不可能以同样价格出售该财产,那么这样的转让人有可能是无权处分人。此外,法官还可以根据自己的生活经验,从其他角度来判断第三人是否为善意。例如,如果受让人与转让人之间有恶意串通的可能等,则不能认为受让人具有善意。如果受让人是由他人代理其从事法律行为,则代理人的善意即为受让人的善意,代理人为恶意的,应认定受让人为恶意。

(三) 受让人对其不知情无重大过失

从比较法上来看,一些国家法律规定,受让人应当对其不知情没有重大过失,否则难以成立善意取得。《德国民法典》第 932 条第 2 款规定:"受让人明知或因重大过失而不知物不属于让与人的,非为善意。"如果受让人已经知道转让人并不是真正的所有权人,或者在重大过失的情况下没有知晓,可以认定受让人存在恶意。[①] 重大过失中的"重大"意味着,在受让标的物时可以"明确"(die Deutlichkeit)和"引人注意"(auffallend)地发现该标的物属于他人所有。[②] 如果受让人采取很小的注意义务并且可以毫不费力地发现存在无权处分,即"任何人在此情况下都可以发现",则受让人存在重大过失。[③] 在受让人因重大过失而没有发现转让人无权处分的情况下,受让人不是善意的。德国法通过此种排除善意的办法,进一步扩大了善意取得的适用范围。这种做法的理论基础在于,通过强调受让人的注意义务,促使每个个体在交易中都负担必要的谨慎和注意义务。我国物权法也借鉴了这一经验。《物权法司法解释(一)》第 15 条第 1 款规定:"受让人受让不动产或者动产时,不知道转让人无处分权,且无重大过失的,应当认定受让人为善意。"依据该条规定,在判断受让人的善意时,不仅要求受让人不知情,还需要其对不知情不具有重大过失。《物权法司法解释(一)》第 16 条、第 17 条进一步针对不动产和动产交易中受让

---

① Vgl. Westermann, Sachenrecht, Band 1, Grundlagen und Recht der beweglichen Sachen, 1990, S. 340.
② Vgl. BGH LM NR. 9, JZ 1956, 490.
③ Vgl. MunchKomm/Quack, 2. Aufl., §932, Rn. 29.

人的善意问题进行解释,解释了何为受让人具有重大过失。《物权法司法解释(一)》第16条第2款规定:"真实权利人有证据证明不动产受让人应当知道转让人无处分权的,应当认定受让人具有重大过失。"这实际上是提醒受让人要尽到一定的谨慎义务,如果因其自身的重大过失而不知道转让人无处分权,则其不构成善意,也无法成立善意取得。例如,在"刘某某诉卢某某财产权属纠纷案"中,法院认为:"被上诉人没有按照《二手车流通管理办法》规定的方式进行二手车交易,且在车辆转让时已明知车辆行驶登记证所登记的车主并非让与人。在此情况下,被上诉人没有进一步查明涉案车辆的来源,甚至连让与人的身份情况也一概不知,即在明知让与人不具有涉案车辆处分权的情况下进行了交易,显然不属于善意取得。"①

(四) 举证责任的分配

按照举证责任的一般原理,应当由主张受让人有恶意的人(通常是原权利人)来举证。② 如果原权利人不能举出足够的证据证明受让人为恶意,则推定受让人为善意。这就是说,原权利人对受让人的恶意或重大过失负举证责任。很多国家和地区的判例都承认善意是通过推定来确定的。例如,法国法中,善意和自主占有(possession animo domini)是被推定的。③ 在原权利人举证以后,法官应当根据原权利人的举证以及各种客观、外部的情况进行综合判断,以确定第三人是否在交易时具有善意。根据《路易斯安那州民法典》的规定,善意是被推定的。然而,如果受让人已经注意到有关的事实,且这些事实足以引起一个合理的谨慎的人去调查,那么,该受让人就有义务去调查,以查明真实的情况。如果该受让人没有去调查,那么,受让人就不能声称其是善意的。④《物权法司法解释(一)》第15条第2款规定:"真实权利人主张受让人不构成善意的,应当承担举证证明责任。"依据这一规定,在当事人就是否构成善意取得发生争议后,应当由真正权利人证明受让人的恶意。之所以由真正权利人负担证明受让人恶意的义务,主要是因为如下两方面原因:一是符合举证责任的一般

---

① 载《最高人民法院公报》2008年第2期。
② Vgl. MünchKomm/Oechsler,§932, Rn. 67.
③ C. Aubry and C. Rau, Droit Civil Francais §183 n. 1 (7th ed. La. State L. Inst. trans. 1961).
④ See Lindsay Ellis, Symposium: Louisiana Property Law Revision, Transfer of Movables by a Non-Owner 55 Tul. L. Rev. 145.

规则。原所有人要追及该物,必须要举证证明受让人的恶意。二是有利于保护受让人的利益。因为从生活经验来看,证明"消极事实"都是比较困难的①,受让人通常难以证明自己不知情。

关于受让人恶意的证明,依据《物权法司法解释(一)》第 16 条的规定,在下列情形下,应当认定受让人具有恶意:一是登记簿上存在有效的异议登记。在不动产登记簿上如果存在异议登记,就表明权利归属是有争议的。因为异议登记本身就是要否定登记的正确推定效力。在不动产交易中,受让人有义务查询登记簿,因此,只要存在异议登记,受让人仍然与登记权利人交易的,应当认定其为恶意。例如,在"李某某与程某某排除妨害纠纷上诉案"中,法院认为,由于当事人没有申请异议登记,因此,不能主张对方当事人为非善意。② 按照法院的观点,如果当事人事先已经申请了异议登记,则应当能够阻却第三人善意取得。二是预告登记有效期内,未经预告登记的权利人同意而处分标的物的。根据《物权法》第 20 条的规定,在预告登记的有效期内,如果没有经过预告登记的权利人同意,不发生物权的效力。据此,在已经办理预告登记的情形下,如果当事人擅自处分标的物,则不发生物权变动的效力。在已经办理预告登记的情形下,受让人在受让该不动产时,应当了解相对人对不动产的处分是否已经登记权利人的同意。③ 据此,在存在预告登记的情形下,受让人仍然与登记权利人交易的,则应当认定其为恶意。三是登记簿上记载了司法机关或者行政机关依法裁定、决定查封或者以其他形式限制不动产权利的有关事项。在此情况下,不动产的处分权应当受到限制,登记权利人不得作出处分,受让人能够通过查询登记簿了解到这一事实,如果其没有进行查询,或者虽然查询但仍然与登记权利人进行交易的,则应当认定其为恶意。四是受让人明知登记簿的权利人记载确有错误。不动产登记仅具有权利推定效力,如果受让人明知不动产登记簿记载的权利人并非真正权利人而仍然与其交易的,则应当构成恶意。例如,在借名登记情形下,受让人可能与登记簿上记载的权利人或真正权利人是熟人或朋友关系,其明知因借名登记发生登记主体错误,此时仍然受让该不动产的,应当认

---

① 参见杜万华主编:《最高人民法院物权法司法解释(一)理解与适用》,人民法院出版社 2016 年版,第 362 页。
② 参见广东省深圳市中级人民法院(2014)深中法房终字第 227 号民事判决书。
③ 参见杜万华主编:《最高人民法院物权法司法解释(一)理解与适用》,人民法院出版社 2016 年版,第 382 页。

定其为恶意。五是受让人知道他人已经依法享有不动产物权。此处所说的他人已经依法享有不动产物权，主要是指他人已经基于法院判决等事实行为而取得了物权，但还没有办理变更登记的情形。例如，在某个离婚诉讼中，法院通过调解书已经确定房屋归妻子所有，但不动产登记簿上记载的权利人仍然是丈夫。如果受让人知道这一情况而仍然自丈夫处购买该房屋，就属于恶意，不能视为善意取得。

（五）善意判断的时点

受让人为善意，从何时确定？根据《物权法》第 106 条的规定，适用善意取得制度必须是"受让人受让该不动产或者动产时是善意的"。这就是说，必须根据受让财产的时间确定，即取得人必须在最后取得行为那一刻是善意的。① 至于受让以后是否为善意，则不影响善意取得的构成。如果受让人在这一时点以前为恶意，则可推定其在取得标的物所有权时为恶意。

《物权法司法解释（一）》第 18 条第 1 款规定："物权法第一百零六条第一款第一项所称的'受让人受让该不动产或者动产时'，是指依法完成不动产物权转移登记或者动产交付之时。"依据这一规定，善意判断的时点就是依法完成不动产物权转移登记或者动产交付之时。在采取现实交付以外的其他方式交付动产的情形下，依据《物权法司法解释（一）》第 18 条第 2 款的规定，就简易交付而言，应当以转让动产法律行为生效时为动产交付之时；而就指示交付而言，应当以转让人与受让人之间有关转让返还原物请求权的协议生效时为动产交付之时。在占有改定中，应当以受让人取得间接占有之时为准；在让与返还请求权中，以受让人取得返还请求权时为准。②

不动产交易中受让人善意的判断时间点较为复杂，依据《物权法司法解释（一）》第 18 条的规定，受让人受让不动产的时间点并非指交付，而是指办理了移转登记，此时才发生所有权的转移。因此，对于不动产交易中的受让人的善意判断，应当以完成不动产移转登记为准。但如果买受人在受让之前已经知道登记是错误的，则其不是善意的。例如，受让人在受让转让人转让的不动产之时，就已经知道转让人是通过非法途径将他人

---

① 参见〔德〕鲍尔、施蒂尔纳：《德国物权法》（下册），申卫星、王洪亮译，法律出版社 2006 年版，第 415 页。

② 参见王泽鉴：《民法物权》（第二册），中国政法大学出版社 2001 年版，第 269 页；Westermann, Sachenrecht, Band I, Grundlagen und Recht der beweglichen Sachen, 1990, S. 347。

财产登记在自己的名下,此时受让人是恶意的。不动产善意取得中的善意判断相对比较简单,在通常情形下,只要受让人信赖了登记,就是善意的,除非其明知登记错误,无须考虑交易的环境等因素。①

三、构成要件三:以合理的价格有偿转让

根据《物权法》第 106 条的规定,善意取得制度的另一个构成要件是财产必须"以合理的价格转让"。依据这一规定,无权处分人将他人财产转让给受让人之后,受让人必须支付合理的对价才符合善意取得的构成要件。在此,首先涉及一个基本问题,即善意取得制度是否仅适用于有偿的交易?

从比较法上来看,对此有两种不同的观点:一种观点认为,如果善意第三人有偿受让财产,则可以即时取得所有权,否则不能即时取得所有权,原所有权人有权要求善意占有人返还原物。② 这种立场在普通法上也有相同的体现,即不知情的、基于有偿的交易获得物的买受人是善意买受人③,如果第三人基于赠与或仅付出了微不足道的价格而获得了物,或者他知道转让人不是所有人,那么,第三人就不受到保护。④ 在普通法上,"善意买受人"的认定要满足这样的条件,即买受人是不知情的,且他是基于有偿的交易获得物的。⑤ 大陆法系许多国家和地区也采纳此种观点,如《路易斯安那州民法典》第 520 条规定受让人应当支付了"合理的对价"⑥。另一种观点则认为,有偿受让并不是善意取得的要件,只要受让人在受让动产时出于善意,且符合法律规定的其他要件,即使是无偿受让,亦可以即时取得所有权。在我国台湾地区"民法"中,善意取得不考虑交易中的对价问题,即使无偿行为也能导致善意取得。⑦ 德国学界通说也认为,善意取得的适用不要求让与行为以有偿为必要。⑧ 德国法的善意取

---

① Vgl. Schwab-Prütting, Sachenrecht, 27. Aufl., 1997, S. 93.
② 参见杨立新主编:《民事审判诸问题释疑》,吉林人民出版社 1992 年版,第 269—270 页。
③ See J. Pomeroy, A Treatise on Equity Jurisprudence, 5th ed., 1941, p.745.
④ See S. Litvinoff, Obligations, La. Civ. L. Treatise Vol. 7, 1975, p.81.
⑤ See J. Pomeroy, A Treatise on Equity Jurisprudence, 5th ed., 1941, p.745.
⑥ See Lindsay Ellis, Symposium: Louisiana Property Law Revision, Transfer of Movables by a Non-Owner 55 Tul. L. Rev. 145.
⑦ 参见郑玉波:《民法债编总论》,三民书局 1993 年版,第 115 页。
⑧ Vgl. MünchKomm/Oechsler, §932, Rn. 33.

得制度既保护有对价的无权处分中的买受人,也保护无对价的无权处分中的买受人,只不过,在无对价的情况下,原所有权人可以对买受人请求返还不当得利。①

我国《物权法》第106条将支付合理的价格作为善意取得的一个独立要件,其意义在于:一方面,有助于明确善意取得的适用范围。这就是说,善意取得只适用于有偿交易,如果是无偿转让财产,受让人取得财产时没有支付任何对价,此时不适用善意取得,如果所有权人要求受让人返还财产,受让人并没有因此而遭受损失。② 在许多情况下,无偿转让财产本身就表明财产的来源可能是不正当的,而一个诚实的、不贪图便宜的受让人在无偿受让财产时,应当查明财产的来源,如果不经调查就无偿受让财产,则本身是非善意的,或者说是有过失的。所以,受让人在取得财产时,必须以相应的财产或金钱支付给出让人。无偿取得财产时,不适用善意取得。另一方面,有助于法官准确适用善意取得制度。在判断受让人是否善意时,法官需要确定受让人是否支付了合理的对价。例如,某人在购买他人转让的二手车时,如果价格极低,则应当对该车的来历存有合理的怀疑。法官在判断的时候就可以认为,从这种价格极低的交易中可以推定买受人当时是非善意的。如果没有这样一个适用条件,法官完全有权根据自由裁量权,在判断是否存在善意时不将合理对价作为善意取得的要件,这就不能准确地适用善意取得制度。

如何理解《物权法》第106条关于"以合理的价格转让"的规定?笔者认为,其主要包括如下几个方面的含义:

第一,必须支付对价。受让人受让财产必须已经支付了对价,如果没有支付价款,则无法适用善意取得。③ 所以,因赠与等行为所无偿取得的财产不适用善意取得。④ 我国司法实践也采纳了这一观点。例如,在"刘某某诉卢某某财产权属纠纷案"中,法院认为:"被上诉人应当举出其他充分证据证明自己已经为涉案车辆交易支付了合理的价款。但被上诉人并未完成这一举证义务,故不能认定其在受让涉案车辆时支付了合理的价款。"⑤

---

① Vgl. Westermann, BGB-Sachenrecht, 9. Aufl., 1994, S. 116.
② Vgl. Schöner-Stöber-Haegele, Grundbuchrecht, 10. Aufl., 1993, S. 157-158.
③ See J. Pomeroy, A Treatise on Equity Jurisprudence, The Lawbook Exchange, Ltd., 5th ed., 1995, p.745.
④ 参见〔日〕近江幸治:《民法讲义Ⅱ物权法》,王茵译,北京大学出版社2006年版,第121页。
⑤ 载《最高人民法院公报》2008年第2期。

第二,必须支付合理的对价。《物权法司法解释(一)》第19条规定:"物权法第一百零六条第一款第二项所称'合理的价格',应当根据转让标的物的性质、数量以及付款方式等具体情况,参考转让时交易地市场价格以及交易习惯等因素综合认定。"依据这一规定,所谓合理,是指根据市场价格来判断,大体上应是符合市场价格的。在具体判断时,应当结合转让标的物的性质、数量以及付款方式等具体情况,参考交易习惯等因素综合认定。此外,在判断支付价格是否合理问题上,还有必要区别动产和不动产而分别予以考虑。对于动产善意取得而言,动产的转让应当以合理的价格进行,否则应当认为受让人取得财产时不构成善意取得。但是,对不动产而言,要求交易有偿是必要的,但不一定要求价格是合理的。这是因为动产的外在公示手段是占有,但占有的公示方法非常薄弱,发生占有的基础很多,在交易中,如果出让人以很低的市场价格转让动产,通常将使得一个正常的交易人就其是否享有处分权发生怀疑,因此,有必要要求以合理的价格转让。而不动产善意取得不存在这样的限制,因为不动产物权变动的方式是登记,与动产占有不一样,登记具有很强的公信力,在不动产登记之后,交易当事人完全有理由信赖登记所记载的权利人具有处分权利,即使不动产转让的价格偏低,也不会影响登记的公信力,只要受让人信赖登记并支付了一定的价款就足以构成善意。尤其是因为受让人信赖了登记而支付了价款,且办理了登记过户手续,如果原权利人以转让价格偏低为由否认善意取得效果,不利于维护登记的公信力。

第三,必须实际支付对价。适用善意取得原则上必须以实际支付对价为要件,如果仅仅只是达成了协议,不能认为已经符合了善意取得的构成要件。这是因为,一方面,如果没有支付价款,原权利人可以以没有完成交易为由否认善意取得的成立,这就很可能会引发很多纠纷。另一方面,这也可以为善意的判断提供明确的标准。假如没有支付合理价款这一限制,将导致很多形式上有偿、实质上无偿的转让为法律所保护,有违善意取得制度的宗旨。例如,双方约定一辆宝马汽车以100元转让,但是对交付期限没有限制,也没有实际交付,那么,这种转让形式上是有偿的,但实际上可能是虚构的。假如这种低价转让可以导致善意取得的话,就容易造成转让人和受让人之间的恶意串通,最终产生损害真正权利人的后果。

四、构成要件四:完成了法定的公示方法

《物权法》第106条第1款规定完成公示是善意取得的要件之一,即

"转让的不动产或者动产依照法律规定应当登记的已经登记,不需要登记的已经交付给受让人"。这就意味着善意取得的构成必须以公示方法的完成为要件。①

(一) 需要登记的必须已经办理登记

根据《物权法》第 106 条的规定,依照法律规定应当登记的已经登记,才能适用善意取得。在我国,城市的房屋依法应当办理登记。因此,房屋的买卖只有在受让人与转让人办理登记之日起才能适用善意取得,仅仅交付并不能够产生善意取得的后果。例如,甲将他人的房屋通过各种违法手段办理了登记过户记载在自己名下,然后将该房屋转让给他人,受让人因为相信登记而与其完成了这一交易,支付了价款并办理完毕登记过户手续。在此情况下,就可以适用善意取得制度。如果仅仅只是支付了价款甚至已经交付了房屋,还没有办理完登记,则仍然不能适用善意取得制度。② 需要指出的是,如果未交付价款,但办理了登记过户手续,是否可以适用善意取得?笔者认为,即使未支付全部价款,只要支付了一部分价款,且已经办理了登记,也可以适用善意取得。但如果完全没有支付价款,则有可能是双方虚构合同关系,且根据《物权法》第 106 条的规定必须要支付合理的价格,因而不能适用善意取得。

之所以要以办理完毕登记过户手续作为不动产善意取得的构成要件,一方面,只有在完成物权登记手续之后,买受人才能够真正取得完整的物权,这与我国《物权法》原则上采纳的登记要件主义完全吻合。依据不动产登记要件主义,不动产物权以登记为公示要件,必须办理了登记之后,才能发生所有权的移转,而交付不是不动产物权变动的公示方法。另一方面,如果以办理登记为不动产物权善意取得的时间点,则在转让人办理登记将不动产记载于自己的名下之后,真正权利人完全可以通过异议登记来及时阻止转让人的无权处分行为。因为受让人必须办理登记才能受到善意取得制度的保护,而在存在异议登记的情况下,受让人就很难被认为是善意的,并据此取得不动产所有权。而如果以交付作为不动产善意取得的要件,则受让人完全可以主张自己在受让之前没有查阅登记簿的义务,从而主张自己是善意的,这就将真正权利人可以通过异议登记或

---

① 参见崔建远:《物权:规范与学说——以中国物权法的解释论为中心》(上册),清华大学出版社 2011 年版,第 218、233 页。

② 参见常鹏翱:《物权程序的建构与效应》,中国人民大学出版社 2005 年版,第 304—320 页。

其他制度主张自己权利的机会全部抹杀了。在没有办理登记的情况下，所有权人将房产一物数卖，买受人占有房屋之后，如果能够即时取得所有权，也可能与其他买受人发生冲突，因为后者可能已经交付了全部价款但没有取得占有。例如，出卖人将房产交付给了善意第三人，但也可能又将该房产卖给其他人，并办理了登记。如果第一个受让人因交付而取得所有权，并由此对抗在后的登记权利人，就会与不动产物权的公示原则发生矛盾。实践中，大量的不动产交易没有办理登记[①]，如果以交付来作为移转所有权的根据，就会使得大量的不动产一旦被占有就可以对抗登记取得的权利，所以，如果不需要办理登记就可以取得产权，可能引发产权关系的混乱，也不利于督促当事人及时办理登记，从而明晰产权归属、提高财产利用效率。

在不动产善意取得中，在完成登记的同时是否还要求以交付为要件？笔者认为，不动产善意取得并不需要以交付为要件，理由主要在于：一方面，从文义解释来看，《物权法》第106条第1款第3项规定："转让的不动产或者动产依照法律规定应当登记的已经登记，不需要登记的已经交付给受让人。"从该规定来看，需要登记的财产物权变动应当办理登记，而不需要登记的，则仅需要交付，二者属于并列关系，在具体的物权变动中，并不需要同时完成登记与交付。对不动产而言，仅需要完成登记即可具备善意取得的构成要件。另一方面，从物权变动的角度看，结合《物权法》第9条与第23条关于不动产登记与动产交付的规定，《物权法》第106条所规定的以交付为要件主要是指动产，因此，对不动产善意取得而言，只要办理了登记，即使没有交付也同样可以构成善意取得。在法律上，对不动产而言，不能简单地以交付作为认定所有权已经发生变动的条件，即便没有交付，只要通过登记发生了所有权移转，都可以成立善意取得。尤其应当看到，对善意不动产买受人而言，认定其是否构成善意，应当看其是否信赖登记，而不是信赖不动产的占有，只要其信赖登记进行交易，并完成了不动产变更登记，即应当认定其可以善意取得该不动产。

（二）不需要登记的已经交付

动产物权变动原则上不需要登记，但适用动产善意取得制度，必须发

[①] 有学者认为，对于没有办理登记的不动产，不适用善意取得制度。参见崔建远：《物权：规范与学说——以中国物权法的解释论为中心》（上册），清华大学出版社2011年版，第219页。

生占有的移转,亦即转让人向受让人实际交付了财产,受让人实际占有了该财产。① 只有通过交付,才能发生普通动产所有权的移转。如果双方仅仅只是达成了合意,而并没有发生标的物占有的移转,则不能发生善意取得的效果,双方当事人仍然只是一种债的关系。因为在普通动产的买卖中,财产通常在交付之后才发生物权的变动,从而脱离债的领域,进入到物权法调整的范围。② 由于物权具有对世性、优先性等效力,而且物权在本质上是抽象的,为了让抽象的权利为外界所认识,物权的变动必须要通过一定的形式表现出来,这就是物权公示原则的基本内涵。善意取得是以物权公示原则作为基础的,这一点实际上是国外法律的通常做法。比如,在德国法中,善意取得制度的基础一方面体现为权利外观保护原则,即通过占有反映出来的权利外观;另一方面,在基于转让人与受让人之间的法律行为而发生占有转移即交付行为的基础上,才能够适用善意取得制度,所以,直接依据法律或者强制执行而发生占有转移,并不能满足善意取得制度对占有的要求。③ 在我国,物权变动就是当事人之间的法律行为(主要是合同),再加上一种外在的公示方法。④ 具体到动产物权变动,交付是其公示方法。在动产买卖中,双方已经就动产买卖达成协议,一旦发生交付,不仅导致物权的移转,而且使受让人取得对物的占有,以及基于占有对物的使用和利用,这些都属于物权法调整的对象。在出卖人交付标的物之前,即便买受人交付了全部的价款,也只能依据合同请求出卖人履行债务,因为在此情形下,买受人享有的还是债权,还不能通过物权法对之加以保护。而且,在此种情况下,违约责任就已经足以保护买受人的利益了。此外,对善意受让人来说,一旦发生交付,其占有了出让人的财产,从而形成了享有物权的外观,也可能引发社会公众对其权利的信赖,特别是在他占有该财产之后,他可以基于对物享有所有权的信心,来对其进行实际的利用、加工和改良,从而提高对物的使用效率,增加物的价值。如果在对物进行重大修缮之后,再进行返还,可能不利于物尽其用,造成对物的损失浪费。所以,即使买受人主观上是善意的,但如果没有通过交付而实际占有财产,还不能说就形成了完整的权利外观,因而也

---

① Vgl. MünchKomm/Oechsler, 5. Aufl., 2009, §932, Rn. 13.
② 参见〔日〕田山辉明:《物权法》(增订版),陆庆胜译,法律出版社2001年版,第106页。
③ Vgl. Westermann, Sachenrecht, Band I, Grundlagen und Recht der beweglichen Sachen, 1990, S. 332 ff.
④ 参见王轶:《物权变动论》,中国人民大学出版社2001年版,第48—75页。

不能使其取得所有权。①

需要指出的是,在构成善意取得的情形下,出让人交付标的物的方式一般是现实交付,当然,一般认为,简易交付也应当可以适用善意取得。②我国《物权法司法解释(一)》也采取了此种立场,该司法解释第 18 条第 2 款规定:"当事人以物权法第二十五条规定的方式交付动产的,转让动产法律行为生效时为动产交付之时;当事人以物权法第二十六条规定的方式交付动产的,转让人与受让人之间有关转让返还原物请求权的协议生效时为动产交付之时。"从该规定来看,除简易交付外,指示交付也可以适用善意取得。问题在于,占有改定能否适用善意取得?我国《物权法》与《物权法司法解释(一)》并未对此作出规定,学者对此存在不同观点。一种观点认为,善意取得原则上应当适用于受让人直接占有标的物的情形,在占有改定情形下,不应当适用善意取得,作为法律拟制产物的占有改定,其在物权变动中的效果不能等同于现实交付,与善意取得之间具有不相容性。③ 另一种观点认为,对于动产善意取得而言,在符合其他构成要件的情形下,动产只需要完成交付,即可完成动产物权变动的公示要求,而占有改定本身就是法律所承认的一种交付方式,应当可以适用善意取得。④ 笔者赞同后一种观点,即认为占有改定也可以适用善意取得,理由主要在于:一方面,从善意取得的构成要件来看,在行为符合无权处分、受让人善意、以合理的价格有偿转让且转让合同有效等要件的情形,如果法定的公示方法已经完成,则应当构成善意取得。占有改定作为被《物权法》承认的交付方法,与现实交付一样可以发生物权变动的效果,因而以占有改定的方式完成交付的同样可以构成善意取得。另一方面,受让人在完成交付后是否具有物权的外观,只是涉及受让人物权的保护问题。例如,受让人以占有改定的方式完成交付,在标的物的占有现实移转前,受让人并无标的物所有权的外观,如果出卖人另行转让标的物,第三人有可能依据善意取得制度获得该标的物的所有权。但这只是涉及受让人所有权的保护问题,不应当影响受让人能否善意取得标的物的所有权。因

---

① 参见王轶:《物权变动论》,中国人民大学出版社 2001 年版,第 48—75 页。
② 参见谢在全:《民法物权论》(上册),中国政法大学出版社 1999 年版,第 228—229 页;陈华彬:《物权法》,法律出版社 2004 年版,第 340 页。
③ 参见税兵:《占有改定与善意取得——兼论民法规范漏洞的填补》,载《法学研究》2009 年第 5 期。
④ 参见王文军:《占有改定作为善意取得要件之辨》,载《法律科学(西北政法大学学报)》2015 年第 6 期。

此，以占有改定的方式完成交付的，同样可以符合善意取得的构成要件。

此外，《物权法司法解释（一）》第 20 条规定："转让人将物权法第二十四条规定的船舶、航空器和机动车等交付给受让人的，应当认定符合物权法第一百零六条第一款第三项规定的善意取得的条件。"该条对特殊动产的善意取得条件作出了规定。关于特殊动产善意取得是否需要办理变更登记，《物权法》第 106 条并没有作出特别规定，我国学界对此存在两种不同的观点：一种观点认为，特殊动产适用善意取得制度仅需交付。因为特殊动产的物权变动是交付即发生效力，未经登记仅仅是不得对抗善意第三人而已。另一种观点认为，特殊动产要适用善意取得制度需要登记。毕竟"真正权利人"或"原权利人"的地位优于善意第三人，既然没有登记不能对抗善意第三人，更不能对抗原权利人。依据《物权法司法解释（一）》第 20 条的规定，在特殊动产善意取得的情形下，只要无权处分人按照约定向买受人交付了标的物，标的物的所有权即发生变动，买受人即可善意取得标的物的所有权，不必办理登记。这符合登记对抗主义的精神，这一结论实际上也是登记对抗主义逻辑推演的结果。

五、构成要件五：转让合同有效

善意取得适用于基于法律行为而产生的物权变动，而这种法律行为通常被界定为交易行为，对于因继承、法院判决等非依法律行为产生的物权变动，不得适用善意取得。① 问题在于，如果转让合同被认定为无效，或者被撤销，对于善意取得究竟会产生何种影响？对此存在不同观点。我国《物权法司法解释（一）》第 21 条规定："具有下列情形之一，受让人主张根据物权法第一百零六条规定取得所有权的，不予支持：（一）转让合同因违反合同法第五十二条规定被认定无效；（二）转让合同因受让人存在欺诈、胁迫或者乘人之危等法定事由被撤销。"依据该条规定，在当事人之间的基础合同被撤销或者被宣告无效的情形下，则排除善意取得的适用。也就是说，善意取得的成立以转让人和受让人之间的合同有效为前提，如果该合同因为违反法律或行政法规的强制性规定，或违反公序良俗而被宣告无效，则无法发生善意取得的法律效果。笔者赞成这一立场，主要理

---

① 参见〔德〕鲍尔、施蒂尔纳：《德国物权法》（上册），张双根译，法律出版社 2004 年版，第 494—499 页；〔德〕曼弗雷德·沃尔夫：《物权法》，吴越、李大雪译，法律出版社 2002 年版，第 252、284 页。

由在于：一方面，善意取得制度本身就是为了维护交易安全而设计的一种法律制度。其所维护的"交易"自然只能是合法的交易，对违法的交易，自然也不可能受到法律的特别保护。如果合同无效，则表明该交易本身具有不法性，不应受到法律的保护，当事人之间应当产生恢复原状的后果，无法产生善意取得的效果。因此，依据上述司法解释的规定，在合同被宣告无效的情形下，就可以排除善意取得。另一方面，善意取得虽然可以被认为是原始取得，但其在本质上也属于基于法律行为的物权变动，我国基于法律行为的物权变动规则主要实行债权形式主义，物权的变动既需要完成公示方法，也需要当事人之间的基础法律关系有效。因此，一旦当事人之间的基础合同被宣告无效或者被撤销，则物权无法发生变动，受让人也无法善意"取得"标的物的所有权。

此处需要讨论的是，《物权法》第 106 条与《合同法》第 51 条之间的关系。依据《合同法》第 51 条的规定，如果真正权利人拒绝追认，该行为无效。但如果依据《合同法》第 51 条来处理，则善意取得制度就完全没有适用的余地了。比如，甲将其一幅名画借给了乙，乙在借用期间将该名画转让给丙，丙在购买该名画时，主观上是善意的，而且也支付了合理的对价，乙和丙之间的交易行为毫无疑问构成无权处分，而且在甲不追认的情形下，该行为为无效行为，此时，如果丙不能善意取得该画的所有权，那么绝大多数可以适用善意取得的情况都无法适用了。因而，在考虑善意取得制度设计的时候，一个法律上的重大难题就是如何协调善意取得制度与《合同法》第 51 条之间的关系。笔者认为，在无权处分的情形下，善意取得可以成为合同效力的补充要件，在符合善意取得其他构成要件的情形下，即便原权利人拒绝追认，转让合同也是有效的，也就是说，在符合善意取得的其他要件的情况下，要排除《合同法》第 51 条的适用，主要理由在于：

第一，与《合同法》第 51 条相比，善意取得制度属于特别规定，应当优先适用。《合同法》第 51 条是针对无权处分的一般情况所作的规定，不仅可以规范针对物权的无权处分，还可以规范针对债权、知识产权等的无权处分，其范围显然宽于旨在规范涉及物权之无权处分行为的善意取得制度。而且《合同法》第 51 条仅涉及合同的法律效力问题，涉及的是合同当事人之间债权的有无，据此并不能当然解决谁能最终享有物权的问题，而善意取得制度涉及三方关系，其功能在于终局性地确定物权的权属。可以说，《合同法》第 51 条与《物权法》第 106 条可以看作普通法和特别法的关系，前者是针对物权变动的原因行为而作出的一个一般性规定，后者是针对物权变动的效果而作出的特别规定,除了要规定合同是否有效的要件之外,还要求其他严格的要件,尤其是第三人的主观善意要件,在此意义上,善意取得相对于一般的物权变动规则属于特别规定,相对于无权处分更是一个物权法上的特别规定。故而,只要当事人的行为符合善意取得制度的规定,就要优先适用该特别规定,而不能适用《合同法》第51条的一般规定。在法律适用层面,可以把善意取得制度看成无权处分制度的例外,只要当事人的行为符合善意取得的要件,就应优先适用善意取得制度。

第二,从价值衡量的角度来说,也应当优先适用善意取得制度,优先保护交易安全。《合同法》第51条是针对合同当事人之间的规定,而善意取得制度针对权利人和无权处分人以及第三人之间的关系,它们之间的法律关系存在较大的差异,法律作出此种规定的角度不同。《合同法》第51条侧重保护真正权利人,这也是法律的一般原则;而善意取得制度侧重保护第三人,通过保护第三人来强化保护交易安全。如果把对真正权利人的利益和交易安全的保护进行比较,就会发现后者在民法上具有更为重要的意义。① 毕竟交易安全并不仅仅涉及单个具体的交易,而是涉及整个社会的交易,单个权利人与社会利益相比较,应当退居其次,这也是我们必须优先适用善意取得制度的重要原因。

第三,从发生效力的时间来看,善意取得的效果先于权利人事后追认的法律后果,此种规定是法定的,只要符合法定的要件,即可发生法定的效果。而按照《合同法》第51条的规定,在权利人拒绝追认时,将导致合同无效,而实际上,在权利人追认之前,只要符合善意取得的要件,就发生善意取得的后果。正是因为善意取得发生在前,所以,在发生善意取得之后,就不应再适用《合同法》第51条的规定。

由此可见,善意取得制度优先于《合同法》第51条的规定,在符合善意取得制度之后,即使权利人拒绝追认,也不能影响第三人终局取得物权,第三人可以主张自己的物权来对抗原权利人的请求。只有在不符合善意取得制度的情况下,才会发生无权处分合同的效力问题。

善意取得必须以转让人与受让人之间的转让合同合法有效为基本前提。如果转让人与受让人之间所从事的买卖、互易、赠与等行为是无效的或可撤销的,则不能产生善意取得的效果。在这种情况下,应按照法律关于无

---

① 参见刘得宽:《民法诸问题与新展望》,中国政法大学出版社2002年版,第284页。

效和可撤销的规定,由双方或一方返还财产,恢复财产关系的原状。如果原所有人与转让人(占有人)之间的法律关系无效,则不应影响第三人(受让人)对所转让的财产的善意取得。例如,甲从乙处借得一台录音机,因为乙为无行为能力人,因而该借用合同无效。但是甲将该录音机转卖给丙,丙取得财产时出于善意,则丙将取得该录音机的所有权。在此情况下,乙只能请求甲赔偿损失。但在受让人尚未返还其受让的财产时,不仅无权处分人可以主张其返还,而且有处分权人也主张受让人返还的,为保护真正权利人的利益,应承认有处分权人享有优先受返还的权利。一旦受让人在明知财产真实归属的情况下,仍向转让人返还的,应就因此给有处分权人造成的损失,与转让人承担连带赔偿责任,其请求权基础系侵权责任。

六、结　语

善意取得是物权法上的一个重要法律制度,它不仅是单纯的物权法问题,而且还涉及诸如合同效力等债权法的问题。因此,在对它进行制度构建时,我们既不能仅从物权法的角度来考虑,也不能仅从债权法的角度来考虑,而应当从整个法律体系的角度来进行思考。由于该制度的基本价值在于保护交易安全,因而,其构成要件的设计应当服务于这个宗旨,尽最大限度保护交易安全。《物权法》第106条和《物权法司法解释(一)》规定的善意取得的构成包括无权处分、受让人善意、转让合同有偿、完成公示以及转让合同有效。从整体上看,这种规定基本上符合善意取得制度的宗旨。但是,由于立法者比较强调法律制度的简洁,将动产善意取得和不动产善意取得进行统一规定,而没有考虑动产和不动产在善意取得构成要件方面的差异;另外,《物权法》也没有将转让合同有效明确规定为善意取得的构成要件,这些都有待于我国正在制定的民法典物权编予以进一步完善。

论征收制度中的公共利益概念*

中共十七届三中全会发布的《中共中央关于推进农村改革发展若干重大问题的决定》指出,应当"改革征地制度,严格界定公益性和经营性建设用地,逐步缩小征地范围,完善征地补偿机制"。这不仅明确了公共利益在征收中的重要地位,而且还指出了界定公共利益的必要性。根据《宪法》第13条的精神①,我国《物权法》在第42条有关征收的规定中明确规定了"公共利益"这一概念。据此规定,公共利益是启动征收程序的实质性要件,也是政府从事征收活动的最终目的之所在。值得注意的是,《物权法》并未对"公共利益"这一法律术语加以定义。因此,在《物权法》实施过程中,如何正确把握公共利益的内涵、类型、标准等问题,直接关系到《物权法》的正确实施和公民财产的权益保护问题。为此,本文拟以征收制度为分析的基础对象,对公共利益若干问题进行探讨。

一、《物权法》中"公共利益"概念的特点

公共利益(public interest, bonum commune, intérêt public, das öffentliche Interesse),是与私人利益相对的另外一种利益类型,就是否可以对其作一个严谨的定义,或者如何作出定义等问题,学理上存有较大争议。按照美国学者亨廷顿的看法,由于研究方法的不同,对于"公共利益"的理解也不同,主要表现为三种理解:一是公共利益被等同于某些抽象的、重要的理想化的价值和规范,如自然法、正义和正当理性等;二是公共利益被看作某个特定的个人、群体、阶级或多数人的利益;三是公共利益被认为是个人之间或群体之间竞争的结果。② 一般认为,公共利益是指有关国防、教

---

* 原载《政法论坛》2009年第2期,原标题为《论征收制度中的公共利益》。
① 《宪法》第13条第3款规定:"国家为了公共利益的需要,可以依照法律规定对公民的私有财产实行征收或者征用并给予补偿。"
② 参见〔美〕塞缪尔·亨廷顿:《变革社会中的政治秩序》,李盛平等译,华夏出版社1988年版,第24页。

育、科技、文化、卫生等关系国计民生的不特定多数人的利益①,其强调利益享有者的"公共性",也是对政府援引公共利益从事征收等活动的一种限制。

边沁曾认为,国家的目的就是最大限度地促进公共利益,实现社会最大多数人的幸福。② 严格地说,公共利益是包括私法在内的任何法律的追求目标,是整个私法领域的一个重要概念,除了物权法,此概念在合同法、侵权法、人格权法等领域也有较大的适用余地。即使从物权法的角度来看,公共利益的适用范围也非常广泛,除作为征收的基本条件,也是对一些私人利益进行限制的正当性来源。虽然公共利益是和私人利益相对应的范畴,但它们都是民法所要保护的对象,且在保护上不存在根本性的矛盾和冲突,反而应当是相互促进和发展的。一方面,私人利益的有效维护有赖于一个良好的公共社会环境,只有在公共利益得以良好实现的社会,私人利益才能得到最有效的保护并能得到最大化的实现。另一方面,私人利益的有效维护,也必将促进公共利益目标的实现,因为公共利益说到底关系到不特定的社会成员的个体利益,如果私人利益不能获得充分保护,公共利益也难以全面实现。当然,法律所保护的公共利益与私人利益也是相分离的。在现代社会,任何具有正当性的法律都必须是为了社会的"公共利益",而不仅仅是为了某个特定私人的利益而制定的③,否则,法律就失去了其作为社会关系调整工具的本色和意义。

我国《物权法》在多个法律条文中使用了公共利益的概念,体现了对公权力的限制和对私权的保障。《物权法》规定"公共利益"的概念,首先是要解决物权征收的正当性和合法性问题。④ 所谓征收,是指国家基于公共利益的需要,通过行使征收权,在依法支付一定补偿后,将集体、单位或者个人的财产权移转给国家所有。作为现代法治国家的一项基本原则,任何单位和个人非经征收不得剥夺他人的不动产。从比较法的角度来看,"征收"(taken)一般是基于"公共利益"和"正当补偿"(just compensation)这

---

① 参见王轶:《论物权法的规范配置》,载《中国法学》2007年第6期。
② 参见〔英〕边沁:《道德与立法原理导论》,时殷弘译,商务印书馆2000年版,第58页。
③ 参见张千帆:《"公共利益"的构成——对行政法的目标以及"平衡"的意义之探》,载《比较法研究》2005年第5期。
④ Emmanuel Dockes, Valeurs de la démocratie, Huit notions fondamentales, Dalloz, 2005, p.164.

两个概念而展开的。① 早在1789年,法国《人权宣言》第17条就确立了财产征收的三大条件:合法认定的公共利益的存在;对被征收人所造成的损失予以公平的补偿;补偿必须在移转占有财产之前进行,即事先公平补偿。② 美国宪法第五修正案规定,"非给予公正的补偿,不得基于公共使用(public use)而征收私人的财产"。各国法律发展史也表明,私法的发展是围绕对私权的确立和维护来展开的。但自20世纪末期以来,国家对私权利的干预不断加强,其中重要的一个方面就表现在,为了实现公共利益,对私人人身和财产权予以适度的限制。然而,从比较法的角度来看,对于公共利益的概念,仍然存在不同的理解。③ 实践中通常是由法官判断政府的实际征收行为是否符合公共使用的目的。④

2004年《宪法修正案》将《宪法》第13条修改为:"……国家为了公共利益的需要,可以依照法律规定对公民的私有财产实行征收或者征用并给予补偿。"这也是我国法律首次从宪法的高度确立了"公共利益"的概念,为各基本法规定并运用该概念提供了基础。我国《物权法》根据宪法的精神,在第42条关于征收的规定中也规定了"公共利益"这一概念。可以说,《物权法》规定公共利益的概念有利于保护私人的财产权益,规范政府的行政行为。作为限制私人物权的公共利益,该概念具有如下特点。

第一,不确定性。严格说来,任何法律概念都具有不同程度的不确定性。但与其他法律概念相比,公共利益具有更高程度的不确定性,属于不确定概念(der Unbestimmte Rechtesbegriff)的范畴,有学者曾将其与公序良俗、诚实信用等一起列入弹性条款的范畴。⑤ 其不确定性表现在:概念的内涵和外延很难有一个确切的界定,而需要结合个案中的具体情况来判断和确定。具体来说,一方面,公共利益作为不确定概念在法律上很难给出明确的定义,也很难进行内涵的界定。因为任何定义和概念都存在僵化的弊端,难以解决实践中的各种需要。有学者认为,公共利益的不确定

---

① See Leif Wenar, The Concept of Property and the Taking Clause, 97 Colum. L. Rev., 1923.

② 参见闫桂芳、杨晚香:《财产征收研究》,中国法制出版社2006年版,第181页。

③ See Leif Wenar, The Concept of Property and the Taking Clause, 97 Colum. L. Rev., 1923.

④ See Frank I. Michelman, Property, Utility, and Fairness: Comments on the Ethical Foundations of "Just Compensation" Law, 80 Harv. L. Rev., p.1165; Joseph L. Sax, Takings and the Police Power, 74 Yale L. J., 36 (1964).

⑤ 参见王轶:《论物权法的规范配置》,载《中国法学》2007年第6期。

性主要表现在"公共"的不确定性和"利益"的不确定性。公共是许多私人的集合体,由多少人的利益组成的利益才能构成公共利益,这是难以确定的。① 而且利益内容本身属于价值判断的范畴,具有很强的主观性,不同的人对社会公共利益的判断可能是因人而异的。例如,拆除某个房屋建成商业区,有人认为建设商业区不属于公共利益,或者认为维持原有居民区的特征是符合公共利益的;但也有人认为通过拆除有利于改善居民生活,有利于改善居住条件,这也是符合公共利益的。另一方面,受益对象的不特定性。一般来说,公共利益的受益对象是不特定的大多数人。此处所说的不特定的大多数人不必是社会全体成员,也可能只是某一个阶层。例如,在有些国家和地区,消费者的利益也称为公共利益。所以,即使在一个小区进行房地产开发,如果其中建设了学校、医院,即使其主要是服务于小区,也使不特定的人分享了教育、卫生等方面的利益,因而在一定程度上也体现了社会公共利益。

第二,发展性和开放性。公共利益是一个发展的、变动的概念。今天人们公认的社会公共利益,明天可能不再是社会公共利益。随着社会的发展、时间的流逝,社会公共利益的内容也会发生一定的变化。② 例如,随着我国社会的发展,环境问题越来越引起人们的关注,生态平衡、自然资源、食品安全等,都会成为重要的公共利益。随着网络时代的发展,网络在人们日常生活中占据重要的地位,因此,网络公共安全问题也成为一种新型的社会公共利益。过去,人们可能认为,商业开发属于私人利益,而非公共利益。但是,随着社会的发展,人们可能认为,商业开发也能够实现城区改造、优化投资环境,也可以被认为属于公共利益。再如,消费者权益在过去未曾被认定为公共利益,现在却被普遍理解为一种公共利益。如果法律对公共利益作出过于具体的规定,它就使得法律缺乏开放性,不能适应不断发展的社会需要。而且,此种规定也可能使得法律难以应对社会发展而缺乏应对性。公共利益之所以会呈现出变动的状态,主要原因在于,公共利益本身也是一个历史的范畴,必然与特定的社会形态相联系;社会的不断发展,导致社会主体利益诉求的不断变化,公共利益作为利益的一个属概念,其反映了特定历史时期生活的需要,随着社会的变

---

① 参见陈新民:《德国公法学基础理论》(上册),山东人民出版社2001年版,第182—187页。
② 参见王轶、关淑芳:《论物权法中的"公共利益"》,载王利明主编:《判解研究》(2007年第二辑),人民法院出版社2007年版,第14—15页。

迁,公共利益的内容也会不断发展变化,尤其是随着社会的不断变化,利益主体随着利益需求的不断满足,也会不断产生新的利益需求,从而引起利益的变化。由此,对于公共利益这一范畴的理解必然会出现变化。①

第三,宽泛性。公共利益概念的发展性和开放性决定了其在内涵上的丰富性。一方面,公共利益所包括的范围是非常宽泛的,其既包括经济利益,也包括教育、卫生、环境等非经济性价值的利益。所以,有的德国学者将其称为"总体利益"。在美国,法院大多认为,只要影响私人财产的政府行为是为了广义上的公共目的,而不是私人目的,政府的行为就属于"公共使用"的范围。② 在我国,不少学者将其称为"人民群众的共同利益"。公共利益概念之所以具有宽泛性,其原因在于:实践中涉及公共利益的事件很多,法律很难穷尽所有的具体情形并加以列举。另一方面,公共利益和非公共利益之间通常存在一定的交叉,甚至在一段时间后可能会发生相互的转化,即使是某些特定的社会成员受益的集体利益,如果有更多的不特定的人受益,也可能会转化为公共利益。公共利益和纯商业利益存在一定程度上的交叉,某些利益表面上看来是纯商业利益,也可能具有公共利益的属性。例如,在实践中,必须严格区分社会共同利益和一般商业利益,不能单纯为了商业利益或者招商引资的需要而强行征收公民的财产或集体的土地。但是,在成片的商业开发中,也可能会涉及一些非商业利益。例如,建设工业园区可以增加税收,获取一定的经济利益;在小区建设中也可能修建医院和学校,这就会在客观上使其他社会成员受益。还要看到,公共利益是发展的、变动的,这也会导致其范围具有宽泛性。

第四,抽象性和模糊性。利益本身属于价值范畴,具有抽象性和模糊性。③ 公共利益作为一个从纷繁复杂的具体社会实践情形中高度抽象而来的概念,是具体利益形态的高度概括,它包括各种具体的涉及公共福祉的利益形态。不仅如此,公共利益必然体现出一定的价值观念,尤其需要符合"社会正义"的要求④,表达一种具有高度共识性的价值判断和取向。

---

① 参见余洪法:《物权征收制度中公共利益的确定问题研究》,中国人民大学 2008 年博士论文,第 93 页。

② See Leif Wenar, The Concept of Property and the Taking Clause, 97 Colum. L. Rev., 1923.

③ 参见郭富青:《关于社会公共经济利益法权表现形态的思考》,载《甘肃政法学院学报》2008 年第 1 期。

④ Emmanuel Dockes, Valeurs de la démocratie, Huit notions fondamentales, Dalloz, 2005, p. 164.

它并不是针对某一事项或某一情况制定的具体条款,其内涵要根据不同时期的具体情况进行适当的解释,以适应社会发展的需要。基于公共利益的高度抽象性,以及其内涵的不确定性,因此立法既不可能列举穷尽其具体含义,也难以用某一核心意义来确定其实质内容,而要根据不同的问题指向和适用情形,赋予其不同的意义,这体现了公共利益的模糊性,也为随着时代发展和社会变迁而对公共利益进行灵活解读和界定提供了解释的余地和空间。

正是因为公共利益具有上述特点,因此,法律上不宜直接对公共利益的概念进行界定,这是法律所不能承受之重。其实,也有学者认识到这个问题,认为在法律上应当放弃对公共利益的定义。如我国台湾地区学者陈新民认为,公共利益是无法定义的,其理由是,公共利益的内容和受益对象具有不确定性。[①] 这些观点是值得赞同的,同时,基于上述原因,笔者认为,我国《物权法》回避对于公共利益的定义是科学合理的。《物权法》回避对公共利益定义的做法,是一种立法技术考虑,这样可以保持法律规范的弹性。[②] 由于公共利益作为不确定概念需要具体化,在就公共利益发生争议时,应当由司法机关针对个案是否属于公共利益进行价值判断。

二、公共利益的概念可以在法律上进行类型化

虽然我国《物权法》在征收程序中规定了公共利益的要件,但是并没有对公共利益作一个具体的界定,引发了一些学者对公共利益在实践中能否正确适用的担忧。诚然,从我国的实践来看,由于整个社会处在经济快速增长的阶段,市场化、城市化、工业化的迅速发展,也容易产生一些影响社会和谐发展的问题,尤其表现在对农村土地的征收、对城市居民房屋的拆迁等方面。某些地方进行土地征收或拆迁时,往往假公共利益之名违反法定程序,有的已经酿成了严重纠纷,影响社会安定。不过,从实际情况来看,产生这些问题的原因是相当复杂的,解决问题的途径也应当是多方面的,仅仅寄希望于《物权法》对公共利益内容的界定,是不切实际的。当然,《物权法》没有对公共利益作出细化规定,也确实给实际操作带来一定的困难。

《中共中央关于推进农村改革发展若干重大问题的决定》指出,应当

[①] 参见陈新民:《德国公法学基础理论》(上册),山东人民出版社2001年版,第182页。
[②] 参见黄茂荣:《法学方法与现代民法》,1982年自版,第247页。

"改革征地制度,严格界定公益性和经营性建设用地,逐步缩小征地范围,完善征地补偿机制"。笔者认为,严格界定公益性建设用地,是要使土地征收中的公共利益概念具体化,但并不意味着要在法律上明确界定公共利益概念,因为正如前文所述,法律无法具体界定公共利益的概念。但是,如果不对公共利益在法律层面予以具体化,就容易导致实践中无据可循。特别是,由于公共利益是一个高度抽象的法律概念,必须借助司法进行认定,为了增强法律的可操作性,为了保障《物权法》所规定的公共利益能够得到正确实施,落实公益性和经营性建设用地征地制度的改革,就有必要在法律上将公共利益具体化。此处所说的具体化在法律上就是类型化。正如有学者指出的,公共利益的概念可以通过宪法解释、法律解释,不断细化公共利益的内容,建立公共利益类型化制度。[1] 公共利益"虽难以定义,但可以通过类型化方式弥补无法具体定义的不足"[2]。

从方法论的角度来看,类型化是指通过对具有共同特征的案件事实进行抽象、归类,从而对于不确定概念和一般条款进行具体化的过程。一般来说,不确定概念不宜具体定义,但可以通过类型化对典型的公共利益范畴作出列举。拉伦茨曾经指出:"当抽象的一般概念及其逻辑体系不足以掌握生活现象或意义脉络的多样表现形态时,大家首会想到的辅助思考形式是'类型'。"[3]公共利益作为一个不确定的概念,必须通过类型化的方式才能在特定的情境中确定其准确的利益形态,进而运用最恰当的解释方法进行解释。一方面,从法律解释学的角度来说,由于公共利益概念的抽象性和变动性,很难直接通过文义解释、体系解释等基本的解释方法探明其真意,往往需要通过价值判断的方法来对某一利益类型作出判断,而价值判断又具有比较强的主观性,可能影响法律概念和裁判的统一性。因此,通过对公共利益的类型化,有利于弥补解释上主观性的缺陷。当然,类型化并非使得其内涵、外延变得十分清晰,而只是增加其可操作性。类型化只是对于生活中频繁发生的、理论上比较成熟的类型进行归纳,而不可能对其所涵盖的所有类型进行归纳。[4] 另一方面,类型化

---

[1] 参见韩大元:《宪法文本中"公共利益"的规范分析》,载《法学论坛》2005年第1期。
[2] 邱聪智:《法律哲理与制度:基础法学》,载《马汉宝教授八秩华诞祝寿论文集:法律哲理与制度基础法学》,元照出版公司2006年版,第239—318页。
[3] 〔德〕卡尔·拉伦茨:《法学方法论》,陈爱娥译,五南图书出版公司1996年版,第388页。
[4] 参见朱岩:《论民法典中的一般条款》,载《月旦民商法杂志》2005年第2期。

具有层次性、开放性的特点①,通过类型化,可以使公共利益保持开放性,使得它能随着社会发展而适应具体时势的客观需要,保持长久的生命力。

从现实需要来看,对公共利益进行类型化,至少在以下方面具有积极的意义:一是有利于对公共利益进行更为准确的界定和更为周密的保护。类型具有直观性,客观上内涵的直观性可以存在于所有的类型对象中。②通过类型化的方法,可以使公共利益概念在司法操作层面具有可操作性,因为类型化体现了具体的利益形态,在表现上更具体、更明确、更清晰,有助于司法操作的进行。二是有利于为其他利益形态的保障提供依据。对公共利益进行类型化,目的主要是为了维护公共利益,但同时也有保护其他利益的效用,即防止公共利益被滥用而侵犯公民、法人或者其他组织的合法权益。③ 公共利益概念的类型化,有助于厘清公共利益与私人利益的边界,使权利人能够知悉其权利边界的所在,这也有利于征收的顺利实现,从而使公共利益得以维护。三是有利于为公权力的正确行使提供指导和规范。就房屋拆迁而言,情况千差万别、纷繁复杂,用模糊的公共利益条款来涵盖,就使得其很难给予当事人明确的指引。④ 如果公共利益概念比较模糊,政府自由裁量的空间就比较大,这容易导致政府权力的滥用。在实践中出现的征收等过程中的权力寻租现象,就与公共利益要件的过分模糊性有关。四是有利于司法机关在个案中准确判断公共利益是否存在,有助于法官按照类型化的指引办案,防止向一般条款逃逸。而且,司法机关根据个案的经验来判断公共利益是否存在,也能够形成一些比较成熟、成功的判决。所以,笔者认为,《中共中央关于推进农村改革发展若干重大问题的决定》所指出的应当"改革征地制度,严格界定公益性和经营性建设用地",其实就是表明要通过类型化的方式来界定公益性建设用地的范围。通过明确该范围,就能更为清晰和精确地界定公益性建设用地和经营性建设用地的界限,还能进一步强调征地的公益性前提,以达到严格适用公益性征地的情况,逐步减少土地征收的违法违规现象。

从比较法的角度来看,法律一般不对公共利益作明确定义。但是,有

---

① Vgl. Larenz, Typologisches Rechtsdenken, ARSP, Bd. 34 (1940/41), S. 20-21.
② Vgl. Strache, Karl-Heinz, Das Denken in Standards. Zugleich ein Beitrag zur Typologik, Berlin, 1968, S. 26.
③ 参见王景斌、张剑平:《论公共利益在我国的立法表达》,载《社会科学战线》2008 年第 3 期。
④ 参见郭富青:《关于社会公共经济利益法权表现形态的思考》,载《甘肃政法学院学报》2008 年第 1 期。

不少法律对公共利益作了类型化。例如,《日本宪法》第 29 条规定:"财产权不得侵犯,财产权的内容,应由法律规定以期适用公共福祉。私有财产,在公正补偿下得收归公用。"①《日本土地征用法》和其他法律将符合公共利益的征地范围严格限定在关系国家和民众利益的公益事业项目,共包括 17 类。例如,公路建设、停车场建设、公共汽车客运设施;河川以及以治水或水利为目的的在河川上设置的防堤、护岸、拦河坝、水渠、蓄水池及其他设施;运河用设施;航标以及水路测量标志;等等。在英美法系国家,也有法律将公共利益类型化。例如,美国在联邦宪法中将"公共利益"的范围规定为:"政府拥有的土地只能用于政府办公用房、公立大学、办公室、农场、公园、道路、车站、军事设施等。"②这些经验也值得我们借鉴。

从我国现行立法经验来看,已经有一些法律采取具体列举的方式,实践证明,此种方式也是可行的。例如,《信托法》第 60 条规定:"为了下列公共利益目的之一而设立的信托,属于公益信托:(一)救济贫困;(二)救助灾民;(三)扶助残疾人;(四)发展教育、科技、文化、艺术、体育事业;(五)发展医疗卫生事业;(六)发展环境保护事业,维护生态环境;(七)发展其他社会公益事业。"再如《公益事业捐赠法》第 3 条对公益事业也采取了类似的具体列举式的规定。这些规定所列举的事项比较宽泛,并采用了兜底条款,但它们分别针对特定领域的具体事项,具有很明确的针对性和很强的实践价值。应当承认,这些类型化的规定经过了实践检验,应当在立法上予以保留。在制定与《物权法》配套的法律、法规时,可以考虑在有关土地征收、房屋拆迁等配套法律、法规中对公共利益进行类型化规定。就土地征收而言,类型化包括国防、国家安全的需要;国家机关及其他公权力组织办公用房的需要;城镇基础设施建设的需要;建设社会公益事业的需要;环境保护的需要;国家重点扶持的能源以及交通、水利等项目的用地需要;保障性住房和政策性住房建设的需要;等等。在对公共利益进行类型化时,应注意以下几点:

第一,应当注重公共利益的层次性。对不同层次的利益不宜笼统地作出规定,而应当区别对待,分门别类地作出类型化规定。公共利益的层次复杂性决定了在法律上对其类型化是困难的。例如,国防利益和市政建设的利益是不同层次的公共利益,保护的力度也不同。关于财政收入是否可以

---

① 参见王景斌、张剑平:《论公共利益在我国的立法表达》,载《社会科学战线》2008 年第 3 期。

② 参见廖家龙:《关于"公共利益"的范围》,载《人大研究》2006 年第 7 期。

作为公共利益对待,在判例和学理上存在着争议。从学理上看,可以对公共利益大致作出如下分类:一是直接关系社会全体成员的共同利益。比如战争期间,为捍卫国家主权而征收、征用公民财产,国家主权就是关系到全体社会成员的共同利益。也有人认为,每个社会成员都有可能受益的公共物品的生产就是公共利益。① 二是不特定人的经济、文化、教育等方面的利益。不论受益形式如何,范围必须是不特定的。但是如果受益人的范围特定化为某一些人,就不能称为公共利益。比如建立只向特定人开放的图书馆,就难以称之为公共利益。三是与基本法律价值相联系的有关个人的生命、健康和自由的利益。关于公民生命健康的安全利益就是公共利益。四是经济的秩序。在民法上,交易安全之所以优越于所有者的利益受到保护,正是因为其在一定程度上体现了社会经济秩序的公共性。五是其他利益,如消费者利益、环境利益,等等。这些公共利益本身包括不同类型,很难统一类型化,只能分门别类地作出类型化规定。

  需要指出的是,笔者认为公共利益的类型化并不意味着在《物权法》或者某一部法律中对全部公共利益的类型进行详细列举。这是因为,一方面,不同类型的公共利益的内涵和外延是不同的,寄希望于在一部法律中解决公共利益的类型化问题是非常困难的。因为公共利益涉及社会生活的很多领域,通过一部法律对社会生活的全部领域进行考查并确定出具体类型的公共利益,这是立法者难以负担的立法任务。例如,《物权法》中针对国有土地和其他不动产分别规定了提前收回土地和征收,基于公共利益的需要提前收回土地,其与征收也是不同的。因为基于城市建设的需要而征收土地,此时对"公共利益"的解释可以适当放宽。而基于公共利益的需要提前收回土地,就要对"公共利益"进行严格的解释。所以,《物权法》第 42 条和第 148 条规定的"公共利益"在其具体类型上也应当是不同的。另一方面,不同层面上的公共利益很难放在一起进行全面列举。例如,涉及国家主权的公共利益与消费者保护的公共利益,难以等量齐观。这些巨大的差异,就导致在整个物权法层面,对于公共利益进行全面列举是困难的。正因为如此,我国《物权法》没有对公共利益类型进行全面的列举。

  第二,类型化应当主要针对土地征收和房屋拆迁,突出其中的重点问题。公共利益涉及的范围相当广泛,如果泛泛而论地予以类型化,任务将非常繁重,且可能失当。当前重点需要解决的是有关土地征收和房屋拆

---

① 参见马德普:《公共利益、政治制度化与政治文明》,载《教学与研究》2004 年第 8 期。

迁中的公共利益类型化问题，虽然就集体土地的征收而言，由于集体土地不能进入二级市场流转，一旦政府按照法定的程序将集体土地列入征收规划，且该规划依据法定程序获得批准，通常就已经体现了公共利益的要求。被征收人可以就补偿的标准、补偿费用的支付提出异议，但常常很难对是否符合公共利益提出异议。[①] 但笔者认为，这种做法并不利于保护农民的利益，由于没有明确公共利益的类型，导致广大农民的利益在土地征收中很难获得保障，被征收的土地被大量用于非公益性开发，并且给予农民的补偿与政府获取的土地出让金明显不成比例，有鉴于此，《中共中央关于推进农村改革发展若干重大问题的决定》指出："改革征地制度，严格界定公益性和经营性建设用地，逐步缩小征地范围，完善征地补偿机制。依法征收农村集体土地，按照同地同价原则及时足额给农村集体组织和农民合理补偿，解决好被征地农民就业、住房、社会保障。"因此对公共利益有必要进行类型化，这对于征收规划的制定也可以产生正确的指引作用。同时，如果出现了有的地方政府以公共利益为名，滥用公共利益进行征收侵害农民利益的情况，被征地农民也可以根据类型化的公共利益来判断征收是否合法，从而主张保护自己的权利。

就房屋拆迁而言，2001年颁布施行的《城市房屋拆迁管理条例》并没有规定公共利益的概念，在我国当前大规模的城市化进程中，大片的房屋以公共利益之名被拆迁，而法律一直未明确公共利益的类型，以至于被拆迁人无法探寻拆迁的合法性和正当性与否，这就可能导致某些社会矛盾激化，酿成一些群体性事件，影响社会安定。2007年，根据《物权法》的规定，《城市房地产管理法》进行了修改，在第一章"总则"中增加第6条："为了公共利益的需要，国家可以征收国有土地上单位和个人的房屋，并依法给予拆迁补偿，维护被征收人的合法权益；征收个人住宅的，还应当保障被征收人的居住条件。具体办法由国务院规定。"但是该法修改后没有对公共利益作出类型化的规定。所以，笔者认为，当前公共利益类型化的重点，应当从土地征收和房屋拆迁这两个方面着手，有针对性地在这两个方面对公共利益作出类型化规定，以规范农村集体土地征收和城市房屋拆迁行为，保护被征地农民和被拆迁居民的合法权益。

第三，应当采取开放列举的方式进行类型化。对公共利益究竟应当如何类型化？从比较法上来看，大致有两种模式：一种是封闭式列举。在

---

① 参见钱天国：《"公共使用"与"公共利益"的法律解读——从美国新伦敦市征收案谈起》，载《浙江社会科学》2006年第6期。

这种模式下,法律对于"公共利益"作出了详尽的列举。例如,日本有关物权征收的法律中全面列举了 35 种可以发动征收权的"公共利益"范围,并没有"但书"或"保留"条款。另一种是开放式列举。在这一模式下,法律既具体列举,又设置兜底条款,我国台湾地区是此种模式的典型代表。这两种方式各有特色,但笔者认为,应当采取开放式列举的方式,从而在具体列举比较成熟的公共利益类型的同时,保持公共利益的开放性。应当看到,公共利益本身是一个发展的概念,从今后的发展趋势来看,许多原本不属于公共利益的事项将被纳入公共利益的范围,新的利益也可能成为公共利益。在此情况下,就有必要对公共利益进行开放式列举,以适应未来发展的需要。因此,公共利益的发展性决定了各种列举都应当是开放的,而不应当是封闭的,只有如此,才能应对未来社会不断发展和新兴事物不断产生的需要,同时也能够使法律具有处理千变万化之法律现象所需要的规范弹性。[①] 在开放式列举模式下,立法者把公共利益的各种典型形态通过法律的列举一一呈现出来,但这并不意味着公共利益的类型仅限于这些列举的内容。所列举的形态应当属于公共利益的典型形式,而不是全部。通过列举从而使"不确定"的公共利益的内容得以确定。[②] 需要指出,列举公共利益的类型也应当保持一定弹性,可以考虑借鉴立法上常用的"一般包括"的表述(如《物权法》第 138 条第 2 款)。通过"一般包括"这一表述,使得具体列举也保持一定的弹性。需要指出的是,公共利益的类型化是一个渐进的过程,并非一劳永逸的事宜。我们需要不断总结立法和司法实践的经验,不断完善公共利益的类型化。

三、公共利益是否可以排除方式予以界定

如前文所述,公共利益类型化是必要的。但是,从法学方法的角度来看,类型化存在着不周延、不完全的固有缺陷,有不少学者据此认为,仅凭正面列举尚不能对公共利益作出一个准确的界定。除了正面列举之外,法律还可以通过采反面排除的方式,对不属于公共利益的情形予以直接排除,从而降低公共利益概念的不确定性。尤其是考虑到,实践中有的地方政府借公共利益之名,从事商业开发活动,损害了被征收人的合法权

---

① 参见黄茂荣:《法学方法与现代民法》,1982 年自版,第 247 页。
② 参见张旭东、谢云飞:《公共利益的界定及程序保障之设置——以规范我国征收征用制度为考察目的》,载《福建论坛(人文社会科学版)》2008 年第 1 期。

益。这些活动不但损害了政府的形象,而且在一定程度上影响了社会的和谐稳定。因此,通过对公共利益采取反面排除的方法,有助于使公共利益的概念变得更为明晰,有利于限制政府滥用基于公共利益的征收权力,促进社会的和谐稳定。①

应当看到,从方法论的角度来看,采用反面排除的方式,确实具有正面列举所不具有的优点:一方面,反面排除的方法是针对实践中出现的问题,可以有针对性地予以克服。例如,在实践中,出现了一些将商业开发作为公共利益来对待的情形,导致被征收人权益受到严重侵害。通过反面排除,可以限制实践中多发的、典型的以公共利益为名所进行的不当征收。另一方面,因为反面排除的方式正是由于正面列举的困难而产生的,因此能解决正面列举给立法者带来的困境。

问题在于,我们是否可以在采用正面列举的同时采用反面排除的方式?笔者认为,反面排除的方式是不妥当也是不必要的。在《物权法》施行之后,有关配套法律、法规不宜采取反面排除的立法模式来缓和公共利益概念的不确定性。其主要原因在于:

第一,反面排除过于简单和武断。反面排除法有时是过于武断的做法,不符合公共利益本身开放性和发展性的特性。如前述,公共利益具有一定的主观性,利益作为主观评价的范畴,可能因评价主体的不同而存在差异。主体不同,利益自然就有差异。而且不同的主体从某一事项中所获取利益的程度有所区别,有的是直接获益,有的间接获益;有的获益较多,有的获益较少。正因如此,某一事项是否属于公共利益,不同的人群从不同的角度看待,都可能得出不同的结论。所以,在进行利益排除时,不宜作简单化处理。例如,按照反面排除法,凡是私人从事的具有营利性的经营活动不属于公共利益,但在特定地区,可能教育资源严重匮乏,在这种情况下,建设私立营利性教育机构就有利于公共利益。在缺医少药的地方,即使是私立医院,也能解决人民群众就医难的问题,在一定程度上也体现了公共利益。这些都需要根据具体情况来确定。

第二,公共利益同非公共利益具有交叉性,不宜简单地予以反面排除。在反面排除之外的一些情形可能随着社会的发展,由公共利益转变为非公共利益,或者由非公共利益转变为公共利益。这正如正面列举难以穷尽公共利益的外延一样,反面排除同样也难以概括所有非公共利益

---

① 参见张旭东、谢云飞:《公共利益的界定及程序保障之设置——以规范我国征收征用制度为考察目的》,载《福建论坛(人文社会科学版)》2008 年第 1 期。

的情形。比较法在此方面有一些经验值得我们借鉴。例如,在法国,并无任何法律提到修建赛马场是否符合公共利益,因此,由于修建赛马场的需要而征用土地是否符合公共利益,需要在个案中进行具体的审查。在一个发生于滨海卡涅(Cagnes-sur-Mer)地区的征地案件中,法院认为,在此地区修建赛马场是为了卡涅和尼斯地区的经济和旅游发展,这使得征地行为具有公共利益的性质。不过,在另一个案件中,当事方声称,征地兴建赛马场是为了"马术运动的发展,使得这一运动能向年轻人和所有社会阶层开放,组织民间性和运动性的表演,并为全国性和国际性的赛事,尤其是奥运会的竞赛提供训练场地"。但是,在进行具体的审查之后,法院却认为,该案中,市镇当局征地兴建赛马场,"并不能实现其所声称的目标"。因此,法院认为这一行动不符合公共利益的要求。[①] 另外,法国行政法院通常认为,兴建一些公共服务的工程,例如公用设施、邮局等,符合公共利益的要求。在我国,教育原则上都属于公共利益,而私人投资教育可能是以营利为目的,如私立大学、私立中学。在因这些目的而征地时,是否属于公共利益,就应当综合考虑,而不能等同于一般的公立大学的校园建设。但是,反过来,也不能一概排斥营利性教育机构的公共利益属性。

第三,采用反面排除方式之后,通过反面解释能得出这样的结论,即被排除事项之外的其他情形均为允许的。由于公共利益概念具有发展性和不确定性,需要根据特定时期和特定社会背景予以确定,而随着社会的发展,有一些公共利益可能不再符合社会公众的利益需求,成为特定个人或者群体的利益,而另一些非公共利益则可能随着时间的流逝、情势的变化或者在某种特定情况下又属于公共利益。一般说来,单纯的商业利益或某些特定人受益的利益以及单纯的团体利益不能作为公共利益,但在特定情形下,它们可能会涉及公共利益或者在一定时期内向公共利益转化。[②] 例如,如果"三鹿"牌奶粉仅仅卖给极少数消费者,因其奶粉不合格而导致的受害人的损害属于一般侵权问题,但因其向社会广泛销售,使成千上万的人受害,形成了大规模侵权,就涉及食品安全的公共利益问题。再如,环境侵权往往会造成大规模的侵害,环境也涉及公共利益问题。所以,采用反面排除的方法也会遇到这样的问题,即如果排除得过少,可能会使公共利益的内涵膨胀;如果排除得过多,则可能会使公共利益的内涵被不适当地缩

---

① C. E., 4 mars 1964, R., 158; AJDA, 1964, p.624, note P. Laporte.
② 参见余洪法:《物权征收制度中公共利益的确定问题研究》,中国人民大学 2008 年博士论文,第 93 页。

减,从而不利于国家通过公共利益对私有财产进行必要的限制。

在反面排除法中,最值得探讨的就是商业利益的排除问题。主张采取反面排除法的人认为,首先应该排除的就是商业利益,此观点认为符合公共利益的项目是由政府或公共机构举办的、用于公共服务并且是非营利的。① 因为公共利益与商业利益之间无兼容的可能性,商业利益往往是企业追逐最大化利润的结果,它只归属于特定的企业,与公共利益的特点显然不相契合。然而,在笔者看来,问题并非如此简单。

从公共利益发展的趋势来看,其呈现出一种在内涵上不断扩张的趋势,这就是说,公共利益的范围越来越宽泛,其中一个重要原因就是商业利益在某些情况下也纳入了公共利益的范畴。例如,在美国,有关征收的正当性问题常常依据是否属于公共利益,由法官通过判决来具体认定。② 但总的趋势是法官在判例中不断扩张美国宪法第五修正案所提出的"公共使用"的概念,从而使公共利益的内涵也可能包括商业利益。即便是对一种财产价值的限制、减少也可以看作一种征收,这就会进一步扩大征收的范围。③ 最典型的是在美国"凯洛诉新伦敦市案"(Kelo v. New London)中,联邦最高法院认为,建造一个制药厂可以增加当地的就业和税收,因而也体现了公共利益。④ 欧洲一些国家的法院也出现过类似的判决。这说明商业利益并非绝对不与公共利益发生联系。当然从理论上看,不能认为商业开发只要有助于经济发展,有助于财政收入的提高,就属于公共利益。如此宽泛解释,将使得公共利益的标准过于宽泛,甚至可能将商业开发完全等同于公共利益,导致公共利益的概念失去存在的意义。但我们也不赞成采取反面排除的方法,将商业利益完全从公共利益的概念中排除。如前所述,公共利益常常与非公共利益交织在一起,特别是由于公共利益同时也具有可转换性、开放性和变动性,在我国,商业开发与公共利益的关系最典型地表现了这一特点。商业开发在一般情况下不涉及公共利益,但在特殊情形下又可能掺入公共利益的因素,甚至可能包含公共利益。具体表现在:其一,商业开发可能被纳入旧城改造、基础设施建设

---

① 参见胡建淼、邢益精:《关于"公共利益"之探究》,载中国法学会行政法学研究会编:《修宪之后的中国行政法》,中国政法大学出版社2005年版,第430页。

② See Richard A. Epstein, Takings: Private Property and the Power of Eminent Domain, 1985, p. 85.

③ See Leif Wenar, The Concept of Property and the Taking Clause, 97 Colum. L. Rev., 1923.

④ See Kelo v. City of New London, 545 U. S. 469 (2005).

规划之中。在拆除旧城以后进行商业开发,本身可能改善公共卫生条件,例如,可以促进居民住宅区本身的卫生状况(供水、供电、垃圾处理、防疫等条件)的改善。其二,商业开发可能改善居民的生活和居住环境。如果将大批危房、旧房等拆除,而建造成酒店、写字楼等,可能会改善城市的生活环境,尤其是商业开发中修建的绿地、公园等,可以大大改善城市环境。其三,商业开发中的配套设施可以服务于公众。商业开发中修建的配套设施,如医院、幼儿园、小学,也体现了不特定的多数人利益。其四,商业开发也可能对道路、供水供电设施等基础设施进行修缮和建造。商业开发中很可能要对基础设施进行修建,这些也可以惠及社会公众。其五,商业开发也可能对危旧房进行改造。危旧房的改造还可以大大改善居民的居住条件,保障居民的人身权益。它不仅会使整个城市的面貌发生改变,而且有助于提升整个城市的形象,有利于吸引投资、发展经济、改善环境。所以笔者认为,商业开发活动既不能简单地纳入公共利益的范畴,也不能武断地予以排除,是否属于公共利益,必须在个案中进行具体判断。

关于特定群体利益的排除问题也值得探讨。特定群体利益的外延相当宽泛,诸如企事业单位、社会团体等组织的利益。从表面上看,相关利益主要是用于满足这些组织所服务的特定群体的需要。例如,专门为残疾人这一特定群体建设的康复中心、为某一区域的老年人建设的敬老院以及为特定区域建设供电供暖设施等情形。那么,出于这种需要而开展的征收行为,是否符合公共利益需要?从公共利益本身的"不特定性"来看,前述利益似乎不属于公共利益。就公共利益本身的概念而言,它排除了特定利益集团的利益,公共利益这个范畴本身的含义是指公众的共同利益,其特点就在于使不特定的人受益。因此,它与特定的私人利益或者部门利益之间无法兼容,公共利益本身也不能等同于特定法人特别是企业法人的利益。但是,在某些情况下,二者可能会出现一定的交叉和密切联系。某些公共服务企业本身的行为,也可能是符合公共利益需要的,这尤其表现为那些为社会提供公共产品的企业。例如,供电、供水、供气企业,交通运输企业,通信企业等,经营规模和营运网络的扩展,本身能使更多的社会成员享受公共产品,满足广大人民群众的生活需要,从而在一定程度上能增进社会整体利益。所以,也不能简单地将特定群体的利益从公共利益范畴中予以排除。

总之,公共利益是一个复杂的价值评价问题,也是在各种利益交织之下产生的概念,采用反面排除的方式,有可能导致简单和绝对化的做法,将公共利益与其他利益之间进行截然的对立。采取反面排除法,将可能使法官陷入非此即彼的对立思维之中,妨碍公共利益最大化的实现。

四、"公共利益"的实现应当通过程序严格控制

公共利益通常反映了一种利益诉求,表现了私权与公权的交汇。在社会转型时期,私人利益与公共利益的交汇日渐频繁,二者之间的冲突也日益明显,对公共利益进行判断的重要性也日益突出。在此情况下,我们除了需要从立法层面通过正面列举的方式予以界定,还应当着重将公共利益的判断纳入程序控制的范畴。

对公共利益实现的程序控制,首先是由于此概念即便在类型化之后,仍然具有一定程度的不确定性和模糊性。因此,为了更好地保护土地征收和房屋拆迁过程中集体组织农民和城市居民的利益,应当尽可能地从程序上对公共利益进行控制,只有通过科学、严格、公开、透明的程序,才能让被征收和被拆迁者参与到整个过程之中,从而尽量避免和减少各种非公共利益的项目介入土地征收和房屋拆迁之中,增强土地征收和房屋拆迁过程的正当性,减少纠纷和矛盾。程序本身具有减压阀和缓冲期的功能,其能够将一些征收中的矛盾转化为技术问题。而程序通常是客观的、确定的,程序的公正性在一定程度上能够缓和公共利益不确定性的缺陷。另外,程序的公正性易于为利益相关方所实际感受,能增强彼此的理解和认可,有助于争议的有效解决,并可以通过程序的控制预防争议的发生。例如,在征收过程中,采用听证会、补偿的集体谈判、补偿的民主表决等,都会使整个征收过程公开透明,增强了公共利益判断的公众参与度和透明度。[①] 从实践来看,在我国对程序的控制没有引起高度的重视,不仅程序不健全,甚至有些地方连征收公告都没有发出就将农民的土地征收了。而在城市拆迁中,曾出现拆迁人与被拆迁人因拆迁引发的矛盾,很大程度上是因为程序上存在瑕疵。例如,拆迁人没有举行必要的听证会,认真听取被拆迁人的诉求。事实上,许多案件中,一些被拆迁人并非不同意拆迁,而是其意愿没有通过一定的程序获得应有的尊重。还应当看到,在公共利益发生争议后,通过法定的严格程序,可以使争议乃至怨恨在程序中得到及时的化解,特别是在发生征地、拆迁的矛盾之后,不能完全通过程序外的方式,如

---

① 参见许中缘:《论公共利益的程序控制——以法国不动产征收作为比较对象》,载《环球法律评论》2008 年第 3 期。

上访等来解决,也不能将政府完全推到第一线来面对这些尖锐的矛盾,最好的办法还是应当以程序为主导,通过正当程序来消化矛盾。

对公共利益的程序控制,应根据公共利益是否引发争议加以区别对待。在通常情况下,只要公共利益未引发争议,应设立常规程序机制来判断公共利益。有一种观点认为,公共利益的常规控制程序是民主程序,但笔者认为,公共利益的判断不能完全通过民主投票的方式来解决。实践中出现了通过被征收人的投票表决来确定征收补偿标准的情况。有些学者认为,是否符合公共利益应当由公众来判断,利益相关方通过投票自然能够判断征收是否符合公共利益。笔者认为这种看法未必妥当。尽管我们强调公共利益的判断要体现民主的原则,但这并不意味着要在个案中通过投票来解决公共利益的判断问题。这主要是因为某一项征收所涉及的受益范围很难确定,从而难以确定参与投票的人员。如果范围界定过窄(例如仅限于被征收人),基本上很难投票通过;如果范围界定过宽,则可能难以真正反映被拆迁人的意愿。尤其需要指出的是,如果把公共利益的判断完全交给公众,则公权力就没有任何强制性,这本身也不符合征收作为行政行为的性质。尽管如此,笔者认为,常规程序中要尽可能体现民意和民主,例如,在征地决定过程中,应依法举行听证会,邀请包括被征收人在内的各方主体参与,以保障决策民主,并在必要时公布征地信息,听取社会公众的意见,这样的沟通机制能加强利益相关方的相互理解和信任,有助于避免引发不必要的纠纷。①

在公共利益引发争议的情形下,应在法律上明确一定的界定公共利益和解决该争议的程序。在我国,究竟设置什么样的认定程序,首先需要确定认定的机构。鉴于《物权法》没有规定由哪个机关来认定,对此,学界存在不同的看法。一种观点认为,公共利益的认定应当由各级人民政府来进行。因为"依靠政府认定公共利益,政府通过社会公众的授权委托,形式上已经取得了公共利益的代表资格,即政府的形式合法性已经通过法定程序得以实现"②,各级人民政府是行使公权力限制或剥夺私人财产权的机关,其认定公共利益比较便利。各级人民政府熟悉征收等的具体情形,可以根据具体情况来认定是否满足公共利益的要求。另一种观点

---

① 参见许中缘:《论公共利益的程序控制——以法国不动产征收作为比较对象》,载《环球法律评论》2008 年第 3 期。

② 褚江丽:《我国宪法公共利益原则的实施路径与方法探析》,载《河北法学》2008 年第 1 期。

认为,公共利益的认定应当由司法机关进行。因为司法机关是最终解决纠纷的机关,如果由其他机关来认定,最终还是要进入司法程序。还有一种观点认为,公共利益的认定应当由各级人民代表大会来进行。因为各级人民代表大会是人民意志的代表机关,由其来认定公共利益存在与否,可以更准确地反映人民的意志,并能够避免政府滥用公权力侵害私人财产权。① 从我国的立法和司法实践来看,根据《城市房屋拆迁管理条例》的规定,拆迁争议主要是在拆迁单位和被拆迁人之间发生的,对于拆迁的合法性或者说公共利益的判断主要是由行政机关来进行的。笔者认为,由各级人民政府来认定公共利益要件是不妥当的。随着《物权法》的实施,已经从法律上明确了政府是征收的主体,在就公共利益发生争议以后,当事人对于政府的征收行为发生了争议。此时,政府成为争议的当事人,按照"任何人都不能作为自己案件的法官"的规则,政府不能在此纠纷中充当裁判者的角色,而只能将该争议交给中立的第三方(即司法机关)来解决。更何况政府机关是要通过行政行为来实现立法所规定的公共利益②,如果由政府来认定是否属于公共利益,也会导致政府的征收权过大,且不能受到有效制约,不能真正实现依法行政的目的。

由各级人民代表大会来认定并解决有关公共利益的争议,也未必妥当。在比较法上,在决定征收时,一些国家的立法要求依据一定的法定和民主的程序决定公共利益的内涵,不能仅仅由政府单方面确定。例如,有的国家法律规定,公共利益应当由议会来决定,或由公民行使创制权和复决权直接界定公共利益。③ 但从我国实际情况来看,不宜采用这种方式。因为根据我国《宪法》的规定,各级人民代表大会作为国家权力机关,其主要行使的是立法权、重大事项的决定权以及监督权。各级人民代表大会可以通过单行法律或者规范性文件,就特定区域的特定事项是否属于公共利益进行类型化的规定,从而对相关机关在个案中判断公共利益进行规范和指引。但是,由于对特定不动产的征收在性质上属于具体行政行为,因此属于《行政诉讼法》规定的行政诉讼受案范围。如果交由人民代表大会对公共利益进行判断,意味着人民代表大会将受理行政诉讼,这不

---

① 参见胡小红:《公共利益及其相关概念再探讨》,载《学术界》2008年第1期。
② 参见王轶、关淑芳:《论物权法中的"公共利益"》,载王利明主编:《判解研究》(2007年第2辑),人民法院出版社2007年版,第15—18页。
③ 参见陈新民:《德国公法学基础理论》(下册),山东人民出版社2001年版,第474—475页。

符合《宪法》所规定的人民代表大会应具有的地位,也违反了国家机关相互分工、相互协调的原则。

笔者认为,当公共利益发生争议之后,其应当通过司法机关来进行认定。之所以应当由司法机关根据个案来判断是否符合公共利益,主要有如下几个原因:

第一,司法机关对公共利益予以界定属于其职权范围。人民法院作为解决争议的审判机构,依法有权对涉及公共利益的争议予以裁决。司法是解决纠纷的最后一道防线。按照司法最终解决纠纷的原则,发生争议之后,只能由法官来认定征收是否符合公共利益的要求。尽管公共利益的判断十分复杂,以我国法院现有的地位,会给法院增加极大的难度,但是,从法治原则出发,如果就是否符合公共利益发生争议以后,只能由法院来解决,而不能由其他机关来解决。有一种观点认为,征收、拆迁决定都是政府作出的,是政府的行政行为。司法介入对公共利益的审查,就可能推翻政府的决定,我国司法机关不应当享有这种职权。笔者认为,这种看法并不妥当。因为《行政诉讼法》早已授予法院对政府行政行为的审查权限。实践中,并不存在单纯就公共利益进行判断的情形,而是与特定的行政诉讼案件联系在一起的。在行政诉讼过程中,法院必须对公共利益问题作出判断。而且从《行政诉讼法》实施情况来看,行政诉讼非但没有妨碍政府依法行政,反而更有利于维护党和政府的威信,及时纠正个别政府机关的违法或者不当行为。尤其应当看到,解决公共利益争议,维护社会和谐是法院不可推卸的职责。一般而言,公共利益符合社会不特定多数人的利益,是单个利益的集合,但在个案中公共利益和特定个体利益可能是相悖的。被征收人或被拆迁人一旦向法院提出诉讼,法院首先需要对是否符合公共利益作出判决。①

第二,公共利益作为不确定概念需要法官作出价值判断,《物权法》第42条规定的目的就在于授权法院根据个案对公共利益进行判断。它实际上赋予法官自由裁量权,使法官在争议发生以后,根据社会发展的需要,兼顾各方利益作出灵活的处理,这也是公共利益条款的特色所在。事实上,民法上存在大量的抽象原则和一般条款,如诚实信用原则等。民法本身并没有对这些条款作出准确的定义,但对于这些条款可以通过法律解释等途径加以具体化。这些抽象概念的存在,为判例学说的发展提供

---

① 参见褚江丽:《我国宪法公共利益原则的实施路径与方法探析》,载《河北法学》2008年第1期。

了空间,正如拉伦茨教授所言,"这些条款具有指令的特点,属于判断标准,其内容还需要加以填补"①。对于公共利益的概念,在立法无法准确定义时,也不必勉为其难,而完全可以由司法机关通过解释来解决这一问题。公共利益的概念应当由法律进行类型化,但在法律未作出此规定时,可以在发生争议后由法官进行具体判断。在司法中使公共利益这一抽象概念具体化,从而可以为立法上的类型化积累经验。法官将不确定的法律概念具体化,并非为同类案件厘定一个具体的标准,而是根据具体案件的具体情形,依照法律的精神、立法目的,考虑社会的情形和需要,予以具体化,这对于维护法的安定性和稳定性也是必要的。②

第三,在个案中对公共利益的判断需要进行利益平衡,这需要法院依据个案情形进行具体考虑。公共利益考量本身是一个利益平衡的过程。在实践中,既需要充分尊重公民的私人财产权,也要考虑城市化、工业化等的需要,在二者之间寻求平衡。我国社会正处于转型时期,出现了利益多元化趋势。尤其是在征收等过程中,各种利益不仅出现了交织的状态,而且也会发生冲突和矛盾。因此,对于公共利益的概念不能在法律上作"一刀切"的规定。通过"公共利益"概念的弹性规定,可以在公共利益争议发生后,通过特定的程序来解决,使得当事人各方的利益冲突在程序保障之下得到解决。③ 利益平衡需要结合个案,从具体案情考虑,平衡各方当事人的利益,客观上也需要由法官考虑国家和社会一定时期的需要,通过个案考量的方式来解释公共利益的内涵。

第四,从各国和地区的经验来看,对公共利益的具体判断都是由法院来进行的。由司法机关按照法律所认可的表决程序和表决规则认可公共利益,是大多数国家和地区的通行做法。④ 例如,在法国,关于征收中的公共利益的判断,由行政法院的法官进行司法审查。在方法论上,法官采取的是个案判断的具体式(in contreto)审查;由法官审查具体案件中的具体

---

① 〔德〕卡尔·拉伦茨:《德国民法通论》(上册),王晓晔等译,法律出版社2003年版,第34页。
② 参见杨仁寿:《法学方法论》,1995年自版,第168页。
③ 参见王轶、关淑芳:《论物权法中的"公共利益"》,载王利明主编:《判解研究》(2007年第2辑),人民法院出版社2007年版,第18—28页。
④ 参见王轶、关淑芳:《论物权法中的"公共利益"》,载王利明主编:《判解研究》(2007年第2辑),人民法院出版社2007年版,第18—28页。

情况,并根据这些情况作出是否符合公共利益的结论。① 比较法上由法官具体判断公共利益的经验值得我们借鉴。

需要指出的是,由司法机关对公共利益进行认定,主要是针对进入司法程序的个案而言的,如果未进入司法程序,但发生了公共利益的争议,如何通过程序对公共利益的判断进行控制,是一个值得探讨的问题。笔者认为,就征收作出重大的决定,尤其是涉及大面积拆迁的,仍然应当通过一个法定的机构,按照法定的程序进行。这些程序的内容具体包括:征收机构的权力界定、根据土地和房屋的不同情况而确定不同的程序、征收的启动和决定程序、征收决定的发布程序、评估补偿程序、被征收人和利害关系人的权利救济程序、对征收权行使的监督程序,等等。② 鉴于征收行为属于具体的行政行为,且征收等工作具体复杂,不能也不宜通过全国人民代表大会来审查。但是,在未来的征收征用法规定公共利益的判断程序之后,人民代表大会确有必要对政府的征收行为是否符合法律的规定进行必要的监督。

五、公共利益的具体判断

由司法机关解决公共利益的争议,也称为对公共利益的事后控制。当有关征收的纠纷诉至法院,法院在判断是否属于公共利益时,至少应认定如下几个方面的问题:在发生争议之后,如果法律有类型化的规定,就应当由法院来判断争议案件是否符合该法律所规定的情形,某类案件是否符合公共利益的要求。如果有关法律对于公共利益没有作出类型化的规定,法院就有必要综合各方面的因素来判断争议的利益是否符合公共利益的要求。一般而言,已经类型化的公共利益的判断相对清晰明确,但问题在于,我国现行法律并未对征收中的公共利益的类型化作出十分明确的规定,由此也导致了法官在认定公共利益时缺乏必要的标准和尺度。

笔者认为,在缺乏类型化规定的情况下,司法机关在判断公共利益时,首先需要具体平衡各方当事人的利益。由于公共利益是一个不确定的概念,这就要求裁判者在争议面前,对公共利益和私人利益的状况进行

---

① Philippe Godfrin, Droit administrative des biens, Domaines, Travaux, Expropriations, 5e éd., Armand Colin, 1997, p.329.
② 参见王利明:《〈物权法〉的实施与征收征用制度的完善》,载《法学杂志》2008年第4期。

估量,然后通过比较寻找一个利益的平衡点,并最终作出选择和判断。①在公共利益的判断之中,涉及如下几种利益的冲突,需要加以平衡:一是私人利益和社会整体利益的冲突。例如,在我国城市化进程中,一方面,要加快城市化建设,推动经济的繁荣和发展,为此需要开展大规模的旧城改造和新城区建设,自然不能回避土地征收和房屋拆迁问题。另一方面,征收和拆迁活动必然对被征收和被拆迁人造成不同程度的影响,可能不符合其利益追求和期待。例如,某些人因长居某一环境而不愿自己的既有生活环境和生活习惯发生改变,因而不愿拆迁。对于国家城市化建设、经济建设与私人财产权益和生活的这种冲突,很难简单地说孰重孰轻,而需要根据特定时期和特定环境作具体考量。二是集体利益和社会整体利益的冲突。为了实现公共利益,政府在行使公权力过程中,也可能对集体享有的财产权利进行限制。例如,为了推动社会整体经济的发展,征收集体所有的土地用于建设经济开发区,或者开展土地储备。这就会形成社会整体利益与集体利益的冲突,而后者对集体内部成员来说,通常具有重大意义,那么,对集体利益的限制也就意味着对一个群体利益的限制。三是私权和公权力的冲突。征收权由公权力机关享有,该权力的行使必然涉及对私权的限制。征收权本身就是公权力的组成部分,毫无疑问,公权力机关可以基于公共利益的需要行使该权力,但是该权力的行使与私权的保护可能发生冲突,为此,既要保障公权力的正当行使,从而实现社会的整体利益;同时,又要保障私权在公权力行使过程中得到应有的保护,防止因公权力的行使而遭受不法损害。②

因此,在公共利益的认定上,并非一定要在上述利益中作出"非此即彼"的艰难选择,在很多情况下,可以在公共利益和私人利益之间找到恰当的平衡点,即便是在需要作出"非此即彼"的选择时,也需要在所要维护的公共利益与被牺牲一方的利益之间作出平衡。那么,司法机关在维护公共利益时,需要考虑哪些因素? 应当指出的是,虽然我们主张将公共利益加以类型化,但是,公共利益在发生争议之后,裁判者不能机械地套用类型化规则,简单地认为属于某一类型的情形就一定符合公共利益的标准。公共利益的复杂性和开放性决定了其具有很多需要考虑的因素。有

---

① 参见刘德祥、侯进荣:《以利益平衡解决纠纷之和谐语义实践——以一起旅店服务致人身损害赔偿案切入》,载《山东法官培训学院学报》2008 年第 5 期。

② 参见姜昕:《比例原则释义学结构构建及反思》,载《法律科学(西北政法大学学报)》2008 年第 5 期。

些情形即便作为公共利益在法律中作出了规定,也需要根据具体情况作出判断。在具体判断时要考虑的因素主要是:

第一,利益性,也称为价值性。公共利益具有一定的主观性,不同的人会对其得出不同的结论,但公共利益应该体现为一种利益,而该利益又是客观真实的、具有价值内涵的存在;没有实际价值意义的内容,就不能成为公共利益。正因为如此,公共利益仍能通过一定的客观标准予以衡量和判断。如拆除旧城区改造成商业区,表面来看似乎不是为了公共利益,但在改造过程中,市民可以感受到其利益的改善。公众可以从征收行为中感受到其可获得一定的现实的利益。但有时也可能无法体现其利益性。例如,拆迁一大片居民住房,用以修建某个机关的豪华办公楼。此时,被拆迁人不一定认为其能获得一定的现实利益。当然,利益也不一定是为了近期的利益,也可以是长期的利益。例如,为了提高长江的防汛标准,将沿岸 100 米内的房屋拆迁,建设江滩花园和筑高堤坝。这就是为了长期利益的需要,也属于公共利益的范畴。

第二,多数人享有。公共利益不是私人利益,它由多数人享有并符合多数人需要。公共是一个不特定的群体,并以开放性为标志。① 公共利益的受益范围一般是不特定多数的受益人,而且该项利益需求往往无法通过市场选择机制得到满足。② 如果受益人是特定的,且人数较少,一般不能认为符合公共利益的要求;例如,拆迁后修建了一个仅服务于某一小区的 CEO 的高级休闲会所,就不能认为是追求公共利益。多数人享有也表明了目的本身的正当性,即征收所追求的目的本身并非是出于某个特定的个人利益或者单纯的商业利益,而是基于增进社会的整体利益,或者为了实现国家的整体利益,才可以视为公共利益。③ 但是,在征地拆迁是为了企业利益的情况下,问题可能就比较复杂。例如,国有通信企业、铁路交通企业、自来水等公用企业基于扩展商业运营之需要,提出征地的请求,是否构成公共利益? 如前所述,有必要从"公共服务"(public service)的角度去衡量其目的是否符合公共利益所要求的正当性。但假如仅仅是为了满足某个人或某几个人的需要,就不能认为是公共利益。如通过拆

---

① 参见余洪法:《对公共利益内涵及其属性特征的考察——以物权征收制度中的公共利益为视点》,载《昆明理工大学学报(社会科学版)》2008 年第 5 期。
② 参见莫于川:《判断"公共利益"的六条标准》,载《法制日报》2004 年 5 月 27 日,第 8 版。
③ 参见王轶、关淑芳:《论物权法中的"公共利益"》,载王利明主编:《判解研究》(2007 年第 2 辑),人民法院出版社 2007 年版,第 14—15 页。

迁而兴建一个街心花园,满足的是周边居民的公共利益;而拆迁后兴建一个污水处理厂,增进的则是一个城市甚至整个流域的公共利益,这些都是由多数人享有的权利。

第三,比例性(proportionality)原则。所谓比例性原则,是指所追求的目的与所使用的手段之间是否相称。如果为了追求一个较小的利益或某一较低位阶的利益,而需要以损害他人的基本权利(如所有权)为代价,且受影响的人为数众多,则显然违反了比例性原则。例如,自20世纪70年代以后,法国行政法院也强调比例性原则,即所使用的手段与所追求的目的之间应当相称。因此,法国行政法院会将征收行为的影响所波及的范围与其所声称的目的进行比较,进而得出是否符合比例性原则的结论。[1] 在征收的过程中,之所以要强调比例性原则,主要在于,一方面,征收对于私人权利将产生严重的影响,强调比例性原则实际上也是强调征收的必要性。征收原则通常被称为实现公共利益而不得已采取的"最后手段"(ultim aratio)[2],因而在采取这种手段的时候,必须要考虑是否存在替代性的方案。如果存在替代性方案,可以避免私人财产被征收,就意味着可以以较小的代价获得同样的结果,因而就没有必要进行征收。另一方面,在实行征收的过程中,也应当强调公权力行使的比例性原则,尽可能地减少征收行为对于私人财产的影响。换言之,应当衡量损失与目的,避免因为征收措施而给被征收人造成过大的损失。法院要考量征收所要实现的公共利益与公民财产权利损害之间是否"成比例"[3],如果能够通过其他的办法,而不是通过限制公民财产权的办法就能够使公共利益获得保护,应尽量采用对私人财产损害较小的方法,以体现对私人财产权的保护。

按照比例性原则,在具体判断是否有必要征收时,必须要考虑"必要的、实际的要求"(essentially, factual inquiries)。[4] 为此,需要重点考查如下几个因素:其一,用地目的的公益性。这就是说,用地的目的确实是为了公共利益的需要,假如不是为了公共利益,则没有必要采用征收的手段。例如,政府机关建造办公用房一般而言都是为了公共利益的需要,但

---

[1] R. 598, AJDA, 1974, 34, concl., Bernard, note J. K., AJDA, 1973, 586, chron. Cabanes et Léger.

[2] 参见陈新民:《德国公法学基础理论》(下册),山东人民出版社2001年版,第426页。

[3] 参见姜昕:《比例原则释义学结构构建及反思》,载《法律科学(西北政法大学学报)》2008年第5期。

[4] See Margaret Jane Radin, The Liberal Conception of Property: Cross Currents in the Jurisprudence of Takings, 88 Colum. L. Rev., 1667, 1680 (1988).

如果相关政府部门为了出租牟利或者讲究排场而建造豪华办公楼,显然就不能认为存在"征收的必要"①。再如,为恢复特定地段的历史风貌,市政府便将该地段的房屋征收,但征收之后,政府只是略作修缮、装饰就将其出租。这种情况下,政府征收固然是为了提升城市形象、改造危旧房屋,具有公共利益的性质。但这一目标完全可以通过非征收的方式(如统一规划、统一装修、统一出租)来实现。其二,征地之后所实现的公共利益大于维持现状所能获得的公共利益。即在征地之后,通过实施预定的计划,能够在被征收土地上产生较大的公共利益,使不特定的多数人获益,从而大于先前的维持现状所体现的公共利益。比如,在房屋没有被拆迁的情况下,维护旧城区的现状可能会较好地体现城市的历史风貌和传统。如果进行拆迁和统一改造,可能使得该区域体现出新的城市风貌。在此情况下,就有必要对两种状况下所体现的公共利益进行比较和权衡。如果拆迁改造对于城市的损毁大于可能从中获得的利益,则不应该进行拆迁。其三,利用方式的不可替代性。如果能够通过限制私人所有权的方式来达到目的,那么就没有必要采取移转私人所有权的征收方式。只有在必须由国家通过征收取得土地方可满足用地需要的情况下,才有必要进行征收。如果某种用地需要可以通过限制土地权利人的土地利用权等方式得以满足,就没有必要采取征收的方式。② 例如,在兴建政府办公楼或者社会公益事业时,如果有闲散地、荒地可以利用,或者可以通过调整国有单位土地的方式解决,就没有必要征收农用地或进行房屋拆迁而取得土地。

第四,程序的正当性、公开参与性。遵循正当合法的程序是征收的前提条件,以公共利益为由采取强制规划、征收等特殊行政措施,直接关涉对公民的基本权利的保护。因此,征收过程中必须做到决策和执行全过程的公开透明,依法保障行政相对人的知情权、听证权、陈述权、申辩权、参与决策权等程序权利和民主权利的有效行使③,最终保障征收行为的合法有效。

---

① 比例性原则中的必要性原则,也称"最小侵害原则",指公权力行为如果会侵犯人民的基本权,且有几种可能的途径可寻时,公权力机关应选择对于人民损害最小的方法而为之。参见姜昕:《比例原则释义学结构构建及反思》,载《法律科学(西北政法大学学报)》2008年第5期。
② 参见陈新民:《德国公法学基础理论》(下册),山东人民出版社2001年版,第426页。
③ 参见莫于川:《判断"公共利益"的六条标准》,载《法制日报》2004年5月27日,第8版。

试论添附与侵权责任制度的相互关系[*]

一、问题的提出:添附能否为侵权所替代?

所谓添附(accessio),是指不同所有人的物结合在一起而形成不可分离的物或具有新物性质的物。[①] 添附制度起源于罗马法。在罗马法中,"附属物添附于主物"(accessio cedit principali)成为确认所有权归属的基本原则。[②] 以后该制度被大陆法系国家民法典所继受,并成为大陆法系国家物权法中取得财产权的重要方法和制度。英美法系国家一般将其定义为:以自然、人工或自然与人工相混合的方法作用于他人之物,并依法取得该物所有权的制度。[③] 添附制度的功能主要在于确认添附物的归属,并对因添附而丧失原所有权的一方以相应补偿。[④] 因为添附而导致当事人财产损害的,依据不同的情况可以适用不当得利返还请求权或者侵权请求权,以保护当事人的合法权益,填补其所受到的损害。[⑤]

添附既可能导致原物形态的改变,也可能导致原物的灭失,还可能导致物上权利的灭失。[⑥] 因添附是作用在他人之物上,因此,其常常与侵权发生关联。正因如此,有不少学者认为,添附制度可以被侵权行为制度所替代,因为任何人无论是基于善意还是恶意利用他人财产进行添附,都构成对他人财产所有权的侵害。因此,财产被添附的一方都有权基于侵权

---

[*] 原载《法学杂志》2005年第3期,原标题为《试论添附与侵权责任制度的相互关系——兼论〈物权法〉中添附制度的确立》。

[①] 参见谢在全:《民法物权论(上册)》(修订二版),三民书局2003年版,第505页。

[②] 参见[意]彼德罗·彭梵得:《罗马法教科书》,黄风译,中国政法大学出版社1996年版,第201页。

[③] See Garland et al. (eds.), American and English Encyclopaedia of Law, N.Y., Edward Thompson Co., 1896, p.247.

[④] 参见陈本寒:《构建我国添附制度的立法思考》,载《法商研究》2018年第4期。

[⑤] Vgl. Reuter/Martinek, Ungerechtfertigte Bereicherung, §2 III, S.33;Weitnauer DB 1984, 2496 (2497).

[⑥] Vgl. MüKoBGB/Füller, BGB §951, Rn.5.

请求权主张排除妨害,并赔偿损失,从这个意义上说,添附都是有关侵权的问题,也不需要重新确权。笔者认为,上述理由还不足以否定添附制度所特有的价值,相反,添附制度具有侵权责任制度所不可替代的功能和适用范围,我国民法典物权编中应当对添附制度作出规定。为此,本文拟对添附与侵权责任制度的相互关系以及添附制度设立的必要性,谈一点看法。

二、添附具有不同于侵权责任的适用范围

从发展历史来看,添附制度与侵权责任制度具有不同的发展脉络,二者适用范围也存在区别。添附并不影响侵权责任的认定,构成添附也并不当然满足侵权责任的构成要件。[1] 在罗马法上,优士丁尼即认为,若改良物可以被分解为其之前的材料,材料所有人即为物的所有人;若改良物不能被分解,则物的所有权归属于改良者。[2] 罗马法中的添附制度作为一种取得物的所有权的方法,为罗马法以后的各国物权法所公认。尽管各国因为社会经济制度、历史文化差异等原因而使添附制度的具体内容、适用范围各不相同,但毫无疑问,添附制度作为一种物权变动的方法的存在价值是毋庸置疑的,尤其是添附作为取得所有权的基本方法之一,是一种基本的民事制度,应当规定在物权法中。如果没有添附制度,法官将难以找到法律的根据,以解决不同所有人的物结合在一起时所产生的新物的归属问题。事实上,实践中仅通过侵权责任制度和不当得利制度来解决相关案件,具有一定的缺陷,因为其无法起到确认物权归属的作用。

添附制度属于物权法的组成部分,与侵权责任法一样都是民法的组成部分,且都具有保护财产权的作用。民法对财产权的保护是一个完整的体系,其中物权法以确认物权以及物权的特有保护方法来保护物权,而添附制度作为确认权利的重要规则,是保护财产权的前提。在德国法中,添附被作为所有权的取得方式,而在《法国民法典》中,添附被视为所有权扩张的体现[3],但无论如何,添附都以财产归属的确认为中心。在发生添附的情况下,法律上必须确定添附物所有权的归属。添附物既可以归一

---

[1] Vgl. RGRK/Pikart, Rn. 48; Staudinger/Gursky, 2011, Rn. 64.
[2] See Harold C. Rector, Acession, 5 Sw. L. J. 80(1951).
[3] 参见尹田:《法国物权法上的添附权》,载《法商研究(中南政法学院学报)》1997年第3期。

人所有,也可以为各个不同的所有人共有。法律上关于确定添附物归属的规则在性质上属于任意性规范,当事人可以依据合同自由原则加以变更,自行约定所有权的归属。为求得当事人之间的利益平衡,受有损失的一方,可以依照不当得利的规定,请求损失之赔偿。①

　　侵权责任法是制裁侵权行为并对受害人予以补救的法律,它是通过损害赔偿的方法来保护权利的,以适用所有权人权利状态的明确为前提。正是因为添附与侵权都具有保护财产权的功能,因此二者关系非常密切,在实践中,凡是未经他人同意而利用他人的财产进行加工,或因利用物产生物的混合、附合等情况形成了新的物,则既构成了添附,同时往往也导致对他人财产权的侵害。一方未经他人同意而利用他人财产,在法律上既要确认财产权的归属,又要保护被侵害的权利,因此就导致了添附与侵权之间的错综复杂的关系。就二者的关系来说,大致有三种情形。

　　第一,仅构成侵权而不存在添附的情形。因为构成添附必须要有新物的产生,添附包括附合、混合和加工三种形态,这三种情况都会发生不同的所有人的财产相互结合的状态。所以如果未经他人同意利用他人财产,只是导致了对财产权的侵害或者财产本身的损害(甚至也可能没有导致财产的损害),并没有产生新物,此时仅构成侵权而不存在添附。

　　第二,既构成添附又构成侵权的情形。添附与侵权的关系非常密切,未经他人同意而利用他人的财产进行加工,或因利用物产生物的混合、附合等,都有可能构成对他人财产权的侵害。许多添附的情况同时也可能构成侵权。例如,在"袁某某与陈某财产损害赔偿纠纷上诉案"中,被告租用原告的房屋,在未经原告同意的情况下,擅自拆除原告的房屋,并进行翻建。法院认为:"双方当事人均不再坚持恢复原状,可予准许。……本案以陈某、袁某向袁某某从经济上给予适当补偿为宜。"②可以说,只要不是出于被添附人意愿的添附,都有发生侵权的可能。在此情形下,因添附而丧失权利,受有损害者,除不当得利返还请求权外,其可享有损害赔偿请求权。③ 未经他人同意而利用他人财产,可能同时构成添附和侵权。在添附是由第三人故意或过失所产生的情况下,也可能同时构成添附和侵权,并分别产生不当得利返还请求权和侵权损害赔偿请求权,但此时请求

---

① 参见史尚宽:《物权法论》,中国政法大学出版社2000年版,第141页。
② 上海市第二中级人民法院(2008)沪二中民一(民)终字第756号民事判决书。
③ 参见王泽鉴:《民法物权》(第一册),中国政法大学出版社2001年版,第311页。

权所针对的主体并不相同。①

第三,仅构成添附但不存在侵权的情形。这主要出现在合同关系中,是因为违反合同、合同无效、合同解除、条件不成就等原因而发生的。具体来说,因合同而发生的添附,主要有如下几种情形:一是因违约发生添附。例如,承租人在租赁出租人的房屋以后,未经出租人的同意而对房屋进行改造、加工或装修,从而违反了租赁合同的约定。实践中,许多装修是基于合同的合法装修,即使发生添附也不可能存在侵权。因为侵权责任以过错和损害为构成要件,而未经他人同意而利用他人之物,或者行为人可能没有过错,或者没有现实的损害,因而仅发生添附而不存在侵权的问题。例如,在"北京某咨询有限公司诉北京某资产经营管理公司租赁合同添附物案"中,北京市第一中级人民法院认为,北京某咨询有限公司进行装修是在北京某资产经营管理公司同意的情况下进行的,属于善意添附,不具备侵权行为的构成要件。② 二是因合同无效或撤销而发生添附。例如,一方对另一方的财产进行错误装修,另一方以重大误解为由请求撤销合同,在合同被撤销之后,对因错误装修而形成的财产就发生添附的问题。再如,建筑承包合同被宣告无效之后对建筑物归属的处理,实际上就涉及添附的问题。通常,一方向另一方基于合同交付标的物,另一方对标的物进行了改进,但在合同被宣告无效之后,标的物所有权不发生移转,这就需要根据添附制度来解决,此种情形一般也不构成侵权。三是因合同解除而发生添附。例如,三方订立合同合资经营酒店,在合同中约定对房屋进行装修,但因为出现了不可抗力的事由,导致合同被解除,此时房屋已经装修完毕,需要对房屋的产权归属依据添附规则予以确认。在此情况下,添附的结果完全是基于合法行为造成的,不存在所谓违约和侵权的问题。四是因法律行为条件不成就而发生添附。例如,在分期付款买卖合同中,如果因当事人约定的生效条件不成就而导致合同不生效力,但买受人可能已经对标的物进行了一定的加工,该行为并不构成侵权,但也存在添附的问题。再如,在所有权保留中,买受人对出卖人保留所有权的标的物进行改良,但如果因当事人约定的生效条件不成就,也存在添附问题,但该行为并不构成侵权。

在上述情形中,虽然添附的发生都与合同有关,但这并不意味着添附

---

① 参见王泽鉴:《民法学说与判例研究(第四册)》(修订版),中国政法大学出版社2005年版,第211—212页。

② 参见北京市第一中级人民法院(2005)民终字第05118号民事判决书。

可以由合同法上的制度来解决：一方面，添附制度是不能为合同法所涵盖的，因为添附既可能发生在有合同关系的当事人之间（如承租人在出租人的财产上装修），也可能发生在没有合同关系的当事人之间，合同法无法完全涵盖添附制度。另一方面，即便发生在合同当事人之间，添附首先需要解决标的物所有权的归属问题，这属于物权法的问题而不属合同法的范畴。如果当事人在合同中明确约定了添附物的归属，当然可以适用合同的约定，但如果合同当事人没有对添附物归属作出约定，则需要由添附制度予以解决。还要看到，即便因合同发生添附，添附也涉及物权请求权、不当得利返还请求权等诸多请求权，而并不当然适用合同制度。

可见，添附的发生原因非常复杂，并非都是基于非法行为产生的，添附制度不能完全为侵权责任制度所替代。因此，即便在某些情形下，可以借助侵权责任法规则解决添附的问题，但不能据此否定添附制度设置的必要性。有学者认为，添附制度在实践中极少发生，法律上没有必要为了一些极少例外情况而设立一项独立制度。笔者认为，添附纠纷在实践中是大量存在的，只不过由于现行法律没有规定添附制度，因此对该类案件并不是通过添附规则而是采用侵权、不当得利等规则加以处理的。正是因为添附规则具有其独特性，因此有必要在物权法中设立独立的添附制度。

三、构成添附并不当然需要适用侵权责任

应当看到，未经他人的同意而利用他人财产，只要产生了新的财产，在大多数情况下既构成添附，也构成侵权。尤其是未经他人同意而利用他人财产，虽然客观上可能使他人的财产增值，但由于该行为造成了财产形态的改变，在违背权利人意愿的情形下，该行为也可能构成侵权，从而发生侵权与添附的竞合。例如，未经他人同意进行错误的装修，因装修发生的添附，尽管在客观上可能使房屋增值，但因为通常装修是与个人审美情趣和偏好相关联的，具有很强的主观性，因而擅自装修，也可能因为不符合业主的审美观念而成为一种损害。所以，所有权人有权基于其房屋所有权主张排除妨害，要求存在过错的添附人拆除装修材料，将房屋恢复原状，也有权主张由添附人承担该恢复原状的拆除费用，并就装修中因拆除有关隔墙的损失等请求侵权损害赔偿。可以说，只要不是出于被添附人的意愿的添附，都有发生侵权的可能。即如学者所言，因添附而丧失权

利,受有损害者,除不当得利返还请求权外,尚有损害赔偿请求权。① 这就意味着在发生了添附和侵权竞合的情况下,不能排除权利人享有适用不同制度来保护其权益的选择自由。

《民通意见》第86条规定:"非产权人在使用他人的财产上增添附属物,财产所有人同意增添,并就财产返还时附属物如何处理有约定的,按约定办理;没有约定又协商不成,能够拆除的,可以责令拆除;不能拆除的,也可以折价归财产所有人,造成财产所有人损失的,应当负赔偿责任。"该解释实际上认为在添附的情况下,首先要确定是否构成侵权,如果当事人同意则可以通过约定解决产权的归属和责任的承担,如果没有约定,则依照侵权处理。应当承认,在发生添附之后,如果当事人能够通过约定作出安排,这的确是一种有效率的产权安排,但并不能因为当事人对添附物的归属进行约定而否定添附制度。事实上,绝大多数情况下,当事人事先很难对添附物的归属作出约定,必须要对添附物的产权归属在法律上作出安排。通过制度化的安排一方面可以节省当事人进行协商的成本;另一方面规定添附制度有助于及时解决纠纷,维护正常的交易秩序。正是因为这一原因,通说认为有关添附的规则具有强制性质,甚至有学者认为,即便当事人之间事先存在恢复原状的特约,也可以认为违反公序良俗而应被宣告无效。② 当然,此处所说的强制性规范是指关于添附物归属的确定规则,法律禁止当事人在发生添附之后请求恢复原状和要求返还原物。因为添附是基于鼓励创造和维护财产使用效率而对社会财富进行的强制性分配。③ 在添附的情况下,很多添附物是可以拆除的,但法律从考虑经济效益和维护现有秩序出发,并不允许当事人拆除,因为在可以利用的情况下,将添附的财产强行拆除,必然造成社会财产的损失和浪费,所以,法律为维护添附物所有权的单一化,使这种规则具有强行性的效力,甚至不允许当事人随意变更。④

笔者认为,即使在侵权与添附发生竞合的情况下,因为二者具有不同的功能与价值,依据不同的规则处理会产生不同的结果,所以,在既发生侵权又构成添附的情况下,也不一定适用侵权责任的有关规则。具体来说:

---

① 参见王泽鉴:《民法物权》(第一册),中国政法大学出版社2001年版,第311页。
② 参见姚瑞光:《民法物权论》,1988年自版,第114页。我国台湾地区学者苏永钦则认为此种规则主要在于奖励创造经济价值,笔者认为添附物的归属主要是一个效率问题。
③ 参见谢在全:《民法物权论》(上册),中国政法大学出版社1999年版,第507页。
④ 参见谢在全:《民法物权论》(上册),中国政法大学出版社1999年版,第294页。

第一,二者的功能不同。侵权责任制度以过错为前提,以损害赔偿为其主要形式。物的所有人在其财产被他人用于加工、装修、改造以后,添附人的行为可能已经构成侵权,所有人有权基于侵权行为而要求赔偿损失。但损害赔偿只是使权利人遭受的财产损失获得补救,其本身并不能解决财产被他人添附以后所形成的物的权利归属问题,也不能替代添附制度物尽其用的功能。而添附制度的首要目的在于确定财产归属,维护社会秩序的稳定。在添附的情况下,由于财产密切结合在一起,将附合的财产进行分离在事实上不可能或者很困难,因此有必要运用添附规则确认添附物的归属,使添附物在形态上继续存在,而不使添附物恢复原状或加以分离。因此因添附而结合的物有必要在法律上成为一物,并以单一所有权的形式出现,不允许当事人强行分离和请求恢复原状。因此,添附只是通过一定的规则确定添附物的所有权归属,它本质上是一种确认产权的规则。

第二,二者旨在实现的价值不同。侵权责任法作为保护权利的法律,主要体现的是通过保护受害人的权益、制裁不法行为人来实现公平正义的价值,并维护社会正常的生产和生活秩序。但由于侵权责任法主要是保护权利的法律,而不是财产和交易的规则,因此它一般不体现物尽其用的效益原则。作为一种专门用于解决自然资源的有效利用的法律制度,添附独有的价值就在于促进物的有效利用。添附制度也要反映公平正义的价值,但它更强调促进物尽其用,提高物的使用效率。在添附情况下,要恢复原状往往在事实上已不可能,因此,从增进财富、充分发挥物的效用的原则出发,须承认添附可以取得所有权。① 使添附物继续维持,也有利于维护经济价值,避免财产的损失浪费。例如,在一方对他人进行了错误的装修以后,如果将已经结合在一起的装修材料硬性地进行分拆,重新各归其主,那么将在客观上存在严重困难,必将损坏已有装修材料的使用价值。

第三,二者适用的条件不同。添附制度的适用前提是发生了附合、加工、混合等事实而产生了新物,从而有必要确认物的产权归属。而在确认权利归属时,其首要的价值取向在于物尽其用而非基于公平正义的考虑,所以在确认添附物的归属时,添附一方的主观状态并不是考虑的主要因素。② 但一般侵权责任是过错责任,应当考虑行为人是否具有过错。此外,由于侵权责任主要采用损害赔偿的责任形式,所以,也以损害的实际

---

① 参见谢在全:《民法物权论(上册)》(修订二版),三民书局2003年版,第505页。
② Vgl. MüKoBGB/Füller, BGB §951, Rn. 37.

发生为必要,但添附制度则并不需要考虑有无损害的发生。所以,侵权责任制度不能替代添附制度。

第四,两者的法律效果不同。添附是基于各种原因引起的,未必与侵权行为联系在一起,产生添附以后,首先需要对添附物的归属进行重新确认,而并非首先需要确定侵权责任。即便是因为侵权行为发生的添附,也不一定要适用侵权责任的有关规则。在适用的结果上,构成添附可能导致不当得利返还的适用,成立侵权则导致侵权损害赔偿的适用。不当得利的返还范围以所受利益为限,而侵权损害赔偿则以损失为标准。①

正是因为二者具有上述区别,因而应允许权利人在这两种制度之间作出选择②,而不一定必须根据侵权责任来处理。这就是说,在因侵权发生添附时,既可以适用侵权的规则,也可以适用添附的规则,在此情形下,可以允许受害人进行选择。如果其选择侵权的规则,可以要求排除妨害、赔偿损失。如果选择添附的规则,则可以请求重新确认产权,但对所获得的价值应当依不当得利予以返还。例如,某人使用他人的物进行加工、改造、装修从而发生添附,构成对他人物权的不法妨害,则权利人有权请求返还原物、恢复原状。③ 承认这两项请求权的竞合,可以给予当事人更多的选择余地,更有利于保护受害人的利益。当然,尽管被添附人享有选择适用制度的权利,但其行使权利时也必须遵循诚实信用原则,在合理的期限内予以主张,超过期限则不得选择侵权请求权,只能适用添附制度。需要指出的是,受害人通常是财产被添附的一方,选择请求权的应当为被添附人,存在过错的添附人无权作出选择。但被添附人的选择应当符合效率原则和诚实信用原则,如果拆除添附物将造成严重浪费,明显不符合效率原则,则应当限制侵权请求权的行使。

四、添附与侵权请求权冲突的解决

应当看到,在设定添附制度之后,添附制度可能会与侵权责任的适用发生一定的冲突。此种冲突主要表现在:如果在个案中,既发生侵权又导

---

① 参见〔日〕三潴信三:《物权法提要》(上卷),孙芳译,中国政法大学出版社2005年版,第72页。

② Vgl. BGHZ 109, 297, 300 = NJW 976 (1990); s. auch Staudinger/Wiegand, 2011, §946, Rn. 16.

③ 参见王泽鉴:《民法物权》(第一册),中国政法大学出版社2001年版,第311页。

致添附,对一方来说可能会择一选择,但如果是双方的财产因被添附而相互结合,或者添附物中又掺杂了双方的财产,从而很难确定哪一方是被添附人的,此时一方请求适用侵权责任要求赔偿损害,但另一方适用添附请求确认权利,在此情况下,就发生了添附与侵权的冲突。例如,在装修过程中错将他人木料当作自己的财产使用,已经盖成的房屋是添附物,但房屋是双方财产的结合,很难说哪一方是被添附方。诚然,将他人的财产用于自己房屋,确实构成对他人财产权的侵害,在此情况下,木料所有人确实可以通过侵权责任制度提出请求,但这并不排斥添附制度的适用,房屋建造人也可以根据添附制度确认房屋的归属。在此情况下,规定添附制度确有可能导致侵权请求权和添附请求权的冲突,双方可以基于不同的请求权基础提出请求,在此情况下,要根据具体情况如当事人主观状态、效率原则、价值大小等各种因素来决定。添附制度旨在解决一些因为添附物产生而导致添附物产权不明的问题,确认添附物的归属,不仅能解决因添附发生的纠纷,也能够为物权请求权、不当得利返还请求权的发生提供基础。笔者认为,重新确定财产的归属应当考虑如下原则。

第一,效率原则。确定添附物的归属首先要考虑的就是效率原则,也就是说,在发生添附的情况下,因为相互结合的两个物不能拆除或者这种拆除在经济上不合理,这就不可能通过物权请求权或其他请求权来解决,而需要根据效率原则确定所有权的归属。例如,利用他人的基石作为房屋的地基,即使行为人从事该添附行为是出于恶意,也不能一概责令行为人必须拆除房屋,返还基石。因为拆除房屋地基的任何一部分,都会影响到整栋建筑物的安全,甚至迫使整栋建筑物重建,这将给建筑人造成极大损失。从这个意义上来说,添附规则是一种强行法,依据该制度,物的所有权发生变动,且不取决于所有人的意志和心理状态。① 毕竟基石与房屋相比,房屋的价值要远远超过基石,所以从效率考虑就不能要求行为人必须返还原物,而只能责令其赔偿损失。在有关装修的添附纠纷中,如果装修出于所有人的意愿,其愿意得到该装修后的财产,则依据添附规则确认归属,而不是简单的拆除,这是符合效率原则的。

在实际确定添附物的归属时,要充分考虑对物的利用效率。具体来说:一是如果未经他人的同意利用他人财产进行加工、装修等,通常要考虑两个物之间的价值,一般来说,应当由价值大的物的所有人取得物权。

---

① Vgl. MünchKomm/Füller, §946, Rn. 10.

法律上之所以确定这样的规则，主要是考虑到价值更大的物的所有人更愿意取得物的所有权，也更能有效率地利用该物。如果是动产与不动产之间的添附，则在通常情形之下，因为不动产的价值大都大于动产，所以一般应由不动产所有人取得添附物的所有权。二是利用他人之物进行加工、装修等，如果在利用过程中投入了较大的人力，该人力价值明显高于被利用之物的价值（如利用他人一块普通的木头雕刻成精美的工艺品），应当考虑将财产归属于投入人力较大的一方。因为添附物价值中的大部分是由加工人投入的人力价值形成的，由其取得所有权可以鼓励人们创造财富，更何况这种添附物对于添附行为人是有用的，而对被添附物的所有人不一定有用。所以，由被添附物的所有人取得所有权无法体现效率原则。在这一点上，笔者不完全赞成利用他人材料加工成物应确定物归属于材料人的所谓材料人主义。

需要指出的是，物尽其用的效率原则是确认添附物归属的一项原则，但适用这一规则也要考虑一些特殊的情况。例如，一方因错误装修而发生添附，虽然客观上装修使得所有人的房屋增值，由所有人取得添附物的所有权在许多情况下可能是有效率的，但由于装修带有强烈的个性化色彩，直接决定了居住环境的舒适性，每个人对自己的住宅装修都有不同的偏好和特点，很难采取一般人的标准判断该装修是否符合所有权人的利益。因此，错误装修的结果未必符合所有人的喜好，在此情况下，简单地以效率原则要求所有权人予以接受是不妥当的。

第二，诚信原则。如果恶意利用他人财产而发生添附，但能够拆除，拆除以后不影响财产价值的，被利用物的所有人要求返还原物，应当将该物予以拆除，由利用该物的人予以返还。但如果拆除该物确有可能损害物的价值，或者拆除对物的所有人并无任何利益，只能给利用人造成损害，从诚实信用原则和效率原则的角度考虑，不应当予以拆除。

在根据添附规则确定财产归属时，是否应当区分善意和恶意，对此存在不同的观点。所谓恶意添附，是指在明知是他人之物的情况下而擅自添附他人财产。笔者认为，在一般情况下区分善意与恶意是没有必要的。[1] 首先需要确定添附物是否能够拆除、能否恢复原状，如果不能拆除或恢复原状，则无论行为人是善意还是恶意都要根据添附规则来确认添附物的归属问题。但根据添附规则确定添附物的归属时，应当适当考虑

---

[1] Vgl. MünchKomm/Füller, § 946, Rn. 10.

添附行为人的主观心理状态。具体表现在:

首先,在恶意添附时,不能仅仅根据价值大小来确定归属,这样将极不利于对权利人的保护。例如,在"杜某某诉谢某不当得利纠纷案"中,被告强占单位的集资房,并进行装修。法院经审理认为,杜某某强占单位集资房,非法占用他人财产,已经构成侵权,擅自装修是侵权行为的延续。杜某某的装修行为是在他人不动产上附合动产,侵权的同时也构成添附。如果按侵权处理,要求恢复原状,必然要拆除装修,对双方利益都是一种损失,也是双方不愿意得到的结果。法院判决被告搬出房屋,已装修部分不得拆除,由原告所有,但原告应当给予被告一定的补偿。[①] 在该案中,虽然被告的行为构成了恶意添附,但是原告愿意接受添附的结果,要求原告向被告支付一定的费用是必要的。在两个所有人的动产发生添附以后,如果添附后果是因为行为人的恶意添附行为造成的,两个动产的价值虽有差距但差距并不大,则应当侧重保护受害人的利益,使添附物的所有权归属于受害人。这样也有利于保护权利人,并对恶意添附行为予以制裁。

其次,如果是恶意添附,基于恶意不受保护的理念,恶意添附人对其添附中所花费的材料和费用不仅不享有不当得利返还请求权,而且应对恶意添附所造成的损害承担侵权损害赔偿责任。[②] 例如,在"杜某某诉谢某不当得利纠纷案"中,法院认为,事实上发生了两种法律关系。一是由于被告强占他人房屋,致使他人不能使用房屋所产生的侵权法律关系,在此法律关系中,原告可以主张被告就其不能使用房屋的损失进行赔偿。二是基于装修的事实而产生的添附法律关系。在该法律关系中,被告的装修行为为原告所接受,并未给原告的房屋造成破坏,原告并未受有损失,因而不构成侵权行为。添附所产生的结果是被告可以向原告主张不当得利的返还。在确定赔偿责任时,不仅要使恶意添附人赔偿现有财产的损失,而且要赔偿因财产被恶意添附造成的其他损失,如因购买木材、瓷砖所支付的交通费用。当然,在对被添附的物予以赔偿以后,原则上不应当再要求返还原物,因为赔偿已经形成对原物的替代,这不过是一种价值上的替换。在恶意添附的情况下,如果添附的财产能够拆除,并因拆除而给被添附物的所有人造成损失,恶意添附人应当赔偿全部损失。

最后,在恶意添附的情况下,如果添附的财产被拆除后有可能会给恶意添附人造成一定的损失,只要这种损失并不太大,也应当拆除。当然,

---

① 参见中国人民解放军南京军区军事法院(2008)军宁直民初字第4号民事调解书。
② 参见陈本寒:《构建我国添附制度的立法思考》,载《法商研究》2018年第4期。

在拆除时,拆除人必须依据通常的方法进行拆除,尽可能避免给添附人造成过大的损失。

第三,公平原则。公平原则主要体现在如下几个方面:首先,在将添附物归属于一方以后,应当依据公平原则要求该方对另一方遭受的损失作出补偿。尤其是在损失不能准确确定的情形下,只能根据公平原则进行补偿。例如,在错误装修发生的添附中,如果装修的价值高于房屋本身的价值,由于不能适用动产添附于不动产的规则,因此按照公平原则处理较为妥当。其次,在恶意添附情况下,要求恶意添附人拆除时,也应遵循公平原则,不能使拆除人的经济负担过重。最后,如果多个所有人的财产因为自然原因或第三人的原因结合在一起,而数项财产的价值大体相等,又不能依据善意或恶意等因素确定添附物的归属,则可以依据公平原则加以确定。

添附制度是各国物权法中的一项确认产权的重要规则,也是物权变动的一项重要规则。我国《物权法》作为一部调整财产关系的基本法,不能对该规则弃之不用,否则大量的有关添附的纠纷不能得到公正的解决。添附制度不能为侵权责任制度、物权制度和不当得利制度所替代。尤其是在现代社会,为降低交易费用、提高物的利用效率,越来越要求明晰产权,在此背景下,添附制度的存在价值、适用空间,以及与物权请求权、侵权行为等其他制度的关系协调,都成为当前物权立法中的争议问题。确认添附制度并完善添附规则应当是我国物权法制定过程中的一项重要内容。设立添附制度,也有助于民法的财产权保护体系的完善。

共有人优先购买权若干问题[*]

——对《物权法司法解释(一)》相关规则的评述

依据《物权法》第101条的规定,所谓共有人优先购买权(以下简称"优先购买权"),是指在共有人转让其享有的共有的不动产或者动产份额时,其他共有人在同等条件下享有优先购买的权利。2016年3月1日,最高人民法院颁发了《物权法司法解释(一)》,该司法解释准确地把握了《物权法》的立法精神、立法目的和意旨,通过明确相关规则,从而进一步贯彻、落实了这些立法目的,其相关规则也填补了《物权法》的一些疏漏,并完善了相关制度。但该司法解释也存在一些不足之处,值得在理论上进行探讨。

一、优先购买权仅适用于有偿转让的情形

关于优先购买权的适用范围,《物权法》第101条规定:"按份共有人可以转让其享有的共有的不动产或者动产份额。其他共有人在同等条件下享有优先购买的权利。"该条并没有对共有人优先购买权的适用范围作出明确具体的规定,因此,《物权法司法解释(一)》第9条规定:"共有份额的权利主体因继承、遗赠等原因发生变化时,其他按份共有人主张优先购买的,不予支持,但按份共有人之间另有约定的除外。"依据该条规定,在因"继承""遗赠"等原因引起共有份额变动时,其他共有人不得主张行使优先购买权。应当看到,该司法解释所列举的继承、遗赠等,都是无偿转让的情形,这实际上是确立了无偿转让时不适用优先购买权的规则。在此需要讨论的是,《物权法司法解释(一)》第9条并没有明确规定赠与的情形能否适用优先购买权?笔者认为,按照同类解释规则,应当认定,在赠与的情形下不适用优先购买权。所谓同类解释规则(拉丁语为 Eiusdem Generis),是指如果法律上列举了具体的人或物,然后将其归属于"一般性的类别",那么,凡是与法律规则具体列举的事项性质相似的事务,即

---

[*] 原载王利明主编:《判解研究》(2016年第1辑),人民法院出版社2016年版。

可纳入该规则的调整范围,反之,则不应当适用该规则。因为赠与与《物权法司法解释(一)》第 9 条所规定的"继承""遗赠"属于同类情形,都属于无偿转让的情形①,因此,即使该条中没有明确列举"赠与",按照同类解释规则,也应当认定,在赠与的情形下不适用优先购买权。

为什么优先购买权仅适用于有偿转让?笔者认为,主要有以下原因:

第一,从《物权法》关于共有人优先购买权的规定来看,其仅适用于有偿交易。从该条来看,只有在按份共有人"转让"其共有份额时,其他共有人才能主张行使优先购买权。虽然从该条的文义来看,优先购买权适用于按份共有人"转让"其共有份额的情形,此处的"转让"在文义上包括有偿转让与无偿转让两种情形。② 但从《物权法》第 101 条第二句规定来看,其他共有人所享有的权利为优先"购买"的权利,因此,应当将优先购买权的适用范围限定为有偿转让的情形。

第二,从《物权法》第 101 条的规定来看,其他共有人只有在"同等条件下"才享有优先购买权,此种同等条件主要是指价格条件,对无偿交换关系而言,当事人之间无法判断条件的优劣,无法适用优先购买权。由于在无偿交易的情形下不存在同等条件的认定,因此,共有人优先购买权不适用于无偿交易的情形。

第三,在共有人无偿让与其共有份额时,其与受让方之间往往具有一定的亲属、血缘关系或者其他道德上的联系,这些关系很难简单地通过金钱价值予以衡量。③ 因此,在因继承、遗赠、赠与等引起共有份额变动的情形,其他共有人不得主张行使优先购买权。

第四,符合比较法的通行做法。从比较法上来看,各国立法基本上都是将优先购买权的适用范围限定为有偿转让的情形,例如,《法国民法典》第 815-14 条第 1 款规定:"如共有人拟将其对整个共有财产或者其中一项或数项共有财产的权利全部或一部有偿让与共有人以外的其他人,应以司法外文书,将其拟定让与的价格和条件以及自荐取得这些财产的人的姓名、住所与职业,通知其他共有人。"《德国民法典》第 463 条规定:"对于某一标的有优先买受的权利的人,一旦义务人和第三人订立关于该

---

① 参见杜万华主编:《最高人民法院物权法司法解释(一)理解与适用》,人民法院出版社 2016 年版,第 265 页。

② 参见房绍坤:《论按份共有人优先购买权的适用范围》,载《山东社会科学》2012 年第 5 期。

③ 参见黄文煌:《按份共有人优先购买权制度之适用——〈物权法〉第 101 条的解释与完善》,载《法律科学(西北政法大学学报)》2010 年第 6 期。

标的的买卖合同,就可以行使先买权。"《物权法司法解释(一)》的规定可以说是借鉴了比较法的先进经验。

根据《物权法司法解释(一)》第 9 条的规定,"按份共有人之间另有约定的除外",即在当事人有特别约定的情形下,即便是因继承、遗赠等原因发生共有份额的变动,当事人也可以主张优先购买权。按照起草者的观点,转让可以包括有偿转让和无偿转让,在无偿转让的情形下,只要当事人有特别约定,应当允许此种意定优先购买权的存在。① 笔者认为,此种观点是值得商榷的。虽然转让也可能存在无偿的情形,但按照《物权法》第 101 条的规定,其必须在"同等条件"下行使,其主要是指价格条件,将无偿转让也视为此处的转让,与该规定存在一定的冲突。如果共有人之间的约定可以适用无偿转让的情形时,可能导致转让人通过赠与等方式转让共有份额,从而规避共有人优先购买权的规定,这可能损害其他共有人的利益。因此,允许按份共有人之间通过约定的方式产生优先购买权,不符合《物权法》第 101 条的规定。

在实践中,出卖人坚持以拍卖、招标方式出卖标的物的,是否应当排除其他共有人的优先购买权?对此存在不同观点,一种观点认为,拍卖作为一种特殊的买卖方式,以"价高者得"为原则,并不存在"同等条件"的问题,为保障拍卖程序的进行,不应当允许其他共有人行使优先购买权。② 另一种观点认为,在折价、变卖等情形下,其实都是买卖行为,不应排除按份共有人的优先购买权。③ 笔者同意此种看法,在拍卖、招标等情况下,应当允许第三人参加竞买,但在同等条件下,仍应当保护其他共有人的优先购买权。对此,最高人民法院《关于人民法院民事执行中拍卖、变卖财产的规定》第 16 条第 1 款规定:"拍卖过程中,有最高应价时,优先购买权人可以表示以该最高价买受,如无更高应价,则拍归优先购买权人;如有更高应价,而优先购买权人不作表示的,则拍归该应价最高的竞买人。"这就肯定了拍卖中的共有人优先购买权。因此,在以拍卖、招标方式出卖标的物的情况下,出卖人应当通知其他共有人,在同等条件下,其他共有人应当享有优先购买权。

---

① 参见杜万华主编:《最高人民法院物权法司法解释(一)理解与适用》,人民法院出版社 2016 年版,第 266 页。
② 参见戴孟勇:《先买权的若干理论问题》,载《清华大学学报(哲学社会科学版)》2001 年第 1 期。
③ 参见房绍坤:《论按份共有人优先购买权的适用范围》,载《山东社会科学》2012 年第 5 期。

二、关于"同等条件"的确定

依据《物权法》第 101 条的规定,优先购买权应当在"同等条件"下行使,这就对共有人优先购买权的行使条件进行了限制,其目的在于保障出卖人和买受人的利益:一方面,对出卖人而言,同等条件的限制有利于确定标的物的合理市价,同时,在确立优先购买权以后也并没有剥夺其他人的购买机会。① 要求优先购买权在同等条件下行使,有利于对其他共有人的权利进行必要的限制②,在其他买受人参与购买的情形下,按价高者得的市场原则决定物的归属,并不违反公平竞争的原则,且有利于保护出卖人的利益。③ 另一方面,对买受人而言,同等条件也有利于保障其按照市场交易规则取得相应的财产。从这一意义上说,《物权法》规定优先购买权应当在同等条件下行使,也有利于保护买受人的利益。

问题在于,如何理解该条所规定的"同等条件"? 从比较法上看,对此存在不同做法。一是价格及条件相同说。依据《法国民法典》第 815—14 条的规定,优先购买权人应当按照让与人向其通知的"价格及条件"行使先取权。二是相同条款说。《德国民法典》第 505 条第 2 款规定:"行使先买权时,先买权利人和义务人之间的买卖,按照义务人与第三人约定的相同条款而成立。"由于"相同条款"的要求过于苛刻,德国司法实践随作了变通规定。④ 关于如何理解优先购买权中的"同等条件",我国学者也存在不同看法:一种观点认为,应当借鉴德国法的上述经验,采用"相同条款说"作为先买权人行使权利的条件。⑤ 另一种观点认为,要求先买权人与其他人之间订立的合同,在内容上绝对一致是十分苛刻的,只要价格上相同即可。⑥

笔者认为,不应当将此处的"同等条件"理解为条款完全相同,如果像

---

① 参见杜万华主编:《最高人民法院物权法司法解释(一)理解与适用》,人民法院出版社 2016 年版,第 275 页。
② 参见郑永宽:《论按份共有人优先购买权的法律属性》,载《法律科学(西北政法大学学报)》2008 年第 2 期。
③ 参见赖淑春:《优先购买权的法理分析及在执行程序中的适用》,载《法学论坛》2009 年第 2 期。
④ 参见黄建中:《共有关系中的优先购买权研究》,载《法律适用》2005 年第 4 期。
⑤ 参见张礼洪:《按份共有人优先购买权之实现——〈物权法〉第 101 条的法解释和适用》,载《法学》2009 年第 5 期。
⑥ 参见郑永宽:《论按份共有人优先购买权的法律属性》,载《法律科学(西北政法大学学报)》2008 年第 2 期。

德国法那样要求完全按照出让人与第三人之间的买卖合同的"相同条款"确定先买权的行使条件，则先买权在现实中恐有不能实现之虞。因为合同的内容是较为复杂的，涉及各种类型的条款，要求先买权人与出卖人之间订立的合同与出卖人与第三人之间订立的合同在价格、履行期限、地点、交付方式等各个条款上都完全一致是很困难的。如果采"绝对等同说"，出卖人就会以某个次要条款的差别来否定先买权人的先买权。事实上，要求两个合同的内容绝对一致也是毫无必要的，因为并非所有的条款都对出卖人的利益产生重大影响。即使就经济利益而言，如果其他买受人所提供的条件(如提供某种机会等)先买权人不能提供，但他可以用多付金钱的办法来弥补这些附加条件的不足时，也不应当苛求先买权人提出的条件必须与其他买受人的条件完全一致。① 因此，在法律上明确"同等条件"的内涵是十分必要的。

关于优先购买权中的"同等条件"，《物权法司法解释(一)》第10条规定："物权法第一百零一条所称的'同等条件'，应当综合共有份额的转让价格、价款履行方式及期限等因素确定。"依据这一规定，共有人优先购买权中的"同等条件"主要是指价格条件，但其又不限于价格数额这一条件，只要是对转让人的经济利益有重大影响的，都应当纳入"同等条件"的范畴。② 例如，如果受让人以提供劳务的方式作为对价，很难计价，则其他共有人无法主张优先购买权。因此，交易条件能够被替代，不应当包含无法被替代的给付。笔者认为，根据《物权法司法解释(一)》的规定，"同等条件"的认定应当考虑如下因素：

第一，共有份额的转让价格数额。同等条件主要是指价格条件，也就是说，先买权人愿意提供的价格条款应当与其他买受人相同。当然，这并不要求先买权人所支付的价款与出卖人已经订立的合同条款中的价款完全相同。如果其他共有人愿意出更高的价格，则按"价高者得"的竞价原则确定。但如果共有人所提出的价格低于受让人所提出的价格，则共有人不得主张优先购买权。③

第二，价款履行方式。除价款的数额外，是否属于"同等条件"还应当考虑价款的履行方式，如一次性支付与分期支付对转让人的经济利益会

---

① 参见王凡：《试论按份共有人优先购买权》，载《法学杂志》2010年第S1期。
② 参见黄建中：《共有关系中的优先购买权研究》，载《法律适用》2005年第4期。
③ 参见杜万华主编：《最高人民法院物权法司法解释(一)理解与适用》，人民法院出版社2016年版，第280页。

有不同影响。因此,在考虑同等条件时,也应当考虑价款的支付方式。①当然,如果价款支付方式对转让人的利益没有重大影响的,则不应当影响共有人的优先购买权。例如,以现金方式还是银行转账的方式履行支付价款的义务,并不会对转让人的利益产生重大影响,此时就不应当影响共有人的优先购买权。

第三,价款支付期限。这主要是指履行的期限,换言之,支付价款的履行在多长时间内完成。由于共有人是否具有支付价款的能力并不确定,延期付款可能使转让人面临一定的风险。更何况,有的转让人可能急需资金,共有人主张延期付款时,可能会对转让人产生重大影响。因此,在判断共有人是否是在"同等条件"下行使优先购买权时,还应当考虑价款的支付方式。因此,共有人主张优先购买权时,其付款期限应当等于或者短于受让人的付款时间。②当然,如果付款期限短暂迟延,不会对转让人的经济利益产生重大影响,此时,不应当影响其优先购买权。

第四,其他情况。同等条件确定的两项基本原则:一是公平交易,即转让人、受让人之间的交易条件与转让人、其他共有人之间的交易条件应当是相当的,应当体现平等对待、公平交易的精神,从而便于其他共有人参与公平竞价。二是不损害转让人利益。也就是说,其他共有人所提出的条件不应当低于受让人所提出的条件,主要是价格条件,先买权人无权以低价获得共有份额。按照这一标准,只要优先购买权人所提出的其他条件符合公平交易的原则,没有损害转让人的利益,则应当认定其符合优先购买权的行使条件。例如,受让人提出可以额外每天派车接送转让人,而优先购买权人无法提供此种条件,此种条件如果对转让人的利益有实质性影响,则其他共有人不得主张优先购买权。

如何认定"同等条件"?在实践中,时常遇到的难题在于,出卖人与第三人之间就转让事宜特别是价格问题可能会进行反复的协商,如果双方已经经过反复协商,谈妥了所应支付的价格,出卖人将该谈判所确定的价格告诉先买权人,而先买权人又主张优先购买权,使得第三人不能买受该份额,第三人在反复谈判中可能支出了各种费用,但却无法获得共有份额,此时应当如何处理?而如果出卖人同时与第三人和先买权人谈判,就可能形成两个合同,出卖人的行为就可能构成一物二卖。笔者认为,为妥

---

① 参见崔建远:《论共有人的优先购买权》,载《河北法学》2009年第5期。
② 参见杜万华主编:《最高人民法院物权法司法解释(一)理解与适用》,人民法院出版社2016年版,第280页。

善解决这一问题,可以采取如下方式,即要求出卖人应当事先确定预估出售份额的价格条件,并将该价格条件规定在一定幅度之内。例如,将在某价款至某价款之间出售其份额,并将该价格区间告知先买权人。在先买权人表示愿意在该价格区间购买的情形下,如果出卖人与第三人协商,若协商结果在该区间之内,则应当在价格确定时及时通知先买权人。但如果超出上限,就可以不再通知先买权人。如果先买权人可以预先确定其可以接受的价格区间,而出卖人在该价格区间内与第三人达成合意,则应当由先买权人优先购买。这就是说,在寻找买方之前,应先与优先权人协商大致价格,从而减少甚至避免对于同等价格条件认定而产生的纠纷。

需要指出的是,认定同等条件时是否要考虑亲属间的关系,我国有关司法实践历来认为优先购买权中同等条件的认定应当考虑亲属间的关系。依据最高人民法院《关于审理城镇房屋租赁合同纠纷案件司法解释的理解与适用》第 24 条的规定,"出租人将房屋出卖给近亲属,包括配偶、父母、子女、兄弟姐妹、祖父母、外祖父母、孙子女、外孙子女的",承租人不得主张优先购买权。这是因为,家庭成员之间具有浓厚的人身色彩,此种房屋买卖关系与普通的买卖关系有很大区别,因此,此种情形下,承租人不得主张优先购买权。上述规定是就承租人优先购买权所作出的规定。关于按份共有人优先购买权"同等条件"的认定,我国现行立法并未对此作出规定。有观点认为,在转让人向自己的亲属出卖共有份额时,其他共有人不得主张优先购买权。[①] 但笔者认为,共有人优先购买权同等条件的认定,不需要考虑亲属间的关系,主要理由在于:一方面,共有人的优先购买权不同于承租人的优先购买权,承租人的优先购买权涉及居住权的保障问题,出租人向其近亲属出让房屋时,能够更好地保护其近亲属的居住需求,而在共有份额的转让时,并不存在居住权的保障问题。所以,不应当过多考虑亲属间的关系。另一方面,亲属关系过于宽泛和模糊,如果一概考虑当事人之间的亲属关系,可能使同等条件难以判断,也会影响交易效率。

三、优先购买权的行使期限

(一) 优先适用当事人的约定

先买权在性质上属于期待权,应当有一定的期限限制,而不能永远存

[①] 参见袁锦秀:《优先购买权法经济学分析》,中国民主法制出版社 2006 年版,第 194 页。

续,否则可能影响交易的进行和经济的发展。① 因此,优先购买权应当在特定的期限内行使。关于优先购买权的行使期限,依据《物权法司法解释(一)》第 11 条的规定,"优先购买权的行使期间,按份共有人之间有约定的,按照约定处理"。据此,如果当事人对优先购买权的行使期限作出了规定,则应当按照约定处理,这也充分尊重了当事人的私法自治。② 此处的"约定"是指按份共有人之间对优先购买权行使的期限所作的约定,包括对期限的起算点、具体期限的长短等所作出的约定。③ 按照私法自治原则,优先购买权的行使期限可以由当事人约定,原则上在民事权利义务关系的设定上,如果不具有外部性,不涉及第三人利益和社会公共利益,通常都应当尊重当事人的意思自治。具体到优先购买权的行使期限时,设立什么样的期限才有利于双方合理的转让和利用财产,按份共有人自己是最清楚的,在没有意思不自由等情形下,应当推定共有人之间的自主安排是最有效的。

在共有人约定了优先购买权行使期限后,各共有人都要受该约定的约束。即在当事人约定了优先购买权的行使期限时,其他共有人只能在约定的期限内主张优先购买权,期限经过没有行使优先购买权的,则视为其放弃了该权利。需要指出的是,此种约定限于按份共有人之间,转让人和受让人之间的约定不应对优先购买权人产生效力。当然,即使在共有人之间,如果期限约定过短,对买受人是有利的,但如果约定的期限过长(如约定"可在 1 年内行使"),可能将导致出卖人与买受人之间的买卖关系长期处于不稳定状态,极不利于对买受人权利的保护。据此,笔者认为,关于优先购买权的行使期限,完全交由出让人决定也是不妥当的,毕竟优先购买权是一项法定的权利,此种法定性不仅体现在权利的产生和内容方面,在行使期限方面也应当具有一定的法定性,其目的在于防止当事人约定的期限过短或者过长,从而影响优先购买权人行使权利,或者不利于保护买受人的利益。但《物权法司法解释(一)》并没有对当事人所约定的优先购买权行使的最长期限和最短期限作出规定。因此,将来有必要对此作出规定。

---

① 参见杨立新:《共有权研究》,高等教育出版社 2003 年版,第 421 页。
② 参见杜万华主编:《最高人民法院物权法司法解释(一)理解与适用》,人民法院出版社 2016 年版,第 296 页。
③ 参见杜万华主编:《最高人民法院物权法司法解释(一)理解与适用》,人民法院出版社 2016 年版,第 296 页。

（二）没有约定的适用司法解释的规定

依据《物权法司法解释（一）》第 11 条的规定，如果当事人没有约定优先购买权的行使期限，或者约定不明的，则应当按照以下规则予以确定。

第一，转让人向其他按份共有人发出的包含同等条件内容的通知中载明行使期间的，以该期间为准。从该规定来看，在各共有人没有对优先购买权的行使期限作出约定时，则转让人可以单方面确定各共有人行使优先购买权的期限，但转让人单方面确定该期限必须具备如下条件：一是必须是向其他按份共有人发出通知。这就确立了转让人的通知义务，因为收到通知是共有人行使优先购买权的前提条件。如果未获通知，共有人可能并不知情，其将丧失行使优先购买权的机会。因此，出卖人应当向先买权人负有通知的义务。这种通知既可以是在转让时明确告知，也可以是在与第三人订立合同之前通知，告知的内容既包括出售份额的情况，也包括转让价格及其他重要的交易条件。通知到达后开始计算先买权人的权利行使期限，也是先买权人了解交易条件的前提。如果共有人收到通知后在法定期间内不行使优先购买权，则视为弃权。二是通知中必须包括同等条件。如果该通知中不包含同等购买的条件，则其他共有人无法决定是否行使优先购买权，优先购买权也将无法行使。三是确定了优先购买权的行使期限。也就是说，如果转让人的通知中包括同等条件，在此情形下，行使优先购买权的条件也已经具备，因此，转让人在通知中明确了优先购买权的行使期限，也就确定了共有人优先购买权的行使期限。

第二，通知中未载明行使期间，或者载明的期间短于通知送达之日起 15 日的，为 15 日。《物权法司法解释（一）》第 11 条实际上确立了最短的优先购买权行使期限。关于共有人优先购买权的行使期限，各国的规定并不统一，期限过长可能影响交易的便捷和安全，期限过短则不利于保护先买权人。所以，如果通知能够确定期限，则可以确定共有人优先购买权的行使期限，但如果通知中没有确定该期限，或者通知中确定的期限过短，则不利于其他共有人行使优先购买权。因为共有人在决定是否行使优先购买权时，需要考虑自己的购买能力、房屋的市场价值和整个房地产的价格走势等一系列重大因素，这都需要一定的时间进行考虑。据此，司法解释规定了 15 日的最短期限，该规定包含如下内容：一是确立了法定的最短期限为 15 日。也就是说，在没有载明优先购买权行使期限的情形下，优先购买权的行使期限为 15 日。二是该期限只能延长，不能缩短。

如果转让人确定的优先购买权行使期间短于 15 日,该期限的指定无效,优先购买权的行使期限仍然为 15 日。

第三,转让人未通知的,为其他按份共有人知道或者应当知道最终确定的同等条件之日起 15 日。如果转让人没有作出通知,并不等于共有人优先购买权的行使期限不能确定,在此情形下,如果其他共有人知道或者应当知道转让人已经转让共有份额,则该期限为其他共有人知道或者应当知道最终确定的同等条件之日起 15 日。如果其他共有人没有在该期限内行使优先购买权时,则推定其没有行使该项权利的意愿,以便于转让人及时对外转让其财产。该规定也有利于减少纠纷,如果没有该条规定,则共有人可能在转让事实发生后主张优先购买权,这可能引发诸多纠纷。

第四,转让人未通知,且无法确定其他按份共有人知道或者应当知道最终确定的同等条件的,为共有份额权属转移之日起 6 个月。《物权法司法解释(一)》第 11 条确立了优先购买权最长行使期限(即 6 个月)。在法律上之所以要确定最长期限,原因在于,一方面,在转让人没有通知的情形下,其他共有人"知道或者应当知道"的标准较为主观,难以准确判断。实践中,在发生优先购买权纠纷后,其他共有人可能主张其不知情,甚至过了数年再主张优先购买权,可能影响交易安全。另一方面,如果不确定最长的优先购买权行使期限,在共有人主张优先购买权时,转让人与受让人之间的交易关系可能会受到影响,财产秩序的稳定也会受到影响。[①] 需要指出的是,此处所说的"知道或者应当知道"并不是指共有人知道共有份额转让的情况,应当是指共有人知道或者应当知道转让的"同等条件"。

笔者认为,上述规则设计虽不无道理,但确实过于烦琐,且操作程序复杂。例如,在转让人未通知的情况下,需要判断其他按份共有人知道或者应当知道最终确定的同等条件的时间,很容易引发纠纷。因为知道或者应当知道的判断本身就是较为主观的,赋予了法官更大的自由裁量权,当事人的举证也十分困难,因此,该规则客观上是很难操作的。另外,在该规定中,没有对当事人约定的最长期限作出限制,这也不利于维持交易关系的稳定,保护相关当事人的利益。

---

① 参见杜万华主编:《最高人民法院物权法司法解释(一)理解与适用》,人民法院出版社 2016 年版,第 302 页。

四、优先购买权的不当行使

所谓优先购买权的不当行使,是指优先购买权人没有按照法定或者约定的方式行使优先购买权。关于优先购买权的行使,《物权法司法解释(一)》第12条第1款规定:"按份共有人向共有人之外的人转让其份额,其他按份共有人根据法律、司法解释规定,请求按照同等条件购买该共有份额的,应予支持。"依据这一规定,对共有人正当行使优先购买权的请求,都应当予以支持。优先购买权的正当行使包括以下条件:一是主体适格。即必须是按份共有人向共有人以外的人转让份额,而不是共有人之间相互转让共有份额,且行使优先购买权的人应当是其他按份共有人。这就是说,如果按份共有人之间转让份额,原则上不可以行使优先购买权,除非共有人之间有特别的约定。对此,应当适用《物权法司法解释(一)》第13条的规定。因为优先购买权制度设立的目的就是要尽可能地减少共有人的人数,简化和稳定共有关系,在共有份额内部转让的情形,并没有增加共有人的人数,也不会影响既有的共有人关系,因此,不必设置优先购买权。二是遵守同等条件。共有人的优先购买权必须在"同等条件"下行使,否则不利于保障转让人的利益。三是在期限等方面符合法律、司法解释的规定。① 凡是符合上述条件的,即属于优先购买权的正当行使。

关于优先购买权的不当行使,《物权法司法解释(一)》第12条第2款规定:"其他按份共有人的请求具有下列情形之一的,不予支持:(一)未在本解释第十一条规定的期间内主张优先购买,或者虽主张优先购买,但提出减少转让价款、增加转让人负担等实质性变更要求;(二)以其优先购买权受到侵害为由,仅请求撤销共有份额转让合同或者认定该合同无效。"依据该规定,优先购买权的不当行使主要包括以下几种情形。

第一,未在约定或者法定的期限内行使优先购买权。其他共有人未在约定或者法定的期限内行使优先购买权的,则其优先购买权将难以获得支持。关于优先购买权行使期间的性质,按照司法解释起草人的观点,共有人优先购买权的行使期限属于除斥期间,不适用中止、中断、延长的规则。②

---

① 参见戴孟勇:《按份共有人优先购买权若干争议问题探析》,载《烟台大学学报(哲学社会科学版)》2011年第4期。
② 参见杜万华主编:《最高人民法院物权法司法解释(一)理解与适用》,人民法院出版社2016年版,第320页。

笔者认为,共有人优先购买权的行使期限既不是诉讼时效,也不是除斥期间,其在性质上属于权利行使期间:一方面,该期限不属于诉讼时效,因为共有人优先购买权不属于请求权,且不存在中止、中断、延长等问题,期限届满后将导致共有人优先购买权消灭,而不是使相对人享有抗辩权。另一方面,该期限不属于除斥期间,共有人优先购买权在性质上并非形成权,即便共有人主张优先购买权,其也需要转让人具有与其订立合同的意愿,因此,优先购买权在性质上并不属于形成权;同时,该期限就最长期限而言,也可以通过约定的方式予以变更,就最短期限而言,当事人也可以延长,而除斥期间在性质上是不变期间。因此,共有人优先购买权在性质上并非除斥期间,而是该权利的行使期间。但未在该期限内行使优先购买权,也会导致优先购买权的丧失。

第二,主张优先购买权的共有人单方面降低了转让人确立的同等条件。如前所述,优先购买权的行使应当遵循公平交易和不得损害转让人利益的原则,如果行使优先购买权的共有人单方面降低购买条件,则其不得主张行使优先购买权。从实践来看,主张优先购买权的共有人单方面降低转让人所确立的同等条件主要包括以下几种情形:一是减少转让价款。即共有人主张降低价款。二是增加转让人的负担。如变更履行方式、履行期限,增加转让人的成本。三是对转让人利益有实质影响的其他情形,如要求转让人提供劳务等。在此情形下,主张优先购买权的共有人实质性变更了同等条件,或者说已经不是按照"同等条件"购买标的物,这也就丧失了优先购买权行使的基础。在此情形下,优先购买权就不能受到法律的保护。

第三,以其优先购买权受到侵害为由,仅请求撤销共有份额转让合同或者认定该合同无效。此种优先购买权的不当行使又具体包括如下两种情形:一是其他共有人未主张行使优先购买权,而只是主张撤销转让人与受让人之间的合同;二是其他共有人未主张行使优先购买权,而只是主张宣告转让人与受让人之间的合同无效。在这两种情形下,其他共有人都未表明其要行使优先购买权。也就是说,其他共有人只是阻止他人购买,而没有明确表达自己购买的意愿。因此,针对转让人与第三人之间的转让合同,提起撤销之诉或者合同无效之诉的,不属于其正当行使优先购买权的行为。在这几种情形下,其他共有人都没有明确表达购买的意愿,显然不符合正当行使优先购买权的条件。因为优先购买权的行使,必须要明确购买的意愿,如果单纯主张撤销他人的合同或认定他人的合同无效,并不能明确其购买的意愿,也不能认定为优先购买权的行使。不过,在此情形下,法院最好行使释明权,要求当事人明确其是否要购买特定的共有份额。但是,《物权法司法解释(一)》第 12 条并没有提出释明权的问题,这对于优先购买权人的保护是不利的。

需要探讨的是,在优先购买权人主张行使优先购买权之后,转让人能否终止交易?如果转让人终止交易,其他共有人能否要求其继续交易?这实际上涉及对转让通知的性质的界定问题,即转让人对其他共有人所作出的转让通知在性质上属于要约还是要约邀请?笔者认为,转让人向其他共有人所作出的通知在性质上属于要约邀请,不能认为,一旦其他共有人提出行使优先购买权,合同关系就成立,应当保护转让人的交易自由,而且将该通知认定为要约,也会产生一定的问题。因为在此情形下,一旦多个共有人均主张行使优先购买权,则意味着将成立多个合同,如果转让人无法同时履行多个合同,可能需要承担违约责任,这对转让人也有失公平。事实上,法律规定优先购买权的目的是要阻止第三人加入共有关系,以维持共有关系的稳定。如果转让人对转让条件不满意,则其可以拒绝继续交易。

五、共有人之间不得主张优先购买权

优先购买权是在某一共有人向共有人之外的第三人转让其共有份额时,其他共有人所享有的权利。《物权法司法解释(一)》第 13 条规定:"按份共有人之间转让共有份额,其他按份共有人主张根据物权法第一百零一条规定优先购买的,不予支持,但按份共有人之间另有约定的除外。"该条确立了共有人之间不得主张优先购买权的规则,在法律上否定共有人之间优先购买权的主要原因在于:

第一,符合立法目的。法律规定共有人的优先购买权的目的之一是为了防止共有人之外的其他主体加入共有关系,罗马法谚云"共有乃纷争之母"。从立法目的来看,之所以要赋予共有人优先购买权,主要是为了防止第三人进入共有关系,维持共有关系的稳定。一方面,在共有关系中,共有人对共有财产的管理、经营、使用能否有效地进行和运作,很大程度上取决于共有人在相互信任基础上的合作。如果允许共有的份额随意向第三人转让,某些新的成员加入共有人组织体的共同关系之中,其他共有人可能会对新的共有人不信任,共有人之间的关系从不确定到确定,从不和谐到重新建立伙伴关系,需要花费相当的交易成本,不利于物的有效利用。为了维护共有人之间关系的稳定,不至于产生新的纠纷,有必要让共有人自己去作出选择,由其决定原有共有人是否愿意在同等条件下行使优先购买权。但如果共有人是向其他共有人转让共有份额,则不存在第三人加入共有关系的问题,因此,在此情形下,其他共有人不得主张优先购买权。① 另一方面,承认共有人的优先购买权,简化物上的法律关系,维持原有的使用关系,更有利于保护原有的共有关系。尽管共有人转让的是其自己的份额,但共有人的加入或退出,还会影响其他共有人的利益。如果原有的共有财产经营的较好,共有人一般会希望维持原有的共有关系不变,即使经营的不好,共有人一般也不愿再有其他人加入共有关系。因此,转让人在共有人内部转让其共有份额时,由于不存在第三人加入共有关系的问题,其他共有人不得主张行使优先购买权。

第二,符合效率原则。因为共有人对财产的处分和管理、使用等都需要各共有人达成一致意见,这种协商过程一定会增加额外的交易费用。一旦因为共有人不能达成协议,则共有财产就不能够有效地被管理、使用和处分。共有人越多,越容易引发纠纷,不利于物尽其用。② 但在共有人之间转让共有份额,则不存在上述问题。法律规定共有人的优先购买权主要是为了减少财产的共有状态,提高财产的利用效率。而共有份额在共有人内部转让时,并不会增加共有人的数额,会减少财产的共有状态,从而提高财产的利用效率。因此,共有人之间转让共有份额不存在妨碍共有物有效利用的情形。

第三,符合共有关系的特征。在共有份额内部转让的情形,各个共有人之间是平等的,只有在向共有人之外的主体转让共有份额时,其他共有人才享有优先购买权,如果共有份额在各共有人内部转让,其他共有人主张优先购买权缺乏法律基础。由于共有份额的内部转让并不会对共有关系产生不利影响,因此,共有人之间转让份额不能产生优先购买权。

但是,根据《物权法司法解释(一)》第13条的规定,"按份共有人之间另有约定的除外",这就是说,即便是共有人之间转让共有份额,如果共有人之间有特别约定,在共有人之间也可产生优先购买权。笔者认为,这

---

① 参见杜万华主编:《最高人民法院物权法司法解释(一)理解与适用》,人民法院出版社2016年版,第306页。

② 参见戴孟勇:《先买权:理论与立法》,载郭道晖主编:《岳麓法学评论》(第1卷),湖南大学出版社2000年版,第47页。

一规定是值得商榷的。一方面，共有人之间如果就其内部事务作出安排，则是一个合同关系问题，只要不违反法律的强制性规定、公序良俗等，则应当有效，但其并非优先购买权的问题。例如，共有人之间约定，即便是共有份额的内部转让，部分共有人也享有优先购买权，其并不是对优先购买权的约定。另一方面，依据《物权法》第101条的规定，共有人优先购买权只是在对外转让共有份额时才能产生，共有人之间转让共有份额的，并不具备优先购买权的适用条件。正是因为优先购买权是依法产生的，而该条规定意味着在法定的优先购买权之外，还存在约定的优先购买权，这显然与《物权法》的规定是不相符合的。优先购买权之所以要法定化，就是为了防止在实践中对一些本不应作为优先购买权保护的利益加以保护。①

六、优先购买权的竞存

《物权法司法解释（一）》第14条规定："两个以上按份共有人主张优先购买且协商不成时，请求按照转让时各自份额比例行使优先购买权的，应予支持。"该条对优先购买权的竞存作出了规定。所谓优先购买权的竞存，是指同一共有物的份额存在两个或者两个以上共有人的优先购买权，各共有人都主张行使优先购买权，在此情形下，就会发生优先购买权的竞存。优先购买权的竞存主要具有如下特点：一是发生在各优先购买权人之间，而不是发生在共有人与承租人优先购买权等其他权利之间。从这个意义上，也可以将其称为共有人内部关系的竞存。二是因为转让共有份额引起。转让份额存在两个或者两个以上共有人的优先购买权。三是有两个以上共有人主张行使优先购买权，此时才能产生数个优先购买权的竞存问题。

在优先购买权竞存的情形下，比较法采取的做法并不相同，有的采取共有人共同行使，或者按照各自的份额比例分配，或者由出价最高者取得。从我国物权法司法解释的规定来看，《物权法司法解释（一）》第14条确立了两个解决办法：一是共同协商原则。依据该规定，在出现共有人优先购买权竞存的情形下，允许当事人通过共同协商的方式解决纠纷，这也符合私法自治原则。二是按照各自的份额比例行使原则，即在优先购

---

① 参见张家勇：《试析优先购买权的法律性质》，载《西南民族学院学报（哲学社会科学版）》1999年第1期。

买权竞存时,如果当事人无法通过协商解决,则各个共有人有权主张按照各自的共有份额比例行使优先购买权。例如,甲、乙、丙三人共有一间房屋,其份额比例分别为10%、20%与70%。乙转让其共有份额时,甲与丙同时主张优先购买权时,甲与丙则应当按照其所持份额比例购买。笔者认为,这个规则维持了原来的共有状态,不打破原有的应有份额比例的平衡。① 此种规定虽然不无道理,但也可能过多干预转让人的交易自由,且可能给转让人造成不利。因为不同共有人的支付能力、履行合同的能力不同,依据《物权法司法解释(一)》的规定,转让人必须按照各个共有人的份额比例转让其共有份额,可能使转让人面临部分债权无法实现的风险。例如,某个共有人根本无支付能力,但其所占份额比较大,而转让人又必须向其转让,这显然不利于保护转让人的利益。因此,在优先购买权竞合的情形下,应当允许转让人自由选择与哪一个共有人进行交易,当尊重其意思,法律上不应当对此进行干预。

七、共有人优先购买权的保护

在转让人向共有人之外的第三人转让其共有份额、侵害其他共有人优先购买权的情形下,转让人与第三人之间的合同效力如何?理论上存在两种不同的观点:一是无效说。此种观点认为,如果转让人向共有人之外的第三人转让其共有份额,侵害其他共有人优先购买权的,则该转让合同应当属于无效合同。如有学者认为,如果受让人明知或有重大过失而不知转让人侵害了其他共有人的优先购买权,在其他共有人主张优先购买权的情形下,应当认定转让人与受让人之间的合同关系归于无效,受让人不能取得该共有份额。② 二是损害赔偿说。此种观点认为,在优先购买权受到侵害的情况下,不应当确定转让合同无效③,其他共有人只能要求转让方赔偿因其未能购买相应份额所遭受的损失。依据最高人民法院《房屋租赁合同司法解释》第21条的规定:"出租人出卖租赁房屋未在合理期限内通知承租人或者存在其他侵害承租人优先购买权情形,承租人请求出租人承担赔偿责任的,人民法院应予支持。但请求确认出租人与

---

① 参见崔建远:《论共有人的优先购买权》,载《河北法学》2009年第5期。
② 参见崔建远:《论共有人的优先购买权》,载《河北法学》2009年第5期。
③ 参见黄文煌:《按份共有人优先购买权制度之适用——〈物权法〉第101条的解释与完善》,载《法律科学(西北政法大学学报)》2010年第6期。

第三人签订的房屋买卖合同无效的,人民法院不予支持。"可见,针对侵害房屋租赁中承租人优先购买权的合同,该司法解释采损害赔偿说。据此,有学者认为,该规定可类推适用于共有人优先购买权受到侵害的情形。

依据《物权法司法解释(一)》第12条的规定,其他共有人不得"以其优先购买权受到侵害为由,仅请求撤销共有份额转让合同或者认定该合同无效"。从该条规定来看,侵害优先购买权的合同并非当然无效。笔者赞同此种观点,主要理由在于:一方面,无效说增加了交易成本。如果房屋所有人已经与第三人就房屋买卖达成了协议,并支出了交易成本,但仅因为侵害了其他共有人的优先购买权而宣告合同无效,将导致财富的浪费。另一方面,无效说也不利于维护交易安全。侵害共有人优先购买权的合同虽然会侵害其他共有人的利益,但通常并不会损害国家、社会公共利益,一旦宣告合同无效,可能使第三人无法产生合理的交易预期,影响交易安全。

笔者赞成损害赔偿说,但损害赔偿说又可以分为三种观点:一是侵权损害赔偿说。此种观点认为,优先购买权作为一种民事权利,是侵权法的保护对象,因此,在侵害优先购买权的情形下,其他共有人有权请求转让人承担侵权责任。[①] 二是缔约过失责任说。此种观点认为,在侵害优先购买权的情形下,转让人和其他共有人实际上进入了一定的缔约阶段,因为侵害优先购买权,使得其他共有人未能订立合同,因此,应当承担缔约过失责任。三是侵害物权说。此种观点认为,优先购买权是共有关系中所派生出来的一种权利,侵害优先购买权等于侵害了其他共有人的物权。

笔者认为,不宜采用侵权损害赔偿说。一方面,侵权损害赔偿采用完全赔偿原则,无论是直接损失还是间接损失,都要赔偿。在侵害优先购买权的情形下,损害本身的证明是很难确定的,如果赔偿直接损失和间接损失,会不当加重转让人的负担。例如,优先购买权人提出,由于其未能取得财产,导致房屋无法出租,并获得预期利润。如果此种损失也应赔偿,则给转让人强加了过重的责任。

笔者也不赞成侵害物权说。因为虽然共有人优先购买权具有物权的效力,但并不是一种特殊的物权。一方面,其对标的物的支配力较弱,权利人不能直接行使对标的物的支配权,只能要求出卖人将该标的物优先转让给自己。另一方面,优先购买权实际上是一种不确定的权利,也有学

---

① 参见史浩明、张鹏:《优先购买权制度的法律技术分析》,载《法学》2008年第9期。

者将其称为机会权利。[①] 这是因为,优先购买权虽然是由法律规定的,但共有人能否实际享有该权利,还取决于其他共有人是否实际转让其共有份额。即便转让,其他买受人可能会以更高的价格购买,使先买权人的机会不能实现。这就是说,优先购买权只是给了先买权人一个优先购买的机会。还要看到,优先购买权不是物权,因为其在性质上只是一种附从性的权利,是附随于主权利的一种权利。[②] 例如共有人所享有的先买权,实际上是附随于共有关系的。基础关系(可能是共有关系、租赁关系等)是先买权产生和行使的基础,二者紧密结合,不可分离。因此,某一共有人转让其份额,实际上先买权也随之发生了转让,先买权不能够与共有权发生分离,单独转让。在出卖人出卖标的物之前,优先购买权人已先于该买卖关系而处于某种法律事实或法律关系中,离开这种法律事实或法律关系,就失去了优先购买权存在的基础和前提。[③] 因此,如退出共有关系,当然就不再享有优先购买权。由于优先购买权人在购买前没有直接占有标的物,不能直接支配特定的物,优先购买权也不是物权,在该权利受到侵害时,权利人不能以所有人或占有人的名义以物权请求权或占有保护请求权的方式行使其权利,权利人也不能直接行使对物的支配权。

笔者赞成缔约过失责任说,因为在转让人转让其共有份额时,其他共有人享有优先购买权,其与转让人之间实质上已经进入了缔约阶段,转让人侵犯其他共有人的优先购买权时,将导致其他共有人丧失购买该转让份额的机会,出卖人违反了基于诚实信用原则而产生的先合同义务,因此应当承担缔约过失责任。应当指出的是,其他共有人在请求转让人承担缔约过失责任时,仅能请求其承担信赖利益损失赔偿,即其他共有人因信赖其能够与出让人订立合同而遭受的损失,此种损失应当具有一定的确定性。如果其他共有人不能证明其遭受何种可预期的损失,而只是丧失某种缔约机会,则其很难获得救济。

---

① 参见王福祥:《论优先购买权》,载《法制与社会发展》1995年第2期。
② 参见戴孟勇:《先买权:理论与立法》,载郭道晖主编:《岳麓法学评论》(第一卷),湖南大学出版社2000年版,第48页。
③ 参见王福祥:《论优先购买权》,载《法制与社会发展》1995年第2期。

论相邻关系中的容忍义务[*]

前 言

法谚曾云:"法律不管琐事(De minimis non curat lex)。"这意味着对于轻微的损害,法律上要求受害人负有适当的容忍义务。所谓相邻关系中的容忍义务,是指对于来自邻地的对所有权的妨害,如果该干涉是轻微的或为当地所通行的,则所有权人不得就该妨害提起诉讼。[①] 容忍义务是不动产所有权人容忍邻人对其所有权造成轻微损害或妨害的义务,当然这种损害或妨害属于一种合理范围内的损害。就其本质而言,不动产所有权人的容忍义务是对所有权的一种限制,是法律对所有权人所赋予的义务。法国民法学者雅克·盖斯旦和吉勒·古博首次明确提出了相邻关系以邻人之间的特殊义务为基础。[②] 容忍义务是相邻关系制度构建的核心概念,可以说是相邻关系的基石。它为一方所有权的扩张和另一方所有权受限制划定了一定的动态界限。正如王泽鉴先生所指出的:"不动产所有人依法律规定使用邻地,为必要的通行,或者安装管线等,邻地所有人有容忍的义务,此在性质上系所有权的限制。"[③]

容忍义务也是维护社会和谐、有序的重要制度。在现代社会,居住条件和科技的发展是导致毗邻居住人之间冲突和损害不断增长的原因。工业、商业甚至自用住宅,都可以成为干扰邻人的来源,这些干扰不再仅仅以烟、臭气、噪音等排放为限,毒物、震动甚至是电子干扰等形态也日益增多。[④]

---

[*] 本文完稿于2019年。
[①] 参见[德]鲍尔、施蒂尔纳:《德国物权法》(上册),张双根译,法律出版社2004年版,第532页。
[②] 参见陈忠、杨泽:《论不可量物侵害之容忍义务制度的构建——对我国〈物权法〉第90条的反思》,载《法律适用》2011年第5期。
[③] 王泽鉴:《民法物权》(第一册),中国政法大学出版社2001年版,第211页。
[④] See Jean Limpens, International Encyclopedia of Comparative Law, Vol.4, Torts, Chapter 2, Liability for One's Own Act, J. C. B. Mohr(Paul Siebeck), Tuebingen, 1975, p.119.

科学技术的发展使得干扰的范围更为广泛,因而相邻关系中的法律冲突和矛盾更为尖锐。为平衡相邻不动产所有人之间的利益,并有效解决社会生活变化所带来的相邻关系中的新问题,以化解相邻不动产所有人之间的冲突,提升不动产的利用效率,确保物尽其用,有必要在法律中明确规定不动产相邻关系中的容忍义务。承认此种忍受义务,也有利于维护人与人之间的和谐关系。① 因此,在民法上,讨论相邻关系中的容忍义务具有重大的现实意义,笔者拟对此问题展开讨论。

一、容忍义务:相邻关系的核心内容

相邻关系中的容忍义务起源于罗马法。罗马法通过对土地所有权人施加限制的方式,认可了相关的容忍义务。② 早在《十二铜表法》中就规定了邻田果树所结之果实,土地所有人应任田邻经过其土地而收取;以自然形势而形成之水流,低地所有人有承受之义务。③ 罗马法学家阿里斯多(Aristo)认为:"只要上面的建筑物有排烟役权负担,奶酪作坊的烟就可以被合法地排往位于其上的建筑物。"④邻人还必须容忍他人向外突出半英尺的墙,而在烟、水和类似物侵入邻人土地时,如果没有超过通常限度,所有权人同样必须容忍。否则,该邻人可以依据现状占有令状(interd. Uti. possideitis),甚至提起否认之诉(actio negatoria)请求保护。⑤

近代民法确认相邻关系制度,本质上就是要协调两个或两个以上相互毗邻的不动产所有人或使用人之间的利益冲突,这就是说,相邻各方的权利人在行使不动产的所有权或使用不动产时,因相互给予便利和接受限制而发生的一定的冲突,为了平衡此种冲突,法律应当明确一方需要给另一方提供一定的便利,而在提供此种便利时,其也应当容忍因提供便利而给自己造成的损害,而另一方也应当容忍对方因行使权利而必然给自己带来的损害。简单地讲,相邻关系实质上就是涉及提供便利与容忍损

---

① See Harris v. Time, Inc. (1987)-191 Cal. App. 3d 449, 237 Cal. Rptr.
② 参见〔德〕马克斯·卡泽尔、罗尔夫·克努特尔:《罗马私法》,田士永译,法律出版社2018年版,第238页。
③ 参见陈朝璧:《罗马法原理》,法律出版社2006年版,第255页。
④ 〔意〕桑德罗·斯奇巴尼选编:《物与物权》(第二版),范怀俊、费安玲译,中国政法大学出版社2009年版,第155页。
⑤ 参见〔德〕马克斯·卡泽尔、罗尔夫·克努特尔:《罗马私法》,田士永译,法律出版社2018年版,第238页。

害之间的权利义务关系。① 法律上正是通过容忍义务的设置以实现有效协调人们之间利害冲突的目的。

在法国法中,容忍义务一直是相邻关系中的基本底线,并成为构建相邻关系制度的基础。1804 年《法国民法典》第 544 条规定:"所有权是最绝对地享用和处分物的权利,但法律或条例禁止使用的除外。"这就确认了无限制所有权的原则。然而,法国法在相邻关系中逐渐发展出妨害邻居制度,从而使所有权受到了限制。早在 1855 年,科尔玛上诉法院就认为,某所有人在自己的屋顶上竖起一个多余的烟囱,唯一的目的是"遮住射进邻人的窗户的光线"。香槟省上诉法院认为该所有人在邻人的窗户前砌起一个令人厌恶的、死尸般的烟囱,超过了邻人正常忍受的限度,构成一种滥用权利的行为。② 在法国,相邻关系制度最早是置于权利滥用的框架内进行讨论的,以后形成了妨害邻居的侵权责任。该制度的核心内容是,所有人应当对自己给邻人造成的不当干扰承担责任,即使他已经竭尽所能去避免干扰。"由于相邻关系的存在,相邻人之间或多或少总会有些妨碍,这是正常的。"③但如果一方给另一方造成"非正常的损害"为非必要,即损害是严重的、重复性的、非惯常的,超越合理的容忍限度,则构成妨害邻居,并应承担侵权责任。对这些因素的评估应当依据案件的具体环境,具体的时间和地点进行。④ 所有人在行使不动产权利时,负有不得妨害邻人的义务,而邻人也负有容忍正常损害的义务,这就形成了相邻关系中的容忍义务。由此可见,是否违反容忍义务在法国法中成为判断是否构成妨害邻居的重要标准。

在德国法中,相邻关系制度事实上是以排除妨害请求权的限制为中心的,整个相邻关系制度的运行实际上是在解决何种情况下该物上请求权得以排除适用的问题,而其判断标准正是容忍义务。⑤《德国民法典》所规定的容忍义务主要有如下四种情形:一是因紧急情况而必须侵入他人不动产,他人有容忍义务;根据《德国民法典》的规定,相邻不动产所有

---

① 参见史尚宽:《物权法论》,中国政法大学出版社 2000 年版,第 79 页。
② See Jean Limpens, International Encyclopedia of Comparative Law, Vol. 4, Torts, Chapter 2, Liability for One's Own Act, J. C. B. Mohr (Paul Siebeck), Tuebingen, 1975, p. 107.
③ 〔法〕弗朗索瓦·泰雷、菲利普·森勒尔:《法国财产法》(上),罗结珍译,中国法制出版社 2008 年版,第 407 页。
④ Philippe Malaurie et Laurent Aynès, Droit civil, Les biens, Defrénois, 2004, pp. 303-304.
⑤ 参见陈华彬:《德国相邻关系制度研究》,载梁慧星主编:《迎接 WTO——梁慧星先生主编之域外法律制度研究集》(第二辑),国家行政学院出版社 2000 年版,第 3 页。

权人为了防止危险的发生,有义务忍受他人对自己不动产的合理干涉(《德国民法典》第904条)。二是对邻人开掘土地或越界建筑的容忍。如果邻人开掘土地不影响本地的地基,或者已经做了充分的保护措施的,不得禁止(《德国民法典》第909条);邻地树木有越界根枝的,只要不影响土地利用的,不得损害(《德国民法典》第910条);邻地建筑物有越界的,只要非因故意或者重大过失,土地所有人应当容忍(《德国民法典》第912条)①,在越界建筑中,如果一方的房屋等建筑物越界建造,但房屋已经建成,无法拆除或者拆除该房屋在经济上不合理,则另一方即应当负有容忍义务。若容忍义务成立,则越界建筑人(及其权利继受人)对邻人应通过支付定期金(越界建筑定期金)的方式,补偿邻人所遭受的牺牲。若成立容忍义务的要件不具备,则在垂直划分上,仍以土地之界限为准。②三是对必要通行的容忍。依《德国民法典》第917条的规定,"当土地因正常的利用而缺少与公共道路的连接时,土地所有权人可以在消除这一缺陷之前要求相邻人容忍为土地的利用而建立必要的通道"。四是对非重大的不可量物的侵害的容忍。《德国民法典》第906条规定:"土地所有人对于瓦斯、蒸气、臭气、烟、煤、热、音响及振动之侵入,及其他来自邻地之类似干扰,并不妨害其对土地利用,或其妨害关系不重大者,不得禁止之。"因此,对于来自邻地的不可量物入侵,只要不妨害对土地的利用,或妨害不重大的,不得禁止;学说上对于干扰是否重大,主张以客观标准进行判断,即超过"正常普通人"可忍受之程度(die Erträglichkeit des normalen Durchschnittsmenschen)即为"重大",一般情况下不考虑土地所有人个人的特殊情况。③ 在德国法中,通常根据"较大利益原则"确定容忍义务的界限,即当他人干涉的利益大于所有权人的利益时,应当承认该干涉的合法性。通过容忍义务的确定,形成和巩固"相邻共同体"关系。正如德国学者赫德曼在解释相邻关系中的容忍义务时所指出的:"邻人之间喜好争吵,此乃远古以来既有的现象。这大多源于对有关狭窄的境界地带归属的争执。对邻人树木、灌木,对邻接的建筑物之墙垣、家畜饲养棚及通风设置的不容忍所表现出的农民意识的顽固,不仅演绎出了无数话剧、戏

---

① Vgl. Staudinger/Roth, §906, Rn. 20 ff.
② 参见〔德〕鲍尔、施蒂尔纳:《德国物权法》(上册),张双根译,法律出版社2004年版,第532页。
③ 参见台湾大学法律学院、台大法学基金会编译:《德国民法(上)》(修订二版),元照出版公司2016年版,第867页。

剧,而且无论在任何时候均令法官感到颇为烦恼,为防止此种状况……特制定详细规则。"①

英美法在妨害法中确定了容忍义务。在英美法中,判断是否构成打扰或妨害,主要是依据这种打扰或妨害是否来自邻居的不合理使用。如果是合理的使用,即使产生某种轻微的妨害,当事人也应当容忍。② 威廉姆斯指出,妨害责任或容忍轻微的妨害,"整个妨害法旨在协调和消除利益冲突"③。在 Bradley v. American Smelting and Refining Co. 案中,被告工厂中飘落的废弃物落入原告土地,法院认定被告的行为构成了非法侵入土地和妨害私产。在该案中法院认为,只有在原告证明该损害为"实际的、重大的损害"时,才能成立非法侵入土地之诉。④ 关于重大损害的判断,通常要求由原告进行举证证明。一般来说,身体受到伤害、财产遭受实际损失、销售减少,很容易被认为是重大损害。但如果只是对于气味、噪声、照明产生不适,则不一定认为是重大损害,而要求原告必须忍受。⑤ 因此,原告应当对于非"实际的、重大的损害"负有容忍的义务。在美国的侵权法中,街区的用途和特征是法院判定是否具有"实际的、重大的损害"的重要因素。法院通常会直接或间接地考虑街区或者社区的特征、风俗或者文化,来确定被告的行为是否是不合理的以及实质的损害,进而构成妨害。依据街区的特征的不同,同样的入侵有的可能构成妨害,有的则并不会构成妨害。⑥ 但是如果入侵的程度、频率或持续的时间超过了必要的容忍限度,则可能构成妨害。⑦ 无论这些行为是否具有很高的社会价值或是出于善良的用意,只要超过了忍受的限度,则一样构成侵入土地。⑧

我国《物权法》确认的相邻关系制度,实际上也是以容忍义务为核心构建起来的。《物权法》分别规定了用水、排水(第 86 条),通行(第 87 条),利

---

① 陈华彬:《德国相邻关系制度研究:以不可量物侵害制度为中心》,载梁慧星主编:《民商法论丛》(第四卷),法律出版社 1996 年版,第 271 页。

② 参见〔美〕罗纳德·H.科斯等:《财产权利与制度变迁——产权学派与新制度学派译文集》,刘守英等译,格致出版社、上海三联书店、上海人民出版社 2014 年版,第 25 页。

③ Williams, Liability for Animals, p.259.

④ See Bradley v. American Smelting and Refining Co., 104 Wash. 2d 677, 695, 709 P. 2d 782(1986).

⑤ 参见〔美〕文森特·R.约翰逊:《美国侵权法》(第五版),赵秀文等译,中国人民大学出版社 2017 年版,第 210 页。

⑥ See Weinhold v. Wolff, (1996) 555 N. W. 2d 454.

⑦ See Clinic and Hospital v. Mcconnel, (1951) 236 S. W. 2d 384.

⑧ See Jost v. Dairyland Power Cooperative, (1969)172 N. W. 2d 647.

用相邻土地建造、修缮或铺设管线(第88条),通风、采光和日照(第89条),污染物排放以及维护相邻不动产安全(第90条)产生的相邻关系。从体系位置上来看,相邻关系在所有权编中的一章进行规定。因而,我国立法是将相邻关系和容忍义务作为所有权的限制和延伸进行规定的。① 但有学者认为,相邻关系和容忍义务的规定并不仅仅局限于对所有权的限制,而是物权法中的物权负担,因而应当归入物权的一般规则之内。② 不过,虽然对于相邻关系基础的认识存在不同,但并不妨碍判断相邻关系中权利边界的容忍义务在我国立法中的重要性。在《物权法》关于相邻关系的规定中,立法均体现了容忍义务的内容。在第《物权法》86、87、88条中,将容忍义务表述为"提供必要的便利";而在《物权法》第89、90、91条中,则将容忍义务表述为"不得违反……标准""不得违反国家规定"或"不得危及……安全"。无论是提供便利,还是接受限制,或者相互容忍,实际上都是相邻不动产权利人之间为他人不动产利用受到容忍义务限制的表现。③ 因此,物权法虽然采纳了不同的表述方法,但仍然是分别从容忍的范围和他人不得逾越的界限正反两个角度,将容忍义务作为相邻关系中权利行使边界的判断标准。《物权法》第84条对处理相邻关系的一般原则进行了规定:"不动产的相邻权利人应当按照有利生产、方便生活、团结互助、公平合理的原则,正确处理相邻关系。"有学者将该条中的"团结互助"解释为协作原则的体现,相邻双方应当互相协作实现不动产利益。④ 因此,该条关于处理相邻关系一般原则的规定也反映了容忍义务的内容。

从上述分析可见,容忍义务也是相邻关系中的核心问题。一方面,相邻关系本质上是解决权利冲突的问题⑤,其是关于相邻不动产权利限制和扩张的问题:扩张的权利同样需要在一定的范围内行使,受限的权利也不意味着容忍一切来自邻地的侵害。如果说所有权划定了相邻关系中双方权利的静态边界,那么容忍义务则划定了不动产权利人对不动产利用的动态边界。另一方面,不动产权利的行使总是可能给相邻不动产权利人

---

① 参见王卫国:《中国土地权利研究》,中国政法大学出版社1997年版,第223页。
② 参见韩光明:《财产权利与容忍义务:不动产相邻关系规则分析》,知识产权出版社2010年版,第244—245页。
③ 参见韩光明:《财产权利与容忍义务:不动产相邻关系规则分析》,知识产权出版社2010年版,第63页。
④ 参见徐双喜主编:《民法学原理与实践》,郑州大学出版社2015年版,第176页。
⑤ 参见韩光明:《财产权利与容忍义务:不动产相邻关系规则分析》,知识产权出版社2010年版,第173页。

带来损害,这些损害有的可能干扰重大,有的则影响甚微,如果不规定相邻关系中的容忍义务,则将会使大量妨害甚微的纠纷也演化为诉讼,导致司法资源的浪费。此外,相邻关系以维护邻里和睦、促进不动产有效利用为目的,容忍义务的设立有利于不动产权利人利用其不动产创造更大的价值,并协调由此产生的纠纷与冲突,因而应当将容忍义务置于相邻关系中的核心位置。可以说,缺乏容忍义务的规则,相邻关系制度的立法目的就可能落空。容忍义务的设置扩张了一方权利的行使,也要求另一方忍受轻微的妨害,这有利于维持共同的生活关系,实现不动产相邻各方利益冲突的衡平调整,因而,有必要通过在法律上设置容忍义务加以规范。[①]正是因为上述原因,德国学者沃尔夫在讨论相邻关系时采用"私法上的容忍义务与相邻权",强调相邻权与容忍义务不可分割,并以容忍义务为基础和前提,这就解释了相邻关系的本质。

二、容忍义务的理论基础

以容忍义务为核心的不动产相邻关系制度,本质上限制了不动产权利人的权利,增加了权利人财产上的负担,这种限制和负担必须有社会基础才具有正当性。对于限制权利的正当性来源,学者提出了不同的看法。

(一)所有权社会化理论

相邻关系是相邻不动产之间的所有权限制和延伸。而在采取所有权绝对性的情形下,相邻关系的容忍义务就缺乏产生的基础。正因如此,在奉行所有权绝对的法国,法律无法在所有权中讨论相邻关系的容忍义务,只能另辟蹊径通过引入妨害邻居的侵权制度解决此类问题,并逐渐确认相邻关系的容忍义务。而在采纳所有权受限制的模式下,容忍义务就自然发展成为所有权行使中的必要限制,而无须通过引入其他制度或手段进行规定。

近代以来,所有权社会化理论逐渐发展,成为限制所有权绝对性的强有力理论,该理论也成为容忍义务的理论基础。早在19世纪,德国著名法学家基尔克曾经对罗马法的财产绝对排他支配提出批评,他认为,所有权并非独立于外在世界而存在,其行使应当受到法律秩序的限制,以符合财产性质和目的。因此,所有权中也都含有义务,权利在道德上的界限,

---

① 参见陈华彬:《物权法原理》,国家行政学院出版社1998年版,第356页。

应当成为法律所规定的义务。①《德国民法典》起草人温德沙伊德指出:"毫无顾忌地贯彻所有权概念的后果,不存在严重弊端是不可能的……关于所有权具有义务的思考和关于所有权用益戒律的思考并非是20世纪的特征。标新立异的见解更多的是符合独创观点的愿望,而不符合对以前理论和实践的充分分析。"②对所有权的限制已经逐渐扩张成为物权法的一项基本理念和原则。正是在所有权限制的模式下,相邻关系中的容忍义务应运而生。容忍义务限制了所有权,使相邻的不动产所有权人不再绝对地排斥邻人,体现了所有权的社会化。有德国学者认为,容忍义务是所有权的自然界限,也是对所有权社会限制的一种体现。③ 德国学者施蒂尔纳认为,对所有权毫无限制的使用与处分将会破坏有序的人类共同生活。物权法应当保持各所有人和平相处(das Nebeneinanderleben),这种和平保护需求依其性质,在土地中必然要比动产中体现得更为强烈,并形成了相邻权制度。④

客观地讲,所有权的社会化在限制所有权的绝对性方面的确有很强的说服力,此种理论对于直接限制所有权的诸多形式,如征收、征用等,提供了强有力的论证依据。但对于容忍义务而言,这种学说还是过于抽象,因为在许多情况下并非是对财产权的限制。例如,在气体等不可量物的侵害中,只是出于共同和谐生活的需要,而并非对所有权行使的绝对限制。其涉及的也并非公共利益,而只是相邻共同体之间的共同利益,对财产权的限制均能由此找到理论基础。但必须看到,所有权社会化理论把公共利益当成限制所有权的前提,而相邻关系的容忍义务多不涉及公共利益,而往往是为了实现自己的利益,在此情况下,把所有权社会化当作容忍义务的理论基础,并不妥当。

(二) 社会连带主义

社会连带学说由法国学者狄骥创立,其产生于19世纪末20世纪初,狄骥以社会学的社会连带思想为基础,对绝对所有权进行了反思,并从另一个

---

① See Gottfried Dietze, In Defense of Property, Johns Hopkins University Press, 1971, p. 102.
② 〔德〕罗尔夫·克尼佩尔:《法律和历史——论〈德国民法典〉的形成与变迁》,朱岩译,法律出版社2003年版,第258—260页。
③ Vgl. Neuner, JuS 2005, 487(490).
④ 参见〔德〕鲍尔、施蒂尔纳:《德国物权法》(上册),张双根译,法律出版社2004年版,第5页。

角度提出了所有权的社会化思想。在狄骥看来,连带是人类的"天赋",连带关系是构成社会的"第一要素",是社会中人们之间相互作用、相互依赖的关系。①"人们有共同需要,这种需要只能通过共同的生活来获得满足。人们为实现他们的共同需要而作出了一种相互的援助……"②基于此种认识,狄骥甚至提出,"所有权不是一种权利,而为一种社会职务。所有者……因持有该财富的事实,而有完成社会职务的义务"③。在社会生活中,每个人都构成了社会有机体的组成部分,因而,所有权人应当负有一种客观义务,即通过充分利用其财产,维持和增加社会的"连带"关系。④ 所有权人所负的社会职务要求其为相邻的所有权人提供便利,因而其应负有容忍义务。由此可见,从社会连带主义出发,有必要形成相邻关系中的容忍义务,因为现代社会正由熟人社会进入到陌生人社会,血缘关系的影响逐渐淡化,因特定的地缘所形成的新型共同体逐渐发展,相邻不动产权利人之间的关系就是这种共同体的形态,为了维护这一共同体的关系,就有必要维系狄骥所说的"连带"⑤。要维持这种"连带"就要求相邻不动产权利人之间存有容忍义务。例如,一方对另一方所制造的轻微噪音,应当负有容忍义务,对袋地的通行,邻地需要提供一定的协助,这都是"连带"的具体体现。

然而,狄骥的社会连带学说虽然从社会连带关系出发,解释了容忍义务产生的正当性,但是在解释相邻关系中的容忍义务时仍然显得过于抽象。在诸如袋地通行的情形下,只有袋地所有权人通行邻地的单方需要,而无"共同需要",完全用连带关系解决容忍义务显然力所不逮,通过社会连带主义难以解释此种情形下的容忍义务。更何况,狄骥认为主观权利实际上都是一种社会责任,它通过"共同需要"把所有权转化为一种社会职务,这实际上是要过于淡化权利的概念,反而也不利于对私权的保障。具体到容忍义务,仍然存在不够周延的缺陷。就此而言,不宜把它们作为

---

① 参见吕世伦主编:《现代西方法学流派》(上卷),西安交通大学出版社2016年版,第249页。
② 〔法〕莱翁·狄骥:《宪法论》(第一卷),钱克新译,商务印书馆1959年版,第63页。
③ 〔法〕莱昂·狄骥:《〈拿破仑法典〉以来私法的普通变迁》,徐砥平译,中国政法大学出版社2003年版,第21页。
④ 参见〔法〕莱昂·狄骥:《〈拿破仑法典〉以来私法的普通变迁》,徐砥平译,中国政法大学出版社2003年版,第21页。
⑤ 参见韩光明:《财产权利与容忍义务:不动产相邻关系规则分析》,知识产权出版社2010年版,第54页。

容忍义务的理论基础。正是因为这些理论并非针对相邻关系而提出,才出现上述欠缺,那么,在寻找容忍义务的理论基础上,就要从相邻关系的法律制度以实现邻里和谐共居为目的的角度出发,探索与其最相近的理论。

(三) 相邻共同体理论

德国学者马克斯·韦伯曾经提出了邻人共同体的概念,他认为相邻的不动产权利人之间形成了一种"邻人共同体"关系,相互间应当负有相互照顾和容忍的义务。在韦伯看来,所谓"邻人"(die Nachbarschft)并不单指因为农村聚落的邻居关系而形成的那种原始的形式,而是因空间上的接近而形成的关系。换言之,基于长期或暂时的居住或停留而形成近邻关系,从而产生出一种长期慢性或昙花一现的共同利害状态。[①] 韦伯将这种共同体称为"利益共同体"或"结合体关系"。"一般说来,邻人共同体只不过是奠基于实际上持续住得近这个单纯的事实上。在早期的自给自足的农业经济里,典型的邻人共同体是村落,亦即一群紧紧比邻而居的家共同体。不过,邻人性质亦可越过其他(例如政治)架构的固定边界而运作下去。实际上,这意味着急难时的相互依存。"[②]邻人关系作为冷静而非出于感性的"兄弟之爱",普遍存在于社会群体之中。韦伯认为,任何法律秩序提供保障的权威都以某种方式依赖于构成该秩序的社会群体的共识性行动,而社会群体的形成,在很大程度上依赖于物质利益的配合。家作为社会的基本单位只能满足较小范围内的需求,而对于紧急情况和超越这些基本需求的内容则只能通过邻人的援助。[③] "邻人共同体规制其成员行为的秩序,要不是通过本身的结合体关系来制定(例如'耕作强制'),就是由外来者(个人或组织)强行制定,通过这外来者将邻人在经济上或政治上加以结合体化(例如出租屋所有者所制定的秩序)。"[④]规制邻人共同体秩序的行为就包括了邻人间相互容忍和互助这一内容。这种相邻共同体理论构成了德国民法上"相邻共同体"(das nachbarliche

---

① 参见〔德〕马克斯·韦伯:《社会学的基本概念·经济行动与社会团体》,顾忠华译,广西师范大学出版社2011年版,第381页。
② 〔德〕马克斯·韦伯:《社会学的基本概念·经济行动与社会团体》,顾忠华译,广西师范大学出版社2011年版,第382页。
③ 参见〔德〕马克斯·韦伯:《经济、诸社会领域及权力》,李强译,生活·读书·新知三联书店1998年版,第36页。
④ 〔德〕马克斯·韦伯:《社会学的基本概念·经济行动与社会团体》,顾忠华译,广西师范大学出版社2011年版,第383页。

Gemeinschaftsverhältnis)理论的思想基础。① 德国法中相邻关系的容忍义务理论基础在于"相邻共同体理论",此种理论认为邻里之间处于一种紧密联系的共同生存空间之中,容忍义务正是来源于该共同生活关系,是诚实信用原则的反映。②

法国学者盖斯坦等也认为,在相邻关系中,为了促进相邻人之间的共同福利,不能保障每个人都有可以忍受的生活条件,这就引申出一种具体的义务,即容忍义务。这种义务是指,所有人或占有人负有不对邻人造成过分干扰的特殊义务。③ 为实现对个人所享有的不动产物权更好地利用,不能只依靠该物权的独立实现,必须通过相邻物权人的配合和容忍,才有利于实现物权利用效率的最大化。相邻关系中的容忍义务本质上就是现代社会中人与人之间的密切关系的体现,通过物质利益上的依赖,实现人与人之间和谐、和睦相处的需要。

相邻共同体理论相较于狄骥的社会连带说而言更加具体,因为其针对的就是经由邻人关系所形成的社会关系,所以对于容忍义务的产生基础而言更有说服力。相邻关系中的容忍义务本质上就是在平衡相邻不动产权利人之间的利益,因而其可以成为更有力的理论基础。依据相邻共同体理论,德国学者沃尔夫指出:"相邻的共同关系是指,在紧密联系的共同生存空间中,邻居之间所产生的事实上的特殊关系。在这种特殊关系中,邻居之间应当本着第 242 条的诚实信用原则承担对等地照顾对方利益的义务。"④这就意味着,容忍义务正是为了维护相邻共同体的生活所产生,也是巩固这一共同体所必需的。

(四) 权利边界理论

权利边界理论认为,权利是自由的体现,而自由的边界就是由权利的限制所确定的。任何权利都存在限制,而这种限制也是对自由的限制,需要通过权利的边界加以确认。因而对相邻关系中的权利限制和扩张,也是法律对于权利边界的确定。德国学者齐美尔曾指出:"也许在各种个人

---

① 参见韩松等编著:《民法分论》,中国政法大学出版社 2009 年版,第 149 页。
② 参见〔德〕曼弗雷德·沃尔夫:《物权法》,吴越、李大雪译,法律出版社 2002 年版,第 177 页;〔德〕鲍尔、施蒂尔纳:《德国物权法》(上册),张双根译,法律出版社 2004 年版,第 555 页。
③ 参见〔法〕雅克·盖斯旦、吉勒·古博:《法国民法总论》,陈鹏、张丽娟、石佳友等译,法律出版社 2004 年版,第 708—744 页。
④ 〔德〕曼弗雷德·沃尔夫:《物权法》,吴越、李大雪译,法律出版社 2002 年版,第 177 页。

之间以及在各种群体之间的大多数关系里,界限的概念在某种程度上是重要的。在两个要素对同一客体之内有一条界线把它们各自的范围分开——不管界限作为权利的争端的结束,还是作为权利的界限也许是争端的开始。"①

在近现代财产法中,权利边界明晰是最基本的要求,也是构建财产权制度的基石。只有明晰权利边界,才能有效区分不同主体的财产权,有效促进主体对于财产的控制和使用,最大化地实现财产权固有的利益。在通常情况下,权利边界明晰意味着权利主体只能在自己权利范围内行事,不能不当逾越界限,侵入他人权利范围,否则就可能会构成侵权等不法行为,要承担法律责任。德国学者沃尔夫指出:"因为相邻共同关系不形成任何单独的请求权,而仅仅是对权利行使作出了一些限制。"②这就意味着,相邻关系的容忍义务来自于对权利的界定和限制。但在毗邻而居的相邻关系中,因为受相互邻接的物理空间限制,邻人之间期望最大化地实现自己的财产利益,时常需要借助他人的容忍和帮助。例如,在形成袋地的状态下,一方需要借助他方土地通行,他方就不能再以权利边界明晰为由排斥邻人对自己财产的利用,而应当互谅互让,容忍他人的必要通行。法律上规定容忍义务,就能防止他人坐地起价,有效降低社会交往成本,并实现财产的最大利益。如没有容忍义务,邻地所有权人会利用袋地所有权人的窘境,开出让其通行的苛刻条件,不满足该条件,袋地就因此成为"死地",在规定邻地所有人必须容忍袋地所有权人通行之后,袋地才能实现其本有的价值。而且相邻关系是因不动产相邻而产生的社会关系,一旦这种关系形成并存续,就成为邻人之间"不得不"长期交往的社会关系,当事人之间就能形成和睦、和谐的生活和生产状态。

综上所述,笔者认为,容忍义务的产生是所有权社会化的结果,其根本目的是维护邻人共同体之间相互协助以维系共同生活的需要,因而才具有正当性。但在相邻关系中,这种义务本身也是对不动产权利作出限制和界定的一种方式,所以有必要在法律上明确作出规定。容忍义务的设置也有利于维持和谐的邻人关系,即相邻关系的法律制度以实现邻里和谐共居为目的,维持邻人长期交往的社会关系。

---

① 〔德〕齐美尔:《社会是如何可能的:齐美尔社会学文选》,林荣远编译,广西师范大学出版社2002年版,第316页。
② 〔德〕曼弗雷德·沃尔夫:《物权法》,吴越、李大雪译,法律出版社2002年版,第177页。

三、容忍义务的性质辨明

相邻关系中的容忍义务本身具有一定的特殊性,容忍义务所表达的内容较为复杂,其所发挥的作用也比较大。要对其在立法上进行明确规定,首先必须明确其性质,才能将其纳入现有的规范之中,因而对于容忍义务性质的界定也成为学理上讨论的重要话题。

(一)容忍义务是对所有权内容和行使的限制

在物权法中,相邻关系中的容忍义务是由法律、习惯等所确认的一项义务,此种义务首先表现为对所有权内容和行使的限制。在德国法中,相邻关系问题被归入所有权的内容中,因为其被认为是所有权权能的内容。① 在这个意义上,相邻关系中的容忍义务实质上是对相邻所有权的限制。② 容忍义务的目的是保证邻地的使用价值,并且也并不贬损不动产本身的使用价值。③ 正如谢在全教授所指出的,"相邻关系实为所有权社会化之具体表现,其基本理论乃在于利用利益衡量之原理,使权利行使间相互调和"④。

问题在于,容忍义务是否产生债权请求权?或仅仅只是物权的行使方式?在德国,根据权威的解释,必要通行权(das Notwegrecht)依照法律规定,只要存在一个符合《德国民法典》第917条规定要件的必要状态时,即可成立。尽管已存在必要通行权可能需要在利用的状态、时间和方式上进行内容上的具体化,但不能由此得出,一个在内容上对容忍义务加以具体化的"请求",这种"请求"只是对已经存在的必要通行权的行使。⑤ 这种容忍义务具有物上的效果(die Dingliche Wirkung),此项法定义务附随不动产本体,与不动产本体不可分割,甚至部分义务可以视为不动产的必要部分(der Wesentliche Bestandteil)。⑥ 所以在德国法上,容忍义务并非产生新的请求权,而只是在相邻权的行使中,对方所必须承受的义务。

法律就相邻不动产所有权的行使进行一定程度的干预,要求不动产

---

① 参见张鹏、曹诗权:《相邻关系的民法调整》,载《法学研究》2000年第2期。
② Vgl. MüKoBGB/Brückner, §912, Rn. 25.
③ Vgl. MüKoBGB/Brückner, §912, Rn. 28.
④ 谢在全:《民法物权论》(上册),中国政法大学出版社1999年版,第172页。
⑤ Vgl. MüKoBGB/Brückner, §917, S. 631.
⑥ Vgl. MüKoBGB/Brückner, §912, Rn. 26.

所有人应为相邻不动产所有人行使权利提供必要的便利,容忍来自邻人的轻微损害,这也是为了最大限度地追求效益,促进物尽其用。在相邻关系制度中,最能体现物权法追求效益目标的是越界相邻关系。土地所有人建筑房屋时逾越边界的,其行为构成侵权行为,侵犯了邻地所有人的物权。但是,大多数国家和地区的物权法此时并未允许邻地所有人行使物权请求权,据以请求拆除越界的房屋并交还占用的土地,而只是赋予被越界的土地所有人请求赔偿的权利,也就是说,被越界的土地所有人有容忍邻地所有人使用其土地的义务。如意大利民法即允许越界建筑人保有完整的房屋,但其要赔偿所占用土地价值的两倍;德国民法则要求越界人支付永久性的租金或买下越界部分的土地;而在美国,根据许多州采纳的"自愿地役"原则,法院只会要求越界建筑人支付象征性的损害赔偿。①这些立法显然是考虑到越界建筑的施工必然花费了成本,并且越界建筑既已建成,若将之拆除,不但以前的建筑成本白费,更损害了建筑物的利用价值,而且还要支出拆除建筑物的费用。这样在经济上极不合理。因此,通过课以邻地所有人容忍义务,可保障建筑物的经济价值,防止财产的损失和浪费。

(二) 容忍义务是一种不作为义务

相邻关系中的容忍义务是一种特殊的义务,该义务给不动产权利人增设了不得从事某种行为的负担。因而,它不是积极地实施某种行为的义务,而是消极地不实施某种行为或容忍他人实施某种行为的义务。就容忍义务来说,该义务主要表现为对于他人对自己土地的轻微干涉和利用应当不作为地容忍,而不是采取积极的手段以实现他人的权利。正如德国民法学家冯·图尔则将其解释为:"关于容忍义务,从概念上只是说,指某人有义务不提出反对或异议,这种反对或异议他本来是有权提出的。"②从这一意义上说,容忍义务的性质属于不作为义务。此种义务的特点在于:第一,其表现为不为某行为的容忍,而所谓容忍即屈从,是本可以禁止他人为或不为一定行为,葡萄牙著名学者平托认为法律关系中的

---

① 参见王文宇等:《从经济观点论保障财产权的方式——以财产法则与补偿法则为中心》,载《法学丛刊》1999年第44卷第3期。
② 〔德〕卡尔·拉伦茨:《德国民法通论》(上册),王晓晔等译,法律出版社2003年版,第269页。

义务可以分为法律义务和屈从,而容忍义务属于屈从的范畴①;第二,与容忍义务相对的权利人不能要求负有容忍义务的当事人履行该义务,而只能通过行使自己的不动产权利的方式使义务人处于受到拘束的状态;第三,一方负有容忍义务,意味着另一方从事某种行为时,负有容忍义务的一方不得禁止。②

容忍义务和权利虽有一定的关联,但是并不具有对应性。拉伦茨认为,并不是所有的权利都对应着法律义务,有时对应于权利的仅仅是其他的法律拘束,如容忍义务。③ 因而容忍义务并不属于狭义的义务或所谓的不真正义务,其不过是他人行使不动产所有权、建设用地使用权、土地承包经营权等的反射效果。因而,容忍义务并没有积极违反的可能,而只是使得义务人处于时刻受拘束的状态,而不得依据自己的不动产物权行使排除妨碍或损害赔偿等权利。

(三) 忍受轻微妨害是容忍义务的重要内容

行使排除妨害的请求权,是因妨害行为是不合法的,或者超越了正常的容忍限度。如果行为人实施某种行为具有法律上或合同上的依据(如承租人正当使用房屋、某人因紧急避险而给所有人造成妨害),虽对物权人构成妨害,物权人也不得请求行为人排除妨害。妨害行为有可能是合法的,如在自己土地上堆放被许可排放的污染物,此种行为依据"无害"标准并不禁止,但如果给他人造成了超越正常的容忍限度的妨害,权利人也可以请求排除。一般说来,物权人应当容忍他人的轻微的、正当的妨害。有人认为,《德国民法典》在制定时,立法者为了促进工业的发展,过多地强调权利人应当负有"忍受义务",因此,《德国民法典》第905、906、912条等都确认了忍受轻微妨害的义务。但在今天,法律的重心已经发生移转,更重要的是保护物权人的权利,所以,不能要求权利人承担忍受轻微妨害的义务。笔者认为,这一看法是不妥当的,主要理由在于:

第一,忍受轻微妨害义务是维护社会生活的和睦所必需的。容忍来自对他人的轻微的妨害,是民事主体所应当负有的一种义务。因为人作为社会关系的总和,生活在特定的共同体和社会之中,总会与他人发生各

---

① 参见〔葡〕Carlos Alerrto da Mota Pinto:《民法总论》,林炳辉等译,澳门法律翻译办公室、澳门大学法学院1999年版,第88页。
② 参见史尚宽:《民法总论》,中国政法大学出版社2000年版,第34页。
③ 参见〔德〕卡尔·拉伦茨:《德国民法通论》(上册),王晓晔等译,法律出版社2003年版,第268页。

种摩擦,从而不可避免地会造成损害或妨害。如果人们不能容忍任何轻微的妨害,则社会成员之间根本无法和睦相处,社会就难以形成正常的经济生活秩序。所以,从维护社会生活秩序的角度出发,所有人应当容忍轻微的妨害。在他人实施了轻微的妨害的情况下,物权人不得请求予以排除。

第二,忍受轻微妨害义务是相邻关系制度的重要内容。相邻关系规则就是要规范不动产权利人之间在行使物权时的相互关系,一方的权利要适当延伸,另一方要提供适当的便利,这就包含了应忍受轻微妨害的义务。如果在物权法上不能确定忍受轻微妨害的义务,则无法形成相邻关系规则。"容忍义务可直接基于法律而生,其主要情形体现为相邻关系上的容忍义务。来自邻地干涉而生的对所有权之妨害,若该干涉是轻微的或为当地通行的,则所有权人对该妨害,不得提起所有物妨害防止之诉。"①

第三,忍受轻微妨害的义务,在一定程度上也确定了所有权行使的标准。在现代民法中,所有权不是绝对无限制的权利,而是一种受限制的权利。对所有权的限制规则之一是所有人负有忍受轻微妨害的义务,这也是诚实信用原则的要求。当然,法律对所有权的限制也应在合理的范围内,法律不能要求所有人因提供便利而使自己蒙受重大的妨害,或因提供这种便利而使其所有权不能得到正常的行使。

如何判断某种妨害是否属于轻微的妨害?这需要考虑两方面的因素:一是要看一个合理的一般的人是否能够忍受,也就是说,这种妨害是否超出了一个合理的人能够忍受的范围。二是需要考虑所有人忍受此种妨害是否将使其所有权不能得到正常行使,如果无碍于所有权的行使,那么此种妨害就属于轻微妨害。

(四) 容忍义务是由法律和习惯等确认的

容忍义务首先来自于法律的规定。容忍义务事实上构成了对主体不动产所有权的限制。对所有权的限制是对基本权利的干预,依据法律保留的原则,应当通过法律进行规定。法律的限制可包括两个方面:一是私法上确认的容忍义务,在物权法上主要体现为相邻关系中的容忍义务。例如,我国《物权法》第87条规定的不动产权利人对相邻权利人因通行等必须利用其土地,应当提供必要的便利。这实际上是一种容忍他人通行的义务。私法

---

① 〔德〕鲍尔、施蒂尔纳:《德国物权法》(上册),张双根译,法律出版社2004年版,第231页。

上的容忍义务是容忍义务的典型形态。二是公法上确认的容忍义务,此种义务产生的基础可以是公法的规定,也可以是具体的行政行为。①

我国《物权法》第90条虽然没有明确规定相邻不动产权利人之间排放污染物的容忍义务,但按照第84条规定的处理相邻关系的"有利生产、方便生活、团结互助、公平合理"的原则,已经包含了相邻不动产权利人之间应当互负容忍义务。《物权法》多个条款都涉及对容忍义务的规定。例如,《物权法》在多个条款中都规定了相邻一方应当为另一方提供必要的便利。② 所谓必要的便利,就包括容忍他人在必要便利的范围内对自己不动产的利用。《物权法》第90条规定:"不动产权利人不得违反国家规定弃置固体废物,排放大气污染物、水污染物、噪声、光、电磁波辐射等有害物质。"该条类似于德国法中的不可量物的侵害规则,在解释上应当认为,对相邻一方而言,应避免给他人造成不可量物的侵害,而对另一方而言,则有义务在一定限度内容忍邻人的侵害,即在国家规定的标准以内应当容忍,如果超过国家规定的标准,受害的不动产权利人有权要求停止侵害、消除危险、排除妨害,以及赔偿损失。③

有学者认为,容忍义务应遵循法定主义,这是由容忍义务的规范目的的特殊性所决定的。④ 但问题在于,法律不可能规定得过于详细,随着社会生活的变化,全面列举容忍义务的内容是不可能的。因为容忍义务法律效果的最终确定需要以相邻共同关系为基础,其并非是一成不变的,而是不断发展的。⑤ 人们在社会中生活,为了维持共同体的和谐,有必要相互容忍对方的轻微损害,才能形成和谐有序的秩序,所以社会生活的习惯也常常成为容忍义务的来源。例如,在城市中,燃煤所带来的煤烟可能构成邻人不可接受的干扰,但在以燃煤为取暖方式的地区,如果住户普遍燃煤取暖,那么对于一般燃煤煤烟的侵入,依据当地习惯则应当认定邻人负有一定的容忍义务。依据社会生活习惯所确定的容忍义务,可以有效缓和法律直接规定方式的僵化,也可以充分考虑各地的不同生活习惯,相较于法定方式而言,此种方式显然更为灵活。

---

① 参见〔德〕鲍尔、施蒂尔纳:《德国物权法》(上册),张双根译,法律出版社2004年版,第231页。
② 参见《物权法》第86、87、88条。
③ 参见胡康生主编:《中华人民共和国物权法释义》,法律出版社2007年版,第96页。
④ 参见韩光明:《财产权利与容忍义务:不动产相邻关系规则分析》,知识产权出版社2010年版,第169页。
⑤ Vgl. MüKoBGB/Baldus, §1004, Rn. 201.

四、容忍义务的具体判断

相邻关系本质上是一种提供便利与容忍损害的关系,事实上,违反相邻关系规范大多是因为一方的行为突破了对方容忍义务的限度,并给对方造成损害。因此,准确把握容忍义务的限度,对于准确界定相邻关系中各方当事人的权利义务关系以及准确适用相邻关系规范,具有重要意义。按照沃尔夫的观点,《德国民法典》对于解决相邻不动产之间的各种纠纷主要是通过对相邻关系和容忍义务的界定来解决的。因此,容忍义务是解决相邻不动产之间纠纷的重要依据。[①]

但此种容忍不是无限制的,而应当是一种合理限度内的容忍。容忍义务旨在处理相邻一方和另一方之间的利益冲突,维持权利人之间的和睦关系,使当事人间的权利义务获得有效的平衡,这种平衡并不要求一方无限制地容忍。按照这一制度,相邻各方不得以加害于邻人的方法使用自己的不动产,如给邻人造成损害超过必要的限度即构成侵权。在建筑物区分所有的情形下,为维持相邻不动产权利人之间的和睦关系,对于相邻不动产权利人的轻微损害(如装修时发出的噪音),不动产权利人负有容忍的义务,但如果这种损害已经明显超出忍受的范围,或违反建筑物的管理规约,则将构成侵权。所以,要准确判断相邻关系中当事人是否正确行使其不动产权利,就有必要准确界定容忍义务的限度。如果对容忍义务不设限制,则可能导致所有权虚置,构成对所有权的侵害。

应当如何确定容忍义务的必要限度,具体有如下三种学说。

(一) 实质性或重大损害的标准

所谓实质性损害,是指按照一个合理人(verständige Durchschnittsmenschen)的标准判断,是否属于一个合理人所不能忍受的重大损害。[②] 此处所说的"不能忍受",是指侵害或妨害行为给相邻的不动产权利人的精神和生理状况造成过度干扰。具体判断因素主要包括侵扰的时间点、持续

[①] 参见〔德〕曼弗雷德·沃尔夫:《物权法》,吴越、李大雪译,法律出版社2002年版,第170页。

[②] Vgl. BGH NJW 2004, 1037 (1040).

的时长以及侵扰的强度①,对环境的影响②,以及对邻居家庭生活的影响③等。在德国法中,通常以是否构成实质损害为标准来判断容忍义务的范围。例如,在行使邻地通行权的情形下,虽然邻人负有容忍通行的义务,但此种通行不得给对方造成实质损害。所谓非实质性影响,是指没有超过一个合理人能正常忍受的范围。④ 对于干扰是否重大通常以客观标准进行判断,即超过"正常普通人"可忍受之程度(Erträglichkeit des normalen Durchschnittsmenschen)即为"重大",由于此种标准是以一个合理人的标准进行判断,也即以社会一般人的标准判断,因此一般情况下并不考虑土地所有人个人的特殊情况。⑤

客观标准的采纳对于法律适用的统一是有益的。应当承认,在社会生活中,有的人对于轻微损害都无法忍受,而有的人对于重大的损害也可以淡然处之。在这种情况下,采取客观的判断标准来界定容忍义务的范围是具有一定意义的。由于主观标准在证明上存在困难,在诉讼中也会形成不便。因此,客观的判断标准在确定容忍义务的限度上是有必要的。但是,以客观标准进行认定,往往伴随着大量的例外存在。事实上,这些大量的例外意味着"一般理性人"的客观标准不应成为重大损害判断的唯一标准,而应同时考虑其他因素,进行综合的考量。在德国司法实践中,通常考虑的主观因素主要包括以下两个方面。一是不动产的具体情况和用途。⑥ 例如,医院、学校等不动产权利人的容忍义务就不同于从事工业生产或者商业经营用途的不动产权利人。⑦ 相较于工业生产或商业经营用地,医院、学校、住宅等用地并不能完全适用一般理性人的客观标准,因为在这些土地用途中,不

---

① 参见肖俊:《不可量物侵入的物权请求权研究——逻辑与实践中的〈物权法〉第90条》,载《比较法研究》2016年第2期。

② Vgl. BGHZ 120, 239 (255) = NJW 1993, 925 (929).

③ Vgl. auch OLG Karlsruhe, DWW 2000, 199 (200); Lachwitz, NJW 1998, 881 (882); Horst, DWW 2001, 54 (54). 如对小孩子的吵闹声、对残疾人提供生活便利等有较高的容忍义务。

④ Vgl. MüKoBGB/Brückner, §912, Rn. 28.

⑤ 参见台湾大学法律学院、台大法学基金会编译:《德国民法(上)》(修订二版),元照出版公司2016年版,第867页。

⑥ 参见台湾大学法律学院、台大法学基金会编译:《德国民法(上)》(修订二版),元照出版公司2016年版,第867页。

⑦ 参见肖俊:《不可量物侵入的物权请求权研究——逻辑与实践中的〈物权法〉第90条》,载《比较法研究》2016年第2期。

动产利益和人身利益结合更为紧密。① 在对这些因素的考量中,容忍义务实际上是通过作为物权法基础的人与物的支配关系进行判断,由此把理性人的感受与不动产经济用途和使用状态联系在一起。二是地方的习惯。如果依据当地的习惯,该妨害是通常发生且为大家所接受的,则不构成实质性损害。如果实质性的损害不是当地通行的(ortsüblich),就不允许,因而不动产所有权人有权禁止。② 当地通行是指当地的确经常性地进行使用。③ 判断权利行使的标准要看妨害人一方,而不考虑被妨害的不动产一方。如果可以采用经济上可行的措施来阻止某种影响,那么,即使这种实质性的影响具备当地通行性,也不能容忍。此外还要考虑一些特殊情况,如侵害是否具有紧迫性④、是否在不动产空间范围外使用⑤、从不动产上的紧急通过是否有必要性⑥,等等。一旦邻人的损害构成实质性损害,则不动产权利人可以请求邻人停止侵害、消除危险、排除妨害,或者主张赔偿损失。

我国司法实践也有不少案例采纳实质性损害的标准来判断容忍义务的存在和范围。例如,在"高宝龙诉郭乃琴相邻采光、日照纠纷案"中,法院经审理认为:被告在自家房屋上加盖建筑,的确对原告家房屋的日照产生一定影响,但当事人双方对该房屋日照现状仍符合《城市居住区规划设计规范》的具体规定,均予以认可,没有争议。故对于原告要求被告拆除所建建筑的诉讼请求,于法无据,本院不予支持。⑦ 在该案中,由于被告在自家的房屋上加盖的建筑并未超出相关规定的标准,因此,法院认为这并未构成对原告的实质性损害,故要求原告对因此造成的轻微损害予以容忍。

(二) 过错判断标准

此种观点认为,如果行为人给邻人造成损害时具有过错,则邻人不再负有容忍的义务。例如,一方需要通过邻人的土地时,本可以走田埂而不必穿越麦田,但却选择破坏麦田的方式通行,此种行为表明通行者具有过

---

① 参见肖俊:《不可量物侵入的物权请求权研究——逻辑与实践中的〈物权法〉第90条》,载《比较法研究》2016年第2期。
② 参见〔德〕M. 沃尔夫:《物权法》(第二版),吴越、李大雪译,法律出版社2004年版,第156页。
③ BGH NJW 1983, 751.
④ Vgl. MDR 1992, 483; NJW 1995, 968 f.; NJW 1997, 3383.
⑤ Vgl. RGZ 59, 116 f.; BGH NJW 1981, 573 f.; OLG Bremen OLGZ 1971, 147 f.; OLG Düsseldorf NJW 1999, 956 f.; OLG Oldenburg NJW 1999, 957 f.
⑥ Vgl. BGH NJW 1981, 1036; BGH NZM 2009, 253; OLG Hamm NJW 1959, 2310.
⑦ 参见北京市第一中级人民法院(2011)一中民终字第15296号民事判决书。

错,因而邻人就不具有容忍以此种方式通行的义务。这实际上就是按照过错的标准来衡量容忍义务承担的必要性。

此种标准最早来源于罗马法。在罗马法中,就曾经施加了一项原则性的义务给财产的所有权人,即其不得以给他人带来损害的方式使用自己的财产。① 这一经验也为法国所采纳,并逐渐形成了法国法上的妨害邻居制度,根据该制度,如果"损害超过正常邻里间不便的限度"构成《法国民法典》第1382条和第1383条规定的过错,邻人在此情形下不负有容忍义务。相反,行为人构成妨害邻居,因而要承担侵权责任。根据妨害邻居规则,某人可以在一定程度上对其邻居施加一定的不便,但是不得超过某一限度。一旦损害超过该限度,就构成过错,并应当承担侵权责任。大量法国判例采纳这一观点。② 判例承认"一旦损害超过正常邻里间不便的限度"就承担责任。例如,某人在自己的房顶上树立烟囱,而目的在于阻挡邻人的光线,因而其具有过错,邻人不具有容忍该损害的义务。③

妨害邻居的过错判断其实主要是解释责任承担的依据,并从另一方面也解释了邻人是否负有容忍义务的问题。有学者认为,妨害邻居的责任是一种基于某人超过人类社会生活给予他人的一般不便的事实而产生的责任④,或者说"考虑到一般的邻人之间的不便限度已经被超过,应恢复相邻权利人之间的公平与平衡"⑤。此种观点具有一定的合理性。

但是完全以有无过错作为是否具有容忍义务的标准的判断方式,显然是从侵权的角度出发的,而忽略了相邻关系中相邻不动产权利人之间的关系不同于社会一般人之间关系的特殊性。因而,单纯以是否具有过错作为判断标准,也有不合理之处。

(三) "较大利益"原则

德国民法采纳了"较大利益"原则,认为当他人的干涉利益大于所有

---

① William L. Burdick, The Principles of Roman Law and Their Relation to Modern Law, The Lawyers Co-operative Publishing Co., 1938, p.366.

② Mazeaud, H., L., and Tunc, Traité théorique et pratique de la responsabilité civile délictuelle et contractuelle Ⅰ, ed. 6, 1965–1970, no.614.

③ Mazeaud, H., L., and Tunc, Traité théorique et pratique de la responsabilité civile délictuelle et contractuelle Ⅰ, ed. 6, 1965–1970, no.598.

④ Mazeaud, H., L., and Tunc, Traité théorique et pratique de la responsabilité civile délictuelle et contractuelle Ⅰ, ed. 6, 1965–1970, no.621–622.

⑤ Report Farbe Before Cass. civ., 18 July 1972; J.C.P. 1972. Ⅱ.17203.

权人的利益时,应当承认他人干涉的合法性。① 在此情形下,所有人应当负有容忍他人干涉的义务。其中,相邻的所有人不得实施具有损害他人之恶意且对自己利益较少和无益的行为。② 按照这一理论,行为人实施某种行为时不能是损人不利己的,否则邻人就不再负有容忍义务。例如,某人的土地为盐碱地,本不适宜耕种,该人以耕种为由引水,并破坏邻人土地上的庄稼,污染了邻人土地,此时,该干涉人自己并未从行为中获得利益,但却大大损害了邻人土地的权益。德国学者施蒂尔纳举一例说明,某人母亲的坟墓位于父亲土地之中,父亲禁止儿子去母亲的坟墓前凭吊,即为恶意刁难,因为父亲禁止儿子凭吊并无自有利益。③ 该理论来自于中世纪的争斗行为理论,并为《德国民法典》第 226 条所采纳。④

这一原则也解释了容忍义务产生的依据,其实也是比例原则的体现。比例原则是衡量相冲突的利益的原则,它要求行为要合比例、适度,着眼于相关主体利益的均衡,比例原则的精神在于反对极端,实现均衡,既不能"过",也不能"不及"。在对民法上利益进行判定时,按照比例原则的要求,损害某一利益的判定与其所达到的目的之间必须合乎比例或相称,所造成的弊端应小于其利益。⑤ 按照狭义比例原则的要求,应当将最终选定的最温和的手段与要实现的目的进行衡量,如果采取最温和的手段所造成的利益损害仍然大于要保障的利益,那么就应该放弃这一手段的使用。在判断相邻关系中的容忍义务存在的必要性时,也有必要采取"两害相权取其轻"的思考模式。根据庞德的看法,在各种利益冲突的情况下,依据类似于比例原则的办法,采取造成最少利益受损保全其他利益的解决方法最为妥当。⑥ 庞德认为,解决利益冲突的基本原则应该是"通过社会控制的方式而不断扩大对人的需求、需要和欲望进行承认和满足;对社会利益进行日益广泛和有效的保护;更彻底和更有效地杜绝浪费并防止

---

① 参见王海燕:《私有财产权限制研究》,中国社会科学出版社 2017 年版,第 160 页。
② 参见韩光明:《财产权利与容忍义务:不动产相邻关系规则分析》,知识产权出版社 2010 年版,第 170 页。
③ 参见〔德〕鲍尔、施蒂尔纳:《德国物权法》(上册),张双根译,法律出版社 2004 年版,第 524—525 页。
④ 参见〔德〕鲍尔、施蒂尔纳:《德国物权法》(上册),张双根译,法律出版社 2004 年版,第 524 页。
⑤ 参见蔡震荣:《行政法理论与基本人权之保障》(第二版),五南图书出版公司 1999 年版,第 105 页。
⑥ 参见马汉宝:《法律思想与社会变迁》,清华大学出版社 2008 年版,第 171 页。

人们在享受生活时发生冲突"①。这就是说,如果某人在自己的不动产上行使权利,其认为这种行为对其可能是无利或利益较少的,但是其结果可能对他人造成损害,在此情形下,行为人就必须负有不得侵害邻人的义务,如果因此会造成邻人的损害,邻人也不负有容忍义务。

比较上述三种学说,可见它们均能够在一定程度上反映对于容忍义务的必要范围限制,且都具有一定的合理性。笔者认为,容忍义务范围的判断应当结合上述三种学说,主要从主客观方面来进行考量。首先,在主观层面上,要从邻人和义务人两个角度进行考量。对于邻人而言,该容忍必须是有利于增进其对自己不动产利用的内容,是否有利于其利用应当结合必要便利义务进行判断。对于义务人而言,该容忍的内容不应对其不动产权利构成重大的损害和干扰。其次,应当从客观上判断该容忍的内容是否为社会一般通念所能接受。只有同时满足这些条件,才能认为该种容忍的内容属于容忍义务范围之内。

但是笔者倾向于采纳"较大利益"原则,将其作为判断容忍义务的一个较为可行的标准。因为在相邻关系中,最重要的就是要解决权利冲突的问题,即一方不动产权利的扩张和另一方不动产权利的限制。对于这种冲突最好的处理方案便是从双方利益最大化的角度进行平衡,而"较大利益"原则正是从双方利益最大化这一目的出发,判断容忍义务的范围,最大限度使法律保障的利益得以实现,并最大限度地减少利益的损失,因而应当是我们在处理利益冲突时遵循的基本原则。如果两种利益之间发生冲突,则"两害相权取其轻"。

我国《物权法》在相邻关系的规定中事实上也采纳了"较大利益"原则。例如,《物权法》第 88 条规定:"不动产权利人因建造、修缮建筑物以及铺设电线、电缆、水管、暖气和燃气管线等必须利用相邻土地、建筑物的,该土地、建筑物的权利人应当提供必要的便利。"该条中"必须利用相邻土地、建筑物"要件体现了适当性的要求,而"必要的便利"要件则体现了必要性的要求,同时,这种方式的弊端要小于其利益,体现了相称性。所谓"提供必要的便利"是基于相邻关系而产生的为更高效利用不动产的一种照顾他人权利的义务。其中的"必要"就意味着要平衡相邻不动产权利人的利益,其内涵也包括,如果对自己无益或利益较少,而应当顾及是否给邻人造成损害。在我国司法实践中,法院限制容忍义务的范围也往

---

① 转引自〔美〕E. 博登海默:《法理学——法哲学及其方法》,邓正来、姬敬武译,华夏出版社 1987 年版,第 147 页。

往以是否"必要"为标准。例如,在"陈江诉陈地相邻通行案"中,法院认为,在农村住宅用地中,容忍义务的限度仅在于供行人通行,"至于车辆能够通行并非农村住宅的规划要求",当事人不能主张容忍义务人容忍其另行开辟机动车道的行为。[1]

五、容忍义务适用的效果

(一) 容忍义务是对排除妨害请求权的限制

所谓排除妨害请求权,是指当物权的享有和行使受到占有以外的方式妨害时,物权人对妨害人享有请求其排除妨害、使自己的权利恢复圆满状态的权利。例如,行为人在自己的屋顶架设相关设备,该设备所发出辐射可能损害相邻不动产权利人,此时,该不动产权利人即有权请求排除妨害。《物权法》第 35 条规定:"妨害物权或者可能妨害物权的,权利人可以请求排除妨害或者消除危险。"妨害是指实施了某种妨害所有人行使所有权的行为。"妨害物的对外界和环境的联系,只要物的功能性使用因此受到影响,就构成了妨碍所有权。"[2]对所有权造成的妨害即使没有过错,所有人也有权予以排除。[3] 但对非重大的妨害,则权利人既无防御请求权,亦无赔偿请求权。[4]

在法律效果上,在存在容忍义务的情况下,不动产权利人不得行使排除妨害请求权。[5] 可见,排除妨害请求权的障碍来自于容忍义务。[6] 尤其是在不可量物侵害中,更明确凸显了容忍义务在排除妨害请求权限制中的作用。在德国学说中,容忍义务排斥了《德国民法典》第 275 条规定的相关排除妨害请求权,让相邻不动产所有权人的某些行为不再违法。[7] 在

---

[1] 参见福建省厦门市中级人民法院(2012)厦民终字第 623 号民事判决书。
[2] 〔德〕M. 沃尔夫:《物权法》(第二版),吴越、李大雪译,法律出版社 2004 年版,第 138 页。
[3] 参见〔德〕鲍尔·施蒂尔纳:《德国物权法》(上册),张双根译,法律出版社 2004 年版,第 230 页。
[4] 参见〔德〕鲍尔·施蒂尔纳:《德国物权法》(上册),张双根译,法律出版社 2004 年版,第 546 页。
[5] Vgl. MüKoBGB/Baldus, §1004, Rn. 193.
[6] 参见陈华彬:《德国相邻关系制度研究》,载梁慧星主编:《迎接 WTO——梁慧星先生主编之域外法律制度研究集》(第二辑),国家行政学院出版社 2000 年版,第 3 页。
[7] Vgl. Langgartner/Reidel, in: Heussen/Hamm, Beck'sches Rechtsanwalts-Handbuch, §21, Rn. 15.

法律效果上,在存在容忍义务时,不动产权利人不得行使排除妨害请求权。① 在容忍义务的判断中,妨害的合法与违法在所不论。② 在我国司法实践中,基于超过容忍义务的排除妨害请求,必须以是否超过有利生产、方便生活以及公平合理的原则确定。例如,在"黄星煌、沈红梅诉无锡市锦江旅游客运有限公司、无锡城建物业管理有限公司排除妨碍纠纷案"中,锦江旅游客运有限公司为其公司经营在 501 室外设置字号牌,字号牌遮挡了原告向外远眺,一审法院认为,在相邻关系中的眺望远景权应当被限定于必要的容忍程度内,并不能因有遮挡即可行使强制性保护。考虑到 501 室窗外远近景并无特别景致,黄星煌、沈红梅亦将 501 室改作麦杰公司展厅及会客厅,双方均为自己的生产经营所考虑,应当属于容忍义务的范围之内。③ 当然,这种义务绝对不是无限制的,容忍义务本身也只能是在一定的范围内产生,超过该容忍的界限就会给他人造成损害导致构成侵权,权利人有权请求行为人承担侵权责任。

(二) 违反容忍义务的责任

在当事人负有容忍义务的情形下,其应当容忍他人的轻微妨害,但问题在于,如果义务人拒绝履行容忍义务,则相对人应当得到何种救济? 其是否有权主张损害赔偿? 还是诉请强制执行义务人的容忍义务? 违反容忍义务会导致他人的不动产权利无法实现,通常不会导致相对人其他利益的损害,因此,从性质上讲,容忍义务应当属于法律上的"拘束",是他人不动产权利行使的反射。既然该义务的性质是法律上的"拘束"④,那么违反该义务通常并不会导致损害赔偿责任的发生或义务人自己某项权利的丧失,这主要是因为容忍义务在性质上并非与责任相联系的法律义务,而只不过是一种法律上的拘束。

容忍义务的效果在于拘束义务人使其不能主动行使排除妨害等物权请求权。这就是说,在法律上义务有不同的层次,一般的义务违反会产生责任的承担,如合同中主给付义务的违反可能产生违约责任。即使违反不真正义务,虽然不会产生责任,但是会丧失法律上的某种利益,如不能

---

① Vgl. MüKoBGB/Baldus,§1004,Rn. 193.
② Vgl. MüKoBGB/Baldus,§1004,Rn. 192.
③ 参见江苏省无锡市高新技术开发区人民法院 (2007) 新民一初字第 0695 号民事判决书。
④ 参见〔德〕卡尔·拉伦茨:《德国民法通论》(上册),王晓晔等译,法律出版社 2003 年版,第 268 页。

主张某项权利。例如,违反买卖合同中的检验义务并不导致损害赔偿责任的产生,而只是导致买受人无权主张相关权利。但是对容忍义务而言,则是一种非常特殊的义务,它并不是一般的义务或不真正义务,只不过是权利行使的反射,即权利行使时相对人所处的一种只能接受的状态。违反容忍义务并不直接导致责任的产生,也不使权利受到限制甚至丧失。

但是,这并不意味着违反容忍义务不产生任何法律效果。如果法律使容忍义务人处于一种拘束状态,但是违反该义务并无任何法律上的效果,则该义务将失去存在的意义。就容忍义务来说,对此种义务的违反如果满足侵权责任的成立要件时,可能成立侵权责任。也就是说,不动产权利人未给对方提供必要的便利,则可能构成过错。如果因此种过错导致他人的损害,则可能承担侵权责任。容忍义务的违反本身也可能构成侵权责任中的过错,即容忍义务的违反可以被认为当事人具有过错。如因此给他人造成损害应承担侵权责任。从实践来看,在不动产权利人拒绝为邻人提供通行、排水、采光等必要便利的情况下,不仅使得他人没有获得必要的便利,侵害了他人的财产权益,而且还会给其他人造成损害,因为依据相邻关系的规定,一方行使权利时需要另一方提供便利,一方所有权的扩张即是对另一方所有权的限制,所以要求对方提供便利,仍然是其所有权效力的体现。因此,权利人依据相邻关系的规定请求对方提供必要便利,也仍然属于所有权的范畴,他方未提供必要便利时,也可能构成对权利人所有权的侵害。例如,在"章甲与章乙排除妨害纠纷上诉案"中,章甲与章乙为邻居,两家门前为各自的场地。因章甲房屋南面和西面系河流,章甲出行的唯一通道是向东经过章乙门前场地。但章乙为禁止章甲通行,以石子等障碍物阻挡,致章甲的车辆只能停放在远处,无法使用。法院审理认为,将车辆停放在自家门前场地是各地农村方便生活的普遍习俗,故章乙应提供车辆通行便利。章乙的行为存在过错,并致使章甲无法使用车辆,构成侵权行为,依法应赔偿章甲在上述期间因无法使用车辆而造成的损失。① 在该案中,章乙本负有允许章甲借自家门前土地通行的容忍义务,但是其却违反该容忍义务,并用石子阻挡他人通过,这表明其具有过错,并造成了章甲的损失,因而应当承担侵权责任。因此,在判断是否成立侵权时,容忍义务的违反主要在过错的判断上发挥作用,但同时还要考虑其他侵权责任的构成要件。在不动产权利人拒绝为他人提供必

---

① 参见江苏省无锡市中级人民法院(2015)锡民终字第1873号民事判决书。

要便利时,还要综合考虑他人是否因为此种不作为受有损害,此种损害是否属于侵权法的保护范围,行为与损害之间是否具有因果关系等因素。在满足侵权责任的成立要件的情况下,邻地权利人可以主张违反容忍义务人的侵权责任。

在一方违反容忍义务时,他人能否主张排除妨害请求权?有学者认为,在应当给予相邻袋地通行必要的场合,如果容忍义务人不但不予协助,还通过设置铁门等方式不予他人通行,则相邻袋地的权利人可以行使排除妨害请求权,要求容忍义务人拆除阻碍其通行的设施。① 通过行使物权请求权,物权人可以恢复其物权的圆满支配状态。一般来说,物权请求权对于保障相邻不动产的安全,恢复物权的圆满支配状态,并防患于未然,都具有十分重要的意义。笔者赞成这一看法。例如,在"章甲与章乙排除妨害纠纷上诉案"中,章乙铺洒石子的行为,已经构成了对他人物权行使的妨害,因而应当允许章甲行使排除妨害请求权,以恢复对物的支配。对于章甲而言,成立物权请求权和侵权请求权的聚合,应当允许其依法行使各类物权请求权和侵权请求权来保护自己的不动产物权。

在一方违反容忍义务时,他人能否主张补偿请求权?有学者认为,应当借鉴德国法中的补偿请求权(Ausgleichsanspruch)制度,在违反容忍义务或邻地权利人超过容忍必要限度行为时,均有权要求支付相应的补偿金。② 笔者认为,负有容忍义务的一方是依据法律或习惯而言应当负有的,如果确实因为容忍给自己带来重大损害,则可以拒绝这种便利,如果其愿意容忍则属于对权利的放弃。如果因为容忍给负有容忍义务的一方带来了损害,则其可以依据《物权法》第92条的规定请求损害赔偿。

(三) 相邻关系中容忍义务的扩张适用

如前所述,相邻关系中的容忍义务具有限制邻人行使排除妨害请求权的效力,其本质上是对所有权绝对性的正当限制,由此才会产生限制排除妨害请求权行使的效果。既然如此,其他绝对权也有正当限制的现象,与此相应,权利人也就有容忍他人干涉的义务,也不能行使排除妨害请求权。就此而言,容忍义务是排除妨害请求权行使必须考虑的一般要素,其适用范围不应限于相邻关系,而应适用于所有类型的绝对权领域。

---

① 参见马新彦主编:《中华人民共和国物权法法条精义与案例解析》,中国法制出版社2007年版,第340页。
② 参见韩光明:《财产权利与容忍义务:不动产相邻关系规则分析》,知识产权出版社2010年版,第199页。

第一,容忍义务适用于物权法领域。也就是说,容忍义务应当适用于整个物权领域,而不限于不动产相邻的物权人之间。为了维持正常的社会交往,物权人在行使物权过程中需要容忍来自他人的轻微妨害,而不得主张排除妨害请求权或者侵权请求权。在现代社会生活中,人们从事社会交往活动,遭受来自他人的轻微损害在所难免,必然要容忍轻微的声音、光电、气体等的侵害。因现代生活之不得已而产生的不可量物侵害,在一定范围内,个人依法应予忍耐和包容。① 因此,在具体判断行为人的妨害是否构成侵权时,也应当考虑权利人所负有的容忍义务,而不能将一切的妨害都视为侵权,这也是相邻关系中容忍义务扩张适用的一种体现。

第二,容忍义务可适用于人格权领域。也就是说,在一方行使人格权利时,在特定的场景中,另一方有适当的容忍义务。尤其是对不可量物侵害,虽对一般人格权造成侵害,但另一方也负有必要的容忍义务。② 在我国一些案例中,判断是否构成侵害隐私权,并没有运用合理预期理论,但采用了容忍义务的标准。例如,在"白玉芬上诉张建君等隐私权纠纷案"中,法院认为:"鉴于贾学成、张建君居住的房屋周边出现过被人泼尿等不良行为,贾学成、张建君安装摄像头对其居住安全起到一定作用。虽然涉诉的摄像头可拍摄到院内公共区域,考虑到白玉芬与贾学成、张建君系不动产相邻方,且涉诉的摄像头并未涉及白玉芬的私密空间。因此白玉芬在贾学成、张建君未明显侵害其利益的前提下亦有一定的容忍义务。"③ 该案中,法官适用的容忍义务实际上就是按照社会一般人的观点判断权利人是否有容忍的义务。

第三,容忍义务在知识产权领域同样存在。由于知识具有同时为多人利用的可能性,且新的智力成果其实都是建立在前人的知识积累基础之上,因此法律需要在知识的产权保护与他人对知识的利用之间保持一个平衡。这种平衡的重要体现就是法律在保护知识产权权利人的独占权的基础上,对权利人的权利进行各种限制,为其他人利用新知识提供机会。这些限制其实就是要求权利人容忍他人以特定方式进入其权利范围之内,如著作权的合理使用、商标权中的叙述性使用、专利权中的强制许可等。

---

① 参见陈忠、杨泽:《论不可量物侵害之容忍义务制度的构建——对我国〈物权法〉第90条的反思》,载《法律适用》2011年第5期。
② 参见陈华彬:《德国相邻关系制度研究:以不可量物侵害制度为中心》,载梁慧星主编:《民商法论丛》(第四卷),法律出版社1996年版,第271页。
③ 北京市第二中级人民法院(2016)京02民终6654号民事判决书。

第四，容忍义务在环境侵权领域的适用。不可量物侵害规则旨在协调相邻不动产权利人在利用不动产时的权利冲突问题，而在不可量物侵害方面，环境保护法的功能在于保护个人的健康状况。在环境侵权领域，同样有容忍义务适用的余地。例如，就机动车发出的噪音而言，为了社会共同体的生活，人们应当忍受此种噪音，但为了保护公共生活的安宁，应当对汽车发出的噪音进行必要的规范，设置相应的标准。在此情形下，如果机动车发出的噪音超过法定的标准，则是不合法的，但即便未超过这一标准，也不必然是合法的，应该由法官适用不可量物侵入制度根据具体情形进行衡量。

六、结　语

容忍义务是相邻关系的核心内容，其也可能扩张适用于人格权、知识产权、环境侵权以及物权保护等其他场合。我国《物权法》虽有不少条文涉及容忍义务的内容，但由于《物权法》关于容忍义务的规定并不明确具体，不能应对和解决所有相邻关系情形的容忍义务。我国民法典有必要对容忍义务作出规定，鉴于容忍义务在相邻关系中的具体核心地位，对于维护社会生活的和谐有序将发挥重要作用。我国民法典物权编有必要在相邻关系部分增设专门的容忍义务条文，并将其适当扩张适用于其他绝对权领域，这有利于妥当解决绝对权行使过程中的权利冲突问题，有效地发挥利用不动产的作用，并维护社会生活的和谐有序。

用益物权

论他物权的设定*

物权分为两种,一是对自己财产的权利,二是对他人财产的权利。这就形成了所有权和他物权的分类,他物权限制了原来的所有权。[1] 物权的设定是交易的基础,物权的变动则是交易的表现形态,两者都是交易不可或缺的环节,因而正确选择物权变动模式直接关系到交易秩序的建构以及交易安全的保护问题。然而长期以来,我国物权法理论主要是以所有权为中心展开对物权变动的讨论,忽视了他物权设定的特殊性。在我国物权立法中,明确他物权设定的原则对于确定他物权设定的规则与效力都是非常有意义的。

一、他物权设定模式的特殊性

传统物权变动理论都是以所有权变动作为研究的重心,没有充分考虑到他物权设定中的一些特殊性。从比较法上看,基于法律行为的物权变动立法模式主要有三种,即意思主义、形式主义和折中主义。一般认为,这三种模式在性质上属于物权变动模式,由于他物权的设定也属于物权变动的一种类型,所以它既适用于所有权变动,也适用于他物权的变动。[2] 以所有权为中心构建物权变动模式,其原因在于:一方面,所有权是所有物权变动的基础与核心,一切交易都是以所有权的界定为前提,交易的最终实现可能导致所有权的变动或者权能分离,所以所有权的变动基本概括了物权变动的目的。另一方面,他物权变动有可能会导致所有权内容与效力的变动,他物权的设定是在所有权之上设定了负担,并使所有权的权能发生分离。

---

* 原载《法学研究》2005 年第 6 期。

[1] William L. Burdick, The Principles of Roman Law and Their Relation to Modern Law, The Lawyers Co-operative Publishing Co., 1938, p. 354.

[2] 参见王轶:《物权变动论》,中国人民大学出版社 2001 年版,第 2 页;温世扬、廖焕国:《物权法通论》,人民法院出版社 2005 年版,第 95、110 页。

他物权的设定是指基于法律行为而在他人之物上设定限制物权。其特点在于：首先，他物权的设定原则上以他人之物为客体。由于所有权是所有人一般地、全面地支配其客体的物权，而他物权是所有权权能与所有权相分离的产物，因此他物权的客体是他人之物。① 原则上，所有人无需在自己的物上为自己设定他物权，除非发生他物权与所有权的混同，消灭他物权将不利于所有人，此时所有人才对自己的物享有他物权。② 当然，有些国家（如德国）物权法，允许所有人在自己的物上设定抵押权即所有人抵押制度，但这终究是一种例外情形。③ 其次，他物权的设定原则上必须要有设定行为，并且需要完成一定的公示程序。在绝大多数情况下，他物权的设定必须基于当事人的合意即双方法律行为，例如，抵押合同、质押合同、国有土地使用权出让合同等。只是在极少数情况下，存在通过单方法律行为设定他物权的情形，如以遗嘱设立居住权。在实施一定的法律行为之后必须完成一定的公示方法才能最终完成他物权的设定。上述他物权设定制度的特殊性，与所有权变动制度之间存在较大的差别。而这些差异使得他物权的设定在立法模式上与所有权变动有所不同。

1. 关于是否存在设定的问题

他物权的设定是他物权产生过程中的一个独有概念。在物权法中，只有他物权才存在设定问题。因为他物权的产生是一个权利从无到有的过程。虽然他物权的设定是基于双方当事人的合意而在他人所有权的基础上产生的，但是他物权不是一种继受取得，而是原始取得。而所有权的取得并不是一种设定行为，通常都是通过转让、继承等方式继受取得，或者通过生产、添附等方式原始取得。一般来说，所有权并不必然依赖于他

---

① 参见刘保玉：《物权体系论——中国物权法上的物权类型设计》，人民法院出版社2004年版，第82页。

② 参见《担保法解释》第77条。我国物权法理论界认为，在所有权与其他物权混同而其他物权的存续与所有权人或第三人有法律上的利益时，其他物权可以例外地不因混同而消灭，从而发生所有权人在自己的物上享有他物权的情况。参见梁慧星、陈华彬编著：《物权法》，法律出版社1997年版，第99页。

③ 依德国民法之规定，所有人抵押权可区分为原始（原有）所有人抵押权与后发（后有）所有人抵押权。原始所有人抵押权是指抵押物的所有人为自己设定抵押权，或者为并不成立的债权设定抵押权。后发所有人抵押权是指抵押权有效成立之后，因抵押权与所有权发生混同或者因抵押权实现之外的事由使得抵押权担保的债权消灭后，抵押权并不消灭而归属于所有人的情形。参见刘保玉：《物权体系论——中国物权法上的物权类型设计》，人民法院出版社2004年版，第82页。此外，德国法中也承认需役地与供役地同属于一人时，亦可设定地役权。参见〔德〕鲍尔、施蒂尔纳：《德国物权法》（上册），张双根译，法律出版社2004年版，第723页。

人的物权而产生,换句话说,并不是在他人所有权基础上再另外设定一个所有权,因为根据所有权绝对的排他性原则,不可能在同一个物上出现两个所有权,所以也就不存在所有权设定问题。而他物权恰恰是建立在他人所有权之上的,必然存在设定问题。

2. 关于所有人意志的体现

他物权的设定是所有权权能分离的结果,所有权的存在是他物权设定的前提,这就决定了他物权在设定过程中应当最大限度地尊重所有权人的意志和利益,不经过所有人同意而直接依法产生他物权是极为例外的情形,必须有足够充分的理由。换言之,在物权法定原则范围内,所有权人的意志对设定他物权的类型和内容具有至关重要的作用。明确这一点对于理解我国许多他物权具有重要意义。例如,土地使用权出让合同内容包含了国家禁止土地闲置以及在闲置情况下非法改变土地用途的条款,不少人认为这些内容属于国家行政权的行使,实际上这些条款表明的是国家作为所有人设定他物权时要体现其意志。而所有权的类型和内容都是相对单一固定的,因此,所有人的意志在所有权的内容和类型中并无决定作用,而直接受制于法律规定。而这种法律规定在各国的立法中也并无太大差异。

3. 关于依法律行为而产生物权的问题

他物权设定是产生他物权的重要方法,他物权的产生既可以基于法律行为也可以基于法律的直接规定,如法定抵押权、留置权等他物权均基于法律的规定直接产生,无需当事人的意思表示或合意。但总的来说,基于法律行为而设定他物权是他物权产生的常态,而依法律规定产生他物权则属于例外情形。就前者而言,因为他物权是在所有权的基础上产生的,没有所有人的意思表示原则上就不能产生他物权,所以他物权的设定应当采取"合意(或意思表示)加公示"的方式完成。假如他物权的设定完全依法律规定,不仅漠视所有人的意志,而且会损害所有人的利益,导致财产秩序的混乱,也不能发挥物尽其用的效果。正是因为此种原因,所以法律行为在他物权设定中具有极为广泛的适用范围。

在所有权的取得中,不存在依法律行为设定所有权的情况。依据法律行为发生所有权变动,实际上只是所有权的移转问题,乃是所有权继受取得的一般原因。所有权移转的法律行为与设定他物权的法律行为在性质上是有区别的。一般而言,所有权移转的法律行为大多是买卖等典型的交易行为,主要受合同法调整,而设定他物权的法律行为,尽管也要适用合同法的一般原则,但设定行为是与物权的产生直接联系起来的,所以它不仅是一个单纯的合同问题,还应该受到物权法的规范。例如,就抵押合同而言,它既是设立抵押权的前提条件,又常常确定了抵押权的内容,这就不是一个单纯的合同,所以在担保法中也规定了抵押合同,即归属于物权法内容。虽然我国物权立法和实务尚不承认物权行为理论,但设定他物权的合同具有导致他物权产生的直接法律后果,与一般的债权合同应该是有所区别的。因此,物权法应当就农村承包经营合同、地役权的设定合同、抵押合同、质押合同等作出特别规定。

4. 关于意思自治原则的适用

虽然我国实行物权法定原则,对于他物权的类型和内容予以固定,但是当事人就他物权的具体内容仍然享有很大的协商空间。只要他物权的设定主要涉及当事人双方的私人利益,而不过多地关涉国家利益和公共利益,法律没有必要对当事人的决策作出过多的干预。这是因为,一方面,他物权的变动原则上是意思自治的产物,只要不损害第三人利益与社会公共利益,当事人完全可以凭借自己的意思于法律规定的范围内决定是否设定某种他物权。另一方面,只有通过所有权人和他物权人的具体约定,才能明确他物权的具体内容。他物权是在所有权基础之上产生的,它既是所有权权能分离的结果,也是对所有权的限制,因此,在法律没有特别规定时,只有当他物权人与所有权人达成合意时才能导致所有权的权能与原所有权人发生分离,也才能形成对所有权的限制。所有权人基于自己的意愿而对所有权作出限制,他物权的设定符合其意思,因此,要求他物权设定存在合意能够最大限度地保护所有权人的利益。此外,尊重当事人的意思自治,也可以使他物权人借助于物权设定合同有效地制约所有权人,如通过约定他物权的期限可以防止所有权人提前撤销他物权。所以,存在他物权设定的合意,能够既尊重所有人的利益、维护他物权人的利益,又可最为充分地提高对物的利用效率、物尽其用,实现当事人利益的最大化。

5. 关于对公示方法的要求

所有权的取得包括原始取得和传来取得。原始取得通常是指不以他人既存的权利为依据而取得物权,例如,物还没有被任何人取得,而直接由所有人基于生产等方式而取得。① 这就决定了所有权的取得并不要求

---

① 参见王轶:《物权变动论》,中国人民大学出版社2001年版,第2页。

采取某种公示方法。而他物权的设定除法律有特别规定之外①,通常要求应当完成特定的公示方法。就动产物权的变动而言,动产所有权的移转和动产他物权的设立都要采取交付的方式,但对于交付的内容要求并不完全一样。动产所有权的移转可以采取现实交付和简易交付、占有改定和指示交付等观念交付方式。而动产他物权的设定原则上只能采取现实交付方式,即只有在完成了占有移转之后才能设定动产他物权。

认识他物权设定的特殊性,无论对于完善我国物权变动的立法模式,还是对促进物权理论的发展都不无意义。表现在:第一,目前学界对于物权变动的讨论大都以所有权为中心而展开,集中于以所有权的变动为原型进行讨论,从而忽视了他物权设定的特殊性,这就导致理论上过度强调物权法定原则,忽略了意思自治在他物权设定中的作用,尤其是没有充分强调所有权人的意志在他物权设定过程中如何得到具体体现,不利于充分保障所有人的意志和利益。第二,在物权变动的模式选择上,只是考虑到物权变动的一般模式,而这种模式主要是以所有权为参照系设定的,这就难以顾及他物权的特殊性。例如,物权的变动模式应当法定化,从所有权的取得方式应当法定化来说,这一点毫无疑问是正确的,但是在他物权的设定当中,因为通常要通过法律行为来实现,要注重他物权设定合同对物权法定的补充,如果一概强调物权变动的法定化,特别是内容的法定,就有可能在他物权的制度设计方面不能充分考虑到他物权设定合同中所应当具有的意思自治空间,将物权的变动完全变成法律干预的领域,将极大地损害财富的创造功能。第三,他物权设定合同与所有权移转合同具有较大的区别,二者作为物权变动构成要件的重要性是不同的,且要分别适用不同的法律规则,明确这一点对于完善物权立法不无意义。例如,依据我国《物权法》第二章第二节的相关规定,动产所有权的转让和动产质权的设立都要采取交付的方式,交付可以采取现实交付和简易交付、占有改定和指示交付方式。② 此种规定有欠妥当,因为占有改定和指示交付的方式可以适用于动产所有权的转让,但不应当适用于动产质权的设立。因而对动产所有权的取得和动产他物权的设定不作区分,不利于我国物权立法的完善。

---

① 例如,根据我国《物权法》的规定,土地承包经营权和宅基地使用权并不要求必须采取登记的方式。

② 参见《物权法》第23、24、25、26、27条。

二、他物权设定的要件之一：合意

他物权的设定原则上要有设定他物权的合意。① 所谓合意,是指当事人就是否设定他物权以及他物权的内容等方面达成一致的意思表示。法律在他物权的设定方面给予当事人较为广泛的意思自治和行为自由,主要表现在如下方面:第一,对于是否设定他物权和设定何种他物权,当事人具有广泛的选择余地。各国物权法上都承认了相当数量的他物权,允许当事人自由选择加以设立。他物权的类型越多,当事人发挥特定物的使用价值和交换价值的方式也就越多。第二,他物权的内容在一定程度上也应由当事人决定。在现代物权法中出现了物权法定的缓和趋势,主要体现在法律允许当事人通过其合意确定物权的具体内容。例如,我国《担保法》就允许当事人就抵押物的名称、数量、质量、抵押担保的范围等内容进行约定。② 尽管物权立法中有关某些物权内容的规定绝大多数是强制性的,不允许当事人通过协议加以改变,但是物权法定并不绝对排除当事人的约定,相反,当事人对于物权内容的约定,可以弥补法律规定的不足。第三,就公示方法的选择而言,原则上当事人设定他物权时不得选择。例如,设定抵押必须采取登记的方式,质押必须采取交付和移转占有的方式,然而,由于动产担保的发展,当事人在动产担保的公示方法上已经享有广泛的选择自由。第四,在他物权的实现方式上,当事人也享有越来越多的自由。例如,抵押权的实现是否可以直接通过执行程序拍卖、变卖,而不通过复杂的审理程序,应当允许当事人通过合同约定。再如,关于抵押权的实现是采取变卖还是拍卖的方式也可以由当事人在抵押合同中约定。当然,强调他物权设定的合意并非要否定物权法定原则,也不是说他物权完全应由当事人意思自治决定,而只是意味着当事人有权在物权法定原则的框架内实现意思自治。物权法定主义本身并不排斥当事人在物权设定和变动方面的意思自治,此种意思自治的存在也不构成对交易安全的妨害。因为,当事人的约定不能排除法律关于物权的种类以及基本内容确定方面的强行性规则,当事人也不能自由创设与物权法规定的不同基本类型,且物权法定主义中还包含了对公示要件的要求,通过与

---

① 除非法律有特别规定(如取得时效、善意取得、法定他物权等),否则他物权在设定和变动时都必须依赖于当事人的合意确定他物权的范围和内容,采取合意加登记的模式。

② 参见《担保法》第39、46条。

公示要件的结合,他物权设定的合意并不会损害交易秩序的安全。

承认他物权设定的合意并不是说此种合意就是物权行为或者是物权行为的组成部分。设定他物权的合意与物权行为的不同之处表现在:设定他物权的合同属于债权合同的一种具体类型,它仍然包含在债权合同之中,应当适用合同法的一般规则。就这一点来看,它与物权行为是不同的。所谓独立于设定他物权合同的物权行为,其实不过是设定他物权合同的履行行为而已。我国物权立法从未承认在债权合同之外存在着所谓物权合同,无论是物权行为和债权行为还是负担行为和处分行为,它们都集中在一个合同当中,物权变动只是债权合意得到实现的结果而已。在债权合同订立的同时并不单独存在一个所谓的物权合意,更不发生物权行为的无因性问题。还需强调,设定他物权合同应当适用合同法的一般规则,但是否发生他物权设定的物权变动效果,则需要根据物权法的规则作出判断。

从现实意义上来说,强调他物权设定需要当事人的合意,意味着他物权的设立不应采取由行政机关单方审批的形式来完成,即仅通过审批是不能设立他物权的,这对于完善他物权设定的立法具有重要意义。长期以来,存在着一种流行的观点,认为他物权的设定不一定要强调设定他物权的合意,只要完成了一定的公示方法仍然可以产生他物权。这种观点对我国物权立法产生了影响。以海域使用权的设定为例,《海域使用管理法》第19条规定:"海域使用申请经依法批准后,国务院批准用海的,由国务院海洋行政主管部门登记造册,向海域使用申请人颁发海域使用权证书;地方人民政府批准用海的,由地方人民政府登记造册,向海域使用申请人颁发海域使用权证书。海域使用申请人自领取海域使用权证书之日起,取得海域使用权。"由此导致实践中海域使用权的设定大都采取审批加登记的方式,只要申请人向有关部门提交申请书,获得批准并办理了登记手续,就可以获得准物权。实际上,如果承认海域使用权是一种类似于土地使用权的他物权,那么仅仅有政府审批而没有合同是不能导致他物权的设定的。虽然自然资源的使用应当受到政府的监管与控制,这一点与普通的他物权确有不同,但是,以审批取代他物权设定的合意并不是科学合理的,在审批之外还应当要求政府作为民事主体,与海域使用权申请人订立海域使用合同,其主要理由在于:

(1)审批代替合意将使得由此设立的权利不再是民事权利,而转为行政特许权利。审批本身不能形成合同,其本质上是一种行政行为。审批机关的批准不是完全建立在与他人协商的基础之上的。如果以审批代替合同,那么由此设立的权利内容将完全由行政机关决定,行政机关可以随意撤销权利或变更权利人,此种权利会变得很不稳定。而且由于登记机关与审批机关常常是同一的,当事人与批准机关之间没有合意,权利人就根本没有办法控制登记的变更,更无从保护自己的他物权。

(2)设立物权的合意可以为当事人的意思自治留下空间。这样,一方面,可以强化当事人之间的平等协商地位,反映他物权设定的民事性质,即使是政府作为设定人之一方,也应该与另外一方处于平等的法律地位,不能凌驾于另一方之上。订立设立物权的合意意味着要严格区分政府对他物权行使的监督职能和在他物权设定中的合同当事人地位,并保障当事人之间的平等。另一方面,要求设定他物权必须具有双方当事人的合意,有利于政府最大限度地通过合同实现其监管职能,充分发挥国有资产的效用。反之,如果完全以审批取代合意,单凭政府部门一方的批准行为即可设立他物权,将无法最大限度发挥他物权的效用。

(3)欠缺他物权设定的合意,既无法确定他物权使用的方式、范围,也无法对权利内容进行界定。作为一种物权类型,他物权的内容及其期限等必须有所明确,如果没有合同具体明确双方的权利义务关系,极易发生各种不必要的纠纷。例如,就海域使用权而言,其用途各不相同,方式也不尽一致,这些用途、方式又很难在证书上有所体现,因此必须通过合同来具体界定。还有一些权利按其性质对转让的条件有所限制,而没有合同就无法严格限制这些转让条件。

(4)没有合同就无法确定违约责任。审批机关取消或更改权利人的他物权之后,他物权人无法追究该机关的违约责任;反之,一旦权利人不使用或者不合理地使用自然资源,则审批机关也只能予以行政处罚,而不能追究其违约责任,由此将在物权法体系中混淆违约责任与行政处罚的关系,对第三人的利益造成不测损害。例如,依据我国现行法,如果土地使用权人不按照出让合同的约定对土地进行开发利用,有关主管机关可以收回该土地使用权。当土地使用权人已经将土地使用权抵押给第三人时,如果将该收回行为的性质认定为违约责任,那么第三人的抵押权不受影响;反之,如果将其理解为行政处罚,则第三人的抵押权也将一并归于消灭,而这显然不利于维护第三人的合法权益。

(5)没有当事人的物权合意而经行政机关的审批行为直接发生物权变动的方式将不可避免地损害权利人的利益,可能会导致公权力任意侵害私权的现象。例如,根据我国《渔业法》的规定,渔业权的设定与转让不需要当事人的合意而只能通过行政机构的审批,渔业权人与渔业管理部门发生纠纷时只能通过行政诉讼的途径才能得到救济。① 当行政人员滥用职权造成渔业权人损害时,受害人很难通过民事诉讼得到救济。

(6)以审批代替物权的合意既不利于他物权有效进入市场,发挥物的最大效用,也容易产生各种腐败行为。他物权本质上是一种财产权,只有在交易中才能实现其价值的最大增值。他物权设定的合意可以最好地体现他物权的市场价格,形成资源的最优化配置。而采取审批的方式,完全由行政机关自行决定何人取得他物权,既无法使这些他物权的价值得到充分体现,导致国有资产实质上的流失,也会引发各种腐败现象。

三、他物权设定要件之二:公示

"在物权法中,物权变动效力之产生具有双重构成要件:一个法律行为之要素与一个事实的且能为外部所认识的程序。"② 之所以强调他物权设定的特殊性,除需要明确合意的重要性外,还要看到公示在设定他物权中的重要地位。与所有权的变动相比较,他物权的设立过程更注重公示要件,理由在于:一方面,他物权是在他人之物上设定的权利,不像所有权一样属于一种完全的物权,他物权设定本身便构成了对所有权的限制,此种限制的范围和内容都应当公示,以便使第三人知悉,否则将危害交易安全。例如,抵押权的产生将导致在抵押物所有权之上形成一种负担,任何人购买此财产时,就必须了解其上之负担,否则很可能会遭受欺诈。另一方面,他物权类型众多,在决定其权利的内容上当事人的意思自治空间也较大,因此只有通过适当的公示方法,才能让第三人知晓特定财产上存在的他物权类型以及该类型的他物权所对应的当事人利益关系,如此方能使他物权人享有对抗第三人的效力。还要看到,既然他物权是绝对权,权利人可以向任意第三人主张权利,则该权利必须具有适当的信息提供机制,这就是公示制度。"物权的绝对性与物权之目的相适应,物权的权利状态及其变动,对任何人而言均应清楚可见。非常明显,债的关系仅涉及当事人双方,产生基于知情的请求权,因为它不对当事人发生效力,本质上也不涉及当事人利

---

① 参见《渔业法》(2004 年修订)第 6、7、11、13、43 条。
② 〔德〕鲍尔、施蒂尔纳:《德国物权法》(上册),张双根译,法律出版社 2004 年版,第 62、723 页。

益,故而不需要对外表现。与此相反,物权应受他人尊重,须能为第三人所知悉。故而,物权法中有公示原则或者得知悉原则。"①

法律对物权变动的效果的产生,并不仅仅要求当事人单纯地作出一定的意思表示,而必须要满足一定的公示要件,如果比较他物权的设定与所有权的取得,可以看出他物权设定在公示方法上更为严格。尽管在法律上,所有权的取得方法原则上应当法定,任何所有权的取得必须要符合法律的方式,但这并不意味着任何所有权的取得都必须完成一定的公示方法。有人认为,物权应当公示就意味着对于自己打造的家具、制造的陶器都必须公开让别人知道,事实上这是毫无必要的,因为所有权完全可以通过各种事实行为取得,而不需要公示。所谓物权应当公示,主要是指所有权的变动以及他物权的设定等事实应向社会公开,使第三人知道,而并不要求所有权的取得都要公示。即使就不动产所有权变动而言,由于目前我国仍强调对权利人的保护,因此在一些不动产所有权变动虽未登记的情况下,法律也给予受让人以保护。例如,在商品房买卖合同已经履行完毕且买受人实际占有了该商品房时,即便未及时办理所有权移转登记,买受人依然对该商品房享有具有物权效力的权利。② 因此,有些学者将此种权利称为事实物权。③

在采取公示要件主义的情况下,如果当事人之间仅就物权的变动达成合意,而没有完成公示要件,当事人之间在性质上仍然只是一种债的关系,并没有形成物权关系,不能产生物权变动的效果。

在他物权设定过程中,公示方法的选择取决于权利的客体,在他物权设定中应当针对不同的客体选择不同的公示方法。下面讨论三种不同的情况:

1. 动产他物权设定的公示方法

如果他物权的客体为动产,那么原则上应当采取交付的方式,但对于某些特殊的动产物权也可以采取登记的方式,如民用航空器抵押权、船舶抵押权等。④ 就动产的公示而言,之所以公示的方法原则上采用交付的方式,理由在于:在大工业生产的背景下,动产均为批量生产的产品,因而不具有典型的或者独一无二的特征,此动产与彼动产很难区分,在交易中也

---

① Schwab/Prütting, Sachenrecht, 28. Aufl., München, 1999, S. 15 f.
② 参见最高人民法院《关于建设工程价款优先受偿权问题的批复》(法释[2002]16号)。
③ 参见孙宪忠:《论物权法》,法律出版社2001年版,第57页以下。
④ 参见温世扬、廖焕国:《物权法通论》,人民法院出版社2005年版,第153页。

可以相互替代，这就决定了以登记作为动产物权的公示方法在实践中存在较大的困难。不过需要注意的是，随着间接占有等观念交付方式的出现，占有的公示作用也在一定程度上被降低，考虑到他物权设定对公示的强烈要求，因此以交付作为公示方式只能以实际占有的移转作为公示的要件，而不能将占有改定等非直接占有移转的交付方式运用于他物权的设定当中。例如，在动产质权的设定中不能采取占有改定的方式，因为此种方式一则导致质权人丧失了实际占有的权能，二则将对交易安全构成威胁。① 所以，《担保法解释》第 88 条规定："出质人以间接占有的财产出质的，质押合同自书面通知送达占有人时视为移交。占有人收到出质通知后，仍接受出质人的指示处分出质财产的，该行为无效。"再如，虽然理论上动产质权的设定也可以采取指示交付的方式，但由于这样可能会出现将来质权人无法请求返还该质物的情形，因此实践中以这种方式设定动产质权的情形极为少见。② 这就是说，在他物权的设定中常常需要的是现实交付，因为只有在现实交付之后才能形成权利继受人的实际占有，并形成一种新的权利外观。③ 所以，如果没有实际占有，也就没有完成权利的全部公示。

2. 不动产他物权设定的公示方法

不动产物权变动的公示方法原则上采取登记方式。如前所述，就所有权的取得而言，未必都要采取登记的方式，而就不动产他物权设定而言，一般应当采用登记方式，例如土地使用权的设定应当采取登记的方法。如果没有登记，当事人之间只能够产生债权的效力。

需要指出的是，在确定我国物权法上不动产他物权设立的公示方法时，应当考虑我国城乡二元结构的背景。由于中国农村仍然是一种社会学意义上的熟人社会，彼此对对方的不动产状况较为了解，采用登记作为公示方法的必要性相对较低，尤其是登记的成本过高，对于农民而言仍然是一种不小的负担，所以在相当长的时间内，对于农村土地以及土地之上的一些物权（如土地承包经营权、宅基地使用权）的设定和移转，不需强制性要求必须采用登记的方法。当然，从长远来看，随着农村土地市场化程度的提高，土地承包经营权和宅基地使用权也会进入市场流通，此时物权将会发生变动，就有必要规定登记作为公示方法，以强化对交易安全的保护。这就形成一个

---

① 参见郭明瑞：《担保法原理与实务》，中国方正出版社 1995 年版，第 247 页。
② 参见姚瑞光：《民法物权论》，1988 年自版，第 284 页。
③ 参见陈华彬：《物权法研究》，金桥文化出版（香港）有限公司 2001 年版，第 86 页。

两难的状况,一方面城乡二元结构的背景决定了我们难以对土地承包经营权等他物权的设定进行登记,另一方面又要允许和放松对这些权利进入市场的限制,如何协调这二者之间的关系,这是我国物权立法必须要解决的一个难题。笔者认为,物权法可以不必强行要求当事人设定土地承包经营权等他物权必须采取登记的方式,但应当鼓励当事人在交易土地承包经营权时,自愿采取登记等公示方法,尤其是可以考虑登记对抗说,赋予受让人一种对抗转让人的物权,从而保持财产关系的稳定性。在今后条件成熟的情况下,可以逐步从登记对抗主义过渡到登记要件主义,使我国不动产物权变动模式在登记要件主义的原则下达成统一。[①]

除我国农村现实生活的特殊性以外,应当在不动产他物权设定中采取严格的登记方式。这就是说,不动产他物权的设定原则上都应当采取登记的公示方法,否则不能够取得物权的效力。例如,关于地役权是否需要登记以及登记的效力问题,学者之间存在不同的看法。《物权法》则规定采取登记对抗主义。[②] 笔者认为,地役权的设定与农村不动产的市场化以及城乡差别等问题不存在本质上的联系,且城市和农村都有设定地役权的需要,因此,不能简单地以在农村设定他物权具有特殊性而否定登记的必要性。地役权作为一种典型的他物权,只能在不动产上发生,如果不采取登记的方法,不能使第三人知悉土地上的负担,将导致交易秩序的混乱。虽然地役权大多在农村发生,且主要在供役地和需役地之间,许多情况下不涉及第三人;但是,考虑到在城市由于不动产利用效率的提高以及对不动产权行使的限制,也有设定地役权的必要,尤其是城市中的地役权跨越地域广大,如铺设管线等,突破了不动产"相邻"的条件限制,如果采取登记对抗主义,当事人就不会积极办理登记,从而使得地役权的效力弱化。因此,地役权的设定采取登记要件主义[③],有利于区分地役权和一般的债权并能够真正产生对抗第三人的效力。至于登记要件主义是否导致对权利人的保护不足,笔者认为,即使合同双方没有办理登记,也不妨害在当事人之间发生债权的效力,而依照登记对抗主义给予当事人一个不能对抗第三人的地役权是没有必要的。

---

① 我国《物权法》第 9 条规定,不动产物权的设立、变更、转让和消灭原则上采取登记要件主义,但同时规定了例外情形。

② 参见《物权法》第 158 条。

③ 但在德国区分供役地和需役地的登记,对于需役地的登记要求并不严格,因为需役地使用人或者所有权人仅享有权利而无负担。参见〔德〕鲍尔、施蒂尔纳:《德国物权法》(上册),张双根译,法律出版社 2004 年版,第 722 页。

3. 权利他物权设定的公示方法

以权利为客体而设定他物权,比较特殊。对于权利质权的设定,大多数国家均要求除设定合意之外,还需履行对债务人的通知义务。德国法上是通过将权利设立合意和登记相结合的方法来设立,如在债权上设定权利质权①,从而一方面明确设定权利他物权的原因关系,另一方面保护交易安全。根据我国《担保法》的规定,权利物权的公示方法是多样的,有交付权利凭证、登记、背书等多种方式。笔者认为,考虑到权利作为客体的特殊性,只有采取类型化的方法,根据不同权利的特点来确定公示的方法。

公示方法是他物权设定的要件之一。按照物权法定和物权公示原则,公示方法属于物权法的范畴,是否完成公示,原则上不应当影响交易本身,而只是影响物权的设立和移转。就大陆法系关于公示效力的规定而言,无论是采取意思主义还是形式主义,无论是采用登记要件说还是登记对抗说,都要求将公示本身与合同的效力区分开。换言之,无论是否办理登记,都不应当影响合同本身的效力,只不过影响物权变动的效力而已。长期以来,我国法学界与司法部门对物权变动产生了一种错误的观念与做法,即为了强调登记的效力,而将登记与设定和移转物权的合同本身的效力联系在一起,未经登记不仅导致物权不能发生变动,而且将导致合同本身不能生效。② 例如,《担保法》第41条规定:"当事人以本法第四十二条规定的财产抵押的,应当办理抵押物登记,抵押合同自登记之日起生效。"据此,未办理登记手续将导致抵押合同无效。此种做法明显混淆了合同的效力与物权变动的效力。事实上,公示本身是以合意的有效存在为出发点的,其指向的目标是物权变动,但其本身不能决定合同的效力,在我国物权立法中应当严格区分公示的效力与合同的效力。二者的相互关系如下:首先,公示是以合意为前提的,合同规定了物权变动的意思,但这种意思必须通过公示的方法对外披露出来,才能最终完成物权变动的后果。而物权变动的公示又必须以合同所约定的物权变动的内容为依据。一方面,在基于法律行为发生的物权变动的公示中,没有合意的公示是不能发生物权移转的效果的。例如,当事人一方向另一方交付某种财产,如果双方之间并不存在合同关系,债务本身并不存在,则此种交付不过是一种错误的交付,不能形成物权移转的效果。另一方面,从原则上说,当事人的合意也不能直接产生物权变动的后果,即使物权变动只是在

---

① 参见《德国民法典》第1154条第3项、第873条。
② 参见温世扬、廖焕国:《物权法通论》,人民法院出版社2005年版,第152页。

当事人之间发生的,不涉及第三人,不能认为单纯的当事人意思可以直接产生物权移转的效果。① 其次,公示方法的采用也可以体现他物权设定合同的内容。例如,抵押登记的内容与抵押合同关于抵押期限、被担保的债权数额、抵押物的范围应当是大体一致的。因此,公示的内容在大多数情况下是与合同对于物权内容、类型的约定相一致的,合同约定的内容是公示的基础。最后,合同的约定内容通过公示的形式获得了物权效力,从而具有对抗不特定第三人的对世性。

当然,在实践中有可能出现合同约定和公示内容相背离的情况。例如,抵押登记的期限与抵押合同约定的期限不一致,或者登记的担保的债权范围与抵押合同约定的债权担保范围不一致,此时,公示的公信力就有可能发生作用。这就是说,如果公示的内容与合同的约定不一致,那么,第三人只能信赖公示的内容,而不能信赖合同的内容。因为只有公示的内容才是公开的信息,第三人可以查阅;而合同本身不具有公开性,第三人不可能知道合同的内容。因而,对于第三人对公示的信赖、基于因公示而产生的公信力应当予以保护。不过,在确认其公信力的前提下,如果不影响第三人的利益,也可以允许当事人基于合同的约定而要求重新办理变更登记。

四、设立他物权模式:登记要件主义

关于物权变动模式,在大陆法系国家历来存在意思主义和形式主义之分,意思主义的物权变动模式仅凭当事人的债权意思即可产生物权变动的法律后果,在此之外无需其他任何要件。② 在意思主义物权变动模式的基础上,产生了登记对抗主义,认为物权变动仅因当事人的意思表示一致而发生,登记仅为对抗要件,换言之,如果不进行登记,已经变动的物权不具备完全的对世效力,只能够在当事人之间产生物权变动的后果,但无法对抗第三人。③ 形式主义的物权变动模式,是指物权变动除当事人的意思表示之外,还需要一定的形式。也就是说,要发生物权变动,除要求当

---

① 例如,我国《物权法》规定动产抵押采取登记对抗主义,是否办理登记由当事人自由选择。
② 参见王轶:《物权变动论》,中国人民大学出版社 2001 年版,第 18 页。
③ 参见肖厚国:《物权变动研究》,中国社会科学院 2000 年博士论文,第 125 页。

事人之间应当具有债权合意之外,还需要履行登记或交付的法定形式。①就不动产物权变动来说,必须要采取登记作为物权变动的公示方法。如果未履行法定的物权变动要件,只能够在当事人之间产生债权效果,而无法产生物权变动效果。这两种模式可以说各有利弊。

我国立法和司法实践究竟采取了何种立法体例,对此学理不无争议。从现行立法来看,主要采取要件主义作为一般原则。例如,《土地管理法》第12条规定,依法改变土地权属和用途的,应当办理土地变更登记手续。② 在我国《物权法》制定过程中,对于物权法究竟应采纳何种物权变动模式,学者间发生了激烈的争论。有学者认为,我国实际采取了登记要件主义,即债权形式主义。③ 也有学者认为,我国实际上采取的是登记对抗主义,即意思主义。④《物权法》第9条第1款规定:"不动产物权的设立、变更、转让和消灭,经依法登记,发生效力;未经登记,不发生效力,但法律另有规定的除外。"立法上在不动产物权的变动模式上原则上采取登记要件主义,但针对土地承包经营权、地役权等规定了登记对抗主义。这种模式是考虑到我国的城乡二元结构社会背景而做出的选择。然而,笔者认为,就不动产物权的变动模式而言,对于所有权的变动模式与他物权的设定模式不加区别,也并不完全妥当。这并不是说要就所有权的变动与他物权的设定设计两套完全不同的模式,但是一定要考虑到其间的不同之处,并根据其不同的特点选择科学的不动产物权变动模式。

就不动产所有权的变动而言,不必要采取完全的登记要件主义。考虑到实践中大量的房屋都没有办理房屋登记手续而办理了转让,如果固守登记要件主义,完全否认转让的效力,很可能出现在买受人受让房屋很长一段时间以后,出让人因房屋价格变动而恶意违约,要求收回房屋的情形,这就会使长期形成的财产秩序受到冲击。所以,有必要在法律上对此种转让的效力也予以承认,即使没有办理登记,这种转让也应当认为是合法的。对于是否发生物权变动的问题,可以根据城乡的差异分别考虑。一方面,对于城市的房屋而言,原则上未登记不发生物权变动的效果,但受让人因交付而取得的占有权仍然应当受到保护。此种占有权虽然不是

---

① 参见王轶:《物权变动论》,中国人民大学出版社2001年版,第31页。
② 我国司法实践的倾向是采取登记对抗主义,如最高人民法院《担保法解释》第49、59条明确规定了登记对抗主义。
③ 参见王轶:《物权变动论》,中国人民大学出版社2001年版,第18页。
④ 参见武钦殿:《论交付和登记在我国房屋所有权转移中的地位——兼论我国不动产物权变动模式》,载《法律适用》2004年第2期。

物权,但仍然应当具有对抗转让人和第三人的效力。此种效力并非完全来源于债权,也非来源于合法占有权。另一方面,农村房屋的转让则可以考虑适用登记对抗主义。只要在房屋买卖合同成立之后,出卖人向买受人交付了房屋,就应当允许买受人享有一种对抗第三人的权利。

就不动产他物权的设定而言,原则上应当采取登记要件主义,只是在例外情况下采取登记对抗主义。法律为了强制当事人办理登记,将登记作为一种强行性的规范加以确立,如果当事人之间就他物权的设定只是达成了合意,而并没有完成一定的公示要件,当事人只是设定了债权,而并没有设定物权,也就不能产生物权设定的效力。所以,在我国当前的物权立法中,就他物权的设定原则上采取登记要件主义,但考虑到农村的特殊情况,可以作出适当的例外规定。对不动产他物权的设定原则上采用登记要件主义,这主要是基于以下考虑。

(1)有助于维护交易安全和信用。"形式主义立法例,以登记交付为物权变动之生效要件,不仅有保障交易安全之优点,且使当事人间就物权关系之存在与否以及变动之时期明确化,此项当事人间之内部关系与对第三人之外部关系亦完全一致。"① 就他物权的设定而言,因为他物权是在他人的物上设定的权利,而不是在自己的物上设定的权利。② 他物权的设定直接关系到第三人的利益以及经济秩序,正是从这个意义上说,强化登记在他物权设立中的重要地位,显得尤其必要。如果没有登记,就很容易产生占有人就是权利人的外观,无法向第三人展示权利上的负担以及权利的实际状况。只有通过登记才能知晓其享有何种权利,才能对交易安全进行周密的保护。如果采取登记对抗说,登记成为一种任意性的规范,则当事人就有可能因为不愿意承担登记的成本而不办理登记,这就使得他物权的设定不能公开透明,财产关系因而处于紊乱的状况。

(2)有利于明晰产权,提高对不动产的利用效率。登记要件主义最大的优点就在于使物权关系变得明晰、透明、公开,防止出现产权权属争议。而登记对抗主义正如有学者所指出的,一方面,认可不通过公示方法的采用就可以发生法律变动的效果;另一方面,交易关系的第三人又可以在采用登记方法以后,以前手未经登记为由主张物权变动无效,就会导致产权关系不明确。③ 此外,由于我国物权法将规定一些新型的他物权,如地役

---

① 谢在全:《民法物权论(上册)》(修订二版),三民书局2003年版,第94页。
② 在德意志普通法时期有一项原则,于自己之土地之上不成立地役权。
③ 参见王轶:《物权变动论》,中国人民大学出版社2001年版,第45页。

权、居住权等,这些权利类型在现行实践中还极少发生,随着物权法的颁布,它们将逐步增多,因此有必要在其产生之前就明确此种权利的状态,以此保证他物权的设定和流转。所以,从制度设定一开始起,就应当规定登记要件主义与之配套,否则无助于产权的明晰和交易安全。还要看到,随着市场经济的发展,对不动产的利用效率提高,在同一不动产上设定的他物权多样化。例如,一块土地,可以在其上设定地上权、地役权、空间利用权、矿藏资源开发权、地下空间使用权,并且土地使用权也可以按期限分割,分别设定 10 年和 10 年之上的土地使用权等。他物权形态复杂性是物权法发展的必然趋势,这同样对明晰产权提出了更高的要求,以减少因他物权复杂性和多样性所产生的纠纷。这些都要求采纳登记要件主义,向人们提供一种登记的激励机制。①

(3)有利于保护所有人的利益。强化登记在他物权设立中的地位,也是界分他物权和自物权的一种重要方式。只有通过对权利内容的登记,才可以使第三人知悉权利的实际内容是对他人之物享有的权利,还是对自己所有之物实际享有的权利。这样,不仅宣示出他物权人,同时也宣示出不动产所有权人,从而防止他物权人恶意处分所有权人的财产。

目前,就我国实践而言,只对极少数不动产他物权,如有关土地使用权的设定采取登记要件主义,而对于其他他物权的设定并没有严格地规定公示的方法,这与我国物权法不完善、登记制度不健全具有很大的关系。因此,在物权法确认了完整的他物权体系之后,应当相应地规定登记要件主义,要求他物权的设定必须采取登记的方法。②

当然,对他物权的设定采取登记要件主义只是一般原则,并不妨碍法律对现实中的一些特殊情况作出例外规定。例如,根据现行的立法和实践做法,对于土地承包经营权和宅基地使用权并不严格要求办理登记,在此情况下也可以成立物权。③ 笔者认为,这在很大程度上是由于农村不动产市场商品化程度较低、流转性不强造成的。随着市场经济的发展,法律会不断承认土地承包经营权和宅基地使用权的可流通性,以后在条件成熟时,不妨逐步推行登记要件主义。

---

① 参见肖厚国:《物权变动研究》,中国社会科学院 2000 年博士论文,第 9 页。
② 法国之所以排斥登记要件主义,其中一个重要原因是"物权变动采取以登记为成立或生效要件,由于法律关系明确,可使动产及土地等交易之活泼化,以此保守之家族所最不愿见"。谢在全:《民法物权论(上册)》(修订二版),三民书局 2003 年版,第 89 页。
③ 参见郭明瑞:《关于物权登记应采对抗效力的几点理由》,载《法学杂志》2005 年第 4 期。

住宅建设用地使用权自动续期规则*

一、问题的提出：续期期限和收费悬而未决

众所周知，住宅建设用地使用权制度是在我国土地公有制基础上构建的对土地进行利用的他物权。就本文所探讨的住宅建设用地使用权而言，公民对土地之上的房屋享有所有权，该所有权的永久性与住宅建设用地使用权的出让期限的有限性之间存在不可避免的冲突。换言之，在住宅建设用地使用权届满之后，房屋所有权能否继续存在？此时又应当如何贯彻房地一体主义？成为法律上一大难题。由于房屋是每个公民的基本财产，对于绝大多数人来说，房屋也是安身立命之本，并可能是其终身的积蓄，因而，在《物权法》制定时，这一问题成为广大人民群众普遍关注的重大问题。《物权法》第149条专门规定了住宅建设用地使用权的自动续期规则，该规则在立法上首次区分了住宅建设用地使用权和非住宅建设用地使用权，完善了《城市房地产管理法》和《土地管理法》所确立的建设用地使用权续期制度。① 该规定切实保护了公民的基本财产权、居住权和基本人权，保障了老百姓的基本民生，保护了广大人民群众的利益，因而该规则成为《物权法》的重大亮点。

与此同时，在《物权法》制定时，由于对于住宅建设用地使用权到期后究竟应当续期多长时间、是否收取以及如何收取相关费用争议较大，所以

---

* 原载《清华法学》2017年第2期。

① 例如，1990年颁布施行的《城镇国有土地使用权出让和转让暂行条例》第40条规定："土地使用权期满，土地使用权及其地上建筑物、其他附着物所有权由国家无偿取得。土地使用者应当交还土地使用权证，并依照规定办理注销登记。"1995年《城市房地产管理法》第21条规定："土地使用权出让合同约定的使用年限届满，土地使用者需要继续使用土地的，应当至迟于届满前一年申请续期，除根据社会公共利益需要收回该幅土地的，应当予以批准。经批准准予续期的，应当重新签订土地使用权出让合同，依照规定支付土地使用权出让金。土地使用权出让合同约定的使用年限届满，土地使用者未申请续期或者虽申请续期但依照前款规定未获批准的，土地使用权由国家无偿收回。"（2007年该法修改时仍保留了这一规定）

立法者采取了回避的态度。① 在《物权法》的实施过程中,自 2009 年青岛市出现首例住宅建设用地使用权到期事件以来,上述立法时所回避的问题亟待解决,温州市 20 年住宅用地使用权到期事件更是引发了社会各界的广泛关注,从而引发了关于住宅建设用地使用权续期制度的全方位讨论。在这一背景下,2016 年 11 月 4 日,中共中央、国务院发布的《关于完善产权保护制度依法保护产权的意见》指出,"研究住宅建设用地等土地使用权到期后续期的法律安排,推动形成全社会对公民财产长久受保护的良好和稳定预期"。该意见是完善产权保护制度的纲领性文件,它是在新的历史时期,党和国家针对各类财产权的保护、完善社会主义市场经济法律体系所作出的重大宣示和庄严承诺,上述规定对未来民法典的编撰具有重要的指导意义。紧接着,2016 年 12 月 8 日,国土资源部办公厅《关于妥善处理少数住宅建设用地使用权到期问题的复函》确立了"不需要提出续期申请""不收取费用""正常办理交易和登记手续"的"两不一正常"方案,但该处理方案仅为过渡性办法,住宅建设用地使用权续期的最终方案仍有待于立法解决。

那么,对于现行《物权法》第 149 条所确立的住宅建设用地使用权自动续期制度未来立法应该如何完善呢?这是民法典物权编制定中不可回避的重大问题。

二、自动续期:住宅建设用地使用权的重要改革

如前述,《物权法》第 149 条规定了住宅建设用地使用权的自动续期规则,但仅规定了"自动续期"而未就如何续期作出具体规定。所谓自动续期,是指住宅建设用地使用权的续期不需要当事人向政府部门申请批准,就可以自动延长。对于非住宅建设用地,则仍适用按申请续期的规则,因为根据《城市房地产管理法》《土地管理法》等法律的规定,土地出让等有偿使用合同约定的使用期限届满,土地使用者未申请续期或者申请续期未获批准的,由有关人民政府土地行政主管部门报经原批准用地的人民政府或者有批准权的人民政府批准,可以收回国有土地使用权。所以说,《物权法》第 149 条区分的住宅建设用地和非住宅建设用地,首次将住宅建设用地使用权的续期问题从原先法律所确立的建设用地使用权续期制度中独

---

① 参见胡康生主编:《中华人民共和国物权法释义》,法律出版社 2007 年版,第 332 页。

立出来,改变了原来的申请报批续期规则,确立了自动续期规则。

按照自动续期规则,住宅建设用地使用权期限届满的,无须土地使用权人申请即自动续期,这既有利于降低行政成本,也可以免除权利人申请续期的繁杂手续,减轻了土地使用权人的负担。① 因为在现代社会,城市商品房大多采取建筑物区分所有的方式,小区内部的住户众多,协调成本较高,难以都到政府部门办理续期手续,如果在住宅建设用地使用权到期时要求建设用地使用权人申请办理续期手续,操作起来确有困难和不便之处。因此,《物权法》第149条规定了住宅建设用地使用权自动续期的规则,可以避免因申请审批等环节而产生的费用和成本。《物权法》的上述规定属于强行性规范,不允许当事人通过出让合同予以排除②,也不允许政府单方面制定相关的规范性文件予以排除。该规则对《物权法》施行之前的住宅建设用地使用权也具有效力。③

需要指出的是,《物权法》于2007年3月16日通过,生效日期是2007年10月1日,在这期间,《城市房地产管理法》在2007年8月30日进行了修订,且当日生效,在该法中,仍然保留了1995年《城市房地产管理法》第22条规定的报批续期规则,根据该规则,"土地使用权出让合同约定的使用年限届满,土地使用者需要继续使用土地的,应当至迟于届满前一年申请续期,除根据社会公共利益需要收回该幅土地的,应当予以批准。经批准准予续期的,应当重新签订土地使用权出让合同,依照规定支付土地使用权出让金。土地使用权出让合同约定的使用年限届满,土地使用者未申请续期或者虽申请续期但依照前款规定未获批准的,土地使用权由国家无偿收回"。依据该条规定,土地使用权期满后,权利人可以申请续期,但如果权利人未申请续期,或者申请续期未获批准的,则国家有权收回土地使用权;而且即便权利人申请续期获得批准,权利人也应当重新订立土地使用权出让合同,并按照规定支付土地使用权出让金。那么,应当如何协调二者的关系? 虽然《物权法》是基本法,而《城市房地产管理法》是普通法,但根据《立法法》的规定,两者仍然是同一效力层次的法律,并不存在上位法与下位法的冲突

---

① 参见高圣平:《〈物权法〉背景下的〈城市房地产管理法〉修改——兼及部门法的立法技术》,载《中国人民大学学报》2008年第2期。
② 参见杨立新:《住宅建设用地使用权期满自动续期的核心价值》,载《山东大学学报(哲学社会科学版)》2016年第4期。
③ 参见石冠彬:《住宅建设用地使用权续期制度的宏观构建》,载《云南社会科学》2017年第2期。

问题①,无法据此认为,《物权法》的效力优于《城市房地产管理法》。同时,如果认为《物权法》属于特别规定,而《城市房地产管理法》是新法,也应当由全国人民代表大会常务委员会裁定适用何者,并不能就此认为《物权法》的效力优于《城市房地产管理法》。为了避免两部法律在适用上的争议,本文主张宜将《城市房地产管理法》上述规则的适用对象解释为仅适用于非住宅建设用地使用权,而《物权法》第149条针对的对象是住宅建设用地使用权,因此,这两部法之间不存在冲突,没有必要就二者的适用关系予以探讨。②

此外,笔者认为,在自动续期期限内,即便房屋灭失,只要土地没有灭失,当事人可以在原住宅建设用地上翻建房屋,但在特殊情形下,也可能因为一定事实的出现,使得自动续期没有必要。③ 这主要有如下几种情况:一是房屋已经灭失而不准备新建房屋。例如,房屋所有权人拆毁房屋,或者房屋因自然原因而灭失,如地震,但所有人并不在土地上新建房屋。二是房屋被征收。在征收以后,房屋所有权已经转归国家所有。三是土地性质改变,即土地由住宅用地改为工业或商业用地,在此情况下,已经不符合自动续期的条件。在上述情形下,自动续期可能就没有必要了。

综上所述,《物权法》第149条的自动续期规则改变了《土地管理法》等法律所确定的建设用地使用权续期制度,在住宅建设用地使用权方面,改采自动续期主义。这有利于保护公民的房屋所有权,保护公民的居住权。基于该规定,住宅建设用地使用权最长70年的使用期限实际上是得到了变相延长。也就是说,在我国,就住宅建设用地使用权而言,其已不再受70年的最长期限限制。

三、续期期限:形成公民住宅财产的长久
受保护、良好和稳定预期局面

(一) 自动续期并不等同于永久续期

《物权法》第149条第1款规定了住宅建设用地使用权"自动续期"规

---

① 刘凯湘教授认为,作为基本法的《物权法》效力高于《城市房地产管理法》,参见《住宅建设用地使用权期限届满续期法律问题研讨会(第一期)》,载中国民商法律网(https://www.civillaw.com.cn/zt/t/?id=30761&_d_id=5e4dof98698df2129fd1fea096ec50),访问日期:2016年6月2日。

② 参见石冠彬:《住宅建设用地使用权续期制度的宏观构建》,载《云南社会科学》2017年第2期。

③ 参见刘锐:《住宅国有土地使用权自动续期的实现路径》,载《理论与改革》2016年第6期。

则,关于"自动续期"是否意味着永久续期,存在不同的观点。有一种观点认为,住宅建设用地使用权自动续期意味着永久续期。例如,有学者认为,从"自动续期"的文义逻辑上推论,自动续期的权利具有永久性;而且立法者规定住宅建设用地使用权期间届满自动续期,目的在于"保障老百姓安居乐业",通过自动续期而使其成为永久性的权利,有利于实现立法目的。此外,将自动续期理解为永久续期也有利于协调房屋所有权与土地权利之间的关系,"自动续期"的核心价值,在于住宅建设用地使用权为一次取得永久使用的用益物权。① 此种看法不无道理。

诚然,从有利于保护公民财产权益而言,永久续期无疑是很好的选择,但是,这并不意味着,要保护公民的财产权,就必须采纳永久续期的立场。因为确立自动续期规则,不仅仅是考虑住宅的所有权人的利益,还要考虑土地所有权人的利益,立法应当综合考虑各方利益,妥当地进行利益平衡。正如赫克(Heck)所言,法律规范应当考虑所涉及的利益,并衡量不同利益之间的关系,从而实现各种利益的平衡。② 也就是说,立法者应当在各种利益平衡中进行最佳的利益选择,同时尽量兼顾其他各方的利益。基于此,笔者不赞同永久续期的立场,主要理由如下。

首先,就土地所有权人的利益而言,永久续期将与土地所有权发生一定的冲突。一方面,从住宅建设用地使用权的本质来看,其属于法定的用益物权,而为了防止所有权的虚化,各用益物权都有一定的期限限制。因此,对住宅建设用地使用权而言,如果将其认定为一种无期限限制的权利,可能导致国家所有权的虚化。③ 另一方面,永久续期有可能导致土地使用权的性质发生变化,将与土地所有权毫无区别,这事实上等同于混淆了所有权与使用权的内涵和性质。正因为这一原因,有学者担忧,永久续期将使得建设用地使用权成为永久使用权,从而与《宪法》第10条所规定的"城市的土地属于国家所有"相矛盾。④

其次,从《物权法》第149条的规定来看,其并不包含永久续期的内涵。从该条规定的文义来看,该条只是规定"自动续期",即住宅建设用地使用权的续期不需要当事人申请国家有关部门的批准,但并不能据此得

---

① 参见杨立新:《住宅建设用地使用权期满自动续期的核心价值》,载《山东大学学报(哲学社会科学版)》2016年第4期。
② 参见吕世伦、孙文凯:《赫克的利益法学》,载《求是学刊》2000年第6期。
③ 参见高圣平、杨旋:《建设用地使用权期限届满后的法律后果》,载《法学》2011年第10期。
④ 参见申卫星:《全国人大常委会应进行立法解释》,载《东方早报》2016年5月3日。

出无限续期的结论。而且从该条的立法目的来看,其在立法层面首次对住宅建设用地与非住宅建设用地的续期问题加以分别规定,其主要目的是为了改变《城市房地产管理法》《土地管理法》规定的申请续期规则,从而确立了住宅建设用地使用权自动续期的立场,这一立法指导思想与续期期限之间并无必然联系。

再次,在特定情况下,永久续期并不妥当。如前所述,在房屋不存在而房屋所有权人不愿重建房屋、房屋已经被征收或者土地性质已改变等特殊情形下,此时永久续期并不合适。当然,根据我国住房和城乡建设部的有关规定,一般房屋在50年之后即构成危房,此时如果业主对该房产进行修缮和改良,特别是在不愿重建房屋的情况下,也不一定永久续期。

最后,永久续期会在一定程度上导致资源的不平衡分配。一旦实施永久续期制度,如前述特定的住宅建设用地使用权人将永久占有相应的建设用地,尤其是在一些人将住宅作为投资工具的背景下,这种永久占有将导致国家调控土地资源的能力减弱,并最终导致土地、房屋向少数人手中集中,从而导致新的社会不公。① 因此,不采纳永久续期制度,而是根据不同情形来确定不同的续期期限,这将更有利于土地资源的分配。

(二) 续期期限要形成公民住宅财产的长久受保护、良好和稳定预期局面

如前所述,笔者不赞成实行永久续期,但自动续期应当续期多长时间,这是《物权法》悬而未决的问题,也是当前亟待解决的现实问题。对此,《关于完善产权保护制度依法保护产权的意见》指出,续期期限要形成公民住宅财产的长久受保护、良好和稳定预期局面,这就为我们的研究提出了明确的指导意见,具体表现在:第一,续期制度的构建要促使形成公民住宅财产长久受保护的状态,使居民在住宅建设用地上的房屋成为"恒产"。因为只有成为恒产,人们才能够产生投资的愿望和置产的动力,而要形成这样长久受法律保护的状态,续期的期限显然不能过短,否则就不可能形成恒产。还应当看到,住宅本身也是一种商品,其可以成为抵押、转让、继承的对象,因而产权的存续期限越长,其交换价值越大;反之期限缩短,房屋价值则会减损。第二,续期制度的构建应当致力于使公众有良好稳定的预期。这种预期可以从产权人自身和全社会两方面来加以理

---

① 参见苟正金:《论住宅建设用地使用权的自动续期》,载《西南民族大学学报(人文社科版)》2015年第10期。

解。一方面,产权人本身要产生良好的预期,公民的住宅不是一般的商品,它是公民安身立命之所,也是终生积蓄所在,是政府长期所强调的生存权和发展权的基础。① 所以,在确定续期期限方面,应当以"产权人对自己拥有恒产能够产生合理期待"为立法目标,从这一意义上说,如果能够通过一次性续期解决该问题,就不应当通过多次续期来解决,否则,产权人难免对其产权安全产生担忧,形成对未来产权保护的不确定性。另一方面,全社会对于公民能够享有恒产要形成良好稳定的预期。只有这种预期的客观存在,才能保障交易的顺利进行,以及社会人心的安定,增加公众的幸福感。

基于上述指导思想,笔者认为续期的期限原则上应当通过一次性续期的办法来确定,而不宜采取多次续期的办法。有学者主张自动续期意味着可以多次续期,土地使用权永久有效②;也有论者指出,对于不到70年的住宅建设用地应先延长到70年,然后再进行无限续期。③ 对此,笔者认为,在续期问题上,要形成公民住宅财产的长久受保护、良好和稳定预期局面,应当尽量减少权利人续期的负担和续期的不确定性。如果没有特殊期间考量,原则上续期期限应当在50年左右,且最长不宜超过70年,因为按照住房和城乡建设部的建设标准,房屋设计的使用寿命为50年而住宅建设用地使用权的出让期限最长为70年,以此确定一次性续期期限具有合理性。但是在确定具体的续期期限长短时,有必要考虑如下三个因素。

一是房屋的使用年限。所谓房屋使用年限,是指房屋用于居住的正常使用期限,其并不等同于房屋从建成到倒塌的期限,因为建筑物都存在一定的设计使用年限,一般而言,在超过这一使用年限后,房屋可能存在安全危险,从而无法发挥正常居住的功能,此时,即使房屋仍然客观存在,也应当认定房屋的使用年限已经届满。对此,有观点认为,住宅建设用地使用权的续期期限应当考虑房屋的使用寿命,且主张"续期期限应当是建筑专家对该建筑物安全使用年限的评估年限,最长与国家规定的最长使用年限一致"④。与此相对应,有论者则直接指出住宅用地使用权自动续

---

① 参见许德风:《住房租赁合同的社会控制》,载《中国社会科学》2009年第3期。
② 参见邹海林:《住宅土地自动续期是否收费仍待解》,载《经济参考报》2016年5月10日。
③ 参见杨立新:《住宅建设用地使用权期满自动续期的核心价值》,载《山东大学学报(哲学社会科学版)》2016年第4期。
④ 何汉全:《土地使用权期满的后续问题研究》,载《中国房地产》2004年第11期。

期应当以房屋的使用年限为限,且不限定最长时间。① 这种观点不无道理,房屋使用年限到期之后,如果房屋所有权人或者使用人要拆除该危房,而又不准备翻建新房,在此情形下,再延长住宅建设用地使用权的期限也就失去了意义。当然,如果续期时间不到 70 年时,应当酌情减少所交纳的续期费用。

二是房屋用途转化的可能性。在现实生活中,住宅很有可能被商业化利用,也就是我们通常所说的"住改商"情形,此外,还有不少房屋"住商两用"。例如,有居民将自己的住宅登记为公司的办公场所,在这种情况下,建设用地使用权届满后,应当按照何种土地性质进行续期,值得研究。对此,笔者认为,应当根据事实情况来予以确定,也就是说,即使出让时建设用地使用权的用途是住房,只要房屋所有权人事后将其改为商用房的,则应当考虑按照商用房的性质确定具体的续期规则。其原因在于,如果仅仅按照期限届满时的用途来确定续期规则,很有可能导致房屋所有权人变相规避法律规定,所以考虑到对住房的正确认识,按照所有权人是否一直将住房用于"居住"作为续期规则的确认标准,是具有合理性的。2016 年 12 月举行的中央经济工作会议也明确指出,"要坚持'房子是用来住的、不是用来炒的'的定位"。显然,这无疑是回归了对住房的正确认知。所以说,自动续期规则的适用对象应该仅限于一直体现居住功能的住房上。

三是考虑土地和房屋被征收的情形。在实践中,根据旧城改造等城市建设规划工作,其往往提前确定需要改造的区域,对此立法上可以考虑续期期限至旧城改造等城市规划工程开始实施时截止,此时,征收补偿只需要补偿房屋所有权人。之所以进行这种考虑,原因在于,一次性续期期限时间在 50~70 年之间,从我国目前的城市建设情况来看,在这么长的时间内,城市区域改造的可能性非常大,若不将此种城市规划定性为续期期限的法定届满事由,可能会影响城市规划和发展。

总之,考虑上述特殊情形,原则上续期期限为 50~70 年之间,并结合特殊情况,具体确定续期期限。需要指出的是,有学者主张,关于续期的期限,在法律规定最长期限内,应当由业主和政府协商确定。② 法律规定

---

① 参见石冠彬:《住宅建设用地使用权续期制度的宏观构建》,载《云南社会科学》2017 年第 2 期;叶剑平、成立:《对土地使用权续期问题的思考》,载《中国土地》2016 年第 5 期。
② 参见楼建波:《〈物权法〉为何没把自动续期"说透"?》,载《中国自然资源报》2015 年 3 月 19 日。

自动续期的期限之后,这在性质上也宜认定为强制性规定,不应当允许当事人排除适用。笔者认为,不宜由当事人之间约定续期期限,主要基于如下因素的考量:一方面,相对于政府,房屋所有权人处于弱势地位,如果由当事人协商,则很难保证房屋所有权人的真实意思表示在协议中得到体现,这将有损房屋所有权人的权益。另一方面,在建筑物区分所有的情况下,住宅建设用地使用权人人数众多,难以达成统一的共识,即便通过多数决,有一些权利人可能仍然认为自己的权利受到了侵害,可能会引发一些不必要的矛盾和纠纷。相对而言,法律不允许当事人之间就住宅建设用地使用权的续期期限进行意定,可以避免不必要的矛盾和纠纷,能够最大限度地保障每一个住宅建设用地使用权人的合法权益,体现物权法定分止争、保障公民恒产的立法宗旨。

四、续期收费:有偿续期但不应采纳出让金标准

(一) 续期不宜无偿

关于自动续期是否为无偿续期,存在不同观点。孙宪忠教授等人认为,《物权法》第149条第1款所规定的"自动续期"含义是指无条件续期,不需要补交费用,也不需要再次办理不动产登记手续,权利人即可继续合法使用土地。[①] 还有论者认为,住宅建设用地使用权自动续期制度旨在赋予住宅建设用地使用权人一种长久、无偿使用国有土地的福利,以满足住房权人的基本要求,使国民安居乐业。[②] 此外,亦有论者从立法论角度指出,基于政治考量、社会福利、我国财政充足等现实情况,可以考虑在土地一律国有化的前提下,一方面赋予农村居民免费的宅基地使用权,另一方面赋予城镇居民住宅建设用地使用权到期后免费续期的权利,从而解决住宅建设用地使用权免费续期问题,这样也就解决了无偿续期论所存在的理论障碍。[③]

对于住宅建设用地使用权续期是否有偿的问题,在物权法立法时争

---

① 参见徐隽:《物权法规定宅地无条件续期 届满再收费违法》,载《人民日报》2016年4月20日。
② 参见朱广新:《论住宅建设用地使用权自动续期及其体系效应》,载《法商研究》2012年第2期。
③ 参见石冠彬:《住宅建设用地使用权续期制度的宏观构建》,载《云南社会科学》2017年第2期。

议较大,按照立法者的解释,在《物权法》制定时,关于是否收费的问题引发了激烈的争议,"如何科学地规定建设用地使用权人届时应当承担的义务,目前还缺乏足够的科学依据,应当慎重研究,物权法以不作规定为宜。而且物权法不作规定,也不影响国务院根据实际情况作出相关的规定。因此,本条对建设用地使用权期间届满后是否支付土地使用费的问题未作规定"①。由此可见,立法者实际上回避了收费问题。2006年10月27日,全国人民代表大会法律委员会向第十届全国人民代表大会常务委员会第二十四次会议提交的有关物权法草案审议报告明确指出,"法律委员会研究认为,续期后是否支付土地使用费问题,关系广大群众切身利益,需要慎重对待,目前本法以不作规定为宜。届时,可以根据实际情况再作慎重研究。因此,建议删去这一条中关于土地使用费的规定"。无论是从反面解释还是从历史解释来看,不能认为《物权法》第149条的本意包含了如何续期的具体问题,这属于法律的有意沉默,就此问题进行了回避,但这种沉默是引发当前对此问题争议的主要原因,也是当前立法应当解决的重大问题。对此,笔者认为,自动续期不应当采纳无偿续期的立场,主要理由如下。

第一,无偿自动续期有违市场经济公平公正原则。因为住宅建设用地使用权的出让期限越长,住宅建设用地使用权人所支付的土地出让金相应的也会越高,若转化到房价成本中,则相应购房人所支付的房价也会较高。在这种情况下,如果对不同出让期限的住宅用地一律予以平等对待,无偿自动续期,则有悖公平理念。②

第二,无偿自动续期可能会加剧房地产市场的投机行为,进一步加剧炒房行为,使房屋异化为一种投资的商品,而不是用于居住。③ 在目前我国房地产市场上,不少人购买房屋完全是基于投资目的,而非居住目的。房屋作为一种商品,虽然可以进入流通领域,但其也具有一定的特殊性,事关广大人民群众居住权的实现,关涉基本民生。因此,从立法本意来看,物权法自动续期规则也是为了保障房屋所有权人的居住权,若采纳无偿自动续期论,此时有可能导致房屋被进一步炒作,不利于保障公民居住权。

---

① 胡康生主编:《中华人民共和国物权法释义》,法律出版社2007年版,第332页。
② 参见马天柱:《住宅建设用地使用期满自动续期的若干思考》,载《天津商业大学学报》2008年第2期。
③ 参见刘锐:《住宅国有土地使用权自动续期的实现路径》,载《理论与改革》2016年第6期。

第三,无偿自动续期会降低土地利用效率,加剧土地资源稀缺性的矛盾,不利于对土地的充分利用。[1] 土地收益具有很强的财政属性,建设用地使用权有偿续期,可以提供稳定的地方财政来源,为社会保障、民生支出和经济建设提供持续的动力,有利于保证地方政府的正常运转。[2] 无偿续期论会削弱国家对社会资源的调控能力,可能导致土地资源占有不公状态长期凝固化。对于自动续期可能引致的重大社会效应,立法者和学界应当予以及早重视和充分研究。[3]

第四,无偿续期可能导致政府对特殊地块基础设施的投资减少,从而不利于住宅周边环境的改善,最终也将影响房屋所有权人权益的实现。因为房屋价值与周边环境是紧密联系在一起的。尤其应当看到,无偿续期有可能导致政府减少对危旧房屋的改造,对基础设施的投资减少,最终不利于对民生的保护。

(二) 有偿续期不宜采纳出让金标准

在2016年4月发生的温州20年住宅用地使用权期满续期收费事件中,当地国土资源局按照现在的土地出让金标准要求卖房者补缴相应的土地出让金,否则不予办理过户登记手续。这一事件中所采取的收费标准引发了社会广泛关注。这一事件之所以引发如此大的争议,其根本原因在于收费标准过高。换言之,采纳有偿续期立场的关键问题在于如何确定合理的续期收费标准,对此,未来民法典物权编应当作出积极的回应。笔者认为,不应当按照土地出让金标准确定住宅建设用地使用权续期的收费数额,主要原因如下。

第一,住房本身涉及公民居住权的保障。自动续期规则的目的在于保障居者有其屋的权利,使人们能够安居乐业,幸福生活,满足人们对美好生活的向往,同时,也是为了保障公民的基本民生。什么是"民生"? 最大的民生就是公民的财产权保障问题。公民的财产权问题解决不好,就不可能真正解决好民生问题。公民在购买商品房之后,取得了无期限的房屋所有权,如果住宅建设用地使用权续期需要收费,但采纳出让金标准

---

[1] 参见袁志锋:《城市住宅建设用地使用权期满自动续期初探》,载《中国地质大学学报(社会科学版)》2013年第S1期。
[2] 参见高圣平、杨旋:《建设用地使用权期限届满后的法律后果》,载《法学》2011年第10期。
[3] 参见靳相木、欧阳亦梵:《住宅建设用地自动续期的逻辑变换及方案形成》,载《中国土地科学》2016年第2期。

收费,导致收费过高,显然违背了《物权法》保护公民财产权的立法目的。

第二,续期不同于出让。从逻辑上而言,住宅建设用地使用权期限届满后,如果使用权人要继续享有住宅建设用地使用权,则应当予以再次出让,《土地管理法》及《城市房地产管理法》曾采纳这一立场。但是《物权法》确立了自动续期规则,否定了政府与当事人之间通过合意来达成出让合同,这种强制规定意味着续期不同于缔约,也就是说,这不是一个出让行为。因此,按照土地出让金的标准确定续期的收费标准,因为欠缺"出让"这一大前提,所以是没有依据的。

第三,采纳出让金标准,有可能导致自动续期规则沦为具文。一方面,许多公民可能因为支付不了高昂的续期费用,而无法续期,这就使得自动续期规则不能够得到落实,老百姓也不能从中享受到应有的福利和实惠。另一方面,在无法续期的情况下,公民对房屋的所有权与国有土地所有权之间的矛盾将无法调和,也会形成严重的社会问题。

第四,采纳出让金标准不符合未来立法的指导精神。追溯至《物权法》,其出台这一规定是为了给老百姓一颗定心丸,以出让金标准收费,就会使很多人担心有生之年可能负担不起续期费用,而百年之后,可能由后代负担过高的续期费用,可能也对不起子孙后代。① 放眼于民法典的制定,这种做法也不符合《关于完善产权保护制度依法保护产权的意见》所确立的"形成公民住宅财产的长久受保护、良好和稳定预期局面"指导精神。

总之,建设用地使用权自动续期应当收费并不意味着应当按照土地出让金收费,因为考虑到经营性建设用地使用权与住宅建设用地使用权的不同,收费还是应当考虑社会福利这一方面的性质,也应当予以政治层面的考量来保障民生的安定。

(三) 续期收费标准应当考虑最低居住面积

《物权法》第 149 条本来是为保护公民财产权而设,收费过高会使立法效果大打折扣。如前所述,房屋是每个公民的基本财产,对于绝大多数公民来说,公民的房屋也是公民的安身立命之本,其居住的房屋可能是其终身的积蓄,保护公民的房屋所有权就是保护公民的基本财产权、居住权和基本人权。如果把续期收费的标准制定得过高,甚至与土地使用权出

---

① 参见刘锐:《住宅国有土地使用权自动续期的实现路径》,载《理论与改革》2016 年第 6 期。

让费等同,公民可能交不起续期费用,这相当于变相剥夺了公民的财产权,显然违背了《物权法》保护公民财产权的立法目的。

关于住宅建设用地使用权期满后如何有偿续期的问题,学界目前有如下两种比较有代表性的观点:一是"首套房屋无偿续期论"。该观点认为,只要居民名下只有一套房屋,那么其住宅建设用地使用权期限届满后,就应当免费续期,关键理由在于其认为住房是一个社会福利问题,从保障公民居住权、抑制房产投机角度来看,按照房屋套数来认定是否有偿续期是合理的。[①] 二是"超额面积有偿续期论"。该观点认为,在确定有偿续期的同时,还必须考虑生存需要的居住面积。[②] 换言之,住宅建设用地使用权的有偿续期应当确立一个免征费用的面积,只有超过一定标准的住宅面积,续期才应当收费。

上述两种有偿续期的观点均区分了不同情形来确定有偿续期的具体实施方案,在这一点上,笔者深表赞同。确实应当看到,住宅的情形十分复杂,中国城市人均住宅建筑面积虽然为 32.91 平方米[③],但住房资源的分布不均衡,有人购房是为了自住,也有人购房纯粹是为了投资。有人的居住面积较大,但有的家庭居住条件仍然十分拥挤。完全采用"一刀切"式的标准可能并不合理,而应当在考虑相关因素的前提下确定不同的续期收费标准。但是一概免除首套房屋的续期费用,也是不合理的。因为首套房屋的面积可能比较大,其住宅建设用地使用权的期限如果本身较短,其房价也相对较低,在此情形下,如果免于交费,则对房屋面积较小但因为住宅建设用地使用权期限较长而导致房价较高的人,则不公平。所以,这一观点存在一定的不合理性。笔者原则上赞同第二种观点,但是该观点单纯根据人均面积确立续期是否有偿,可能也并不合理。例如,有的家庭成员较多,其人均分摊的面积较少,而有的家庭成员可能较少(如单亲家庭),此时不考虑房屋的实际居住情况,而单纯从数量上作比较并不合理。

笔者认为,在确定续期收费标准时,首先应当确定最低的居住面积(如确定人均为 30 平方米左右),只要在这个居住面积以下的,只应象征性地收取续期费用。如果超过了最低的居住面积,则应当确定一个收费

---

① 参见叶剑平、成立:《对土地使用权续期问题的思考》,载《中国土地》2016 年第 5 期。
② 参见孙良国:《住宅建设用地使用权自动续期的前提问题》,载《法学》2016 年第 10 期。
③ 参见《中国城市人均住宅建筑面积为 32.91 平》,载《上海证券报》2014 年 5 月 8 日。

的幅度。由于我国目前不动产登记已经实现了电子化，不动产统一登记已经完成，查询房屋面积已经不存在技术障碍，在此情形下，确定一般的居住标准相对较为容易。关于续期收费的具体幅度，则应当考虑如下因素来确定相应的续期收费标准。

一是考虑购房目的。具体而言，续期收费需要考虑购房人购房是用于自住，还是用于投资或兼顾自用与经营。一般来说，某人购买两套或者两套以上房屋后，有可能就具有了投资的目的，所以，适当提高续期收费标准，也不会影响对其居住权的保障。

二是考虑人均居住面积。如前所述，考虑人均居住面积来确定收费标准比"首套房屋无偿续期论"更为合理。人均面积高，则续期费用也应当更高。

三是考虑家庭的规模。完全根据人均居住面积确定续期收费标准，也可能存在一定的不合理性。因为当多个人居住在一套面积较大的房屋中时，即使人均面积比单个人居住在一套房屋中的面积要小，此时，对多个人收取较高的续期费用可能更为合理。举例而言，一个人居住在70平方米的房子中，和三个人居住在200平方米的房子中，虽然后者的人均居住面积小于前者，但很显然，对后者的续期收费应当高于前者。

结　语

"安得广厦千万间，大庇天下寒士俱欢颜。"要形成保护住宅财产的长久稳定预期，就必须要解决房屋所有权的永久性与住宅建设用地使用权期限性之间的矛盾。鉴于《物权法》只是确立了自动续期规则，而没有从根本上解决这一矛盾，因而，有必要加快民法典编纂，在物权编中完善住宅建设用地使用权的续期规则，真正将《关于完善产权保护制度依法保护产权的意见》保护产权、保障民生的精神落到实处。

空间权：一种新型的财产权利*

在土地资源与人类需求之间的矛盾日益紧张的情形下，对于地上和地下空间的利用成为缓解这一紧张局面的重要举措。因而现代社会的空间开发利用日益普遍，并出现了地下商场、地下旅店、地下广场、地下通道、地下车库、空中走廊、空中花园、高架铁路、高架桥梁等。空间资源已成为重要的稀缺资源，对空间享有的权利成为民法中的一项重要权利。

我国《物权法》第136条规定："建设用地使用权可以在土地的地表、地上或者地下分别设立。新设立的建设用地使用权，不得损害已设立的用益物权。"这是我国法律第一次对空间权作出规定，具有重要的理论和现实意义。但空间权作为一种新型的财产权利，涉及诸多的法律问题，本文拟对此进行初步的探讨。

一、空间权是一种新型的财产权利

空间不是有形物，它难以被实际控制或占有，但它仍然可以作为物权的客体而存在，这是因为它是客观存在的资源，可以为人类所支配和控制，并能够满足人类的需要。[1] 与电、气、磁场等类似，空间也是可以被感知的。在物权法上，空间是指土地上下一定范围的立体上的位置。对空间所享有的支配和利用的权利就是空间权。

空间权，是现代财产权法中的一项新权利。迄今为止，尽管在学理上能否将空间权认定为一项独立的物权仍然存在争议，但大多数学者主张，空间权可以成为一项财产权利或物权的权能，可以作为物权的客体，各国立法和判例学说普遍承认空间权是一种财产权利。[2] 主要原因在于：一方面，空间

---

* 原载《法律科学》2007年第2期。

[1] 参见赵怡：《试论物权法中的空间权制度》，载《市场周刊(管理探索)》2004年第S2期。

[2] 参见陈华彬：《我国物权立法难点问题研究》，首都经济贸易大学出版社2014年版，第145—148页。

本身是一项财产。在农业社会,对土地的利用主要限于地表,对土地的利用主要集中在地表和地表之上非常有限的空间,对地上和地下广泛空间缺乏深入的利用。加上对空间的利用手段不足,以及市场对空间的需求相对较小,空间资源的重要价值还没有凸显出来。但是,在现代社会,由于我国土地资源相对不足,城市人口稠密,生产和生活空间都极其短缺,因而对空间的利用越来越重要。① 尤其是在土地资源日益稀缺的今天,立体利用空间可以在很大程度上弥补土地资源的不足。因而,空间利用权作为一项财产的重要意义也越来越突出。另一方面,人类利用空间的手段和能力也不断提高。空间本身是客观存在的,但其财产属性在民法中长期不能凸显,这与人类对空间的利用手段和能力不发达是联系在一起的。随着人类对空间的利用水平的提高,对空间的利用逐渐从平面发展到立体,使得空间的价值日益凸显,这在客观上需要法律确认空间权,对各种空间利益进行保护,从而有效地促进权利人以及对空间资源有需求的人对空间的开发和利用,以最大限度地发挥空间的价值。

空间权的主体可以由土地所有权人、建设用地使用权人甚至独立的空间权人享有。空间权的主体具有一定的特殊性,当土地所有权与建设用地使用权还没有发生分离时,空间包含在土地所有权之内,属于土地所有权范围。例如,在罗马法时期,地上、地下等空间均归属于土地所有人,因而不存在独立的空间权。土地所有权人在法定的范围内享有对地表以及土地之上、之下的空间的利用权,除非这种权利受到法律的限制。在1804年《法国民法典》中,土地所有权的效力"上穷天空,下尽地心"。然而,1900年《德国民法典》第905条明确规定:"土地所有人不得禁止在高到或深到所有人对排除干涉无利益的地方所进行的干涉。"各国普遍通过立法和规划限制对土地上下空间的利用。例如,国家有关土地规划的法律规定禁止加盖高层建筑等,这是从土地的纵向延伸角度而作出的分析。② 只有当土地所有权与建设用地使用权发生分离,或者当空间权移转给非土地所有人享有时,空间权才具有独立存在的价值,从而才有可能存在独立的空间权主体。也就是说,当空间权为土地使用人或非土地所有人享有时,权利人对空间的权利就体现为对他人土地的地表上下一定范围空间的支配和利用,这就会在土地所有权人与建设用地使用权人就空

---

① 参见石少侠、王宪森:《土地空间权若干问题探析》,载《政治与法律》1994年第1期。
② 例如,2000年日本颁布《地下深层空间使用法》,规范了地下深层空间的公益性开发利用。

间的利用方面发生一定的冲突,从而有必要通过法律确定其归属。因此,空间权的主体能否独立存在,在很大程度上取决于法律上是否承认独立的空间权制度。此外,由于空间权重在对于空间的利用,因而其主体大多是建设用地使用权人。

空间权的内容主要是利用权。空间权究竟应当如何表述,各国立法、判例和学说并不完全相同。第一种观点认为,空间权仅仅是利用一定空间的权利,因而空间权就是空间利用权。① 第二种观点认为,空间权不仅包括了对于空间的利用权,还包括了对空间的处分权。② 空间权表明权利人对于客体和空间所享有的控制权,表现在法律上就是利用权与处分权。第三种观点认为,空间权主要是指对一定的空间享有的权利,就性质而言,空间权属于不动产财产权之一种。③ 由于空间具有一定的经济价值,权利人可以在地上、空中或地下的空间里具有独立的支配力,因而与传统土地所有权以地表为中心而有上下垂直的支配力不同。④ 此种观点并未确定空间权的内涵,而只是从权利客体角度来进行定义。上述观点都认为空间可以成为权利的客体,所不同的是对于空间权的内容的界定上存在着分歧。笔者认为,空间权的内容主要是利用权,人们支配一定的空间是为了对空间进行利用。空间权是指公民、法人或其他组织利用土地地表上下一定范围内的空间,并排斥他人干涉的权利。

空间权的内容不仅表现在利用性方面,还表现在空间权的内容也具有一定的限制性。所谓空间权的内容的限制性,是指空间权人按照规定的用途利用空间并获取经济利益。空间利用权人必须按照规定的用途和目的使用空间。例如,当事人约定在屋顶平台之上利用空间建造广告塔,则空间利用权人不得建造建筑物和其他附属物,否则将构成对土地所有人或使用人的权利侵害。为了防止空间利用权人擅自改变空间利用的目的,法律也有必要对空间利用权的转让作出限制,即空间利用权未经土地所有人或使用权人同意,不能擅自转让。同时,权利人利用空间获取一定的利益应受到法律的保护。空间权人可以独立支配一定空间并排斥他人的干涉。由于空间利用权的设定需要登记,因此在登记之后,利用权人自

---

① 参见〔日〕我妻荣:《新版新法律学辞典》,有斐阁1968年版,第260页。
② 参见邓少海等:《城市地下空间法律政策与实践探索》,东南大学出版社2010年版,第55页。
③ 参见陈华彬:《我国物权立法难点问题研究》,首都经济贸易大学出版社2014年版,第148页。
④ 参见温丰文:《空间权之法理》,载《法令月刊》1988年第3期。

然可以享有对抗第三人（包括土地所有人、使用人）的权利。例如，土地所有权人和使用权人在将屋顶平台之上的空间转让给某人之后又在平台之上建筑附属物，空间利用权人可以请求建设用地使用权人拆除附属物，排除对其利用权的妨害，并可以有效地对抗第三人所取得的未经登记的权利。但是空间权内容还要受到法律、法规、城市规划以及合同的严格限制。一是法律、法规的限制。例如，《人民防空法》第22条规定："城市新建民用建筑，按照国家有关规定修建战时可用于防空的地下室。"《民用航空法》对机场净空保护区域内修建、种植或者设置影响飞行安全的建筑物、构筑物、树木、灯光和其他障碍物体予以禁止。对净空保护区域外空间的利用，《民用航空法》第61条规定："在民用机场及其按照国家规定划定的净空保护区域以外，对可能影响飞行安全的高大建筑物或者设施，应当按照国家有关规定设置飞行障碍灯和标志，并使其保持正常状态。"二是城市规划的限制。城市规划是指人民政府为了实现一定时间内城市经济社会发展目标，确定城市性质、规模和发展方向，合理利用城市土地，协调城市空间布局和各项建设的综合布置和具体安排。规划对于空间的利用起着至关重要的作用，空间只能在规划确定的范围内进行利用。无论是利用地上空间建造房屋、空中花园、走廊，还是利用地下空间建造地下商城等，都应当受规划的限制。从这个意义上说，规划决定着空间权的内容，甚至当土地所有权和建设用地使用权分离之后，所有人是否对空间享有权利也是由规划确定的，超出了规划的范围，原则上构成越权。正因如此，空间法和规划法是密切联系在一起的。三是合同的限制。空间权也要受到建设用地使用权出让合同和空间权设立合同的限制。当建设用地使用权和土地所有权发生分离时，建设用地使用权人享有的空间利用范围，就要受到合同的限制。假如所有人只是将地表的权利转让给建设用地使用权人，那么，所有人仍然可以对地上、地下的空间享有权利。

　　空间权的客体具有特殊性。从物权法的角度来看，空间权的客体是一定的空间，这种空间主要是指他人土地上下的空间。空间是一种财产，在现代物权法中，空间尽管不是一种有体物，但是它可以为人们所利用，体现了一定的经济价值。尤其是土地上下的一定空间随着人们的利用手段的技术革新，其利用的方式越来越多。在现代社会，由于土地资源的不可再生性和有限性，使人们必须不断开发和利用空间，为了更有效率地利用土地，就有必要利用土地上下的空间，从而有必要将空间权作为一项独立的财产权利来加以确认。正因如此，可以将空间界定为财产，空间权也

应当受物权法调整,而不能在物权法之外单独形成空间法而对空间权进行调整,主要理由在于:

第一,物权法上所说的空间可以分别受到各个物权制度调整。严格说来,空间范畴的法律问题涉及多个部门,譬如,外层空间由国际空间法来调整,属于公法的范畴;海洋上空的空间由海洋法来调整(如海洋上空航空器的飞越自由问题)。在民法中,土地上下空间主要受物权法调整,但可以分别受各个物权制度调整,不应完全由用益物权制度调整。例如,建筑物内部的空间和对土地上建筑物、构筑物及其附属设施内的空间利用问题涉及所有权法律关系,应当由所有权制度调整。对于房屋内的空间、地下停车场的空间利用问题,都应当通过房屋所有权、建筑物区分所有制度来解决,而无须通过空间权来加以调整。因而,用益物权制度主要调整利用地表上下一定空间所产生的关系,这是最典型的空间法律问题,因此可以说,物权法上所说的空间,是与土地联系在一起的,是土地上下一定范围的空间。

第二,作为空间权客体的空间是土地上下一定范围的空间,与土地等不动产具有天然的物理联系。从物权法的角度来看,空间权之所以可以成为一种应当受到物权法调整的权利,是因为它和土地具有内在联系,可以形成地表上下的空间权利。不过,对于空间权客体在地下的终点,各国普遍设有规定。例如,芬兰、丹麦、挪威等国法律规定,私人土地的6米以下为公有。日本《地下深层空间使用法》第2条也设定了不同情况下具体的计算标准。① 而就地上部分而言,如果它表现为与土地完全分离的一定范围内的空间,如航道或者外层空间,就不属于物权法调整的范围了。作为空间权客体的空间,不是通过有体物遮蔽而形成的,不是一种封闭的空间(从这个意义上说,建筑物内的空间不属于空间权调整的范围)。它是开放性的,但是又具有确定性,它虽然没有物理上的四至,但仍然能够通过技术手段予以准确界定,并且最终可以进行登记公示。同时,权利人利用的空间也必须是特定的,每个人的权利只能在特定的空间范围内行使,不能延伸至他人所享有的空间范围,否则将构成对他人权利的侵害。

第三,作为空间权客体的空间,是与土地所有权和使用权密切相关的。在空间权没有从建设用地使用权中独立出来或者被独立利用时,它常常包含在建设用地使用权之中,作为一项权能存在。反过来说,土地的

---

① 参见马栩生:《论城市地下空间权及其物权法构建》,载《法商研究》2010年第3期。

权利也不能脱离一定的空间而存在；一旦土地所有权、使用权离开了地表上下的空间权利，就失去了其应有的经济价值和意义。任何对土地的利用行为，都会涉及对其上下空间的利用；但这并不意味着空间权必须包含在建设用地使用权之中，空间权仍然具有一定的独立性。

第四，空间可以通过一定的方法予以公示。尽管空间是具有价值的，可以为人所用，但如果它不能为人所确定和支配，尤其是无法通过一定方式加以公示，它将难以形成一种物权。作为物权，它必然需要登记和公示，从而起到定分止争、界定产权的作用。当然，在现代社会，由于在技术上对其进行确定成为可能，这也促成了空间登记制度的建立。

总之，空间权在性质上属于物权的范畴，应当受物权法调整。空间权作为一项民事权利，丰富了民事权利体系。同时，空间权的产生也进一步丰富了民事权利客体的内容，扩张了物权客体的范围。也就是说，民事权利的客体并不限于物，也包括空间。但离开土地的空间并不一定受物权法的调整，而要受到空间法等法律的调整，所以，多个法律共同承担对空间的调整任务。

二、空间权可以成为一项独立的物权

在我国物权法起草过程中，关于空间权是否应当作为一项独立的用益物权，存在三种不同的看法。一是空间权否定说。此种观点认为，空间不应当成为权利的客体，空间属于建设用地使用权的内容，应当包含在建设用地使用权之中。如果将空间权作为独立的物权形态，可能造成相关物权之间的冲突。建设用地使用权包括对地上、地下以及空间的权利，空间属于建设用地使用权的范围，归建设用地使用权人使用，所以，空间权不仅不能成为独立的权利，而且也不能作为物权的一项权能而存在，属于建设用地使用权的范畴。[1] 二是空间权独立说。此种观点认为，空间权是一种独立的用益物权，因为空间权能够通过登记的公示方法加以确定、转让、抵押等，并且空间的利用价值越来越高，将空间权作为一种独立的用益物权，有利于进一步提高对空间的利用。此种观点还认为，建设用地使用权难以包括空间权，因为建设用地使用权的范围通常仅限于地表，并且将空间归入建设用地使用权的范围，在很大程度上限制了空间作为一种

---

[1] 参见陈祥健：《关于空间权的性质与立法体例的探讨》，载《中国法学》2002年第5期。

独立财产的价值。三是综合权利说。此种观点认为,"空间权并不是物权法体系中一个新的物权种类,而是对在一定空间上所设定的各种物权的综合表述"①。该观点认为,空间权可以作为一项权利,但没有必要成为一项独立的权利,其只是各种权利的集合,应当将空间权分别归入基地使用权、农地使用权和邻地使用权中。

上述各种观点都不无道理,首先必须看到,不承认空间权为独立的物权,并不等于空间不能成为一种权利客体,或者权利人不能针对空间而享有某种权利,空间权否定说不仅不承认空间权能够成为一种独立的物权,甚至不承认空间本身可以成为一种权利客体,此种观点显然是值得商榷的。如前所述,在现代社会,由于社会经济的发展以及对空间利用水平的提高,空间具有了越来越大的财产价值,且空间又能为权利人所支配和利用,并通过一定的公示方法表现出来,所以空间能够作为独立的权利客体并为权利主体所支配,因而不能将其包含在建设用地使用权之中,而否定其具有独立的价值。②

空间权独立说和综合权利说都认为,空间是可以作为权利客体的。所不同的是,针对空间权究竟属于一项独立的物权,还是仅仅作为物权的一种权能,二者存在不同的看法。我国《物权法》第136条规定:"建设用地使用权可以在土地的地表、地上或者地下分别设立。新设立的建设用地使用权,不得损害已设立的用益物权。"尽管该条规定了空间权,但它附属于建设用地使用权,可见,《物权法》承认了空间可以作为独立的权利客体,因而空间本身也是一项具有法律意义的财产。显然,这是物权法的一个重大突破,其意义表现在:一方面,明确空间的财产价值,有利于进一步鼓励对空间的有效利用。在我国,由于土地资源的有限性与城市发展的需要之间的矛盾日益扩大,土地资源将会越来越紧张,尽管我国国土辽阔,但可耕地面积只占7%,却养活了全球20%的人口。随着人口的激增以及经济的高速发展,土地资源的稀缺性将会永久存在。在此情况下,高效率地利用土地对我国而言也显得十分迫切。这就有必要加强对地下空间和地上空间的利用,对土地的平面利用也要逐步向立体利用发展。③ 另一方面,承认空间可以构成物权的客体,这也丰富了物权法的内容和体系,为未来的法律制度创新奠定了基础。不过,《物权法》并没有采纳空间

---

① 梁慧星主编:《中国物权法研究》(下),法律出版社1998年版,第591页。
② 参见胡正方:《论我国地下空间权建构的法律问题》,载《政治与法律》2006年第5期。
③ 参见胡正方:《论我国地下空间权建构的法律问题》,载《政治与法律》2006年第5期。

权独立说,将空间权规定为一项独立物权,而是在建设用地使用权中规定了权利人可以利用地上、地下空间,因而在《物权法》中空间权是包含在建设用地使用权之中的。此种规定仍然具有值得探讨的余地。笔者认为,将空间权作为独立的物权看待,不仅具有必要性,而且也具有可能性,其原因在于:

第一,空间权可以与建设用地使用权相分离。尽管在物权法上,一定的空间总是与土地联系在一起的,但空间权不一定包括在建设用地使用权之中。在建设用地使用权确定之后,国家可以基于公共利益的需要而利用建设用地使用权人的地上、地下空间,也可以基于有效利用空间资源的需要,许可他人对建设用地使用权人的地上、地下空间进行利用,在此情况下,建设用地使用权和空间权就会发生一定程度的分离。由于空间权和建设用地使用权发生分离,从而形成了非土地所有人或使用人对空间享有的权利,这种权利在性质上既可能是债权,也可以形成为物权。但如果要成为物权并受到物权法的保护,则根据物权法定主义必须要由物权法作出明确规定。在这里需要讨论空间权是否可以单独转让的问题,这就是说,如果建设用地使用权人取得空间利用权以后,是否可以将部分空间利用权转让给他人?或者土地所有权人能否在设定建设用地使用权之前,单独保留一定范围内的空间权并将其转让给他人?对此在学理上存在着不同的看法。日本学者伊藤进指出:"为了土地的立体利用,单就土地的各层设定权利还不能满足要求,在设定的权利的基础上,法律还应该确定土地的各层的利用关系。因此,权利不应该只停留在直接的客体范围内。"① 这就意味着空间权可以转让。在我国,法律并未对此作出明确规定。从实践来看,空间权都包括在土地所有权以及其他物权之中,极少与土地的物权发生分离并单独被转让。但从有效利用空间的角度出发,应当允许物权人在法律许可的范围内,转让一定范围内的空间的利用权。例如,某人在规划确定的范围内利用地上的空间修建房屋,但在违反规划要求的前提下,允许他人利用地下空间。当然,转让空间利用权不得违反城市规划的有关规定,不得形成权利之间的冲突。在未来,法律一旦允许空间权可以转让,空间权作为独立权利的属性将会更为明显。

第二,承认空间权作为独立的物权,有利于明确权利的归属,强化对空间利益的保护。之所以要承认空间权作为独立的物权,就是为了促使

---

① 〔日〕伊藤进:《空中、地下、地上权》,载〔日〕田中夫:《民法总则·物权论》,法学书院1974年版。

权利人更为有效地利用空间资源,缓解土地资源紧缺和社会发展需求之间的矛盾。具体来说,首先,只有承认空间权作为一项独立的物权,才能明确空间权利的归属,在土地所有权和建设用地使用权分离之后,空间权究竟归属于所有权人还是使用权人,有赖于在法律上进一步明确。例如,户外广告已经成为城市形象的重要组成部分,利用户外空间发布广告也可以获得客观的收益。但迄今为止,由于空间权的归属不清,所以,户外广告的权益应当由谁享有,在法律上不清楚,由此也引发了不少争议。其次,承认空间权作为独立的物权,有利于促进空间权益的流转。按照法律经济学的基本原理,只有在产权明晰的情况下,产权才能够流动并增值,而且交易成本趋于降低,而产权归属不明,其结果必然影响到资源的最有效率的利用。而将空间权规定为一种独立的用益物权,有利于促进交易并提升交易效益,有利于对空间财产价值进行独立的评估和转让,有利于有效率地利用资源。① 比如,某人在自己的土地上建造停车场,需要延伸进入到他人土地之下的一定的空间,也就是说,需要利用邻地的地下空间。如果空间权不能成为独立的物权,那么,他必须将邻地全部购买下来,才能利用邻地的地下空间。但这种交易是非常困难的,成本也很高。如果空间权能够作为独立的物权,那么,就可以直接就空间权进行交易,这样就会极大地节省交易成本。最后,空间权只有作为一项独立的物权,才能够使受让人具有合理的期待,能够获得法律的保护,并且对抗第三人。从实际需要来看,为了使非土地所有人或使用人所享有的空间权能够不受到任何第三人,包括土地所有权人或使用权人的侵害,必须要在某些情况下赋予其具有物权的效力,从而使其享有的权利能够有效对抗第三人,包括土地所有权人和使用权人,这就有必要将其确认为物权。在物权法中确认空间利用权,也有利于保障空间利用权的正当行使。

第三,为登记机关实行空间利用权的登记提供法律依据。例如,某开发商欲利用城市公园的地下开发停车场,以解决停车十分困难的情况。该开发商与公园达成协议,公园同意将公园内的一块土地下面的空间供开发商开发停车场。但在登记部门登记时,遭到登记部门的拒绝,认为地下的空间不属于独立的不动产权利,且现行立法对此并没有作出规定,因此不能登记。该开发商便放弃建造停车场的计划,并因此与公园之间产生争议。登记部门在法律无明文规定的情况下拒绝登记虽然不无道理,

---

① 参见石少侠、王宪森:《土地空间权若干问题探析》,载《政治与法律》1994年第1期。

但由此也表明我国现行立法对空间利用权缺乏规定,已经影响到资源的有效利用。由于物权的设定必须符合一定的公示要件,如果登记机关拒绝登记,则空间利用权不能进行公示,利用人就不能对其空间享有物权,有效地对抗第三人的侵害,对于空间权的享有就不能获得物权法的保护。例如,在上例中,如果公园将该块土地下的空间利用权转让给开发商以后,又将该块地皮转让给第三人,在第三人享有对该块地皮的建设用地使用权以后,禁止开发商开发地下的空间建造地下停车场,在此情况下,开发商仅仅基于其与公园之间的合同是难以对抗第三人享有的物权的。其只能请求公园承担违约责任,但不能对第三人主张排除妨害或其他的请求。

第四,空间权已经具备了物权的基本特征,可以成为一项独立的物权。一方面,空间权的内容主要是指对特定空间的利用,而这种权利的内容也具有物权的支配和排他性等效力。空间权的内容具有支配性,空间权作为一种物权,必然具有支配的效力,也就是说,权利人能够对特定的空间进行支配。因为物权的本质的特性是支配性,空间权也不例外。而利用特定的空间,应当以空间可以被支配为前提。这就是说,空间权人通过支配一定的空间而对其加以利用,以满足其生产和生活需要。这种支配的特点决定了它和债权是有区别的。另一方面,空间通过规划可以确定相应的范围,权利人可以实际上支配特定的空间。物权的客体原则上限于有体物,空间虽然不是有体物,但是,空间可以通过登记被特定化。一经登记,空间就可以具有明确的四至,权利人可以在其上形成一种排他的权利。因此,一定的空间可以成为独立支配的客体,空间权也就可以作为一种独立的物权而存在了。

空间权的设定目的是利用,若将空间权包含在土地所有权或者建设用地使用权之中,法律上也就没有使其独立存在的价值。对空间权利人而言,最重要的还是空间的利用权。正是从这个意义上讲,空间权可以被归入到用益物权的范畴。但是,各种用益物权都可能涉及对空间的利用问题,据此,有许多学者认为,空间权应当分解到各种用益物权之中,而不应当单独成为一种用益物权。但是,笔者认为,空间权具有自身独特的特点,不能够为其他用益物权所替代。这里有必要特别讨论空间权与公共地役权的关系。所谓公共地役权,是指利用城市的地上、地下的空间建造地铁、铺设管线、建造其他的设施而利用他人空间的权利,通常是出于公共利益的需要而设定的。由于公共地役权也要涉及对空间的利用,因而有人认为,物权法可以通过规定公共地役权的方式来解决有关市政建设所需要的空间利用的问题,而没有必要在法律上为此单独规定空间权。笔者认为,空间权与公共地役权仍然是有区别的。应当承认,公共地役权涉及的主要是供电、通信、无线电和电视台、公安、消防、市政、航空等公共利益的市政建设问题①,它确实不同于一般的地役权,如某个石油公司要建造输油管道。此时,通过相邻关系制度是不能解决这个问题的,因而应当通过地役权制度来解决。在国外,一些国家的法律也通常将公共地役权纳入役权的范畴。例如,在法国,对于空间利用的法律关系,主流观点认为主要是通过役权(Servitude)制度来调整的(譬如地上电力输送管线的架设、地下空间的利用等);也有法国学者认为,对于地下空间的利用,在某些情形下也会涉及"征收"(expropriation)制度。② 在我国,也有学者主张,应以地役权来替代独立的空间权制度。笔者认为,这一观点值得借鉴。首先,征收制度无法解决空间的利用问题。在我国,征收的范围比较狭窄,只包括所有权的移转,并不包括对财产利益作出限制的情形,所以不能完全代替空间权。其次,我国现行立法没有规定公共地役权,因而不能以公共地役权来代替空间权。应当看到,二者都涉及对空间的利用,但二者仍然是存在区别的,表现在:空间利用权是专门调整空间的支配和利用法律关系的制度,它和建设用地使用权有着密切联系,而公共地役权更强调的是土地上的负担,并不是立足于建设用地使用权;空间权通常都是利用特定土地上下的空间,而公共地役权往往不限于对特定土地上下空间的利用,而是对许多相关土地上下空间的利用。笔者认为,物权立法首先应当设立独立的建设用地使用权与空间权的归属,然后才能进一步确定对空间利用的权限,而没有必要在空间权之外设定所谓的公共地役权。因为设定空间权完全可以解决这方面的纠纷,而不必借助承认公共地役权来解决此问题。

三、空间权可以与建设用地使用权相分离

空间权能够作为一项物权存在,必须处理好与不动产之上的各种用益物权(如建设用地使用权、宅基地使用权、土地承包经营权以及地役权)的关

---

① 参见高富平:《土地使用权和用益物权——我国不动产权体系研究》,法律出版社2001年版,第248页。
② Philippe Malaurie, Laurent Aynès, Les biens, Defrénois, 2004, pp.114–115.

系。首先，必须处理好与建设用地使用权的关系。如前所述，空间权主要是因建设用地使用权与土地所有权的分离而产生的，而空间权的利用与土地常常是密切联系在一起的。因为空间权是指公民、法人或其他组织利用土地地表上下一定范围内的空间，并排斥他人干涉的权利。这就是说，空间权是以地表上下的一定空间为客体，如果仅将土地视为平面，而不考虑土地上下空间的利用问题，则并不存在空间权的概念，但如果考虑土地上下空间的利用，则可能产生空间和空间利用权的问题。改革开放以前，我国实行"一大二公"的经济体制，建设用地使用权并没有进入交易领域，空间权的价值不可能凸显。自从实行建设用地使用权制度改革以来，土地的所有权与使用权发生分离，在此情况下，空间权的归属问题越来越重要，充分发挥土地的效用是社会经济发展的客观需要，也是我国建设用地使用权制度改革的宗旨。通过建设用地使用权的出让和转让，使公民、法人通过有偿受让的方式而取得建设用地使用权，就是要使其合理有效使用土地及其上下空间，积极开发和利用空间资源，据此需要确认建设用地使用权人的空间利用权，并充分保护其合法权益。所以，空间权能否成为一项独立的物权，在很大程度上取决于它能否独立于建设用地使用权。

　　从各国和地区的立法例来看，空间权的立法模式主要有如下两种：第一，德国和日本模式。《德国民法典》第 1012 条规定：土地得以此种方式（地上权方式）设定其他权利，使因设定权利而享受利益的人，享有在土地的地上或地下设置工作物的可转让或可继承的权利。因此，地上权不仅包括对地表的权利，而且包括地上、地下空间的权利，此种规定主要是受到罗马法以来"房随地走"原则的影响。日本民法借鉴了德国民法的经验，在 1966 年修改《日本民法典》时，增加了空间权概念[现行《日本民法典》第 269 条之二规定："（一）地下或空间，因定上下范围及有工作物，可以之作为地上权的标的。于此情形，为行使地上权，可以以设定行为对土地的使用加以限制。（二）前款的地上权，即使在第三人有土地使用或收益情形时，在得到该权利者或者以该权利为标的权利者全体承诺后，仍可予以设定。于此情形，有土地收益、使用权利者，不得妨碍前款地上权的行使"]。第二，美国法模式。此种模式承认独立的空间权和空间利益。传统上美国法认为，土地的所有权人享有上至苍穹下至地心的权利。但在 19 世纪初，随着飞机投入商业化运用，开始产生空间权的概念。[1] 早

---

[1] 参见苗延波：《关于我国物权法中是否规定空间权的思考——兼评〈物权法（草案）〉中关于空间权的规定》，载《河南政法管理干部学院学报》2005 年第 6 期。

在1927年,伊利诺伊州就制定了《关于街道上空空间让与与租赁的法律》,确认了"空间权"(air space rights)和"开发权"(development rights)的概念。1970年,美国联邦政府建议各州采用"空间权"的概念制定本州的空间法律制度。① 1973年,《俄克拉荷马州空间法》成为美国各州中的第一部空间法律,该法将空间权规定为不动产,可以被作为所有、转让、租赁、担保和继承的客体,因而成为与房屋和土地并列的重要的不动产形式。② 从此,开创了美国现代空间权立法的先例。上述两种模式都不无道理。德国和日本仍然采用传统的立法模式尝试解决现实中新型的空间权内容,而美国法却尝试确认一种新型的"空间权",来确认空间权和空间利益。

关于空间权与建设用地使用权的关系,在学理上历来存在"一体说"和"分离说"两种观点。一是"一体说"。此种观点认为,空间权和建设用地使用权是不可分离的。所谓空间权,实际上就是空间地上权或建设用地使用权的组成部分。根据这种观点,建设用地使用权不仅是地表的权利,它还包含对地上、地下空间利用的权利。所以,建设用地使用权可以分层使用。对于空间的利用,属于建设用地使用权的组成部分。即使空间权具有一定的独立性,它也应当作为建设用地使用权中的一种具体的权利。换言之,空间权和建设用地使用权之间并不存在本质的差异。我国台湾地区学者王泽鉴认为:"无论是普通地上权或区分地上权,均以'土地'为客体,以土地的'上下'为其范围,仅有量的差异,并无质的不同。故区分地上权并非系物权的新种类,除有特殊规定外,应适用关于地上权的规定。"③日本学者也普遍采用此种观点。④ 二是"分离说"。此种观点认为,空间权和建设用地使用权是可以分离的。⑤ 这就是说,尽管空间权

---

① 参见苗延波:《关于我国物权法中是否规定空间权的思考——兼评〈物权法(草案)〉中关于空间权的规定》,载《河南政法管理干部学院学报》2005年第6期。
② 参见胡正方:《论我国地下空间权建构的法律问题》,载《政治与法律》2006年第5期。
③ 王泽鉴:《民法物权》,中国政法大学出版社2001年版,第58页。应当承认,传统民法中的地上权是一个比较宽泛的概念,它是指为了在他人土地上保有建筑物等而利用他人土地的权利。对他人土地上的空间的利用,也可以包含在地上权之内。但是,空间权和地上权是存在一定的区别的,传统上理解的地上权主要是对地表加以利用的权利,而空间权仅仅是对地上和地下空间的利用,不涉及对地表的利用。
④ 参见刘保玉:《空间利用权的内涵界定及其在物权法上的规范模式选择》,载《杭州师范学院学报(社会科学版)》2006年第2期。
⑤ 参见苗延波:《关于我国物权法中是否规定空间权的思考——兼评〈物权法(草案)〉中关于空间权的规定》,载《河南政法管理干部学院学报》2005年第6期。

和建设用地使用权之间具有密切的联系,但两者是不同的用益物权类型,在物权法上应当分别规定。分离说的核心实际上就是要承认空间权作为独立的用益物权的存在。所以,分离说其实也就是"独立物权说"。

上述两种观点都不无道理,但《物权法》从我国立法和实践出发,尤其是考虑到我国长期以来实践中的做法,将空间权包含在建设用地使用权之中,没有承认独立的空间权,而采纳了"一体说"。《物权法》第136条规定:"建设用地使用权可以在土地的地表、地上或者地下分别设立。新设立的建设用地使用权,不得损害已设立的用益物权。"尽管该条涉及空间权利,但此种规定将其纳入建设用地使用权中。可见,我国《物权法》承认可以对建设用地使用权进行分层,将土地区分为地上、地下、地表,并在此基础上允许权利人可以分别设定不同的建设用地使用权。《物权法》的规定也试图通过上述对建设用地使用权的分层来解决空间权问题。该规定的特点在于,首先,该规定实际上承认了空间的存在价值和经济意义。其次,基于对空间的重要性的认识,有必要将建设用地使用权进行分层。将空间权包含在建设用地使用权中,确实方便有关机关对地上、地下空间的管理。因为空间权一旦独立出来,成为独立的物权,就需要单独公示,对于管理机关而言,它要针对多个不同的主体进行管理,毫无疑问,这就会产生更多的管理成本。如果将空间权包含在建设用地使用权之中,显然管理起来更为方便。最后,该规定以建设用地使用权取代空间利用权,而没有承认独立的空间利用权。考虑到空间权大多是基于建设用地使用权和土地所有权的分离而产生的,所以在建设用地使用权中包含空间使用权,且通过对土地进行分层,可以解决大多数情形下的空间利用问题。这种模式,实际上是希望在不改变建设用地使用权的一般规则和现行登记制度的前提下,使得空间利用权也能够作为一项权利(不是一项独立的物权)存在,鉴于其已经被建设用地使用权所吸收,空间利用权仅仅是建设用地使用权的一项权能,而不是一种独立的物权。

应当承认,在空间并没有被独立利用或发生空间的转让等情况下,将空间利用权包括在建设用地使用权之中具有一定的合理性。物权立法也应当考虑到管理的方便和管理的成本,因为这是发挥物尽其用的要求。但是,仅仅考虑管理的需要和方便是不够的,我们更应当考虑到空间利用权的设定能否最大限度地发挥物的效用、促进社会经济的发展。如前所述,空间权是一种现代财产法中的新的权利形式,其产生的重要原因是土地资源的有限性和不可再生性。随着人类建筑水平的提高和土地立体利用能力的增强，人类已经能够形成对地表的高空和地下的空间的立体和有效率的利用，空间权也可能被作为财产独立地被利用，并有可能发生权益的转让。这些都决定了，我们需要在法律上将空间利用权规定为一种独立的物权。而要承认此种权利，关键是要将空间利用权和建设用地使用权区别开。将空间利用权包含在建设用地使用权之中，不利于最大限度地发挥空间的效益，从而也不利于有效地利用资源。主要原因是：

第一，"一体说"将空间利用权包含在建设用地使用权之中，不能有效地界定土地所有权人和建设用地使用权人分别对空间所享有的权利。因为土地所有权和建设用地使用权分离之后，并非意味着土地所有权人就完全享有对空间的任何的利用权利，也并不意味着一旦设定了建设用地使用权之后，地上、地下的空间就完全归属于建设用地使用权人。例如，建设用地使用权在出让之后，并不是说土地所有人就不能对已经出让的土地享有任何权利，因为假如根据规划或出让合同的约定，建设用地使用权受让人仅仅享有合同约定范围内的地上空间的使用权，而土地所有人仍然享有地下空间的使用权，即空间利用权并不完全归属于建设用地使用权人享有。如果不界定土地所有权中的空间利用权，在发生土地所有权和建设用地使用权分离之后，空间利用权的界限就无法厘清。这仍然无法实现对土地进行立体利用的问题。

第二，"一体说"将空间利用权包含在建设用地使用权之中，否定了空间利用权作为一种独立的权利进行利用和转让的可能性，因而不能解释空间可能被独立地利用或发生空间的转让等情况，也不能使空间利用权人享有长期的、稳定的权利，从而不利于对空间进行有效的利用。假设某人购买了两亩地的建设用地使用权，在该土地之上建造了一个酒店，他希望在酒店之下建造停车场，来解决酒店和周边地区停车难的问题，但是停车场的出口必须延伸到邻地的地下空间。如果空间利用权包含在建设用地使用权之中，这就产生了两个问题：一是如果他要与邻人谈判使用邻人的地下空间作为地下停车场的出口，必须要整体购买邻人的土地。这样一来成本太高。因为他通常不希望购买邻人的整块土地和土地之上的建筑物。二是即便邻人同意其购买地下空间，也潜伏着一个很大的风险，即如果一旦邻人将建设用地使用权或者地上建筑物转让给他人，新的建设用地使用权人就有可能禁止其使用或者要求提高使用的费用。如果空间利用权包含在建设用地使用权之中，空间利用权就不是一项独立的物权，不能单独进行登记，无法对抗第三人，其效力将会受到很大的影响。而针对空间资源利用不能单独设立一种权利,就会影响对空间的有效利用。例如,在前例中,如果要购买邻人的一定的空间,就需要在该空间上设定一种物权从而对抗第三人,假如设定的仅仅是一种债权,那么当邻人将土地转让给他人,新的受让人一旦决定收回被转让的空间,其结果是酒店的所有人就不敢利用他人的空间来建造地下停车场,这就会影响对空间的有效利用。

第三,"一体说"认为建设用地使用权的分割和空间的利用,都可以通过规划作出完整的安排,并通过规划将各种空间的利用予以清晰的分割,因而不会产生权利的冲突。事实上,规划并不能完全解决空间的利用问题。一方面,即使规划再完美,也无法将所有的空间利用形态都包含在内。例如,在集体土地上进行空间利用,设置广告牌,并不需要进行严格的规划批准。另一方面,在许多情况下,规划确定的范围实际上只是包含着一项授权规范,赋予特定空间的权利人可以与其他民事主体进行谈判设定相应空间权利的法律前提。具体如何利用空间,还需要当事人在平等协商的基础上自行确定。规划范围内的空间可以自己利用,也可以许可他人利用,这些都不是规划所能解决的。在规划的范围内权利人可以自己使用,也可以转让给他人,或为他人设定他物权。例如,某人建造房屋时规划部门批准建造十层,结果只建到七层,其能否将其他三层转让给他人利用,这种交易对象与以往所讨论的建筑物区分所有权有所区别。如果严格禁止转让其他三层的空间,就有悖于物尽其用原则。如果所有的空间利用都要通过规划来完成,实际上就否定了当事人通过约定来进行空间权利用的可能性。

第四,"一体说"没有完全解决空间利用权与建设用地使用权的冲突。将空间权包括在建设用地使用权之中,从表面上看,就没有了建设用地使用权和空间权的冲突问题,但实际上,如果将空间利用权包含在建设用地使用权之中,一旦要分别对地上、地下的空间实行开发和利用,就会产生空间利用权和建设用地使用权间的矛盾,对地上、地下的空间的利用就可能会受到妨害。例如,某个开发商利用地上的空间建造商品房并对外进行销售,在业主购买了商品房之后,建设用地使用权已经分别记入各个业主的权利之中,但开发商还要利用地下的空间来建造地下商城或停车场,这就会产生一个法律上的问题,即由于地上的空间都已经分别记到业主名下,地下空间是否还存在建设用地使用权;如果没有土地所有权,怎么能够仍然由开发商来利用?如果最初建造地上建筑物时没有明确地下空间由开发商所有,开发商开发利用地下空间是存在法律上的障碍的。将空间权包括在土地所有权之中，如果仅仅允许开发商利用地上或者地下的空间，而不是对地上、地下的空间进行一体开发和利用，都容易导致建设用地使用权和空间权的冲突和矛盾。所以，笔者认为，"一体说"并没有解决好空间权和建设用地使用权的冲突问题。

第五，"一体说"难以解释空间利用权与建设用地使用权的分离现象。虽然一定的空间必须要依附一定的土地，但并非所有的空间利用都必须绝对依附于土地之上。例如，通过架设高架桥而形成连接两幢大楼的走廊，在楼顶平台上设置建筑物的附属物，甚至建造建筑物，利用楼顶上空设置广告塔、架设高压电线、空中电缆，为了通风、采光而利用邻地上空等，都不依附于土地。同时，空间利用权还涉及对地表下面的空间的利用，如建造地铁、地下街道、地下商店、地下停车场，铺设地下管线、电线、电话线等。这些情形均说明，空间不再仅仅是土地的附属，而是具有特定价值形态的物。因而空间"有各自的经济价值，而且因其系离开地表，在地上之空中或地下之中的空间里具有独立之支配力，因而与传统土地所有权之以地表为中心而有上下垂直的支配力不同"①。尤其是空间利用权本身可以作为一项独立的财产权而与土地所有权、使用权发生分离，如建设用地使用权人允许他人在自己的屋顶平台上架设广告塔，或允许他人在自己使用的土地之下建造地下停车场，因而空间利用权作为一项独立的权利的价值日益突出。尤其应当看到，在现代社会，对空间的利用是多种多样的。不仅仅在土地所有权与建设用地使用权没有分离的时候，土地所有权人可以自己利用空间或者许可他人利用空间，在土地所有权和建设用地使用权分离之后，也并不意味着只有建设用地使用权人才享有对地上或者地下空间进行利用的权利。例如，在地下铺设电缆，土地所有人完全可以给这些非建设用地使用权人单独设定空间利用权，这也就意味着获得空间利用权并不以获得建设用地使用权为前提，这才能充分体现物尽其用。

第六，"一体说"不能解释农村集体土地的空间利用问题。按照《物权法》的规定，建设用地使用权的客体限于国有土地，但是，随着我国社会经济的发展，对集体土地之上空间的利用会越来越重要。例如，利用集体土地上的空间设立户外广告、架设桥梁设施、修建地下建筑物等，这也发生了集体建设用地使用权中的空间利用的问题。可见，从权利客体来讲，

---

① 温丰文：《空间权之法理》，载《法令月刊》1988 年第 3 期。

不能将空间利用权仅仅作为建设用地使用权的一部分来规定。因为空间利用权不完全是在建设用地使用权上产生的法律问题,矿业权等权利中也存在空间利用问题,集体土地上也存在对空间的利用问题。如果仅仅利用一定的空间,就不一定要对集体的建设用地使用权进行征收、征用或者进行购买(事实上,在现有的法律中这种转让也欠缺法律依据)。但如果允许独立的空间利用权的存在,就可以解决这方面的问题。实际上,在建设用地使用权之外,地役权也存在空间利用权,空间地役权也是现代物权法中发展的一种趋势。这就表明空间利用权的内容并不能完全被建设用地使用权的内容所容纳。

总之,笔者认为,虽然"一体说"试图解决建设用地使用权和空间利用权的冲突,但因为上述原因,仍然未能解决这种权利的冲突与矛盾。尤其是在空间被独立地利用或转让的情况下,确有必要在法律上承认空间利用权是一种独立的物权。如果空间利用权是一项物权,在性质上应当是一种用益物权。用益物权以追求物的使用价值为目的,权利的客体往往具有一定的使用价值。从空间利用权的内容来看,权利人对一定的空间享有权利,正是为了对该特定空间进行合理的利用或使用,以获取一定的经济利益或满足其需要。而作为空间利用权的客体——空间,本身也具有一定的经济价值,只有当空间利用权能够作为一种用益物权存在,人们能够对其进行多种形式的利用并获取一定的收益,空间利用权作为一种独立的物权形态存在才具有意义。空间的特点决定了它的功能主要是供人们利用,空间的转让、处分仍然是利用的方式。当然,空间利用权要作为用益物权,必须在设定时对外予以公示,因此,只有通过登记才能使此种权利具有对抗第三人的效力。正如有学者指出:"于理论上,离开地表的空间(空中或地中),其具备独立之经济价值,而有排他的可能性,亦可依不动产公示方法——登记,表现出其独立的所有权。"[1]

四、土地所有权人也应当依法享有一定范围内的空间利用权

承认空间利用权的独立性,不能完全否认土地所有权人对空间所享有的权利。在罗马法中,空间权利是包括在土地所有权之中的,因而不存

---

[1] 温丰文:《空间权之法理》,载《法令月刊》1988年第3期。

在独立的空间利用权概念。罗马法曾经根据添附的原理,认为"建筑物添附于地皮,一切被建筑在地皮上的物跟附于地皮",而土地上下的空间乃是土地所有权的自然延伸,所以罗马法中一直存在着"谁拥有土地便拥有土地之无限上空"的主张,空间成为土地所有权的效力所及的范围。

受罗马法这种观念的影响,大陆法系国家的民法典大多承认土地所有权人享有地上、地下的空间利用权。如《法国民法典》完全继受罗马法,从添附原则出发,规定"土地所有权并包含该地上空和地下的所有权","所有人得在地上从事其认为适当的种植或建筑所有人得在地下从事其认为适当的建筑或发掘"(第522条)。因而土地所有权"上穷天空,下尽地心",由此也形成了绝对的土地所有权概念。而这种绝对的土地所有权概念常常与社会公共利益发生矛盾,如架设高压电线、飞机在空中飞行,会与土地所有权人的地上空间权发生冲突,而政府建地铁及其他地下设施也会与土地所有权人的地下空间权发生矛盾。为此,法国颁布了一系列法律和法规,对土地所有权人的空间权作出了限制。① 《德国民法典》也规定土地所有权人享有土地上下的空间权,土地所有权的范围包括地表、地上、地下三部分。但是,《德国民法典》并没有采纳绝对的土地所有权概念,而对土地所有权人的空间权进行了限制。《德国民法典》第905条规定,土地所有人的权利扩及于地面上的空间和地面下的地层,但所有人不得禁止他人在排除干涉与所有权人无利害关系的高空和地层中所为的干涉。《日本民法典》第207条也对此进行了规定,根据该条规定,土地所有权的范围包括地上、地下的空间利用权,但该法也对土地所有权人的权利作出了限制,这就形成了所谓相对的土地所有权概念。《葡萄牙民法典》第1344条第1款规定不动产的范围包括:"地面上之空间、地面以下之地层,以及在空间及地层内所包含之未被法律或法律行为排除在该权利范围之外之一切。"对地面以上空间之支配,主要是指利用地面以上的空间建造大厦、种植树木、禁止他人穿过地面空间。对地面以下空间的支配,主要是利用地下空间建造各种设施、采掘等。② 这种法律机制也在一定程度上保护了所有权人对空间的权利,并可以激励所有权人对空间的利用。

我国《物权法》明确规定,空间利用权包含在建设用地使用权之中,此种规定强化了建设用地使用权的效力。但将空间利用权完全包含在建设

---

① 参见〔苏〕E. A. 弗莱西茨:《为垄断资本服务的资产阶级民法》,郭寿康、李群、李光谟译,中国人民大学出版社1956年版。

② 参见《物权法》,唐晓晴译,澳门大学法学院1997—1998年度法律课程教材。

用地使用权之中,一旦空间权人与建设用地使用权人不一致,就产生了空间利用权的独立性问题,即是否所有对空间的利用的权利都转归建设用地使用权人享有,对此引发了争议。

(一) 土地所有权人是否可以享有空间利用权

在我国,土地所有权人是否可以享有空间利用权仍然是一个值得探讨的问题。就国家所有的土地来说,当土地所有权与建设用地使用权发生分离之后,土地所有权人是否仍然享有空间权呢?

应当承认,除法律和建设用地使用权出让、转让等合同另有约定以外,建设用地使用权人应当享有对土地地表上下一定范围内的空间的利用权。一方面,土地地表与其上下的空间客观上是联系在一起的,这就决定了建设用地使用权的范围不仅仅包括地表,而且必然延伸到地上、地下空间。取得了建设用地使用权,在法律另有规定或合同另有约定的情况下,自然要取得对地表上下空间的支配权。另一方面,建设用地使用权人取得建设用地使用权,常常不是为了利用地表(如利用地表种植庄稼),而主要是利用地表上下的空间,如建设房屋和其他附属物等。如果不承认建设用地使用权人享有空间利用权,建设用地使用权也必然会失去其应有的利用价值和经济价值。正如一些学者所指出的,只有当空间利用权转移给非土地所有权人享有时,空间利用权才具有独立存在的价值,才可以请求排除他人对自己空间利用权的支配所造成的侵害和妨碍,尤其是可以对抗土地的所有权人,从而限制土地所有权人权利的行使。[1]

当土地所有权与建设用地使用权发生分离之后,空间利用权是否全部都移转给建设用地使用权人?对此,在理论上存在争议。一种观点认为,应该由土地所有权人完全享有空间利用权,使用权人只是在所有权人授权的范围内享有权利,未经授权,土地使用权人只是限于对地表的利用。另一种观点认为,建设用地使用权人也应该对全部空间享有使用权,土地所有权人通过出让、转让的方式设定使用权之后,就应当由建设用地使用权人来享有全部空间的权利。

笔者认为,当土地所有权与建设用地使用权发生分离之后,并不意味着空间利用权完全归属于建设用地使用权的内容,土地所有权人在一定范围内仍然享有对空间进行利用的权利,主要理由在于:首先,建设用地使用权

---

[1] 参见王杨:《空间权法律制度之浅探》,载 http://www.privatelaw.com.cn,访问日期:2007年1月10日。

人必须在规划确定的范围内享有对空间进行利用的权利。在规划之外的对空间利用的权利,仍然应当由土地所有权人享有。《城市规划法》第29条规定:"城市规划区域内的土地利用和各项建设必须符合城市规划,服从规划管理。"因而建设用地使用权人对空间利用的权利首先应该受到规划制度的限定,如果规划仅许可建设用地使用权人利用地上的一定空间,那么许可范围外的空间仍归属于土地所有权人所有。规划确定了空间利用范围的,必须依据规划所确定的范围来享有空间利用的权利。当然,规划并不能解决所有的建设用地使用权利用范围问题,所以,双方还需要通过建设用地使用权出让合同来具体约定双方对空间利用的范围。例如,在国有建设用地使用权出让合同中,可以对空间的利用作出特别的约定。如果土地所有权人要保留对空间的利用的权利,如所有权人要利用地下空间设置管道、埋设管线,就可以通过约定来确定权利。其次,土地所有权与建设用地使用权发生分离时,土地所有权人可以在出让合同中明确约定保留一定的空间利用的权利。例如,合同当事人可以在合同中约定,建设用地使用权人可以享有地表上的一定的空间利用的权利,而由土地所有权人保留对地下空间的利用权利。因而,土地所有权人仍然有权开发地下空间。在设立建设用地使用权时,所有权人也可以保留对空间的单独使用,如将一定的空间用于修建地铁、通信、广告等目的。如果土地所有权人在出让合同中保留了一定范围内的空间权,只要不违反法律规定与公序良俗,不违反城市规划,法律就应该尊重当事人的意志。

值得探讨的是,如果土地所有权人在建设用地使用权没有设定之前,是否可以单独设定一个空间利用权?应当看到,如果单独设定空间利用权,无论其是否将该空间利用权转让,都可能在建设用地使用权设定之后,对其产生限制,并与建设用地使用权发生冲突。这就涉及空间利用权能否独立的问题。笔者认为,在不违反规划的情况下,为了有效利用空间,可以设定空间利用权。因为一方面,土地所有权人可能希望在设定建设用地使用权之后,自己单独利用空间。例如,土地所有权人要利用土地设立手机信号发射塔、户外广告等设施[①],这样其就有必要保留一定的空

[①] 笔者认为,户外广告的问题应当首先鼓励在当事人之间作出明确的约定,如果没有特别约定,在法律、法规作出强行性规定的情况下,属于国家所有。但是,在建设用地使用权四至范围之上或者之下的范围内,应当由土地所有权人或者使用权人享有空间利用权;在超出四至范围的情况下,应当通过租赁、设定空间利用权的立法解决对空间的利用争议。参见李凤华:《设置"户外广告"引发的行政官司》,载《法制与新闻》2006年第7期。

间利用权。另一方面,土地所用权人可通过约定保留一定的空间利用权,在将来转让给建设用地使用权人之外的其他人。例如,所有权人与第三人达成一定的协议,利用土地之外的空间建立某一设施或工作物,此时,保留空间利用权会对未来的建设用地使用权产生一定的妨碍,但是只要有一定的公示方法,将该权利设定的状况对外公示,是可以消除空间利用权和建设用地使用权之间的冲突的。这就是说,建设用地使用权人在取得该权利的时候,就可以了解到土地所有权之上是否有空间利用权的限制。这种限制对建设用地使用权人来说在本质上是一种权利的负担。如果使用权人愿意取得此种受限制的使用权,则必须承受这种负担,这对其来说并非是不公平的。通过此种方式,可以有效地形成对空间资源的利用。当然,在建设用地使用权转让之后,土地所有权人不能再单方面地设定空间利用权,妨碍建设用地使用权人行使权利。

(二) 土地所有权人和建设用地使用权人各自享有的空间范围

既然在建设用地使用权单独设定之后,土地所有权人仍然享有一定的空间权,那么对于土地所有权人和建设用地使用权人所享有的空间范围该如何限定,值得探讨。由于我国实行土地公有制,土地归国家和集体所有,实践中一般认为,土地之上和之下的空间也应当归属于国家和集体。但是,由于国有和集体的土地广泛允许公民和法人使用,尤其是随着国有建设用地使用权的出让和转让,土地所有权与建设用地使用权发生分离,使用权人越来越要求享有对所利用土地的空间利用权。对空间的利用已经在实践中产生纠纷,这就需要对空间权的归属在物权法中作出界定。笔者认为,在建设用地使用权发生转让之后,首先应当根据规划、出让合同等的规定或约定来确定各自享有的空间范围。建设用地使用权人享有的空间范围应当尽可能地在规划或出让合同中加以明确。规划和出让合同确定得越具体、越明确,就越可能解决各种不必要的纠纷。但问题在于,规划和出让合同不可能解决所有的空间利用问题,这就有必要确定土地所有权人和建设用地使用权人各自享有的空间范围。

对此,存在两种不同的观点:一种观点认为,在规划和出让合同规定或约定之外的空间都归属于建设用地使用权人。因为如果土地所有权人将其建设用地使用权出让给他人,在出让合同中没有明确约定保留空间利用权的,应该认为该空间利用权随着建设用地使用权的出让而出让,空间利用权始终是与建设用地使用权联系在一起的。另一种观点认为,在规划和出让合同规定或约定之外的空间都归属于土地所有权人。笔者认为,应当采纳第二种观点,主要理由在于:一方面,建设用地使用权作为一种用益物权,其客体必须特定化,这种特定表现为支配范围上的特定。既然规划和出让合同已经明确规定或约定了建设用地使用权人的权利范围,那么建设用地使用权的客体就已经特定化了。至于其所能支配的客体范围究竟有多大,应该在规划和出让合同中加以明确,使用权人不能超出规划和出让合同所确定的范围来行使权利。否则,过度地逾越其应享有的权利,将侵害土地所有权人的利益。另一方面,土地所有权人对所有权享有全面的支配性决定了规划和出让合同之外的空间归所有权人享有。所有权是一项全面对物进行支配的权利。"所有权为一般的支配权,为他物权之泉源,此点与地上权、永佃权、典权、地役权等,唯就使用收益之特定方向,于一定范围为物之支配之物权,不同。"① 既然土地所有权体现为对土地的全面的支配,而建设用地使用权建立在与土地所有权权能发生分离的基础上所形成的用益物权,所以,归建设用地使用权支配的范围是有限的,在没有约定的情形下,只能在规定的范围内进行支配,而超出的支配范围由所有权人享有,并由所有权人进行支配。因而对土地上下的空间,只要未予明确的,剩余权利都应归所有权人而不是使用权人享有。

(三) 建设用地使用权人应当在合理范围内享有对空间的权利

尽管建设用地使用权人所享有的空间权利应当受到规划、合同等的限制,原则上,在规划和合同没有明确规定或约定的情况下,空间的权利应当属于所有权人。但对此应当有个例外,即为了保障建设用地使用权人可以完整地行使自己所享有的权利,即使在没有明确约定的情况下,其也可以在合理的范围内享有对空间的一定范围内的利用权。例如,土地使用权人要利用土地栽种树木,也需要享有必要的空间权;建造房屋,房屋之上的一定区域内的空间也应当属于建设用地使用权人利用其土地所必要的空间。如果规划没有确定特定的空间,则应当认为建设用地使用权人行使权利所包含的必要的附属空间归其享有,除此之外应归所有权人享有。土地所有权人将土地出让之后,在规划内使用权人享有对空间的利用权。建设用地使用权人原则上应当在规划内行使对空间的利用权,但是不能认为其对于规划以外的空间就不享有权利。

---

① 史尚宽:《物权法论》,中国政法大学出版社2000年版,第61页。

结　语

　　人类对空间的有效率的利用是解决资源的有限性与不断增长的人类需要之间的矛盾的一项措施。广袤无垠的空间是有待于人类开发的无尽宝藏，而人类对空间的利用将日益重要和广泛，这就迫切需要法律对空间利用权作出规范。有学者指出：除陆地的空间利用权外，水上、水下的空间利用权也日趋重要。在国外，对这些空间的利用也已展开，如美国佛罗里达州的水下旅馆和迈阿密的水下电影院，西班牙近海的水下公园，苏丹港外的水下村庄，瑞士日内瓦市中心罗纳河底的水下车库，日本海底隧道的水下火车站和琵琶湖底的水下粮仓等。这些水下工程已把陆上空间权引向水上和水下。① 由此可见，空间利用权的客体是十分广泛的，我国物权法对空间利用权作出规范，必将对人们充分利用空间、促进我国市场经济的发展发挥重要作用。②

---

　　① 参见沈守愚：《从物权理论析土地产权权利束的研究报告》，载《中国土地科学》1996年第1期。
　　② 参见陈祥健：《关于空间权的性质与立法体例的探讨》，载《中国法学》2002年第5期。

论我国农村土地权利制度的完善[*]

——以成员权为视角

"地者,政之本也。"土地问题既是中国革命的核心问题,也是中国建设和发展的关键问题。从制度层面来看,"土地制度是农村的基础制度"[①]。事实上,农村土地权利制度不仅是农村问题的重要内容,而且涉及整个国家的经济和社会发展。就我国农村土地权利制度的完善,学界提出了诸多看法,笔者拟从建立和完善集体经济组织成员权制度的角度,对我国集体土地权利制度的完善提出自己的建议。

一、我国农村土地权利制度的变迁与不足

(一)新中国成立以来我国农村土地权利制度的变迁与不足

新中国成立以来,因为历史的原因和其他原因,整个农村土地权利制度出现过数次变迁,不过,在整个演进的过程中,始终围绕土地所有权和土地利用的问题展开,成员权问题并没有引起关注。

概括而言,我国农村土地权利制度经历了三次重大的变迁:一是新中国成立初期,经过土地改革运动,形成"农民所有、农民利用"的土地权利制度。二是土地改革完成后不久,国家又通过农业合作化运动和人民公社化运动,形成"集体所有、集体利用"的土地权利制度。三是自改革开放以来,确立了农村土地承包制,形成"集体所有、农民利用"的农村土地权利制度。中华人民共和国成立后,为了实现"耕者有其田"的新民主主义革命的目标,通过土地改革运动,变封建地主的土地私有制为农民的土地

---

[*] 原载《中国法学》2012年第1期,与周友军合著,原标题为《论我国农村土地权利制度的完善》。

[①] 2008年10月12日党的第十七届三中全会通过的《中共中央关于推进农村改革发展若干重大问题的决定》。

私有制。① 但后来,经过农业合作化运动和人民公社化运动,土地转归集体所有,并从此确定下来,成为农村土地制度的基础。在这个历史变迁中,可以看出农村的集体土地制度本质上是一种社会组织方式,是镶嵌于中国社会结构中的一种制度安排。② 集体所有作为公有制的一种形态,是中国特色社会主义制度的基础。有关这一制度的优越性,本文在此不做详细探讨。

毋庸置疑的是,作为一种制度安排,对农村土地权利制度产生重要影响的,就是我国社会的城乡二元结构。城乡二元结构是自 20 世纪 50 年代后期起,在计划经济体制的背景下确立的。③ 它基于农民与市民两种不同的户籍身份,建立城市与农村、市民与农民两种权利不平等的制度体系,实行"城乡分治、一国两策",使市民与农民处于不平等地位。④ 我国农村土地权利制度也是以城乡二元结构为背景的,它在一定程度上否认农民自由迁徙的权利⑤,并限制作为生产要素的农村土地的自由流动(如城市居民不能购买农村的宅基地)。

我国农村土地权利制度的不足不仅表现为土地的非流转性、对农民利益的保障不足,尤其表现为:因为集体所有权概念本身的模糊性,导致集体所有权的主体不明确、农民权利虚化的现象。在我国法上,"集体"究竟指什么,一直都不明确。从历史的角度来看,农村土地的集体所有始于农业合作化运动时期。1956 年 6 月 30 日,全国人民代表大会第三次会议通过了《高级农业生产合作社示范章程》,根据这一章程的规定,高级农业生产合作社的主要特点是,社员私有的土地无代价地转归合作社集体所有。⑥ 而到了人民公社化运动时期,土地又转归人民公社所有。人民公社的明显特征是"一大、二公、三拉平"。所谓"公",就是把一切生产资料乃至生活资料收归公有,由公社统一经营、统一核算。通过人民公社化运动,原

---

① 参见柳经纬:《我国土地权利制度的变迁与现状——以土地资源的配置和土地财富的分配为视角》,载《海峡法学》2010 年第 1 期。
② 参见吴次芳、谭荣、靳相木:《中国土地产权制度的性质和改革路径分析》,载《浙江大学学报(人文社会科学版)》2010 年第 6 期。
③ 参见厉以宁:《论城乡二元体制改革》,载《北京大学学报(哲学社会科学版)》2008 年第 3 期。
④ 参见张英洪:《城乡一体化的根本:破除双重二元结构》,载《调研世界》2010 年第 12 期。
⑤ 参见杜润生:《中国农村制度变迁》,四川人民出版社 2003 年版,第 300 页。
⑥ 参见彭俊平、王文滋:《新中国党的农村土地政策述论》,载《理论导刊》2002 年第 11 期。

属于各农业合作社的土地和社员的自留地、坟地、宅基地等一切土地,连同耕畜、农具等生产资料以及一切公共财产都无偿收归公社所有。① 1962年9月中国共产党第八届中央委员会第十次全体会议通过了《农村人民公社工作条例(修正草案)》,对人民公社体制进行了适度纠正和调整。根据该条例,土地仍然属于集体所有,而且明确了"三级所有、队为基础"的农村土地所有制,即农村土地归公社、生产大队和生产队所有。不过,土地原则上归生产队所有。《农村人民公社工作条例(修正草案)》第21条规定:"生产队范围内的土地,都归生产队所有……集体所有的山林、水面和草原,凡是归生产队所有比较有利的,都归生产队所有……"②改革开放以来,农村土地的集体所有性质一直没有改变。③ 1986年通过的《民法通则》为了解决这一问题,在第74条第2款明确规定:"集体所有的土地依照法律属于村农民集体所有,由村农业生产合作社等农业集体经济组织或者村民委员会经营、管理。已经属于乡(镇)农民集体经济组织所有的,可以属于乡(镇)农民集体所有。"1986年颁布的《土地管理法》第8条第2款规定:"村农民集体所有的土地已经分别属于村内两个以上农业集体经济组织所有的,可以属于各该农业集体经济组织的农民集体所有。"这两部法律承认了"三级所有、队为基础"的体制,但是并没有明确"集体"的特定含义。在很大程度上还是考虑到农村土地所有权的历史形成过程,而没有提出明确的解决方案。从法律上看,简单地否定"三级所有、队为基础"的土地所有制以及"集体所有、农民利用"的体制的合理性都是不妥当的,也脱离了制度产生的历史背景。应该承认,它是适应我国公有制体制的,也满足了特定阶段土地制度改革的需要。有学者认为,集体所有权的主体模糊是经过审慎考虑之后的"有意的制度模糊",起到了搁置争议、减少矛盾的历史作用。④ 这一看法也不无道理。但是,时至今日,集体土地所有权主体不明确,或者说其高度抽象化,已经成为必须面对的问题。

---

① 参见董景山:《我国农村土地制度60年:回顾、启示与展望——以政策与法律制度变迁为视角》,载《江西社会科学》2009年第8期。

② 陈丹、唐茂华:《中国农村土地制度变迁60年回眸与前瞻》,载《城市》2009年第10期。

③ 例如,1979年9月,党的十一届四中全会通过的《中共中央关于加快农业发展若干问题的决定》中指出,"三级所有、队为基础的制度适合于我国目前农业生产力的发展水平,决不允许任意改变"。

④ 参见陈丹、唐茂华:《中国农村土地制度变迁60年回眸与前瞻》,载《城市》2009年第10期。

农村土地所有权主体的抽象性,也带来了成员权利虚化的问题。主要表现在:一方面,集体土地和农民利益的联系度不高,农民不能切实感受到其对土地的利益。在集体土地权益遭受侵害,甚至造成严重损失、浪费的情形下都无人过问,从而造成了"人人有份,人人无份""谁都应负责、谁都不负责"的状况。另一方面,集体所有权往往缺乏最终的归属,在集体土地及其权益遭受侵害之后,谁有权主张权利并不明确。学者所进行的田野调查数据表明,行政权力严重干扰了集体土地所有权主体制度的正常运行①,对于农民权益的保障产生了不利影响。而其根源就在于,集体所有权的主体模糊。应当看到,自农村土地集体所有制建立以来,其也处于不断发展完善的过程中,农民对土地所享有的权益不断被强化。改革开放以前,即使在公有制模式下,农民只能实际地利用土地,但是不享有法律上真正的权利。自1983年确立了家庭联产承包责任制以来,农村土地制度改革就在所有权和使用权"两权分离"的轨道上,沿着"赋予农民长期而有保障的使用权"的方向长期努力。② 不过,在1985年以前,农户与集体经济组织之间主要是合同关系。③ 承包的合同关系使得农民的权利处于不稳定状态,农民无法将土地作为自己的"恒产"来对待。1986年《民法通则》颁布以后,农村土地权利就逐渐向物权形态转化,而且以多元化的物权形态表现出来。可以说,2007年通过的《物权法》最终完成了我国农村土地权利的完全的物权化,这对于形成农民对土地的稳定、长期利用具有十分重要的意义。但是,仅仅确认土地承包经营权的物权地位是不够的,还应当明确集体土地的权利归属。

(二)《物权法》第59条提出了确定"成员集体所有"的制度

从应然的角度考虑,农村土地究竟应当如何归属,理论上存在不同的看法。一是私人所有说,即集体土地应当分给农民,转化为私人所有的土地,从而有利于产权明晰,实现产权激励。④ 二是国家所有说,即集体土地应当转为国有土地,从而有利于实现行政宏观调控和土地的规模经营。⑤

---

① 参见高飞:《集体土地所有权主体制度运行状况的实证分析——基于全国10省30县的调查》,载《中国农村观察》2008年第6期。
② 参见陈丹、唐茂华:《中国农村土地制度变迁60年回眸与前瞻》,载《城市》2009年第10期。
③ 参见董景山:《我国农村土地制度60年:回顾、启示与展望——以政策与法律制度变迁为视角》,载《江西社会科学》2009年第8期。
④ 参见秦晖:《十字路口的中国土地制度改革》,载《南方都市报》2008年10月7日。
⑤ 参见温铁军:《我国为什么不能实行农村土地私有化》,载《红旗文稿》2009年第2期。

这些看法试图解决集体土地所有权主体不明确而导致的问题,但是都未能全面揭示集体所有权完善的路径。笔者认为,应当在维持现有的农村土地集体所有体制的基础上,完善集体所有制度,理由主要在于:一方面,现有的公有制二元结构是我国《宪法》所确立的体制,是中国特色社会主义制度的基础。宪法的规定是探讨问题的基础。维护集体土地的公有性质是中国政治体制的要求,所以,将集体所有的土地产权改变为国有或者私有,至少在现阶段是不符合中国国情的。① 另一方面,社会制度的变迁是一个渐进式的演进过程,在构建社会主义市场经济体制的过程中,农村土地制度的改革应当尽可能避免给社会带来大的动荡。从现实考虑,维持农村土地的集体所有并以此为基础进一步完善农地产权制度,有助于在维护社会稳定的基础上推进变革,也是成本最小且可行性最大的改革方案。

事实上,我国法律都曾经尝试解决集体土地所有权归属问题。我国《宪法》第 10 条第 2 款规定:"农村和城市郊区的土地,除由法律规定属于国家所有的以外,属于集体所有;宅基地和自留地、自留山,也属于集体所有。"该款确认了农村的土地属于集体所有,但没有明确农村土地的具体所有者。1986 年通过的《民法通则》为了解决这一问题,在第 74 条第 1 款规定"劳动群众集体组织的财产属于劳动群众集体所有",试图以"劳动群众集体所有"来界定集体所有权的主体,但是,这一表述并未能解决集体所有权归属问题。1998 年修订的《土地管理法》第 8 条第 2 款规定:"农村和城市郊区的土地,除由法律规定属于国家所有的以外,属于农民集体所有;宅基地和自留地、自留山,属于农民集体所有。"《土地管理法》采用"农民集体所有"的表述,与《民法通则》中"劳动群众集体所有"的表述相似,仍然是比较抽象的。要明确农村土地的归属,必须解决集体所有权的主体问题,尤其是农民对土地所享有的权益问题。

对于集体土地所有权的主体问题,2007 年颁布的《物权法》试图寻找一种新的解决路径。②《物权法》第 59 条第 1 款规定:"农民集体所有的不动产和动产,属于本集体成员集体所有。"《物权法》第 59 条第 1 款的规定与其他法律的规定并不完全一致,这并不是简单的概念改变,它是立法

---

① 参见吴次芳、谭荣、靳相木:《中国土地产权制度的性质和改革路径分析》,载《浙江大学学报(人文社会科学版)》2010 年第 6 期。
② 也有学者认为,《物权法》并没有解决集体所有权虚位的问题。参见陈小君:《农村土地制度的物权法规范解析——学习〈关于推进农村改革发展若干重大问题的决定〉后的思考》,载《法商研究》2009 年第 1 期。

者深思熟虑的结果,包含了非常丰富和深刻的内容。作为规范财产关系的基本法律,《物权法》试图通过引入"成员权"的概念,来明确集体所有权的主体。为了进一步落实成员权,《物权法》第 59 条第 2 款规定了集体成员对于集体重要事项的决定权;第 62 条规定了集体成员对集体财产的知情权;还于第 63 条第 2 款规定了集体成员的撤销权。所以,如何把握《物权法》所设计制度的深刻内涵、探求立法者的意旨,从而推进我国土地集体所有权制度的完善,这是学界的当务之急。

《物权法》第 59 条规定的"成员集体所有"旨在解决如下三个方面的问题:

第一,维护并完善宪法框架下的土地公有制。我国《宪法》第 10 条第 2 款确立了农村土地归集体所有的制度,而且将其作为公有制的重要组成部分。如果否认了集体所有,就背离了宪法确立的土地公有制。《物权法》第 59 条规定的"本集体成员集体所有"并不意味着集体所有就是集体成员共有。成员集体所有是公有制的表现形式,它和共有在法律上存在极大差别。《物权法》第 59 条突出"集体"二字,表明必须是在集体所有的前提下明确集体所有权的主体。任何试图改变农村土地集体性质的做法,都不符合我国宪法确认的土地制度的性质。

第二,构建适应市场经济体制需要的物权制度。我国《物权法》第 3 条第 3 款明确规定:"国家实行社会主义市场经济,保障一切市场主体的平等法律地位和发展权利。"在公有制基础上,建立市场经济体制,这是前人从来没有过的创造,也是中国模式的重要内容。① 市场经济的基础是产权制度,构建市场经济体制,要求产权是主体明晰的、具有可流转性的,而且权利义务是清晰的。② 过于抽象的主体与市场经济的要求不相吻合,这就提出了如何进一步明确集体所有权主体的问题。《物权法》的规定在继续维持集体的概念的同时,通过成员权制度来使产权主体进一步明晰化,通过落实成员权使权利义务更为清晰,尤其是在法律上要宣告集体所有的财产(包括土地)为集体组织成员集体所有,集体事务集体管理、集体利益集体分享。③ 通过确认集体的成员权使成员直接享有对土地的权益。所有这些都为保障农民权益和实现土地的流转奠定了基础。

---

① 参见张建平、王建功:《关于市场经济、公有制和社会主义的几个问题》,载《生产力研究》2000 年第 3 期。
② 参见吕中楼:《论社会主义市场经济的产权制度》,载《经济问题探索》1994 年第 8 期。
③ 参见胡康生主编:《中华人民共和国物权法释义》,法律出版社 2007 年版,第 141 页。

第三，密切农民和集体土地之间的利益关系，切实保护农民利益。"有恒产者有恒心"。土地承包制度的发展，承认了农民对土地直接利用的权利，但是，因为承包仅仅是合同关系，这就使得集体土地不能成为农民长期稳定的财产权利。而如果农民不能对土地形成长期、稳定的利益期待，就不能形成"恒产"，从而不利于农民对土地的长期投资和农业生产率的提高。而解决这一问题，必须首先解决集体土地所有权主体过于抽象、农民权利虚化的问题。《物权法》为了解决因为集体所有权主体的高度抽象和农民权利虚化的问题，提出了"成员集体所有"的新路径。之所以强调"成员集体所有"，是为了强调集体成员对集体财产享有共同的支配权、平等的民主管理权和共同的收益权；集体的财产只有在法律上确认为成员集体所有，才能密切集体成员和财产之间的关系，防止集体组织的负责人滥用集体的名义侵吞集体财产或者损害集体成员的利益。在明确成员集体所有的基础上，《物权法》通过两个途径来解决农民的权益保障问题：一是土地承包经营权的物权化；二是建立和完善成员权制度。这两项制度都有助于密切农民和土地的关系，使土地权利成为农民长期稳定的利益期待，并有助于保障农民对土地的权利和利益。《物权法》颁布以来，理论界和实务界普遍关注的是，土地承包经营权物权化，对该制度建立的意义也都有深刻的阐述。但是，普遍存在的一个问题是，理论界普遍忽略了《物权法》的相关条款所提出的成员权制度，以及该制度的重要意义。事实上，虽然实现了土地承包经营权的物权化，但是无法解决农村土地的归属问题，因为土地承包经营权只是解决集体所有、农民利用的问题，而没有从根本上解决农村土地的归属问题。由于集体所有权主体的模糊性，不能从根本上解决农民利益的保障问题。例如，在抽象的集体所有之下，成员所享有的权利未能得到充分的保护，在集体土地被征收的过程中，农民不能作为被征收人参与谈判，也不能作为被征收人获得补偿，从而导致农民利益在征地过程中遭受侵害的现象时有发生。

应当看到，《物权法》虽然已经提出了成员权制度，但是，从制度层面来看，其仍然是不够完善的。对于成员集体所有的规定和成员权的规定仍有诸多具体问题有待完善。第一，"成员集体所有"的法律性质和内涵需要明确。法律上虽然使用了"成员集体所有"的概念，但是，并没有对其内涵、性质等作出界定，这也导致理解中的困难。第二，成员资格的问题也缺乏规定。从《物权法》实施的情况来看，成员资格的认定成为实践的重要问题。例如，成员资格究竟是村民资格，还是集体经济组织成员的资格,法律上并没有明确。而且法律没有对成员资格认定的具体标准作出规定。第三,成员权与村民自治权利的关系也有待厘清。在《物权法》制定之时,对于成员权究竟是公法权利还是私法权利,其与村民自治权利之间的关系如何,立法者也还存有疑惑。这在一定程度上未能实现物权法对成员权的有效规范。第四,成员权的内容还需要具体化。《物权法》规定了集体成员的成员权,但是并没有规定成员权的完整内容等,这些都不利于成员权的有效行使。第五,侵害成员权的救济制度还有待完善。《物权法》仅在第63条第2款规定了成员所享有的撤销权。但是,对于侵害成员权的其他救济途径都没有规定,这不利于对成员权的保护。

二、集体土地所有权主体的界定

《物权法》以"成员集体所有"的新思路,通过与成员权的结合,试图破解集体所有制度不完善的难题,这无疑开辟了一条完善集体所有权的新路径,具有十分重要的意义。但"成员集体所有"的性质和内涵,也需要在解释论上予以明确。

(一) 成员集体所有在性质上类似于总有

在我国学界,关于集体所有的性质如何,存在较大争议,主要有两种不同的观点:一是共有说,即集体所有应为集体成员共有。[①] 二是总有说,即集体所有是新型的总有。[②] 三是法人所有说,即农民集体作为法人享有所有权。[③]

我国《物权法》第59条第1款采"成员集体所有"的表述,笔者认为,这应当解释为,其采类似于总有的立场。成员集体所有不同于共有,共有说注重集体组织中成员所享有的权利,这无疑是有道理的。但如果将集体所有权等同于一般的共有,无论是按份共有还是共同共有,都有可能导致集体财产完全私有化以及集体财产的不稳定性。首先,共有财产并不脱离单个的共有人而存在,如果共有人是单个的自然人,那么共有财产在性质上应属于私人所有,这显然与集体所有权的性质是不符合的。其次,在共有的情况下,共有人加入或退出共有组织,或他人加入共有组织,都

[①] 参见肖方扬:《集体土地所有权的缺陷及完善对策》,载《中外法学》1999年第4期。
[②] 参见韩松:《我国农民集体所有权的实质》,载《法律科学》1992年第1期。
[③] 参见王卫国:《中国土地权利研究》,中国政法大学出版社1997年版,第114页。

有可能影响到共有组织的存在并会导致对共有财产的分割。因此,以共有来解释集体所有,也不利于集体财产的稳定性。

也不能将《物权法》上的"成员集体所有"理解为作为集体的法人组织所有。一方面,作为农村土地所有权主体的集体并非都具有法人资格。在我国,绝大多数集体土地属于村民小组所有,而村民小组的法律地位,在法律上没有明确的回答。迄今为止,法律并没有承认其是法人,也没有为其设置法定代表人和组织机构。所以,农民集体仍然是成员的集合体,并非当然是法人。另一方面,集体成员也不应理解为法人的成员。因为法人的成员不能拥有对法人财产的所有权,只能由法人享有所有权。我国《物权法》没有采用法人所有的表述,这就意味着,其突出的是成员的权利,而不是以法人作为集体土地的所有权主体。

在性质上,成员集体所有类似于总有。总有是日耳曼固有法上特有的制度,是不动产属于团体共同所有的形态。具体来说,总有是指将所有权的内容,依团体内部的规约加以分割,其管理、处分等支配的权能属于团体,而使用、收益等利用的权能则分属于其成员。① 我国的成员集体所有与总有具有诸多类似之处,具体表现为:第一,农民作为成员和集体共同对集体财产享有所有权,这与总有相似。在总有之下,团体和成员都享有所有权,要实现对所有权的质的分割。第二,集体财产的管理和处分需要得到全体农民的同意,或者通过表决的方式来决定。在总有之下,标的物的管理和处分,也必须得到全体成员的同意,或者基于团体的规约,通过多数决来决定。第三,农民作为成员享有的权利是以其身份为基础的。在总有之下,团体成员的使用收益权也与其成员的身份密切联系,因其身份的得丧而得丧。② 第四,农民对集体财产所享有的权利是潜在份,不能请求分割。在总有之下,成员对总有财产的应有份不具体划分,是潜在份,不能要求分割、继承或转让。③

(二) 成员集体所有是完善我国集体土地所有权制度的途径

我国集体土地所有权制度的完善,尤其是集体所有权主体的明晰化问题,一直是困扰立法的难题。《物权法》提出"成员集体所有",这一表述与《民法通则》中的"劳动群众集体所有"和《土地管理法》中的"农民集

---

① 参见李宜琛:《日耳曼法概说》,中国政法大学出版社2003年版,第75—76页。
② 参见李宜琛:《日耳曼法概说》,中国政法大学出版社2003年版,第76页。
③ 参见韩松:《我国农民集体所有权的实质》,载《法律科学》1992年第1期。

体所有"都有重大区别,可以成为完善我国集体土地所有权制度的途径。

"成员集体所有"之所以可以成为我国集体土地所有权制度完善的途径,主要是因为成员集体所有具有其自身的特征,从而满足集体所有权制度完善中既维护集体所有又保护农民权益的双重要求。具体来说:

第一,成员集体所有是个人性和团体性的结合。它既注重成员个人的权利,又注重其团体性,两者是相辅相成、不可分割的。在此种制度框架下,一方面,土地的所有权主体具有集体性,因为离开了集体性,就改变了土地的公有制性质。另一方面,土地的所有权主体又具有个体性。集体的存在并不使个人的主体地位丧失,集体成员仍然享有权利,以维护成员的利益。

第二,成员集体所有意味着成员和集体都成为集体土地的所有权主体。成员集体所有实际上明确了成员和集体都是农村土地的所有权主体,既不能因集体的存在而否认成员的主体地位,也不能因为成员是主体而否认集体的存在。

第三,成员集体所有突出了成员的主体性,注重对农民权益的保障。土地权利制度就是分享土地资源和土地财富的制度。[①] 党的十七届三中全会通过的《中共中央关于推进农村改革发展若干重大问题的决定》指出,"必须切实保障农民权益,始终把实现好、维护好、发展好广大农民根本利益作为农村一切工作的出发点和落脚点"。在农村土地权利制度方面,这一点表现尤其突出。成员集体所有明确了成员本身也是所有权主体,这就密切了农民和土地的利益关系,从而有利于保障农民的权益。

第四,成员集体所有实现了土地权属和土地利用的结合。成员集体所有类似于总有。在总有之下,成员对总有财产的应有份不具体划分,是潜在份,不能要求分割、继承或转让,这有利于对公有制的维护。[②] 另外,成员集体所有还注重土地的利用效率。从历史上来看,通过农业合作化运动和人民公社化运动,形成"集体所有、集体利用"的土地权利制度。在此制度下,"平均主义"、吃"大锅饭"、"出工不出力"成为普遍现象,影响了生产效率。[③] 改革开放以后,虽然没有明确农民对集体土地的所有权主

[①] 参见柳经纬:《我国土地权利制度的变迁与现状——以土地资源的配置和土地财富的分配为视角》,载《海峡法学》2010年第1期。

[②] 参见韩松:《我国农民集体所有权的实质》,载《法律科学》1992年第1期。

[③] 参见米华:《中国共产党与当代农民土地情感迁变——以湖南省溆浦县桐木垞村农民为例》,载《北京行政学院学报》2007年第2期。

体地位,但实行农村土地承包制,从而解放了生产力。① 《物权法》尝试以"成员集体所有"的表述,以突出农民的所有权主体地位,这就可以实现土地权属和土地利用的结合,从而为农村社会的长远发展奠定制度基础。

(三) 成员集体所有是保护农民权益的制度基础

从制度设计的目的来看,《物权法》上"成员集体所有"的表述主要是为保护农民利益提供制度基础,回应我国社会实践中的突出问题。从当前的实践来看,集体土地在征收过程中,农民利益不能得到充分的保护的现象时有发生,如补偿标准过低、补偿不到位、暴力拆迁、不文明拆迁等。许多群体性事件都与征收补偿中农民利益保护不足有关。从表面上看,这主要是因为集体土地与国有土地不具有平等地位,国家垄断土地一级市场,集体土地上不能设立建设用地使用权。② 但是,很大程度上是因为农民不能参与征收过程,也不能充分分享集体土地被征收所产生的利益。如前所述,自农业合作化运动以来,我国就形成了集体所有的土地制度,但是,也出现了集体所有权主体抽象和农民权利弱化的现象。土地征收中,农民不能成为被征收人,其合法权益不能得到充分保护。而通过成员权制度的设计,就可以将农民作为被征收人来对待,充分保障其权益。具体来说,主要体现在如下方面:一是农民能够直接参与征收的过程,享有知情权等权利。在拟定集体土地的征收补偿方案时,政府要听取公众的意见,包括被征收人的意见。如果农民享有成员权,其也部分地享有所有权,则可以有充分表达意见的机会。二是农民能够参与征收补偿的谈判协商。因为农民享有成员权,因此,其可以作为被征收人直接参与征收补偿的谈判。三是农民享有获得充分补偿的权利。农民基于其成员权,享有请求分配补偿款的权利,有效避免补偿款被侵占、挪用等问题。四是获得救济的权利。在集体土地被征收的过程中,被征收人对于征收决定、补偿决定不服的,可以申请行政复议,也可以提起行政诉讼。而农民享有成员权,其就可以直接以被征收人的身份申请行政复议或提起行政诉讼。

另外,在实践中,与集体土地相关的事项,往往由村委会或部分负责人擅自决定,从而侵害了农民的权益。长期以来,我国强调集体财产归集体组织所有,对集体组织的负责人又缺乏必要的管理,最终损害了集体组织和集

---

① 据统计,1978 年至 1985 年间,我国农业生产总值有了极大的发展。1984 年,我国农业生产总值指数上升 156.35%,农民收入增加了 265.94%。参见杨德才:《中国经济史新论(1949—2009)》(上册),经济科学出版社 2009 年版,第 349 页。

② 参见孙宪忠:《论我国土地权利制度的发展趋势》,载《中国土地科学》1997 年第 6 期。

体成员的利益。《物权法》第 59 条第 2 款强调涉及集体成员重大利益的事项，必须要经过成员集体决定。这就通过成员权制度的设计，使农民享有集体重大事项的决定权，从而避免集体利益和农民利益遭受侵害。

三、集体所有背景下成员权制度的完善

（一）成员权的性质与特点

在传统民法上，成员权都是用来解释法人成员所享有的权利，尤其是股东所享有的权利问题。[①] 例如，德国学者普遍认为，成员权既是私法上的权利，又体现了法人和成员的关系。[②] 但是，在《物权法》生效之后，该法第 59 条第 1 条的规定对既有的民法理论形成了重大挑战。这就是说，在民事权利体系中，有必要考虑认可与法人不存在必然联系的成员权。物权法上的成员权作为一项权利引入民事权利体系之中，必将进一步充实和丰富我国民事权利体系。

就农民所享有的成员权而言，其应当与农民所享有的公法上的权利相分离，尤其是与《村民委员会组织法（试行）》所确认的村民自治的权利相区别。首先应当指出的是，集体经济组织的成员同时也可能是村民，但又不完全等同。一般而言，村民是具有农业户口的本村农民。村民所享有的村民自治的权利是非常宽泛的，既是自治管理的权利，也涉及经济的、文化的等方面，包括选举权、决策权、管理权、监督权等各项权利。而成员权所涉及的内容仅限于财产层面。实践中，农民同时也可能是村民，其可以基于村民资格享有村民的自治权利。《村民委员会组织法》第 2 条第 1 款规定："村民委员会是村民自我管理、自我教育、自我服务的基层群众性自治组织，实行民主选举、民主决策、民主管理、民主监督。"该款规定了村民享有自治的权利，包括村民对集体经济组织的财产予以管理的权利。而当农民行使《物权法》上的权利时，其又以民事主体的身份出现。就《物权法》上所确认的成员权而言，其本质上是一种私法权利，与财产利益密切结合在一起。如果成员权受到侵害，受害人可以通过民事诉讼获得救济。

---

① 参见谢怀栻：《论民事权利体系》，载《法学研究》1996 年第 2 期。
② 但是，在《德国民法典》制定之时，立法者认为，成员权并不是私法上的权利，而是一种法律地位。参见 Flume, Allgemeiner Teil des Bürgerlichen Rechts, Bd. 1, Teil 2, Heidelberg 1983, S. 258。

作为一项民事权利,我国物权法上的成员权具有如下特征:第一,它是以身份为基础的权利。成员权是伴随农村集体所有制的确立而形成的一项与农民集体成员身份密切相连的特殊权利。① 享有成员权的基础就是集体成员的资格。第二,它与集体所有权是辩证统一的。集体所有权是集体成员集体享有的所有权,是成员的集体权利,是集体成员集体对本集体财产享有的区别于国家、他集体、他人(包括集体成员个人)的外部性权利,是集体成员权的结果或保持状态。没有集体所有权就没有集体成员权,二者是辩证统一的。② 第三,它是集体成员所享有的专属性权利。成员权只可以随成员资格的移转而移转,一般不能继承和转让。当然,成员权中的具有财产性质的权利,如利益分配请求权,如果已经实现,就转化为债权,从而可以单独地转让或继承。③

需要注意的是,成员权不同于农民基于成员权而取得的具体权利,如土地承包经营权、宅基地使用权等权利。成员权是取得土地承包经营权等具体权利的前提和基础,只有具有成员权,才可能取得土地承包经营权、宅基地使用权等。但是,要现实地取得此种权利,还必须经过法定或约定的程序,例如,要取得土地承包经营权必须经过承包的程序(如订立承包合同)。

(二) 集体成员资格的认定

农民要行使其成员权,首先必须具有集体成员资格。从实践来看,《物权法》颁行之后,出现了很多如何认定集体成员资格的诉讼。在理论上,如何认定农民所享有的集体成员资格,存在户籍说、权利义务对等说等观点。④ 笔者认为,这些看法都不无道理,但是,考虑到实践中集体成员资格认定的复杂性,应当采综合认定的立场。这就是说,原则上,应当以户籍为标准认定集体成员资格,在此之外还应当考虑其他因素。

之所以原则上以户籍作为认定集体成员资格的标准,是因为在我国,户籍管理是确定公民身份的基本依据,户口的迁入和迁出是一种有章可

---

① 参见王瑞雪:《关于成员权及其退出问题的探讨》,载《调研世界》2006 年第 10 期。
② 参见韩松:《农民集体所有权和集体成员权益的侵权责任法适用》,载《国家检察官学院学报》2011 年第 2 期。
③ 参见吴兴国:《集体组织成员资格及成员权研究》,载《法学杂志》2006 年第 2 期。
④ 关于户籍说的论述,参见王禹:《村民选举法律问题研究》,北京大学出版社 2002 年版,第 2 页;有关权利义务对等说的论述,参见魏文斌、焦毅、罗娟:《村民资格问题研究》,载《西北民族大学学报(哲学社会科学版)》2006 年第 2 期。

循、有据可查的行政行为。① 集体成员的身份是以农业户口为基础的,如果取得了城市户口,则不可能享有集体成员资格。而且,通常来说,集体的成员都是在该集体有户籍的农民。采户籍说有利于明确集体成员资格的认定标准,提高认定集体成员资格标准的可操作性。我国《农村土地承包法》(2009年修正)第26条就是以户籍为标准来认定集体成员资格的。从我国地方立法来看,也有明确采户籍说的做法。例如,《湖北省农村集体经济组织管理办法》就采此标准。②

在户籍之外,认定集体成员资格时还要考虑其他因素:一是对集体所尽的义务。根据权利义务对等原则,集体成员资格的享有应当以农民尽到对集体的义务为前提。通常来说,集体成员在享有权利的同时,应负有缴纳乡统筹、村提留及参与集体组织公益事业活动的义务。③《广东省农村集体经济组织管理规定》也曾规定,对集体尽到义务是认定集体成员的标准。④ 二是以集体土地作为基本生活保障。在认定集体成员资格时,也应当考虑是否以集体土地作为基本生活保障。⑤ 例如,2007年3月27日,天津市高级人民法院颁行的《关于农村集体经济组织成员资格确认问题的意见》就考虑这一因素来认定集体成员资格。⑥ 再如,农村中有所谓寄挂户、空挂户,因为其不以集体土地作为基本生活保障,可以根据其与集体组织的约定而否认其集体成员资格。三是出生与收养。通常来说,集体成员的子女都因出生而具有集体成员的资格。在我国,集体成员的子女通常都具有集体的户籍。但是,因为户籍管理的特殊问题,也可能因为

---

① 参见孟勤国:《物权法如何保护集体财产》,载《法学》2006年第1期。
② 《湖北省农村集体经济组织管理办法》第15条规定:"凡户籍在经济合作社或经济联合社范围内,年满16周岁的农民,均为其户籍所在地农村集体经济组织的社员。户口迁出者,除法律、法规和社章另有规定外,其社员资格随之取消;其社员的权利、义务在办理终止承包合同、清理债权债务等手续后,亦同时终止。"
③ 参见魏文斌、焦毅、罗娟等:《村民资格问题研究》,载《西北民族大学学报(哲学社会科学版)》2006年第2期。
④ 《广东省农村集体经济组织管理规定》第15条第1款规定:"原人民公社、生产大队、生产队的成员,户口保留在农村集体经济组织所在地,履行法律法规和组织章程规定义务的,属于农村集体经济组织的成员。"
⑤ 参见张铄圻:《村民主体资格认定的法律问题探析》,载《辽宁行政学院学报》2009年第9期。
⑥ 天津市高级人民法院颁行的《关于农村集体经济组织成员资格确认问题的意见》第1条规定:"农村集体经济组织成员一般是指依法取得本集体经济组织所在地常住农业户口,在本集体经济组织内生产、生活的人。不符合或不完全符合上述条件,但确以本集体经济组织的土地为基本生活保障的人,也应认定具有本集体经济组织成员资格。"

政策原因而不能获得户籍,例如,违反计划生育政策的子女,无法进行户籍登记。但是,不能仅仅因为没有获得户籍而影响其集体成员资格的认定。另外,收养是产生拟制血亲关系的行为,其法律效果与出生相同。① 如果集体成员收养他人为自己的养子女,该养子女也可以获得集体成员资格。四是结婚与离婚。通常来说,如果与集体成员结婚,并已经迁入户口的,都可以获得集体成员的资格;而与集体成员离婚,且户口已经迁出的,就丧失集体成员资格。但是,婚姻也并非认定集体成员资格的决定性因素。例如,与集体成员离婚,又没有迁出集体的,其集体成员资格不应因此而丧失。②

在认定集体成员的资格时,还应当尊重集体长期形成的习惯法。在我国司法实践中,对未迁出户口的出嫁女的集体成员资格,有些法院坚持以户籍在集体即具有集体成员资格的标准,而集体一般按照男婚女嫁的习惯认为其已经不具有本集体成员资格。③ 由此也涉及对习惯是否符合公序良俗原则的审查问题。

(三) 成员权的内容

成员权是一个复合的权利,包括多种权利,其中有经济性质的,有非经济性质的。④ 总体上,成员权可以分为共益权和自益权两部分。

一是共益权。共益权是指集体成员为集体的利益而参与集体事务的权利。共益权主要是指集体事务的决定权和监督权、参与拟定集体章程的权利和选举代表人的权利、代位诉讼的权利等。《物权法》第 59 条第 2 款明确了集体成员对集体的若干重大事项应当享有决定权。根据该款规定,就如下事项,集体成员享有决定权,具体包括:"(一) 土地承包方案以及将土地发包给本集体以外的单位或者个人承包;(二) 个别土地承包经营权人之间承包地的调整;(三) 土地补偿费等费用的使用、分配办法;(四) 集体出资的企业的所有权变动等事项;(五) 法律规定的其他事项。"如果就重大事项作出了决议或其他法律行为,而没有经过集体成员的决定,则应认为此种行为属于无效行为。例如,没有召开集体成员会议或者

---

① 参见高凤仙:《亲属法理论与实务》,五南图书出版公司 1998 年版,第 279 页。
② 参见张钦、汪振江:《农村集体土地成员权制度解构与变革》,载《西部法学评论》2008 年第 3 期。
③ 参见韩松:《农民集体所有权和集体成员权益的侵权责任法适用》,载《国家检察官学院学报》2011 年第 2 期。
④ 参见吴兴国:《集体组织成员资格及成员权研究》,载《法学杂志》2006 年第 2 期。

虽召开集体成员会议但未达法定人数或者表决未达法定人数作出决定的,集体成员可以提起确认之诉,认定该决议或其他法律行为无效。《物权法》并没有就行使决定权的具体程序作出规定,仅在该法第59条第2款中规定"应当依照法定程序经本集体成员决定",如果法律规定了相应的程序则应当依照其程序。就成员决定集体重大事项,如果法律没有规定,是采简单多数决还是特殊多数决,法律上也没有明确。笔者认为,如果法律没有规定,应当采特殊多数决,即超过2/3以上的成员同意才能决定,这主要是考虑到表决所涉及的事项是集体重大事项。

集体成员的共益权还包括监督权。监督权的内容之一是知情权。《物权法》第62条规定了集体成员所享有的知情权。根据该条规定:"集体经济组织或者村民委员会、村民小组应当依照法律、行政法规以及章程、村规民约向本集体成员公布集体财产的状况。"如果集体成员的知情权受到侵害,其应当有权提起诉讼,要求集体公布财产状况。另外,为了行使监督权,集体成员还应当享有具体的权利,如查阅账簿、咨询等权利。

从诉讼的角度来看,集体成员应当享有代位诉讼的权利,这也属于共益权的重要内容。也就是说,当集体的土地或其他财产受到侵害时,应该允许每一个成员以集体利益的保护为由向法院提起诉讼。① 集体成员提起诉讼应当以集体的名义,获得的赔偿也应当归属于集体。

二是自益权。自益权是指集体成员为实现自己在集体所有权上的利益而行使的权利。自益权主要包括两个方面:一是集体成员对集体财产的享用权(如从集体的公共水利设施取水的权利);二是在集体财产上取得个人权利或者财产的权利。② 后者是自益权的主要方面,主要包括:承包集体土地的权利、分配征地补偿款的权利、分配宅基地的权利、股份分红的权利等。③ 在自益权受到侵害的情形,集体成员可以以自己的名义提起诉讼。

(四) 成员权受侵害的救济

为了保护成员权,《物权法》确立了成员所享有的撤销权。《物权法》第63条第2款规定:"集体经济组织、村民委员会或者其负责人作出的决定侵害集体成员合法权益的,受侵害的集体成员可以请求人民法院予以撤销。"撤销权的主体是集体成员,而且集体成员不能够以维护集体利益

---

① 参见吴兴国:《集体组织成员资格及成员权研究》,载《法学杂志》2006年第2期。
② 参见韩松:《农民集体所有权和集体成员权益的侵权责任法适用》,载《国家检察官学院学报》2011年第2期。
③ 参见吴兴国:《集体组织成员资格及成员权研究》,载《法学杂志》2006年第2期。

的名义提出撤销,只能以维护自身的利益为由请求撤销。撤销权的客体是集体经济组织、村民委员会或者负责人作出的决定。撤销权人主张撤销,并不需要证明集体经济组织、村民委员会或者负责人作出的决定是否违反了法定的程序,只要证明这些决定造成了自身的损害。从理论上来说,撤销权属于形成权的一种,其行使方式有两种:一是意思表示的方式;二是诉讼的方式。考虑到《物权法》规定集体成员行使撤销权只能采取诉讼的方式,所以,其无法通过意思表示的方式行使。另外,既然撤销权属于形成权,其应当适用除斥期间的限制①,因为形成权的效力强大,权利人凭单方的意志就可以变动法律关系,必须通过除斥期间来限制。不过,我国民法只对具体的形成权类型规定了相应的除斥期间,并没有除斥期间的一般性规定,因此,集体成员所享有的撤销权的除斥期间问题就形成法律漏洞。笔者认为,可以类推适用《合同法》第75条关于可撤销合同中的撤销权的除斥期间,即1年。

问题在于,成员权是否属于《侵权责任法》的保护对象?如果集体成员的成员权受到侵害,其是否可以依据《侵权责任法》获得救济?例如,集体经济组织、村民委员会或者其负责人作出的决定侵害集体成员合法权益,并导致集体成员的损害,其是否可以请求损害赔偿?从《侵权责任法》第2条第2款所列举的民事权益来看,其并没有明确列举成员权。不过,在解释上,应当认为,《侵权责任法》第2条第2款所规定的"民事权益"应当包括成员权,理由主要在于:一方面,该款使用"等人身、财产权益"的表述,这一兜底性规定为成员权纳入《侵权责任法》的保护范围提供了可能。另一方面,该款列举了"股权",考虑到成员权和股权都是以特定组织中的身份为基础而享有的权利,具有类似之处,如果成员权不属于该法的保护范围,就违背了类似问题类似处理的原则。② 因此,如果成员权受到侵害,应当可以适用《侵权责任法》关于过错责任的一般条款(即第6条第1款)的规定。当然,从立法论的角度考虑,最好明确成员权的侵害可以适用过错责任的一般条款,而且明确其救济方式(如金钱赔偿)等。

---

① 参见王伯琦:《民法总则》,台湾编译馆1957年版,第235页。
② 在法治社会,类似问题类似处理是重要的原则。参见 Franz Bydlinski, Juristische Methodenlehre und Rechtsbegriff, Wien/New York, 1982, S. 456。

四、结　语

农村土地权利制度的完善是我国公有制完善的重要内容,也是构建社会主义市场经济体制的基础。笔者认为,从根本上改变土地集体所有的性质是不符合我国社会现实的,而应当深入理解《物权法》关于集体土地"成员集体所有"的制度设计,探寻通过明晰集体土地所有权主体而完善这一制度的新的路径。同时,通过具体的成员权以及相关的制度设计(如集体土地征收中农民的权利),贯彻《物权法》上的成员权制度构想,充分保障农民的土地权益。正所谓"无农不稳",通过法律上妥当的制度设计,我们相信,可以为农村社会的稳定发展和整个社会的持续健康发展奠定坚实的制度基础。

论民法典物权编中居住权的若干问题*

所谓居住权,是指以居住为目的,对他人的住房及其附属设施所享有的占有、使用的权利。在《物权法》制定过程中,对于应否规定居住权问题,曾有过较大争议,后立法机关认为房屋租赁等权利能满足居住需求,就未再规定居住权。在《物权法》颁布实施后,随着社会环境的变化,居住权应成为物权的呼声愈来愈高,为了回应这种社会需求,《民法典物权编(草案)》(二审稿)增设了居住权,将之作为用益物权的一种。不过,从目前的立法情况、理论研究和实务态度来看,对于有无必要增设居住权、居住权的地位和功能如何界定、能否有偿设立居住权等问题,仍存在不同看法,笔者拟对此谈几点看法。

一、民法典物权编对居住权的定位

虽然《物权法》未规定居住权,但居住权的概念在我国司法实践中并不陌生。《婚姻法司法解释(一)》第27条第3款规定:"离婚时,一方以个人财产中的住房对生活困难者进行帮助的形式,可以是房屋的居住权或者房屋的所有权。"据此,在离婚后,为无住处的配偶设定居住权是相当常见的法律现象,如在"仲某诉熊某某离婚后财产分割纠纷案"中,房屋虽被认定为被告的个人财产,但原告仲某在离婚后没有住处,没有稳定的收入来源,且身体健康状况不好,属于婚姻法规定的生活困难,法院判令其可以继续在被告房屋中居住。① 不仅如此,司法实践中,该条款被类推适用于养老等情形②,并在一些条件下被赋予对抗所有权的效力。③ 尽管包括司法解释在内的司法实践在面对实务问题时,尝试着明确居住权的适

---

* 原载《学术月刊》2019年第7期。
① 参见江苏省宿迁市中级人民法院(2011)宿中民终字第1190号民事判决书。
② 参见谷昔伟、曹璐:《居住权可对抗房屋所有权人排除妨害请求权》,载《人民司法·案例》2015年第18期。
③ 参见孙翠、赵明静、孙卓:《居住权与所有权权利冲突的裁判思维分析》,载《人民司法·应用》2013年第23期。

用范围和法律效力，但因为上位法的缺失，居住权的法律定位并未明确下来。就居住权的立法而言，有关居住权的司法实践虽然有助于完善居住权制度，能为相应立法提供实践经验，但客观地讲，要想在民法典物权编中给予居住权以准确的定位和体系化的规范，单凭这些实践经验是不够的，还应借助可供参酌的比较法经验。

居住权是一个古老的法律概念，罗马法就有明确规定。在罗马法中，人役权有用益权、使用权与居住权三种①，故居住权是一种人役权，即为特定人的利益而设定的役权，其最初目的是以遗赠用益权的方式，使某些有继承权的家庭成员（特别是对继承权被剥夺的寡妇或未婚女儿）有可能取得一种供养。②"是项物权，故即变相之用益权、使用权而已，但其范围，广于使用权而狭于用益权，其终止之原因，亦少于上述两种物权，故虽从此蜕化而成，实亦个别之物权也。"③优士丁尼时期将使用权和居住权作为独立的役权分别规定，这种立法体例也为许多大陆法系国家和地区民法所采纳。④ 受罗马法的影响，法国民法上的居住权（le droit d'habttation）性质上类似于使用权，具有人役权的特性。尽管《法国民法典》中关于居住权的设定、权利的范围、权利的消灭等与使用权的规定相同，但与使用权相比，在内容上受到更为严格的限制。《法国民法典》第632条至第634条规定，对房屋享有居住权的人，得与其家庭在该房屋内居住，即使在给予此项居住权利时其本人尚未结婚亦同；居住权仅以享有此项权利的人与其家庭居住所需为限；居住权既不得让与，亦不得出租。根据一些法国学者的观点，居住权具有某些物权的性质，但也明显具有人身特性。⑤ 与法国民法相比，德国民法更明确地将居住权定位为限制的人役权，它只能在不动产上设立，而且只能为某一特定的人设定，不得转让也不得继承。依据《德国民法典》第1093条的规定，排除所有权人将建筑物或者建筑物的一部分作为住房使用的权利，也可以作为限制的人役权加以设定；权利人有权在住房中接纳其家属以及与其地位相当的服务和护理人员。可

---

① 参见〔意〕鸠利亚诺·克里弗：《罗马法中的用益权问题》，薛军译，载费安玲主编：《学说汇纂》（第二卷），知识产权出版社2009年版，第111页。
② 参见李显冬、王胜龙：《从居住权渊源看其现实意义》，载费安玲、〔意〕桑德罗·斯奇巴尼主编：《罗马法·中国法与民法法典化（文选）——从罗马法到中国法：权利与救济》，中国政法大学出版社2016年版，第98页。
③ 陈朝璧：《罗马法原理》（下册），台北商务印书馆1937年版，第362页。
④ 参见《民法大全·学说汇纂》（第七卷），米健译，法律出版社1999年版，第8页。
⑤ 参见尹田：《法国物权法》，法律出版社1998年版，第362页。

见,《德国民法典》中的居住权是对他人的房屋以居住为目的而加以使用的权利,它也是人役权的一种类型。此外,《意大利民法典》《西班牙民法典》《路易斯安那民法典》等都对居住权进行了明文甚至是专章的规定,其定位均为具有人身属性的人役权。

以上简略的比较法考察表明,居住权首先是在他人的住房所有权之上设立的一种用益物权,《民法典物权编(草案)》(二审稿)在借鉴比较法经验的基础上,对居住权的概念和定位也作出了规定。《民法典物权编(草案)》(二审稿)第159条规定"居住权人有权按照合同约定,对他人的住宅享有占有、使用的用益物权,以满足生活居住的需要"。由此可见,居住权既是用益物权的一种类型,也是一种人役权。

居住权首先是一种物权,这是其与长期租赁相区别的主要方面。住房是人们赖以生存的基础,也是民生的基本保障,由于所有权包含了占有、使用、收益、处分等多种权能,房屋所有人当然享有在自己房屋里居住的权利,但这种权利并非居住权。作为用益物权的居住权一定是在他人房屋之上设立的,是设立居住权房屋所有权人行使其所有权的一种体现,也是发挥房屋经济效用的重要方式。① 也就是说,居住权是房屋所有权权能分离的结果,是房屋所有权的负担,是由所有人以外的其他物权人享有的。有观点认为,居住权是一种用益债权,即对物进行用益的债权,其通常以附负担的赠与方式作出,是用益赠与的一种表现。在发生所有权人将房屋转让时,则需要通过赠与合同的撤销、将住房作为不可强制执行的财产以及所有权让与不破用益债权等方式,为居住权人提供保障。② 此种观点显然未能准确把握居住权的属性,诚如有论者所言,将居住权理解为一项债权,只是看到了设立人与居住权人之间的关系,但忽视了房屋交由居住权人占有、使用、收益的事实,从而忽略了这一权利的物权属性。③ 将居住权界定为一项债权,也不利于对权利人的保护,这也正是罗马法以来大陆法系民法均将居住权作为用益物权的根本原因。由于居住权是一种物权,因而在该权利遭受侵害时,权利人可以行使物权请求权以保护其权利。

居住权不仅仅是物权,而且是以满足权利人的居住需要设定的用益

---

① 参见钱明星:《关于在我国物权法中设置居住权的几个问题》,载《中国法学》2001年第5期。
② 参见隋彭生:《用益债权原论:民法新角度之法律关系新思维》,中国政法大学出版社2015年版,第193—194页。
③ 参见崔建远:《民法分则物权编立法研究》,载《中国法学》2017年第2期。

物权。一方面,就居住权在民法上的定位而言,它首先是一种用益物权。基于这种用益物权,权利人不仅能占有他人住宅,并以居住为目的使用他人住宅,还能排除他人对住宅的不法妨害。另一方面,居住权是以满足特定人的居住需要而设立的用益物权。居住是"由人类系统发出,以寻求和获得更好的栖身场所为动机和目的,以建造、寻找、选择以及使用、利用自己居住空间的方式和手段为形式,而源自人类的自然与社会属性的作为人类特有的判断标准及价值观,则是居住行为内在的规定和控制因素"[1]。受此特质的约束,居住权主要是为了赡养、扶养等生活需要而设立的,只要能满足这种需要,实现居住权人正常居住、生活的目的,居住权人既可以使用他人的全部房屋,也可以使用他人房屋的一部分,还可以收取其所居住的房屋附属的树木的果实等自然孳息。而且,受此特质的约束,如果为商业目的需要使用他人的房屋,完全可以通过订立租赁合同的方式实现,而不能设立居住权;同时,居住权是为特定的自然人基于生活需要而设定的权利,只能由自然人享有,而不能由法人或其他组织享有。基于这种内在特质,尽管居住权在比较法上与其他一些用益物权(如用益权等)一样,均有实现权利人的生活保障的功能,但它们之间的区别是显而易见的,这为居住权在用益物权体系中占据独立的一席之地奠定了基础。

居住权不仅仅是一种用益物权,而且属于用益物权中的人役权。所谓人役权,是指为特定人的利益而利用他人之物的权利。根据大陆法系国家和地区民法,居住权是在他人的住房之上设定的权利,而且此种权利仅仅是为特定个人设立的,该权利不得转让也不得继承,只能由权利人享有。我国民法典物权编在将居住权作为一种用益物权作出明确规定的同时,也承认了它具有人役权的特点,具体而言,表现在如下几个方面:第一,为特定人设立。居住权虽然具有财产属性,与此同时其还具有较强的人身属性,只能由特定的权利人所享有,用马尔西安的话来说,就是"役权(servitutes)附着于人身"[2]。既然居住权是为特定人设定的,这就意味着该权利只能为特定权利人所享有,而不可转让由他人享有或由他人继承。[3]《民法典物权编(草案)》(二审稿)第160条中明确规定,居住权不

---

[1] 廖丹:《作为基本权利的居住权研究》,法律出版社2018年版,第28页。
[2] Inst. 8, 1, 1. 转引自江平、米健:《罗马法基础》(修订本第三版),中国政法大学出版社2004年版,第223页。
[3] 参见陈华彬:《人役权制度的构建——兼议我国〈民法典物权编(草案)〉的居住权规定》,载《比较法研究》2019年第2期。

得转让、继承,就表明了这一特征。第二,终身性。居住权以期限届满或以权利人的终身为限。与其他用益物权一样,作为人役权的居住权也有存续的期限,这种期限虽然可由双方当事人予以约定,但其以居住权人的生命为限。最初在罗马法中,规定居住权在两年内不行使而消灭,但之后逐渐被认为可延续至终身。① 在当代民法中,居住权的期限通常由当事人约定或者根据遗嘱确定,并且应当到登记机关办理登记。如果登记机关所登记的期限与当事人约定的期限不同,则应以登记机关登记的期限为准。不过,若合同约定或遗嘱确定的居住权的存续期限过长,与居住权保护特定人居住利益的特质不符,应将这种期限解释为居住权人终身享有居住权。当事人在合同或遗嘱中未明确居住权期限的,为了照料权利人的居住需求和居住利益,应当推定居住权的期限至居住权人死亡时止。可以说,作为保护权利人居住行为的用益物权,居住权是一种长期的、稳定的权利。②《民法典物权编(草案)》(二审稿)第161条规定,"居住权人死亡的,居住权消灭"。表明居住权具有终身性是为了满足特定个人的居住需求,一旦该个人死亡,这种需求随之消失,居住权也随之消灭,无法成为继承的对象。第三,无偿性。人役权为具有特定情感关系的人设立,其所具有的是恩赐和慈善的价值,因而通常以无偿为特征。③《民法典物权编(草案)》(二审稿)第160条中明确规定,"居住权无偿设立",这也体现了人役权鲜明的特点。

概括而言,在民法典物权编中,作为用益物权的居住权是一种人役权,它以他人的房屋为标的物,以满足特定权利人的居住需要为目的,具有高度的人身依附性,在市场流通性和可继承性上受到很大限制,从而不同于其他用益物权。笔者认为我国民法典物权编基本上借鉴了大陆法系国家和地区关于人役权的理论,对居住权作出了制度的定位和整体的设计。但是草案的规定过度囿于比较法经验,导致对居住权的限制过于严苛,使得其不能充分展示这一古老制度在今天所能发挥的重要作用。例如,就居住权的适用范围而言,其主要是为家庭成员而设立的人役权,居住权制度中所说的特定人主要是指自然人,而且通常是家庭成员。即使如《德国民法典》第1093条将其扩张至家庭成员以外的服务和护理人

---

① 参见〔意〕桑德罗·斯奇巴尼选编:《物与物权》(第二版),范怀俊、费安玲译,中国政法大学出版社2009年版,第299页。
② 参见周枏:《罗马法原论》(上册),商务印书馆2014年版,第414—415页。
③ 参见温世扬、廖焕国:《人役权制度与中国物权法》,载《时代法学》2004年第5期。

员(如保姆等),也表明其作用范围非常狭窄有限。我国《民法典物权编(草案)》(二审稿)基本受这一框架的影响,例如草案第159条规定居住权合同应当包括当事人的姓名和住所。这就表明其仅适用于特定的自然人之间,而且主要是特定家庭成员或亲属之间为满足生活需要而设定的。换言之,主要是为了解决特定身份的家庭成员居住困难,具有扶危济困的救助性质。但事实上,随着社会经济生活的发展,居住权作为实现居者有其屋的法律措施与手段,能够在以房养老、住房制度改革等多方面发挥作用,这就决定了居住权人虽然是自然人,但居住权的设立人并不一定是自然人,还可能包括法人。因此,我国民法典物权编在居住权制度的设计上要突破传统的人役权限制,从而实现制度的重构。

二、民法典物权编中居住权的目的和功能界定

居住权为罗马法以来大陆法系民法所普遍规定,但不能由此当然认为我国民法典物权编也应增设关于居住权的规定,因为社会背景不同,域外普遍且成熟的法律经验未必适合我国。因此,在民法典编纂过程中,有观点指出,居住权是域外的制度,有其特殊的历史和国情因素,我国没有必要增设该制度。从法律继受情况来看,日本、韩国等国家和地区民法确实借鉴了欧洲大陆民法的许多制度,但基于文化差异等原因,并没有继受在大陆法系中成熟的包括居住权在内的人役权制度。①

不过,笔者认为,法律制度毕竟扎根于社会当中,以文化差异或习惯不同为由排斥人役权,只是一种表面上的理由,立法的根基仍是相应的社会需求,一旦社会发展提出了需求,法律应当以合适的制度来反映这种需求。比如,近几年来,日本民法的改革中也开始对居住权进行关注。② 我国《民法典物权编(草案)》(二审稿)之所以规定居住权这种人役权制度,同样是为了回应相应的社会需求,我们不能仅以文化差异或习惯不同,而对源自罗马法并为大陆法系民法普遍规定的居住权持排斥态度。但是在借鉴域外居住权制度的同时,也应当对这一制度进行一些必要的改造,使其适应现代社会的发展和现实需要。

---

① 参见薛军:《地役权与居住权问题:评〈物权法草案〉第十四、十五章》,载《中外法学》2006年第1期。
② 参见陈华彬:《人役权制度的构建——兼议我国〈民法典物权编(草案)〉的居住权规定》,载《比较法研究》2019年第2期。

（一）目的界定

从根本上说，我国民法典物权编确认居住权制度的根本目的是有利于实现"住有所居"的目标，实现广大人民群众对美好幸福生活的期待。《老子》中曾言："甘美食，美其服，安其居，乐其俗，邻国相望，鸡犬之声相闻，民至老死不相往来。""住有所居"一直是人民群众对幸福生活向往的重要组成部分，"安得广厦千万间，大庇天下寒士俱欢颜"就深刻地刻画出了这种向往。党的十九大报告指出，"加快建立多主体供给、多渠道保障、租购并举的住房制度，让全体人民住有所居"。这里所说的"有"究竟应当如何理解？不少人认为，此处所说的"有"是指"所有"，只有保障人人都享有房屋的所有权，才能实现居者有其屋的理想。客观而言，基于中国的国情和社会现状，要实现每个人都享有房屋的所有权并不现实。毕竟中国有14亿人口，城乡之间、地区之间发展极不平衡，要使每个人都能所有一套住房，是困难的且不符合实际。更何况，我国土地资源极其有限，且要确保耕地红线不被突破。而且，对于相当一部分城市居民来说，要购置一套昂贵的商品房，就要当几十年的房奴，这无疑将产生沉重的经济负担，严重影响人民群众的生活品质。即便是在发达国家，也不可能保证每人都能所有一套住房，在中国这样一个最大的发展中国家，每人都能所有一套住房，更是很难做到。笔者认为，实现"住有所居"并不意味着人人都拥有住房所有权，而是能有房屋用于居住并且能长期使用，而这一目的完全可以通过居住权制度得以实现。就此而言，在民法典物权编中规定居住权制度，实际上是为实现全体人民"住有所居"提供了重要的法律支撑，它有助于缓解住房紧张的局面、维护社会稳定及充分保障民生。在这样一个目的的指导下，应当充分发挥居住权的作用，而不能囿于人役权制度所带来的种种限制。

（二）功能界定

所谓居住权的功能，是指为实现"住有所居"的目的，居住权所应当发挥的具体作用。如前所述，根据大陆法系国家和地区民法，居住权制度旨在解决特定的家庭成员和家庭服务人员之间的居住困难问题，体现了家庭成员间互助的性质。《婚姻法司法解释（一）》第27条第3款规定："离婚时，一方以个人财产中的住房对生活困难者进行帮助的形式，可以是房屋的居住权或者房屋的所有权。"该规定也体现了居住权的人役权性质。毫无疑问，这一作用应当在民法典物权编中继续得到发挥。在特定的情形，父母和子女之间、家庭成员之间基于赡养、抚养等关系应当由一方为另一方提供居住的义务,另一方则享有居住的权利。夫妻离婚后,如果一方无房可住,且经济困难,另一方则有帮扶的义务,为其提供居住权。家庭成员和亲属间因为分家析产、共同生活等原因,甚至长期为家庭提供服务人员与家庭成员之间,也可能产生居住权。这些亲属间的居住权的设定有利于维护家庭内的和睦,维持家庭关系的稳定。这也体现了家庭成员之间帮扶互助的美德。

但是居住权仅限于这一功能是不够的。在现实生活中,要实现"居者有其屋"的目标,居住权应当有更大的灵活性和更宽泛的适用范围,以满足人民群众对居住的需求,实现人们对住房的多样利用,有效发挥住房的经济功能和效用。具体而言,居住权还可以发挥如下几个方面的功能:

第一,完善住房保障体系。我国目前的住房保障体系具有多层次性,低收入群体由于自身经济条件的限制,没有能力进入市场,只能依靠政府保障解决住房问题。但相关的保障性住房制度在实践中的运用并不理想,有学者在观察经济适用房制度的运行后,发现有一些经济适用房仅以价格作为调节手段,最终因为一些高收入者的介入并未让中低收入家庭取得该类房屋;经济适用房购买程序不规范,使得徇私舞弊、权力寻租的现象时有发生,而且经济适用房制度在各地实施差距较大。[①] 之所以会出现这些弊端,深层次原因在于,经济适用房以移转所有权的模式来实现其社会保障功能。然而,现有的经济适用房产权不清晰,法律制度又难以对权利人的权利予以全面保障,实践中甚至出现了通过虚构债务等方式转让所有权,以从中牟利的现象,致使经济适用房制度的目的落空。[②] 为解决上述问题,在民法典物权编中规定居住权制度,不失为一剂良方。因为按照居住权的法律构造,在住房制度改革中,可以改造既有的经济适用房和廉租房等保障措施,对于由国家投资兴建的房屋,可以由国家享有房屋的所有权,但政府可以为低收入家庭设置长期居住权,以满足其基本的居住需求。居住权人不仅限于特定的自然人,还包括其家庭成员。但居住权人不能将居住权用于营利,也不得转让,这有利于实现住有所居,满足人们基本的住房需求。[③] 换言之,居住权是用益物权而非所有权,作为人

[①] 参见郑尚元:《居住权保障与住房保障立法之展开——兼谈〈住房保障法〉起草过程中的诸多疑难问题》,载《法治研究》2010年第4期。

[②] 参见申卫星:《从"居住有其屋"到"住有所居"——我国民法典分则创设居住权制度的立法构想》,载《现代法学》2018年第2期。

[③] 参见贾康、刘军民:《优化与强化政府职能 建立和完善分层次住房保障体系》,载《财贸经济》2008年第1期。

役权的居住权具有较强的人身依附属性,不可转让和继承。采取居住权的模式来提供住房保障,在无需转移房屋所有权的同时,又能限制居住权人对住房的处分,可以有效解决经济适用房产权不清、利用保障性用房牟利等现实问题。

还需要指出的是,在现实生活中还存在数量庞大的"夹心层群体",其正好处于高收入阶层与低收入阶层之间,其既难以购买价格高昂的商品房,又不能像低收入家庭一样享受政府提供的保障性住房。为了解决"夹心层群体"的住房问题,目前的住房保障体系采用了廉租房的解决方案,其好处是租金低廉,缺点是居住者得到的是债权性质的租赁权,导致居住者缺乏稳定感,间接导致居住者的获得感不强。正如笔者在后文将要谈到的,由于居住权具有租赁权不可替代的功能,因此,对此类群体除采用廉租房之外,也可考虑借助物权编的居住权制度,满足其居住的需要。也就是说,对此类群体,可以考虑由政府提供房屋,产权归属于政府,而由上述群体长期居住,既能像廉租房一样无需居住者承担高额对价,又能保证居住者获得物权的稳定性,能增强居住者的获得感,确属对住房保障体制的完善。①

第二,为"以房养老"提供制度支持。我国正逐渐步入老龄化社会,以房养老也正成为养老经济模式中不可忽视的一环。既有的以房养老模式,无论是反向抵押还是售后租回,都因为现有的制度而面临不可协调的矛盾,实践效果并不理想。例如,就售后租回模式而言,由老年人将房产出售给金融机构,获取定期的金钱给付,并将该房屋租回自己居住。金融机构可以直接获得房屋的所有权,风险较小。但由于老年人只能售房后获得债权,因而对老年人而言有较大风险。② 不少老年人在同意设置该模式后,又反悔并要求终止合同,这说明这种模式不能形成长期稳定的机制。居住权制度的设立则能在一定程度上解决前述问题,为以房养老提供法律支撑。依据这一制度,老年人可以与相关金融机构达成设定居住权并以房养老的协议,由老年人将其房屋所有权在协议生效后移转给金融机构,金融机构在该房屋上为老年人设定永久居住权,由金融机构根据

---

① 参见申卫星:《从"居住有其屋"到"住有所居"——我国民法典分则创设居住权制度的立法构想》,载《现代法学》2018年第2期。
② 参见苏永钦:《从以房养老看物权的自由化——再谈民法作为自治与管制的工具》,载龙卫球、王文杰主编:《两岸民商法前沿:社会变迁与民商法发展》(第三辑),中国法制出版社2015年版,第19页。

房屋的价值向老年人进行定期的金钱给付,从而确保其生活质量。由于老年人向金融机构转让房屋所有权的目的在于养老,故在老年人有生之年,金融机构虽可取得所有权,但其还不能实际占有该房屋,只有在老人身故后金融机构才能享有完整的所有权。而老年人则在获得一笔充足的养老金的同时,又能够享有居住权,对该房屋进行长期的居住。① 可以说,在我国老龄化社会到来之际,在民法典物权编规定居住权制度,在以房养老方面能发挥重要作用,在应对老龄化方面的确正对其路、恰逢其时。

第三,保障拆迁安置中被拆迁人的居住权益。在房屋拆迁过程中,居住权制度还具有保障被拆迁人居住权益的作用。在拆迁安置中,为更好地保障被拆迁人的居住利益,可以在被安置房屋中为被拆迁人设置居住权,以保障其基本生活。从我国司法实践来看,有的法院也在拆迁安置纠纷中承认了被安置人对被安置房屋的居住权。例如,在"广州市穗港建设开发公司与广州市越秀区友谊玩具店、曾文雄、罗锦燕、梁珠女物权保护纠纷案"中,法院认为:"涉讼的 103 房虽未办理房产登记,但广州市穗港建设开发公司为涉讼大楼的建设单位,对涉讼的 103 房享有合法权益。梁珠女作为原公房承租户,其依据拆迁安置协议回迁入住涉讼的 103 房,对该涉讼的 103 房有合法的承租权和居住权。罗锦燕、曾文雄作为拆迁安置对象,对涉讼的 103 房也有合法的居住使用权利。"②

第四,保障家庭成员对公房享有的居住权。在我国,政府和事业单位工作人员在公有房屋中的居住在我国由来已久,这种权利实际上就是以家庭为主体而设立的居住权,但受制于法律缺失和观念错位,特别是由于公有住房的产权没有登记,哪些人能够居住该房屋并不确定,因而不利于保护相关权利人的居住权。例如,在"顾某 1 等诉顾某 2 等分家析产纠纷案"中,在老人居住的公房被征收时,上海市第二中级人民法院就认为其子女不是共同居住人。③ 但其子女认为,其已经与父母居住多年,也应当享有居住权。同样,在"于良伟与刘翠玉公有房屋承租权纠纷一案"中,在公房中居住的老人去世后,法院为了回避居住权人的问题,直接判定老人只是租赁该公房,其继承人没有继续承租的资格。④ 事实上,在民法典物

---

① 参见肖俊:《空虚所有权交易与大陆法系的以房养老模式》,载《上海财经大学学报》2017 年第 1 期。
② 广东省广州市中级人民法院(2015)穗中法民五终字第 3791 号民事判决书。
③ 参见上海市第二中级人民法院(2018)沪 02 民申 328 号民事裁定书。
④ 参见辽宁省高级人民法院(2013)辽审四民提字第 00041 号民事裁定书。

权编规定居住权,其实就是要明确各方当事人对房屋所享有的居住权益,最大限度地保护这些以家庭为主体的居住权,妥当解决由此产生的法律问题。所谓定分止争,并不限于确定所有权的归属,对其他物权的确认与保护,也应当是物权法定分止争功能的体现。

第五,充分提升房屋的利用效率。土地和房屋是稀缺资源,应当充分发挥稀缺资源的利用效率,而财产所有权与使用权的分离是提高财产利用效率的必然选择。现在看来,越来越多的商业模式都在探索这种权利分离模式,如将产品改造成服务,将出售所有权改造为出租使用权,等等,从而开拓一些新的经济领域。① 居住权也是一种使用权,其功能是满足生活居住需要,其既能保护弱势群体的居住权,也能优化房屋所有权与财产利用权的配置,有效提升房屋的利用效率。② 投资性居住权能为房屋的利用提供新的选择,比如,合作建房、购买分时度假房屋等交易,可让以投资为主要目的的出资者获得所有权,让主要为了解决居住问题的出资者获得居住权,房屋建造者可以在保有所有权的同时,减轻造价压力,而居住者在交纳较少价金的同时,对房屋享有有效稳定的利用关系③,从而实现双赢,促进物尽其用。

相较于传统大陆法系国家和地区民法的人役权制度而言,我国社会经济生活为居住权制度的确立提供了更为肥沃的土壤,现实社会的新需求与新发展也凸显了民法典物权编规定居住权制度的必要性。我国《民法典物权编(草案)》(二审稿)参考和借鉴了相关比较法的规定,又根据我国的实际情况进行了一定的改造,这主要体现在《民法典物权编(草案)》(二审稿)对于居住权的设立和消灭允许当事人另有约定。例如,《民法典物权编(草案)》(二审稿)第 160 条规定,"居住权无偿设立,不得转让、继承。设立居住权的住宅不得出租,但是当事人另有约定的除外"。第 161 条规定,"居住权人死亡的,居住权消灭,但是当事人另有约定的除外"。这两条规定均加入了"另有约定的除外"的表述,这实际上也是打开了制度改造的通道。但是,这种制度改造的力度仍然不大,尤其是草案将其设立严格限定于无偿,以及将设定人仅限定为自然人,这显然不利于

---

① 参见戈志辉:《共享革命》,中国发展出版社 2017 年版,第 61 页。
② 参见陈华彬:《设立居住权可以更好地保护弱势群体利益》,载《检察日报》2004 年 2 月 9 日,第 3 版。
③ 参见陈华彬:《人役权制度的构建——兼议我国〈民法典物权编(草案)〉的居住权规定》,载《比较法研究》2019 年第 2 期。

充分发挥居住权的制度功能,有必要作出进一步的修改和完善。

三、民法典物权编中的居住权不可为租赁权所替代

居住权与房屋租赁权都是对他人房屋所享有的使用权,二者具有一定的相似性:一方面,二者在内容上都体现为对他人房屋的使用,而且不论是居住权人还是承租人,都应当按照法律规定以及当事人约定使用他人房屋,未经所有权人同意,不得擅自将房屋出租、转租或对房屋进行约定方式以外的经营性利用。另一方面,二者在效力上都具有一定的对抗第三人的效力。居住权作为物权,具有对抗第三人的效力,即便所有人将房屋所有权转让给他人,居住权也可以对抗受让人;而基于"买卖不破租赁"规则,在租赁合同存续期间内,租赁物所有权发生变动的,租赁物新的权利人也不能随意终止租赁合同,而必须继续履行租赁合同,承租人得以继续享有租赁权,这使租赁权在一定程度上具有了物权效力[1],一些学者甚至将其称为"相对支配权"(das Relative Herrschaftsrecht)。[2] 在租赁权效力强化以后,也越来越具有对抗第三人的效力。[3]

正是因为居住权与房屋租赁权具有上述相似之处,在民法典物权编的编纂过程中,有观点认为,居住权的功能完全可以被租赁权所替代,因而无须在民法典物权编中增设居住权制度。笔者认为,租赁权无法取代居住权制度,主要理由在于:

第一,作为用益物权的居住权是支配权,居住权人对房屋具有较强的支配力,只要不违背法律规定,居住权人完全可以基于生活居住的需要而对房屋进行广泛的正常使用,也即居住权人在利用房屋方面具有很强的自主性。正是因为这一原因,在居住权存续期间内,房屋所有权人的权利在很大程度上处于一种虚化的状态。然而,作为债权的租赁权支配力比较低,尽管承租人在一定程度上能够对租赁物进行占有和使用,但这种占有和使用的权能不仅受到法律限制,还受到出租人意志的严格限制,甚至依附于出租人的意志。例如,如果房屋租赁合同约定租赁的目的是进行

---

[1] 参见王泽鉴:《民法学说与判例研究》(第七册),中国政法大学出版社1998年版,第71页。
[2] 参见王洪亮、张双根、田士永主编:《中德私法研究》(2006年第一卷),北京大学出版社2006年版,"买卖不破租赁"部分。
[3] 参见史尚宽:《债法各论》,中国政法大学出版社2000年版,第222页。

民用居住,那么承租人就只能在约定的期限和条件范围内租赁房屋,不得改变租赁房屋的用途,也不能将租赁房屋转租谋利。两相对比,居住权人对房屋的支配力更强,更符合有居住需求之人的利益。

第二,作为用益物权的居住权是绝对权,必须通过登记设立,这样就可以对抗房屋所有权人之外的任何第三人,能基于物权请求权来保护居住权人的权利。根据《民法典物权编(草案)》(二审稿)第159条之二的规定,设立居住权的,应当向登记机构申请居住权登记。居住权自登记时设立。由此可知,居住权是需要经登记而设立的用益物权,其具有对抗第三人的效力,能最大限度地保护相关当事人的利益。这一结论一定程度上可从目前的司法实务中得到印证。由于《物权法》并未规定居住权,因此,有一些公有住房的居住人及其家庭成员因没有通过登记取得权利,其权利可能难以得到有效保障。为了解决这一问题,实践中一些当事人不得不绕道进行复杂的约定,来保护自己的利益,而这种保障并不可靠。比如,很多父母在将房产赠与子女时,都希望能够在房屋上为自己设定稳定的居住权,若有居住权制度,双方只要到登记机构办理居住权登记即可,无须再费心费力地进行约定。但在民法典物权编增加居住权制度之前,司法实务中,当事人只能靠双方约定来落实这种意愿,但这种约定因为不具有对世性,所以存在不得对抗善意买受人的风险。比如,在"曹春梅等诉曹辉所有权确认纠纷案"中,原告与被告系母子关系,原告将自己所有的住房赠与并过户给被告,约定被告处分房屋时须征得原告同意,且原告对该房屋仍享有居住权,原告随时可以居住;如果不能保证原告居住,原告有权撤销本合同。其后,受赠人违反了赠与合同的约定,法院判决原告可以撤销赠与合同,并获得房屋所有权。① 本案中,当事人双方设立居住权的意思相当明显,但由于缺乏居住权制度,原告只能通过前述约定来保障自己的利益。而这种保障并不可靠,假如本案被告把房子出卖并过户给第三人,前述约定就无法实现,原告将无房可住,而在有居住权制度可用的情况下,无论房屋所有权是否转让,均不影响居住权的实现。显然,在民法典物权编中规定居住权,能最大限度地保护诸如赠与房产给子女的父母的权益。

然而,作为债权的租赁权是相对权,其设立不需要采取登记的方式,除了在买卖不破租赁场合具有对抗效力,其他情形仅能在特定的合同当

---

① 参见天津市北辰区人民法院(2018)津0113民初2403号民事判决书。

事人之间发生效力,不具有对世性,承租人只能对出租人享有租赁权,不能对第三人主张租赁权①,但租赁权人不能享有物权请求权的保护。显然,与租赁权对比来看,法律对居住权的保护强度更大。

第三,作为用益物权的居住权是人役权,以满足居住人生活居住的需要为目的,其既可以以合同的形式设立,也可以以遗嘱的形式设立。就实际情况来看,居住权的设定多是一方为另一方提供的优惠行为,带有浓厚的帮扶性质,一些居住权甚至是无偿设立的,并不需要居住权人支付对价。② 与此不同,租赁权的设立必须基于租赁合同,而租赁合同是一种双务、有偿的法律行为,租赁权的取得必须以支付租金为条件。对比而言,居住权的设立不是市场交易,租赁则是典型的市场交易行为,正是因为这一原因,居住权人的经济负担相对较轻,其所支出的费用通常要低于租金的数额。

第四,作为用益物权的居住权是人役权,附随于特定的权利人而存续,法律不规定其存续的最长期限,其通常是长期权利,甚至可能是为居住权人终身所设定的。因为这一原因,权利人可以对房屋进行必要的装修改善,并且能够长期、稳定地享有这种改善利益。然而,租赁权则不是一项长期、稳定的权利。依据《合同法》第214条第1款的规定,租赁合同的期限不得超过20年,超过20年的,超过部分无效。就住房租赁的实际情况来看,租赁期限通常为1~3年,这种短期性会对承租人对房屋的利用产生重要影响,导致承租人不愿投入改善居住环境,从而影响其生活居住质量。

综上所述,在同样满足生活居住需求的功能之下,与租赁权相比,居住权在整体上能提供对权利人更优的保护,更有利于实现权利人的需求。因为上述原因,不宜认为租赁权能替代居住权。当然,我们也不能因为居住权有前述优势,就主张其可以替代租赁权,因为它们是不同的权利制度,法律构造不同,对权利人而言,相较于租赁权居住权也存在不足之处。比如,基于收益与风险一致的原理,居住权人应当自己负担房屋的修缮等费用。而《合同法》第221条规定:"承租人在租赁物需要维修时可以要求出租人在合理期限内维修。出租人未履行维修义务的,承租人可以自行维修,维修费用由出租人负担。因维修租赁物影响承租人使用的,应当相应减少租金或者延长租期。"法律之所以作出此种规定,是因为租赁权不是一个长期稳定的权利,如果由承租人负担房屋维修费用,一旦租赁合同

---

① 参见吴启宾:《租赁法论》,五南图书出版公司1998年版,第27页。
② 参见温世扬、廖焕国:《人役权制度与中国物权法》,载《时代法学》2004年第5期。

终止,承租人所支付的维修费用等可能难以取回,这样可能会加重承租人的负担。因此,民法典物权编增设居住权,是在租赁之外为解决当事人的生活居住需要提供更多的选择,能更充分保护当事人的实际利益。

需要讨论的是,居住权人能否将房屋出租? 有学者认为,因为在特殊情况下,居住权人居住房屋较大,但其生活可能拮据,因此,应当允许居住权人出租部分房屋以解一时之需,这不仅有利于减轻其生活困难,而且不会损害房屋所有权人的利益。① 笔者认为,居住权人原则上不能将房屋租赁。作为人役权的居住权具有较强的人身依附属性,因而居住权一般不允许转让、继承。一旦允许居住权人将房屋出租,就意味着允许居住权人之外的其他人居住该房屋,这显然有违居住权制度的目的,因为居住权是为了满足特定主体的居住需要,而不是为了使其从中获利。因此,居住权人既不能将房屋出租,也不能将房屋用于生产经营活动,否则就违背了居住权设立的目的。但是在特殊情形下,如果在以房养老的情形,老年人的房屋面积较大,自己居住空间充足,应当允许其将部分房屋进行出租,以获得经济收益。但这种例外应当局限于非基于共同生活关系而产生的居住权场合,在基于共同生活关系而形成的帮扶性质的居住权中,不宜肯定居住权人享有出租房屋的权利。

四、民法典物权编设立居住权不宜限定为无偿方式

如前所述,大陆法系国家和地区居住权是一种人役权,具有无偿性,大多具有家庭成员之间扶危济困的性质,在一定程度上体现了仁慈和慈善的特点。权利人无须为设定人支付相应的对价,我国《民法典物权编(草案)》(二审稿)在设定居住权时也基本采纳了这一特征。因而,草案第160条明确规定,"居住权无偿设立",这就体现了人役权的无偿性。

但是,从我国《民法典物权编(草案)》(二审稿)的规定来看,居住权的设立以无偿性为原则,此种限定可能会影响居住权功能的发挥。事实上,从比较法上看,有的国家和地区立法虽然将无偿性作为居住权设立的基本原则,但也都设置了有偿性的例外。笔者认为,不宜将居住权的设立方式仅限于无偿,主要理由在于:

---

① 参见钱明星:《关于在我国物权法中设置居住权的几个问题》,载《中国法学》2001年第5期。

第一,将居住权的设立严格限定为无偿,并不符合居住权制度的立法目的。如前所述,居住权以实现"居者有其屋"为其立法目标,如果有利于这一目标的实现,则应当鼓励能够实现该目标的居住权形式。居住权作为一种用益物权,其虽然以满足个人的基本居住需要为目的,但并不能认为居住权只能通过无偿的方式设定。如前所述,意定居住权的设立可以通过订立合同的方式进行,根据合同设定用益物权的性质就决定了居住权的设定不可能完全为无偿。当事人设立居住权可以是有偿的,也可以是无偿的,只要是为了满足居住权人的基本居住需要,法律都应当允许。许多情形下,当事人在通过合同的方式设定居住权时,本质上是在从事一种交易行为,不应当将其完全限定为无偿的情形。尤其是在以房养老和完善住房保障体系的目标中,一概将居住权的设立方式限于无偿,显然不符合居住权制度的本旨。

第二,将居住权的设立方式限于无偿,不利于发挥居住权的制度功能,这可能导致居住权的功能单一、适用面过于狭窄。无偿设立的规则将使得居住权的诸多功能无法充分发挥。如前所述,在现代社会,居住权的制度功能已经出现了扩张,内容也在不断丰富和发展,居住权作为一项用益物权,除了能满足个人居住需要,还有顺应以房养老的现实需要等功能,且能够作为住房改革的重要保障。要充分发挥居住权的制度功能,就应当允许当事人自主选择居住权的设立方式。事实上,我国上海等地已经在进行以房养老试点工作,并且出台了一系列文件,如果立法再规定无偿设立居住权,则可能与以房养老的模式相违背。因此,作为用益物权的居住权,本身也是所有权人利用自己财产的一种方式,允许以有偿的方式设定居住权可以确保所有权人的财产得到最为充分的利用。

第三,将居住权的设立方式限于无偿,也难以满足现实需要。从比较法上看,德国法上的居住权原则上是无偿的,但可通过债务契约的有偿特约(die Schuldvertragliche Entgeltabrede)或阶段性的长期类租金之债(die periodisch wiederkehrende mietzinsähnliche Leistungen)来约定为有偿。有偿之支付义务并非物权之内容,但支付可成为居住权设定之条件(die Bedingung)[1],此种经验值得我们借鉴。从我国司法实践来看,在有些情形下,当事人可能更愿意通过有偿的方式设定居住权,一方面可以从居住权的设定中获得收益,另一方面又可以为居住人提供居住场所,也可能提

---

[1] MüKoBGB/Mohr, 7. Aufl., 2017, BGB § 1093, Rn. 7.

升所有权人设定居住权的意愿。这种可以选择有偿或无偿的方式,可以为所有权人提供更多的选择途径来设定居住权。例如,在前述以房养老的情形,老年人将房屋所有权移转给相关金融机构,由金融机构在该房屋上为老年人设定居住权,并定期支付老年人一定数额的金钱,如果将居住权的设立方式完全限定为无偿,则可能使得此种以房养老的模式难以运行。因此,将居住权的设立方式限于无偿,表面上有利于保障居住权人的利益,但事实上难以对居住权人提供最大限度的保护,难以满足现实需要。

笔者认为,《民法典物权编(草案)》(二审稿)将居住权设立方式限定为无偿是值得商榷的。《民法典物权编(草案)》(二审稿)有必要从两方面对居住权作出进一步的完善:一是删除有关居住权的设立必须无偿的规则,即允许居住权的设立既可以是无偿的也可以是有偿的。二是在不删除该规则的前提下,可通过特别约定的方式来变通这一规则。《民法典物权编(草案)》(二审稿)第 160 条规定,居住权无偿设立,不得转让、继承。设立居住权的住宅不得出租,但是当事人另有约定的除外。从该规定来看,只是对"设立居住权的住宅不得出租"的规定可以由当事人另行约定,对无偿设定的规则不允许另行约定,这显然是欠妥当的。建议针对居住权的无偿设定也允许由当事人作出特别约定。

五、结　语

在现代社会,住房不仅仅是公民的基本财产,也是公民基本的生活资料,它是保障个人生存权所必需的财产。"住有所居"问题可以说是当代社会极为重要的政治、经济和社会问题,解决这个问题不仅有利于维护社会稳定,满足公民基本生活需要,而且有利于保障公民的基本人权,而居住权制度对于有效解决这个问题具有重要的推动作用。作为一项源自罗马法并被域外民法普遍规定的古老制度,居住权是房屋所有权实现的一种方式,其生命力不仅经过了历史的检验,对于解决我国诸多与住房相关的现实问题也有相当的价值。由于《民法典物权编(草案)》(二审稿)将居住权定位为用益物权中的人役权类型,相关规则过度地受到传统人役权的影响和限制,从而使该制度的作用被削弱。因此,有必要突破传统人役权的界限,对该制度进行必要的改造和重构,"旧瓶装新酒",使其为制度目的的实现提供必要的保障。

民法典物权编设立典权的必要性[*]

典权制度是我国特有的一项法律制度。从语义上看,"典权"有广义和狭义两种解释,广义的典权既包括不动产典权也包括动产典权,民间所用的典当、典质等,其实都是从广义上来理解典权的。而狭义的典权则限于不动产典权,它是指典权人支付典价而占有出典人的不动产,并对其进行使用和收益的权利。从我国颁行的有关政策、法规及司法解释来看,其所认可的典权一般是指狭义的典权。典权是我国习惯法所固有的一种物权类型,为我国所独有。民国时期,《中华民国民法典》第三编第八章专门规定了典权制度。中华人民共和国成立后,我国实践中虽然存在典权制度,有关司法解释也对其作出了规定,但从整体上看,典权的适用范围仍然较为狭窄。在当前的民法典编纂中,是否有必要规定典权值得进一步探讨。针对典权设置的必要性,本文拟对此谈几点看法。

一、典权设置的必要性之一:弘扬传统法律文化

典权是一项非常古老的制度,但在唐代以前,典、当不分,典主要是指动产质权。一般认为,典权起源于唐代中叶。《旧唐书》卷140记载:"节度使姚南仲先寓居郑州,典质良田数顷。"其中所说的"典质良田"即指不动产典权,这表明,在唐朝,典权已广泛运用于社会生活之中。至宋朝时,典卖已经被作为一项具体的制度加以规定,在《宋刑统·杂律》中,有田宅典卖的最长期限为30年的规定,而在《宋刑统·户婚律》中还有关于禁止"一物再典"的规定。① 在清律中也专门就田宅典卖作出了规定。② 例如,《清律田宅门典卖条律》规定,如果出卖田宅,则所有权转移,不许回赎;而典则有一定期限,允许业主于期限届满时回赎。1930年民法物权编正式

---

* 原载《法治研究》2019年第6期,原标题为《物权编设立典权的必要性》。
① 参见屈茂辉:《用益物权论:源流分析·制度比较·立法思考》,湖南人民出版社1999年版,第187页。
② 参见屠景山:《民法物权原论》,世界书局1930年版,第112页。

确立了典权制度。我国台湾地区"民法"对典权制度作出了规定。2010年,我国台湾地区"民法"物权编修订时,于第911条规定"称典权者,谓支付典价占有他人之不动产,而为使用及收益之权",并设专章对典权作出了规定。有学者认为,这种做法是对传统的妥协,但相反的观点则认为,这是对中国传统习惯法的"理智认同"①。作为一项历史悠久的制度,典权还影响了我们的邻国。例如,韩国民法中的传贳权制度就被认为是因受到我国典权制度的影响而产生的。②

中华人民共和国成立以后,废除了国民党"六法",但并没有完全废除典权制度,当然,自从土地实行公有制以后,典权的标的限于房屋而不包括土地。20世纪50年代,有关政策也规定了典权制度。③ 1984年,最高人民法院《关于贯彻执行民事政策法律若干问题的意见》(已失效)第58条第1款中规定,对法律、政策允许范围内的房屋典当关系,应当承认。《民通意见》第120条亦规定:"在房屋出典期间或者典期届满时,当事人之间约定延长典期或者增减典价的,应当准许……"该条将典权的标的限于房屋,由于禁止公有房屋的买卖和流通,因此,典权的标的限于私有房屋。虽然该条所规定的典权的适用范围十分有限,但典权制度仍有其存在的必要性,因为随着我国经济体制改革的推进和房地产市场的发展,商品房将大量进入市场,这将极大地拓宽典权的适用范围。同时,由于土地使用权交易市场的发展,土地使用权也可以成为典权的标的。尤其应当看到,随着交易实践的发展,也要求融资的方式多样化,典权可以在保留所有权的前提下进行融资,可以为当事人融资提供更多的选择。当然,此种方式对出典人并不十分有利。总之,从今后的发展需要看,典权的适用范围将逐渐扩大。

与其他物权相比,典权具有如下法律特征:

第一,典权是支付典价而设定的物权。典权人只有将典价支付给出典人,才能取得对出典人不动产的占有和使用权。就典价的性质而言,其

---

① 参见刘云生:《中国古代契约法》,西南师范大学出版社2000年版,第28页。
② 参见杨与龄:《有关典权之几项争议》,载苏永钦主编:《民法物权争议问题研究》,清华大学出版社2004年版,第212页。
③ 例如,1950年9月中央内务部颁发的《关于土地改革地区典当土地房屋问题的处理意见(草案)》明确提及典权标的为土地、房屋;1952年7月最高人民法院、财政部、司法部联合发布的《关于同意西南财政部规定的房地产典期满后逾越十年未经回赎得申请产权登记的意见的联合通令》中所指的典权标的是指房地产。土地实现公有化以后,有关法规和司法解释将典权的标的均限定为房屋。

究竟是典物的价款、融资贷款还是租金,对此学界有不同看法。笔者认为,典价本身并非标的物的价款,但是,它又是典权人获得典物并使用、收益的对价。典权人获得典物并使用、收益,需要支付一定的典价,以此弥补出典人因丧失对典物的占有、使用所导致的经济损失。出典人获得典价,而不向典权人支付利息,从这个意义上讲,典价具有对价的性质。对于出典人而言,由于其将不动产出典,主要是为了在保留所有权的前提下筹措一定的现款,所以典价又具有融资贷款的性质。

第二,典权需要移转占有。当事人设立典权的目的之一就是,典权人需要占有典物,从而进行使用、收益。因而,必须移转占有才能实现这一目的,如果不能移转占有,典权的设立目的就会落空。因此,典物的移转占有,就是典权设立的要件。出典人应当将典物的占有移转给典权人。当然,在特殊情况下,当事人也可以约定不移转典物的占有。①

第三,出典人并不丧失对典物的所有权。出典人之所以设立典权,是因为其一时急需,但是,出典人并不希望转让其所有权。因此,在出典期间,典物的所有权并不发生移转,仍然为出典人所有。正是因为这一原因,在典权到期之后,出典人可以回赎典物。所谓回赎,是指出典人在典权期限届满之时,有权回赎典物。对典权的期限原则上由当事人自由约定,如果典期届满后典权人不予回赎,则一般视为"绝卖"。

第四,典权人对典物享有使用、收益权。典权成立后,典权人有权对典物进行使用和收益,这也是典权人取得典权的主要目的。典权人对典物的使用、收益范围较为广泛,其还可以将典物出租或者转典。可见,典权是一种独立的权利,而非从权利。典权人对典物有权使用、收益而不付租金。当然,租期必须在原典期以内。另外,典权人使用、收益出典人的房屋,不得侵害出典人的利益。

如果追溯到唐朝,典权在我国已有一千多年的历史。这一古老的制度能否在今天继续发挥其作用,对此,学界一直存在争议。在我国民法典编纂中,有学者提出,支撑典权存在的法律文化传统已经发生变迁,因而没有必要将典权纳入民法典。笔者认为,我国民法典不仅要注重吸收域外的经验,还应当注重总结历史传统,并实现传统的现代化改造。典权既然是我国历史上独有,已经构成我国传统文化的组成部分。在我国民法典编纂中,应当通过"旧瓶装新酒"的方式,使其焕发出新的生机与活力。

---

① 参见郑玉波:《民法物权》(第二卷),三民书局1992年版,第142页。

诚如梁治平先生所言,"传统不仅仅是历史上曾经存在的过去,同时也是历史地存在的现在"①。典权制度作为传统法律文化的组成部分,至少在如下方面符合中国的民族文化生活:一方面,典权符合中国人不变卖祖产的传统孝道观念。中国的传统历来认为"穷家不舍、故土难离"。因为祖产凝聚着前人的心血,寄托着对前人的追思和记忆,因此,祖产虽破,不可随意变卖,否则为不孝子孙。典权的产生根源在于出典人在寻求资金周转时不愿轻易转移祖产田宅的所有权,从而使个人可以在保留不动产所有权的前提下获得融资。这一制度满足了债务人不愿意变卖祖产、离乡不离土的心理,也有利于在不变卖祖产的前提下发挥房屋的融资功能。现代社会,虽然房屋交易已经司空见惯,变卖祖产不再和"败家"紧密联系在一起,但房子仍然是当下中国人的一个重要的情结②,尤其是在广大农村,虽然农民因外出打工等原因而离家,但保有祖产的观念仍然是根深蒂固的。由于典权的设立不移转所有权,所以,典权制度深刻反映出中华传统的家本位思想和孝文化。③ 另一方面,典权制度具有济贫扶弱、相互帮扶的功能。在出典人和典权人之间,通常不是发生在银行等金融机构为一方当事人的借贷关系之中,往往是发生在熟人之间的交易,当事人之间设立典权往往包含了互助的意思。出典人因经济上的急需,需要通过出典而获得典价,以解燃眉之急,由于回赎制度的存在,可以在符合回赎条件的情况下,不失去典物的所有权,这对于帮助经济上的弱势群体具有重要的意义。这也充分体现了实现社会和谐均衡的"均平"经济思想和扶贫济弱的传统道德观念④,也是中国传统文化中济贫扶弱等社会正义观的体现。⑤

"只有最民族化的民法典才是最有生命力的民法典。"⑥从保持我国传统法律文化和民族习惯的角度出发,有必要在法律上承认典权制度。

---

① 梁治平:《法辨——法律文化论集》,广西师范大学出版社2015年版,第4页。
② 参见连光阳:《典权入典的体系归属与制度设计》,载《湘潭大学学报(哲学社会科学版)》2019年第4期。
③ 参见石佳友:《民法典编纂与法律传统的承继——以典权的命运为例》,载微信公众号"中国法律评论"(https://mp.weixin.qq.com/s?src=11&timestamp=1592214630&ver=2401&signature=xI85lc-OYxi4LwFpztlJSWzE682GUvTrQV-LtBGH0t1Okeea8VvHLoQKJXrDlAzAoO8pVcznNyZUKEnXXnOzJqIhvdnUoAFhGinayE9U7X5YN1bG1S2cy8qzXYAgXNFp&new=1),访问日期:2019年4月27日。
④ 参见赵晓舒:《民法典编纂中典权的困境与激活》,载《法学论坛》2019年第1期。
⑤ 参见石佳友:《民法典与社会转型》,中国人民大学出版社2018年版,第34页。
⑥ 〔美〕黄宗智:《清代以来民事法律的表达与实践:历史、理论与现实》(卷三),法律出版社2014年版,第45页。

它会随着民众的生活需要和社会变迁而呈现出新的生机和活力,而不会走向消亡。

二、典权设置的必要性之二:借助典权制度推进不动产制度改革

我国民法典之所以需要规定典权制度,也是由典权所具有的独特制度功能所决定的。要准确认识典权的制度功能,首先需要明确典权的性质。典权究竟属于何种性质的物权,学术界一直存在分歧,归纳起来主要有用益物权说、担保物权说和兼具用益物权和担保物权说三种观点。应当承认,无论是用益物权说还是担保物权说都不能全面概括典权的性质和功能,双重权利说显然更为妥当,也就是说,典权兼具用益物权和担保物权的性质。

一是典权具有用益物权的性质。典权具有用益物权的性质,因为典权的主要特点在于,典权人可以占有他人的不动产并进行使用、收益。从典权的性质上说,典权是指典权人支付典价,占有出典人的不动产,并对其进行使用、收益的权利。其重要特征在于:一方面,典权设立以后,出典人应当将典物移转给典权人占有。另一方面,典权人可以无偿对典物进行使用、收益,而不需要向出典人支付租金。此外,典权人还可以将典物用于相关的生产和经营活动,这显然是抵押权、质权等担保物权所不具有的特点,因为抵押权人、质权人无权对标的物进行使用、收益。如果设定抵押权,则并不移转标的物的占有。① 即使当事人特别约定移转标的物的占有,抵押权人也无权对抵押物进行使用、收益,即抵押权人并不享有对抵押物的用益权。②

二是典权具有担保物权的功能。典权具有担保物权的特点,因为出典人将典物出典给典权人,目的是为了获得典价,而在典期届满以后,要将典物回赎,回赎具有清偿债务的性质,而典权的设置具有担保的功能。③虽然典价往往低于典物的真实价值,但却可以在不移转所有权的情况下将其占有移转给出典人使用,以获得融资。从这个意义上说,移转典物的占有具有一定的担保功能。而且典权人之所以接受支付典价而不取得典

---

① 参见《担保法》第33条、第34条。
② 郑玉波:《民法物权》(第二卷),三民书局1986年版,第139页。
③ 参见董开军:《债权担保》,黑龙江人民出版社1995年版,第267页。

物的所有权,也是出于对典物可以进行担保的考量。① 因而,典权的担保功能是不能被否认的。正如我国台湾地区学者史尚宽所指出的,如果将典权作为纯粹的用益物权,则很难解释回赎权,因为如果以典价作为设定典权的对价,那么典权消灭时,应该没有返还对价的义务,所以于回赎时令出典人返还典价,实际上具有清偿债务的性质,典权的设置就是为了担保典价的返还。② 我国历史上一直不存在抵押权制度,而典权制度确实起到了不动产担保物权的功能,即使在现代社会,民间运用出典方式主要是为了融通资金而出典田屋,因此,其确实具有借贷担保的作用。③

总之,笔者认为,典权在性质上具有双重性,这也是典权制度功能的独特之处。一方面,由于典权是我国习惯法上的物权类型,典权制度可以在不转让祖产所有权的情况下,发挥物尽其用的效力,有效地对不动产的交换价值和使用价值进行利用。另一方面,长期以来典权为我国社会生活习惯所接受和认可,在资金融通中发挥了独特的作用。当然,典权的功能并不限于担保,其在功能上具有独特性。事实上,如果仅将典权作为一种担保方式,则其可以被抵押权等担保物权所替代,尤其是随着抵押权制度的产生和发展,典权制度的担保作用已逐渐弱化。如果典权人设立典权的目的是为了保证典价的收回,则其在占有出典人不动产的同时也负担管理、维护的义务,并应负担典物因不可抗力而损毁的风险。同时,较之于不动产的抵押方式,因为出典人将要移转对典物的占有,无法再对典物进行使用、收益。相反,这种权利移转给了典权人,这对于出典人来说,无疑是一种损失。因此,不宜仅从担保的角度理解典权制度,典权制度所具有的对标的物进行使用、收益等功能,是抵押权等担保物权所无法替代的。所以我国民法典物权编应当承认典权制度,以充分体现我国物权立法的中国特色。

在我国台湾地区,不少学者认为,典权制度适用较少,目前登记的仅有千余件,因而,典权可以被抵押权或其他用益物权所替代。④ 但笔者认为,将典权纳入民法典物权编,确认其物权属性,明晰其权利义务关系内容,对于完善物权法体系、便利民事主体的交易实践活动、统一裁判规则均有重要意义。一方面,典权制度的引入,有利于完善我国现行物权体

---

① 参见柳经纬主编:《物权法》(二版),厦门大学出版社2008年版,第212页。
② 参见史尚宽:《物权法论》,中国政法大学出版社2000年版,第392页。
③ 参见郑玉波主编:《民法物权论文选辑》(下),五南图书出版公司1984年版,第981页。
④ 参见廖蕙玟:《民法物权新修正(二):典权修正之评释》,载《月旦法学杂志》2010年第180期。

系,从而弥补现行物权体系的空白,并最终形成移转动产占有的物权、不移转动产占有的物权、移转不动产占有的物权和不移转不动产占有的物权,形成一个逻辑周延、内容全面的物权体系。① 另一方面,典权制度的引入也有利于便利民事主体的交易活动。典权制度的引入可以增加新的交易和融资途径,为当事人从事融资提供更多选择方案。② 在我国物权法实行严格的法定主义的模式下,典权制度的引入不仅可以为当事人提供更多物权模式选择,缓解物权法定的僵化性,体现对当事人意思自治的尊重和保障,而且可以有效降低当事人的交易成本。此外,典权制度的引入也有利于统一典权法律规范的适用。法官在处理典权纠纷时,由于立法的缺失,往往难以准确界定当事人之间法律关系的性质,在裁判时也不存在统一的法律依据,在增加裁判者裁判负担的同时,也会影响司法裁判的统一性,而典权制度的引入无疑可以为解决该问题提供有效的制度支持。

诚然,在废除了土地私有制以后,以土地所有权为标的的典权在我国已不再存在,但这并不意味着典权已经被取消。事实上,典权不仅可以为民众之间融资借款提供更多选择,而且在推进我国不动产制度改革方面仍然具有其独特的适用价值,具体而言:

第一,典权可以为农民住房财产权改革提供手段。《中共中央关于全面深化改革若干重大问题的决定》提出,"选择若干试点,慎重稳妥推进农民住房财产权抵押、担保、转让,探索农民增加财产性收入渠道"。而典权制度本身可以成为农民住房财产权改革的重要方式。因为一方面,在我国广大农村,许多农民将其积蓄用于建造房屋,包括翻建、翻修。房屋仍然是农民的重要财产。但是,因为农民外出务工、城镇化的推进等,农民到城镇生活也比较普遍。但是,农民并不愿意变卖其在农村的房屋,这就使得房屋长期闲置,既不能发挥使用价值,也不能发挥其交换价值。甚至房屋长期无人居住、维修,导致房屋的毁损。如果采用典权的方式,就可以将房屋在不转移所有权的前提下,典给一些城镇的退休职工长期居住,或者典给一些经营主体作为民宿、农家乐等,从而有效发挥房屋的作用。另一方面,通过出典,可以开辟一个增加农民财产性收入的渠道。通过出典的方式,可以避免房屋的长期闲置。

---

① 参见米健:《典权制度的比较研究——以德国担保用益和法、意不动产质为比较考察对象》,载《政法论坛》2001年第4期。

② 参见梁慧星(课题组负责人):《中国民法典草案建议稿附理由·物权编》,法律出版社2004年版,第294—295页。

第二,典权可以为农村宅基地制度的改革提供新的手段。《中共中央关于全面深化改革若干重大问题的决定》提出,"保障农户宅基地用益物权,改革完善农村宅基地制度"。农村宅基地改革中最大的障碍是,宅基地本身具有社会福利的性质,是为了解决农民的居住问题。所以,现行法规定,宅基地之上的房屋只能在本集体经济组织成员之间流转,而不能移转给本集体经济组织之外的主体。可见,宅基地使用权的流转是受到严格限制的。在这一背景下,农村房屋的担保功能受到极大的限制,尤其是在担保物权的实现方面受到很大的制约。即使允许农民房屋抵押,则在抵押权实现时,一旦允许本集体经济组织成员以外的主体购买该房屋,则可能导致宅基地使用权移转给本集体经济组织成员以外的主体,这就改变了宅基地的社会福利性质。而引入典权制度,并不会导致典物所有权的流转。即便出典人到期不能回赎,也可以通过对宅基地使用权及其上房屋进行强制管理的方式,通过管理所得的收益来补偿典权人的典价,这就可以在不改变宅基地使用权权利主体的前提下,实现宅基地使用权的融资和使用收益。当然,未来也可以考虑,在引入典权制度之后,可以赋予典权人对特定区域内的房屋进行统一的专业化管理,这也有助于提高管理的专业性,改善农民的居住环境,有力助推新农村建设。

第三,典权可以成为农地流转的一种方式。我国现行《农村土地承包法》已经确立了三权分置的改革,其主旨目标是,在保障农民不丧失承包经营权的基础上,放开经营权的流转,更大程度上发挥农地的流转功能。典权可以成为农地改革的一种方式。一方面,典权可以确保农地使用权不发生变动,在农民不失去土地、宅基地的前提下进行流转,这和农地改革的目标是一致的。另一方面,典权人可以获得对土地的广泛的使用收益权,这一权利较之于经营权更为宽泛。典权人不仅可以自己使用农地,而且可以通过出租等方式转给他人使用。由于典权人可以获得长期稳定的对农村土地或者宅基地的使用和收益,因此,其可以对土地进行长久的投资和经营。还应当看到,对于出典人(即农民)而言,其获得的典价可以用于其他领域的生产或投资,而回赎机制可给予农民缓冲机会或起到保障作用[1],此种制度设计将有助于解决土地经营权存在的融资难问题。

还应当看到,典权的设置并不仅仅适用于农村,在城镇房屋和保障性住房方面也有广阔的适用空间。随着人口流动的加剧,城镇居民也可能

---

[1] 参见龙登高、温方方:《论中国传统典权交易的回赎机制——基于清华馆藏山西契约的研究》,载《经济科学》2014年第5期。

因为各种原因而无法利用自己的房屋,但也没有必要将房屋长期闲置。尤其是房屋所有人可能急需融资以解燃眉之急。在此情况下,其可以通过设立典权将闲置房产用来融资,同时可以保留不动产所有权,以备将来不时之需,又可以物尽其用,充分发挥物的使用价值。[1] 另外,就城镇保障性住房改革来说,这一制度也可以发挥一定的作用。例如,国家在建设完保障性住房之后,其可以以出典人的身份将房屋出典给需要者,需要者支付一定的价款获得具有典权性质的使用和收益权。因为典权是物权,可以实现对需要者的更强保障。在设定的期限或相应条件成就时,国家可以行使回赎权,以确保保障性住房的"专房专用"[2],充分发挥其保障功能。迄今为止,我国虽然在保障性住房方面推进了一系列政策措施,但是并没有充分利用典权等私法中的物权制度来实现公共政策的功能,从而在一定程度上限制了保障性住房的功能发挥。

问题的关键在于,在设立典权的情形,如果出典人到期无法回赎,典物是否可以直接归典权人所有？ 传统的典权制度历来承认出典人享有回赎权,即出典人在典期届满时,有权回赎典物。如果出典人到期不回赎,根据1984年最高人民法院《关于贯彻执行民事政策法律若干问题的意见》(已失效)第58条的规定,典期届满逾期10年或者典契未载明期限经过30年未赎的,原则上应视为绝卖。由此可见,我国相关司法解释也承认到期不回赎,视为绝卖。而一旦发生绝卖的后果,也会使典权人在不经过拍卖、变卖等程序的情形下取得典物的所有权,这也可能在一定程度上损害处于经济上弱势地位一方的出典人的利益。为了防止典权人利用其优势地位,过分损害出典人的权益,有必要在确认典权制度的同时,规定典权人负有对到期不回赎的典物,应当继续给予出典人合理的宽限期,以充分保障出典人的利益。

三、典权设置的必要性之三:典权不能为现有担保物权所代替

在我国物权法制定过程中,反对承认典权制度的一个重要理由在于,典权与抵押权和不动产质权极为相似,可以用后两种制度代替典权。笔

---

[1] 参见赵晓舒:《民法典编纂中典权的困境与激活》,载《法学论坛》2019年第1期。
[2] 参见李显冬、金丽娜、倪淑颖:《农村土地流转与典权之扬弃》,载《国土资源情报》2016年第6期。

者认为,典权作为一种物权类型,其在性质上与抵押权和质权存在明显区别,不能为后者所代替。对此,有必要分别予以探讨。

(一) 典权无法被抵押权替代

抵押权是指债权人对于债务人或者第三人不移转占有而提供担保的财产,在债务人不履行债务时,依法享有的就担保财产变价并优先受偿的权利。一些学者认为,在现代社会,融资的主要途径是通过向金融机构借款,由于民间融资渠道有限,而抵押可以通过一定的公示方法,公开透明地展示财产上的权属状况,能够有效担保债权的实现,因此,此种融资必然伴随着抵押等形式。通过典权制度获得融资的功能完全可以通过抵押权制度获得实现,因而无须另行规定典权。①

笔者认为,此种观点不无道理,但值得商榷。尽管在现代社会,融资活动主要需要借助于抵押权,且从融资的角度看,典权的确有与抵押权类似的功能,但典权具有不同于抵押权的特点,无法被抵押制度完全替代,主要理由在于:

第一,抵押权人无法利用抵押物。在设立抵押权的情形,抵押物仍由抵押人继续占有,抵押权人无法对抵押物进行使用、收益;而在设立典权的情形,典物将发生占有的移转,即出典人不再占有典物,而应当由典权人行使对典物的占有、使用和收益权。因此,典权不仅具有担保功能,而且具有使用、收益功能,甚至典权人设立典权的主要目的是为了对典物进行使用、收益。例如,某人的房屋暂时闲置(如公民因为出国留学,房屋空闲),该公民以其房屋设立抵押,房屋仍然由自己占有,抵押权人无法占有、使用该房屋,这可能造成房屋的闲置,而如果在该房屋之上设立典权,由典权人行使对该房屋的占有、使用和收益权,这就能够充分发挥对该房屋的利用效率。需要指出的是,虽然抵押权人也可以和抵押人订立租赁合同,实现对抵押物的使用、收益,但租赁权仍然属于债权,法律上无法实现对典权人用益的更强保障。

第二,抵押权的实现可能导致抵押物所有权的丧失。例如,在房屋抵押的情形,债务到期后,如果债务人无法清偿债务,则抵押权人有权通过拍卖、变卖等方式处分抵押财产,以实现其抵押权。而在设立典权的情况下,出典人享有回赎权,也就是说,只要出典人没有抛弃回赎权,典物的所有权就不会发生移转。虽然在典权中也可能存在因绝卖而导致典物所有

---

① 参见于海涌、马栩生主编:《物权法》(第四版),中山大学出版社2013年版,第183页。

权移转,但由于绝卖的期限较长,甚至达到 30 年,因此,典权中发生典物所有权移转的概率较小。可见,典权的设定能够使所有人继续保持对房屋的所有权,这是抵押权制度所不能代替的。从实践来看,出典人之所以设定典权,大多是出于融资的需要,其并不愿意转让典物的所有权,此时,如果采用抵押的方式,一旦其到期无法偿还借款,房屋所有权将很可能因抵押权的实现而发生移转。

第三,抵押权是从权利,其存在必须以主债权的存在为前提,主债权无效或者被撤销,抵押权也随之消灭。抵押权是为了担保债权的存在而设立的,具有从属性,不得进行单独处分。但典权作为一项主权利,并不以主债权的存在为前提,它是一种独立的用益物权类型,可以进行抵押、转典等处分。正如郑玉波先生所指出的:"虽典权人对出典人亦有一定金额的支付,但此种给付乃典权之对价,并非缔结借贷契约,以作成一债权,而非以典物为担保,故斯须给付不曰借款,而名为典价;出典人之回赎,不曰清偿债务,而曰回赎典物。"①

第四,抵押制度并不具有维护、保存抵押财产经济价值的功能。抵押权本身并不需要抵押财产的占有,抵押权人只是支配抵押财产的交换价值,并不负有维护、保管抵押物的义务,而且在抵押财产有毁损的风险时,抵押权人也不负有维修的义务。但是对典权而言,例如,房屋出典人常常因为各种原因使房屋闲置,但出典人通常又不便实际占有房屋(如农民外出打工,导致房屋长期闲置),通过设立典权的方式,可以移转占有,使典权人实际占有该房屋,同时典权人也要对出典的房屋承担管理、维护的义务,并应负典物因不可抗力而毁损、灭失的风险。正是因为典权人负有维护、保存典物的义务,也解决了出典人不便维护出典物的需求。

此外,相对于抵押设定而言,典权的设定方式较为灵活,而且在实现方式上,典权人在最终实现典物的担保功能时更为简便。但不动产抵押权的设定通常需要办理登记手续,在抵押权实现时,抵押权人需要通过折价、拍卖、变卖等方式实现担保物权,即抵押权须将标的物变换价金,才能从中优先受偿,较之于典权的"放弃回赎""绝卖"等方式,抵押权实现的程序更为烦琐。②

---

① 郑玉波:《民法物权》(第二卷),三民书局1986年版,第139页。
② 参见崔建远:《民法分则物权编立法研究》,载《中国法学》2017年第2期;温世扬:《从〈物权法〉到"物权编"——我国用益物权制度的完善》,载《法律科学(西北政法大学学报)》2018年第6期。

(二) 典权不同于不动产质权

所谓不动产质权,是以不动产为标的所设定的质权。① 德国法上,"不动产质权就是对不动产的物上变价权,即当约定的价金未得到自愿支付时,权利人以强制拍卖或者强制管理的方式处置该不动产并从所获得的收益中受偿"②。受德国法影响,《日本民法典》明确规定了不动产质。③ 清末变法时,清政府聘请日本学者志田钾太郎和松冈义正等制定民法典,受聘的日本学者认为,中国的典权与日本不动产质权相同,因此,民法典只需要规定不动产质权,而不必单独规定典权,后学者发现典权不同于不动产质权,其并非纯粹的担保物权④,因而,在第二次起草民律草案时,在草案中专门规定了典权制度。⑤

在我国物权法制定过程中,也有学者认为,由于典权与不动产质权在渊源、实质、功能及效果上基本上是相同的,因此,我国的典权与德国的担保用益或利用质押,以及法国与意大利的不动产质权虽然形式不同,但功能基本一致,因而在规定典权之后,不必规定不动产质权。⑥ 也有学者认为,可以考虑规定不动产质权,但不再规定典权。关于我国未来物权编是否有必要规定不动产质权,暂不做探讨,笔者认为,典权不同于不动产质权,二者的主要区别表现在:

第一,是否具有从属性不同。不动产质权在性质上属于担保物权,它以担保债权为目的,确保债权人金钱债权的实现,因此,此种权利在性质上是从权利,其从属于主债权。而典权以使用收益典物为目的,它是一项独立的物权,并不从属于其他权利。

第二,是否支付对价不同。由于不动产质权本质上是一种担保物权,因此其设立并不需要支付对价。但是典权兼具担保和用益的功能,在设置上往往需要支付典价作为对价。通常典价就是取得典权的代价。⑦ 另

---

① 参见《日本民法典》第 356 条、《法国民法典》第 2091 条。
② 〔德〕曼弗雷德·沃尔夫:《物权法》,吴越、李大雪译,法律出版社 2002 年版,第 358 页。
③ 参见《日本民法典》第 356—361 条。
④ 参见屈茂辉:《用益物权论:源流分析·制度比较·立法思考》,湖南人民出版社 1999 年版,第 188 页。
⑤ 参见王泽鉴:《民法物权》(第二册),中国政法大学出版社 2001 年版,第 102 页。
⑥ 参见米健:《典权制度的比较研究——以德国担保用益和法、意不动产质为比较考察对象》,载《政法论坛》2001 年第 4 期。
⑦ 参见屈茂辉:《用益物权论:源流分析·制度比较·立法思考》,湖南人民出版社 1999 年版,第 188 页。

外,在不动产质权中,出质人对于原债务仍负有责任。如果质物的价格因各种原因降低,不足以清偿债务时,出质人仍负有清偿责任。而典权人则不负有此种义务。①

第三,权利是否可以使用、收益不同。不动产质权本质上是一种担保物权,因而不具有使用和收益的权能。不动产质权人仅得依质物的原有使用方法为使用、收益,不得擅自改变用途或者设定抵押。② 对典权而言,典权人在不损害典物的性状之范围内,得为自由使用和收益,甚至可改变典物的用途,也可以将典物出租或者设定抵押。

第四,是否适用禁止流质规则不同。在不动产质权中,出于对出质人的保护考虑,一般禁止流质的约定。而在典权的实现中,如果出典人放弃对于典物的回赎,则可以由典权人获得典物的所有权。

第五,权利的实现方式不同。在不动产质权关系中,质权人只能请求债务人或出质人清偿债务,而无权取得质物的所有权。如果债务人不能清偿债务,质权人只能将质物拍卖,就卖得的价金优先受偿。③ 所以,在德国法中,不动产质权是一种变价权。④ 但对典权而言,并不存在变价的问题,在典权关系中,出典人就典物享有回赎的权利。如果到期不能回赎,典物将归典权人所有。

此外,出典人大多是经济上的弱者,若典物价值减少时,他可以抛弃回赎权;若典物价值上涨时,如无能力回赎,其享有找贴的权利,这也符合几千年来我国民众所遵循的扶危济贫的道德观念。

应当看到,典权兼具用益物权与担保物权的色彩,虽然典权人可以对典物进行使用、收益,但从当事人设立典权的目的来看,其主要是为了满足融资的需要,典物主要起到一种担保的作用,正是因为这一原因,我国台湾地区"民法"将其规定在担保物权部分。笔者认为,将典权规定在担保物权部分,并无不可,但鉴于典权人设立典权的目的可能在于对典物进行使用、收益,也可以考虑将其规定在用益物权部分。

---

① 参见史尚宽:《物权法论》,荣泰印书馆1957年版,第393页。
② 参见刘保玉、陈龙业、张珍宝:《典权、传贳权、不动产质权之比较——兼论中国物权法上规定典权的必要性》,载渠涛主编:《中日民商法研究》(第四卷),法律出版社2006年,第142页。
③ 参见郑玉波主编:《民法物权论文选辑》(下),五南图书出版公司1984年版,第994页。
④ 参见〔德〕曼弗雷德·沃尔夫:《物权法》,吴越、李大雪译,法律出版社2002年版,第358页。

四、典权设置的必要性之四：典权不能完全通过债权实现

(一) 典权不同于"买回"

应当看到，在典权设立后，出典人保有回赎的权利，而回赎类似于当事人之间关于买回的特约。所谓"买回"，是指在不动产买卖合同中，双方附有买回的特别规定，到一定期限以后，出卖人按照约定的价金买回其所出卖的不动产。买回虽然与典权制度中的回赎权具有一定的相似性，但笔者认为，买回无法代替典权中的回赎，主要理由在于：

第一，在典权中，出典后，典权人虽然可以取得对典物的使用、收益权，但并不会导致典物所有权的移转。而在附买回条件的买卖中，将导致标的物所有权的移转，而出卖人依据约定所享有的买回权只是一项债权。这就是说，在出卖人行使买回权之前，标的物所有权已移转给买受人，出卖人买回标的物在性质上是重新取得标的物所有权。[1] 所以，以买回代替典权中的回赎，并不利于保护出典人的利益。

第二，典权在性质上属于物权，可以对抗第三人。在典权关系中，出典人所享有的回赎权在性质上是一项法定权利，而非当事人所约定的权利。出典人行使回赎权并不是为了取得典物的所有权，而是为了消除典权对典物所有权的限制。而买回权在性质上则是一种债权，只能在当事人之间发生效力，而不能对抗第三人，买回权在性质上是当事人所约定的权利，而非一项法定权利。[2] 如果以买回代替典权中的回赎，实际上将出典人的物权转化为债权，这显然会弱化对出典人的保护。

(二) 典权不同于租赁

租赁是指当事人一方(出租人)将自己的财产交付他方(承租人)使用，他方为此支付约定的租金，并在租赁关系终止后返还原物的协议。典权与租赁具有一定的相似性，二者均需要移转标的物的占有，而且另一方当事人均有权对标的物进行使用、收益。在我国台湾地区"民法"于2010年关于物权编的修订中，第924条之二规定："土地及其土地上之建筑物

---

[1] 参见杨与龄编著：《民法概要》(民法各编修正新版)，中国政法大学出版社2013年版，第385页。

[2] 参见李群生、张用江：《中国物权法》，成都科技大学出版社1992年版，第384页。

同属一人所有，而仅以土地设定典权者，典权人与建筑物所有人间，推定在典权或建筑物存续中，有租赁关系存在；其仅以建筑物设定典权者，典权人与土地所有人间，推定在典权存续中，有租赁关系存在；其分别设定典权者，典权人相互间，推定在典权存续中，有租赁关系存在。"这就是说，在土地与其上的建筑物所有权属于同一主体时，如果分别将其出典给不同主体，或仅出典部分给他人时，为便于不动产的利用，实现物尽其用，则法律上拟制存在法定的租赁权，以保障典权人对典物的充分利用。① 在民法典物权编制定过程中，一些学者反对承认典权，其中一个重要理由在于，典权制度的功能可以为租赁制度所替代。②

笔者认为，尽管典权与租赁具有相似性，但二者仍存在一定区别，主要表现在：

第一，性质不同。租赁本质上是一种合同关系。尽管在现代社会，租赁权存在物权化的趋势，例如，各国和地区承认了"买卖不破租赁"的规则，使租赁具有对抗第三人的效力，但租赁本质上仍属于债权；而典权在性质上属于用益物权，典权人所享有的权利具有物权的效力。由于租赁权本质上属于债权，承租人除基于占有事实可排除他人对占有的妨害外，不能基于租赁权行使物权请求权，并提出排除妨害的请求③；而典权作为独立的物权类型，具有完整的直接支配和排他的权能④，对第三人侵害典权的行为，典权人有权行使物权请求权，以排除该妨害行为。

第二，功能不同。典权和租赁权虽然都具有使用、收益的功能，但典权具有双重属性，其不仅具有用益物权的属性，而且具有担保功能，即出典人应当将典物交付给典权人占有、使用、收益，典权人对典物的占有也具有担保出典人偿还典价的功能。典权在历史上主要发挥不动产担保物权的功能。但就租赁而言，当事人设立租赁的目的主要是使承租人取得对租赁物的使用、收益，其并不具有担保功能。尽管物的承租人获得对物的占有和使用，但此种用益权能不可与典权相提并论，这也直接导致租金通常远低于典价。

第三，使用、收益的权利范围不同。承租人对租赁物的使用、收益应

---

① 参见廖蕙玟：《民法物权新修正（二）：典权修正之评释》，载《月旦法学杂志》2010年第180期。
② 参见柳经纬主编：《共和国六十年法学论争实录·民商法卷》，厦门大学出版社2009年版，第238页。
③ 参见苏永钦：《民法典的时代意义》，载《月旦民商法杂志》2004年第3期。
④ 参见谢在全：《民法物权论》（中），新学林出版股份有限公司2010年版，第184页。

当严格按照租赁合同的约定进行,否则将构成违约。例如,未经出租人同意,承租人不得将租赁物转租。同时,租赁的房屋必须要按照规定的用途使用。但是典权人对典物所享有的使用、收益权是一种用益物权,在这种权利受到侵害时,典权人可以基于物权请求权请求行为人返还典物,或者排除妨害。典权人所享有的权利范围是十分宽泛的,只要是在不损害典物原状的情形下,典权人可以采取各种合法正当的方式使用典物,如将承典的房屋用于居住,或将其用作仓库、商店等。甚至可以将典物转典和出租,还可以将典权设定抵押权。典权人也可以将典权让与他人。由此可见,典权的内容十分宽泛,有学者甚至认为,典权的内容"实为其他各种不动产限制物权之冠,而仅次于所有权也"①。

第四,是否负担修缮义务不同。由于租赁权是债权,而不是用益物权,所以,承租人虽然占有租赁物,但其支配力较弱,与此相应,承租人也不负有修缮租赁物的义务。而典权人对其占有的典物负有保管的义务,典权人应当以善良管理人的注意义务保管典物,维持典物的价值,如果因其过失造成典物的毁损、灭失,应当承担损害赔偿责任。在房屋出典以后,出典人对该房屋就不再负有修缮等义务,除非是因为不可抗力使典物发生毁损、灭失,需要修缮或重建的,典权人有权要求出典人返还适当的修缮费用,但在一般情况下,出典人并不负有修缮义务。

第五,期限不同。租赁期通常较短,根据我国《合同法》第214条的规定,租赁期限不得超过20年,否则超过的部分无效。在租期届满以后,出租人还要寻找新的承租人。但是在典权关系中,典期一般比较长,依据我国相关司法解释的规定,典期最长可以达到30年,出典人将房屋交付给典权人以后,房屋就由典权人长期占有,出典人也不必再去寻找新的典权人。

第六,费用支付不同。在租赁关系中,承租人交付租金通常是分期分批交付,而不是一次性交付;而在典权关系中,典权人通常是一次性支付典价,这也是为了更好地满足出典人融资的需求。同时,在租赁关系中,租金一旦支付后不得请求返还;而在典权关系中,典价虽已支付,但是在期限届满,出典人在回赎典物时,仍需返还典价。②

---

① 王文:《中国典权制度之研究》,嘉新水泥公司文化基金会1974年版,第8页。
② 参见于海涌、马栩生主编:《物权法》(第四版),中山大学出版社2013年版,第181页。

五、结　语

综上所述,典权作为一项中国独有的法律制度,在历史上曾经发挥了重要的资金融通等功能,在现代社会,虽然资金融通的途径和法律制度日益丰富,但典权制度因其独特的特点,仍然具有不可替代的融资功能。即使在信用制度发达、融资方式种类很多的情况下,典权仍不失为一种在保留所有权前提下融资借款的方式。由于典权制度本身具有多重功能,其设立的目的在很大程度上具有使用、收益的作用,这一作用不可以被租赁等制度所替代。从我国市场经济的发展需要和发展前景出发,典权的适用范围将会不断扩大。因为随着经济体制改革的深入发展和房地产市场的逐步确立,商品房将大量进入市场,这将极大地拓宽典权制度的适用范围。尤其是在广大农村,农民的房屋不能自由转让,这在一定程度上影响了房屋的融资功能,为了充分发挥房屋的经济效用,保障房屋所有人的合法权益,我国民法典物权编有必要在总结我国司法实践经验的基础上,对典权制度作出系统、全面的规定,这也是完善我国物权法律制度、彰显我国民法典本土性和时代性的需要。

试论地役权与相邻关系的界分*

在物权法体系中,地役权是与相邻关系相区别的两种不同的不动产利用方式。二者均是基于不动产的位置关系产生,是法律对不动产自然位置的尊重。① 所谓地役权(Servitutes Praediorum, die Grunddienstbarkeit),是以他人不动产供自己的不动产便利之用的权利,因此是限制他人不动产所有权的行使,以方便自己不动产的利用,提高自己不动产价值的权利。② 所谓相邻关系,是指依据法律规定,两个或两个以上相互毗邻的不动产的所有人或使用人,在行使不动产的所有权或使用权时,因相邻各方应当给予便利和接受限制而发生的权利义务关系。③ 通过规范通风、采光、通行等各种关系,有利于维持物的利用秩序,维护人与人之间的和睦和谐。但是在民法上,这两种关系时常难以区分,容易产生争议,因此,有必要在理论上对二者进行一定的界分。

一、两种模式的比较

自罗马法以来,大陆法系各国民法大多严格区分了地役权和相邻权。在罗马法中,对所有权的私法限制集中表现在相邻关系上,因而相邻权并非一种物权。而地役权尽管也是对他人物上的负担,从这个意义上讲,它也是对他人权利的限制,但其本质上是一种独立的物权。④ 役权是指某人所有的财产并不能无限制使用,而是存在满足他人利益的负担。⑤ 它是在

---

* 本文完稿于1996年,2007年修改。
① 参见李遐桢:《我国地役权法律制度研究》,中国政法大学出版社2014年版,第110页。
② 参见谢在全:《物权法论》(中册),2003年自版,第183页。
③ 也有学者从所有权限制和扩大的角度,将其概括为相邻权。参见史尚宽:《物权法论》,中国政法大学出版社2000年版,第86页。
④ 参见《物权法》,唐晓晴译,澳门大学法学院1997—1998年度法律课程教材,第211页。
⑤ Dig. 39, 1, 5, 9.

他人的物之上享有的利益。在罗马法中,地役权不存在于自己的物上(拉丁文为 Nulli res sua servit 或 Res sua nemini servit),类似于英国法上的 easements。① 罗马法中的役权被分为人役权与地役权,前者附着于人之上,后者附着于物之上。人役权是指某人在他人财产上享有的使用利用的权利。人役权既可以在动产也可以在不动产上设立,关键在于针对某人所设立,人役权是由某人所终身享有的权利。② 自近代以来,随着登记制度的发展,地役权也可以通过登记的方式进行公示,在此情况下,地役权与相邻关系在性质上的区分日益明显。

罗马法中的地役权主要适用于相邻的土地和房屋,由于相邻的土地、房屋的所有者或者租用者作为占有者,其就可以就他人的土地或者房屋享有地役权。地役权可以被区分为城市地役权和农村地役权。早在罗马法中,一些法学家曾讨论过土地所有权行使的限制,事实上,这些限制就是通过法律强加的方式创造,即法定的地役权。③ 这些法定的地役权后来成为现代法上的相邻关系。地役权的产生也促使了罗马法中所有权概念的形成与完善,成为与所有权相并列的概念。④ 正如罗马法学家波扎(Bozza)所指出的,所有权(dominium)这个词语最初的含义就是为了与地役权(ius praediorum)这个词相对照。其认为,"当地役权成为一种独立的权利时,所有权也进行了同样的建构"⑤。

罗马法的模式对大陆法的物权法制度产生了重大的影响,到了19世纪之后,罗马法中有关役权的理论以及种类划分被欧洲大陆各国普遍接受⑥,甚至英国法也接受了地役权的概念。但大陆法系各国物权法基于本国的国情以及法律文化传统,对罗马法借鉴也不完全相同,因此形成了两种不同的制度模式。

一是合并立法模式。此种模式的特点是将相邻关系纳入地役权的范围来调整。在此种模式下,相邻权被称为法定地役权。欧洲中世纪时代

---

① 但是 Lord Chancellor Selborne 认为役权的概念相较于 easement 更为广泛。Dalton v. Angus, 6 App. Cas. 740 (1881).

② William L. Burdick, The Principles of Roman Law and Their Relation to Modern Law, The Lawyers Co-operative Publishing Co., 1938, p.356.

③ William L. Burdick, The Principles of Roman Law and Their Relation to Modern Law, The Lawyers Co-operative Publishing Co., 1938, p.364.

④ 参见朱广新:《地役权概念的体系性解读》,载《法学研究》2007年第4期。

⑤ F. Bozza, Usucapio, Cfr, S. Solazzi, Alfeno Varo e il Termine "Dominumm", SDHI, 18, 1952, p.218.

⑥ Vgl. Helmut Coing, Europäisches Privatrecht, Band II, 1989, S. 404.

采取了此种做法。依据欧洲中世纪时代的普通法、普鲁士普通邦法,除了约定之外,通过法定的默示方式也可以设定地役权。① 合并立法模式后来被法国法系各国民法所继受。例如,《法国民法典》既规定了约定地役权,也规定了法定地役权。② 在《法国民法典》中,并没有对相邻关系作专门的规定。《法国民法典》第637条首先规定了役权的概念,即"役权是指,为属于一方所有权人的不动产的使用与便宜而对另一不动产所加的一种负担"。从其内涵来看,该条就是对地役权的规定。而《法国民法典》第639条则对役权发生的原因进行了规定,"役权之发生,或者因场所的自然位置,或者因法律强制规定的义务,或者因诸所有权人之间的约定"。从该条规定的三种形态来看,所谓因法律强制规定的义务而产生的役权,即法定役权,就是属于典型的相邻关系。③《意大利民法典》及《俄罗斯民法典》第274条也采取了此种模式。

二是分别立法模式。此种模式的特点是区分相邻关系和地役权④,该模式主要以德国民法为代表。《德国民法典》区分了相邻关系和地役权,该法典第三章"所有权"第一节"所有权的内容"中对相邻关系进行了规定,并以此作为对所有权内容的限制,又被称为基于民法所产生的限制。⑤《德国民法典》第一次在法律上明确区分了地役权和相邻关系。在《德国民法典》上,地役权只能通过法律行为来设立,即双方当事人必须达成设定地役权的合意并在不动产登记簿上进行登记。德国民法中的地役权主要包括通行权、提供供给的权利等权利。此外,地役权还可以被用于调整企业之间烟气等的排放以及限制营业竞争方面。⑥ 分别立法模式也为《日本民法典》所继受。

我国《民法通则》第五章第一节规定了相邻关系制度,该法第83条规定:"不动产的相邻各方,应当按照有利生产、方便生活、团结互助、公平合理的精神,正确处理截水、排水、通行、通风、采光等方面的相邻关系。给相邻

---

① 参见《德国民法典实施法》(EGBGB)第184—187条。
② 在《法国民法典》起草时,立法者即计划用地役权制度来解决不动产相邻关系问题。参见陈华彬:《法国近邻妨害问题研究》,载梁慧星主编:《民商法论丛》(第五卷),法律出版社1996年版。
③ 参见《法国民法典》(上册),罗结珍译,法律出版社2005年版,第509页。
④ MünchenKomm/Joost, §1018, Rn. 38.
⑤ 参见〔德〕鲍尔、施蒂尔纳:《德国物权法》(上册),张双根译,法律出版社2004年版,第524页。
⑥ Staudinger-Komm/Wolfgang Ring, Vorbem zu §§1018–1029, Rn. 3.

方造成妨碍或者损失的,应当停止侵害,排除妨碍,赔偿损失。"这一规定虽然比较简单,只规定了相邻关系的几种形态以及处理的基本原则,但该规定涵盖的范围相当宽泛。由于在《民法通则》制定过程中,没有对地役权作专门规定,该制度就成为法律的空白,因而在许多情况下,汲水、采光、通行等实质上属于地役权的内容,要么通过合同法进行调整,要么由相邻关系法律规则进行调整。如此处理虽然操作起来较为简便,但也存在很大局限,表现在:一方面,纳入《合同法》调整,会受到合同相对性规则的限制,权利人不能享有稳定的财产性权利。另一方面,纳入相邻关系调整又显得十分僵化,不利于通过意思自治的方式来妥当设定当事人的权利义务关系。随着社会经济生活的发展,这种通过法定的相邻关系规则来调整约定产生的地役权的模式,已经不再适应社会的发展和需要。① 地役权所具有的意定性有助于当事人根据实际情况最有效率地利用自然资源,有助于赋予当事人更大的意思自治空间。尤其是随着市场经济的发展,对土地的利用越来越多元化,既有的用益物权类型难以满足实际需要,这就需要通过地役权这种具有较大弹性的物权类型来弥补既有用益物权体系的缺陷。②

我国民法典物权编究竟应当借鉴合并立法模式还是分别立法模式,这实际上涉及地役权与相邻关系的界分问题,合并立法模式虽然有利于立法的简洁,但在法律上并没有对二者进行必要的区分,这可能导致二者的混淆,同时,由于地役权通常通过合同设定,一般是有偿的,而相邻关系是法定的、无偿的,将二者合并进行规定,将可能引发一些争议。所以,笔者认为,民法典物权编应当采用分别立法的模式。

二、地役权和相邻关系的界分

在采纳分别立法模式的国家,针对地役权和相邻关系的界分提出了诸多标准,借鉴比较法的经验,从我国的实际情况出发,笔者认为,可以采用如下标准对地役权和相邻关系作出界分。

1. 以约定或者法定为界分标准

相邻关系是由法律规定的。《民法通则》第五章第一节规定了相邻关

---

① 参见尹飞:《地役权》,载王利明、尹飞、程啸:《中国物权法教程》,人民法院出版社2007年版,第405页。

② 参见张鹏:《役权的历史渊源与现代价值定位》,载梁慧星主编:《民商法论丛》(总第十八卷),金桥文化出版(香港)有限公司2001年版,第454页。

系制度。相邻关系是指基于法律的规定,一方有义务为相邻一方提供通风、通行、采光、日照等便利,而另一方获得这种便利从而使自己不动产权利得到实现和扩张。① 而地役权是基于约定产生的②,地役权人有权按照合同约定,利用他人的不动产,以提高自己的不动产的效益。这就表明地役权是一种依约定产生的权利。之所以会产生法定和约定的区别,主要原因在于:

第一,是否涉及最低生活保障和生存利益不同。法律关于相邻关系的规定,首先是为了维护个人最基本的生存利益和保障其最低限度的生活需要。③ 例如,通风、采光、日照、袋地权利人的通行等问题,都关系到个人的生存问题和最低限度的生活保障问题,也体现了个人的人格尊严。为了保障基本生活和人格尊严,法律有必要设立相邻关系规则。如果不涉及这些基本生存保障问题,法律就没有必要强迫一方必须向他方提供便利。但是,地役权设定的目的并不是为了满足不动产权利行使过程中的最低要求,也不涉及基本的生存保障或最低的生活需要问题,而是为了利用他人的不动产使自己的不动产效益得到增加。例如,某人为了走近道,而要求借用他人的土地去高尔夫球场,他人是否有义务提供这种便利? 笔者认为,从相邻关系的角度来看,提供此种便利并不是为了保障个人的基本的生存利益和生活需要,他人没有必要为此提供便利。但是当事人可以通过设定地役权来获得或提供这种便利。我国有学者形象地将相邻权与地役权的关系比作"吃得饱与吃得好"④。此种观点是不无道理的。

第二,避免和减少激烈的冲突和矛盾。由于相邻关系中涉及一方的基本生存问题,所以通过私法自治难以解决双方之间的利益冲突。因为通过合同来安排双方之间提供便利的问题,一方就会利用对方生存的急需而漫天要价,提出高昂的补偿要求,另一方就有可能在自己的生存利益不能得到保障的情况下采取过激的手段,从而易于引发冲突和矛盾,不利于社会秩序的稳定。⑤ 所以,必须要由法律通过强行性规范来解决此种激烈的利益冲突,化解矛盾。私法自治本质上就是指在符合法律的强行性规范和公序良俗的情况下,每个民事主体都应该管好自己的事务,但是在

---

① 参见谢在全:《民法物权论(上册)》(修订二版),三民书局2003年版,第289页。
② 参见史尚宽:《物权法论》,中国政法大学出版社2000年版,第235页。
③ 参见江平主编:《中国物权法教程》,知识产权出版社2007年版,第368页。
④ 申卫星:《地役权制度的立法价值与模式选择》,载《现代法学》2004年第5期。
⑤ 参见申卫星:《地役权制度的立法价值与模式选择》,载《现代法学》2004年第5期。

关系到个人基本生存利益的时候,如果任由当事人通过意思自治来安排,在绝大多数情况下是无法达成一致的。即便双方达成了一致意见,也可能会导致磋商成本过高或者对一方严重不公。所以,为了维护社会秩序、避免和减少各种冲突,法律必须要对这种关系的处理规定必要的解决规则,这就产生了相邻关系制度。

第三,有利于实现物尽其用。法律对一方当事人的不动产权利作出一定限制的同时,也促进了另一方当事人对其不动产的有效利用,从而实现物尽其用。可以说,相邻关系的本旨就在于发挥物的价值,提升物的利用效率。[1] 在相邻关系中,权利的限制与扩张,可能会使得一方受损,另一方获益。但一方向另一方提供便利,虽然使自己的权利受到限制,却使得另一方的不动产能够得到正常的利用。相反,如果不提供此种便利,另一方的不动产就不能得到正常的利用。所以,法律有必要进行一定的干预,要求一方为另一方提供便利,这也符合物尽其用的规则。但是,在地役权关系中,一方利用他人的不动产使自己不动产的效益提高,常常是为了获得商业上的利益,并且因为要提供这种便利可能使供役地人蒙受重大损害,在此情况下也就很难用效益的标准进行评价,只能通过双方协商谈判和合理补偿的方式来解决。

2. 以设立是否需要登记为界分标准

相邻关系本质上不是一种独立的物权,而是对所有权的限制和延伸,其产生的权利义务与所有权共存,不可能单独取得或丧失,也不因相对人的意思而得丧变更,因此也就不需要办理登记。[2] 相邻关系也不可能作为独立的物权而对抗第三人,因此在法律上相邻关系不需要登记。地役权可以直接根据地役权合同而设定,与此同时地役权也具有登记能力[3],当事人也可以通过登记而产生对抗第三人的效力。如果该权利不通过登记予以公示,供役地人有可能在其地上设立新的负担,极易损害第三人的利益。

3. 以是否满足基本需要为界分标准

相邻关系是一方基于法律的规定而为另一方所提供的通风、通行、采光、日照、铺设管线等便利。提供这些便利的方式和内容,大多都是法律

---

[1] 参见马俊驹、陈本寒主编:《物权法》(第二版),复旦大学出版社 2014 年版,第 126 页。
[2] 参见谢在全:《民法物权论(上册)》(修订二版),三民书局 2003 年版,第 207 页。
[3] 参见李遐桢:《我国地役权法律制度研究》,中国政法大学出版社 2014 年版,第 256 页。

直接规定的。但是,对于地役权而言,一方利用他人的不动产而使自己的不动产获得效益,究竟采取什么样的利用方式和提供何种便利的方式,完全是由当事人双方自己约定的,法律上不作限定。在现代社会,为了有效率地利用土地等资源,当事人通过设定地役权,利用不动产和提供便利的方式越来越复杂。因而,有学者将地役权作为对相邻关系"度"的突破。① 例如,通过他人承包的土地引水,依据相邻关系的规定,一方有义务向另一方提供便利。但一方本来可以采用水管引水的办法,为了自身的方便,引水人希望在他人的土地上挖一条水渠引水,这显然就不是向对方提出了提供最低的便利要求,而是提出了较高的要求。对另一方来说,应当允许他人通过水管等方法引水,因为提供这种便利并没有使自己遭受较大的损失。但是,其并没有法定的义务向对方提供水渠引水。当事人之间就可以通过设立地役权的方式来提供此种便利。所以,笔者认为,前者属于相邻权的范畴,后者则属于地役权的内容。

4. 以是否为独立的物权为界分标准

相邻关系是依据法律规定而产生的一种社会关系。现代民法有关相邻关系的理论基础尽管是多种多样的,但是按照许多学者的解释,其重要理论基础之一乃是所有权的社会化理论。② 18 世纪至 19 世纪,民法中的土地所有权是一种绝对所有权,所有人享有无限制的不受他人干涉的权利。传统观点认为,土地所有权的效力"上穷天空,下尽地心"③,法谚有云,"行使自己的权利,无论对于何人皆非不法",因而对于所有权人而言,其可以对自己的所有物为任何行为或不行为。但是这种观念所带来的所有权绝对的理念,导致所有权行使与社会利益维护之间形成尖锐矛盾,既影响了物的利用,也不利于社会秩序的稳定。正是基于这一原因,自 19 世纪末期以来,德国潘德克顿法学的代表人物耶林在坚持罗马法维护私有制和绝对个人私有财产的原则的同时,开始强调所有权的社会性,强调个人利益与社会利益的结合,并主张对私人所有权进行干预。④ 而按照王泽鉴先生等人的观点,土地所有权限制的重要内容就是相邻关系的规

---

① 参见崔建远主编:《我国物权立法难点问题研究》,清华大学出版社 2005 年版,第 196 页。
② 参见席志国:《中国物权法论》,中国政法大学出版社 2016 年版,第 193 页。
③ 王泽鉴:《民法概要》,中国政法大学出版社 2003 年版,第 507 页。
④ 参见林刚:《物权理论:从所有向利用的转变》,载司法部法学教育司编:《司法部直属院校"八五"期间优秀论文集》,法律出版社 1996 年版,第 216 页。

范①,因而一方面,相邻关系体现了所有权的扩张,另一方面体现为所有权的限制,但无论如何,相邻关系不过是所有权制度的内容之一,并不具有独立的制度价值。所以,相邻关系是一种法定的固有不动产权利之间关系的安排,而不是法律设定的一种独立的物权。正是因为相邻关系不是一种独立的物权,所以在相邻关系受到妨害时,只能依据所有权或者其他不动产权利受到侵害为由提出请求,而不能以相邻权受到侵害为由提出请求。

而地役权在性质上是一种独立的物权。地役权是最为古老的用益物权类型,在古罗马时代已经存在。从古罗马到现代,大陆法系国家和地区几乎都规定了地役权制度。我国近代变法修律时,《大清民律草案》第一次规定了地役权制度。南京国民政府于1929年公布的《中华民国民法典》中的物权编,其中规定了地役权制度。但中华人民共和国成立以来,我国民法中一直没有确认地役权制度,因此,地役权未成为一项独立的物权。地役权作为规范不动产利用关系的权利,其属于典型的物权形态。地役权作为一种独立的物权,在受到侵害的情况下,地役权人可以依据行为人的不同而提出不同的请求,如果行为人是供役地人,则地役权人可以基于其与供役地人之间的合同关系请求供役地人承担违约责任。对于第三人实施的行为,地役权人应当有权依据其地役权向第三人主张承担侵权责任。例如,地役权人与供役地人约定,在供役地上设置通行的地役权,第三人在供役地上堆放物品影响地役权人通行的,如果供役地人怠于行使权利排除妨碍,则地役权人有权基于其地役权提出请求。

5. 以不动产是否相邻为界分标准

尽管在现代民法中,由于相邻关系的适用范围扩大了,相邻的概念也可以包括两个不动产的所有人或使用人相距甚远的情况。例如,在上游和下游的用水人之间,也可以发生相邻关系,上游的用水人与下游的用水人之间在地理位置上并不一定相邻。② 但一般认为,相邻关系中的相邻都是指相互毗邻的关系,"相邻关系者邻接之不动产,其所有人相互间之权利义务关系也"③。这与地役权不同。地役权可以发生在相邻的两块土地之间,也可以发生在并不相邻的不动产所有人之间。正如一些学者所指出的,"相邻土地"的含义,不仅仅是指两块土地相互邻接或毗连,也包

---

① 参见王泽鉴:《民法物权》,北京大学出版社2009年版,第220页。
② 参见王泽鉴:《民法物权》(第一册),三民书局1992年版,第173页。
③ 郑玉波:《民法物权》,三民书局2003年版,第91页。

括两块土地相临近的意义在内,在特殊情况下,两块土地甚至相隔很远。①

6. 以是否有偿为界分标准

相邻权的取得原则上都是无偿的,而地役权的取得大都是有偿的。相邻权是法律强制一方必须为另一方提供必要的便利,另一方获得这种便利并不需要支付任何代价。只有在相邻权人在利用相邻他人的不动产造成损失时,才需要支付一定的费用,而且这种费用也不具有对价的性质,而只是一种补偿。②但是地役权大多应当是有偿的,地役权的取得大都需要支付一定的费用,因为供役地人为需役地人提供的便利不是为对方提供了一种必要的便利,而是给需役地人的土地带来了价值增值的便利,供役地人提供的这种便利也不是供役地人依法必须提供的,为此需役地人应当向对方支付一定的费用来作为自己获得一定的便利的对价,这是符合等价交换原则的。当然,按照合同自由原则,如果供役地人放弃补偿的要求,也不应影响地役权设定的效力。

7. 以是否可以移转为界分标准

相邻关系的产生以不动产相邻为基础,其目的在于为相邻的不动产权利人之间提供最基本的生产、生活上的便利。因此,为了保障不动产权利人最基本的生产、生活需要,法律一般不允许转让;同时,其是基于法律的规定而产生,只要不动产相邻,相关主体都可以基于法律规定提出相关请求,因此,相邻关系没有转让的空间。而地役权是基于当事人之间的合同关系而产生,与地役权具有不可分性③,在需役地转让时,也允许地役权的转让。

总之,地役权与相邻权在调整不动产之间关系上的地位和作用是各不相同的,不能相互替代,也不能以其中的一个来作为反对另一项制度的理由。相邻权直接为相毗邻的不动产之间的关系设定了法定的标准,主要体现在法律直接规定相邻权的形式。一方面,单纯采相邻关系的立法方式不能全面调整实际生活中不动产之间关系的形式;另一方面,此种模式抑制了当事人的意思自治,不利于土地实际价值的最大限度发挥,因此需要通过允许当事人设立地役权的方式利用协议安排其关于不动产的提

---

① 参见梁慧星主编:《中国物权法研究》(上),法律出版社1998年版,第757页。
② 参见房绍坤:《物权法用益物权编》,中国人民大学出版社2007年版,第261页。
③ 参见史尚宽:《物权法论》,中国政法大学出版社2000年版,第237页。

供便利的问题,从而可弥补相邻关系规定的不足。①

三、地役权合同是否可以改变或排除相邻关系的规则

地役权是约定的权利,而相邻权是法定的权利。相邻权虽是法定的权利,但地役权合同可以变更或者排除相邻关系规定的适用。我国台湾地区学者苏永钦指出,物权法定原则也是可以缓和的,在特殊情况下,相邻关系所赋予的法定地役权(即相邻权)可能反而造成资源效益的降低,此时设定排除法定地役权的地役权,既有"修正"法定地役权的功能②,也有利于缓和物权法定原则。按照物权法定原则,相邻关系的规则原则上不应当允许当事人通过合同加以改变。但是,社会生活纷繁复杂,立法者难以对相邻关系中的具体安排规定得十分详细,因此当事人可以通过合同对相邻关系的具体内容作出约定,也可以通过约定弥补法定的不足。例如,在意大利,所谓法定地役权,实际上已经变成依不动产相邻事实而由法律规定产生的缔结地役权契约的义务,双方可就相邻权的方式、补偿等内容进行协商。协商不成,可由法院判决。③ 关于相邻关系的规范并非全部均为强制性规范,有部分为任意性规范,当事人可以通过设定地役权的方式排除部分相邻关系中内容的适用。④

值得探讨的是,究竟哪些相邻关系的规则可以被地役权变更或排除?笔者认为,除了基本的生存利益外,如必要的通风、采光等,其他应当可以通过地役权合同来变更或排除。但当事人不能在合同中排斥保护基本生存利益的规则。例如,不能在合同中约定当事人永远不享有日照权或者约定袋地权利人不享有通行权,因为这些约定都是违反公序良俗的。在实践中,这些基本的生存利益,往往通过行政规划部门批准的建设规划要求予以保障,此时,当事人也无法通过设定地役权合同来改变保障这些基本生存利益的要求和标准。

除了通风、采光、日照等方面所引发的相邻关系,在实践中还存在因为眺望而引发的相邻纠纷。例如,某人在海滩建造了一家旅馆,后来他人

---

① 参见马新彦、张晓阳:《地役权的借鉴与重构》,载王利明主编:《物权法专题研究》(上),吉林人民出版社2002年版,第784—787页。
② 参见苏永钦:《走入新世纪的私法自治》,中国政法大学出版社2002年版,第250页。
③ 参见张鹏:《役权的历史渊源与现代价值定位》,载梁慧星主编:《民商法论丛》(总第十八卷),金桥文化出版(香港)有限公司2001年版,第486页。
④ 参见朱广新:《地役权概念的体系性解读》,载《法学研究》2007年第4期。

在其邻侧违反了规划修建建筑物,妨碍了在先建造的旅馆的客人眺望海景。再如,某居民在海边购买商品房时,因该商品房濒临海边,可以眺望海景,从而具有较高的商业价值。但在售楼时,建设单位隐瞒了该楼与海边之间还要再建大楼的事实,高价将商品房卖给该居民。后来,建设单位又在该楼与海边之间建造了新的更高的大楼,致使该楼因不能眺望海景而迅速贬值,于是该居民以眺望权受到侵害为由提起诉讼。关于对眺望利益的保护问题,有三种不同的观点:一种观点认为,眺望属于相邻关系的范畴,应该根据相邻关系来解决。① 眺望关系到住户的重要利益,也是住户舒适生活的重要条件。第二种观点认为,眺望在性质上属于地役权的范畴②,若通过住户与视线经过土地的权利人协商,达成以为保护眺望而不得遮挡为内容的合同并登记,一旦任何人未获得住户许可而擅自遮挡住户视线,住户可以提起排除妨害、赔偿损失的侵权之诉。③ 第三种观点认为,应当根据合同来加以保护。同样的建筑及居室,位置不同,楼层不同,朝向不同,其市场价格均有不同,故只能通过合同对建设单位或者房屋出让人对景观功能的承诺加以约束。④

笔者认为,眺望确实体现为一定的利益,但此种利益还很难说是一种权利。因为在商品房购买过程中,是否能眺望海景或其他景观,往往会在房价中得到一定的体现。眺望也不属于相邻关系的范畴,因为相邻关系只是对所有权的最低限度的限制,是为了维护正常的生产生活需要而对所有权作出的限制。虽然眺望可以使人获得一种精神的愉悦,但毕竟不是一种最低限度的生活要求,即使在同一栋楼中,不同的楼层、不同的朝向,能否眺望美景以及眺望的程度都是不一样的,但不能说不享有或未能充分享有眺望权,业主的正常生活就受到了限制。对大部分楼盘来说,可能根本谈不上眺望权的问题。可见眺望是一种较高层次的享受,因而不能通过作为对所有权进行最低限度限制的相邻关系制度来解决。对这个问题,可以通过合同制度来解决。就合同来说,可以通过买受人和建设单位之间的合同约定眺望权的内容。在当事人没有明确约定的情况下,应

---

① 参见陈华彬:《我国物权立法难点问题研究》,首都经济贸易大学出版社2014年版,第239页。
② 参见冉克平:《民法教程》,广西师范大学出版社2016年版,第421页。
③ 参见张力:《相邻权、地役权或其他——论我国商品房眺望权法律保护模式的选择》,载刘云生主编:《中国不动产法研究》(第一卷),法律出版社2006年版,第214页。
④ 参见张力:《相邻权、地役权或其他——论我国商品房眺望权法律保护模式的选择》,载刘云生主编:《中国不动产法研究》(第一卷),法律出版社2006年版,第215页。

当通过合同解释确定双方有无关于眺望权的约定。在合同中就眺望权作出特别约定以后,可将该约定视为关于地役权的约定,如果第三人建造高楼影响其眺望权的实现,房屋买受人可以依据地役权提出请求。因此,考虑到眺望海景或其他景观的情况比较复杂,应当根据具体情况来分别考虑。

海域使用权的若干问题探讨*

所谓海域使用权,是指权利人依法占有特定的海域并利用海域进行养殖、旅游、运输、采矿、修建港口和各种设施等并获取收益的权利。海洋是最重要的地球生态系统和环境要素之一。随着人们利用海洋的技术手段的发展,海域将具有越来越重要的利用价值。近代以来,绝大多数具有世界影响力的大国都是海洋强国,都非常重视对蓝色国土的开发和利用。中国要在 21 世纪实现和平崛起的目标,必须要把眼光投向蓝色国土。海洋作为领土的重要组成部分,海洋的开发和利用在国际公法的主权问题中具有重要意义,民法将海域使用权确认为一项准物权,从而促进海洋的合理开发与利用,维护海洋生态环境十分重要,因而海域使用权在物权体系中的作用日益凸显。《物权法》第 122 条规定:"依法取得的海域使用权受法律保护。"这就以基本法律的形式确认了海域使用权制度。但海域使用权在《物权法》中的性质和特点还有待进一步探讨,本文拟对此谈几点个人的看法。

一、海域使用权是一种准物权

在我国,海域专属于国家所有,且是国家领土的重要组成部分,涉及国家主权问题。海域所有权属于国家专有的财产,任何集体和个人都不能享有海域所有权。因此,海域所有权不能通过交易而转让。海域虽归国家所有,但为了发挥海域的使用价值和提高利用效率,国家需要在海域之上创设各种权利,如海域使用权,以提高对海域的综合利用能力,在最大范围内使国有资产保值增值。由国家将特定海域的使用收益权转让给公民、法人,从而产生了海域使用权。由于海域使用权是在国家海域所有权基础上产生的,所以,它属于民事权利的范畴。[①]

---

* 原载《社会科学研究》2008 年第 4 期,原标题为《试论〈物权法〉中海域使用权的性质和特点》,收录时有删改。

① 参见尹田主编:《物权法中海域物权的立法安排》,法律出版社 2005 年版,第 87 页。

《海域使用管理法》规定了海域使用权是一种财产权利,并将海域从公法上的自然资源或者国际法上的主权客体转变为私法上的物权客体,运用私法的手段来调整海域利用活动,这无疑是对传统权利体系的重大突破。但是,《海域使用管理法》并没有将海域使用权规定为一种物权或准物权,这就使得该权利难以被纳入民事权利体系中进行调整和保护。同时关于海域使用权的性质,在该法中并没有明确界定,因此学界关于海域使用权的性质也存在不同的看法,主要有如下几种观点:第一,物权说。此种观点认为海域具有可支配性和排他性,是典型的用益物权①,是与土地使用权并列的典型用益物权,有别于矿权、水权等特许物权。为了保证用益物权制度的完整性,应该明确把海域使用权列入用益物权范畴。② 第二,准物权说。此种观点认为,海域使用权非为民法上的物权,而在法律上视为物权,准用民法关于不动产物权的规定。③ 第三,混合权利说。此种观点认为,海域使用权虽然作为用益物权,但因其往往事关社会公共利益、国家战略利益,在取得、转让、行使等方面被课以种种公法上的义务,法律对海域使用权设置了不少管理监督规定,所以又具有公法性质。这些观点都不无道理。

　　应当承认,海域使用权确实具有一些公法上的权利特点。一方面,从权利的取得来看,一般都是通过物权设定合同加公示方法完成的,用益物权设定原则上要有设定他物权的合意。但海域使用权采取的是行政许可的方式,根据《海域使用管理法》的规定,设定海域使用权不需要通过设定用益物权合同的方式来完成,而是通过行政审批的方式获得行政许可而取得准用益物权。另一方面,海域使用权的取得并不要求进行登记。尽管依据我国法律的规定,海域使用权的取得需要登记造册,但是此种登记造册不是严格意义上的物权公示方法,而主要是政府的行政管理手段。登记造册是政府有关主管部门在作出行政许可之后作出的,一般不是申请人自己申请进行的。④ 还要看到,海域使用权在内容上也受到大量的公法规范的调整,例如有关海洋生物资源养护、海洋油气资源开采、海洋环境保护等方面的规范都影响着权利的行使。由于其在取得方式上具有行

---

① 参见崔建远:《论争中的渔业权》,北京大学出版社2006年版,第131页。
② 参见《全国人大法工委公布对物权法草案的意见(全文)》,载 http://www.chinanews.com/news/2005/2005-08-11/26/610764.shtml,访问日期:2008年3月10日。
③ 参见叶知年:《海域使用权基本法律问题研究》,载《西南政法大学学报》2004年第3期。
④ 参见《海域使用管理法》第19条。

政色彩、内容较多地受公法规范的约束、政府对此种权利的诸多管制与调控等原因,因此大陆法系国家一般不在物权法中对海域使用权作出规定,而主要是通过特别法来调整,学理上一般也不将其称为物权或者用益物权。但我国《物权法》用一个条文将海域使用权单独加以规定,这就确立了其在用益物权中的重要地位。笔者认为,《物权法》确认海域使用权为物权的一种类型,并将其纳入《物权法》的调整范围,这不仅完善了我国物权法的体系,而且对有关实践具有重大意义。

海域使用权之所以能够被纳入《物权法》,是因为它具有物权的一些特征。主要表现在:

第一,从效力上讲,依据《物权法》的规定,物权都具有直接支配性和排他性,海域使用权也能够产生这样的双重效力。一方面,物权本质上是一种支配权,是权利人对物的直接支配。"物权为典型的支配权,即控制一个有体物的权利。"[1]物权的支配性决定了物权所具有的优先性、追及性等特点。海域使用权具有支配性,是因为海域使用权具有特定的支配对象,即特定的海域,根据《海域使用管理法》第2条第1款的规定,海域实际上是由内水、领海的水面、水体、海床和底土组成的。海域可以按其垂直深度划分为若干区域空间,而海水置于一定的空间也可以特定化,这些区域空间都可以成为海域使用权的客体。从我国法律的规定来看,海域的特定性强调其空间性,对海域的理解应该是特定范围内的海水体(而非海水量)及其海床、底土。[2] 另一方面,权利人不仅可以控制一定的海域,还可以利用一定的海域满足其需要。例如,利用特定的海域从事养殖活动、建造海上设施、开采海洋矿产资源等。从海域使用权的本质来看,这些活动仍然是对物的利用行为。此外,海域使用权人对特定海域的适用也具有排他性。任何人依法对特定海域享有使用权之后,就可以对抗他人对同一区域的海域进行同类利用的行为。当然,权利人支配特定的海域不能完全排斥他人无害其权利行使的行为,如养殖用海一般应允许其他渔民渔船的通行。

第二,就权利客体而言,海域使用权的客体是特定的海域,海域虽然

---

[1] 孙宪忠:《中国物权法总论》,法律出版社2003年版,第41页。
[2] 参见关涛:《海域使用权问题研究》,载《河南省政法管理干部学院学报》2004年第3期。正是因为这一原因,许多学者认为,海域使用权的客体是特定的海域空间。参见阮春林:《海域分层确权问题探讨》,载尹田主编:《物权法中海域物权的立法安排》,法律出版社2005年版,第93页。

不能被直接归入不动产的范畴,但是海域被称为"蓝色的土地",特定的海域作为一种资源,虽然不能简单归入不动产的范围,但其与不动产具有密切的联系。海域必须要由海床和底土组成,水体、水面都是存在于一定的海底、底土之上的。虽然海水在不断流动,但海床、底土是难以改变的。尤其是特定海域的空间是固定的、不能移动,在这一点上,与土地等不动产具有相似性。海水退潮后形成的海滩实际上是不动产,而填海造田也可以形成新的不动产,这就表明海域和不动产具有密切的联系。但由于海域本身包括了一定的海水,而海水又处于不停的流动之中,所以,海域也具有变动性的特点。① 至于海底之下的矿产资源,作为一种权利客体也应该属于采矿权的客体。

第三,海域使用权具有一定的支配性和排他性。海域使用权人在获得海域使用权之后,可直接支配特定的海域,并排斥他人干涉。与其他准用益物权相比,海域使用权具有明显的支配性和排他性的特点。一方面,尽管海域中包含的海水是流动的,但海域可以特定化。海域的特定化可以采取类似于土地特定化的方法,这就是说可以通过一定的技术手段,将海域的四至、面积等加以确定,从而明确海域使用权的范围。随着科学技术的发展,海域的面积和地理位置的确定也越来越容易和准确。针对特定的海域,权利人不仅有权支配,而且享有排他的权利。另一方面,特定的海域可以采取公示的方法加以确定。海域使用权设定后,权利人要占有特定的海域,并且在特定海域内享有使用、收益的权利,这也必然要求海域使用的范围特定化。实践中,海洋主管部门也可以依据海洋功能区划,经过经纬坐标拐点确定海域边界,因而海域可以成为特定的支配对象。② 一旦海域的四至确定,便可以通过登记的方式明确权利人支配的特定海域,从而对外予以公示。

第四,就公示方法而言,海域使用权仍然需要登记,这就使这种权利具有一定的公示性,可以向社会一般人公开,使第三人能够了解此种权利的设定和变动情况。如前所述,海域使用权的登记适用登记造册的办法。此种登记造册的方式,不完全等同于物权的公示,具有浓厚的行政管理色彩,但在完成登记造册之后,也能够起到一定的公示效果,第三人可以知晓权利的实际状况,并可以查询。正是因为这一原因,海域使用权可以产生对抗第三人的效力,因此可以成为物权。还需要指出的是,尽管海水在

---

① 参见李永军主编:《海域使用权研究》,中国政法大学出版社2006年版,第52页。
② 参见尹田主编:《物权法中海域物权的立法安排》,法律出版社2005年版,第131页。

不断流动,但是特定海域的地理位置和空间范围都是确定的,因此对其进行登记是可行的,符合物权客体特定的要求。

第五,海域使用权是有期限限制、有偿取得的权利。海域使用权是在国家享有海域所有权的基础上产生的。作为一种准用益物权,海域使用权必须具有期限的限制,且这种期限不宜过长,否则就使得海域使用权与海域所有权难以区分。当然,海域使用权的期限,应当根据不同的海域利用方式和性质分别确定。例如,修建港口显然要比养殖用海时间更长。①

海域使用权的取得也具有有偿性。由于海域使用权大都是权利人对一定海域进行使用和收益的权利,所以实行海域有偿使用制度是各国通行的做法。我国实行海域有偿使用制度,不仅有助于国家海域所有权在经济上的实现,而且有利于杜绝海域使用中的资源浪费和国有资源性资产流失。② 我国《物权法》第 119 条规定:"国家实行自然资源有偿使用制度,但法律另有规定的除外。"因而有偿使用是准用益物权的基本原则。根据我国《海域使用管理法》第 21 条的规定,国家实行海域有偿使用制度,任何单位和个人使用海域都应当依法缴纳海域使用金。

第六,就保护方法而言,海域使用权在遭受侵害之后也可以使用物权的保护方法,权利人有权获得物权法的保护,即获得物权请求权的救济。对这种权利受到的侵害不应当通过行政程序而应当通过民事程序来提供补救。当然,如果是因为行政机关的行为侵害了权利人的权利,权利人也可以提起行政诉讼。我国《物权法》承认海域使用权是一种物权,很大程度上是希望将此种权利纳入物权法的保护体系之中,从而进一步增强对于权利人的保护。

由于上述原因,海域使用权应当受到《物权法》的保护,但应当看到,此种权利具有不同于物权的特点。从《物权法》的相关规定来看,《物权法》并未明确承认其为物权。尤其是没有直接将其列为用益物权的一种,而是将其与探矿、采矿、取水、养殖、捕捞等权利,一起作为准用益物权,在用益物权的一般规定中进行规定。这表明在《物权法》中其并非独立的用益物权,而只是一种准物权。之所以将其作为准物权主要基于如下原因:

---

① 《海域使用管理法》第 25 条规定:"海域使用权最高期限,按照下列用途确定:(一)养殖用海十五年;(二)拆船用海二十年;(三)旅游、娱乐用海二十五年;(四)盐业、矿业用海三十年;(五)公益事业用海四十年;(六)港口、修造船厂等建设工程用海五十年。"

② 参见田凤山:《关于〈中华人民共和国海域使用管理法(草案)〉的说明》,2001 年 6 月 26 日在第九届全国人民代表大会常务委员会第二十二次会议上的报告。

一方面,从设定来看,海域使用权需要经过行政审批才能产生。由于海域资源的使用涉及对海洋资源的维护和合理利用问题,与国民经济和生态环境关系重大,因此政府必须对海域的开发和利用进行必要的管理,这就需要通过审批的方式以获得此项权利,因此具有行政特许的特点。另一方面,登记造册是政府有关主管部门在作出行政许可之后作出的,一般不是申请人自己申请进行的。① 此外,在权利客体方面,海域使用权主要是利用海域,而不是以利用动产或不动产作为客体。因此,可以将其称为类似于物权的准物权。

二、海域使用权在性质上是一种准用益物权

我国《物权法》将海域使用权在用益物权编中加以规定,是将海域使用权纳入广义上的用益物权的范畴。之所以如此,一方面,海域使用权不是一种自物权,而是一种他物权,是对他人所有之物的使用,由海域所有权所派生;另一方面,海域使用权是权利人对于特定海域进行利用的权利,仍然是对海域的使用价值进行利用的行为,并能够对特定的海域进行占有、使用和收益,而不是对交换价值的追求,不是出于对债权的担保。所以,应当将海域使用权归属于用益物权的范畴。

所谓准用益物权,在学理上又称为准物权、特许物权、特别法上的物权、非典型物权、特别物权等,它是指由权利人通过行政特许的方式所获得的对于海域、矿藏、水流等自然资源所依法享有的占有、使用及收益的权利。海域使用权在性质上属于准用益物权的一种类型。准用益物权是准物权的一种类型。② 传统物权法一般没有对这些物权作出规定,是因为传统民法在物权制度的建构时,对自然资源的利用和对生态环境的保护的需求没有当今社会这么突出。而现代社会的发展已经对物权法提出了利用自然资源、保护环境的强烈要求,物权法必须对此作出回应,并进行一定程度的制度创新。为了实现对资源的严格维护和管理,就必须对这些准用益物权的设定、取得等进行适度的国家干预和管理。这些权利通常不完全是私人之间的权利安排,而是政府作为国有自然资源的所有者

---

① 参见《海域使用管理法》第19条。
② 参见李显冬、唐荣娜:《论我国物权法上的准用益物权》,载《河南省政法管理干部学院学报》2007年第5期。

的代表而与其他民事主体之间通过许可等方式作出的权利安排。① 有关权利的具体内容也不能完全按照用益物权的模式来安排,而必须考虑对自然资源进行管理等因素。这就使得这些权利具有较强的公法色彩,所以对这些权利不能全部由《物权法》作出详尽的规定,而应当主要由各类特别法作出规定。海域使用权之所以是一种准用益物权,主要是因为其与一般用益物权相比,具有特殊性,尚不能完全等同于用益物权,其主要表现在以下几个方面。

(一) 权利的取得方式不同

一般的用益物权都是通过物权设定合同加公示方法取得的,原则上要有设定他物权的合意。但海域使用权的取得方式不同,表现在:一方面,海域使用权的设定不需要通过设定用益物权合同完成,而是通过行政审批的方式获得行政许可取得准用益物权。这种行政许可实际上是在申请人符合法定的条件时,政府授予其具有从事捕捞、采矿等资格。因此,这些权利常常被称为特许物权。② 由于不动产的开发和利用与国民经济关系重大,涉及资源的合理利用和配置问题,因此政府对涉及自然资源的开发和利用活动都应当进行必要的管理,所以对各种准用益物权的取得必须采用行政许可的方式,但行政特许只是产生海域使用权的方式,这并不意味着准海域使用权本身就是行政法上的特许权。另一方面,依据我国现行法律的规定,海域使用权的取得虽要登记造册,但并不需要登记,所以其与建设用地使用权等典型的用益物权是有区别的。③

(二) 权利客体不同

一般的用益物权都是以不动产为客体,在特殊情况下可以以动产为客体,但都是以有形财产为客体,而且客体都必须特定化,从而使物权人具有确定的支配对象和范围。而海域使用权并不是以特定的不动产为客体,而是以海域为物权客体。海域在性质上属于自然资源的范畴,在某些情况下,海域使用权的客体甚至具有不特定性,比如在同一个特定的水域内可以同时为多个权利人设定捕捞权,因此权利人的客体具有很强的不

---

① 参见李显冬、唐荣娜:《论我国物权法上的准用益物权》,载《河南省政法管理干部学院学报》2007 年第 5 期。
② 参见梅夏英、高圣平:《物权法教程》,中国人民大学出版社 2007 年版,第 299、300、303 页。
③ 参见《海域使用管理法》第 19 条。

特定性,很难在行使权利之时就具体确定其数量、形状、位置等。①

(三) 权利内容不同

按照物权法定原则,物权的内容和类型一般都由法律进行规定,而一般的用益物权还可以通过合同自由约定来弥补法律硬性规定的不足。但是海域使用权的内容不仅要适用法律的规定,还要遵守行政许可的具体规定,例如海域使用权行使的范围、期限、用途等都需要遵守海域使用许可证的具体规定。尤其需要指出,用益物权虽然也会负有一些公法上的限制义务,但权利人承担的主要是私法上的义务,而海域使用权人承担的公法上的义务比较多,甚至构成权利人的主要义务。在现实生活中,海域资源的利用不仅涉及民事主体的私人权益,关系到国计民生和社会经济的发展问题,而且关涉生态环境的保护和整个社会的可持续发展。这不仅仅需要通过《物权法》中有关权利行使的规则来对其进行限制,也应当遵守相关公法上的对此种权利行使所提出的要求②,这主要是国家出于管理自然资源、保护生态环境的需要,对准用益物权的行使进行必要的干预。例如《海域使用管理法》第 23 条规定,海域使用权人负有依法保护和合理使用海域的义务。通过这些公法义务的设定,有助于保证这些准用益物权的行使符合国家的公共利益的要求。

(四) 权利的行使方式不同

一般用益物权人要对不动产进行占有,并进行使用和收益;但是海域使用权人不是直接在不动产之上进行开发利用并获取收益,而是对特定的海域进行各种利用行为。例如,利用特定的海域从事渔业养殖、旅游开发、船舶修理等方式利用。当然,在权利的行使中,权利人不能完全排斥他人在同一范围内的利用行为。③ 例如,在不影响海域使用权人正常行使权利的情况下,其他人可以通过合理的方式利用相应海域,例如海上船舶无害通过的权利。尤其应当看到,海域使用权在性质上也是对资源使用、收益的权利。在传统上,关于海域的利用问题,通常由国内法上的行政法规和一些国际法加以规范。近年来,海域的经济价值不断增长,对海域综合利用的水平也逐渐提高,例如,权利人可以利用特定的海域从事养殖、

---

① 参见崔建远:《准物权研究》,法律出版社 2003 年版,第 372 页。

② 参见李显冬、唐荣娜:《论我国物权法上的准用益物权》,载《河南省政法管理干部学院学报》2007 年第 5 期。

③ 参见梅夏英、高圣平:《物权法教程》,中国人民大学出版社 2007 年版,第 299、300、303 页。

旅游、围海造田、修建港口,在特定海域中搭建海上石油平台等海上设施等,海域使用权的价值日益凸显。

(五)法律适用不同

一般用益物权主要适用《物权法》的规定,当然特别法也可以进行补充规定,从而可以引致相关的特别法。例如,《物权法》第131条规定:"承包期内发包人不得收回承包地。农村土地承包法等法律另有规定的,依照其规定。"但是海域使用权主要是由特别法如《海域使用管理法》规定的。物权法中主要是对海域使用权作出一般性规定,它只是确认了其物权的性质,而具体的内容和行使等往往需要由特别法作出相应的规制。在特别法中不仅要对权利人的权利予以确认,还必须对这些权利主体所承担的国家和社会的义务作出规定,才能更好地实现国家整体利益和社会公共利益。所以这些权利应当是物权法和特别法双重规定的产物。当然,物权法和特别法对这些权利规定的内容是不一样的。物权法只对这些权利作出概括性的规定,表明这些权利可以适用物权的基本规则如公示公信原则,并可以采用物权的保护方法对这些权利进行保护。有关这些权利的设定、取得、终止以及权利的具体内容都与行政管理具有密切的联系,应当在特别法上作出规定。① 在法律适用方面,按照特别法优先于普通法的规则,首先应当适用特别法的规定。在其没有规定时,才适用物权法。

美国学者瑞奇曾在《新财产》一文中指出,行政特许产生一种财产权利。② 单纯的行政特许本身是不能成为物权的,其只是一种经过政府批准的资格。行政特许产生的权利是通过行政程序而不是民事程序所获得的,权利的内容和期限需要由公法界定。但行政特许可以产生一种民事权利,我国有关的特别法(如《海域使用管理法》)已经将海域使用权等行政特许权利上升为一种民事权利,在其遭受侵害时,赋予了其一定的救济措施,这已经使这些权利具有私法上的权利的特点。特别是《物权法》将这些权利上升为物权,并且规定在用益物权编中,从而使其成为一种长期稳定的财产权利,并且在受到侵害的时候能够获得物权法上的救济。这对于保护权利人的权利、促进自然资源的合理开发利用有着积极的作用。

---

① 参见梅夏英、高圣平:《物权法教程》,中国人民大学出版社2007年版,第299、300、303页。

② Lawrence M. Friedman, The Law of The Living, The Law of The Dead: Property, Succession, and Society, 1966 Wis. L. Rev., Vol.29 (1980).

实际上，准用益物权虽然具有行政特许的特点，但作为物权，又是一种受物权法保护的长期稳定的财产权利。①

物权法将海域使用权作为准用益物权加以规定，一方面，有助于维护海域利用秩序，保护海洋环境资源。在海域使用权被确定为一项准用益物权之前，通过行政手段来调整权利滥用行为，往往不能有效地遏制对海域的非法利用和对海域环境的破坏行为，导致一些海域开发、利用的无序、无度现象，对海洋资源和环境的保护造成了非常不利的影响。将海域使用权规定为一种准用益物权，因此根据物权法定的规则，作为海域所有权人的国家，也不能随便限制和改变海域使用权人的权利内容。② 另一方面，确认海域使用权为准用益物权，有利于明确权利归属，解决权利争议，也有利于权利人对海域的利用行为。在海域资源的价值日益重要和突出的情况下，将海域使用权作为一项民事权利加以明确规定，通过民事权利的设立和变动方式来规范海域的利用，这不仅实现了权利人的利益期待，也可促进海域使用权按照市场化的原则进行流转，有利于实现对海域最有效率的利用。③ 总之，通过将海域使用权规定为准用益物权，确定权利人的权利义务关系以及权利行使的规则，对于保障准用益物权的权利人履行保护环境、维护生态和促进可持续发展的义务、保障土地和矿藏等自然资源的合理和有序开发利用，都具有极为重要的意义。

三、海域使用权与养殖权的关系

所谓养殖权，是指权利人依法对国有、集体的水面、滩涂从事养殖活动并排斥他人干涉的权利。我国海域辽阔、海岸线长，为海水养殖提供了便利。自改革开放以来，我国海水养殖业迅速发展，也有许多农民在河道、湖泊以及水库的水面从事淡水养殖，养殖已经成为一项重要的产业。为了加强对渔业资源的保护和合理利用，保障渔业经营者在养殖、使用水面过程中的合法权益，确有必要在法律上确认养殖权为一种准用益物权。我国《物权法》第 123 条规定："……使用水域、滩涂从事养殖、捕捞的权利受法律保护。"这就在法律上确认了养殖权为一种准用益物权，有助于使

---

① 参见孙佑海：《物权法与环境保护》，载《环境保护》2007 年第 10 期。
② 参见李永军主编：《海域使用权研究》，中国政法大学出版社 2006 年版，第 46 页。
③ 参见郭明瑞主编：《中华人民共和国物权法释义》，中国法制出版社 2007 年版，第 211 页。

养殖权成为一种长期稳定的权利,鼓励养殖经营者从事各种投资行为。"有恒产者有恒心",由于养殖权成为一种长期稳定的财产权利,经营者基于对养殖的合理期待从而能够大胆地对养殖业进行投资。由于养殖权是一种准用益物权,所以在权利的设定、内容等方面,如果《渔业法》等特别法没有进行规定,则适用《物权法》的相关规定,尤其是确认其是一种准用益物权之后,对于此种权利的流转、保护等都可以适用《物权法》的相关规定,这就更加有利于保护渔业权人的利益,并为以后渔业权制度的完善提供了制度空间。

养殖权与海域使用权可能同时涉及对海域的利用问题,在内容上有一定的交叉。因而,在《物权法》的制定中,对海域使用权和养殖权的相互关系存在不同的看法:一是单一海域使用权说。该说认为《物权法》只应当规定海域使用权,而不应当规定养殖权,因为海域使用权可以涵盖养殖权的所有内容。而在其他水面上的养殖权,可以通过土地承包经营权的扩大解释来解决。养殖权从来不是也不应当成为民法上的权利。① 二是单一养殖权说。此种观点认为,《物权法》只应规定养殖权,而不应规定海域使用权。因为养殖权可以包括所有水面上的养殖,而海域使用权只能包括在海域上的养殖。且海域使用权缺乏调整目的和功能,如果海域用于养殖,就应当通过养殖权来代替;如果海域是用于捕捞,就应当通过捕捞权来代替。② 三是双重权利承认说。此种观点认为,尽管养殖权和海域使用权之间存在一定的交叉,但它们实际上是两种不同性质的权利。因此,《物权法》应当同时承认这两种准用益物权。从比较法角度看,多数国家的立法采纳了第三种观点。

我国《物权法》也采纳了第三种观点,分别在《物权法》第 122 条和第 123 条规定了海域使用权和养殖权。应当承认,这两种权利在内容上确实存在交叉:如果权利人要利用特定的海域从事养殖活动,将可能同时涉及海域使用权和养殖权的内容。如何解决二者之间在取得、行使时可能产生的冲突和矛盾,值得探讨。

根据《海域使用管理法》第 25 条的规定,海域使用申请人可以利用海域从事养殖。根据《渔业法》第 11 条的规定,单位和个人使用国家规划确定用于养殖业的全民所有的水域、滩涂的,使用者应当向县级以上地方人民政府渔业行政主管部门提出申请,由本级人民政府核发养殖证,许可其

---

① 参见尹田主编:《中国海域物权制度研究》,中国法制出版社 2004 年版,第 159 页。
② 参见崔建远:《海域使用权制度及其反思》,载《政法论坛》2004 年第 6 期。

使用该水域、滩涂从事养殖生产。由于全民所有的水域包括了海域,据此申请人可以申请利用国有的海域从事养殖业。那么,海域使用权人经过申请批准,获得海域使用权证书之后,是否还必须取得养殖权证书?反之,养殖权人如果经过申请批准,获得养殖许可证书之后,是否还必须取得海域使用权证书?两种权利之间是重叠的还是相互冲突的,值得探讨。

尽管海域使用权与养殖权在内容上存在重叠和交叉,但二者毕竟是两种不同性质的准用益物权,主要表现在:第一,二者的设定目的不同。养殖权的设定目的是利用水域从事水生动植物的养殖,但并不需要利用水域之上的空间;而海域使用权设定的目的非常广泛,除了可以从事养殖活动,还包括从事拆船、旅游娱乐、盐业矿业、公益事业、建设工程等诸多活动。① 当然,随着海洋经济以及科学技术的发展,海域的利用方式日益丰富发展,海域使用权的具体内容还将有新的发展。第二,两种权利的客体不同。海域使用权的客体是海域,而养殖权的客体是所有的水面和滩涂,包括江河湖泊等的水面。根据《渔业法》第2条的规定,在内水、滩涂、领海、专属经济区以及一切其他海域均可从事养殖;而海域使用权的范围仅限于海域本身。尤其是养殖权人可以在集体所有的水域进行养殖,从而使得养殖权与承包经营权具有类似性;而海域使用权人只能利用专属于国家所有的海域。第三,二者适用的法律不同。《物权法》只对二者作出了原则性规定,其具体内容要根据特别法来具体确定,其中养殖权主要依据《渔业法》确定,而海域使用权要适用《海域使用管理法》的规定。

针对养殖权和海域使用权之间可能发生的冲突,法律有必要进行整体的设计,不能使权利人在取得一项权利之后,还要办理两次手续,增加取得享有此项用益物权利益的成本。如果能够通过颁发一个权证解决权利归属,则对保护权利人的利益是非常有利的。笔者认为,首先,应该根据当事人设立权利的目的来考虑,如果当事人仅仅只想从事养殖业,则可以考虑申请设立养殖权;如果当事人要从事养殖以外的活动,例如开采、建造等活动,则应申请设立海域使用权。其次,要考虑简化当事人的登记申请程序。例如,如果申请人要利用特定的海域从事养殖,而且已经获得一个权利的权属证书,就视为其同时获得了两种权利的资格,但是如果不是利用特定的海域从事养殖活动,而是从事其他的活动,或者主要是从事养殖活动但同时还要从事一些其他附属性活动,则必须要取得海域使用

---

① 参见《海域使用管理法》第25条。

证。如果申请人不仅仅利用海域,还要利用其他水面进行养殖,就还需要取得养殖许可证。当然,负责审批两项权利取得的政府部门之间必须要有必要的协调和信息共享机制。

另外,在同一海域范围内,如果不同的申请人都获得了许可证书,例如,某一人从事养殖业,另一人从事建造、开采等活动。在此情况下,可以考虑根据两项规则来解决:一是根据物权法中的"先来后到"规则。如果两项权利之间发生直接冲突,譬如一人根据养殖权要求从事养殖,另一人根据海域使用权也要求进行养殖活动,则应根据两项权利设立的时间顺序来解决冲突。二是根据《物权法》第136条的规定,新设定的用益物权不得损害已设定的用益物权。例如,一方首先在特定的海域取得了养殖权从事养殖,另一方后来又取得海域使用权来从事开采、建造等活动,则开采、建造等行为不得影响他人的养殖活动。

四、海域使用权制度的完善

物权法确认海域使用权是物权,为海域使用权适用《物权法》的规则并根据《物权法》来完善具体规则提供了必要的制度空间。

第一,完善海域使用权的设定规则。根据《海域使用管理法》的规定,海域使用权的设定大都采取审批加登记的方式①,只要申请人向有关部门提交申请书,获得批准并办理了登记手续,就可以获得准物权。但是仅仅申请获得物权的方式是不够的,应当由申请人与政府有关部门签订海域使用权合同,在合同中明确约定海域使用权的范围、期限等,在该合同获得批准后,才能取得海域使用权。由于申请人与管理机关之间并没有订立海域使用权合同,缺乏对权利义务关系的明确约定,因而在海域利用的过程中,容易引发各种矛盾。例如,在权利人滥用其权利,不正当行使权利的时候,也难以根据《合同法》的规定承担合同责任,受害人的权利难以得到有效的救济。实际上,如果承认海域使用权是一种准用益物权,那么仅仅有政府审批而没有合同是不能导致他物权的设定的。且以审批取代他物权设定的合意并不科学合理,通过合同设立海域使用权不仅可以具

---

① 《海域使用管理法》第19条规定:"海域使用申请经依法批准后,国务院批准用海的,由国务院海洋行政主管部门登记造册,向海域使用申请人颁发海域使用权证书;地方人民政府批准用海的,由地方人民政府登记造册,向海域使用申请人颁发海域使用权证书。海域使用申请人自领取海域使用权证书之日起,取得海域使用权。"

体约定当事人之间的权利义务关系,也可以规范海域使用权人对海域的利用方式,还可以防止政府对海域使用权人的随意干涉,保持法律的稳定性和可预测性。

第二,完善海域使用权的公示制度。既然承认海域使用权为一种准用益物权,因此其设定不能简单地通过行政审批的方式,而应当采取《物权法》中"合意+公示"的方法。有关海域使用权的公示也不得完全采用登记造册的行政管理方式,而应该纳入物权公示的框架下,这就是说,海域使用权的设立应当按照物权设定的一般规则,采用登记的方式,原则上未经登记不得设立。海域使用权转让、变更、抵押应采取登记要件主义。登记后应该允许第三人查阅,从而保障交易安全。

第三,完善海域使用权抵押制度。原则上讲,依据《物权法》第180条的规定,法律、行政法规未禁止抵押的财产均可以设定抵押。基于对该条的解释,如果法律和行政法规中并未规定对海域使用权抵押的机制,那么可以在海域使用权上设定抵押。目前我国关于海域使用权抵押的规范文件主要是《海域使用权管理规定》,其第42条规定"海洋行政主管部门认为不能出租、抵押的"海域使用权被排除在可以抵押的财产范围之外。该条可否被视为对海域使用权抵押的限制呢? 如果依据《海域使用权管理规定》第42条的规定,则海洋行政管理部门禁止的部分海域使用权将无法抵押。这实际上赋予海洋行政管理部门单方面决定海域使用权能否抵押的权利,这与《物权法》第180条的规定存在一定的冲突。笔者认为,《海域使用权管理规定》关于抵押的限制性规定应当作出修改,一方面,对物权的限制必须有法律依据,在法律和行政法规没有对海域使用权抵押作出规定的情形下,行政机关不能限制该抵押权的范围。另一方面,海域使用权的抵押确实有利于充分发挥海域资源的经济功能与效用,尤其是海洋开发需要大量的资金,如果过度限制海域使用权的抵押,将不利于海洋开发的进行。

第四,进一步规范围海造田的行为。获得海域使用权后,权利人是否可以利用海域进行围海造田? 伴随着土地资源的日益短缺,围填海造田工程日益增多。《海域使用管理法》第32条规定了围海造田后海域使用权与土地使用权的转化,但该规定过于简略,在实践中,出现了大量围填海项目无法完成申领土地使用权证书的局面。[①] 有学者认为,以填海的方

---

① 参见毛亚敏:《完善我国海域使用权制度的建议》,载中国法学会编:《中国法学会部级课题成果要报汇编(2015年卷)》(上卷),中国法制出版社2015年版,第238页。

式开发利用海域属于海域使用权的一项权能。[①] 笔者认为,这种观点显然是值得商榷的。一方面,海域使用权是指权利人依法占有特定的海域并利用海域进行养殖、旅游等活动的权利。本质上是利用海域从事活动,但是这种利用不能改变海域使用权的性质,在围填海作业中,围填海使得海域变为陆地,已经彻底改变了海域使用权的性质,因而不应将围填海作为海域使用权的权能。另一方面,如果允许将围填海作为海域使用权的权能,将会对海洋资源造成极大的破坏。在实践中围填海可以说是一种直接损害海洋资源的利用方式。[②] 因为围海造田不仅根本上改变了对海洋的使用,而且会导致海水中的生物和矿产资源均遭受根本性的破坏。如果鼓励海域使用权人通过围填海的方式进行开发利用,大规模进行围填海作业,其结果将会带来不可逆的巨大损失。从我国现行法律规定来看,依据《海域使用管理法》第18条的规定,填海50公顷以上的项目需要报国务院审批,而不能以行使海域使用权的方式直接进行围填海作业。因此,对围海造田必须另行获得政府有关部门的批准,而不能直接以海域使用权的行使来正当化围海造田的行为。

值得探讨的是,在取得海域使用权之后,是否可以当然享有探矿权?关于海域使用权中是否包括探矿权,或者探矿权中是否包括海域使用权,法律对此尚未有明确规定。许多学者认为,权利人在获得探矿权后,可以依照土地资源相关法律获得国有土地使用权,也可以相应地取得海域使用权。笔者认为,取得海域使用权之后如果需要进行探矿、采矿,还需要申请探矿权、采矿权。但如果申请海域使用权时已经明确是以探矿为目的,应当通过有关部门的协调,确定是否可以通过一个程序来解决。[③] 从立法上看,同一行为不应当要求行为人进行两次申请、取得两次许可,因此,在立法上对此现象应当加以修改,使之得以完善。

[①] 参见张洪波:《海域使用权制度研究》,哈尔滨工程大学出版社2015年版,第125页。
[②] 参见崔凤友:《海域使用权制度之研究》,中国海洋大学2004年博士论文,第10页。
[③] 参见王淼、袁栋:《海洋矿产资源产权问题成因与对策》,载《矿业研究与开发》2007年第5期。

担保物权

我国民法典物权编中担保物权制度的发展与完善[*]

2007年《物权法》的颁布，符合了担保物权的发展趋势，回应了实践中关于担保的需求，也极大地完善了《担保法》关于担保物权的规定。然而，自《物权法》颁布以来，随着我国市场经济和融资的进一步发展，产生了更多类型的新型担保，并为担保物权的现有规则提供了重新审视和反思的机会。鉴于我国目前正在制定民法典，在民法典分则物权编中，担保物权制度应当重新予以检讨，并有效地整合有关担保物权的现有规定。笔者拟就未来我国民法典物权编中担保物权体系的发展与完善谈几点粗浅的认识。

一、协调《物权法》和《担保法》的相关规定

法谚有云："后法优于前法。"这就是所谓的"新法优先于旧法"的原则，即对同一事项，如果新法已经对其作出调整，旧法的相关规则当然废止。[①] 该原则主要适用于同一位阶的规范之间，也就是说，它是针对两个具有同等效力层级的法律针对同一事项作出不同规定时所适用的规则。因为《担保法》颁布在先而《物权法》颁布在后，而且《物权法》本身已经对《担保法》的不少规定作了较大的修改与完善，因此，在法律适用上应当首先适用《物权法》的规则。例如，依据《担保法》第28条的规定，在人保和物保并存的情况下，首先应该实现担保物权，再实现保证担保。确立这一规则的主要原因在于：一方面，按照物权优先于债权的规则，物保属于物权的范畴，而人保属于债权的范畴，所以物保优先于人保。另一方面，物的担保以其特有的物权优先性可以确保债权的受偿，而保证属于债权担

---

[*] 原载《法学评论》2017年第3期。
[①] 参见郑玉波译解：《法谚（一）》，三民书局1984年版，第8页。

保方式,因此,物的担保应当优先于保证。① 另外,物的担保将产生担保物权,担保物权较之于保证合同更容易执行,因此,应当先实现担保物权。然而,这种规定误解了物权的优先效力,对物上保证人极不公平,而且严重限制了当事人的私法自治。因此,在总结我国立法和司法实践经验的基础上,《物权法》第 176 条规定:"被担保的债权既有物的担保又有人的担保的,债务人不履行到期债务或者发生当事人约定的实现担保物权的情形,债权人应当按照约定实现债权;没有约定或者约定不明确,债务人自己提供物的担保的,债权人应当先就该物的担保实现债权;第三人提供物的担保的,债权人可以就物的担保实现债权,也可以要求保证人承担保证责任。提供担保的第三人承担担保责任后,有权向债务人追偿。"由此可见,就混合共同担保中担保权的实现,《物权法》对《担保法》的相关规则作了重大修改,不再实行物的担保优先于保证的规则。不仅如此,《物权法》还在《担保法》的基础上,扩张了担保财产的范围并增加了不少新的担保形式。例如,《物权法》增加了动产浮动抵押权、基金份额质权、应收账款质权等新型担保方式,明确规定正在建造的建筑物等之上可以设定抵押,允许法律、行政法规未禁止抵押的其他财产作为抵押物。②

在《物权法》颁布实施之后,《担保法》并未废止,而是继续有效。因为《担保法》不仅仅包括了物的担保,而且也包括了人的担保,属于人的担保的内容本来属于债法的内容,但是由于《合同法》并没有将保证合同纳入其中,这就产生了一个法律上的难题,即如果废止《担保法》,则会使《担保法》中保证的内容无所归依,这显然是不妥当的。而且即便就物的担保而言,《物权法》也未完全取代《担保法》的规则。正因如此,为了协调两部法律对担保物权的规定的关系,《物权法》第 178 条规定:"担保法与本法的规定不一致的,适用本法。"这一规定体现了"新法优于旧法"的法适用规则,在一定程度上确立了《担保法》与《物权法》相冲突时的处理规则。③

然而,尽管存在这一规定,由于《担保法》并没有被废止,两部法律的冲突并未完全得到解决。司法实践中,法院同时适用上述两部法律以及相关司法解释的现象也很常见。这种现状不仅给法官找法带来了严重困

---

① 参见邹海林、常敏:《债权担保的理论与实务》,社会科学文献出版社 2005 年版,第 116 页。
② 参见全国人大常委会法制工作委员会民法室编:《中华人民共和国物权法条文说明、立法理由及相关规定》,北京大学出版社 2007 年版,第 178 页。
③ 参见高圣平、罗蕾:《物权法与担保法适用的时间效力问题》,载《人民司法》2010 年第 21 期。

难,而且也使得同一案件因为不同法官选择适用《担保法》或者《物权法》,造成裁判结果的不一致,一定程度上导致"同案不同判""同法不同解"的现象,损害了司法的公正性与权威性。如混合共同担保中担保人内部求偿权问题,《物权法》第 176 条未予明确规定,但《担保法解释》第 38 条有具体规定,司法实践中把握不一①,亟待立法解决。

在当前我国编纂民法典时,有必要高度重视并妥当处理好《物权法》和《担保法》的相互关系。如果继续沿袭《物权法》第 178 条的现有规定,使《担保法》继续有效,法官可能因为难以确定《担保法》的哪些条款已被民法典修改,哪些条款没有被修改,而选择继续适用《担保法》,从而造成法律规则的不一致。最好的办法是,在编纂民法典时,将既有的《担保法》的内容一分为二:其中,物的担保纳入民法典的物权编之中,而人的担保纳入债编或合同编的范畴,然后废止《担保法》和《物权法》。只有这样,才能形成科学合理的法律体系。

二、应当对一些新型担保方式作出规定

为因应经济快速发展所催生的大量融资需求,各国均在不同程度上对担保制度进行了革新。② 在未来我国民法典的物权编中,是否应该规定新的担保形式,首先涉及如何认识担保的功能问题。应当看到,担保物权具有"安全"和"效率"的双重功能。一方面,担保物权制度旨在保障债权到期后能够得到及时清偿和实现,这是担保物权的"安全"功能;另一方面,担保物权可以为当事人提供更多的融资途径或制度选择,这是担保物权的"效率"功能。然而,在这两种基本功能之间又存在着一定的冲突。如果强调"安全"的优先意义,就必须要以担保物权类型的法定主义作为

---

① 大部分判决承认担保人的内部求偿权,如顾正康与汇城公司、荣华公司、华泰龙公司、钱云富担保追偿权纠纷上诉案民事判决书[湖北省高级人民法院(2014)鄂民二终字第00078 号];何秋金等与东方公司杭州办事处、上海舜日公司等金融借款合同纠纷上诉案民事判决书[上海市第二中级人民法院(2016)沪 02 民终 4886 号];胡永生、谢嘉、胡霞与曹长清担保追偿权纠纷上诉案民事判决书[江苏省南京市中级人民法院(2015)宁民终字第 7596号]等;但亦有判决不承认担保人之间的内部求偿权,如南京东部路桥工程有限公司与王军、杨捷、施彦平、王京、江苏瑞桓建设有限公司担保合同追偿纠纷上诉案民事判决书[江苏省南京市中级人民法院(2016)苏 01 民终 3182 号]。

② 详细介绍参见 Joseph J. Norton, Mads Andenas(eds), Emerging Financial Markets and Secured Transactions, Kluwer Law International, 1998;Roy Goode, Legal Problems of Credit and Security, 3rd edn, Sweet & Maxwell, 2003。

基本手段,对当事人自发的制度创新活动予以必要的限制;而如果强调效率是优先目标,就应当给予当事人在自行创设新型担保方式上以更大的制度空间。从总体上看,《物权法》在一定程度上兼顾了安全与效率这两个基本功能,为了使当事人获得尽可能多的融资途径,规定了正在建造的建筑物的抵押、动产浮动担保、基金份额质押、应收账款质押等,适应了担保物权制度的国际化发展趋势。不过,为了适应担保物权的发展需要,在未来我国民法典物权编中仍然应当进一步完善相关制度,主要包括:

第一,应当对典当中的营业质权作出明确的规定。所谓营业质权,是指当铺营业人以约定的期限和利息向借款人出借款项,并以借款人交付占有的动产为标的,在债务人不能偿还借款本息时,当铺营业人可以直接取得该标的物的所有权。从实践来看,营业质权主要发生在典当关系中,在典当交易中,当户将其动产、财产权利作为当物质押或者抵押给典当行,交付一定比例的费用,取得当金,并在约定期限内支付当金利息、偿还当金、赎回当物的行为。在我国,典当已经成为一种重要的融资方式。自1984年我国出现第一家典当行以后,典当业在各地迅速发展。应当看到,典当关系中存在多种法律关系,如质押、抵押等,这些法律关系已经受到《物权法》的调整,但在抵押、质押之外,还存在一种特殊的法律关系,即营业质权关系。依据《典当管理办法》第43条第2项的规定,"绝当物估价金额不足3万元的,典当行可以自行变卖或者折价处理,损溢自负",该规定实际上是关于营业质权的规定。但此种关系并没有受到《物权法》的调整。而《物权法》关于流质契约规则的规定并不适用于营业质权,因此,我国正在制定的民法典物权编有必要对此类特殊的物权作出规定。① 此外,从实践来看,我国典当业发展迅速,已经远远突破了这一界限,而且当事人采取一些方式规避这一规则的适用,这就要求在法律上对其加以规范。因此,未来民法典物权编中应当考虑典当行业的特殊性,适当允许流质,以进一步规范典当业,并保障其健康有序的发展。

第二,承认动产让与担保。让与担保有广义和狭义之分。② 广义上的让与担保,包括买卖式担保与让与式担保。买卖式担保,是指以买卖形式

---

① 参见高圣平:《民法典中担保物权的体系重构》,载《法学杂志》2015年第6期。
② 有关让与担保的广义与狭义的区分,主要来自于日本法。但在日本法上,此种区分被认为是让与担保发展过程中运用法解释技术而产生的一时的概念,甚至被认为是虚构的对立概念,并无任何实益。也正是基于这一原因,这一概念上的区分,在日本大审院1933年4月26日判例中被承认之后,并未被后来的司法实践所继续采纳(参见〔日〕近江幸治:《担保制度的研究—移転型担保研究序说—》,成文堂1989年版,第266页)。

进行信用的授予,并未给予信用者即债权人请求返还价金的权利,但接受信用者即债务人却享有通过支付价金而请求返还自己让与给债权人的标的物的权利的一种担保形式。① 这种担保形式在日本民法上称为卖渡担保。狭义的让与式担保是指债务人或第三人为担保债务人的债务,将担保标的物的权利事先移转给担保权人,在债务清偿后,标的物的权利应返还给债务人或第三人,当债务人不履行债务时,担保权人可以就该标的物受偿。② 动产让与担保作为一种非典型的担保,它并不是由法律直接规定的,而是通过习惯和司法判例创设的。各国法律大多没有在物权法中对其作出明确规定。③ 例如,以德国为代表的国家虽然承认动产让与担保,并在实务中广泛采用动产担保形式,但其并未明确作出规定。在我国《物权法》制定过程中,曾经有不少学者呼吁对动产让与担保作出规定④,但是立法者最终没有采纳这一建议。笔者认为,虽然我国采物权法定原则,但是有必要对动产让与担保作出规定。一方面,既然动产抵押得到了法律上的承认,而动产抵押的设立并不需要办理登记,只要当事人达成合意即可成立,而动产让与担保通常需要登记,具有法定的公示方法,更应当得到法律承认。另一方面,动产让与担保还具有节约交易成本等重要意义。承认动产让与担保可以避免繁杂的担保物权实现程序,也有利于当事人融资。而且,从实践来看,当事人可能会采取一些变通的方法(如分别签订借款合同和动产的买卖合同),从而实质上采取了动产让与担保的方式为债权提供担保。如果法律上不认可动产让与担保的规则,就无法规范相关的裁判行为。

当然,如果承认动产让与担保,一方面需要完善其公示方法,以便使动产上的权利负担为他人知晓,防止危害交易安全。另一方面也需要确立清算义务,这可以避免债权人不经清算而取得标的物的所有权以谋取暴利,且有利于维护债务人及其他债权人的利益。

第三,对收费权质押作出单独的规定。《物权法》第 223 条第 6 项对应收账款质押作出了规定,目前实践中是将收费权解释为应收账款的一

---

① 参见史尚宽:《物权法论》,中国政法大学出版社 2000 年版,第 423 页。
② 我国台湾地区也有学者认为,Mortgage 之本意为让与担保,目的在移转财产担保债务之清偿。参见刘得宽:《民法诸问题与新展望》,中国政法大学出版社 2002 年版,第 452 页。
③ 参见〔日〕近江幸治:《担保物权法》,祝娅、王卫军、房兆融译,法律出版社 2000 年版,第 10 页。
④ 参见中国物权法研究课题组:《中国物权法草案建议稿——条文、说明、理由与参考立法例》,社会科学文献出版社 2000 年版,第 89、777—778 页。

种形式,从而变成应收账款的质押。其实,我国有关规范性文件早已承认了收费权质押。例如,2000年12月8日颁布的《担保法解释》第97条规定:"以公路桥梁、公路隧道或者公路渡口等不动产收益权出质的,按照担保法第七十五条第(四)项的规定处理。"2007年9月30日中国人民银行颁布的《应收账款质押登记办法》第4条规定了应收账款的范围,从该条规定来看,应收账款的范围十分广泛,类型也较多。① 从银行业的实际情况来看,收费权质押已经成为一项重要的银行业务,是一种重要的企业融资担保手段。我国司法实践也承认收费权质押,例如,最高人民法院第53号指导性案例也明确确认了污水处理项目等特许经营的收益权出质的规则。② 在此背景下,笔者认为,将收费权质押仅仅解释为应收账款质押,而不承认其作为一种独立的权利质押方式,确实存在一定的弊端。

尤其应当看到,在法律上,应收账款与收费权的内涵不同,外延也存在明显区别。收费权是一个范围非常宽泛的概念,但作为应收账款质押的收费权,主要是指经过有关部门的批准和许可,而享有的对公路、桥梁、隧道、渡口等基础设施的收费权。其特点在于:一方面,它是权利人对各种基础设施所可能产生的收益等享有的请求权,大多是针对不特定人而不是针对特定的人请求支付费用的权利。另一方面,收费权通常是一种资格,它不是现实地支配某项财产的权利,而是在权利人为他人提供服务之后所享有的一种收取费用的资格。在收费权质押时,可能还没有形成具体的债权债务。这一差异导致收费权质押和一般应收账款质押存在以下明显的区别:首先,应收账款质押是以实际以及将要发生的债权质押。而在收费权质押中,出质的对象就是收费权。在债务人不履行债务的情况下,强制执行的只能是收费权本身而不能是因收费权而产生的债权。

---

① 《应收账款质押登记办法》第4条规定:"本办法所称的应收账款是指权利人因提供一定的货物、服务或设施而获得的要求义务人付款的权利,包括现有的和未来的金钱债权及其产生的收益,但不包括因票据或其他有价证券而产生的付款请求权。本办法所称的应收账款包括下列权利:(一)销售产生的债权,包括销售货物,供应水、电、气、暖,知识产权的许可使用等;(二)出租产生的债权,包括出租动产或不动产;(三)提供服务产生的债权;(四)公路、桥梁、隧道、渡口等不动产收费权;(五)提供贷款或其他信用产生的债权。"

② 在该指导性案例中,福建海峡银行股份有限公司福州五一支行诉长乐亚新污水处理有限公司、福州市政工程有限公司金融借款合同纠纷案的判决书中认为:"污水处理项目特许经营权是对污水处理厂进行运营和维护,并获得相应收益的权利。污水处理厂的运营和维护,属于经营者的义务,而其收益权,则属于经营者的权利。由于对污水处理厂的运营和维护,并不属于可转让的财产权利,故讼争的污水处理项目特许经营权质押,实质上系污水处理项目收益权的质押……可纳入依法可出质的'应收账款'的范畴。"

拍卖、变卖的对象也只能是收费的资格。其次,作为权利质权标的的应收账款,产生于合同①,且应当具有可转让性。一般的应收账款作为债权是具有可转让性的,故此能够质押。但是,许多收费权本身是经过政府特许的,权利人的资格受到较多的限制。这些收费权要再行转让,必须获得相应的许可。最后,从质权的实现方式来看,收费权质押可以采取将收费权拍卖、变卖或折价的方式,而应收账款的质押一般不存在将应收账款拍卖、变卖的方式,大都采取由质权人向第三债务人直接收取债权的方式。因此,收费权质押不同于发生在当事人之间的一般债权的质押,不宜将其完全概括在应收账款质押之内,而应当单独作出规定。同时,我国物权法上的"应收账款"是一个比较宽泛的概念,法律上也应当对其范围进行明确。

第四,规范商品房按揭。在我国,所谓按揭,通常是指商品房按揭,它是指购房人和房屋出卖人买卖期房时,购房人在支付首期规定的房价款之后向银行贷款,由贷款银行代其支付其余的购房款,而购房人以其所购预售商品房抵押给贷款银行,作为偿还贷款履行担保的行为。② 严格地说,按揭不是一个严谨的法律术语,其在内容上包含了多重法律关系。在期房按揭中,预购人(按揭人)将其与开发商签订的《商品房预售合同》交予银行占有,并以此合同项下的权益作担保(并由商品房预售人作保证人)向银行贷款;在其依约清偿银行贷款的本息后,将该预售合同从银行处赎回;于其不能依约清偿银行贷款的本息时,由银行取得该预售合同项下的权益以清偿预购人对银行的欠款。一般来说,各类按揭并非仅局限于担保,而是由担保和不动产交易紧密结合的一种复杂的交易方式,涉及三方当事人之间的多个法律关系:一是购房人(按揭人)与银行之间的借款合同法律关系;二是按揭人与银行之间的以所购房屋或合同项下权益为标的之担保合同(一般包含有保险条款和房屋买卖合同及权利证书移转占有条款)法律关系;三是购房人与银行之间就将划拨资金给房产商所达成的委托合同法律关系。③ 从实践来看,按揭的方式极为普遍,和期房买卖密不可分,并为促进我国房地产业的发展提供了有效的保障。

对于《物权法》是否承认了按揭为一种担保物权,存在不同的看法。

---

① 参见高圣平:《担保法论》,法律出版社2009年版,第542页。
② 参见程啸:《担保物权》,载王利明、尹飞、程啸:《中国物权法教程》,人民法院出版社2007年版,第460页。
③ 参见李希:《试论按揭的法律属性》,载《政治与法律》1998年第3期。

肯定说认为,按照《物权法》第180条的规定,债务人和第三人可以其有权处分的正在建造的建筑物抵押,这实际上在法律上确认了按揭。否定说则认为,根据《物权法》第5条的规定,物权的种类和内容都必须由法律加以规定。《物权法》第5条的规定十分严格,甚至禁止以民事特别法、司法解释等方式创设新的物权,更遑论当事人以合同的方式约定新的物权。此外,从权利内容的角度来看,按揭涉及的法律关系非常复杂,抵押权不能涵盖按揭的全部法律关系。所以,如果按揭要具备物权效力,必须由法律加以明确规定。笔者认为,按揭涉及的法律关系非常复杂,其包括开发商与买受人的购房关系、买受人与银行之间的借贷关系、买受人与银行之间的担保关系等。按揭也包括了抵押关系,就抵押部分而言,其应当属于《物权法》规定的在建建筑物抵押。① 由于《物权法》第180条已经规定了在建建筑物抵押,如果能够运用法律解释的方法将按揭解释为在建建筑物抵押的一种方式,则不必在物权法中单独对按揭作出规定。但问题在于,此种做法实际上是对按揭法律关系进行了部分截取,将其涉及抵押的内容抽离出来,单独进行解释。然而,社会的一般观念认为,按揭属于一种特殊的担保方式,各种法律关系是密切结合在一起的,难以进行分割,而且鉴于按揭在实践中运用的广泛性和功能的重要性,确实有必要将其作为一种独立的担保物权方式加以规定。我国民法典物权编有必要对此作出规定。

三、明确并完善动产抵押的法律规则

动产抵押的扩张是担保物权发展的重要趋势。② 这是因为在现代社会,随着科学技术的进步,动产的类型越来越多,价值也越来越大。另外,在现代社会,一些新型动产的重要性也日益凸显,例如,计算机软件的开发使软件具有日益重要的价值。如果法律允许动产抵押或采取其他担保形式,就将使得普通动产和新型动产都将被纳入担保财产的范围,从而极大地扩张了担保标的物的范围。以日本为代表的一些大陆法系国家则承认特殊动产的抵押权(如在船舶、汽车、航空器上允许设定抵押权)。我国

---

① 参见程啸:《担保物权》,载王利明、尹飞、程啸:《中国物权法教程》,人民法院出版社2007年版,第460页。
② 参见谢在全:《动产担保制度之最新发展》,载法学丛刊杂志社主编:《跨世纪法学新思维》,法学丛刊杂志社2006年版,第317—358页。

《物权法》允许动产进行抵押,但是动产抵押的法律规则仍有较大的完善空间。在完善我国动产抵押的法律规则时,需要研究以下几个问题。

第一,是否将生活资料排除在抵押财产范围之外?依据《物权法》第181条的规定,动产抵押的范围限于"现有的以及将有的生产设备、原材料、半成品、产品"。这一规定在很大程度上限制了可抵押的动产的范围,如排除了生活资料的抵押。从鼓励交易、强化债权保障的角度来看,未来民法典物权编中应当逐步放宽可抵押的动产的范围。当然,究竟放宽到什么程度,需要进一步研究。笔者认为,从法律的人文关怀角度考虑,应当禁止生活资料的抵押,避免因抵押权的实现而影响抵押人的正常生活。

第二,是否需要统一动产担保物权的公示方法?目前《物权法》将动产抵押的公示规定为登记对抗,质权的公示方法为移转占有。笔者认为,应当继续采用现有物权法的规则,允许当事人选择不同的动产担保方式,从而相应地采取不同的公示方法,不必强求公示方法的一致。有学者认为,相对于抵押而言,动产质押的方式效率低下,因为动产被质押之后,就被债权人占有,出质人就难以对其进行使用。① 而且,质权人还要保管质押物,支付保管费用。但是,在动产抵押之后,抵押物的所有人可以继续利用该动产进行质押,这就有利于充分发挥物的经济效用,有利于解决企业融资难的问题。只不过,质押权人在接受质押时应当查询相关的登记系统,确定标的物是否已经设置了其他担保。如果质押权人在知道标的物已经抵押的情况下,仍然愿意接受质押,则其应当自己负担质押权不能实现的风险。从另一个角度看,质押可以产生"留置"的效力,对债务人产生心理压力,督促其及时清偿债务。因此,动产抵押和动产质押各有利弊,未来民法典物权编立法上应当允许当事人自由选择究竟是设立动产抵押还是动产质押,因此,对动产担保物权,没有必要规定统一的公示方法。

第三,是否需要明确统一的动产担保物权的登记机关?我国目前的动产担保物权的登记机关,也存在不统一的现象,这也是一个需要解决的问题。例如,以《物权法》第181条规定的以生产设备、原材料、产品等动产进行抵押,在工商行政管理部门进行登记;以机动车抵押的,在交通管理部门进行登记;以船舶抵押的,在海事管理部门进行登记。而且,不同动产的抵押登记程序也存在差异。因此,我国动产抵押制度的完善迫切地要求统一登记机关,改变动产抵押登记领域"九龙治水"的局面。

---

① 参见杨祥:《论我国商事担保制度的困境及建构思路》,载《金陵法律评论》2015年第2期。

第四，如何协调占有与登记两种公示方法的冲突？从我国目前的法律规定来看，动产所有权人有可能在动产上既设立了抵押权又设立了质权。例如，机动车所有人将其机动车抵押之后，又将其质押。如果债务到期之后，两个债权人都要求就该机动车优先受偿，就必须考虑占有和登记何者的效力优先的问题。《担保法解释》第9条采取了登记优先于占有的方法①，但这一规则并无法理支撑，已广受质疑。② 笔者认为，在此情况下，可以考虑适用"先来后到"（first-in-time）的规则。换言之，在法律上没有明确规定何种公示方法具有优先效力的情况下，原则上只能依据"时间在先、权利在先"的规则确定优先顺位，先设立的担保物权具有优先效力。

四、明确以其他财产抵押的范围

依据《物权法》第180条第1款第7项的规定，"法律、行政法规未禁止抵押的其他财产"都可以抵押。这一规定修改了《担保法》第34条第1款第6项关于"依法可以抵押的其他财产"的规定，扩大了抵押财产的范围，也为法官正确适用法律提供了极大方便。一方面，该条采取了"负面清单"模式，要求在抵押方面实行"法无禁止即自由"的原则，只要法律和行政法规没有禁止性规定，就可以抵押。这就扩大了抵押财产的范围，拓宽了当事人的融资渠道，对于融通资金、促进经济发展可以发挥重要的作用。另一方面，该条也有利于法官正确适用有关担保的法律。因为法院确认禁止抵押财产的范围比较容易，而查找允许抵押的财产范围却比较困难。通常对于当事人抵押的财产，只要不在法律和行政法规禁止之列，法官都可以认可此种担保的效力。此外，这也为担保物权未来的发展预留了空间。③ 因为《物权法》第180条的前引规定在将抵押权严格界定为一种担保物权的同时，对抵押物的范围作了开放式的规定。允许凡是未禁止抵押的财产都可以抵押，因此实践中可以根据该条发展出新的抵押权，即原则上只要能够满足公示的要求，财产就可以抵押，并设定抵押权。据此可见，《物权法》第180条实际上可以起到缓和严格的物权法定的作用。

---

① 参见曹士兵：《中国担保诸问题的解决与展望——基于担保法及其司法解释》，中国法制出版社2001年版，第222页。
② 参见高圣平：《担保法论》，法律出版社2009年版，第546页以下。
③ 参见高圣平：《担保物权司法解释起草中的重大争议问题》，载《中国法学》2016年第1期。

但是,毕竟抵押与其他民事行为不同,设定抵押权实际上是要设立物权,物权要对第三人产生效力。如果对《物权法》第180条规定的可抵押的"其他财产"不作限制,则可能对第三人造成损害。笔者认为,应当对该条中的"其他财产"予以适当的限制,满足以下要件才可以抵押:第一,必须是可以转让的不动产和动产以及权利。例如,有些消费品如电视机、冰箱、手机也可设定抵押。《物权法》第2条第2款规定:"本法所称物,包括不动产和动产。法律规定权利作为客体的,依照其规定。"这就意味着,物权的客体原则上是动产和不动产,权利在法律作出明确规定的例外情况下,才能成为物权的客体。但"其他财产"包括了权利。无论是何种财产,都必须具有可转让性。第二,抵押人对该项财产具有处分权。根据《物权法》第180条的规定,债务人或者第三人有权处分且符合《物权法》第180条规定的财产可以抵押。所以,即使是法律、法规不禁止抵押的财产,也必须由抵押人享有处分权,对于无处分权的财产不得抵押。第三,应当具备相应的公示方法。我国《物权法》确立了物权公示原则,因此,如果在"其他财产"之上设立抵押权,就应当具备相应的公示方法。例如,以整个农场抵押,应当存在相应的登记机构,并可以办理登记。问题在于,如果法律没有规定相应的登记机构,该财产是否就不能设立抵押?笔者认为,没有登记机构不等于就没有公示方法。虽然法律没有规定相应的登记机构,只要可以通过一定的方法进行公示,就应当可以设立抵押。至于实践中如何实现公示,需要根据具体情况来确定。第四,抵押的设定,不得违反公序良俗。这就是说,并非所有的法律没有明文禁止的财产都可以抵押,抵押的设定也要满足公序良俗原则的要求。例如,将"洋垃圾"作为财产进行抵押,虽然现行法律没有严格限制此类财产的抵押,但是将此类财产进行抵押显然是违反公序良俗的。

问题在于,《物权法》第180条第1款第7项中"其他财产"的范围较为广泛,如果当事人以"其他财产"抵押,究竟到哪个机关进行登记?笔者认为,在我国,不动产登记制度已经统一,但在动产和权利之上设立担保的登记机关并不统一,因此,可以考虑设立统一的登记机关,负责动产和权利之上设立担保的登记。另外,在没有统一登记机关的情况下,可以在与该动产最相类似动产的登记机关进行登记。

五、承认土地承包经营权、宅基地使用权抵押

依据我国《物权法》第184条第2项的规定,"耕地、宅基地、自留地、

自留山等集体所有的土地使用权",不得抵押,"但法律规定可以抵押的除外"。据此,以下三种权利不得抵押:一是耕地使用权。我国《物权法》第43条明确规定了严格的耕地特殊保护制度,严格限制集体土地使用权进入市场进行转让和设定抵押。二是宅基地使用权。关于宅基地使用权是否可以单独抵押,在物权立法过程中也存在争议。《土地管理法》(2004年修正)第62条第5款规定:"农村村民出卖、出租住房后,再申请宅基地的,不予批准。"国家土地管理局曾在1995年9月11日发布实施的《农村集体土地使用权抵押登记的若干规定》及1997年1月3日发布实施的《关于土地使用权抵押登记有关问题的通知》中,明确规定了宅基地使用权不能抵押。这就表明,我国法律和政策禁止宅基地使用权的抵押,对出卖、出租房屋进行了严格限制。《物权法》最终采纳了禁止抵押的做法,该法第153条规定:"宅基地使用权的取得、行使和转让,适用土地管理法等法律和国家有关规定。"这实际上是对现有做法的沿袭。依据该规定,宅基地使用权的取得、行使和转让,应当适用《土地管理法》的规定。这主要是考虑到,目前我国农村社会保障体系尚未全面建立,土地承包经营权和宅基地使用权是农民安身立命之本。[①] 所以严格限制宅基地的抵押,实际上是保护农民的长远利益。三是自留山、自留地之上的土地承包经营权。自留山是指农村集体经济组织分配给本集体经济组织成员长期使用的土地;自留地是指农村集体经济组织分配给其成员长期使用的少量的柴山和荒坡。[②] 自留山、自留地之上的土地承包经营权在性质上也属于土地承包经营权,只不过是特殊的土地承包经营权。《物权法》禁止这些权利抵押,主要是考虑到,一方面,《物权法》原则上禁止土地承包经营权的抵押,而自留山、自留地之上的土地承包经营权的抵押自然也在禁止之列。另一方面,自留山、自留地之上的土地承包经营权具有社会保障的性质,是农民的基本生产生活条件,因此,禁止其抵押,也有利于维护农民的长远利益和社会稳定。

《中共中央关于全面深化改革若干重大问题的决定》指出,"赋予……承包经营权抵押、担保权能","保障农户宅基地用益物权……慎重稳妥推进农民住房财产权抵押、担保、转让"。为贯彻决定精神,国务院发布了《关

[①] 参见王兆国:《关于〈中华人民共和国物权法(草案)〉的说明》,载 http://www.gov.cn/2007lh/content_545775.htm,访问日期:2007年4月3日。

[②] 参见卞耀武主编:《中华人民共和国土地管理法释义》,法律出版社1998年版,第60页。

于开展农村承包土地的经营权和农民住房财产权抵押贷款试点的指导意见》(国发〔2015〕45号),其中,"承包土地的经营权"的抵押融资,是"按照所有权、承包权、经营权三权分置和经营权流转有关要求,以落实农村土地的用益物权、赋予农民更多财产权利为出发点,深化农村金融改革创新"为指导思想而提出的。① 《关于开展农村承包土地的经营权和农民住房财产权抵押贷款试点的指导意见》指出:"农民住房财产权设立抵押的,需将宅基地使用权与住房所有权一并抵押。"这里,明确将"农民住房财产权"界定为包括住房所有权和宅基地使用权,在农民住房财产权抵押权设定时应维系"房地一致"原则。② 2016年11月4日,中共中央、国务院颁发了《关于完善产权保护制度依法保护产权的意见》指出,要从实际出发,因地制宜,落实承包地、宅基地、集体经营性建设用地的用益物权,赋予农民更多财产权利,增加农民财产收益。依据这一规定,赋予农民更多财产权利,必须承认土地承包经营权、宅基地使用权抵押。一方面,这有利于维护农民的权益。土地承包经营权、宅基地使用权不能抵押就意味着,它不具备真正物权的属性,不能在市场中体现其应有的价值,从而使得农民不能从中获取收益。任何财产权只有在流转中才能实现其价值。财产只有在进入市场的情况下,才能产生出应有的价值。③ 例如,严格限制宅基地的抵押,则宅基地之上的房屋的价格必然因此而大幅下降,农民即使有闲置的房屋,也不能通过房屋抵押等进行融资,这就不能从根本上保护农民的利益。随着中国经济的不断发展,城市的房地产也在不断增值,但农村的房屋价格始终不能上涨,使农民不能从不动产的增值中获得利益,这在很大程度上与宅基地使用权不能抵押有关。④ 另一方面,这有利于农村市场经济的发展。现行的城乡二元体制,严格限制了我国社会经济的全面发展和进步,也阻碍了农村市场经济的发展。而严格限制土地承包经营权和宅基地使用权的流转,特别是禁止城镇居民在农村购买房屋,客观上维护了这种城乡二元结构。允许土地承包经营权、宅基地使用权抵押,

---

① 参见国务院《关于开展农村承包土地的经营权和农民住房财产权抵押贷款试点的指导意见》"一、总体要求"之"(一)指导思想"。
② 参见高圣平:《农民住房财产权抵押规则的重构》,载《政治与法律》2016年第1期。
③ 参见韩玉斌:《农村宅基地使用权立法的价值选择》,载《西南民族大学学报(人文社科版)》2005年第5期。
④ 参见秋风:《小产权房能否合法化?》,载《经理日报》2007年6月30日。

有利于推进小城镇建设,形成城乡互动和城乡的一体化。① 目前,我国正在农村进行农地的三权分置改革,在三权分置的主流学说之下,承包土地的权利构造可以表达为"集体的土地所有权＋农户的土地承包经营权＋农业经营主体的土地经营权"。以土地承包经营权或土地经营权设定抵押均属"承包土地的经营权抵押"②。在全面深化改革的过程中,国家正在一些地方试点宅基地使用权抵押和家庭承包的土地承包经营权的抵押。③ 因此,我国民法典有必要总结改革的经验,完善土地承包经营权和宅基地使用权抵押的制度。

笔者认为,我国正在制定的民法典有必要总结新一轮土地改革试验成果,允许土地承包经营权、宅基地使用权抵押。一方面,应当删除物权法中禁止耕地、宅基地等土地使用权抵押的规则;另一方面,有必要从正面规定,允许以家庭农场、农业企业、农业合作社等新型主体所取得的土地经营权设定抵押。在具体设计宅基地使用权抵押制度时,可以在保障农民"住有所居"的前提下,适当予以放开。应当看到,我国各地经济发展水平不平衡,对于宅基地使用权的抵押不宜作"一刀切"的规定,对于中西部地区而言,宅基地使用权仍然是农民生活的基本保障,应当对其流通进行必要的限制,但在我国东部地区,宅基地使用权则不一定发挥保障农民基本生活的功能,因此,应当适当放开宅基地使用权的流通。据此,在具体设计宅基地使用权抵押法律制度时,不宜一概贸然允许其进入市场,而应当根据各地不同的情况,因地制宜地设计相关的宅基地使用权抵押制度。

六、建立担保物权的冲突解决规则

所谓担保物权的竞存,是指同一物上存在多项担保物权,而且各项担保物权在效力上存在冲突。造成担保物权竞存的原因在于,物的权利人可能对物的交换价值进行多次利用,从而导致同一物上存在多项担保物

---

① 参见扈传荣、黄亮:《农村宅基地的性质不会随村民身份变化而改变》,载《中国土地》2004 年第 7 期。
② 高圣平:《承包土地的经营权抵押规则之构建——兼评重庆城乡统筹综合配套改革试点模式》,载《法商研究》2016 年第 1 期。
③ 2015 年 12 月 27 日,全国人大常委会通过了《关于授权国务院在北京市大兴区等 232 个试点县(市、区)、天津市蓟县等 59 个试点县(市、区)行政区域分别暂时调整实施有关法律规定的决定》,暂时调整实施集体所有的耕地使用权、宅基地使用权不得抵押的规定,实际上是对"两权"抵押贷款试点地区进行了法律授权。

权。在多项担保物权竞存时，法律可能已经设置了相关的规范，以确定各项担保物权之间的优先顺位。例如，对不动产抵押权而言，《物权法》第199条规定了相关的优先顺位。但有时法律上也可能没有设置相关的竞存规则，如动产抵押和动产质权之间的优先顺位。就担保物权竞存时的冲突问题，法律上应当作出有效的应对。笔者认为，未来我国民法典物权编应当重点解决以下问题：

一是动产抵押权与动产质权的竞存。由于动产抵押权的设立并不需要抵押人将抵押物交付抵押权人，在抵押权设立后，抵押人可能基于融资的需要，再次将抵押物出质，此时即有可能发生质权与动产抵押权的竞合。例如，某人将某辆汽车出质以后，出质人又将该汽车设定抵押，这就在同一物之上既设定了抵押又设定了质押，因此在抵押权和质权实现的时候，两种权利可能会发生冲突。笔者认为，对于抵押权和质权的竞存，应当确立"时间在先、权利在先"的原则，即通过物权设立的时间确定物权的优先效力。此处所说的物权设立时间，不是订立合同的时间，而是设立担保物权的时间。

二是留置权与法定优先权的竞存。我国法律规定的法定优先权主要包括：承包人对建筑工程的优先权、船舶优先权、税收机关对税收债务的优先权、民用航空器优先权等。法定优先权与留置权一样，都属于法定物权，只要符合法定的构成要件便可以产生该物权，但也存在着一定的区别，具体表现在：第一，是否需要占有标的物。留置权必须以占有动产为前提，而法定优先权不以占有标的物为必要。第二，对留置的标的物，虽然各国立法有不同的规定，但一般仅限于动产，我国法律也规定留置权的标的物为动产，而法定优先权主要适用于不动产以及船舶、航空器等价值巨大的登记动产。在法定优先权中，税收优先权的效力甚至及于义务人的全部财产。

法定优先权与留置权发生冲突的情形在实践中也会发生。例如，甲将一辆汽车交给乙修理，因其不能按期支付修理费，被修理人乙将该汽车留置。但甲拖欠税务机关税收，税务机关主张对该汽车行使优先权，两项权利发生冲突。笔者认为，在留置权与法定优先权发生冲突的情况下，如果有法律规定，首先依据法律规定解决。例如我国《海商法》第25条第1款规定，"船舶优先权先于船舶留置权受偿"，这就明确了解决在船舶之上的留置权与法定优先权冲突的规则。如果没有法律的规定，则应当明确留置权优先于法定优先权的规则。这是因为：一方面，财产已经由留置权人事先占有,如果不由留置权人优先受偿事实上很难执行;另一方面,留置权担保的主要是修理费等费用,该费用较之于优先权担保的债权通常要低,如果由留置权人优先受偿,可能会使优先权人仍能获得部分清偿。如果由优先权人优先受偿,则留置权人可能得不到任何财产。此外,还要看到,留置权所担保的主要是劳务费,为优先保护劳动者利益和保障民生,这种债权在法律上常常受到优先保护。故此,留置权应当先于法定优先权受偿。①

三是建筑工程优先权与抵押权的竞存。在建筑工程优先权和抵押权并存的情况下,应当由哪个权利人优先受偿,值得研究。笔者认为,尽管对一般物权采用"先来后到"的原则是必要的,但是就建设工程法定优先权而言,很难完全适用这一规则。原因主要在于,此种法定优先权是在发包人未按照约定支付价款,且在承包人催告后,发包人仍不支付的情况下所产生的,我国《合同法》也没有规定此种优先权必须经过登记才能产生。另外,实践中建设工程价款的优先权大多没有登记,因此该权利的产生时间很难确定,从而也就难以适用"先来后到"的原则。如果以建设工程竣工并验收合格后,发包人应当付款而未付款的时间计算,则多数一般抵押权的成立时间通常要早于法定优先权。如此将导致一般抵押权都会优于法定优先权,这显然不利于保护承包人的利益。因此,建设工程承包人的建筑工程优先权应当优先于抵押权。当然,从立法论上说,建筑工程优先权优先于一般抵押权,必须具备一个条件,即工程款已经登记。也就是说,如果建筑工程款已经登记,而债权人在设定抵押权时明知该权利存在,仍然设立抵押权,此时主张建筑工程优先权优先于一般抵押权,也不会损害其信赖利益。但主张建设工程优先权仅优先于一般债权时,可以不以登记为必要。

七、完善担保物权的实现程序

现代担保物权制度发展的一个趋势就是逐渐降低实现担保物权的成本,提高担保物权实现的效率。为了适应这一发展趋势,《物权法》第195条规定,实现抵押权必须由抵押权人与抵押人之间达成协议,以抵押财产折价或者以拍卖、变卖该抵押财产所得的价款优先受偿。如果一方不执

---

① 有学者认为,留置权的效力应当后于法定优先权(参见李国光主编:《担保法新释新解与适用》,新华出版社2001年版,第1066页)。此种看法值得商榷。

行协议,应当承担相应的违约责任。在协议未能履行的情况下,抵押权人可以不再要求法院审理主合同,而直接就该协议依据非诉讼程序作出裁定,然后依据此裁定强制执行。依据《物权法》第 195 条第 2 款的规定,在当事人就抵押权的实现方式没有达成协议的情况下,抵押权人可以直接请求法院拍卖或变卖抵押财产。这简化了抵押权的实现程序,也节约了其实现成本。①

然而,《物权法》仅在第 195 条规定了抵押权人在没有与抵押人达成抵押权实现协议的情形下,直接申请拍卖、变卖财产,但在实现质权、留置权时并没有类似规定,造成学说和实践中的争议和冲突。② 为了统一司法实践的做法,我国《民事诉讼法》于 2012 年修订时在第十五章"特别程序"后增加了一节,即第七节"实现担保物权案件"。这一规定明确将担保物权的法定实现程序明确为非讼程序,使得抵押权人、质权人、留置权人都可以向人民法院申请拍卖、变卖标的物。有鉴于此,我国民法典物权编应当吸收程序法的经验,在实体法层面确立相应的规则。笔者认为,可以将《物权法》第 195 条的规定上升为担保物权的一般规则,并更加明确地规定,只要当事人对于担保物权的实现达成了协议,担保物权人可以通过非讼程序直接申请法院将担保财产变价。

就担保物权的具体实现方式而言,目前我国《物权法》规定主要是拍卖、变卖和折价。此外,实践中法院还探索出了网络拍卖的方式,最高人民法院还于 2016 年 8 月 2 日颁布了《关于人民法院网络司法拍卖若干问题的规定》(2017 年 1 月 1 日起施行)对其予以规范。但有时拍卖、变卖有可能导致标的物价值降低,尤其是在被担保的债权和抵押财产价值差距较大时,可以不采取变价的方式实现抵押权,而采取强制管理的方式。此处所说的"强制管理",是指执行机关对于被执行的不动产委托管理人实施管理,以其所得收益清偿债权的制度。③ 例如,债权人将抵押的房屋出租,通过租金实现债权,而不是变价,这对债权人和债务人双方都是有利的。此种方式将不动产或者动产的收益用于清偿债务,并不会改变抵押财产的法律归属,在抵押财产不宜变价或者不能变价的情形下,此种方

---

① 参见全国人大常委会法制工作委员会民法室编:《中华人民共和国物权法条文说明、立法理由及相关规定》,北京大学出版社 2007 年版,第 358 页;高圣平:《担保法论》,法律出版社 2009 年版,第 362—363 页。
② 参见高圣平:《担保法论》,法律出版社 2009 年版,第 363 页。
③ 参见房绍坤:《论土地承包经营权抵押的制度构建》,载《法学家》2014 年第 2 期。

式更有利于债权的实现。尤其是在农村新一轮土地制度改革中,在承认农地的融资功能前提下,以土地承包经营权、宅基地使用权抵押后,如果通过强制管理的方式实现抵押权,可以使农户不丧失上述权利,而又可以增加融资途径。① 然而,目前我国民事实体法和程序法中都没有规定强制管理措施,这就导致此种方式在实际运用中仍然存在明显的法律障碍。② 因此,有必要在民法典物权编中对其加以规定。

---

① 参见高圣平:《农民住房财产权抵押规则的重构》,载《政治与法律》2016 年第 1 期。
② 参见高圣平:《农地金融化的法律困境及出路》,载《中国社会科学》2014 年第 8 期。

担保物权的新发展[*]

基于担保物权在担保债权的实现、保障金融安全、促进商品流通和资金融通方面的功能，各国和地区法律都十分重视担保物权制度的构建。近几年，随着市场经济的迅速发展，以及经济全球化的影响，担保物权也发生了重大变化。因此，如何适应担保物权的发展趋势，从而进一步完善我国的担保物权制度，是我国物权立法所要解决的重大课题。

一、动产担保越来越发达，呈现出与不动产担保并驾齐驱之势

传统上，不动产抵押在各种担保形式中占据极为重要的地位，从而被称为"担保之王"。发达国家至今仍十分重视不动产抵押，主要原因在于：一方面，不动产的价值较高，具有稀缺性和不可移动性，且不易贬值，具有相对稳定性，不动产不仅不易贬值，就土地而言，还常常会发生增值。[①] 另一方面，不动产的价值也容易评估，尤其是不动产可以通过登记的方法来表彰权利，公示比较简便，从而有利于保护担保物权人的权利。但随着担保的发展，动产抵押和其他以动产作担保的形式越来越多，作用越来越突出。甚至有学者观察发现，市场经济越发达的国家，其动产担保制度也越发达。[②] 产生这种现象的原因主要在于如下几个方面。

第一，动产的特点决定了它适合于作担保物。不动产虽然重要，但这种资源总是有限的，土地以及其他自然资源是不可再生的，而动产可以不断地被制造出来，尤其是随着生产力的高度发达，大型企业每天都生产出大批量的动产，比如某个汽车制造厂每天都可以生产出成千上万辆汽车，

---

[*] 原载《山西大学学报（哲学社会科学版）》2006年第4期，原标题为《担保物权制度的发展与我国物权法草案》，收录时有改动。

[①] 参见谢在全：《动产担保制度之最近发展》，载法学丛刊杂志社主编：《跨世纪法学新思维》，2006年自版。

[②] 参见高圣平：《大陆法系动产担保制度之法外演进与中国物权法》，载高圣平：《担保法前沿问题与判解研究》（第二卷），人民法院出版社2019年版，第334页。

它的价值总量是巨大的。在现代社会,动产的价值在迅速增长,信息的发展使个人的资料作为动产越来越重要,计算机软件的开发使软件具有重要的价值,如果法律允许动产抵押或采取其他担保形式,必将极大地扩张担保标的物的范围。尤其是考虑到,对动产价值的评估可以通过一定的技术手段来实现,所以,允许动产抵押既是可行的,也是必要的。

第二,动产担保不能仅限于动产质押。动产质押是一种占有型担保,它是低效率的。而动产抵押因为具有充分发挥担保物的利用价值的作用,所以,从长远来看,其将会在社会生活中发挥越来越重要的作用。尤其是主要以不动产作为担保财产,也容易产生一些弊端。例如,在亚洲金融危机中,不动产的交易过热,地价和房价过于泡沫化。同时以不动产提供担保时,因过高评估不动产的价值,导致形成了许多不良债权。①

第三,动产担保有助于鼓励融资和促进经济发展。对于绝大多数中小企业来说,因其没有大量的不动产,因而无法提供不动产作为借款的担保。但它仍然有许多动产以及未来的资产、收益、知识产权等财产。② 如果担保的财产主要限于不动产,这些企业融资将十分困难。一个国家或地区要搞活经济,促进市场经济的繁荣,必须要搞活中小企业,促使其迅速发展,而这就应当允许企业以动产作担保。世界银行的调查报告显示,担保越多,则信贷越多,违约减少,从而将有助于 GDP 的增长。③ 因而,允许动产抵押,对于搞活经济十分重要。尤其在广大农村,由于农民承包地、宅基地和宅基地上的房屋的交易在法律上有严格的限制,农民很难以这些财产在银行进行抵押,可以用于担保融资的只有动产,如果限制动产抵押的范围,将不利于农村经济的发展。

关于动产担保的形式,两大法系采取了两种模式。一是以德国法为代表的模式,这种模式不承认动产抵押,而承认了动产让与担保(die Sicherungsübereignung)。④ 在实务中大量采用了动产担保形式,后来德国

---

① 参见谢在全:《动产担保制度之最近发展》,载法学丛刊杂志社主编:《跨世纪法学新思维》,2006 年自版,第 318 页。
② 参见中国人民银行研究局等:《中国动产担保物权与信贷市场发展》,中信出版社 2006 年版,第 5 页。
③ 参见中国人民银行研究局等:《中国动产担保物权与信贷市场发展》,中信出版社 2006 年版,第 24 页。
④ Vgl. MünchKomm/Oechsler, Anhang zu §§929–936, Sicherungseigentum-Sicherungsübereignung, Rn. 1 ff.

法官通过解释民法典承认了动产让与担保。① 二是以日本法为代表的一些大陆法系国家和地区,通过特别法的形式承认了一些特殊动产的抵押(如汽车、船舶、航空器等),并将其作为一种重要的代表形式,在立法和司法中予以承认。如日本的商法、《航空器抵押法》《汽车抵押法》规定,可以对船舶、航空器、机动车等动产进行抵押。② 同时,对于汽车、船舶等特殊动产之外的动产融资需求,日本法则是通过在司法中承认让与担保等非典型担保制度而加以满足。③《魁北克民法典》第 2660 条规定,担保物权是在动产和不动产之上所设定的担保债务履行的物权。动产可以成立移转占有的担保物权和不移转占有的担保物权,即抵押。这两种模式的主要区别就在于,担保权人在债务人不履行债务时,是否需要经过法定的担保物权实行程序以获清偿,是否允许直接取得担保物的所有权,还是对担保物通过拍卖、变卖以后担保权优先受偿。动产让与担保在设定时担保物的所有权已经移转,所以在债务人不履行债务时,担保权人无须经过法定的担保物权实行程序而对担保物进行拍卖、变卖。但是动产抵押必须要经过法定的拍卖、变卖程序,经过此程序,抵押权人的债权才能取得优先受偿。

在英美法系国家,尤其是在美国,除了判例法承认动产抵押制度外,还在成文法中专门对动产抵押制度作了较为全面的规定。例如《美国统一商法典》第九编将动产担保制度统一化,以综合性的单一担保物权替代了多种传统形式的动产担保权益(如质押和动产抵押)。美国动产担保交易法采取一元化的动产担保概念,这一特征被认为是其最具革命性的特质和成就。④ 所有动产担保物权,无论是有形的或无形的,无论是现在的或未来的,都适用统一规则,完成统一的公示方法。⑤ 该制度融合了英美法系和大陆法系的特点,在国际上引起了广泛的关注。《美国统一商法典》第九编规定的动产抵押范围也十分宽泛,如消费品、设备、农产品、库

---

① Vgl. MünchKomm/Oechsler, Anhang zu §§929-936, Sicherungseigentum-Sicherungsübereignung, Rn. 3.
② 参见高圣平:《动产抵押制度研究》,中国工商出版社 2004 年版,第 396—400 页。
③ 参见[日]内田贵:《民法Ⅲ·債権総論·担保物権》(第三版),东京大学出版会 2015 年版,第 485 页。
④ 参见高圣平:《美国动产担保交易法与我国动产担保物权立法》,载高圣平:《担保法前沿问题与判解研究》(第二卷),人民法院出版社 2019 年版,第 317 页。
⑤ 参见中国人民银行研究局等:《中国动产担保物权与信贷市场发展》,中信出版社 2006 年版,第 26 页。

存品等有体动产均可用于抵押。① 近年来,欧洲复兴开发银行、美洲国家组织、联合国国际贸易法委员会和世界银行等国际性和地区性组织都相继制定了一些担保交易示范法,尽管这些示范法与北美的动产统一担保制度仍然存在一定的差异,但实际上都对动产抵押持鼓励态度。② 据此,一些学者预言,动产担保代表未来担保的发展趋势。"《美国统一商法典》第九编中所包含的动产担保交易制度的概念和方法已被越来越多的改革家作为美国之外的国家的动产担保法现代化的基础。"③

二、动产质押逐渐衰落,权利担保不断增长

所谓动产质押,是指质押人为担保债权,将动产移转给质押权人占有。此种方式也称为"占有型担保"。现代社会,动产质押已经逐渐衰落,主要原因在于:一是此种担保使质押人无法利用担保物获取收益,从而偿还债务,因而使得动产不能得到有效的利用。④ 二是在移转占有以后,债权人还需要保管该动产,并为该动产支付一定的保管费用。由于在质押的情况下,必须要移转对动产的占有,而移转占有以后,质权人往往不能也不需要继续利用质押物,相反还要保管该物,并且要为保管该物而支付必要的费用,所以对质权人而言可能不会获得任何利益,相反可能是一种负担。正如王泽鉴先生所指出的,此项制度"惟因其必须移转占有,故债务人对担保物使用收益的权能,尽被剥夺,此在农业社会,以书画或饰物之类提供担保的情形,固无大碍。但在今日工业机械社会,势必窒碍难行。机器或原料均为生产财产,工场赖以从事生产,将之交付债权人占有,作为担保,以寻觅资金,殆属不可能之事,因此于质权外另设不移转占

---

① 参见高圣平:《动产抵押制度研究》,中国工商出版社 2004 年版,第 417 页。《美国统一商法典》第九编适用于依合同在动产或不动产附着物之上创设的任何担保债务履行的权利,还适用于应收账款(accounts)、担保债权凭证(chattel papers)、付款无体财产权(payment intangibles)或本票(promissory notes)的买卖。此外,第九编还适用于农业担保权(agricultural liens)和所有的寄售(consignments)。

② 参见谢在全:《动产担保制度之最近发展》,载法学丛刊杂志社主编:《跨世纪法学新思维》,2006 年自版,第 318 页。

③ Ronald C. C. Cuming, The Internationalization of Secured Financing Law: the Spreading Influence of the Concepts UCC, Article 9 and its Progeny' in Ross Cranston(ed.), Making Commercial Law, Essays in Honour of Roy Goode, Clarendon Press, 1997, p.500.

④ 参见中国人民银行研究局等:《中国动产担保物权与信贷市场发展》,中信出版社 2006 年版,第 25 页。

有之动产担保物权,确有必要"①。正是因为这些原因,动产质押在世界范围内逐渐衰落。

与动产抵押的衰落相对的则是权利质押的发达。"所谓权利质权,是指可让与之债权及其他权利,得为质权之标的物者,使其准用关于质权之规定,此种质权称为权利质权。"②权利质押的最大特点在于:第一,权利质押允许以各种权利和无形财产设定担保,比如以知识产权、应收账款、收费权、股票、债券等各种权利设定质押,这就极大地扩张了担保标的的范围。③ 第二,权利质押作为非占有型担保,无须以移转标的物的占有为必要,从而有助于使质押人继续利用质押的财产,提高质押物的使用效率。④ 第三,权利质押可以说是介乎于质押和抵押之间的一种形式,它吸收了两种方式的优点,我国台湾地区学者史尚宽在评述台湾地区"民法"关于质权的规定时也指出,"权利质权,尤其以债权、股份或无体财产权为标的之权利质权,其担保的作用反近于抵押权,谓之介于一般质权与抵押权之中间区域,亦无不可"⑤。权利质押中的许多类型究竟属于质押还是抵押,是值得研究的。许多权利质押并不需要移转占有,甚至不需要交付权利证书。例如,我国《担保法》规定的股份质押及知识产权质押并不转移占有甚至不需要交付权利证书,而只是采取登记方式,在性质上类似于抵押,甚至可以说这些权利质押与抵押并无本质不同,由此便导致了质押与抵押的分类越来越模糊。从今后的发展趋势来看,随着权利质押的发展,不移转占有的权利质押类型(如记名债权的质押、收费权的质押等)会越来越多,尤其应当看到,作为权利质押的标的物的各种权利和无形财产,在现代社会越来越重要,因为现代社会的财富构成已经不同于传统的农业社会的财富构成,更多地表现为权利而不是有体物,以权利作为融资手段的需要日益增长。现代社会是知识经济的社会、信息爆炸的社会,是以信息、知识、技术等生产分配和使用为主体的时代,知识产权等权利重要性越来越突出,已经逐渐取代有形财产,成为主要的财富形式。允许以各种权利和无形财产设定质权,就可以广泛地开辟担保的渠道,对于搞活

---

① 王泽鉴:《动产担保交易法上登记之对抗力、公信力与善意取得》,载王泽鉴:《民法学说与判例研究》(第一册),中国政法大学出版社 1998 年版,第 236—237 页。
② 辛学祥:《民法物权论》,台北商务印书馆 1980 年版,第 230 页。
③ 参见徐武生:《担保法理论与实践》,工商出版社 1999 年版,第 470 页。
④ 参见陈华彬:《物权法原理》,国家行政学院出版社 1998 年版,第 721 页。
⑤ 史尚宽:《物权法论》,中国政法大学出版社 2000 年版,第 388 页。

金融、融通资金、保障债权实现是非常重要的。① 例如,《美国统一商法典》第九编"统一的动产担保制度"广泛地允许设定权利质押。美国动产担保制度的一大特点就是强化权利担保。《魁北克民法典》允许债权上的动产担保物权,即各种非移转占有的动产担保物权。

三、允许无形财产、未来财产、集合财产作为担保财产

现代社会,担保已成为企业融资和金融机构贷款不可或缺的法律手段。要促进融资,就有必要广泛地扩张担保财产的范围。同时,随着担保财产范围的扩张,也使得融资更有效率。这些都需要承认无形财产、未来财产、集合财产作为担保。

第一,以无形财产作担保。无形财产是指知识产权、票据权利、品牌、经营权等各种非有体化的财产。在现代社会,无形财产在担保中的作用日趋重要,因为一方面,无形财产价值往往是巨大的。例如,知名品牌的价值是无法估量的,其价值可能远远大于有体财产的价值;一项发明可能使濒临破产的企业重现生机。另一方面,有形财产和无形财产在现代社会常常是相互转化的。例如,出卖人将商品出售以后就转化为债权,而知识产权被许可利用后将生产出产品。② 而无形财产包括权利,但不限于权利,有一些没有形成权利的利益也可被归入到无形财产的范畴。随着科技和经济的发展,财产类型越来越多,这就需要不断扩大担保的范围,因而以无形财产和未来的财产作担保,也是现代商业社会的一项发展趋势。③

第二,以未来财产作为担保。未来财产就是现在尚未取得,但是依据合同、法律规定或交易的通常情况是可以获得的财产,主要表现为应收账款。未来财产虽然具有一定的不确定性,但这是可以通过一定的技术手段加以克服的,所以也可以成为担保的标的。法律上允许未来财产作担保,既允许以未来财产和其他财产结合在一起形成集合物作担保,也允许单独以未来财产作担保。例如,《美洲国家组织动产担保交易示范法》承认了应收账款的担保,该示范法第 15 条规定:"除本法另有规定外,应收账款之上设定的

---

① 参见杨与龄:《民法物权》,五南图书出版公司 1981 年版,第 214 页。
② 参见谢在全:《动产担保制度之最近发展》,载法学丛刊杂志社主编:《跨世纪法学新思维》,2006 年自版,第 318 页。
③ See A. L. Diamond, A Review of Security Interests in Property, H. M. S. O, 1980, p. 9.

担保物权不能修改应收账款本身已存在的法律关系,也不能未经应收账款债务人的同意增加债务负担。"《魁北克民法典》第 2670 条、英国的浮动担保和美国的统一担保制度都承认未来财产的担保。以未来财产作担保,不仅有利于促进融资,而且"以原料、货品之供应商得以供应之货品、出售所生之应收账款等作为担保物,则可促进信用、担保等融资制度的多样化,消极上避免仅依靠银行以不动产融资,于发生危机时,对经济之冲击"①。以未来财产作为担保,就要看债权人是否能够估量这些财产的价值。有的企业的未来收益是巨大的,如果将这些收益用来担保,可能比现有的任何担保形式更可靠。因为即使现在某个企业以其现有的全部财产提供担保,它在经营过程中资产可能会严重贬值,从而降低甚至丧失清偿能力。但是,另一些企业有巨大的潜力,它的未来收益可以完全担保债权的实现。比如,以应收账款作为担保,虽然这些应收账款的未来收益是很大的,但要看银行是否能够充分意识到这些应收账款的价值。再如,浮动担保中担保物权人更看重的是企业未来的收益。当然,如果扩大这部分无形财产、未来财产的担保,也会增加相应的风险。但是如何在物权法以及相应法律中找到很好的公示方法和确定相应的规则,防范和控制这种风险,也是法律上的难题。在这方面,《魁北克民法典》的经验是值得借鉴的。《魁北克民法典》第 6 卷专门设定了担保物权的总则,其中第 2645 条规定,允许以未来财产作为担保,但对于未来财产作担保又具有一定的限制。未来财产仍然应当以该物存在或者债务人实际取得财产时才能实际设定担保权,担保权的优先顺位也应当以其公示时为准。②

第三,以集合财产设定担保。集合财产分为事实上的集合财产和法律上的集合财产。③ 事实上的集合财产,是指根据当事人的意思和经济上的目的,使一些单一财产集合在一起成为集合财产。如将许多商品放在一个商店中,该商店内的全部商品就形成了一个集合财产。所谓法律上的集合财产,是指权利和物的结合,包括营业财产、企业财产、破产财产、共同继承财产、合伙财产、夫妻共同财产、失踪人的财产,等等。④ 因为各个物和权利集合在一起仍然具有交换价值,而这些交换价值可以被确定,

---

① 谢在全:《动产担保制度之最近发展》,载法学丛刊杂志社主编:《跨世纪法学新思维》,2006 年自版,第 318 页。
② 参见谢在全:《动产担保制度之最近发展》,载法学丛刊杂志社主编:《跨世纪法学新思维》,2006 年自版,第 318 页。
③ 参见洪逊欣:《中国民法总则》,三民书局 1992 年版,第 213 页。
④ 参见〔日〕我妻荣:《物权法》,岩波书店 1995 年版,第 2 页。

所以它们在观念上可以构成独立的物。集合物担保主要是指财团抵押、浮动担保。这些都是以整个企业内的所有财产或者整个商店内的全部商品等进行抵押或其他担保。以集合物作担保的优势在于,一方面,解决了许多大型项目所面临的融资难问题。例如,BOT 投资需要大量筹集资金,投资企业通常不能拿出众多的动产和不动产来作为巨额贷款的担保,但可以在项目企业的全部财产及未来所获得的收益之上设定担保。也就是说,可以以集合物作为担保。① 另一方面,集合财产的价值要远远大于单个财产价值的简单相加,将一个企业的财产单独拿出一部分进行担保的,其价值是有限的,但当其结合成一个整体来计算时,其价值就远远比部分财产大得多。如品牌、经营权、企业的声誉、知识产权,往往是与企业联系在一起的,只有进行整体的评估,价值才能确定下来。尤其应当看到,以集合财产作担保,可以使担保权人根据担保合同而接管整个企业的财产,或者在企业资不抵债的情况下,将企业的全部财产以及企业的经营业绩等加在一起出售。这既避免了将企业财产分别出售而导致的价值减少,也可以使受让人在购买了这些财产之后,对企业进行整体的利用,充分发挥这些财产的价值。② 英国自 19 世纪中期以来就承认了浮动担保(floating charge)制度,允许企业以其现在的、未来的各种财产作为担保。《美国统一商法典》尽管没有采纳浮动担保制度,但其统一的担保制度允许以集合物作担保。③ 日本在 1958 年以英国的浮动担保制度为蓝本,制定了《企业担保法》,承认了类似于英国的浮动担保的财团抵押制度。④ 财团抵押是指将企业的各类财产作为一个集合财产,通过必要的登记公示,在其上只设定一个抵押权的担保方式。⑤ 其特点主要表现为:财团抵押的标的必须是企业的整体财产即集合财产。这些以集合财产作为担保客体的担保方式,突破了传统观点上对于担保客体特定性的认识,使得担保财产特定

---

① 参见苏合成:《英美全面业务抵押制度研究》,北京大学出版社 2004 年版,第 127 页。
② 参见苏合成:《英美全面业务抵押制度研究》,北京大学出版社 2004 年版,第 126 页。
③ 有关美国的统一担保制度与英国的浮动担保制度的区别,参见中国人民银行研究局等:《中国动产担保物权与信贷市场发展》,中信出版社 2006 年版,第 27 页。
④ 参见梁慧星:《日本现代担保法制及其对我国制定担保法的启示》,载梁慧星主编:《民商法论丛》(第三卷),法律出版社 1995 年版,第 180 页以下。
⑤ 参见陈本寒主编:《担保法通论》,武汉大学出版社 1998 年版,第 205 页。财团抵押的优点在于:一方面,它避免和减少了分别抵押、分别登记所支付的各种交易费用,也使交易当事人查阅登记较为容易。另一方面,财团抵押因为是以整体的企业财产作抵押,因此能够合理地确定企业财产的价值。企业的许多财产只有和企业的其他财产结合在一起时,才能表现出应有的价值。

性得到了缓和与突破。①

四、公示方法类型日益丰富和完善

两大法系都承认了担保只有在公示之后才具有对抗第三人的效力,且公示也直接影响到担保权的优先效力,因而担保制度普遍重视公示方法。担保形式的不断发展,也促进了担保制度在内容上的根本变革,许多规则也相应发生了变化,担保物权发展的一个重要变化是公示方法类型日益丰富。在《美国统一商法典》制定之前,美国曾经在有关的法律之中规定了动产抵押、附条件买卖、信托收据等各式各样的担保方式,这些担保方式的成立、公示、效力等彼此之间存在不少冲突,受到学者和实务界人士的广泛批评。有鉴于此,《美国统一商法典》将这几种方式统一加以规定,其好处就在于当事人在实践中不论采取何种方式,只要当事人采取了符合《美国统一商法典》所要求的设定权利的规则、公示规则,就可以相应地取得优先顺位,这样也实现了相当于物权法定的效果。联合国国际贸易法委员会于 2010 年发布了《动产担保交易立法指南》,2016 年发布了《动产担保交易示范法》,以上立法均明确规定,担保权应以有效的方法低成本地予以公示,对移转占有型担保而言,占有事实本身即足以公示,对非移转占有型担保而言,应采取其他方法(如登记或通知)以使第三人知悉担保权的存在。公示方法的丰富化主要表现在以下几个方面。

第一,随着非占有型的动产担保以及权利质押等的发展,登记制度本身也发生了一系列变化。与不动产不同,动产都是成批量、大规模生产出来的,很难对动产进行特定化的、详细的描述。加上动产本身处于流动的状态之中,例如,原料可能要制作成产品,所以,很难将不动产登记制度完全搬到动产的公示之中。在美国,动产担保的登记只是提供某项动产已被担保的信息,第三人查阅登记时,只需要了解在某项交易中某人是否提供了某种动产作为担保,如果要详细了解该担保权的内容,还必须向担保人和担保权人进一步查询。② 此种方式也称为一种描述性的登记。这种登记是比较简化的,它通常只是记载了担保人、担保权人和担保物,而

---

① 参见曾荣鑫:《论商事担保的近现代发展趋势》,载王保树主编:《中国商法年刊(2012)》,重庆大学出版社 2013 年版,第 33 页。

② 参见谢在全:《动产担保制度之最近发展》,载法学丛刊杂志社主编:《跨世纪法学新思维》,2006 年自版,第 336 页。

且这种担保登记的方式是人的编成主义,也就是说,以担保人的名录来编排,从而建立登记资料。在实践中,常常由中央登记机关采用互联网的方式来进行动产担保的公示,也就是说,在互联网上将债务人的姓名予以公开,只要查到了债务人就可以大概地了解其债务的情况。

第二,通过设置中央登记机关进行集中的登记。加拿大在20世纪50年代就建立了一个集中统一的中央电子化登记系统,并采用描述性登记的方式。[①]《美洲国家组织动产担保交易示范法》第43条规定:"国家所指定的单位将运作和管理登记机关。登记机关是公开的和自动化的,其中建有电子文档,并以担保债务人的姓名或名称检索。"该示范法第44条规定:"登记机关将拥有一个中央数据库,由在该国家设定的担保物权的登记记录所构成。"统一的中央登记机构既为登记申请人提供了便利,也有助于信息得到全面披露,尤其是方便了债权人查询登记。

第三,同一个担保物可以采取多种公示方法。各种公示方法之间并没有效力上的优劣,《美洲国家组织动产担保交易示范法》第10条第3款规定:"依一种方式公示的担保物权以后仍可依其他方式而公示,而且,如果公示之间没有间断,为达到本法规定的目的,该担保物权视为持续公示。"这就意味着如果在设定某一个担保物权的时候,采用了某一种特定的公示方法,当事人又放弃了此种公示方法,在该客体上又采取其他公示方法,不影响该担保物权的成立。例如,先前将某动产移转占有设定了质押,后债务人需要利用该动产,便将该动产取回,但已经办理了抵押登记,抵押登记时间为一年,在一年之内重新移转占有,设定质押,法律上承认该物之上的多种担保物权。

第四,公示的方式多样化。奥地利于1920年制定了关于动产担保的特别法,为了对当事人之间的关系予以明确并向第三者公示,实行"编制目录"(das Verzeichnis)及"编制表格"(die Liste)两种登记制度。[②] 日本及我国台湾地区创设了粘贴标签、打刻标记等公示方法,而美国、加拿大和受其影响的许多国家采用的则是更为适合现代社会发展需要的、通过互联网进行的电子登记制度。《动产担保交易立法指南》和《动产担保交

[①] 参见中国人民银行研究局等:《中国动产担保物权与信贷市场发展》,中信出版社2006年版,第26页。

[②] Koch, Der Warenkredit der Banken und seine Sicherstellung, G. Fischer, 1922, S. 121 ff. 转引自〔日〕我妻荣:《债权在近代法中的优越地位》,王书江、张雷译,中国大百科全书出版社1999年版,第96页。

易示范法》都要求采用电子登记方式。此种方式的优点是成本低、查阅方便、适用范围广等,据资料显示,在一些整体经济实力和电子信息化程度远比我国低的国家,电子登记方式都已经在实践中运用并且运行良好。①在欧洲,也实行在机器设备上标注、将票据权利以背书交付等方式,尤其是对权利质押、浮动担保等可以采取多种公示手段。例如,将特定的集合物可以制作成抵押财产目录表予以登记;库存商品等处于流动状态的标的物,可以确定特定的空间并进行特定的标识公示或进行通知公告。

第五,设立担保物权备案系统。从比较法上来看,有的国家和地区规定将优先权登记备案。优先权,是指依据法律规定,某项债权的债权人享有优先于其他债权人受偿的权利,如税收优先权等。这些优先权并不需要公示就可以产生优先的效力,但是当这些优先权和担保物权并存时,也应该通过担保物权备案系统加以公示。例如,《动产担保交易立法指南》采取通知备案的登记或占有(控制)为担保权的公示方法,因此担保权之间的优先顺位按照通知备案或占有(控制)之先后而定。这一规则称为"备案优先规则"(first-to-file priority rule)。② 在我国实践中,经常发生抵押权等担保物权与税收优先权、承包人的工程款优先权等优先权的冲突,引发了各种争议。因此,有必要建立相应的备案系统制度来明确优先的效力。例如,承包人的工程款优先权已经在抵押设定之前登记备案的,那么,应当按照"登记在先、受偿在先"的原则,由这些优先权人优先于抵押权人而受偿。但如果没有登记备案,则不能当然地优先于抵押权人而受偿,否则将对交易安全形成重大妨碍。而对于税收优先权,依据《税收征收管理法》第45条的规定,应当优先于担保物权人受偿。

五、在担保制度的价值取向上,更加注重对担保物使用价值的支配

根据传统民法,担保物权与用益物权的根本区别在于:用益物权注重对物的使用价值的支配,而担保物权注重对物的交换价值的支配。但是,随着担保制度的发展,担保物权形态在功能利用上发生了一些变化。担

---

① 参见申卫星:《内容与形式之间:我国物权登记立法的完善》,载《中外法学》2006年第2期。
② 参见谢在全:《动产担保制度之最近发展》,载法学丛刊杂志社主编:《跨世纪法学新思维》,2006年自版,第331页。

保物权人不仅仅注重对交换价值的支配,也日益重视对担保物的实际利用甚至对担保物的支配。由于此种现象的产生,也使得担保物权和用益物权的区分标准趋于模糊。担保物权人对担保物的支配和利用主要表现在如下几个方面。

第一,在动产的让与担保或动产抵押中,担保物的实际变现价值对债权人来说意义并不重大,因为机器设备、原材料或成品、半成品的实际变现价值往往很低,但对债务人来说可能非常重要。如果失去这些动产,债务人可能要被迫停产,或支付远高于变现价格的价格去重新购置。这样担保权人并不是十分重视这些动产将来拍卖的价值,而更重视通过担保物所有权的移转来促使债务人履行债务。因为债务人害怕失去这些财产,而必须按期清偿债务。正是从这个意义上,这些担保物权也日益具有"控制"的功能。有学者认为,传统的担保方式,是属于"一物一权"型的担保制度,而现代的担保制度的特征在于抵押物财产的不特定性,而且存在极大的流动性,在设定抵押之后,抵押人仍然可以在正常情况下自由处置财产,将资源有效利用。[1] 笔者赞同此种看法。

第二,在浮动担保中,如果债务人经营不善,或者有其他约定的事由,债权人可以或者通过法院委任管理人来接管和处理债务人的财产。例如,英国法赋予管理人非常广泛的权利,其中就包括有权继续经营债务人公司的业务。[2] 浮动担保的最大特点就表现在,尽管财产是不断浮动的,但是,担保权人有权对提供担保的财产进行适当控制。尽管抵押人可以利用浮动担保财产创造更多的价值,但同时担保物权人也要防止债务人转移财产,或者从事有损于债权人利益的行为,这就有必要对财产进行必要的控制。

第三,抵押权的证券化。所谓抵押权的证券化,主要是指银行将其享有的抵押权转移给投资公司或金融公司,由这些公司以抵押权所具有的权益发行证券对外出售。[3] 这样做的好处是,一方面,通过发行抵押权证券进行资产变现,加强了资产的流动性,充分发挥了资产的利用效率。另一方面,买受人通过购买证券分担抵押风险。这种方式如果能够成功的话,将使担保物权变得更有效率。现在银行手上有很多抵押物,如果银行善于将抵押权证券化,那么就能够极大地优化资产结构、盘活金融资产。

---

[1] 参见苏合成:《英美全面业务抵押制度研究》,北京大学出版社2004年版,第126页。
[2] 参见苏合成:《英美全面业务抵押制度研究》,北京大学出版社2004年版,第110页。
[3] 在中国,资产证券化刚刚起步,但发展前景十分客观。预计今年的市场规模有望突破2 000亿元。参见舒眉:《资产证券化:诱惑和困惑》,载《南方周末》2006年4月20日。

许多学者认为,抵押权的证券化是现代物权法发展的趋势之一。在抵押权证券化的情况下,担保权人看重的并不仅仅是抵押权的交换价值,而是有效地利用了抵押物的价值和抵押权的价值来获取收益。当然,抵押权的证券化也会增加金融风险,并对法律上如何做好风险管控提出了新的挑战。

六、当事人意思自治空间扩大

物权法定本身就意味着对当事人对物权的设定、物权的内容和公示方法等方面的意思自治进行必要的限制。但是,物权法定本身也呈现出一种缓和的趋势,这一点尤其表现在担保物权方面。现代担保法为鼓励担保、融通资金、促进经济的发展,逐渐扩大了当事人在担保的设定、公示方法的确定、实现等方面的意思自治。具体表现在:

第一,许多国家对担保物权的设定采用登记对抗模式,担保物权的设定从达成协议之日起便产生物权设定的效力。《美洲国家组织动产担保交易示范法》第5条规定:"担保物权由担保债权人和担保债务人依合同而创设。"第6条规定:"如果担保物权是非移转占有型的,创设担保物权的合同必须采用书面形式。除非当事人另有约定,担保物权自书面形式生效之时起在当事人之间发生效力。"《美国统一商法典》很大程度上赋予了当事人设定权利类型的空间。例如,对动产抵押的设定强调当事人的"意思自治"。《美国统一商法典》第9—109条规定,"本编适用于依合同在动产或不动产附着物之上创设担保权的交易,其形式若何,在所不问"。由于登记对抗主义不强制当事人将担保物权进行登记,是否进行登记由当事人自由选择,这就最大限度地体现了"私法自治"的精神。① 《美国统一商法典》规定没有书面担保协议,但能够用其他方式证明动产抵押存在的,不影响动产抵押的效力。

第二,关于公示方法的确定,因为美国的规则没有实行像大陆法系那样的物权类型的法定模式,而主要是对程序进行法定,包括设定、公示以及实现的程序,所以只要依循《美国统一商法典》第九编的设定、公示担保权的程序,当事人即可依具体情况分配其权利和义务,并可创设新的担保

---

① 参见高圣平:《美国〈统一商法典〉第九编导读》,载美国法学会、美国统一州法委员会:《美国〈统一商法典〉及其正式评述》(第三卷),高圣平译,中国人民大学出版社2006年版,第36页。

形态。① 过去的公示方法是不允许当事人选择的,现在许多国家都允许选择不同的公示方法。比如动产担保,可以选择登记,可以选择交付,如果选择登记就成为抵押,选择交付就成为质押,从而尽量使担保变得灵活,而不是搞得太僵化。

第三,当事人意思自治空间扩大还表现在当事人可以在担保财产的范围方面有更广泛的选择空间,其可以选择现有财产,也可以选择未来财产。这样,当事人就享有了较大的意思自治的空间,实际上就是把私法自治原则贯彻到了传统的物权法领域。具体来说,当事人可以在这种程序中创设不同的担保模式,而不必拘泥于某一种形态,这种模式相比于大陆法系,当事人具有更大的意思自治空间。②

第四,关于内容的确定。在担保物权的内容的确定方面,一些国家法律允许当事人通过约定来完成。例如,有关担保的债权、担保的标的物等都是通过合同来约定的。对此类合同,法律上允许当事人对物权的内容进行约定。例如在订立抵押合同时,当事人完全可以对被担保的主债权数额等进行约定。这一点也表现在物权法定的缓和趋势上,即要平衡物权法定和当事人意思自治。

第五,关于担保物的执行。根据现代动产担保交易法的规定,一旦发生违约,担保物权人即可对担保物同时或者有选择地选择行使以下权利和救济措施,包括占有担保物和不经过债务人的同意而通过自力救济的方式来取得对担保物的占有,但采取这种方式不得损害第三人利益和危害公共安全。③ 当事人可以通过合同约定违约的具体事由,以及违约后担保权人所享有的各种权利,只要这种约定不违反法律的强制性规定,都是有效的。④

七、非典型担保形式不断发展

所谓非典型担保,是指在物权法等有关法律规定之外的担保形式。

---

① 参见高圣平:《动产担保交易制度研究》,中国人民大学法学院 2004 年博士后流动站出站报告,第 314 页。

② See Ronald C. C. Cuming, The Internationalization of Secured Financing Law: the Spreading Influence of the Concepts UCC, Article 9 and its Progeny' in Ross Cranston (ed.), Making Commercial Law, Essays in Honour of Roy Goode, Clarendon Press, 1997, p. 501.

③ 参见中国人民银行研究局等:《中国动产担保物权与信贷市场发展》,中信出版社 2006 年版,第 270 页。

④ 参见中国人民银行研究局等:《中国动产担保物权与信贷市场发展》,中信出版社 2006 年版,第 269 页。

非典型担保的出现,主要是因为传统的担保物权形式无法满足现实生活的融资需求,例如日本修改和制定了一系列新的特别法规,允许如"抵押证券""让渡担保""所有权保留""债权让渡""抵销预约""代理受领""保险担保""担保信托"等创新和非传统担保方式的设立①,以丰富融资担保的方式。非典型担保的特点主要表现在:

第一,非法定性。在物权法上,采用物权法定原则,物权包括担保物权的类型都是由法律规定的,而非典型担保则不属于物权法所确定的他物权类型②,所以总是与物权法定的原则处在冲突之中,也有一些学者主张物权法定原则缓和,这也成为非典型担保产生的重要理由。

第二,非典型担保是通过交易惯例所创设并由法院判例所确认。由于物权法规定的物权类型并不一定完全符合现实的需要,所以交易当事人在实践中往往会采取一些新的担保形式。这也是有些学者主张物权法定的"法"应当包括习惯法的原因。但是,仅仅由交易习惯还难以确定非典型担保,只有法官通过判例确认之后才能够逐步确立非典型担保的担保物权地位。这些担保形式通过判例等方式确认,形成了非典型担保。③

第三,非典型担保类型具有开放型。例如,在德国,非典型担保主要表现为让与担保,让与担保又主要分为如下三种:所有权让与担保、债权让与担保与其他权利(主要是知识产权)让与担保。在其他国家,非典型担保类型也不完全一样。今后随着经济生活的发展,也可能产生更多的新型担保类型。

当然,非典型担保类型除了与物权法定原则存在矛盾之外,还存在其他方面的缺陷。一是缺乏必要的公示手段,例如,让与担保一直欠缺统一的公示机关和公示手段,由此可能会给债务人的其他债权人的利益造成损害。二是由于其缺乏必要的公示手段,所以还存在与其他权利相冲突的问题。以动产让与担保为例,动产之上可能存在动产抵押甚至留置等负担,从而产生多个担保物权冲突的情况。在破产清算时,对于让与担保的所有权人应当减弱其效力,这不同于物权法中的一般所有权。三是不能保障法制的统一。尽管非典型担保可以填补物权法定所带来的僵化后

---

① 参见梁慧星:《日本现代担保法制及其对我国制定担保法的启示》,载梁慧星主编:《民商法论丛》(第三卷),法律出版社1995年版,第180页以下。
② 参见〔日〕近江幸治:《担保物权法》,祝娅、王卫军、房兆融译,法律出版社2000年版,第10页。
③ 参见梁慧星:《日本现代担保法制及其对我国制定担保法的启示》,载梁慧星主编:《民商法论丛》(第三卷),法律出版社1995年版,第180页以下。

果,增加了担保法的弹性和灵活性,但同时也可能会造成法律不统一、法官缺乏明确的裁判标准等后果。因为有的法官可能会坚持物权法定原则,拒绝接受非典型担保的效力,但有的法官可能会承认其效力,这样就可能造成裁判的不统一,不利于实现法的可预期性。非典型担保集中在动产担保和权利担保中,对于不动产担保方式,各国并没有太多的发展。

由于非典型担保构成各国担保制度的重要组成部分,而非典型担保在法律渊源上多表现为判例法。所以,仅仅凭借成文法的规定很难完全了解一国的担保制度全貌。当然,非典型担保如果没有为法律所承认,还很难说已经成为一种法律明文规定的典型物权。

八、担保权实现更为便捷

担保物权的实现途径是影响物权担保交易成本的重要因素。[1] 为有效降低担保物权实现的成本,从比较法上来看,各国普遍重视担保物权实现程序的高效和便捷。《动产担保交易立法指南》《动产担保交易示范法》明确要求各国制定有效、迅速的担保权实行程序,在债务人违约时,如欠缺适当、合理、有效的担保权实行程序,担保权的救济将是有限的,甚至流于形式。我国《民事诉讼法》在修订中顺应了这一趋势,将担保物权的实现程序作为非讼程序加以规定。《民事诉讼法》第196条规定:"申请实现担保物权,由担保物权人以及其他有权请求实现担保物权的人依照物权法等法律,向担保财产所在地或者担保物权登记地基层人民法院提出。"虽然有学者认为,对于可以利用非讼程序实现的担保物权范围局限于不动产抵押权人和股权质权人[2],但是依据《民事诉讼法司法解释》第361条的规定,《民事诉讼法》第196条规定的担保物权人应当包括抵押权人、质权人、留置权人。因而,民事诉讼法事实上已经对抵押权、质权和留置权均提供了诉讼法上便捷实现的途径。这种非讼程序实质上赋予了担保合同经司法确认后的强制执行效力,可以在较大程度上降低担保物权实现的成本,提升了担保物权实现的效率。[3]

---

[1] 参见高圣平:《担保物权实行途径之研究——兼及民事诉讼法的修改》,载《法学》2008年第2期。

[2] 参见任重:《担保物权实现的程序标的:实践、识别与制度化》,载《法学研究》2016年第2期。

[3] 参见汤维建主编:《新民事诉讼法适用疑难问题新释新解》,中国检察出版社2013年版,第121页。

在担保物权实现程序中,被广为讨论的是公力救济与自力救济的结合。在担保权实行程序中,公力救济途径有极强的确定力和执行力,但程序冗长、耗时费力,已广受诟病。而自力救济途径相对于公力救济则更为灵活。担保权人享有广泛的但被明确界定的实行权利,可以其认为最合适的方式变卖担保物,但构建自力救济制度时当事人之间利益衡平亦应充分考量。相较于公力救济而言,自力救济的最大优势在于其便捷和高效,而其劣势则在于对于债务人和第三人的保护往往不力。[1] 在立法上承认担保权利实现中的自力救济已成为担保物权的一项重要发展趋势。在比较法上,自力救济却普遍存在。以美国为代表的北美洲国家在担保权的实行途径上均认同自力救济途径。[2] 应当承认,在肯定自力救济的同时如果能够兼顾对债务人和第三人的保护,那么自力救济高效便捷的作用就可以得到发挥。

结　语

上述担保物权发展的趋势,既表明担保物权随着市场经济的发展而不断发展,也表明担保物权是物权法中最活跃的一种权利,与经济生活最为密切。所以,在坚持物权法定原则的同时,应当考虑到担保物权的发展,而适当为担保物权的发展留下成长的空间。同时,由于担保物权的规则与资金融通、债权保障联系在一起,所以具有很强的国际化特征,在全球化的背景下,物权法应该尽可能注意到担保物权的发展趋势,将一些已经为实践证明的、成熟的担保方式纳入我国物权法当中。此外,由于现代的担保是以金融活动为中心而展开的,这也决定了我们在设计担保物权时应尽可能从保障我国金融安全、促进资金流通出发,建立一整套担保物权的体系。我国正在制定的民法典物权编应当密切关注担保物权发展的新变化,高度重视并借鉴国外在有关担保物权方面的立法趋势,从而使我国的担保物权制度能够立足于中国实际并面向未来,更好地为我国社会经济生活服务。

---

[1] 参见陈华彬:《物权法原理》,国家行政学院出版社1998年版,第629页。
[2] 参见高圣平:《担保物权实行途径之研究——兼及民事诉讼法的修改》,载《法学》2008年第2期。

试论抵押物转让的限制[*]

一、问题的提出

新宇公司于 2006 年计划以 2 500 元/吨的价格向国外某公司购买 20 万吨氧化铝,因资金周转遇到困难,便将其已经购买的 10 万吨氧化铝作为抵押,向银行借款 5 000 万元,还款期限为两年。当年年底,因为氧化铝价格上涨,新宇公司准备将已抵押的 10 万吨氧化铝出售给大成公司,双方签订了转让意向书,并在意向书中约定,由大成公司在 1 个月内将价款 5 500万元支付给某银行以还清新宇公司借款的本息。后在新宇公司向银行提出还款计划后,银行认为,提前还款打乱了其经营计划,因此拒绝接受大成公司的还款。此后,因氧化铝价格持续上涨,新宇公司在未经银行同意的情况下,将该 10 万吨氧化铝转让给了晋城公司,晋城公司在购买该批氧化铝时对该批货物已经设定抵押的情况不知情,其已经支付价款并已经受让该批货物。后银行知道该交易后,以新宇公司的转让行为未经其同意为由,主张宣告该转让无效。

在本案中,涉及如下几个问题需要讨论:一是已经设定抵押的财产,未经抵押权人的同意,该转让行为是否无效?二是第三人自愿代抵押人清偿债务以消除抵押的,抵押权人能否拒绝?三是未经抵押权人同意,抵押人转让抵押物并且抵押物所有权已经发生变动的,受让人能否取得无负担的所有权?四是在受让人善意取得抵押物所有权的情况下,如何保护抵押权人的利益?上述问题都因抵押物的转让而产生,抵押物的流转涉及抵押权人、抵押人以及第三人的利益保护,如何在抵押物流转过程中实现上述各方当事人利益的平衡,即既要保障抵押权人的权利,又要兼顾抵押人的利益以及交易安全和效率,值得探讨。

---

* 原载《法学》2014 年第 1 期,原标题为《抵押财产转让的法律规制》。

二、抵押物的转让应当受到限制

所谓抵押物的转让,是指在抵押期间内,抵押人将抵押物转让给他人。抵押权设定之后,从所有权归属来看,抵押物仍然归属于抵押人,但抵押人对抵押物的处分权应当受到一定的限制。原则上,如果抵押权人同意转让抵押物,并主张就获得的价款优先受偿,按照私法自治的原则,只要不损害其他人的利益,法律应当尊重当事人的意思,允许抵押物的转让。但问题在于,在未经抵押权人同意的情况下,抵押人是否可以转让抵押物?对此,存在两种不同的观点。

1. 自由转让说

自由转让说认为,抵押物的转让一般并不需要取得抵押权人的同意,因为抵押权为支配抵押物交换价值的权利,对于抵押人不影响抵押物交换价值的处分或用益行为,没有干涉的必要。① 此种学说又可以分为两种,一是行使追及权说。此种观点认为,即使没有经过抵押权人的同意,抵押人也可以转让抵押物,抵押人转让抵押财产时,既不需要通知,也不受其他限制。但在抵押物转让之后,基于抵押权的追及效力,抵押权人可以追及抵押物行使抵押权。《担保法解释》第 67 条规定:"抵押权存续期间,抵押人转让抵押物未通知抵押权人或者未告知受让人的,如果抵押物已经登记的,抵押权人仍可以行使抵押权……"可见,该规定采纳了行使追及权说。② 二是通知告知生效说。此种观点认为,即使没有经过抵押权人的同意,抵押人也可以转让抵押物,但抵押人应当通知抵押权人,并告知买受人,转让行为在通知抵押权人后生效。我国《担保法》第 49 条第 1 款规定:"抵押期间,抵押人转让已办理登记的抵押物的,应当通知抵押权人并告知受让人转让物已经抵押的情况;抵押人未通知抵押权人或者未告知受让人的,转让行为无效。"由此可见,我国《担保法》在抵押物转让方面采纳了通知告知生效说。

2. 限制转让说

限制转让说认为,为了保障抵押权人的利益,防止欺诈行为,在抵押权设定以后,抵押人仍然享有对抵押物的所有权,并保留对抵押物的最终

---

① 参见邹海林、常敏:《债权担保的方式和应用》,法律出版社 1998 年版,第 151 页。
② 参见许明月:《论中国担保物权制度的现代化》,载《安徽警官职业学院学报》2004 年第 6 期。

处分权,但未经抵押权人的同意,抵押人不能转让抵押物。不过,在抵押期间,就抵押人对抵押物的处分权是否应当受到限制,以及受到何种程度的限制,存在不同的观点。在《担保法》颁布以前,我国司法实践一般认为,抵押人未经债权人同意不得转让抵押物,否则转让无效。① 在《物权法》制定过程中,不少人认为,抵押权是对抵押物交换价值的支配权,抵押权设定后,即将抵押物的交换价值让渡给抵押权人,如果抵押人可以自由转让抵押物,无异于鼓励"一物二卖"②。因此,应当对抵押物的转让予以限制。基于上述原因,《物权法》第191条第2款规定:"抵押期间,抵押人未经抵押权人同意,不得转让抵押财产,但受让人代为清偿债务消灭抵押权的除外。"从该款规定来看,未经抵押权人同意,抵押人不得转让抵押财产,这显然是采纳了限制转让说的立场。

应当看到,自由转让说虽有一定的道理,但也有不足之处。从比较法来看,各国大多采自由转让说,认为即使未经抵押权人同意,抵押人也可以自由转让抵押物。自由转让说尊重了抵押人对抵押物的处分权,符合物权的基本特征,因为在抵押权设定后,抵押人仍为抵押物的所有权人,对抵押物仍享有处分权。此种模式最大的优点在于有利于实现物尽其用,即在抵押权设定之后,允许抵押人自由转让,有利于所有权人对抵押物的充分利用,充分发挥物的使用价值,提高物的利用效率。通过允许抵押人自由转让抵押物,也有利于促进财产的流转。例如,在前例中,在氧化铝价格持续上涨的情况下,如果抵押人不及时将其转让,一旦价格下跌,抵押人将蒙受重大损失,由于此类货物的价格时常处于波动状态,允许抵押物自由转让有利于实现该抵押物的价值。但笔者认为,相较于自由转让说,限制转让说更为合理,主要理由在于:

第一,限制转让说更有利于保护抵押权人的利益。允许抵押物的自由流转可能损害抵押权人的利益,虽然从理论上说,抵押权人可以行使追及权,但由于动产抵押权的设定无须办理登记,因而第三人对抵押权的设定并不知情,所以可能善意取得抵押物所有权,并导致抵押权消灭。例如,在前例中,氧化铝价格持续上涨,如果债务人未经抵押权人同意,就将该氧化铝转让,由于该抵押权并没有办理登记,第三人因符合善意取得而

---

① 例如,最高人民法院《民通意见》第115条第1款规定:"抵押物如由抵押人自己占有并负责保管,在抵押期间,非经债权人同意,抵押人将同一抵押物转让他人,或者就抵押物价值已设置抵押部分再作抵押的,其行为无效。"

② 参见王胜明:《物权法制定过程中的几个重要问题》,载《法学杂志》2006年第1期。

取得所有权,抵押权人也无法行使追及权,但抵押人在取得转让价款后,并没有用于清偿债务,此时,抵押权人的利益将难以得到保障。即便第三人对抵押权的设定知情,抵押物的转让也可能导致抵押权人行使抵押权的成本增加。同时,抵押物自由转让也可能损害第三人利益。例如,在房屋买卖关系中,如果允许抵押人自由转让抵押物,开发商可能将在建工程抵押,在没有解除抵押时就将房屋转让,这就有可能侵害期房买受人的利益。即使事后宣告转让合同无效,转让的财产也可能难以恢复原状,并可能因此产生一系列纠纷。①

第二,限制转让说有利于防止欺诈,维护交易安全和秩序。我国社会目前正处于转型时期,信用体系尚不健全,允许抵押人自由转让抵押物可能不利于保护抵押权人的利益,因为抵押人可能以较低的价格转让抵押物,或者在转让后不以所获得的价款清偿债务,从而会损害抵押权人的利益。② 实践中,有的房地产开发商以在建工程向银行进行抵押贷款,然后再进行商品房预售,如果承认抵押权的追及效力,就意味着抵押权人在开发商不能清偿到期债务时可以将房屋拍卖或变卖从而实现抵押权,而预售商品房可能已经被业主购买,这就有可能发生欺诈。③ 因此,《物权法》限制抵押物流转的立场符合我国的国情,具有一定的合理性。

第三,抵押权的追及效力并不足以保护抵押权人的利益。按照自由转让说的观点,即便允许抵押物自由转让,由于抵押权具有追及效力,仍然可以追及至受让人,通过追及效力使得抵押权人的效力可以得到充分保障。然而,从中国的实际出发,通过追及效力并不一定能够充分保护抵押权人的利益。因为在动产抵押的情形下,由于动产未经登记就可以设立抵押权,这就因缺乏公示效果而使第三人并不知道抵押权设置的情况,第三人基于善意购买该动产,则可能善意取得该动产的所有权,因而导致抵押权人无法行使追及权。例如,在前例中,氧化铝的价格持续上涨,如果债务人未经抵押权人同意就将氧化铝转让,由于该抵押权并没有办理登记,第三人因符合善意取得构成要件而取得所有权,抵押权人也无法行使追及权,但抵押人在取得转让价款后并没有将其用于清偿债务,此时,抵押权人的利益将难以得到保障。

---

① 参见王胜明主编:《中华人民共和国物权法解读》,中国法制出版社2007年版,第414页。
② 参见胡康生主编:《中华人民共和国物权法释义》,法律出版社2007年版,第418页。
③ 参见姚红主编:《中华人民共和国物权法精解》,人民出版社2007年版,第337页。

第四，抵押权的追及效力也时常受到严重阻碍。根据最高人民法院《关于建设工程价款优先受偿权问题的批复》的规定，"消费者交付购买商品房的全部或者大部分款项后，承包人就该商品房享有的工程价款优先受偿权不得对抗买受人"。依据这一规定，承包人的优先权不得对抗作为消费者的房屋买受人的权利。因为房屋不仅是公民基本的财产，而且是公民赖以安身立命的场所，是公民生存权的基本保障。保护公民的房屋所有权实际上也是保护公民基本的财产权和生存权。既然承包人的建设工程优先权都不能对抗业主的权利，按照举重以明轻的原理，不能对抗承包人建设工程优先权的抵押权，更不能对抗业主的权利。因此，如果建设单位将房屋抵押之后，又将房屋出售给业主，业主不仅已经支付了价款，甚至可能已经入住，在此情形下，抵押权人将无法行使追及权。

当然，完全限制抵押物的转让也不尽合理，主要理由在于：一方面，从法律上看，抵押权设置后，只是使抵押人处分抵押财产的权利受到限制，并没有导致该处分权的丧失。比较法上普遍认为，在抵押权设定后，抵押人并未丧失对抵押物的所有权，其仍然有权转让抵押物，受让人可以受让抵押财产。① 尤其是如果公示制度得以设立，能够很好地公示抵押权（动产抵押除外），可以消除"交易暗礁"的隐患。② 另一方面，严格限制抵押物的流转不利于充分发挥抵押物的经济效用，有违物尽其用原则。因为抵押财产纷繁复杂，种类很多，大量的财产在设置抵押之后，仍然需要进行利用。而抵押人又暂时不需要利用或者没有能力利用，此时，就应当转让抵押物，以充分发挥抵押物的效益。如果转让抵押物必须经抵押权人的同意，则可能使抵押人错失交易良机，影响抵押财产价值的实现。事实上，只要抵押物的受让人愿意承受抵押物上的负担，债权人的利益不会受到任何的损害，物的具体所有人身份并不能影响其交换价值的实现。③ 例如，在前例中，在抵押设定之后，氧化铝的价格持续上涨，在新宇公司向银行提出还款计划后，银行认为，提前还款打乱了其经营计划，因此拒绝接受大成公司的还款。虽然银行的主张有一定的道理，但毕竟在第三人愿意代抵押人还本付息的情形下，银行的利益并不会遭受严重损害，而银行拒绝接受还款，将导致抵押人无法将抵押财产及时变现，使其利益受损。因

---

① 参见马俊驹、辜明安主编：《民法》，武汉大学出版社2012年版，第332—333页。
② 参见许明月：《抵押物转让制度之立法缺失及其司法解释补救——评〈中华人民共和国物权法〉第191条》，载《法商研究》2008年第2期。
③ 参见崔建远：《抵押权探微》，载《法学》2004年第4期。

此,此种做法可能影响资源的优化配置,并在一定程度上损害抵押人的利益。尤其应当看到,在现代市场经济条件下,担保制度越发达,债权越有保障,金融安全越能实现,资金融通更为便利。但要发挥抵押制度在资金融通方面的作用,就必须要放松对抵押物转让的限制,从而可以最大限度地实现对抵押物的利用。① 在抵押设定后,抵押物价值总是在不断波动,如以房屋设定抵押时,房价波动剧烈,房价在上涨至一定高度时允许抵押人进行转让,既可以有足够资金清偿债务,又可以从中获得一定的利益。

因此,抵押物转让的问题究竟应当采取自由转让主义还是限制转让主义,实际上涉及各方当事人的利益冲突,具体而言:一是抵押权人利益的保障问题,即如果认定转让行为有效,抵押权人的利益是否会受到损害,抵押权如何实现。二是抵押人的利益保护问题。由于在抵押权设定后,抵押人仍然是抵押物的所有人,应当享有处分权,如果认定转让合同有效,有利于充分保障抵押人的利益,且有利于进一步发挥物的经济效用,实现效率最大化。三是受让人利益的保护问题。受让人的利益涉及交易安全,在限制转让模式下,如果允许受让人行使涤除权,则有利于保护第三人的利益。上述三种利益之间可能发生一定的冲突。问题的关键在于,法律上如何找到妥当的办法,对各种利益关系进行妥当的平衡。在不损害债权人合法权益的前提下,应当尽可能保护所有权人对抵押物的利用和处分权利,以保证权利和信用交易(Rechts-und Kreditsverkehr)的安全和便捷。② 笔者认为,从我国《物权法》第191条的规定出发,在采纳限制转让说的同时,为兼顾抵押人和第三人的利益,法律上应当允许第三人通过行使涤除权消除抵押权状态。③

三、擅自转让抵押物的法律效果认定

从实践来看,擅自转让抵押物的法律效果主要涉及如下几方面问题:一是抵押物转让合同是否有效,二是抵押物所有权能否发生变动,三是抵押权人对抵押物是否享有追及权。这三方面效力并非完全孤立,而是相关联的,以下分别探讨。

---

① 参见许明月:《抵押物转让制度之立法缺失及其司法解释补救——评〈中华人民共和国物权法〉第191条》,载《法商研究》2008年第2期。
② Vgl. MüKoBGB/Lieder, BGB § 1136, Rn. 1.
③ 参见《法国民法典》第2179—2180条、《瑞士民法典》第828条。

（一）擅自转让抵押物的合同的效力

对于擅自转让抵押物的合同是否有效的判断，涉及对《物权法》第191条第2款规定性质的认定，即该规定属于效力性强制性规范还是管理性的强制性规范？所谓效力性强制性规范，是指不仅要取缔违反的行为，对违反者加以制裁，而且对其行为在私法上的效力也加以否认，违反该规定，会导致法律行为归于无效。[①] 例如《合同法》第52条关于合同无效情形的规定就属于效力性强制性规范。所谓管理性强制性规范，是指法律要求当事人应当遵守，而不得通过约定加以改变，一般的强行性规范大多属于此种类型，但违反此类规范并不必然导致行为在私法上的无效。笔者认为，《物权法》第191条第2款在性质上应当属于管理性强制性规范而非效力性强制性规范，主要理由在于：

第一，从交易的标的物来看，抵押虽然是物上负担，但擅自转让抵押物并不导致转让合同在性质上变为非法合同。因为从《物权法》第191条规定的立法目的来看，其一方面是为了保护抵押权人的抵押权，另一方面是为了督促当事人登记抵押权，而不是为了否定抵押物转让合同的效力。因此，物权法的上述规定应属于管理性强制性规定，而非效力性强制性规定。

第二，抵押物的转让原则上并不直接涉及公共利益，不宜认定转让合同无效。因为多数抵押都经过登记，抵押权人可以追及地行使其抵押权。在抵押权未办理登记的情况下，则转让可能会损害抵押权人的利益，但这通常不会损害公共利益。同时，即便承认抵押物转让合同的效力，也并不当然导致抵押权消灭，也并不当然损害抵押权人的利益。即使转让合同有效，物权也可能不发生变动，这也可以有效保障抵押权人的权利，防止抵押权因为抵押人的转让行为而受到不利影响。实践证明，这也是对抵押权最为有效的保护方法。而对受让人而言，也并非不公，因为在抵押权已经办理登记的情形，受让人有义务查询抵押物的权利状况，在法律上应当知道该财产上存在抵押权负担，如果其仍然同抵押人订立该转让合同，表明其本身并非善意，使其无法取得抵押物所有权也并非不妥。

第三，认定抵押物转让合同有效，有利于受让人依法行使涤除权。依

[①] 也有学者认为其可以包括五种类型：(1) 训示规定，若不具备并非无效，仅有提示作用者；(2) 效力规定，若未按规定为之，则无效；(3) 证据规定；(4) 取缔规定，违反合同依然有效；(5) 转换规定，本应为无效，但法律另有转换成某一效果的规定。参见林诚二：《民法总则讲义》（下），瑞兴图书股份有限公司1995年版，第15页。

据《物权法》第191条的规定,在抵押期间,抵押人未经抵押权人同意不得转让抵押财产,但第三人可以通过行使涤除权以消灭抵押权。只有认定抵押物转让合同有效,受让人才能在该合同的基础上行使涤除权。如果认定抵押物转让合同无效,则即便受让人愿意替债务人履行债务,其也无法取得抵押物的权利,涤除权的目的显然也难以实现。从实践来看,认定该转让合同仍然有效,有利于防止社会财富的浪费。如果宣告转让合同无效,可能需要采用恢复原状等责任形式,在这一过程中可能会导致财产的损失和浪费。

第四,将该规定作为管理性的强制性规范,有利于贯彻合同严守原则,保护交易安全。一方面,承认当事人之间债权合同的效力,抵押人作为转让人因不能使受让人依据合同约定取得物权,将构成违约,第三人有权请求其承担违约责任。另一方面,如果依据抵押权人同意或者不同意来确定合同的效力,即合同的效力完全由抵押权人决定,这也不利于维护交易安全。在抵押人未经抵押权人同意转让抵押物的情形,如果一概认定抵押物转让合同无效,可能不利于保护第三人的利益。尤其是在动产抵押的情形,抵押权的设定不以登记为必要,第三人在订立合同时无法查明抵押物已经登记的情形,如果一概认定抵押物转让合同无效,第三人既无法取得抵押物所有权,也无法依据抵押物转让合同请求抵押人承担违约责任,显然不利于维护交易安全。

综上所述,在前述案例中,新宇公司在未经银行同意的情况下,将已经设定抵押的10万吨氧化铝转让给了晋城公司,虽然违反了《物权法》第191条的规定,但该转让合同仍然是有效的。

(二) 擅自转让抵押物原则上不产生物权变动的效力

在抵押人未经抵押权人同意擅自转让抵押物时,原则上不应发生物权变动的效力,主要理由在于,一方面,我国《物权法》并没有承认抵押权的追及效力,也就是说,在抵押人擅自转让抵押物的情形下,如果承认其可以发生物权变动的效力,抵押权人将无法向受让人主张抵押权,此时,将难以保障抵押权人的利益。另一方面,如果受让人并不知道标的物之上已经设立了抵押权,则应当承认其可以取得抵押物的权利,但在抵押权已经登记的情形下,受让人在与抵押人交易时应当查明抵押物的权利状态,如果受让人没有查明抵押物的权属状态而仍然与抵押人交易,则应当优先保护抵押权人的权利,而没有必要承认非善意的受让人可以取得物权。还应当看到,在抵押权人已经办理登记的情形下,抵押权已经进行了有效的公示,应当具有对抗效力,受让人在明知抵押权已经登记的情形下仍然与抵押人交易,如果仍然承认其可以取得抵押物的权利,则抵押权登记的效力也将形同虚设。

在此需要讨论的是,在抵押权设定后,抵押人虽然享有对抵押物的所有权,但其处分权受到了一定的限制,如果抵押人未经抵押权人同意擅自转让抵押物,是否构成无权处分？一般而言,无权处分是指无处分权而处分他人财产,但在特殊情形下,在当事人处分自己财产的情形下,其也可能因为欠缺处分权而成立无权处分,因为所有权人只能依法行使占有、使用、收益、处分权能,如果违法行使了处分权能,已经超出了其依法享有的处分权范围,因此有可能被认定为无权处分。① 正是因为抵押人擅自处分抵押财产的行为构成无权处分,在动产抵押未登记的情形下,抵押人擅自转让抵押物时,受让人可能对标的物上存在抵押权并不知情,从而构成善意,即有可能基于善意取得而取得抵押物的权利。

在抵押人擅自转让抵押物的情形下,虽然原则上不发生物权变动的效力,但在如下情形下,仍可能发生物权变动的效力:第一,受让人行使涤除权。依据《物权法》第 191 条的规定,受让人可以通过行使涤除权,以去除物上的抵押权负担。此时,受让人可以通过代位清偿的方式消除抵押权,以取得抵押物的所有权。第二,动产抵押中受让人善意取得抵押物的所有权。就动产抵押而言,依据《物权法》第 188 条的规定,动产抵押采取登记对抗主义,第三人可能基于善意取得而取得没有负担的所有权,原抵押权可能因此而消灭。② 第三,动产浮动抵押中抵押物的转让。《物权法》第 181 条规定:"经当事人书面协议,企业、个体工商户、农业生产经营者可以将现有的以及将有的生产设备、原材料、半成品、产品抵押,债务人不履行到期债务或者发生当事人约定的实现抵押权的情形,债权人有权就实现抵押权时的动产优先受偿。"依据这一规定,在动产浮动抵押设定之后、财产结晶之前,抵押人仍可自由转让抵押财产。此时,转让行为都是有效的,并可以发生物权的变动。但依据物权变动的一般原理,抵押人必须已经将抵押财产交付给买受人或已经办理了登记,否则,即便买受人

---

① 参见石冠彬:《论抵押物出资——兼评(2011)豫法民三终字第 127 号判决》,载《法学评论》2015 年第 2 期。

② 参见梅夏英、高圣平:《物权法教程》,中国人民大学出版社 2007 年版,第 436 页。

已经支付了全部的价款,在法律上仍然只是债权人。①

(三) 擅自转让抵押物时抵押权人的追及权

在抵押人未经抵押权人同意擅自转让抵押物时,抵押权人是否享有追及权？许多学者赞成自由转让,其理由主要在于抵押权人可以通过行使追及权来保障其权益。许多国家法律规定,任何物权都具有追及的效力,抵押权也不例外。已经登记的抵押物转让给他人的,抵押权人可以依据追及效力得到救济。② 只有赋予抵押权追及的效力,才能充分保障抵押权人的利益。只不过,为了保护抵押权人,法律也有必要严格限制抵押物的转让,这在一定程度上也限制了抵押权人的追及权。③ 我国《物权法》并没有承认抵押权的追及效力,笔者认为,抵押权的追及意味着抵押权人可以追及物之所在,除善意取得之外,不管物为何人所有,均可追及。因此,抵押权的追及权行使隐含了两个前提条件:一是抵押物的所有权发生了变动;二是抵押权仍然存在于抵押财产之上。在抵押人擅自转让抵押物时,如果受让人无法取得抵押物的所有权,则不存在抵押权的追及问题;而在受让人善意取得抵押物的所有权时,抵押权即归于消灭,抵押权人也不享有追及权。即便在动产浮动抵押的情形下,抵押人转让抵押财产并不属于无权处分,此时,抵押权人也不享有追及权。

四、第三人行使涤除权时无须征得抵押权人的同意

在限制转让模式下,也应当兼顾第三人及交易安全的保护,为此,我国《物权法》第191条确立了涤除权制度。所谓涤除权,是指发生抵押物转让的情况时,抵押物的受让人向抵押权人支付一定的代价以消灭抵押权,在抵押权人接受受让人的要求后,抵押权消灭。④ 涤除权的规定实际上是为了保护第三人的利益而设定的,根据该项制度,第三人只需向抵押权人提供与抵押物的价值相当的金钱或为债务人清偿债务,便可以除去

---

① 参见程啸:《担保物权》,载王利明、尹飞、程啸:《中国物权法教程》,人民法院出版社2007年版,第490页。

② 参见《法国民法典》第2114条、《意大利民法典》第2808条、《瑞士民法典》第832条等。

③ 参见张万彬:《浅议抵押人对抵押物的转让权——兼评〈物权法〉第191条第二款之规定》,载《金融经济》2007年第10期。

④ 参见〔日〕近江幸治:《担保物权法》,祝娅、王卫军、房兆融译,法律出版社2000年版,第174页。

抵押权。① 例如,在前述案例中,新宇公司准备将已抵押的 10 万吨氧化铝出售给大成公司,双方签订了转让意向书,双方在意向书中约定,由大成公司在 1 个月内将价款 5 500 万元支付给银行以还清新宇公司借款的本息。此时,大成公司提出通过向银行还清新宇公司借款的本息,以取得抵押物的所有权,这实际上是在行使涤除权。涤除权是抵押物受让人所享有的权利,受让人可以行使该权利,也可以放弃。但涤除的请求必须在抵押权实现之前提出,且必须要由受让人向抵押权人提出。②

《担保法解释》第 67 条第 1 款规定:"……取得抵押物所有权的受让人,可以代替债务人清偿其全部债务,使抵押权消灭……"这是我国法律上最早关于涤除权的规定。《物权法》就是在总结该解释的基础上而作出的规定。依据《物权法》第 191 条的规定,第三人行使涤除权,必须代为清偿债务,以消灭抵押权,因此,涤除金额必须达到能够消灭债务的数额。当然,虽然涤除权与代为清偿债务有一定的相似性,但并不完全相同,二者的区别主要在于:首先,涤除权只能由抵押物的受让人享有并行使,但代为清偿可以由任何第三人实施。其次,涤除权只是对抵押权产生影响,代为清偿虽然会间接导致抵押权消灭的效果,但并非直接以抵押权消灭为目的,而是以消灭特定债务为目的。最后,涤除权一旦行使,抵押权人必须接受,而第三人代为清偿,债权人有权予以拒绝。③ 涤除的效果是标的物上的抵押权消灭,且在抵押权消灭过程中的不利后果由抵押权人承担。一旦行使涤除权,则抵押物归第三人即受让人所有,债权因清偿而消灭,抵押权基于从属性也自然消灭。

问题在于,当受让人提出代为清偿债务的请求、主张行使涤除权时,抵押权人是否可予以拒绝? 例如,在前述案例中,银行是否有权拒绝大成公司的还款? 笔者认为,第三人行使涤除权无须征得抵押权人的同意,主要理由在于:

第一,主张涤除权的行使须征得抵押权人同意有违涤除权设立的目的。涤除权制度的主要目的在于如下几个方面:一是保护第三人的利益。在抵押财产的交易中,第三人取得的财产之上存在负担。而通过赋予涤

---

① 参见赵林青:《涤除权制度之我见》,载《甘肃政法学院学报》2006 年第 3 期。
② 参见许明月:《抵押物转让的立法模式选择与制度安排——兼论我国担保物权立法对抵押权涤除制度的取舍》,载《现代法学》2006 年第 2 期。
③ 参见许明月:《抵押物转让的立法模式选择与制度安排——兼论我国担保物权立法对抵押权涤除制度的取舍》,载《现代法学》2006 年第 2 期。

除权,可以使得第三人取得完整的所有权,避免其利益遭受损害。涤除权制度实际上是第三人通过类似代为清偿而享有的一种对抗抵押权人的权利。[①] 只要受让人提出涤除的请求,抵押权人就不能拒绝,否则就难以实现立法目的。涤除权主要是为了使第三人在符合一定条件下取得抵押物的所有权,并实现鼓励交易的目的而设定。二是促进财产的流转。通过涤除权制度的设计,第三人可以"涤除"物之上的抵押权,这在一定程度上可以使得第三人更愿意购买抵押财产,从而有利于财产的流转。抵押权的主要功能在于担保债权的实现,抵押权人关心的是债权的实现和债权不能实现时抵押物变卖的价值,如果第三人愿意行使涤除权,并不会损害抵押权人的利益,相反更有利于实现抵押权的目的。因此,涤除权的行使并不需要征得抵押权人的同意,否则可能使该规则形同虚设。

第二,主张涤除权的行使须征得抵押权人同意可能导致抵押权人滥用抵押权。在我国采限制流转模式的背景下,抵押财产的转让必须取得抵押权人的同意。在受让人行使涤除权时,如果必须经抵押权人同意,在抵押权人滥用其同意权时,可能损害抵押人和第三人的利益。例如,在前述案例中,由大成公司在1个月内将价款5 500万元支付给银行以还清新宇公司借款的本息,此时,银行的利益已经得到了保障而没有其他的损失,依据诚信原则,其不应无理拒绝。涤除权制度的本意在于赋予标的物受让人有效地对抗抵押权人的同意权,避免抵押权人的权利滥用。

第三,主张赋予抵押权人以拒绝权的观点超出了抵押权的制度目的。抵押权作为债的担保制度之一,目的就在于保障主债权的实现。抵押权人若能够通过标的物受让人涤除权的行使而实现其债权,便已经实现了抵押权的目的。超出此范围的权利行使,已非抵押权的内容。抵押权的设定是为了保障债权的实现,如果抵押物受让人选择行使涤除权,可以使抵押权人的债权获得实现,因此,就没有必要赋予抵押权人拒绝抵押物买受人行使涤除权的权利,否则,将可能影响抵押物的正常流转。

第四,有利于物尽其用,提高抵押物的利用效率。因为抵押权在设立后,抵押物的市场价值处于变动之中,当抵押物的价格上涨至高点时,也是抵押物处分的最佳时机。如果在高点时处分抵押物,所获得的价金既可以清偿担保的债务,又可以使抵押人获得额外的利益,还可以使受让人从中获得利益,从而实现对抵押物最有效的利用。这就必须要允许受让

---

① 参见赵林青:《涤除权制度之我见》,载《甘肃政法学院学报》2006年第3期。

人在抵押物价格处于高点时,及时行使涤除权,将抵押物转让。如果赋予抵押权人拒绝第三人行使涤除权的权利,在法律制度设计上,为了保障抵押人对标的物的处分权,维护交易安全和效率,需要为抵押权人设定一定的义务,如抵押权人应当及时拍卖抵押物、确保担保抵押物拍卖价格高于或不得低于出价的义务、抵押权人在拍卖价格低于受让人出价时应当承担高价应买抵押物或承担有关费用的责任[1],如果无人购买该抵押物,则抵押权人必须以该增价自行买下抵押物。[2] 但这样可能导致法律制度的设计过于复杂。

从比较法上来看,凡是承认涤除权制度的法律,都认为涤除权是抵押物受让人所享有的一项权利。如《日本民法典》第 378 条规定:"购买了抵押不动产所有权或地上权的第三人,应抵押权人请求清偿其代价后,抵押权因该第三人而消灭。"在第三人取得抵押物所有权时,应当允许其选择承受抵押权还是选择行使涤除权以消除抵押权状态。涤除权作为一种权利,受让人可以行使,也可以放弃。当受让人放弃行使这一权利时,抵押权人便可以按照正常的程序行使抵押权。正是因为涤除权是抵押物受让人所享有的一项权利,抵押物受让人可以选择是否行使,所以,其行使涤除权时也无须取得抵押权人的同意。[3] 同时,涤除权有助于抵押物经济价值的充分发挥,并且对抵押权人利益没有影响,因为涤除权的行使必须由受让人代为清偿债务消灭,因此抵押权人的利益得到保障,基于利益的权衡,行使涤除权无需取得抵押权人的同意。

总之,依据《物权法》的规定,涤除权应属于受让人所享有的一项法定权利,在受让人主张行使涤除权时,抵押权人不得拒绝。在前例中,在新宇公司向银行提出还款计划后,银行不得以提前还款打乱了其经营计划为由,拒绝接受大成公司的还款。

五、关于善意取得制度的适用

如前所述,在擅自转让抵押财产时,应当区分物权变动的效力与抵押

---

[1] 参见许明月:《抵押物转让的立法模式选择与制度安排——兼论我国担保物权立法对抵押权涤除制度的取舍》,载《现代法学》2006 年第 2 期。
[2] 参见罗思荣、梅瑞琦:《抵押权追及效力理论之重构》,载《法学家》2006 年第 2 期。
[3] 参见许明月:《抵押物转让的立法模式选择与制度安排——兼论我国担保物权立法对抵押权涤除制度的取舍》,载《现代法学》2006 年第 2 期。

物转让合同的效力,抵押人未经抵押权人同意转让抵押财产的,虽然不发生物权变动的效力,但该转让合同应当有效。所以,在抵押权已经登记的情形下,因擅自转让不能导致物权变动,在不符合善意取得构成要件的情形下,抵押权也不消灭,抵押权人仍享有抵押权。① 但如果抵押人转让抵押财产符合善意取得的构成要件,依据《物权法》第106条的规定,受让人取得所有权或其他物权,则抵押权人无权向受让人追及行使其抵押权。问题在于,在抵押人未经抵押权人同意擅自转让抵押物时,在何种情况下可以发生善意取得?

依据《物权法》的规定,不动产物权变动都应当办理登记,因此,不动产抵押权的设定也需要办理登记,买受人在与抵押人进行交易时,也有查询登记的义务。因此,在不动产抵押的情形下,买受人无法善意取得抵押物所有权。当然,即使不动产抵押已经办理了抵押登记,但抵押人伪造抵押权人同意抵押物转让的文书或其他证明文件时,此时,仍然存在受让人善意取得的可能性。但对于动产而言,依据我国《物权法》的规定,动产抵押权的设定并不需要办理登记,《物权法》第188条规定:"以本法第一百八十条第一款第四项、第六项规定的财产或者第五项规定的正在建造的船舶、航空器抵押的,抵押权自抵押合同生效时设立;未经登记,不得对抗善意第三人。"因此,以正在建造的船舶、航空器抵押的,抵押权的设定不以办理登记为要件。《物权法》第189条第1款规定:"企业、个体工商户、农业生产经营者以本法第一百八十一条规定的动产抵押的,应当向抵押人住所地的工商行政管理部门办理登记。抵押权自抵押合同生效时设立;未经登记,不得对抗善意第三人。"依据该规定,以动产设定抵押权的,也不以办理登记为要件。因此,在动产抵押并未办理登记时,买受人无法通过登记了解其物上负担,此时,买受人有可能善意取得抵押财产的所有权,从而使得动产之上的抵押权归于消灭。例如,在前例中,当事人以氧化铝为标的设定抵押权,并没有办理登记,因此在转让时,第三人可能并不了解有关抵押权设定的事实,即处于善意的状态。若第三人同时支付了合理的对价,则将满足善意取得的构成要件。

问题在于,如果受让人善意取得了抵押财产的所有权,此时,抵押财产之上的抵押权是否消灭?根据《物权法》第108条的规定:"善意受让人取得动产后,该动产上的原有权利消灭,但善意受让人在受让时知道或者

---

① 参见陈英:《抵押权追及效力浅析——兼谈抵押物受让人的涤除权》,载《天津市政法管理干部学院学报》2005年第3期。

应当知道该权利的除外。"因此,如果抵押人未经抵押权人同意而转让抵押财产,受让人并不知情,依据善意取得制度取得了该财产的所有权,该财产之上的抵押权归于消灭。此时,抵押权人也无权针对受让人行使抵押权。《物权法》第191条第1款规定:"抵押期间,抵押人经抵押权人同意转让抵押财产的,应当将转让所得的价款向抵押权人提前清偿债务或者提存。转让的价款超过债权数额的部分归抵押人所有,不足部分由债务人清偿。"但在抵押物转让后,如果抵押人并未将抵押转让的价款用以清偿债务,则可能使抵押权人的权利失去保障。笔者认为,虽然该条规定仅适用于抵押权人同意抵押物转让的情形,但可以考虑扩张适用该条规定。在善意取得的情况下,抵押权人有权要求将转让的价款提前用于清偿债务,因为按照举轻明重的原理,在抵押权人同意转让的情况下,抵押人尚需提前清偿债务或提存有关抵押财产,以保护抵押权人的债权;那么在未经抵押权人同意转让的情况下,抵押人更应当将转让所得用于提前清偿债务或提存。同时,由于抵押人转让所得的价款以货币的形式存在,且处于抵押人的控制之下,极易被抵押人随意处分,从而损害抵押权人的利益。因此,只有使抵押人提前清偿或提存,才能保障抵押权人的利益。要求债务人以抵押物转让所得的价款提前清偿债务或提存,并没有损害债务人的期限利益。因为债务人如果不愿意提前履行,其可以"采用提存的方式"[1]。因为在受让人可能善意取得抵押物所有权时,若抵押权人此时还不能对价款主张任何权利,则抵押权人将面临巨大的风险。因此,应当允许抵押权人要求提前清偿债务,或要求将价款提存。在抵押人不履行上述义务时,可以申请采取强制措施,扣押、冻结有关价款,以实现其权利。

笔者认为,为充分保障抵押权人的利益,在抵押物流转中,应当对善意取得的适用设置一定的限制,即抵押人取得的价款必须用于清偿债务。但是,若价款已经被挪作他用或有关价款已被消耗殆尽,则抵押权人便不应享有额外的保护。抵押权不过是从属于主债权的权利,抵押物消灭后,抵押权人虽然可对代位物主张权利,但若该代位物(价款)已消失或被挪作他用,则抵押权人所享有的物权便将不复存在,抵押权人只能对债务人主张债权。如此,可以最大限度地尊重善意取得制度的立法目的,保护交易安全,维护第三人的合理预期。因此,在前述案例中,新宇公司在未经

---

[1] 黄松有主编:《〈中华人民共和国物权法〉条文理解与适用》,人民法院出版社2007年版,第572页。

银行同意的情况下,将该 10 万吨氧化铝转让给了晋城公司,晋城公司在购买该批氧化铝时并不知道其已经设定抵押,且已经支付价款并受让该批货物,此时宜认定晋城公司已经取得一个无权利负担的所有权,银行有权要求新宇公司提前偿债并对抵押物价款行使相关权利。

抵押权的竞合及其顺位[*]

抵押权的竞合,又称抵押权的竞存,是指在同一财产上设定多重抵押而引起的权利竞合现象。由于在实践中,担保物权的竞存时常发生,并引发权利的冲突,因此需要确定各担保物权的优先顺位,从而明确担保物权的受偿顺序,为各方当事人在融资时提供权衡和参考。① 对于抵押权的竞合,《物权法》的规定与《担保法》不一致,直接导致裁判和学说上就是否允许多重抵押以及多重抵押下抵押权之间的优先顺位等问题,存在着较大的争议,而不同的处理方案和处理结果对抵押权人的影响很大,需要认真加以探讨。

一、同一财产可以多重抵押

《担保法》第 35 条规定:"抵押人所担保的债权不得超出其抵押物的价值。财产抵押后,该财产的价值大于所担保债权的余额部分,可以再次抵押,但不得超出其余额部分。"据此,当事人在设定抵押时,抵押物的价值只能高于或者等于其所担保的债权的数额。该条规定第一次从法律上确认了当事人可以在同一物之上设定数个抵押,这无疑是正确的,但该条要求当事人在设定抵押时,抵押人提供抵押的财产的价值必须大于或者等于其担保的债权的数额,在法律上引起了不少争议。2007 年《物权法》第 199 条虽然规定了同一财产向两个以上抵押权人抵押时的清偿规则,但未涉及设立数个抵押的条件,而审判实践和相关学说遵循既有的经验,认为物权法也只允许余额抵押。

对于《担保法》第 35 条,一种极端的理解认为,该规定是一种强行性规定,如果当事人在设定抵押时,抵押物的价值低于债权的数额,将有可

---

* 本文完稿于 2002 年,2007 年修改。
① 参见高圣平:《我国动产融资担保制度的检讨与完善》,载《中国人民大学学报》2007 年第 3 期。

能导致该抵押合同的无效,因此为保护债权人利益,确保债权的实现,对超额抵押应当作禁止规定,如允许超额抵押则会危及债权的安全。① 例如,甲公司于 1995 年 8 月 1 日向某银行贷款 5 000 万元,期限 3 年。期限届满时,由于甲公司刚刚上马了新项目,暂时无力还款,请求银行延长还款期限。银行要求甲公司提供抵押,只有提供担保后,才可能延长还款期限。甲公司以其所有的一幢建筑物向银行抵押,但是该建筑物经过评估,价值为 4 500 万元。后双方发生争议,法院认为,根据《担保法》第 35 条的规定,该公司必须增加抵押物以补足 500 万元的差额,由于抵押人所担保的债权超出抵押物的价值,因此,银行与该公司签订的抵押合同应被宣告无效。从审判实践来看,确实存在不少因为抵押物的价值低于被担保债权的数额而被宣告无效的情况,笔者认为这种理解和做法是不妥当的。

需要指出的是,《担保法》第 35 条的规定是一种倡导性和建议性的规范。所谓倡导性规范,"即提倡和诱导当事人采用特定行为模式的法律规范"②,不能认为违反《担保法》第 35 条的规定导致抵押无效。债权人和抵押人订立抵押合同时,债权人愿意以低于债权数额的担保物来保障自己的债权在将来得到实现,这完全是债权人的权利。因为债权人作出此种决定,一般来说可能包括以下三个方面的考虑:一是对债务人的考虑。债权人可能认为债务人具有足够的资产清偿债务,或者具有部分清偿债务的能力,因此,即使抵押物的价值略小于被担保的债权的数额,债权人也认为不会妨碍债权的实现。二是对其他担保的考虑。在主债务设定时,债务人也可能向债权人提供其他的担保物权,或者请第三人向债权人提供保证,既然存在其他担保,债权人便不一定要求抵押物的价值必须大于被担保的债权的数额。三是基于对主债务的考虑。当事人可能将抵押物的价值与放债条件或利率联系在一起,如果抵押物价值较低,债权人就可能会提高放债的条件,这也是一种等价交换。所以,债权人愿意接受多大价值的担保物来保障自己的债权,这完全是债权人选择的自由,这种选择也不影响国家利益、社会公共利益以及第三人的利益,法律上没有必要作出干预,即超额抵押不违背权利人的意志,或无损于对其权利的救济。③

---

① 参见高言、张占良主编:《担保法理解适用与案例评析》,人民法院出版社 1996 年版,第 106 页。
② 王轶:《论倡导性规范——以合同法为背景的分析》,载《清华法学》2007 年第 1 期。
③ 参见刘保玉:《论担保物权的竞存》,载《中国法学》1999 年第 2 期。

各国和地区法律都不禁止在同一财产之上设立多重抵押①,所谓多重抵押,是指债务人以同一抵押物分别向数个债权人设定抵押,致使该抵押物上存在多个抵押权。② 多重抵押与一物一权主义并不矛盾,因为按照一物一权原则,不得在同一物之上设定多重的所有权,一物之上不得设立相互冲突的物权。③ 但是在同一物之上设立多个抵押权时,各个抵押权彼此之间并不冲突,这不仅使抵押物的价值得到充分的利用,而且也为融资开辟了更为广阔的渠道,并保障债权获得实现。由于登记制度的存在,可以将多重抵押予以公示,而且法律确定了多重抵押权行使的规则,从而避免了因为多重抵押而发生冲突和纠纷。因此,从促进资金融通以及充分利用抵押物的价值考虑,法律不仅不应禁止多重抵押,而且应当允许当事人设立不冲突的多重抵押。

多重抵押应当被允许的原因在于抵押权本质是一种价值支配权,而抵押物的价值可以被分割。谢在全先生指出,"投资抵押下之抵押权,系将其所支配之抵押物交换价值,得在金融交易市场上流通,扮演投资者金钱投资之媒介角色。此种抵押权系以价值权为本质,亦即不支配标的物之实体,而系以取得其交换价值为目的之财产权"④。所以,权利人所支配的是抵押物的交换价值,抵押物价值的大小直接影响抵押权的实现。多重抵押之所以可行,是因为抵押物的价值可以被分割,在分割后的价值上当然可以设立数个抵押权。如果抵押物的价值明显大于已担保的债权,那么在其上另行设定抵押权,并不会损害各个债权人的利益,并可以为在后的债权提供保障。对于一项财产之上能够设定几个抵押权,则通常由债权人依据抵押物的价值总额和之前已经担保的债权范围进行判断。⑤ 如果抵押物在设定一个抵押权以后,所担保的债权数额已经超过其价值的话,则在后的抵押权可能并不能实际发挥担保作用,但是如果债权人自愿接受已经超过担保物价值的多重抵押,则法律承认也并无不可。

要求抵押人提供抵押的财产的价值必须大于或者等于其担保的债权的数额,并不符合担保法保障债权实现的目的。笔者认为,担保法的重要

---

① 参见陆云良:《重复抵押不应禁止但需限制》,载《现代法学》2001 年第 3 期;刘保玉:《论担保物权的竞存》,载《中国法学》1999 年第 2 期。
② 参见常宇:《论重复抵押》,载《清华大学学报(哲学社会科学版)》1999 年第 2 期。
③ 参见王利明:《一物一权原则探讨》,载《法律科学》2009 年第 1 期。
④ 谢在全:《抵押权次序升进原则与次序固定原则》,载《台湾本土法学杂志》2000 年第 7 期。
⑤ 参见李明发:《抵押权若干问题探讨》,载《河北法学》1998 年第 3 期。

目的在于保障债权的实现。我国《担保法》第1条规定,担保法的目的是"为促进资金融通和商品流通,保障债权的实现,发展社会主义市场经济",然而如何才能促进资金融通,保障债权的实现呢?这就需要鼓励当事人设立更多的担保。因为设立更多的担保,不仅使债权的实现更有保障,也会使举债和融资更容易,尤其是在我国目前信用体系尚未成熟、违约和欺诈比较严重的情况下,鼓励担保具有十分重要的意义。担保越多,债权就越安全。所以担保法的重要目的之一应当是鼓励担保。从鼓励担保的目的出发,担保法应当尽量减少对担保设定不必要的限制,而不是设立重重的障碍。要求抵押物的价值必须大于抵押所担保的债权数额,确实给抵押的设立确立了不合理的限制,使当事人设立担保变得十分困难,从而也给交易设立了障碍。

要求抵押物的价值必须高于或者等于被担保的债权数额,在理论上依据的是,只有在抵押物的价值等于或者高于被担保的债权数额的情况下,被担保的债权才能够受到足够的清偿。如果抵押物的价值低于被担保的债权数额,债权就不能够得到完全的实现,所以要求抵押人所担保的债权数额不得超过其抵押物的价值,实质上是为了保障债权的实现。诚然,抵押物的价值大于被担保的债权数额,固然有利于保障债权的实现,因为如果抵押物的价值较高,在抵押权实现时大于或等于被担保的债权的数额,债权人的债权必然能够实现。然而如果在抵押权设定时,抵押物的价值小于被担保的债权数额,是否必然不能保障债权的实现呢?事实上并非如此。因为一方面,在设定抵押以后,以抵押物价值清偿债权只是一种可能性,如果债务到期以后,债务人已经履行了债务,抵押权人就没有必要行使其抵押权,以使其债权获得满足。① 可见在设立抵押时,如果抵押物的价值小于被担保的债权数额,在债务人主动清偿或者债务人履行了部分债务的情况下,抵押权人不必行使抵押权或者只需要针对未履行的部分就抵押物的价值受偿,所以抵押物的价值不必全部用来清偿债务。这样,即使抵押物的价值小于被担保债权数额,也能够保障债权的实现。另一方面,抵押物的价值本身是不断变化的,在设立抵押时,抵押物的价值较小,但也可能因为市场行情的变化使抵押物的价值在抵押权实现时升值,因此,抵押权在设立时其价值低于所担保的债权的数额未必就会使债权不能实现。更何况,债权本身是债权人可以自由处分的权利,

---

① 参见常宇:《论重复抵押》,载《清华大学学报(哲学社会科学版)》1999年第2期。

债权人自愿放弃将来可以获得的某些利益,或者说自愿承担债权不能全部清偿的风险,这也属于债权人处分权的范畴,法律没有必要进行干涉。债权人甚至完全可以放弃提供担保的要求,或者在设定抵押以后放弃优先受偿权、不以抵押物的价值受偿,更不用说债权人可以自愿接受债务人以较低价值的抵押物作为担保,此种处分只要不损害国家和第三人的利益,法律没有必要进行干涉。因此,认为抵押财产的价值必须大于被担保的债权数额才能保障债权实现,是不能成立的。事实上,债权人都是合理的经济人,其从事民事行为都是为了追求自己利益的最大化,债权人在与抵押人设立担保的过程中,都会充分考虑自己的利益,其愿意接受较低的抵押物的价值,也是从自身利益考虑作出的决定,这完全是一种正当地行使权利的表现。在这一点上,应当完全尊重债权人的决定,法律不必作出干预。如果认为《担保法》第35条的规定是一种强行性的规范、违反该规定将导致抵押无效,显然干预了债权人所享有的必要的自由。如果抵押物的价值必须高于担保的债权的数额,从表面上看,是充分考虑债权人的利益,实质上是不合理地限制了债权人的利益,同时也是对抵押人和抵押权人在订立抵押合同时所应当享有的合同自由施加了不必要的限制。

笔者认为,不应当通过给抵押人强加过重的负担而应当通过鼓励担保的措施来保障债权的实现。事实上,如果对抵押的条件规定得过于苛刻,甚至不管抵押当事人是否愿意都必须符合法定的苛刻的条件,才能设定抵押,则许多抵押根本就不可能被设立,这样债权将因为没有担保而缺乏保障。相反,如果放宽抵押设立的条件,只要当事人愿意,无论抵押物的价值有多大都可以用于抵押,将可以促成更多的抵押的成立。由于有抵押所保障的债权显然要比没有抵押所保障的债权要安全,因此只有鼓励担保,而不是限制担保,才更有利于保障债权。从我国现实情况来看,由于我国目前信用基础较差、交易秩序尚未真正形成,银行等信用机构都要求债务人在借贷时提供必要的担保,债务人寻找保证人本身就比较困难,而如果依据《担保法》第35条的规定,使抵押人提供抵押物变得更为困难,降低了抵押物的融资效果,不利于满足市场经济下的融资需求。[①]

要求抵押物的价值必须高于或者等于被担保的债权数额,在实际的操作中也存在一定的问题。一方面,要求抵押物的价值必须高于被担保的债权数额,实际上是要求在设定任何抵押时都必须对抵押物进行评估。

---

① 参见常宇:《论重复抵押》,载《清华大学学报(哲学社会科学版)》1999年第2期。

显然,这在目前是不可能做到的,尤其在民间借贷中,一方向另一方提供抵押需要专门的评估人员进行评估,即使能够请人评估,当事人也不愿意承担这笔评估费用。另一方面,由于市场行情的变化,抵押物的价值不断下降,抵押物设立时的价值即使高于被担保债权的数额,但是在抵押物价值实现时,可能会低于被担保的债权数额,在这种情况下也不可能要求债务人提供其他的抵押物。根据抵押权的不可分性,设定抵押后,抵押物价格的升降,原则上不产生抵押人减增抵押物价值的权利义务,即价格上涨时,没有权利处分抵押物的逾价价值;价格下降时,抵押人也没有义务补充其不足价值。① 抵押权的不可分性也决定了设定抵押时,不必要求抵押人提供的财产价值与其担保的债权的数额相当。

许多国有银行在借款时,依据有关规定必须要求债务人提供抵押,但由于现有的国有银行的管理存在一些缺陷,一些工作人员违规操作,不认真审查贷款条件以及担保的条件,对抵押物的价值也不做了解,或者在大额贷款时接受了较低的抵押物做担保,这就最终会损害国家的利益。据此,一些人认为,《担保法》第35条的规定有利于防止金融机构国有资产的流失。笔者认为这种理解也是片面的。《担保法》第35条不是仅仅针对银行的贷款规定的,而是针对所有债权债务中的抵押规定的,不能将银行贷款关系中的规则作为普遍的规则在担保法中确立下来。国有银行违规借款中的国有资产流失问题,不能通过规定担保物的价值必须高于被担保的债权数额来解决,而是要通过建立健全国有银行本身的放贷制度得到实现。更何况,银行接受价值较低的抵押物,未必会造成国有资产的流失。因为银行完全可以要求提供另外的担保,如要求其提供保证、质押等,也可以提高放贷的条件,等等。

总之,笔者认为,债权人是否接受抵押人的抵押担保,并不完全取决于抵押人提供的财产价值是否与其担保的债权的数额相当,即使债权人优先考虑抵押物的价值是否与其担保的债权的数额相当,亦属债权人的主观判断问题,法律没有预先规定之必要。② 《物权法》第199条规定:"同一财产向两个以上债权人抵押的,拍卖、变卖抵押财产所得的价款依照下列规定清偿:(一)抵押权已登记的,按照登记的先后顺序清偿;顺序相同的,按照债权比例清偿;(二)抵押权已登记的先于未登记的受偿;(三)抵押权未登记的,按照债权比例清偿。"从目的解释和体系解释来

---

① 参见陈本寒主编:《担保法通论》,武汉大学出版社1998年版,第145页。
② 参见邹海林、常敏:《债权担保的方式和应用》,法律出版社1998年版,第133页。

看,该条规定实际上修改了我国《担保法》限制多重抵押的相关规定[①],允许设立多重抵押,因为通常只有在出现多重抵押的情况下,才有可能出现抵押权顺位的问题,并适用抵押权的顺位规则。当然,鉴于该条并未明确规定当事人可以在同一抵押物上设立多个抵押权,因而有必要在民法典物权编中对此作出明确的规定。

二、多重抵押时抵押权顺位的一般规则

由于同一物之上可以设立多重抵押权,确立抵押权顺位具有重要意义。[②]《物权法》第170条规定:"担保物权人在债务人不履行到期债务或者发生当事人约定的实现担保物权的情形,依法享有就担保财产优先受偿的权利,但法律另有规定的除外。"其中强调"优先受偿"实际上明确了其优先顺位。抵押权人所享有的顺位权,表面上看是一种优先受偿的次序,但实际上是一种财产权。因为优先受偿顺位,最终影响着担保物权的优先性是否可以实现以及实现的范围。换言之,抵押权最终能否实现或实现多少,取决于优先受偿的顺位。[③] 在同一标的物之上设定有多重抵押时,各个抵押权人行使权利有先后顺序之分。例如,甲有一栋楼房,价值1 000万元,从乙银行借款500万元,设立了抵押;后来,甲又从丙银行借款600万元,并以该楼房设立了抵押。此时,就涉及两个抵押权人何者应当优先受偿的顺位问题。抵押权的顺位是由抵押权的排他性和优先性决定的:一方面,就排他性而言,在同一顺位上,抵押权是排他的,顺位在先的抵押权可以排斥顺位在后的抵押权。另一方面,抵押权的顺位是由抵押权的优先性决定的。在抵押权顺位的确定中主要体现的是物权对内的优先效力。

在法律上规定抵押权优先顺位的意义在于:一方面,有利于充分实现抵押物的价值,实现物尽其用。承认抵押权的顺位,实际上就意味着承认多重抵押。只有在多重抵押的情况下,才有优先顺位的问题。而多重抵押就是为了充分利用抵押物的交换价值,设立多个担保。这不仅使抵押物的价值得到充分体现,而且有助于利用抵押物担保多个债权,从而有利

---

① 《担保法》第35条规定:"抵押人所担保的债权不得超出其抵押物的价值。财产抵押后,该财产的价值大于所担保债权的余额部分,可以再次抵押,但不得超出其余额部分。"
② 参见〔德〕鲍尔、施蒂尔纳:《德国物权法》(上册),张双根译,法律出版社2004年版,第337页。
③ 参见陈荣隆:《担保物权之新纪元与未来之展望》,载《台湾本土法学杂志》2007年第93期。

于融通资金,实现财产的最大功用。① 另一方面,有利于法院依法进行强制执行。在一物之上存在多个抵押权的情形下,确定各个抵押权的优先顺位有利于明确强制执行的先后顺序,并且也可直接确定各个债权人可以获得分配的数额,这有利于法院根据抵押权的优先顺位执行抵押物。此外,抵押权优先顺位的确定,也可以形成一种风险预警机制,事先提醒当事人注意抵押财产的权利状况,从而准确判断其债权实现的风险。例如,在后顺位的债权人就可以准确估量其可能获得优先受偿的数额,从而决定其是否接受多重抵押。

对于抵押权的顺位确定,有两种立法模式:一是平等主义。此种观点认为,在多重抵押的情形下,各个债权人应按照债权比例平均受偿。二是先来后到。此种观点认为,抵押权是一种物权,应当以物权在登记簿记载的顺位为基准,登记在先的权利优先受偿,登记顺位在后的权利只有在在先的权利实现后,才能有实现的机会。② 可以说,这两种模式各有利弊。《担保法》要求按照抵押合同成立的先后顺序确定清偿顺序,而《担保法解释》第 76 条则规定,当事人未办理抵押物登记的,按照债权比例清偿。③依据《物权法》第 199 条的规定,同一财产向两个以上债权人抵押的,拍卖、变卖抵押财产所得的价款应当依照一定的顺序清偿,这就在总结上述立法和司法经验的基础上确立了抵押权优先受偿的顺序。

第一,抵押权已登记的,按照登记的先后顺序清偿;顺序相同的,按照债权比例清偿。此处的顺序相同是指在纸质登记系统中,两个竞存的抵押权之间的登记时间先后无从判断。例如,在同一天进行登记,此时就视为顺序相同。但是在电子化的登记系统中,登记时间的先后顺序极易判断,出现顺序相同的情形几乎不可能。正是基于这一点,笔者建议在民法典物权编中应删去顺序相同的表述。

第二,抵押权已登记的先于未登记的受偿。这是实践中较为常见的情形,例如,以同一船舶为数家银行贷款提供抵押,前一抵押权未登记,后一抵押权办理了登记。在此情形下,应当认为登记优先。在解释上,前一

---

① 参见黄松有主编:《〈中华人民共和国物权法〉条文理解与适用》,人民法院出版社 2007 年版,第 578 页。
② 参见常鹏翱:《论顺位》,载梁慧星主编:《民商法论丛》(第二十五卷),法律出版社 2002 年版,第 316 页。另参见王闯:《规则冲突与制度创新(上)——以物权法与担保法及其解释的比较为中心而展开》,载《人民法院报》2007 年 6 月 20 日。
③ 《担保法解释》第 76 条规定:"同一动产向两个以上债权人抵押的,当事人未办理抵押物登记,实现抵押权时,各抵押权人按照债权比例受偿。"

抵押权虽然已经设定,但因未登记而不能对抗后一抵押权人。即使前一抵押权人已经获得了对该船舶的占有,也无法取得优先于后一登记抵押权的顺位。毕竟登记是有关国家机关作出的一种行为,具有比交易更强的公示效果。

第三,抵押权均未登记的,按照债权比例清偿。在解释上,同一动产之上,两个未登记的抵押权之间彼此不发生对抗的效力。此时,两个抵押权之间顺位平等。值得注意的是,在《美国统一商法典》中,两个未登记的动产抵押权之间,是依其设定时间的先后顺序来确定其优先顺位的。这一规则在美国有其特定的社会经济背景,在我国目前社会信用现状之下,动产抵押权的设定时间以动产抵押合同的生效时间进行判断,考虑到合同有可能会被倒签,因此不宜依据抵押权合同成立时间的先后作为顺位的判断标准。

由此可见,《物权法》第 199 条首先考虑到抵押权的顺位,并依据登记来确定抵押权的顺位,其对各方当事人利益的衡量和保护非常公平。① 毕竟抵押权是一种物权,不能够完全在顺位明显不同的情况下,按照平等主义的模式来受偿,倘若如此,似乎使得抵押权演变为一种债权。《物权法》的上述规定确立了抵押权对内优先规则,同时,又确立了抵押权的顺位规则。

三、多重抵押应采用顺位升进主义

多重抵押存在后,如果顺位在先的抵押权消灭,顺位在后的抵押权是否可依次升位而相应地变更抵押权人的顺位,是一个颇有争议的问题。对该问题,各国立法规定并不完全相同,大致存在两种立法例。

(1)顺位固定主义。此种立法认为抵押权设立以后,抵押权的顺序保持不变,顺序在先的抵押权消灭时,顺序在后的抵押权并不递升,而应固定在原来的顺序中,保持不变。② 此种立法最先起源于罗马法,在罗马法中,受制于"双重典质"的禁止,直到公元 2 世纪才突破了只能在财产的余额上设立第二次抵押的限制,因而形成了顺位固定主义。③ 这种模式为德国和瑞士立法所采纳。如《瑞士民法典》第 814 条第 1 款规定:"同一土地

---

① 参见高圣平:《动产抵押登记制度研究》,中国工商出版社 2007 年版,第 40 页。
② 参见内田贵:《民法Ⅲ·債権総論·担保物権》(第三版),东京大学出版会 2015 年版,第 389 页。
③ 参见李媚:《罗马法上的重复抵押制度及其对中国法的启示》,载龙卫球、王文杰主编:《两岸民商法前沿》(第四辑),中国法制出版社 2015 年版,第 474 页。

设定若干顺序不动产担保权的,如一顺序担保权消灭时,其后的不动产担保债权人无请求升位的权利。"固定主义有两种做法,都颇具特色。

第一,空白担保位置制度。此种做法为瑞士民法所采纳,它是指同一不动产之上设定先后次序不同的数个抵押权,在先次序的抵押权消灭以后,后次序的抵押权不能请求升进次序,而必须保留空白的担保位置,不动产的所有人可以利用该空白的担保位置,设定另一个新的抵押权。如《瑞士民法典》第814条第2款规定:"优先的不动产担保权受清偿后,得设定另一不动产担保权。"但是《瑞士民法典》允许当事人就抵押权的升位协商,如该法第814条第3款规定:"不动产担保人就升位所做的合意,以已在不动产登记簿上登记的为限,发生物权的效力。"

第二,所有人抵押制度。该制度允许所有人在自己的不动产上存在属于自己的抵押权,这种抵押权被称为所有人抵押权。该立法模式主要为德国法所采纳。所有人抵押权主要因为两种情况产生:一是所有人为了担保未来的债权,而在自己的不动产之上预留了一部分价值,设定了属于自己的抵押权。此种抵押权为所有人自始所有,称为原始的所有人抵押。二是基于法定的原因而产生的所有人抵押,如因为被担保的债权消灭、抵押权与所有权混同或抵押权绝对抛弃等后发的原因,而产生所有人抵押,该抵押也被称为后发的所有人抵押。① 所有人抵押制度是德国民法上的特有制度,由于其与主债权具有高度的分离性,完全可以脱离于主债权而存在②,其实质在于使抵押权可以作为不动产的价值权而独立存在并流通③,可以发行土地抵押证券或者将土地抵押权作为投资直接纳入流通。④ 德国这种制度的存在与其物权行为的无因性和独立性是相吻合的。就目前多数国家和地区的立法来看,抵押权是为了担保债权的实现而设立的,具有从属于债权的特性,债权消灭,抵押权自然没有了存在的基础,抵押权也不能独立地进行流通。所以德国的所有人抵押制度并不具有普遍性和典型性。⑤ 依据所有人抵押的特征,如果所有人抵押权为先次序抵押权,则在被担保

---

① 参见谢在全:《抵押权次序升进原则与次序固定原则》,载《台湾本土法学杂志》2000年第7期。
② 参见陈本寒:《担保物权法比较研究》,武汉大学出版社2003年版,第271页。
③ 参见〔日〕我妻荣:《近代法における債権の優越的地位》,有斐阁1953年版,第108页。
④ 参见童开军:《债权担保》,黑龙江人民出版社1995年版,第126页。
⑤ 参见孙鹏、肖厚国:《担保法律制度研究》,法律出版社1998年版,第153页。

的债权因为清偿而消灭以后,该抵押权仍然存在,而后次序抵押权不得升进。① 我国台湾地区"民法"虽然采取抵押权顺位升进原则,但是例外地承认所有人抵押制度,该所有人抵押仅因为混同而发生。②

上述两种做法的主要区别在于:在所有人抵押的情况下,由于先次序的所有人抵押权不因清偿等原因而消灭,所以后次序的抵押权无论因何种原因都不得升进,即使其实现抵押权以后,其债权不能得到清偿,也只能以普通债权人的身份,与其他债权人平均受偿。而在空白担保位置制度之下,如果空白的担保位置,在没有设定新的抵押权之前,后次序的抵押权是有可能升进的,所以在此情况下,如果将抵押物变卖,在先次序的抵押权人受偿以后,后次序的抵押权人因为空白担保位置没有设定新的抵押权,而可以就剩余价值受偿,所以在这一点上也发生了与顺位升进主义相同的效果。③ 事实上,由于后一次序的抵押权是否可升进,取决于在前一次序的抵押权消灭以后,所空出的位置上是否设置了新的抵押权,因此该做法可以视为折中主义。

(2)顺位升进主义。此种立法规定,在抵押权设定以后,抵押权的顺序并非固定不变,如果因为顺序在先的抵押权消灭,则顺序在后的抵押权可以递升④,这就是说第一顺序的抵押权消灭时,第二顺序的抵押权升进第一顺序,第三顺序的抵押权则升进第二顺序,依此类推。此种立法最早起源于日耳曼法,并为法国和日本等国民法所采纳。⑤《担保法》第 35 条第 2 款规定:"财产抵押后,该财产的价值大于所担保债权的余额部分,可以再次抵押,但不得超出其余额部分。"《民通意见》第 115 条第 2 款规定:"债务人以抵押物清偿债务时,如果一项抵押物有数个抵押权人的,应当按照设定抵押权的先后顺序受偿。"可见我国立法和司法实践实际上是采纳了顺位升进主义。

我国司法实践一般采取顺位升进主义,学理上的通说也持此种观点。但《物权法》对此并没有作出规定,大概认为这是不言自明的问题。因此,在我国,如果在同一标的物之上存在数个抵押权,已经登记的应当优先于

---

① 参见孙鹏、肖厚国:《担保法律制度研究》,法律出版社 1998 年版,第 153 页。
② 参见孙鹏、肖厚国:《担保法律制度研究》,法律出版社 1998 年版,第 154 页。
③ 参见谢在全:《抵押权次序升进原则与次序固定原则》,载《台湾本土法学杂志》2000 年第 7 期。
④ 参见[日]鸟山泰志:《顺位昇進原則の立法論・解釈論上の意義》,载《法学新報》2015 年第 122 卷第 1・2 号。
⑤ 参见史尚宽:《物权法论》,五南图书出版公司 1975 年版,第 254 页。

未登记的受偿,先登记的优先于后登记的受偿,在前一顺序的抵押权受偿以后,如果有剩余的,则应当由后一顺序的抵押权人受偿,依此类推。值得注意的是,在我国,一些学者积极主张改变顺位升进主义而采纳顺位固定主义。其主要根据在于:

第一,有利于保护无抵押权的一般债权人。顺位固定主义,旨在防止后次序抵押权因升进次序而取得不当利益。因为后次序抵押权人就同一标的物取得抵押权,是在先次序抵押权已经存在的情形下发生的。后次序抵押权人对于将来标的物卖得的价金,应先由先次序的抵押权人受偿,自己只能受偿剩余的价值的情况已经事先完全知悉,并在其预料之中。如果因前次序的抵押权消灭,而使后次序的抵押权随之升进,进而使后次序的抵押权人的债权得到充分满足,则显然使之获得不当利益。而固定主义便能有效地阻止后次序抵押权人取得不当利益。① 同时由于后次序抵押权的风险大,可能因先次序抵押权实现而不能足额受偿,所以通常后次序抵押权在设立时的条件也较苛刻,如高利息、高违约金等。因前次序抵押权消灭而使之风险全无,使债权人在无风险状况下享有高利益,对债务人不公。所以认为应变更升进主义为固定主义。②

第二,可以设定所有人抵押。在被担保债权消灭和债权人绝对抛弃其抵押权时,应构成所有人抵押,采取次序固定主义,先次序抵押权因债务清偿而移转给抵押物所有人,形成所有人抵押。③ 其理由诚如史尚宽先生所言,于担保权与标的物所有权发生混同时如不成立所有人抵押便会发生不公平的结果。

第三,抵押权的次序固定原则,是对抵押权的抽象化原则的进一步确认。抵押权的次序固定,表明各抵押权所支配的标的物的交换价值确定不变,先次序抵押权所担保的债权,虽然因为清偿而消灭,但抵押权支配的交换价值仍然存在,这为先次序抵押权提供了可以独立存在的基础。要实行抵押权证券化,则必须实行抵押权顺位固定主义。④

笔者认为,上述观点虽不无道理,但仍然有可以商榷之处,主要理由在于:

首先,如果因先次序抵押权消灭,而使后次序的抵押权随之升进,从而

---

① 参见徐武生:《担保法理论与实践》,工商出版社 1999 年版,第 306 页。
② 参见梁慧星、陈华彬编著:《物权法》,法律出版社 1997 年版,第 319 页。
③ 参见张学军、邓一峰:《论所有人抵押》,载《吉林大学社会科学学报》1997 年第 3 期。
④ 参见邹海林、常敏:《债权担保的方式和应用》,法律出版社 1998 年版,第 167 页。

使后次序的抵押权人获得完全的或部分的受偿,这很难说是一种不当得利;同时,这种做法也不会损害一般债权人的利益。因为,一方面,后次序的抵押权人之所以接受后次序抵押权,也可能是因为其寄希望于先次序的抵押权消灭之后其顺位可以升进,这是一种合理的期待。① 应当看到,后次序的抵押权存在较高的风险,只有在前次序的抵押权消灭以后,抵押物仍然能够有剩余价值的时候,后次序的抵押权才有以抵押物拍卖或者变卖价款受偿的可能。这种高风险与放债的条件通常是联系在一起的,因而对后次序抵押权人而言是公平的。另一方面,后次序抵押权人自愿接受后次序的抵押,可能是合理期待抵押物价值的升值,在升值以后,不仅使先次序的抵押权人获得受偿,也使后次序的抵押权人获得受偿。也可能是期待先次序的抵押权所担保的债权因为正常清偿、免除债务、混同等原因,导致其不必借助于抵押物而消灭。例如,甲有一幢价值100万元的房屋,甲以该房屋设定抵押向乙借款50万元,此后甲又向丙借款60万元,并以该房屋设定了后次序的抵押。甲将该房屋转让给乙,则乙既享有抵押权又享有房屋的所有权,导致乙享有的抵押权因为混同而消灭。丙的抵押权将会因此获得完全的保障。这种做法是否对乙不公平呢?笔者认为并非如此。因为甲与乙协商转让房屋时,乙通过房屋的登记情况应当知道该房屋之上已经设定了第二个抵押权,乙在考虑是否受让和以何种价格受让该房屋时,自然应当考虑该抵押负担的问题,所以乙最后受让该房屋并承担丙在房屋上设定的抵押权,是乙愿意承担的风险,而且这种风险已经被合理地考虑在房屋价格之中,对双方当事人都是公平合理的。因而,"根据风险和利益均衡的原则,顺位升进主义并没有不公平之处"②。

其次,后次序抵押权人毕竟仍然享有抵押权,具有优先于普通债权人的地位。其优先于普通债权人以抵押物的价值优先受偿,是完全合理合法的。顺位升进主义是否损害一般债权人的利益,应当在一般债权人的合理预见和实际结果的对比中体现。在抵押物之上设定了若干抵押是经过登记公示的,一般债权人完全可以通过查阅登记材料而知晓,所以一般债权人对把抵押物作为一般责任财产偿还其债务,有多大的合理预期是明确的。如果一般债权人认为顺位升进主义下会导致债务人一般责任财产的减少,降低了

---

① 参见〔日〕鸟山泰志:《順位昇進原則の立法論・解釈論上の意義》,载《法学新報》2015年第122卷第1・2号。
② 王全弟、盛宏观:《抵押权顺位升进主义与固定主义之选择》,载《法学》2008年第4期。

其债权的保障,那么,其也完全可以要求债务人为其提供担保。

最后还要看到,抵押权的顺位升进主义符合所有权的弹力性原则。抵押权的设定是对所有权形成一定的限制,一物之上设立数个抵押权,实际上是给所有权设立了负担,同时也是对所有权的限制,当顺序在先的抵押权消灭以后,所有权的内容基于弹力性原则应当恢复其内容,随之应由顺序在后的抵押权人享有并支配抵押物的价值权,所以顺位升进主义是合理的。①

顺位固定主义有利于建立所有人抵押制度,但该制度本身是否合理也值得探讨。笔者认为该制度也存在下列弊端:(1)所有人抵押制度使后次序抵押权人难以和抵押人发生交易关系,抵押人在融资借款方面反而会遇到障碍。因为,如果抵押权的次序固定,后次序抵押权人没有机会升进,就会降低利用抵押权担保的信心,而不愿意接受后次序抵押担保,这对抵押人是不利的。② 正如谢在全先生所指出的:"所有人抵押制度造成不动产所有人获取融资之阻碍,盖不动产所有人欲于设定后次序的抵押权,以告贷金钱之必要时,常因后次序抵押权之次序不能升进,而遭拒绝。"③只有在后次序抵押权有升进的可能时,后次序抵押权人才更有可能与抵押人发生交易,使得债权人愿意设立后次序抵押权,从而使抵押人易于将已设抵押的抵押物向其他债权人再行抵押,无疑增加了抵押人的融资能力。④ 相反,顺位固定主义不利于抵押人对抵押物的交换价值的充分利用,最终也不利于保护抵押人。(2)所有人抵押也会造成抵押权在实现的时候遇到障碍,因为所有人不能对自己的物申请强制执行,一旦所有人不能主张强制执行,后次序的抵押权人也会在实现抵押权时遇到障碍。(3)顺位固定主义是以抵押权人所支配的抵押物价值的固定不变为前提的,它忽略了抵押物价值在市场经济条件下会随着市场的变化而发生变化。如一幢房屋在设定抵押时评估的价值是100万元,但是在抵押权实现时,可能其价值仅仅为50万元,也可能升值为200万元。如果采纳所有人抵押制度,则抵押人将预先就抵押物的若干价值(如价值100万元的房屋中的50万元),作为第一顺序抵押权空位,而将剩余的价值为其他债

---

① 参见谢在全:《抵押权次序升进原则与次序固定原则》,载《台湾本土法学杂志》2000年第7期。
② 参见邹海林、常敏:《债权担保的方式和应用》,法律出版社1998年版,第168页。
③ 谢在全:《抵押权次序升进原则与次序固定原则》,载《台湾本土法学杂志》2000年第7期。
④ 参见〔日〕鸟山泰志:《順位昇進原則の立法論・解釈論上の意義》,载《法学新报》2015年第122卷第1・2号。

权人设定抵押权,这种预先固定抵押物交换价值的做法,违反了抵押物的交换价值可变性的现实,也违反了抵押权人对抵押物的全部行使权利的抵押权的固有特征。①

此外,有观点认为,抵押权顺位固定主义的最大优点在于有利于抵押权的证券化。因为顺位固定主义使抵押权人所支配的价值固定化,从而有利于抵押权以证券的形式出现并发生流转。次序固定表明每一个抵押权人所能够支配的抵押物的交换价值是固定不变的,抵押权本身具有确定的经济价值,这有利于抵押权的流通。而抵押权的证券化使抵押权在形式上取得动产的特征,并可以使抵押权成为一项财产进入交换领域,最大限度地实现抵押权的价值,并可以广泛地开辟投资渠道,所以它是一项符合现代工商业发展所需要的法律制度。笔者认为,抵押权是否可以证券化并不直接取决于是否采纳了顺位固定主义,在顺位升进的情况下,同样可以实行抵押权的证券化。因为每一个抵押权人所能够支配的抵押物的交换价值总是要随着市场行情的变化而发生变化,只要有独立存在的抵押权,就可以将其证券化,并进行流通。即便是德国的抵押权顺位固定主义与其抵押权证券化也无关联,而只是法律上的所有权人担保制度所带来的必然结果,认为抵押权顺位固定主义有利于抵押权证券化的观点恐怕还是有待商榷的。② 即使在不承认物权行为理论的物权法体系中,也可以实行抵押权的证券化,只不过该证券的发行、转移都需要以债权为依托罢了。

总之,如果同一标的物上成立数个抵押权,在抵押权实现时,笔者认为,仍然应当采取顺位升进主义,而不应当采取顺位固定主义。但我国司法实践在例外情况下承认所有人抵押。③ 此种做法是否合理,仍有待于进一步探讨。

四、多重抵押的顺位变动

(一) 抵押权顺位的变更

所谓抵押权顺位的变更,是指当事人通过协商变更各抵押权的优先

---

① 参见邹海林、常敏:《债权担保的方式和应用》,法律出版社1998年版,第167页。
② 参见王全弟、盛宏观:《抵押权顺位升进主义与固定主义之选择》,载《法学》2008年第4期。
③ 《担保法解释》第77条规定:"同一财产向两个以上债权人抵押的,顺序在先的抵押权与该财产的所有权归属一人时,该财产的所有权人可以以其抵押权对抗顺序在后的抵押权。"

顺序,或者将数个抵押权之间的先后顺位进行互换。在顺位变更后,各抵押权人只能按变更后的顺位行使优先受偿权。①《物权法》第194条规定:"抵押权人可以放弃抵押权或者抵押权的顺位。抵押权人与抵押人可以协议变更抵押权顺位以及被担保的债权数额等内容,但抵押权的变更,未经其他抵押权人书面同意,不得对其他抵押权人产生不利影响。债务人以自己的财产设定抵押,抵押权人放弃该抵押权、抵押权顺位或者变更抵押权的,其他担保人在抵押权人丧失优先受偿权益的范围内免除担保责任,但其他担保人承诺仍然提供担保的除外。"该条实际上承认了当事人可以通过协议变更抵押权的顺位,但抵押权顺位的变更必须满足以下几个条件。

第一,必须通过协议进行变更。抵押权顺位的变更有多种方式,可以是法定的变更,也可以是约定的变更。一般认为,在先的抵押权消灭而导致在后的抵押权的顺位上升,这就属于法定的变更。《物权法》第194条只是承认了协议变更抵押权顺位的方式。从实践来看,抵押权顺位的变更主要采协议变更的方式,且此种变更又容易产生争议,因此《物权法》有必要对此专门作出规定。

第二,抵押权顺位的变更,未经其他抵押权人书面同意,不得对其他抵押权人产生不利影响。抵押权的变更形式有多种,在不损害其他抵押权人利益的情况下,当事人可以将在先顺位变更为在后顺位,也可以将在后顺位变更为在先顺位。抵押权顺位的变更,可以是有偿的(例如,变更后由后顺位的抵押权人给予顺序在先的抵押权人以一定的补偿),也可以是无偿的。通常来说,如果在先顺位的抵押权人愿意变更为顺位在后的抵押权人,就不需要经过后顺位抵押权人的同意。如果在后顺位的抵押权要变更为在先顺位的抵押权,就必须征得在先顺位抵押权人的同意。② 值得注意的是,如果抵押权顺位的变更,将对其他抵押权人产生不利影响,则必须要取得其他抵押权人的书面同意。《物权法》之所以强调要取得其他抵押权人的书面同意,主要是为了防止发生争议,也是为了提醒这些抵押权人慎重考虑。但如果协议变更不会对其他抵押权人产生不利影响,也不一定采取书面形式。

第三,抵押权顺位的变更,必须经过登记,否则不产生对抗第三人的

---

① 参见王胜明主编:《中华人民共和国物权法解读》,中国法制出版社2007年版,第420页。

② 参见胡康生主编:《中华人民共和国物权法释义》,法律出版社2007年版,第423页。

效力。抵押权顺位的变更属于抵押权内容的变更,为物权变动,因此如果抵押物上的抵押权是以登记作为成立要件,则未经登记变更不生效力。①《担保法解释》第 82 条规定:"当事人对最高额抵押合同的最高限额、最高额抵押期间进行变更,以其变更对抗顺序在后的抵押权人的,人民法院不予支持。"该条也可以适用于此种情况。抵押权顺位的变更也是抵押权的变更,应当办理变更登记。②

由于抵押权顺位本质上是财产权,所以,应当允许权利人转让抵押权的顺位。③ 尽管我国《物权法》没有对抵押权顺位的转让作出具体规定,但是从《物权法》关于抵押权顺位协议变更的规定中,可以解释出《物权法》也承认抵押权顺位的转让。此种转让是指在同一抵押物之上的先次序抵押权人,为特定同次序或后次序抵押权人的利益,将其抵押权次序转让给后次序抵押权人。④ 从法律上看,只要转让人和受让人达成合意,应当允许双方转让抵押权顺位。顺位的转让也应当属于变更的内容,如果当事人通过合意转让抵押权的顺位且不损害其他人的利益的,就应当承认此种转让的效力。⑤ 但抵押权顺位转让的当事人应当仅局限于先顺位抵押权人和后顺位抵押权人,而不应包括抵押权人和其他无抵押权利人之间的转让。

(二) 抵押权顺位的抛弃

所谓抵押权顺位的抛弃,是指在先顺位的抵押权人放弃了其在先的抵押权顺位。抵押权本身是一种财产权,抵押权顺位本身体现了一定的财产利益,按照私法自治原则,在不损害他人利益的前提下,既然权利人可以放弃抵押权,抵押权人自然也可以在不损害其他抵押权人利益的情况下放弃其顺位利益。⑥《物权法》第 194 条第 1 款规定:"抵押权人可以放弃抵押权或者抵押权的顺位。"尽管《物权法》将抛弃抵押权和抛弃抵押权顺位规定在一起,但抵押权顺位的抛弃和抵押权的抛弃是不同的。

---

① 参见王利明、程啸、尹飞:《中国物权法教程》,人民法院出版社 2007 年版,第 472 页。
② 参见郭明瑞主编:《中华人民共和国物权法释义》,中国法制出版社 2007 年版,第 361 页。
③ 参见陈荣隆:《担保物权之新纪元与未来之展望》,载《台湾本土法学杂志》2007 年第 93 期。
④ 参见谢在全:《民法物权论(下册)》(修订五版),中国政法大学出版社 2011 年版,第 708 页。
⑤ 参见郭明瑞主编:《中华人民共和国物权法释义》,中国法制出版社 2007 年版,第 361 页;崔建远:《物权编如何设计抵押权顺位规则》,载《法学杂志》2017 年第 10 期。
⑥ 参见梅夏英、高圣平:《物权法教程》,中国人民大学出版社 2007 年版,第 389 页。

抵押权的抛弃意味着原来的抵押权人不再享有抵押权,而变为普通债权人。而抵押权顺位的抛弃,则只是意味着其抵押权的受偿顺序的变更,抵押权仍然存在,抵押权人并没有转变为普通债权人。

抵押权顺位的抛弃可以有两种情况:一是针对特定后顺位抵押权人的抛弃。在先顺位的抵押权人为了特定后顺位抵押权人的利益,而将自己的优先受偿利益抛弃,此种情况也被称为抵押权顺位的相对抛弃。① 相对抛弃在性质上具有变更的特点,但因为在先顺位抵押权人毕竟放弃了其在先的顺位,所以,也可以认为是抵押权顺位的抛弃。二是针对不特定的后顺位抵押权人的抛弃,此种情况被称为抵押权顺位的绝对抛弃,是指在先顺位的抵押权人为了全体后顺位抵押权人的利益,而将自己的抵押权在先顺位予以抛弃。此时,后顺位的抵押权人的顺位依次升进,而抛弃者变成了最后顺位的抵押权人。②

(三) 抵押权顺位变更、抛弃的法律效果

《物权法》第194条第2款规定:"债务人以自己的财产设定抵押,抵押权人放弃该抵押权、抵押权顺位或者变更抵押权的,其他担保人在抵押权人丧失优先受偿权益的范围内免除担保责任,但其他担保人承诺仍然提供担保的除外。"该款确立了抵押权顺位变更、抛弃的法律效果。

第一,抵押权人放弃该抵押权、抵押权顺位或者变更抵押权的,必须要考虑其他担保人的利益。《物权法》第194条第2款所说的"其他担保人"是指提供物上担保的第三人或者保证债务中的保证人。就同一主债权可以设立多个担保,其中既包括物的担保,也包括人的担保,因而,其他担保人应当包括各类担保人。③ 抵押权人放弃该抵押权、抵押权顺位或者变更抵押权的,都必须考虑到其他担保人的利益。

第二,必须区分是以债务人自己的财产设定的抵押,还是以第三人的财产设定的抵押。如果是债务人以自己的财产设定抵押,不管债务人所设立的抵押是担保全部债务还是部分债务,首先应当以债务人自己的财产实现此种抵押权。但如果是由债务人以外的第三人提供担保,则抵押权人放弃该抵押权、抵押权顺位或者变更抵押权的,有可能导致第三人相应地被免除责任。④ 如果债务人以自己的财产抵押,抵押权人应当首先以

---

① 参见史尚宽:《物权法论》,中国政法大学出版社2000年版,第311页。
② 参见梅夏英、高圣平:《物权法教程》,中国人民大学出版社2007年版,第389页。
③ 参见姚红主编:《中华人民共和国物权法精解》,人民出版社2007年版,第341页。
④ 参见姚红主编:《中华人民共和国物权法精解》,人民出版社2007年版,第341页。

该财产受偿,因为债务人是终局责任人,如此可以避免追索的费用。

第三,抵押权人放弃该抵押权、抵押权顺位或者变更抵押权的,则将导致其他担保人相应被免责。根据《物权法》第 194 条第 2 款的规定,"其他担保人在抵押权人丧失优先受偿权益的范围内免除担保责任"。如何理解"抵押权人丧失优先受偿权益的范围内免除担保责任"？笔者认为,抵押权人抛弃了债务人自己提供的抵押的,抵押权人在其抛弃的抵押权范围内丧失优先受偿权。例如,甲向银行乙借款 1 000 万元,甲将自己的房产估价设定抵押担保 800 万元的债权,丙以其房产作抵押担保 300 万元的债务,丁作为保证人提供保证。如果乙抛弃了对甲的房产的抵押权,将会使自己丧失 800 万元的优先受偿的权益,因此,丙和丁仅就剩余的 200 万元债务承担担保责任。

第四,其他担保人承诺仍然提供担保的除外。如果其他担保人没有明确同意继续承担担保责任,就应当按照上述规则来处理。由此可见,《物权法》第 194 条实际上是任意性规定,当事人可以通过意思表示排除其适用。《物权法》第 194 条第 2 款所规定的"承诺",既包括其他担保人与债权人之间达成的协议,也包括其他担保人单方的允诺。例如,数个担保人之间达成合意,即使抵押权人抛弃债务人自己财产上的抵押权,他们仍然要对全部债务承担担保责任,此时,抵押权人抛弃债务人财产上的抵押权,并不导致其他担保人责任的相应免除。

结　语

多重抵押在融资担保交易中相当常见,《担保法》第 35 条根据抵押财产的经济价值对其进行了限制,这种限制既不符合交易习惯,也不利于资金融通,既不符合抵押权的法理,也难以产生应有的实践效果,而《物权法》第 199 条在规定多重抵押的受偿顺序时,未对多重抵押设置任何限制,这表明《物权法》第 199 条实质修改了《担保法》第 35 条,多重抵押的自由设立也是现行法的立场,其正当性也为实践所验证。

多重抵押势必涉及同一财产上多个抵押权的实现顺序,这就是抵押权顺位。根据《物权法》第 199 条确立的规范,抵押权顺位以登记作为判断标准。由于登记是重要的公示工具,能为社会公众所知悉,以其为基础来确立抵押权顺位,既方便债权人在交易时了解债务人的财产信息,也有助于其他人全面把握抵押财产的负担,从而为促进资金融通提供良好的法律保障。① 在顺位确定后,会产生先顺位抵押权消灭,后顺位抵押权能否升进问题,会产生当事人约定变更或放弃顺位的问题,这些问题均是多重抵押产生的顺位问题,有必要在正在制定的民法典物权编作出进一步完善。

---

① 以公示之先后作为判断优先顺位之标准,已成为诸多示范法的通例。如《美国统一商法典》,由欧洲各国学者起草的《欧洲私法的原则、定义和示范规则》(DCFR)以及联合国国际贸易法委员会制定的《动产担保交易立法指南》等。

试论混合共同担保中的追偿权*

一、问题的提出

所谓混合共同担保追偿权,是指在人的担保(personal security)与物的担保(proprietary security)同时担保同一债务的情形下,当某个担保人承担了担保责任之后,依法享有向其他担保人进行追偿(recourse)的权利。换言之,它是指某个担保人承担了担保责任之后享有依法要求其他担保人予以分担的权利。我国自1995年施行的《担保法》颁布以来,有关混合共同担保的追偿权问题一直众说纷纭、莫衷一是。由于《担保法》第28条并未就追偿权问题作出规定,理论与实务界对此一直存在增设混合共同担保追偿权的呼吁,因此,《担保法解释》第38条第1款对此进行回应,直接肯定了担保人之间的追偿权,该条规定:"同一债权既有保证又有第三人提供物的担保的,债权人可以请求保证人或者物的担保人承担担保责任。"然而,2007年施行的《物权法》第176条规定:"提供担保的第三人承担担保责任后,有权向债务人追偿。"

对于《物权法》第176条,仅就字面而言,该规定并未承认混合共同担保人之间存在法定追偿权,但确实也没有对此加以明确否认,基于该条文立法术语上所采取的模糊态度,学界对其立场的理解存在两种截然相反的观点:有不少论者主张《物权法》并未改变前述司法解释所确立的肯定追偿这一立场①,也有不少论者认为《物权法》所确立的乃是混合共同担

---

* 原载《东方法学》2019年第5期,原题为《民法典物权编应规定混合共同担保追偿权》。

① 肯定追偿的典型论述,参见王利明:《物权法研究(下卷)》(第四版),中国人民大学出版社2016年版,第1114页;程啸:《混合共同担保中担保人的追偿权与代位权——对〈物权法〉第176条的理解》,载《政治与法律》2014年第6期;黄忠:《混合共同担保之内部追偿权的证立及其展开——〈物权法〉第176条的解释论》,载《中外法学》2015年第4期;高圣平:《担保物权司法解释起草中的重大争议问题》,载《中国法学》2016年第1期;张尧:《混合共同担保中担保人内部求偿的解释论》,载《法学家》2017年第3期;耿林:《比较法视野下的混合共同担保》,载《江汉论坛》2017年第6期。

保人之间不能够追偿的观点①,全国人大常委会法工委在相关释义书籍中也持否定追偿的立场。② 由于对《物权法》第176条理解的分歧,导致司法实务就混合共同担保追偿权问题也存在截然相反的裁判立场,出现严重的同法不同解、同案不同判的问题。③

在民法典编纂中,有关我国未来民法典物权编是否应当明确能否追偿的争论仍在继续。目前全国人大常委会已经公布的《民法典物权编(草案)》(一审稿)仍然延续了《物权法》第176条的规定,没有作任何修改。然而,《民法典合同编(草案)》一审稿与二审稿不再采纳《担保法》第12条关于共同保证的立法表述,其第490条规定:"保证人承担保证责任后,除当事人另有约定外,有权在其承担保证责任的范围内向债务人追偿,享有债权人对债务人的权利,但是不得损害债权人的利益。"在立法讨论过程中,有观点认为,该条实际上意味着民法典就共同担保追偿权予以彻底否定的立场,但也有观点认为该条中的"债务人"可以扩大解释包含保证人在内,从而主张《民法典合同编(草案)》中共同保证追偿权的规定可类推适用于混合共同担保的追偿权纠纷,因而物权编无须特别就混合共同担保专门作出规定。④ 由此可知,如果民法典物权编延续上述草案的规定,学界对包括混合共同担保在内的共同担保人之间是否享有追偿权这一问题将仍无法达成共识。

鉴于混合共同担保在金融领域被广泛采用,因此追偿权的确认问题不

---

① 否定追偿的典型论述,参见崔建远:《物权:规范与学说——以中国物权法的解释论为中心》(上册),清华大学出版社2011年版,第753页;尹田:《物权法》,北京大学出版社2013年版,第509页;黄喆:《保证与物的担保并存时法律规则之探讨——以〈物权法〉第176条的规定为中心》,载《南京大学学报(哲学·人文科学·社会科学)》2010年第3期;江海、石冠彬:《论共同担保人内部追偿规则的构建——兼评〈物权法〉第176条》,载《法学评论》2013年第6期;李红建、雷新勇:《人保与第三人物保的相互追偿及担保物权未设立的责任问题探讨》,载《法律适用》2014年第8期;曹士兵:《中国担保制度与担保方法》(第四版),中国法制出版社2017年版,第65页。

② 参见胡康生主编:《中华人民共和国物权法释义》,法律出版社2007年版,第380—381页;参见王胜明主编:《中华人民共和国物权法解读》,中国法制出版社2007年版,第372—374页。

③ 《物权法》施行后支持担保人之间追偿权的裁判立场,参见重庆市高级人民法院(2016)渝民终524号民事判决书、东莞市中级人民法院(2016)粤19民终4677号民事判决书等;认为担保人之间不享有追偿权的裁判立场,可参见贵州省高级人民法院(2017)黔民终177号民事判决书、连云港市中级人民法院(2016)苏07民终3070号民事判决书等。

④ 对于共同保证、共同抵押、混合共同担保等共同担保形式的追偿权规则具有内部共通性的观点,参见江海、石冠彬:《论共同担保人内部追偿规则的构建——兼评〈物权法〉第176条》,载《法学评论》2013年第6期。

仅关涉担保人的权利维护,而且也事关金融的繁荣与安全问题,且大量有关追偿权的纠纷也亟待立法予以明确规定从而统一司法实务的立场,以改变目前同案不同判严重的司法现实。笔者认为,民法典物权编应当确认和完善混合共同担保的追偿权制度,本文将围绕此问题谈一些粗浅的看法。

二、民法典合同编关于共同保证追偿权和连带债务的规则不能替代物权编中混合共同担保追偿权制度

(一) 合同编草案共同保证追偿权的规则不能解决混合共同担保的追偿权问题

如前述,否认在民法典物权编中规定混合共同担保追偿权的一个理由在于《民法典合同编(草案)》(二审稿)第490条已经就共同保证追偿权问题加以明确规定,为了追求立法的简洁性,没有必要在物权编中对混合共同担保作出重复规定。即便民法典物权编草案未就混合共同担保追偿权问题作出规定,也可类推适用前述合同编关于共同保证的规定。

事实上,在《物权法》施行之后,就有观点主张不同形式的共同担保,其追偿权法律规则具有内部共通性,具有构建同一套追偿权规则的可行性并对此加以详细探讨。[①] 换言之,不仅混合共同担保人内部不再存在追偿权,《担保法》及其司法解释关于共同保证、共同抵押的追偿权规定也因为与《物权法》第176条的立法精神相冲突而失去适用效力。[②] 应该说,这一解释的合理性是客观存在的:一方面,不论是共同保证还是混合共同担保,其设立目的均在于保障债权的实现,因而两者具有共同的价值追求。由于任何一种担保方式的设立目标都在于保障债权的实现,所以共同保证的某些规则可以类推适用于混合共同担保之中。另一方面,不论是混合共同担保之中的追偿权,还是共同保证中的追偿权,其制度设计都旨在如何实现法律所追求的公平价值。尽管人保与物保在性质上存在一定的差异,其担保权的实现途径不一致,但共同担保人之间的内在关系自然也是类似的,因为这一原因,所以在理论上不少学者认为,共同保证追偿权的规则可类推适用于

---

① 参见江海、石冠彬:《论共同担保人内部追偿规则的构建——兼评〈物权法〉第176条》,载《法学评论》2013年第6期。
② 参见石冠彬、江海:《论共同保证法律规则的重构——兼评〈物权法〉第176条》,载《私法研究》2014年第2期;江海、石冠彬:《论共同抵押的法律适用——〈物权法〉第176条释义及其展开》,载《社会科学》2013年第2期。

混合共同担保的追偿权。从比较法的经验来看,上述类推适用的方法也有先例可循,德国法的规定即为适例。虽然《德国民法典》没有明确规定人保、物保同时存在时,承担担保责任的担保人是否对其他担保人享有追偿权,但混合共同担保人之间的内部关系确实是通过类推适用予以解释的。也就是说,在多个担保义务人内部没有其他约定的情况下,数个处于同一层次的担保义务人之间的内部关系准用《德国民法典》连带债务的规定。① 因此,担保同一债务的保证与土地债务属于同一层次的担保手段(gleichstufige Sicherungsmittel),原则上,保证人和土地债务人之间按照连带债务人规则互负追偿义务(ausgleichspflichtig)。② 按照这一立场,保证人和不动产担保人(如抵押、土地债务)都处于同一层次。③ 不同形式的担保,担保义务人之间的内部追偿关系也准用《德国民法典》第774条第2款。④《欧洲示范民法典草案》更是明定担保人之间追偿权规则的统一性,其第9-7:109条(物上保证人的追偿权)规定:"担保债务已通过对担保人的财产实现担保物权得以清偿的,数个物上保证人之间或物上保证人与保证人之间的追偿权,以及担保人对债务人的追偿权,准用第4.7-2:113条(保证人履行保证义务之后的权利)、第4.7-1:106条(多数担保人:内部追偿权)及第4.7-1:107条(多数担保人:对债务人的追偿权)的规定。"⑤

如果在民法典编纂中将现有的共同担保的某些规则上升为担保的一般规则,将其普遍适用于人保和物保的各种情形,那么现有的共同保证追偿的法律规则也应当可以适用于共同保证与混合共同担保。但我国现行立法以及民法典分编草案并没有作出此种规定,笔者认为,共同保证追偿权规范不能替代物权编中混合共同担保的追偿权规则,应当在民法典物权编中明确规定混合共同担保的追偿权规则,理由主要在于:

第一,物权编与合同编分别适用不同领域,调整不同法律关系,共同保证属于合同编规范的问题,而混合共同担保则属于物权编所应当解决的问题。就混合共同担保而言,如果法律没有特别规定,不宜适用合同编的相关规定而应当以物权编的规定为准。因为保证责任是基于合同关系产生的,属于债的法律关系,而物保则涉及物权法律关系,因此,共同保证

---

① BGH NJW 1989, 2530.
② BGH NJW 1992, 3228.
③ Staudinger/Horn, 2012, BGB §774, Rn. 68.
④ MüKoBGB/Habersack, 7. Aufl., 2017, BGB §774, Rn. 30.
⑤ 欧洲民法典研究组、欧盟现行私法研究组编著:《欧洲示范民法典草案:欧洲私法的原则、定义和示范规则》,高圣平译,中国人民大学出版社2011年版,第388页。

的规则无法有效调整物保法律关系。在处理涉及物权的混合共同担保法律问题时,如果通过共同保证的法律规则进行调整,可能需要进行复杂的法律论证,这也可能赋予法官过大的自由裁量权,影响司法裁判的统一。尤其应当看到,在混合共同担保中,物的担保可能由债务人提供,当债权人就担保物实现担保物权后,物上保证人如何追偿并不仅是对债权债务关系的处理,还涉及物权法律关系,显然难以借助共同保证的法律规则进行调整。

第二,混合共同担保准用合同编的相关规定必须基于法律的明确规定。从现行《合同法》的规定来看,其并未规定相关的援引条款,很难解释出混合共同担保可以准用共同保证规则这一结论。从我国民法典分编草案的规定来看,其将共同保证和混合共同担保制度分别规定在合同编和物权编之中,同时缺乏引证条款的规定,所以此时要直接将合同编中的共同保证规定适用于混合共同担保,确实缺乏法律依据。从域外法经验来看,依据《德国民法典》第774条第2款的规定,共同保证人之间的内部关系适用连带债务的规定,即《德国民法典》第426条,而按照德国联邦法院的立场,第774条第2款也适用于保证人与其他担保人之间的内部关系。① 由此可知,德国法之所以存在类推的做法,是有明确的法律依据的,正是基于《德国民法典》第774条第2款的明确规定,这一类推做法才不存在说理以及适用的困难。而前述的《欧洲示范民法典草案》第9-7:109条本身就是援引条款,将物上保证人与保证人之间的追偿权准用第4.7-1:106条(多数担保人:内部追偿权)。如果我国未来民法典缺乏相应的规定,那么司法实务中法官是否援引相应条款予以类推适用,则将完全取决于法官的自由裁量权,这将无助于裁判立场的统一,"同案不同判、同法不同解"的现状将无法得到改变。

第三,目前《民法典合同编(草案)》(二审稿)关于共同保证追偿权的问题本身就存在理解上的分歧。有观点就曾根据《民法典合同编(草案)》(一审稿)的相关规定,指出"承担了担保责任的保证人,可以向债务人追偿,但未规定或者说否定保证人之间的追偿权(第489条)"②。就前述《民法典合同编(草案)》(二审稿)第490条的规定而言,这一规定明确了承担担保责任的担保人有权代位债权人行使对债务人的权利,但是就

---

① BeckOK BGB/Rohe, 2018, BGB §774, Rn. 15.
② 刘保玉:《第三人担保的共通规则梳理与立法规定的完善》,载《江西社会科学》2018年第10期。

"债务人"的概念能够扩张到"其他保证人",则既超出了该条文义的范围,有违法律解释的基本规则,也未必符合立法者的本意。如果司法实务企图借助一个本身内涵模糊、存在较大争议的条文来合理解决混合共同担保追偿权纠纷,恐怕是无法实现的。

(二) 连带债务制度不能解决混合共同担保的追偿权问题

所谓连带债务,是指数个债务人基于连带关系,都负有清偿全部债务的义务,而且任何一个债务人清偿全部债务的,其他债务人的债务也随之被免除。连带债务是一种多数人的债务。① 我国就连带债务中债务人的追偿权除基于意思自治之外,主要通过立法来予以明确规定。比如《民法通则》第 87 条规定"履行了义务的人,有权要求其他负有连带义务的人偿付他应当承担的份额";《侵权责任法》第 14 条第 2 款规定"支付超出自己赔偿数额的连带责任人,有权向其他连带责任人追偿"。《民法总则》关于连带债务也作出了类似规定。据此可见,在连带债务之中,实际存在着对外关系和对内关系,即每个债务人都对债权人负有清偿全部债务的义务;而在内部关系中,债务人之间是连带的清偿,所以承担了全部债务的债务人有权向其他债务人进行追偿。有论者从否定连带债务理论可以适用于法律没有明确属于连带之债的角度出发来否定混合共同担保人之间的追偿权②;也有论者认为,在混合共同担保中,物上保证人与保证人之间的关系符合连带债务的成立要件,立法完全可以将其作为法定的连带责任加以规定,从而承担各担保人之间的追偿权。③ 正是基于连带债务追偿权的规定,因而混合共同担保人内部追偿权自然可以直接根据连带债务制度来加以解决,物权编没有必要单独就混合共同担保追偿权作出规定。

诚然,混合共同担保中担保人之间的追偿权与连带债务具有相似性。这两项制度都是为了追求公平的价值,以连带债务理论来认定混合共同担保人内部追偿权也是为了实现内部公平。具体而言,连带债务人之间的追偿权,是指连带债务人承担债务超出了其按照内部关系应分担的部分,而享有向其他债务人求偿的权利。连带债务人追偿权制度的主要功能是为了解决连带债务人之间的关系,其本质是要公平地分担责任。虽

---

① 参见〔日〕我妻荣:《新订债权总论》,王燚译,中国法制出版社 2008 年版,第 355 页。
② 参见江海、石冠彬:《论共同担保人内部追偿规则的构建——兼评〈物权法〉第 176 条》,载《法学评论》2013 年第 6 期。
③ 参见程啸:《民法典物权编担保物权制度的完善》,载《比较法研究》2018 年第 2 期。

然在连带债务中,各个连带债务人需要对债权人承担连带责任,但在各个连带债务人内部,各个债务人对整体债务应当存在一定的债务分担数额,连带债务人追偿权制度的主要功能即在于确定各个连带债务人的内部分担数额,从而实现债务人之间债务的公平分担。如果某一连带债务人承担了其不应承担的债务份额,显然有失公平,其应当有权向其他债务人求偿。

笔者认为,连带债务制度并不能解决混合共同担保追偿权问题,不能将担保人各自的担保责任因为担保人是多人就推定为连带责任。[①] 理由主要在于:一方面,连带债务的成立以约定或法定为前提。在立法没有明确混合共同担保追偿权的前提下,直接以法律结构及情形与共同侵权等连带债务模式相似就拟制为共同担保人内部是连带关系并不合适。因为在共同担保人内部并不存在这样的约定情形下,如果立法也没有加以明确,上述解释就违背了连带债务确立的基本原理;从法律上看,连带债务发生的原因必须要有法律的规定。现代各国法律都对连带债务中债务人的追偿权作出了规定:《法国民法典》第1213条、《德国民法典》第426条、《瑞士债务法》第148条等均认可了这一制度,我国也采这一立场。但是,我国现行立法并没有对混合共同担保追偿权问题加以规定,因此不能简单地以连带债务制度来解决混合共同担保的追偿权问题。另一方面,混合共同担保追偿权在性质上属于法定权利,只能由法律明文规定,其理论基础只能是法定之债,不论是连带债务理论还是代位权理论均不能合理解释混合共同担保人之间的追偿权。还应当看到,追偿权的设定实际上是将责任在各个担保人之间进行再次分配,也就是说,担保人承担了担保责任之后将其所承担责任再次分配给其他人。这种责任的分配应当具有明确的法律依据,而不应当直接适用连带债务的规则。在缺乏法律明文规定的情况下,法官直接承认各个担保人之间的追偿权,虽然其目的是在各个担保人之间分散风险,但此种做法可能并不符合依法裁判的要求,也可能导致当事人之间的缠讼,从而影响纠纷的解决。

综上所述,在民法典物权编并未对混合共同担保追偿权规则作出规定的情形下,难以通过合同编中共同保证追偿权规则以及连带债务制度解决混合共同担保人之间的追偿权问题。

---

① 参见王昌颖:《人保与物保并存时担保人之间追偿权初探——对物权法第一百七十六条的比较分析》,载《人民法院报》2013年4月3日。

三、民法典物权编应确认和完善
混合共同担保追偿权制度

(一) 民法典物权编应当明确肯定混合共同担保追偿权

现行《物权法》第 176 条没有规定混合共同担保追偿权问题,理论及司法实务就混合共同担保人之间能否追偿也持截然相反的态度。应该说,否定追偿权的学说及裁判立场确实也有一定合理性,但是相比较而言,笔者认为肯定混合共同担保追偿权更具合理性,理由在于:

其一,符合公平正义理念。从理论上来说,混合共同担保人之间的追偿权主要是基于公平而产生的规则,英美法系所确立的追偿权规则本质上就是基于衡平法的考量,后来才被普通法院以判例的形式加以确认。诚如美国学者 Beach 所言,担保后的代位清偿(subrogation)和分配(contribution)制度,均是衡平法上自然正义下公平原则的直接体现。[①] 在混合共同担保之中,债权人不行使担保物权而直接请求保证人承担责任,如果此时不肯定混合共同担保人之间存在追偿权,会与人们朴素的法感情、公平观念存在较大出入。因为如果否定共同担保人之间的追偿权,就意味着债权人对于谁承担担保责任具有绝对的话语权,完全取决于其对担保人的选择,最终将使担保人中有的不承担任何责任,有的则承担过重的责任,担保人的"遍体鳞伤"与"毫发无损"并存,极不公平。[②]

其二,有助于分散风险,从而鼓励担保。一方面,如果缺乏追偿权的规则,则可能由部分担保人承担全部担保责任,在债务数额巨大的情形下,这可能使某个担保人濒临破产。而承认混合共同担保人之间的追偿权,则可以由多个担保人共同分担担保责任,实现对风险的分担。另一方面,分散风险本身是有利于鼓励担保的,毕竟在混合共同担保的情形下,通过追偿权制度的设立,可以由多个担保人共同分担担保责任,这也可以使担保人在提供担保时预估自己可能承担的担保责任,不会因为自己将蒙受不可预测的过重担保责任而拒绝提供担保。事实上,从法律上看,有

---

① See Charles Fisk Beach, Jr., Commentaries in Mordern Equity Jurisprudence as Determined by the Courts and Statutes of England and United States(1982), Baker, Voorhis and Company 1892, pp.867, 889.

② 参见黄忠:《混合共同担保之内部追偿权的证立及其展开——〈物权法〉第 176 条的解释论》,载《中外法学》2015 年第 4 期。

担保的债权比没有担保的债权更容易实现,因此,鼓励担保有利于融通资金,保障债权的实现。

其三,有助于防止道德风险。① 显然,如果否定混合共同担保人内部的追偿权,那么,很可能出现某一担保人与债权人恶意串通损害其他担保人利益的现象。比如,债务人请某人以其房产提供物保之后,又邀请他人提供保证,提供物保的担保人与债权人恶意串通,请债权人直接请求某个保证人承担全部担保责任,导致该保证人濒临破产,而自己则不承担任何责任。甚至在实践中出现了债权人与某人串通,将其债权移转给他人,由该新债权人请求某个担保人承担全部责任,故意使该担保人陷入资不抵债的状况。而一旦法律上规定了追偿权之后,就可以在一定程度上防止此种道德风险的发生。

其四,符合域外立法的通行做法。在大陆法系国家,基于公平的考量,绝大多数域外立法例均肯定追偿这一点。对此,《欧洲示范民法典草案》第4.7-1:106条规定:"在担保人之间每个担保人按其所担保的最大风险占所有担保人所担保的最大总风险的比例承担保证责任,保证人另有约定的除外。"②这一草案基于公平原则,对共同担保人最终所需承担的责任进行了份额划分,并且通过《欧洲示范民法典草案》第9-7:109条的援引条款将共同保证、共同抵押、保证与抵押并存等共同担保的表现方式予以了一体化的规定。同理,英美法系从衡平价值出发,确立了担保人责任的分配规则,并最终被普通法院认为这种追偿是建立在"默示合同条款"理论基础上的,这一分配规则主张数人同时负担同一债务时,各债务人应当基于公平原则,按照各自应承担的责任份额确定各自最终应当承担的责任比例,并由此确定最终数额。③

追偿权人既可以是承担全部责任的担保人,也可以是承担了超出其按照内部关系应承担的担保责任份额的担保人。从这一意义上说,其与连带债务具有相似之处。当然,追偿也会带来一些新的问题,比如会增加新的诉讼、裁判中尚需确定追偿的具体责任份额等,但是这些问题实际上可以通过合理法律制度的设计加以妥善解决,法律也不能因为担心纠纷的增加而损害特定担保人的合法权益。比如本文后面主张追偿权一次性

---

① 参见高圣平:《论担保物权"一般规定"的修改》,载《现代法学》2017年第6期。
② 欧洲民法典研究组、欧盟现行私法研究组编著:《欧洲示范民法典草案:欧洲私法的原则、定义和示范规则》,高圣平译,中国人民大学出版社2011年版,第293页。
③ Craythorne v. Swinburne, (1789) Eng R 449.

使用原则就能有效避免追偿权纠纷的循环进行,这些都不足以成为否认追偿权的理由。应该说,法律上承认混合共同担保人内部追偿权既是为了统一司法,也是为了法官的操作便利,有利于使纠纷得到公正、合理、及时的解决,从这个意义上来说,物权编中肯定追偿权制度是利大于弊的。

(二)民法典物权编中完善混合共同担保追偿权的应然路径

如果未来立法确立了混合共同担保追偿权,那么就必须针对如何追偿问题加以规定;即使立法没有确立混合共同担保人之间的追偿权,如果担保人之间明确约定可以互相追偿,但是就如何追偿没有具体约定,法律也有必要就追偿权的行使予以规范。那么,混合共同担保中担保人之间应当如何分担债务?

关于担保人之间的债务分担数额,存在两种不同观点:一种观点认为,各个担保人应当平均分担。另一种观点认为,应当采用公平分担原则。依物上保证人与债权人之间的担保合同,物上保证人以物之价值担保特定数额主债务的履行,在担保债务额大于或者等于物的价值时,物上保证人仅以物的价值为限承担担保责任,在担保债务额小于物的价值时,物上保证人仅担保该数额的主债务的履行,物的价值中超过担保债务额的部分,属物上保证人所有,债权人无权优先受偿。① 笔者认为,关于追偿权的行使,应该采纳如下原则。

第一,约定优先原则。如果在混合共同担保之中,各担保人就最终的责任份额存在双方约定的,则按照私法自治原则,自然应当肯定当事人之间的约定。当然,约定优先这一原则与本文关于追偿权法定的立法主张并不矛盾。因为本文主张民法典物权编必须就混合共同担保的追偿权问题加以规定,这类规定在规范属性上仍然属于任意性规定,按照意思自治原则,当事人的约定自然应当优先,不论是否有当事人抛弃了对他人进行追偿的权利,抑或自愿达成了与法定数额计算规则所得出结论不一致的份额,均应当对当事人的约定加以尊重。此外,约定优先以不损害他人合法权益为前提。当然,在追偿权行使过程中,如果承担了担保责任的担保人自愿抛弃对特定担保人的追偿权,并不影响其要求其他担保人承担理应承担的份额,当然就抛弃部分是无权要求其他未被免责担保人来予以分摊的。

第二,原则上按照担保人人数平摊分担。笔者认为,混合共同担保人之间承担的担保责任份额应当是平等的,即应当按照担保人的人数进行

---

① 参见高圣平:《物权法担保物权编》,中国人民大学出版社2007年版,第69页。

平等分摊,德国司法实践基本采纳这一立场。① 之所以这么认为,一方面是因为基于人保与物保的平等性考量,保证人以及物上担保人所应当承担的责任份额应该是相同的;否则,债权人可以任意选择其中之一或者部分担保人承担担保责任,使得担保人的平等法律地位实际上被破坏。另一方面,从体系解释来看,我国现行《物权法》第 194 条和第 218 条也采纳了此种立场,这是对《担保法解释》第 38 条第 1 款追偿权规定的默认。事实上,有的地方法院在《物权法》施行后也有明确持这一立场的,例如湖北省高级人民法院民二庭《当前商事审判疑难问题裁判指引》(2016 年 11 月)第 22 条第 5 款规定:"同一债权既有保证又有第三人提供物的担保的,债权人可以请求保证人或者物的担保人承担担保责任。当事人对保证担保的范围或者物的担保的范围没有约定或者约定不明的,承担了担保责任的担保人,可以向债务人追偿,也可以要求其他担保人清偿其应当分担的份额。"还应当看到,如果否定各个担保人之间承担担保责任的份额,则担保人在行使追偿权时将缺乏明确的标准,这也可能导致循环追偿现象。

第三,例外情形下应按比例分摊。值得注意的是,此处所说的平等并不意味着任何情况下担保人所承担的数额是一致的,实际上只有担保人所担保债务数额一致且担保物的价值超过这一数额的情况下才会出现最终承担责任份额完全一样的情况。多数情况下,担保人应当按照自己的责任比例来承担相应的份额,基本能够解决公平分摊的问题,但是由于混合共同担保的特殊性,可能存在物上保证人未提供足额担保的情形,即担保物的价值低于担保债务数额,简单地按照人数平均分摊还不足以彻底解决追偿权的问题。因为如果按照人数分摊的办法,可能将导致部分担保人所需承担的担保责任将超出自己所应承担的份额,这显然不妥当。举例而言,如果某个债务人欠债权人 1 000 万元,物上担保人提供了价值 100 万元的房屋作为抵押担保财产,保证人担保的债务额度则为 1 000 万元,如果最终债务人清偿了其中的 670 万元并且不再具有任何责任财产,此时混合共同担保人所需分摊的债务额度即为 330 万元,如果认为保证人与物上担保人都应当承担 165 万元的责任份额自然是不妥当的。在此情形下,比较法上的"比例分摊"规则值得借鉴。例如,《欧洲示范民法典草案》第 4.7–1∶106 条规定:"在担保人之间每个担保人按其所担保的最大风险占所有担保人所担保的最大总风险的比例承担保证责任,保证人

---

① 参见程啸:《混合共同担保中担保人的追偿权与代位权——对〈物权法〉第 176 条的理解》,载《政治与法律》2014 年第 6 期。

另有约定的除外。"①据此,在上述情形下,各个担保人应当按照如下规则分担担保责任份额:如果物上担保人需要承担的数额是 30 万元,因为其所担保的份额占总担保额度的 1/11(100 万元/1 100 万元),而剩余尚未追偿额度是 330 万元,所以最终按比例所需承担的乃是 30 万元;同理,保证人所需承担的份额可计算出是 300 万元。当然,此种方法所依循的价值理念是平等原则,是否完全可行,还有待于实践的检验。

第四,追偿权一次性用尽原则。当担保人依据追偿权要求各担保人分摊相应份额后,只能提起一次诉讼,不能因为追偿权未能实现而反复提起诉讼。应当看到,反对在法律上规定追偿权的理由主要在于,一旦规定追偿权,可能导致循环追偿,可能因此滋生新的纠纷和诉讼,因此,否定追偿权之后,某个担保人承担全部担保责任后,将不会在各个担保人之间产生新的纠纷和诉讼。此种方法看似简便,但的确不利于实现公平等价值。笔者认为,在规定追偿权之后,可以通过追偿权一次性用尽原则限制担保人之间的追偿。毕竟诉讼资源是有限的,不能允许各个担保人在追偿问题上反复诉讼。所谓一次性用尽,是指某个承担责任的担保人一旦主张追偿,只能提起一次诉讼,而不能反复追偿。例如,在各担保人平均分摊相应责任份额之后,如果债务人有新的责任财产的增加,此时如果担保人对债务人行使了追偿权导致其实际承担的债务份额减少,就不应当允许其他担保人要求其分担相应的份额。

结　语

在民法典合同编草案对共同保证的追偿权予以明确后,还应完善物权编关于混合共同担保的规定。虽然混合共同担保与共同保证在原理上具有相似性,但将共同保证追偿权的规则类推适用于混合共同担保,可能赋予法官过大的自由裁量权,不利于裁判的统一。我国民法典物权编应当明确规定混合担保人之间的追偿权。民法典物权编在采纳现行《物权法》第 176 条的基础上有必要规定"某一个担保人承担担保责任之后,有权在向债务人追偿不能的情况下,要求其他担保人平均分摊或者按照担保债务范围的比例分摊不能追偿部分的份额"。同理,合同编就共同保证也应当作出类似规定,从而构建完善的担保责任体系。

---

① 欧洲民法典研究组、欧盟现行私法研究组编著:《欧洲示范民法典草案:欧洲私法的原则、定义和示范规则》,高圣平译,中国人民大学出版社 2011 年版,第 292—293 页。

试论动产抵押[*]

所谓动产抵押(英文为 chattel mortgage、movable hypothec,法文为 hypothèque mobilière),是指以动产作为标的的抵押。所谓动产,是指可以移动并且移动后不影响物的价值和效用的财产。传统上,不动产抵押在各种担保形式中占据极为重要的地位,从而被称为"担保之王"。发达国家至今仍十分重视不动产抵押,主要原因在于:一方面,不动产的价值较高,具有稀有性和不可移动性,且不易贬值,具有相对稳定性。不动产不仅不易贬值,就土地而言,还常常会发生增值。① 另一方面,不动产的价值也容易评估,尤其是不动产可以通过登记的方法来表彰权利,公示比较简便,从而有利于保护担保物权人的权利。但现在随着担保的发展,动产抵押和其他以动产作担保的形式越来越多,作用越来越突出。动产抵押已经成为一种重要的担保方式。《物权法》已经对动产抵押登记制度作出了规定,本文拟对动产抵押制度的相关问题进行探讨。

一、动产抵押制度的比较法分析

从法律上看,动产抵押的最大特点在于抵押人可以在继续保留对其动产占有的情形下,将该动产用于担保。在动产抵押中,一方面,抵押人以该动产的交换价值作担保,因此可以取得信用、获得融资;另一方面,所有人仍可以继续占有、使用该动产,从而能够充分发挥物的价值。② 因此,在现代市场经济社会中,动产抵押的作用日益突出。

罗马法最初也采纳过动产抵押制度,但随着不动产物权制度的发展,抵押的标的仅以不动产为限,动产逐渐成为质押的标的。③ 也有学者认

---

* 原载《法学》2007 年第 1 期。
① 参见谢在全:《动产担保制度之最近发展》,载法学丛刊杂志社主编:《跨世纪法学新思维》,2006 年自版,第 318 页。
② 参见王泽鉴:《民法学说与判例研究》(第二册),中国政法大学出版社 1998 年版,第 298 页。
③ 参见高圣平:《动产抵押制度研究》,中国工商出版社 2004 年版,第 12 页。

为,罗马法中的抵押和质押是统一的,二者并没有质的区别,因为诉权都是共同的,"只不过是词语上存在差异罢了"①。事实上,尽管罗马法没有形成完整的物权公示制度,但抵押和质押的区分仍然是明显的。罗马法的抵押制度对大陆法产生了一定的影响。典型的大陆法系国家和地区的法律在担保物权的结构上采取了"二分法"的模式,按照这种模式,担保物权体系是依据对动产和不动产的区分而分别形成质押和抵押制度的。对动产实行质押,对不动产则采取抵押,这在很大程度上是因为考虑到不动产不能移动也不便于移转占有,因此不宜作为质押的标的,而应当作为抵押的标的。尤其是考虑到动产的特点决定了它适于以占有和交付作为公示方法,因而动产虽然可以作为质押的标的,但不能作为抵押的标的。这种模式实际上是否定了动产抵押。

法国采纳了"两分法"的担保物权模式。《法国民法典》第2118条规定:"只有不动产才可以成为抵押的标的。"据此,大多数法国学者认为,质押和抵押的差别应当根据客体是动产还是不动产进行区分。由于抵押只限于不动产,因此抵押不能适用于动产。不过,对抵押标的的范围能否扩展至动产,学理上存在着争议,"动产抵押"的表述曾经引起了法国学者的讨论。② 法国法虽然原则上不承认动产抵押,但在例外情况下承认动产可以抵押,例如对于船舶的抵押,对于航空器的抵押③,以及在机动车上设定的抵押。④ 除了这些特殊的形态,法国法上并不存在普通意义上的动产抵押,因为即便是对于那些赞成动产抵押的法国学者而言,也承认这一问题取决于登记制度的条件和效果,有人认为:"如果动产抵押的登记制度类似于不动产登记制度,可以授予优先权和追及权……则可以考虑建立动产抵押制度。"⑤另外,值得特别指出的是,由于法国法上抵押和质押的区分标准与中国法并不相同:在法国,二者是以设定的标的来加以区分的,凡是在动产上设定的担保物权形态,都统称为质押;而抵押只能在不动产上成立。在2006年法国担保法改革以后,也有所谓"不转移占有的质押"(gage sans dépossession)。在我们看来,这种方式其实已经类似于我们所

---

① 陈本寒:《担保物权法比较研究》,武汉大学出版社2003年版,第7页。
② Jacques MESTRE, Emmanuel PUTMAN et Marc BILLIAU (sous la dir. de Jacques GHESTIN), Traité de Droit civil, Droit spécial des Sûretés réelles, LGDJ, 1996, p.458.
③ Jacques MESTRE, Emmanuel PUTMAN et Marc BILLIAU, Ibid., p.463.
④ M. CABRILLAC et C. MOULY, Droit des Sûretés, 4e éd., LITEC, 1997, n.700-702.
⑤ Jacques MESTRE, Emmanuel PUTMAN et Marc BILLIAU (sous la dir. de Jacques GHESTIN), Traité de Droit civil, Droit spécial des Sûretés réelles, LGDJ, 1996, p.461.

说的动产抵押了。[①]

《德国民法典》也没有承认动产抵押制度,基本上采用的是两分法的模式。《德国民法典》第 1113 条规定,"土地得以此种方法设定负担,使因设定负担而受利益的人享有由土地支付一定金额以清偿其债权的权利(抵押权)"。然而,随着社会经济的发展,仅仅将抵押限于不动产明显不适应经济发展的需要,由于动产质押具有明显的缺陷,因此德国民法实务上承认了一些非典型担保形式,即动产让与担保(security transfer of ownership)和所有权保留(retention of title),在实务界商人还经常以存货(stock-in-trade)作为抵押,以此克服动产质押的不足,并充分发挥动产在担保中的作用,而德国的判例也承认这种抵押。[②]

在日本,由于传统的动产公示方法不能适用于动产抵押,日本民法没有认可动产的抵押方法,在第二次世界大战以后,伴随着日本工业的复兴和经济的发展,而采取对特定动产抵押实行特别立法的模式。如日本颁布了《航空器抵押法》《建设机械抵押法》等法律,其中规定了船舶、航空器、汽车、农业用动产、建设机械等可以设定动产抵押权。[③] 但是,迄今为止,日本学者都不承认一般意义上的动产抵押。[④]

迄今为止,在大陆法系国家和地区,关于动产抵押制度很少有民法典对此加以明文规定,一般都只是将其作为非典型担保的一种形式由法律加以规定。就此而言,魁北克民法很有特色。魁北克在 1971 年《动产担保法》(Personal Property Security)中规定了动产抵押制度。《魁北克民法典》第 265 条第 1 款规定,动产、不动产或动产和不动产的集合体都可以设定抵押;第 2 款规定,设定担保的时候不必移转占有,因此动产可以设定抵押;第 2663 条规定,动产抵押只有在登记后才能对抗第三人;第 2696 条规定,不移转占有的动产抵押必须采用书面形式才有效,财产由债务人继续占有。这实际上已规定了较为完整的动产抵押制度。

英美法采取了与大陆法不同的模式。19 世纪末,美国在普通法上发展了动产抵押制度,以后各州都分别制定了相应的规则,从而使得美国关于担保制度的规定极不统一。因此,第二次世界大战之后,美国的统一法

[①] Reinhard Dammann, La réforme des sûretés mobilières: une occasion manquée, in Recueil Dalloz, 2006, n°19, 11/05/2006, pp.1299-1300.
[②] Jacques MESTRE, Emmanuel PUTMAN et Marc BILLIAU (sous la dir. de Jacques GHESTIN), Traité de Droit civil, Droit spécial des Sûretés réelles, LGDJ, 1996, p.461.
[③] 参见〔日〕近江幸治:《担保物权法》,弘文堂1998年版,第230页。
[④] 参见高圣平:《动产抵押制度研究》,中国工商出版社2004年版,第471页。

运动逐步推动了担保法的统一。《美国统一商法典》第9—109条规定,第九编适用于依合同在动产或者不动产附着物之上创设担保物权的交易,其形式若何,在所不问。依据该规定,无论是动产还是不动产,都可担保债务的履行,并统一适用该条规定。

比较两大法系的规定,可以看出,大陆法由于严格区分物权和债权、动产和不动产,因而原则上不承认动产可以作为抵押权的标的物。尽管此种做法在体系上是非常完整的,但它并没有适应现代社会经济发展的需要而显得过于僵硬。一方面,此种做法将动产排除在抵押之外,使得当事人可以选择的担保手段相对有限。另一方面,此种做法也不利于发挥动产作为担保物的价值,毕竟质押本身存在着明显的缺陷,许多动产在不能质押的情况下,就不能设定担保,从而使得动产的担保功能受到了很大的限制。尤其是在现代社会中,已形成担保法以金融为中心的格局,将动产排除在抵押之外,不利于资金的融通,不利于经济的发展。而《美国统一商法典》在意思自治的理念下,承认当事人之间的担保安排,突破了传统大陆法上的物权法定主义,使当事人根据自身利益的需要选择各种不同的担保形式。尤其是动产既可以作为质押的标的,也可以作为抵押的标的,使得动产能够充分发挥担保的价值,这种经验是值得借鉴的。从各国的发展趋势来看,抵押物的范围在不断扩大,动产抵押也是一种新的发展趋势,当代担保物权的发展的重心在于动产担保,从各国的立法例和国际公约来看,动产抵押越来越受到各国的广泛认同。正如王泽鉴先生所指出的,"在比较法上我们可以看到市场经济越发达的国家,其动产担保制度越发达"①。因而我国物权法应该突破传统的二分法模式,承认动产既可以作为质押的标的,也可以作为抵押的标的。

相关国际组织也充分注意到了动产抵押制度的现实需求与发展趋势,并先后制定了一系列示范法和相关报告,对包括动产抵押在内的动产担保制度进行了规范和指引。例如,欧洲复兴开发银行于1994年4月公布了《欧洲复兴开发银行动产担保交易示范法》;亚洲发展银行于2000年12月发表了《亚洲动产担保交易法律改革:释放担保物之潜能》;美洲国家组织于2002年8月通过了《美洲国家组织动产担保交易示范法》;国际统一私法协会于2001年通过了《移动设备国际利益公约》。联合国国际贸易法委员会于2010年发布了《动产担保交易立法指南》、2013年出台

---

① 王泽鉴:《动产担保制度与经济发展》,载梁慧星主编:《民商法论丛》(第二卷),法律出版社1994年版,第112页。

了《动产担保权登记实施指南》、2016 年发布了《动产担保交易示范法》、2017 年出台了《动产担保交易示范法颁布指南》。在这些示范法和报告中,均明确承认在动产上可以设立非移转占有型担保权(即动产抵押权),并明确要求扩大动产抵押的标的范围,简化动产抵押权的设定程序,建立统一的、电子化的动产担保登记制度,从而对各国动产抵押制度的建立和完善提供了有效的指引。

虽然不动产的价值较高,不易贬值,也较容易公示,但随着担保的发展,动产抵押和其他以动产作担保的形式越来越多,作用越来越突出。从各国的发展趋势来看,抵押物的范围也在不断扩大,动产抵押也是一种新的发展趋势。这主要是因为,动产抵押有利于充分发挥动产的效益,促进物尽其用,特别是有利于解决中小企业贷款时寻找担保方式的困难。毕竟不是所有的中小企业都有不动产可供抵押,但它们总能有一定的动产可供抵押。设立动产抵押,可以进一步扩大担保物的范围,缓解中小企业融资的困难。据了解,我国 80% 的企业反映,经营中的主要障碍就是融资难。世界银行的一份报告也指出,中国小企业所获的信贷,还不如印度、泰国、韩国等国家类似企业的一半。[①] 其中一个重要的原因就是动产担保制度不发达,担保种类过于单一。对许多企业尤其是中小企业来说,不一定有很多不动产,但往往有不少的动产,而且动产可以大批量地被生产出来。因而,承认动产抵押,对于企业来说,无疑开辟了一种前景广阔的融资方式。

《物权法》借鉴了发达国家的立法经验,规定了动产抵押制度。在《物权法》中,动产抵押具体体现为普通动产抵押和动产浮动抵押两项制度,但一般所说的动产抵押,实际上是指普通动产抵押。就普通动产抵押而言,《物权法》规定了如下几种财产可以设立动产抵押:一是《物权法》第 180 条第 1 款第 4 项规定,生产设备、原材料、半成品、产品可以抵押。二是《物权法》第 180 条第 1 款第 5 项规定,正在建造的建筑物、船舶、航空器可以抵押。三是《物权法》第 180 条第 1 款第 6 项规定,交通运输工具可以抵押。四是《物权法》第 180 条第 1 款第 7 项规定,法律、行政法规未禁止抵押的其他财产可以抵押。可见,与《担保法》的规定相比较,《物权法》所规定的动产抵押的客体范围明显扩张。例如,《担保法》第 34 条规定抵押人依法有权处分的机器、交通运输工具和其他财产可以抵押,而

---

① 参见中国人民银行研究局等:《中国动产担保物权与信贷市场发展》,中信出版社 2005 年版,第 270 页。

《物权法》将动产抵押的范围扩大到"生产设备、原材料、半成品、产品",这实际上扩大了动产抵押的客体范围。① 《物权法》规定可以抵押的产品还包括企业的库存商品,它们虽然暂时没有销售出去,但是,其价值也可能是比较巨大的。② 可以说《物权法》适应了现代社会融资担保的发展需要,全面建立起了动产担保制度,从而使《物权法》彰显了时代特色。

二、动产抵押的适用范围

动产抵押的类型比较多,既包括对传统动产的抵押,如船舶、机动车等财产设置的抵押,也包括对动物以及一些新型动产(如软件等)设立的抵押。因此在法律上是否需要具体列举可供抵押的动产的类型,或者只对可供抵押的财产进行抽象的规定,学界存在不同的看法。笔者认为,就有体动产来说,并不是说所有的动产都可以设定抵押。我们说要鼓励动产抵押,不是说所有的动产甚至一些不能移转、不能变现的财产也可以抵押,法律上不能笼统地规定可供抵押的抽象的一般条款。尤其是目前我国正处于市场经济的转轨时期,信用体系还没有建立,因此更应当对可供抵押的动产的范围作相对严格的限制。③ 在《物权法》中严格限定动产抵押的范围是十分必要的。对抵押物的限制,在立法上可以通过两种方式来进行,一种是正面列举可以抵押的动产,未予列举的则不得抵押,从而对抵押物进行限制;另一种是采用反面列举的方法,只规定不得抵押的动产。

笔者认为,从正面列举来规定动产抵押的范围不一定妥当。《物权法》第180条列举了生产设备、原材料、半成品、成品等可以成为抵押权的客体。这实际上是从正面来界定动产抵押的范围。但由于动产类型太多,正面列举不可能穷尽可以设定抵押的动产的范围,有挂一漏万之嫌,而如果不能列举穷尽,抵押人就很难将法律上没有列举的动产用于抵押,这可能会妨害当事人对动产的利用。因此有必要在正面列举的同时采用负面清单的模式,允许将法律未禁止的动产设定抵押。按照联合国国际

---

① 参见高圣平:《物权法担保物权编》,中国人民大学出版社2007年版,第276页。
② 参见王君、郭林将:《论担保物权的完善——以〈物权法〉为视角》,载《新学术》2007年第3期。
③ 参见毛瑞兆:《动产抵押立法模式选择》,载王继军主编:《三晋法学》(第一辑),中国法制出版社2006年版,第81页。

贸易法委员会发布的《动产担保交易立法指南》的要求,应当允许在所有种类的财产上均能设定担保权,以充分利用各类财产的交换价值。从比较法上来看,一些国家的立法就是采用这种反面排除的方法。对动产抵押的范围可以从以下三个方面进行限制:第一,法律上禁止流通的动产不能作为担保物,如枪支、弹药,限制流通物虽然流转受到了一定的限制,但并不影响其作为抵押物,因为在实现抵押权时,可以采取法律所规定的流转方式。第二,对于价值比较低的动产以及在生产、生活中发挥作用较小的动产,如果允许其设定抵押,作用不大[1],故不宜设定抵押。因为抵押本身是为了担保债权的实现,如果抵押物的价值过小,起不到担保的作用,其所获得的收益和所付出的成本之间不成比例,因此也不必要在其上设定抵押。第三,与个人的生产、生活密切相关的动产,是个人生活的必需品,如个人专业书籍、家庭生活必需品,这些财产本来不具有可强制执行性,所以也不能抵押。在比较法上,这部分财产在许多国家和地区也是不能设定抵押的。例如,依据《魁北克民法典》第2648条的规定,用于装备其主要住宅的动产、用作家用的生活必需品、从事职业活动所需的工具不能作为抵押物。[2] 除上述不能抵押的动产之外,其他动产都是可以设定抵押的。反面列举的优点在于将一些禁止抵押的动产列举出来,剩下的就是可供抵押的动产,这实际上就是采纳了抽象概括的方法。

《物权法》第180条第7项明确规定"法律、行政法规未禁止抵押的其他财产"都可以进行抵押。这就在正面列举的基础上,采用兜底条款的方式,规定凡是法律不予禁止的动产都允许设定抵押,从而极大地扩大了动产抵押物的范围,充分适应了实践中的担保融资的需要,有利于促进与鼓励交易,保障债权的实现。

在确定动产抵押适用的范围时,应当将动产抵押和其他形式的抵押区别开来。

第一,动产抵押原则上只能适用于有体动产,而不包括无形财产。在我国,既然区分了动产质押和权利质押,这实际上就是区分了动产和权利。尽管根据《担保法》第81条的规定,权利质押也可以适用动产质押的规定,但这只是一个准用性规定,即在法律对权利质押没有作出特别规定的时候,准用法律关于动产质押的规定,而不是说动产就包括了权利。

---

[1] 参见刘信业:《论我国动产抵押公示的缺失及完善》,载《河南师范大学学报(哲学社会科学版)》2006年第3期。

[2] 参见高圣平:《动产抵押制度研究》,中国工商出版社2004年版,第471页。

《物权法》也严格区分了动产和权利,权利主要采用了质押的方式,至于权利抵押只限于法律有特别规定的情形。而权利抵押除了这几种类型,不应将权利质押包含于动产抵押之中,反过来说,动产抵押也不应包含于权利质押之中,而动产抵押的客体只限于有体动产。

第二,动产抵押不包括集合物的抵押。有一种观点认为,动产抵押在学理上也包括了集合物中的动产,集合物担保也属于动产担保的范畴。[1] 笔者认为,动产抵押在性质上是一种与集合物相对应的特定物的抵押,尽管集合物中的一部分财产也包括动产,但这些动产已经与其他的财产结合为一体,共同成为集合物担保的标的。如果将动产抵押等同于集合物抵押,这就意味着将集合物中的动产与集合物中的其他财产分离,从而就无法发挥集合物抵押的制度优势。正因如此,笔者认为,在法律上要严格区分动产抵押和集合物抵押。

第三,动产抵押不包括在建工程的抵押。所谓在建工程,是指正在建造中的尚未竣工的工程,如在建房屋、在建设施。关于在建工程抵押的性质,学界存在不同的观点。第一种观点认为,在建工程还没有竣工,不构成不动产,也不构成物权法所说的物,所以不能作为物权的客体。第二种观点认为,在建工程虽然不是不动产,但是可以作为动产,所以在建工程可以作为动产抵押的标的物。第三种观点认为,在建工程可以作为一种权利,但不是作为一种物来作为抵押的标的。《物权法》第180条规定,"正在建造的建筑物、船舶、航空器"可以抵押,但在建工程抵押属于何种类型抵押,该法并未作出明确规定。笔者认为,在建工程抵押本身不属于动产抵押,而是一种特殊的抵押,它在设定方式、公示方法、实现规则等方面都有其不同于动产抵押的独特之处。

三、动产抵押的公示方法

(一) 动产抵押以登记为公示方法

动产并非都难以公示。在动产中有一类动产称为"注册动产",如机动车、船舶、飞行器等[2],这类动产本身是应该注册登记的,因此可以通过

---

[1] Patrice Vachon, Le Code civil du Québec Livre 6 Droit des priorités et des hypothèques, http://www.avocat.qc.ca/public/iiccqvachon6.htm#84.

[2] 参见毛瑞兆:《动产抵押立法模式选择》,载王继军主编:《三晋法学》(第一辑),中国法制出版社2006年版,第81页。

登记的方式进行公示。但是大量的动产是很难通过登记来公示的。如前所述,传统民法之所以否定动产抵押,就是认为动产抵押缺乏与之相对应的公示方法,特别是动产因其固有的流动性等特点,很难实行登记。① 一方面,动产大多具有种类物的特点,在交易中可以互相替代,且由于动产流动性大,所以登记记载的动产可以被同种类的动产替代。另一方面,动产常常能被大批量地生产,因此很难描述其特征,正是因为这一原因,动产很难实行登记。如一台 20 英寸的海尔电视机与另一台 20 英寸的海尔电视机之间很难说有什么区别,如果要登记一台 20 英寸的海尔电视机,很难指明是这一台而不是另外一台该英寸的海尔电视机。在我国实践中,曾经对动产抵押采取公证的方式来作为其公示方法。笔者认为,虽然公证的方式具有很强的证明力,但它只发生在当事人之间,第三人很难查阅,所以其不宜作为一种公示方法。尤其是因为到公证机关办理登记是不符合交易习惯的,一般人也不会去公证机关查阅登记。

既然动产抵押是抵押的一种类型,那么也应该适用抵押的公示方法。《物权法》第 188 条规定:"以本法第一百八十条第一款第四项、第六项规定的财产或者第五项规定的正在建造的船舶、航空器抵押的,抵押权自抵押合同生效时设立;未经登记,不得对抗善意第三人。"据此可见,动产抵押也可以适用登记的方法,当事人办理动产抵押登记,对于那些已经有法律规定的登记机构的"注册动产"(如机动车、船舶、航空器),应当在法律规定的机构办理抵押登记。但是,对于其余的动产,应当在哪个机构办理抵押登记,值得探讨。笔者认为,既然《物权法》没有一般性地对动产抵押的登记机构作出明确规定,此时,应当按照《担保法》的规定来具体确定各类动产抵押的登记机构。

《物权法》第 188 条与我国有关特别法的规定是一致的。例如,《民用航空法》第 16 条、《海商法》第 13 条,对民用航空器的抵押和船舶抵押都采登记对抗模式。根据《物权法》第 188 条的规定,动产抵押采用登记对抗模式,具体来说:第一,凡是以动产抵押的,当事人可以办理登记,也可以不办理登记,是否办理登记,当事人享有选择的权利。② 这就是说,设立动产抵押合同,如果当事人不办登记,一旦动产抵押合同生效,就可以发

---

① 参见梅夏英:《民法上公示制度的法律意义及其后果》,载《法学家》2004 年第 2 期。
② 参见王胜明主编:《中华人民共和国物权法解读》,中国法制出版社 2007 年版,第 406 页。

生物权变动的效力,甚至无须交付抵押财产。① 第二,动产抵押包括以生产设备、原材料、半成品、产品和交通运输工具以及正在建造的船舶、航空器抵押。这些财产既可以分别设立普通的动产抵押,也可以和各类动产集合在一起设立动产浮动抵押。第三,动产抵押权自抵押合同生效时设立。这就是说,只要当事人订立的抵押合同生效,即使没有办理登记,抵押权也可以有效设立。动产抵押合同的生效,不仅发生债的效力,而且也发生物权设立的效力。② 需要指出的是,动产抵押权不仅不需要办理登记就设立,而且不需要交付标的物,在抵押合同生效后就可以设立。因为这一原因,抵押人在设立动产抵押之后,又将该动产转让给他人,第三人出于善意购买该动产,就可以基于善意取得制度而取得所有权。③

(二) 动产抵押的统一登记问题

《物权法》第 10 条第 2 款规定:"国家对不动产实行统一登记制度。统一登记的范围、登记机构和登记办法,由法律、行政法规规定。"该款规定了不动产统一登记制度,极大地推进了我国登记制度的完善,也使我国的登记制度进入了科学化、规范化的发展轨道,该款规定也成为《物权法》的最大亮点之一。但是,该款只是规定了不动产的统一登记制度,在动产抵押方面,则并未建立统一的登记制度,动产担保登记制度在很大程度上仍然处于部门化、分散化的状态。目前共有 15 个登记部门负责动产的登记,这既给当事人办理动产物权登记带来极大的不便,也不利于第三人的查询。例如,依据我国现行法律规定,对于"注册动产"(如机动车、船舶、航空器),应当在法律规定的机构办理抵押登记。对于其余的动产,在浮动抵押的场合,依据《物权法》第 189 条的规定,应当在抵押人住所地的工商行政管理部门办理登记,而对其他动产抵押的登记机构却没有明确规定。根据《担保法》第 42 条的规定,以企业的设备或其他动产抵押,由财产所在地的工商行政管理部门登记。依据《担保法》第 43 条的规定,以其他财产办理抵押物登记,登记部门为抵押人所在地的公证部门。由此可见,动产抵押的登记机构是极为分散的。亚洲开发银行在对我国的动产抵押登记制度进行评价时,认为动产登记机关分散是我国动产抵押登记

---

① 此种情况也可以看作登记对抗主义的例外。因为实行登记对抗主义虽然不需要登记,但需要交付。而在动产抵押的情况下,即使没有交付,也可以设立动产抵押权。

② 参见谢在全:《民法物权论》(上册),中国政法大学出版社 1999 年版,第 63 页。

③ 参见杨明刚:《新物权法·担保物权适用解说与典型案例评析》,法律出版社 2007 年版,第 101 页。

制度的主要缺陷之一。①

　　产生这一问题的重要原因在于,长期以来,我们把登记视为一种行政管理方式,而没有把登记看作物权的公示方法,不同的政府部门管理不同的动产和权利的相关事务,因而负有不同的登记职责。例如,某个企业要以其企业财产担保,如果要设立抵押,则需要到工商部门办理动产抵押登记和企业动产登记;如果要进行融资租赁交易,则需要到商务部或者中国人民银行办理融资租赁登记;如果其办理应收账款质押,则需要到中国人民银行办理;如果要办理相关的知识产权质押,则需要分别到知识产权局、商标局、版权局等部门分别办理专利、商标以及著作权的质押登记。由于不同的登记机关可能会规定不同的登记申请和审查标准,因此,登记机关的不统一也会导致登记规则的不统一,甚至相互冲突。由于到不同部门办理动产、权利担保登记,不同机关会有不同的登记审查标准,这样会给登记申请人办理登记带来极大的不便。

　　更为严重的是,这种分散的动产担保制度给信息的披露和公开造成了极大的障碍,因为有的机关登记已经实现电子化了,而有的机关仍然实行传统的纸质化登记,因而交易相对人在交易时很难一次性查询特定动产的全部权利登记状况,同时也严重危害交易安全。② 即便实行电子化的登记,由于相关的登记系统并未联网,这也会产生"信息孤岛",不仅造成查询登记的困难,而且会影响登记信息的充分披露,甚至有可能给欺诈行为提供可乘之机,妨碍交易的安全、有序。从交易实践来看,由于查询的困难,也会极大地增加交易相对人查询动产登记的成本和负担。例如,要以企业现有的存货、设备等动产抵押,当事人在交易时可能需要到多个部门查询、了解这些财产的抵押情况,显然查询成本很高,甚至很难查询。

　　除了有利于信息的公开、降低查询成本、鼓励交易、维护交易安全,建立统一的动产抵押登记制度也有利于明确各种权利之间的优先顺序。为了充分发挥物的经济效用,法律允许在同一动产之上设立多种担保,允许权利人对动产进行多重抵押,但缺乏统一的动产登记制度,各项动产担保方式之间的效力关系如何,往往难以确定,也容易产生各种纠纷。例如,在同一动产之上可能同时存在多个动产抵押权,或者同一动产可能同时

---

①　参见高圣平:《交易安全与交易效率视角下的动产抵押登记制度》,载高圣平:《担保法前沿问题与判解研究》(第二卷),人民法院出版社2019年版,第196页。

②　参见全国人大常委会法制工作委员会民法室编著:《物权法(草案)参考》,中国民主法制出版社2005年版,第437页。

成为抵押权的客体、所有权保留买卖的客体以及融资租赁的租赁物,此时,如何确定各权利人之间的优先顺位关系,即可能发生纠纷。因此,建立统一的动产抵押登记制度也有利于充分发挥动产抵押制度的功能。同一动产之上可能存在多个抵押权,或者存在多个担保,但各项动产担保之间的效力冲突可以通过完善登记制度予以解决。建立统一的动产抵押登记制度,可以有效解决相关担保的公示问题,也有助于提高动产抵押登记的公信力,从而鼓励动产抵押交易的发展。

建立统一的动产抵押登记制度,也是现代社会财产及其交易发展的要求。不少人认为,动产的价值不如不动产重要,因此没有必要规定统一的动产抵押登记制度,此种看法是不妥当的。事实上,动产的价值在不断增长,其价值可能超过不动产,且以动产作为融资手段的需要日益增长。因此,为充分发挥动产的经济效用,减少权利冲突和纠纷,也有必要建立统一的动产抵押登记制度。

建立统一的动产抵押登记制度事实上也适应了互联网高科技时代的要求,21世纪是大数据、互联网的时代,《动产担保交易立法指南》和《移动设备国际利益公约》都倡导要建立基于互联网的计算机化的统一电子登记系统。在加拿大适用普通法的各个省份早已建立了中央式的远程接入的统一登记系统。① 而我国的《动产抵押登记办法》仍然是以纸质登记为主,并辅之以电子查询系统。这种登记系统虽然迁就了我国目前动产抵押的登记现状,但是显然并没有完全反映动产登记系统的发展趋势。② 在互联网时代,与时代相一致的登记制度应当互联互通,资源共享,信息共享,方便查询。因此,我国民法典应当完善物权编动产抵押登记规则,构建统一的动产抵押登记制度。

(三) 动产抵押登记的效力

依据《物权法》第188条的规定,未经登记,不得对抗善意第三人。据此,未经登记的抵押合同并非当然无效,该抵押合同在当事人之间仍然具有法律拘束力,抵押权也已存在,只是不能对抗善意第三人。因此,对动产抵押而言,是否办理登记,法律上并没有强制性的要求。这主要是因为动产抵押有其自身的特点,很难像不动产那样可以通过登记来描述特征。

---

① 参见高圣平:《交易安全与交易效率视角下的动产抵押登记制度》,载高圣平:《担保法前沿问题与判解研究》(第二卷),人民法院出版社2019年版,第196页。

② 参见高圣平:《动产抵押登记的法理》,载高圣平:《担保法前沿问题与判解研究》(第二卷),人民法院出版社2019年版,第211页。

因而，法律上不宜强行要求办理登记。即使没有办理登记，抵押权人也可以取得物权，只不过因没有办理登记，不能对抗善意第三人。① 这实际上是对动产抵押采取了登记对抗的物权变动模式。所谓登记对抗，就是说当事人是否办理登记，可以自行选择。即使当事人没有办理登记，动产抵押权也可以设立，只是不能对抗善意第三人。采用登记对抗模式，一方面是因为动产的特性决定了它难以像不动产那样准确登记，且动产常常随同其所有权人不断移动，因此，难以确定登记地。另一方面，我国有关的特别法（如《海商法》等）对船舶、航空器也是采取登记对抗主义，这种做法也符合国际惯例。尤其应当看到，登记对抗模式赋予了当事人一定的意思自由，也有利于交易的便捷。② 需要指出的是，尽管动产抵押采登记对抗主义，但与一般采用登记对抗主义设立物权的情况不同，动产抵押人设立抵押权，并不需要交付。依据《物权法》第6条的规定，"动产物权的设立和转让，应当依照法律规定交付"。因而，除法律特别规定发生物权变动不需要实际交付的情况之外，原则上所有动产物权的变动都应当交付。即使适用登记对抗主义，但只要法律没有特别规定，该动产物权的变动就必须交付，没有完成交付就没有完成物权的公示，也不能将动产物权与债权区别开。但动产抵押的性质决定了它不适用交付的规则，否则就与动产质押无异。

问题在于，此处所说的"第三人"包括哪些人？关于第三人的范围，有三种不同的观点：一是广义说。此种观点认为，第三人是指任何第三人，包括普通债权人。任何人只要不知道抵押权已经设立，都可能是不得对抗的善意第三人。因为没有登记公示，第三人对于财产上的风险和负担无从知晓，超出了第三人的预期，如果赋予未登记的物权以对抗普通债权人的效力，极有可能诱发道德风险，债务人通过伪造抵押合同，倒签合同日期，串通逃债。③ 二是狭义说。此种观点认为，此处所说的第三人不包括普通债权人。因为虽然没有登记，但是抵押权人仍然享有物权，可以对抗普通债权。正如王泽鉴先生所说，"所谓第三人应指对同一标的物享有物权之人，债务人之一般债权人并不包括在内"④。具体到动产抵押的场

---

① 参见王胜明主编：《中华人民共和国物权法解读》，中国法制出版社2007年版，第406页。
② 参见王闯：《动产抵押论纲》，载《法制与社会发展》1995年第1期。
③ 参见马特：《物权变动》，中国法制出版社2007年版，第252页。
④ 王泽鉴：《民法学说与判例研究》（第一册），三民书局1975年版，第265页。

合,则为动产的抵押权人、质权人、留置权人。① 依据这种观点,不得对抗的第三人范围被进行了较大的限缩。三是折中说。此种观点认为,应当区别不同的债权对待。未经登记的抵押权人不得对抗因扣押、查封、参与分配而取得针对标的物的债权的人,但是,可以对抗与标的物没有直接交易关系的一般债权人。② 笔者认为,此处所说的第三人,是指合法交易中的善意第三人。具体来说,此处所说的第三人具有如下几个特点:

第一,第三人必须是善意的。所谓善意,是指不知情,即根本不知道某项财产已设定抵押。如果某人明知某项财产已设定抵押而仍与抵押人订立买卖合同,甚至办理了登记手续,则属于恶意。抵押权人享有的抵押权仍应具有优先于该买受人享有的权利。登记制度的主要目的是保护善意第三人,而非恶意第三人。

第二,第三人是指物权人。既然在登记对抗模式下,未经登记的买受人取得的权利能够产生物权的效力,那么,权利人享有的权利就应当属于物权。根据物权优先于债权的原理,权利人享有的权利应当可以对抗一般的债权人。如果未登记的抵押权只是不能对抗对抵押物享有物权的人,而能对抗债务人的一般债权人,则抵押权实际上仍具有对抗的效力。

第三,第三人是指合法交易中已经登记的物权人。因为一方面,只有合法交易中的第三人才应得到保护,如果交易本身被宣告无效或者被撤销,第三人的权利也就视为不存在。另一方面,第三人的物权必须已经登记。虽然未登记的抵押权可以产生物权效力,但是其效力是受限制的,即不能对抗已登记的物权人。对善意第三人来说,即使登记时间在抵押权人设立抵押之后,因为第三人经登记而取得了完全的物权,所以,设立在先的抵押权人的权利不能对抗该第三人的物权。例如,甲将其价值5 000万元的船舶抵押给银行乙,但没有办理抵押登记,自抵押合同生效之日起乙就享有抵押权;后来,甲又将该船舶抵押给银行丙,并为丙办理了抵押登记,因而,丙已经取得了完全的抵押权。尽管乙取得的抵押权在先,但并不能对抗已经办理登记的丙的抵押权。依据《物权法》第199条的规定,"抵押权已登记的先于未登记的受偿",因此,丙要优先于乙受偿。

---

① 参见王闯:《规则冲突与制度创新(中)——以物权法与担保法及其解释的比较为中心而展开》,载《人民法院报》2007年6月27日。

② 参见〔日〕加贺山茂:《日本物权法中的对抗问题》,于敏译,载《外国法译评》2000年第2期。

由于动产抵押可以不经过登记而设立,因而,在设立动产抵押之后,如果抵押人仍然将已经设立抵押权但未办理抵押权登记的财产转让给第三人,只要第三人在交易时不知道或不应当知道该动产已经设定了抵押,并且其已经支付了合理的价款,而抵押人也已经将动产交付给了受让人,则第三人是善意无过失的,未办理登记的抵押权人不能对抗该善意第三人,因而不能向买受人主张抵押权。

四、动产抵押的优先顺位

在同一动产之上出现多数抵押权的情形屡见不鲜。例如,以动产为甲银行设定抵押权之后,由于没有登记,乙银行又以同一动产设定了另外一个抵押权;即使前一抵押权已经登记,后一抵押权也可能因权利人未查询登记簿而接受同一动产作为担保物。因动产抵押权的设立并不以登记为生效要件,多个抵押权之间的顺位确定标准,直接影响了交易的确定性。抵押权顺位的产生,一方面,因为抵押权是一种价值权,法律允许财产设立多重抵押。如果法律上禁止多重抵押,则不可能产生抵押权顺位的问题。另一方面,物权的排他性也决定了抵押权之间不可能是平等的,而应当存在优先效力。

(一) 动产抵押优先顺位的一般规则

联合国国际贸易法委员会于 2010 年发布了《动产担保交易立法指南》、2016 年发布了《动产担保交易示范法》。这些规则确立了担保物上竞合权利之间的优先顺位。优先顺位一般依"先公示者优先"的规则而确立,公示方法之间并无优劣之分。《物权法》第 199 条的规定实际上确立了动产抵押权优先顺位的一般标准。依据该条规定,动产抵押权优先顺位的一般判断规则是:第一,抵押权已登记的,按照登记的先后顺序清偿;顺序相同的,按照债权比例清偿。第二,抵押权已登记的先于未登记的受偿。第三,抵押权未登记的,按照债权比例清偿,采依比例受偿说而不是合同成立先后说,主要是为了防止恶意串通更改合同订立时间、危害交易安全。① 由此可见,《物权法》第 199 条首先考虑到抵押权的顺位,并依据登记来确定抵押权的顺位。毕竟抵押权是一种物权,不能够在顺位明显

---

① 参见曹士兵:《中国担保制度与担保方法——根据物权法修订》,中国法制出版社 2008 年版,第 240 页;尹田:《物权法》,北京大学出版社 2013 年版,第 537 页。

不同的情况下按照平等主义的模式来受偿,将抵押权演变为一种债权。《物权法》的上述规定确立了解决抵押权对内优先规则,同时又确立了抵押权的顺位规则。

(二) 动产抵押与浮动抵押的顺位

动产浮动抵押是我国物权法中一个独特的制度。所谓浮动抵押(英文为floating charge),也称浮动担保,是指以其现有或者第三人的财产设定担保;在担保设定以后,债务人仍然有权继续处置其财产;但在特定的事项发生时,担保财产将予以确定(即结晶),债权人仅能就此范围内的财产优先受偿。[①] 浮动抵押起源于英国法。《物权法》在借鉴英国法的基础上,规定了动产的浮动抵押。《物权法》第181条规定:"经当事人书面协议,企业、个体工商户、农业生产经营者可以将现有的以及将有的生产设备、原材料、半成品、产品抵押,债务人不履行到期债务或者发生当事人约定的实现抵押权的情形,债权人有权就实现抵押权时的动产优先受偿。"这就在法律上确立了动产浮动抵押制度。

动产抵押和浮动抵押也可能发生竞合,如某公司就仓库中的所有货物进行了浮动抵押,后又就仓库中的生产机器设备进行了动产抵押,就会产生动产抵押和浮动抵押竞合的情形。此时,应当如何确定其优先顺位?是否可以适用《物权法》第199条关于顺位确定的一般规则?对此存在两种不同观点。

第一种观点以英式浮动抵押为参考对象。英国法上的"英式浮动抵押"在Inre Panama New Zealand and Australian Royal Mail Co.案中被创设。在该案中,法院承认了以企业的各种权利和利益以及未来的收益作为整体进行担保的制度。[②] 在浮动抵押中,由于结晶制度存在,在抵押财产被最终确定之前,抵押一直处于休眠状态,只有在结晶后,抵押才具有了有限受偿的效力。因而,一般动产抵押和浮动抵押发生竞合时,浮动抵押将劣后于一般动产抵押受偿。[③] 在我国实践中,也确实有一些金融机构采纳了这一观点,愿意接受动产抵押,而不愿意接受浮动抵押。

第二种观点则以美国法为参考对象,认为我国法上的浮动抵押是借

---

① 参见王闯:《规则冲突与制度创新(上)——以物权法与担保法及其解释的比较为中心而展开》,载《人民法院报》2007年6月20日。
② 参见董学立:《浮动抵押的财产变动与效力限制》,载董学立主编:《担保法理论与实践》(第一辑),中国法制出版社2015年版,第105页。
③ 参见高圣平:《担保法论》,法律出版社2009年版,第455页。

鉴美国法上的制度后形成的。《美国统一商法典》第9-204条规定,担保协议可以规定以将来取得的担保物作为担保协议中全部或部分债务的担保。在该制度中,如果抵押权人获得了该浮动抵押的登记,则该担保物权溯及至登记时,即具有了优先受偿的效力。这实际上是以登记作为优先顺位的依据。依据此种观点,在浮动抵押和一般动产抵押发生竞合时,原则上还是应当依据《物权法》第199条的规定确定受偿的顺序。即如果均已登记的,按照登记顺序受偿;已经登记的优先于未登记的;均未登记的,按债权比例受偿。①

比较上述两种观点,笔者赞成第二种观点。具体来说,均已登记的要以登记的先后顺序确定受偿顺序。已经登记的优先于未登记的,如果均未登记的,则应当依据债权的比例受偿。主要理由在于:

第一,动产抵押权与动产浮动抵押均为物权,且均为抵押权,因而依据物权的内部效力,应当依据"先来后到"的原则,确定受偿的顺序。在发生浮动抵押和一般抵押竞存时,并没有特殊的理由排除《物权法》第199条的规定,因而应当遵循该规定。

第二,就浮动抵押而言,如果采纳美国模式,则浮动抵押并无"结晶制度"。浮动抵押以登记对抗为原则,即使未经登记,抵押权已经被设立,不能认为在结晶之前该被设立的抵押权没有任何效力。在发生一定的事由后,使得抵押财产的范围得到确定,浮动抵押的财产不再"浮动",转变为与一般动产抵押无异。② 因此,浮动抵押中抵押权的设立时点不宜认为是结晶之时。

第三,从法律继受角度而言,我国继受的主要是《美国统一商法典》中的动产担保模式。③ 相较于"英式浮动抵押"而言,"美式浮动抵押"更有利于保护抵押权人。④ 因为"英式浮动抵押"并不以登记作为确定权利顺位的依据,而是通过固定抵押优先于浮动抵押的方式确定优先顺位。而在"美式浮动抵押"中,浮动抵押与一般抵押并无直接的优先与劣后关系,而是通过登记时间判断受偿的先后。因此,在抵押顺位的判断上更为清晰,浮动抵押权人也将受到更为有效的保护。如果采取"英式浮动抵押"

---

① 参见龙俊:《动产抵押对抗规则研究》,载《法学家》2016年第3期;王洪亮:《动产抵押登记效力规则的独立性解析》,载《法学》2009年第11期。

② 参见全国人大常委会法制工作委员会民法室编著:《物权法(草案)参考》,中国民主法制出版社2005年版,第413页。

③ 参见王洪亮:《动产抵押登记效力规则的独立性解析》,载《法学》2009年第11期。

④ 参见龙俊:《动产抵押对抗规则研究》,载《法学家》2016年第3期。

模式,则会导致在结晶前,抵押权的效力的休眠,这不利于保护抵押权人。就融资担保方式的选择而言,则可能导致该种担保方式因具有受偿劣后的特征,而被交易当事人所摒弃,无法发挥该制度作为融资手段的功能。

第四,采纳"英式浮动抵押"更符合立法的发展趋势。"英式浮动抵押"由于抵押权效力上遭到较大的削弱,因此在实践中的作用不断下降,固定抵押取而代之成为更受欢迎的抵押模式,甚至司法实践已经创设了新的固定抵押形态,以回避"英式浮动抵押"的适用,导致该制度事实上已经被掏空。因此,就新近的立法趋势而言,美国模式成为更受欢迎的浮动抵押立法模式。

五、动产抵押的实现

在动产抵押设定之后,如果债务人不能到期履行债务,抵押权人有权对动产进行拍卖。动产抵押权在实现方面也具有不同于不动产抵押权实现的特点。具体表现在:

第一,动产抵押的实现方式与不动产抵押的实现方式大体上相同,但在抵押权的实现方面,由于某些动产很难有一个公正的市场价格,评估作价有时也比较困难,且成本相对较高,这就导致许多国家和地区的法律对动产抵押的实现方式作了一些特殊的规定。例如,允许动产抵押权在更大范围内通过自力救济的途径实现,如美国、加拿大都允许在不违反公共秩序的前提下自力取回动产。①《美国统一商法典》规定:"债务人违约后,担保权人可以占有担保物或控制担保物,但以不致违反公共秩序为条件。"但在我国,在动产抵押实现时,现行法律仍然不允许采用自力救济,因为一旦允许自力救济,即抵押权人可以直接取走动产,会引发多方面的问题。一是会造成变相的设定高利贷现象,因为抵押人会因为一时的窘迫,以高额的抵押物来换取相对低额的贷款,这与《担保法》上禁止流质契约的立法本意是相违背的。二是容易引发当事人间的冲突,徒生很多纠纷。在我国目前的法制环境下,没有法院等公权力的介入,当事人很难自己解决纠纷。三是会损害其他债权人的利益②,因为完全由抵押权人取回抵押物,在抵押物的价值明显大于被担保债权价值的情形下,如果不实行

---

① 参见高圣平:《动产抵押制度研究》,中国工商出版社2004年版,第383页。
② 参见高圣平:《担保物权实行途径之研究》,载高圣平:《担保法前沿问题与判解研究》(第一卷),人民法院出版社2019年版,第344页。

自力救济，其他债权人本来还能从剩余的价值中受偿。但一旦实行自力救济，其他债权人就不可能再从抵押物剩余的价值中受偿了。

第二，由于动产常常是种类物，所以在债务人将一批动产抵押之后，债务人还有可能将该动产再次予以处分，但抵押权人对已经处分的动产可能不一定能够追及，这就有可能会损害抵押权人的利益。在这方面，笔者认为可以借鉴我国台湾地区的有关立法经验。我国台湾地区"动产担保交易法"第17条规定："债务人不履行契约或抵押物被迁移、出卖、出质、移转或受其他处分，致有害于抵押权之行使者，抵押权人得占有抵押物。"这实际上赋予了抵押权人一种追及的效力。在抵押权的追及效力方面，动产抵押与一般抵押权也不尽相同，由于动产抵押公示的特殊性，追及力在动产抵押领域成为很矛盾的制度。动产所有权本以占有为公示方法，而动产抵押权以登记为公示方法，交易第三人并没有查询登记簿的义务[1]，且很难通过占有认定动产的权属状况，这就使抵押权人很难行使追及权。因为第三人在与动产的占有人进行交易的时候，很难知道动产占有人是无权占有的。所以，笔者认为，应当尽可能赋予动产抵押权对动产的追及效力。但是在法律有特别规定的情形下，则不能追及至新的买受人。例如，根据《物权法》第189条第2款的规定，浮动抵押中的抵押权人，不能对抗正常经营活动中已支付合理价款并取得抵押财产的买受人。在此种情形下，抵押权人就不能行使抵押权的追及权，买受人取得的是无负担的抵押物。

第三，关于动产抵押权的实现方式，我国现行法并没有作出规定。按照现行立法规定，实现抵押权首先可以由抵押权人和抵押人就抵押物的变价达成协议，如果不能达成协议，则必须向人民法院起诉，在法院作出确认抵押权人的担保权之后再通过强制执行程序来执行抵押权。不过，由于在动产抵押的情况下，必须要通过诉讼程序特别是通过强制执行程序来实现抵押权，成本过高导致抵押权的功能无法发挥[2]，而我们又不承认自力救济，如何通过公力救济来实现抵押权，是一个值得探讨的问题。笔者认为，在动产抵押权方面，如果当事人不能就抵押权的实现达成协议，可以直接向人民法院申请拍卖或变卖。如果主债权和担保权没有争议，也可以直接申请人民法院强制执行，这样可以有效地节省执行成本。

---

[1] 参见刘信业：《论我国动产抵押公示的缺失及完善》，载《河南师范大学学报（哲学社会科学版）》2006年第3期。

[2] 参见高圣平：《抵押权实现途径之比较研究》，载《浙江社会科学》2005年第2期。

当然如果对主债权或担保权本身存在争议,则还必须在法院提起诉讼,确认主债权或担保权。《民事诉讼法》将实现担保物权特别程序作为非讼程序直接加以规定。《民事诉讼法》第196条规定:"申请实现担保物权,由担保物权人以及其他有权请求实现担保物权的人依照物权法等法律,向担保财产所在地或者担保物权登记地基层人民法院提出。"该条确认了担保物权的实现程序。作为非讼程序,法院可以并不以审理明确当事人之间的法律关系为前提,在进行形式审查后即可以进入该非讼程序,从而可以极大地简化担保物权的实现程序。

第四,关于动产抵押权与法定留置权的关系。动产抵押权与法定留置权在法律上经常发生竞合,这主要是因为在动产抵押的情况下,由于抵押权不以占有的移转为要件,所以在抵押权设定以后,抵押人仍然有权继续占有抵押物,其又可能把已经设定抵押的财产交给他人搬运、修理等,因不能支付费用而产生留置权。例如,甲将其汽车一辆设定抵押给乙,后来因为汽车出现故障,甲将汽车交丙修理,甲欠丙修理费1万元,不能支付,丙将该汽车留置,乙提出该汽车已经设定抵押,他对该汽车享有抵押权,应当优先于留置权受偿,丙认为其享有的留置权应当优先于抵押权受偿。

在抵押权和留置权发生冲突的情况下,哪一种物权应当优先适用,在法律上一直存在争论。对此主要存在如下观点:一是先来后到说,即认为设立在先的担保物权应当优先于设立在后的担保物权;二是行使先后说,即认为哪一个担保物权行使在前,哪一个享有优先效力;三是留置权优先说,该观点认为留置权是一种法定的担保物权,而抵押是一种约定的担保物权,所以法定的物权应当优先于意定的物权。① 笔者认为,上述观点虽不无道理,但是比较而言,留置权优先于抵押权的观点更为合理。因为一方面,留置权是法定的担保物权,而抵押权一般是通过约定设立的。另一方面,留置权人已经占有了留置财产,如果不允许其优先实现,抵押权的实现将面临困难。《担保法解释》第79条第2款规定"同一财产抵押权与留置权并存时,留置权人优先于抵押权人受偿"。《物权法》第239条也肯定了这一观点。

---

① 参见许明月:《抵押权制度研究》,法律出版社1998年版,第304页。

收费权质押的若干问题探讨[*]

现代社会中,权利质押是担保物权制度发展的一种新趋势。近几年来,随着我国经济的发展,国家基础设施建设突飞猛进,由此产生了大量的融资需求,也需要对融资提供大额的担保,而融资担保在实践中大量采用收费权质押的方式。可以说,收费权质押已经成为一种新的担保方式。但是,鉴于在物权立法中对是否应当规定收费权质押存有不同认识,因而《物权法》并没有对此作出规定。笔者认为,我国正在制定的民法典物权编有必要对收费权质押作出专门规定,以适应现代社会担保融资的需要。本文拟就该问题谈一些粗浅的看法。

一、我国民法典物权编应当单独规定收费权质押

所谓收费权,是指权利人基于法律的直接规定或者政府的行政特许,而享有的就特定的基础设施或者公共服务等收取费用的权利。例如高速公路的收费权、非义务教育机构的收费权,等等。所谓收费权质押是指以公路、电网等的收费权出质,在债务人不能清偿债务时,担保权人可以执行出质人收费的权利。比较法上关于收费权质押的规定较少,涉及有关收费权质押的问题,可以在担保权一般规则中解决。[①] 但是我国担保物权制度的设计采取了类型化的方式,即在权利质押中,对可以出质的权利采取类型化的方法加以正面列举。这种立法模式就必然要求将各种可以出质的权利进行比较周延的列举。[②]

在我国《物权法》制定过程中,是否有必要对收费权质押单独规定,存有争议。一种观点认为,我国《物权法》中应当特别规定收费权质押,主要

---

[*] 原载《法学杂志》2007 年第 2 期。
① 例如《美国统一商法典》第九章规定的"统一担保权"(security interest)就能够包含收费权质押的问题,至少设定收费权质押不存在制度上的障碍。
② 这种立法方式的优点是为当事人设定担保提供了明确的依据,而且也使就质权设定的法律关系更加明晰,也有利于针对不同的权利质押采取不同的公示方法。但这种方式的缺陷在于,它要求尽量地列举齐全,否则难免有挂一漏万之嫌。

理由在于：首先，我国《担保法》第75条第4项规定，"依法可以质押的其他权利"可以质押，据此，最高人民法院《担保法解释》第97条规定："以公路桥梁、公路隧道或者公路渡口等不动产收益权出质的，按照担保法第七十五条第（四）项的规定处理。"这就是说，不动产收益权即收费权属于"依法可以质押的其他权利"①。其次，国务院已经在有关文件中许可了收费权质押。② 从实践来看，我国一些银行在实际操作中已经大量地采取了收费权质押的方式。③ 既然经济实践和司法实践都已经采纳了此种担保方式，《物权法》也理应对此种质押作出明确规定。另一种观点认为，《物权法》不应对收费权质押问题单独规定，其理由在于：一是收费权质押有悖基础设施的公益性质。例如学校与医院是以公益为目的的非营利性机构，为社会提供廉价可及的公共服务，收费权质押严重背离了公益性。④ 二是符合出质权利一般性要求的权利原则上可以出质，而收费权具有很强的行政许可性质，其权利存续具有相当的不确定性，有可能随时被取消。接受收费权质押的债权人可能因政府决策的改变而遭受突如其来的损失。⑤ 三是收费权质押的方式不具有特殊性，可以包括在应收账款质押之中。四是尽管收费权质押在实践中已经被广泛采用，但是收费权的类型很多，如高速公路、供水、供电、电信等一些自然垄断性质的基础设施收费权的质押。五是收费权内容庞杂。现实中还存在着数字电视、有线电视、公立学校和医院的收费权质押，近年来，甚至连具有强制性、无偿性、固定性特征的税收都被认为是一种收费权。⑥ 因此，收费权本身是一个没有固定内涵的概念，很难在法律上予以确定。尤其是目前，收费状况比较混乱，哪些收费权可以质押、哪些不能质押，还需要进一步理清，故而不宜在《物权法》中直接对收费权质押加以规定。

正是因为关于收费权质押存在争议，因此，《物权法》正式通过的文本把《物权法（草案）》前几稿中的"公路、电网等收费权"表述删除，增添了

---

① 朱明：《收费权质押贷款的法律思考》，载《浙江金融》2005年第3期。
② 国务院《关于收费公路项目贷款担保问题的批复》（国务院国函〔1999〕28号文批复）规定："公路建设项目法人可以用收费公路的收费权质押方式向国内银行申请抵押贷款，以省级人民政府批准的收费文件作为公路收费权的权利证书，地市级以上交通主管部门作为公路收费权质押的登记部门。质权人可以依法律和行政法规许可的方式取得公路收费权，并实现质押权。"
③ 参见《国家开发银行公路收费权质押贷款管理暂行办法》。
④ 参见李成：《开展收费权质押业务中的法律问题》，载《当代经理人》2006年第17期。
⑤ 参见程啸：《物权法·担保物权》，中国法制出版社2005年版，第474页。
⑥ 参见李成：《开展收费权质押业务中的法律问题》，载《当代经理人》2006年第17期。

"应收账款"的规定。① 按照立法者的解释,应收账款的概念中包括了"公路、桥梁等收费权"。因为《物权法》在征求意见时,有不少人认为收费权指权利人对将来可能产生的收益所享有的请求权,实质上是一种预期债权,可以纳入应收账款。因此,将收费权质押纳入应受账款质押比较妥当。② 正是因为这一原因,我国《物权法》没有明确规定收费权质押。笔者认为,我国正在制定的民法典物权编应当在质押之中规定收费权质押类型,而不宜将其包括在应收账款质押中,主要理由在于:

第一,物权法中规定收费权质押,是物权法定原则的要求。我国《物权法》采取较为严格的物权法定原则,而根据物权法定原则,各种权利质押都必须由物权法作出规定。收费权质押是一种新类型的物权,按照物权法定原则,其是否可以作为一种物权类型,必须要由法律作出明确规定。有人认为,《物权法》第 223 条第 7 项规定,"法律、行政法规规定可以出质的其他财产权利"可以出质,因此即使《物权法》没有明确规定收费权质押,在解释上也可以将收费权质押纳入权利质押的范畴。笔者认为,这种看法并不妥当。一方面,按照物权法定原则,我国物权立法没有规定收费权质押,收费权质押就不能成为权利质押的类型。如果将《物权法》没有明确规定的各种权利都通过兜底条款的解释纳入权利质押,那么,物权法定原则就失去了意义。另一方面,所谓"法律、行政法规规定可以出质的其他财产权利"在解释上不宜认为构成一个兜底条款,而应当认为只有法律明确承认可以质押的权利,才能被质押,由于收费权没有被明确承认,因而不能成为质押的客体。

第二,物权法中规定收费权质押,是解决经济生活中"融资难"的客观需要。③ 我国基础设施建设逐渐加快,而基础设施投资巨大,且投资来源多样化,融资越来越困难,原有的不动产抵押等方式,已经不适于作为基础设施建设的担保工具,而收费权质押则是解决基础设施建设中融资担保问题的最佳手段。这是因为,对于大型基建项目,其工程本身不能或者不宜流转,很难采用不动产进行担保,更需要通过对项目完成后的收费权

---

① 参见王胜明主编:《中华人民共和国物权法解读》,中国法制出版社 2007 年版,第 200 页。
② 参见王胜明主编:《中华人民共和国物权法解读》,中国法制出版社 2007 年版,第 482 页。
③ 参见谭九生、蒲红华:《公路收费权质押贷款担保若干问题的探讨》,载《当代法学》2003 年第 1 期。

设定质押来完成融资。① 现在我国许多地方都在大搞基础设施建设,仅靠财政投入缺口很大,需要大量融资,但申请银行贷款又缺乏有效的担保手段,从而很难找到一种合理的融资手段。有了收费权质押,就可以在一定程度上缓解"找担保难"的问题。

第三,作为一种具有一定的财产价值的权利,收费权能够用作质押的标的。尽管收费权类型很多,但是能够作为质押标的的收费权有其特定内涵,即主要限于那些具有一定的财产价值、能够依法转让的收费权。这是因为,质权本质上为担保物权,即对担保物的交换价值加以利用的权利。因此,质押的标的必须具有可流转性,才能够在债务人不能清偿债务的时候,通过拍卖、变卖、折价等方式,以其所得价款优先受偿。收费权作为质押的标的,自然也必须具有可流转性。② 事实上,收费权作为一种财产权,大都具有可转让性,这是它能够作为质押标的的重要原因。③ 从实践来看,尽管各种收费权纷繁复杂,且收费状况混乱,需要加以条分缕析,但是不能因此否定收费权质押的必要性。因为我们所说的收费权质押是对其中比较规范、权利状态比较稳定、具有可转让性的收费权设定质押。如果根据收费权的性质不能转让或者依据法律、行政法规的规定不能处分的收费权以及收费极不稳定的权利,都不宜作为质押的标的。从原则上讲,收费权质押以收费权具有可转让性为条件,正是因为质押的标的具有可转让性,在债务人不履行债务时,质权人可以通过拍卖、变卖收费权或者将收费权折价等方式,获得价款优先受偿;或者质权人直接行使收费权,用收来的费用受偿。不过需要指出的是,在例外情况下,考虑到收费权质权实现的特殊性,对于不能转让的收费权,如果能够为债权人所控制并能够行使权利,也是能够设定质权的。例如,对某个收费权来说,如果其状态是稳定的,收费利益的实现是可预期的,即便依照有关规定该收费权不能转让,也不妨对之设定质权。但是这种质权的实现方式要受到一定限制。这就是说,实现质权时,质权人不能主张对收费权拍卖、变卖或者折价,而要由其或者双方认可的第三人实际行使收费权,以收取的费用来偿还借款。当然,采取这种

---

① 参见张蕾:《关于收费权质押业务的法律思考与建议》,载《中国金融电脑》2003 年第 5 期。

② 例如,《公路法》第 60 条第 2 款规定:"有偿转让公路收费权的公路,收费权转让后,由受让方收费经营。收费权的转让期限由出让、受让双方约定并报转让收费权的审批机关审查批准,但最长不得超过国务院规定的年限。"可见,公路收费权是可以转让的。

③ 参见姚启建、陈晓建、张之珂:《新型权利:收费权质押的法律问题研究》,载《政法论丛》2004 年第 2 期。

方式不得损害质押人其他债权人的利益。

第四,收费权作为一种重要的新型财产,用作质押的标的是符合效率原则的。在当代社会,财富的形态已经发生了一些变化,权利在社会财富中所占的比例越来越高,利用权利进行担保并不当然妨碍权利人行使其权利,而且还能发挥权利的担保功能。收费权本身作为一种可以实现的财产权利,在现代社会具有越来越重要的价值,其自身性质也适合用作质押:首先,收费权本身价值较大。其次,如果收费权中利益的实现具有确定性,这样既可以在债务人不能清偿债务时以债务人收取的费用来清偿债务,也可以以收费权的拍卖、变卖来实现质权。甚至对不能拍卖、变卖的收费权,也可以在不损害质押人其他债权人利益的情况下,通过直接行使收费权或控制收费账户,以获得的收费清偿债务。最后,收费权质押在设立时无须进行财产的评估作价、监管托管,节省了许多交易费用,所以,收费权也适合于作为权利质押的客体,且已经成为一种非常有效的担保方式。[①] 这些都表明了收费权质押作为一种权利质押的方式,具有其他权利质押不可比拟的优势。正是因为这些原因,收费权质押在实践中已经得到广泛的采用,并且在开辟融资渠道、保障债权的实现等方面都发挥了重要的作用。

此外,还应当看到,我国民法典物权编之所以应当单独规定收费权质押,是因为收费权作为一种新型的权利,不能为其他的各种可质押的权利所涵盖,因而收费权质押也是其他类型权利质押所不能涵盖的。这就有必要在权利质押制度中单独规定收费权质押。

二、收费权质押不能为应收账款质押所替代

(一) 收费权质押具有特殊性

收费权质押能否作为一种独立的新的担保方式,主要取决于收费权能否成为一种新的财产权利而存在。这就是说,物权法确认任何一类权利担保的方式,首先要考虑这种权利是否是一种私法上的权利,是否具备能够成为担保物权客体的各项特征(具备交换价值、具有可转让性,等等)。其次要考虑这种权利是否独立于其他作为权利担保客体的权利。如果这种权利不具有独特性,其作为一种新的担保物权就是没有意义的。

[①] 参见张蕾:《关于收费权质押业务的法律思考与建议》,载《中国金融电脑》2003 年第 5 期。

因此，按照物权法定原则来设定担保物权，并不仅仅是要考虑实践中的担保需求，而且要从担保物权客体的属性上来探讨。

在传统民事权利体系中，确实不存在收费权这种权利类型。从实践来看，收费权大多是因行政许可而产生的，即通过国家的特许而享有权利。例如，公路桥梁的收费权，需要国家政府部门的特许。当然这种权利最终也需要有法律依据，但法律只是规定了行政许可权，并没有直接规定收费权。当事人要想实际取得收费权，还必须取得行政许可。① 可见，收费权的发生与通常的合同之债不同，合同之债是双方通过合同约定未来进行一定的给付，从而发生债权；而收费权并非如此，它只是对特定基础设施或者公共服务收费的资格，其发生依赖于法律的直接规定或者相关政府部门的审批。正是因为这一原因，不少学者否定收费权的私法属性，认为收费权本质上是一种行政特许权甚至是一种公法上的权利。笔者认为，这些观点是值得商榷的。如果收费权仅仅是一种行政特许权，则其权利状态是极不稳定的，实际上就是行政机关时收时放的权利，即使其具有一定的财产价值，也不能够用作质押。实践中之所以能够将收费权用作质押，这就说明其并非公法上的权利，而应当具有私法上的属性。笔者认为，作为质押客体的收费权，不同于一般意义上的收费的权利，不能把实践中各种收费的权利都与作为质押标的的收费权混淆起来。能够作为质押客体的收费权具有如下特征：

(1)收费权属于民事权利的范畴。虽然收费权在设立和取得过程当中，需要履行一定的行政程序，且该权利的取得具有一定的特殊性，它往往是通过行政许可而取得的，其费率也往往需要行政机关核定，按照固定费率收取费用。但是一旦此种权利设定之后，该权利就已经成为归属于某个民事主体的私法上的财产利益。一方面，权利人可以直接支配这些财产利益并排除他人的干涉，权利人也可以通过行使这些权利来获取一定的财产利益。另一方面，收费权大都具有可转让性，权利人可以依据自己的意志对权利加以处分。这就充分表明收费权仍然属于私法自治的范畴，符合民事权利的基本属性，可以受到民法调整。

(2)收费权是一种特殊的财产权。从民事权利的基本分类来看，收费

---

① 如《公路法》第59条规定："符合国务院交通主管部门规定的技术等级和规模的下列公路，可以依法收取车辆通行费：(一)由县级以上地方人民政府交通主管部门利用贷款或者向企业、个人集资建成的公路；(二)由国内外经济组织依法受让前项收费公路收费权的公路；(三)由国内外经济组织依法投资建成的公路。"

权显然属于财产权的范畴,但在财产权中是否能够将其进一步类型化,则存在一定难度。笔者认为,收费权既不是物权,也不是债权,而是一种特殊的财产权利。一方面,收费权不同于物权,尽管其作为一种收取费用的权利,具有一定的经济价值,因此它属于财产权的范畴,但由于它支配的对象不是有体物,也主要不是对财产的直接支配的权利,而仅仅是在提供了一定的服务之后取得的权利,所以还不能称其为物权。另一方面,尽管收费权是对未来享受一定服务的不特定主体所享有的请求权,但收费权也不同于债权,收费权在性质上较为特殊,其本质上是一种取得一定债权的资格,而并非依据合同或者侵权行为等原因而发生的某一项具体的债权。

(3)收费权是针对不特定人而发生的,并不是针对特定的人请求给付费用的权利。收费权作为一种财产权,它是在权利人为它们提供一定的服务之后而享有的一种收取费用的资格。收费权不是现实的支配某个动产或者不动产的权利,权利人并没有现实地获得某种财产,权利人取得收费权只是享有收取一定费用的资格。收费权主要是基于法律与行政特许产生,它并不是因为权利人和特定义务人之间已经形成了某种合同关系,基于合同享有收取某种费用的权利,如果是基于合同关系享有的权利,应该归属于一般的合同债权,或者应该归属于应收账款的范畴。例如,电网公司基于合同收取电费,电信公司基于电信服务合同向移动或固定用户收取话费。此种基于服务合同而发生的收费权利只是一种普通的合同债权。收费权本质上是一种向不特定人取得一定债权的资格,不特定的人只有在实际使用了收费权人提供的特定的基础设施或者享受了其提供的公共服务的情况下,才真正对收费权人负有债务。比如,取得某一高速公路的收费权,并不是对某一具体的当事人享有了债权,而是获得了对所有可能在该路段开车通行的人收取通行费的资格。而只有在驾车通过该路段之后,收费权人才对车主实际发生债权,但这种权利应该属于一般的合同债权范畴,而不是收费权。

(4)收费权是权利人针对特定人提供一定的服务而收取费用的权利。这就是说,一方面,收费权人对不特定的人提供一定的服务,权利人才享有收费的资格;另一方面,收费权作为一种收取费用的资格,并不一定要权利人实际提供了某种服务之后才享有这种权利,因为在没有实际提供服务之前,收费权仍然是存在的,一旦这种权利获得了法律的授权或者行政许可,就可以取得这种权利。不管权利人是否实际提供了服务,其权利已经取得。当然,权利人要实际取得收费,必须以提供一定的服务为基础。收费权人在提供服务时,大多以特定的基础设施或者公共服务设施的收益为基础,只有在他人使用了收费权人提供的特定的基础设施或者享受了其提供的公共服务的情况下,收费权权利人才有权请求其给付费用。正是因为这一原因,《担保法解释》第97条将收费权界定为"公路桥梁、公路隧道或者公路渡口等不动产收益权",从而将收费权界定为一种不动产收益权。这种观点有一定的道理,但也值得商榷。笔者认为,虽然收费权大多以特定的基础设施或者公共服务设施的收益为基础,然而其并不是一种设立在不动产之上的用益物权。从高速公路等的收费来说,它确实和不动产用益物权极其类似,因为权利人也是利用高速公路等不动产来收取费用的。但笔者认为,收费权不是设立在不动产上的用益物权。一方面,所谓用益物权,是指权利人对不动产或不动产权利的使用价值加以支配的权利①,收费权虽然是以利用特定的基础设施或者公共服务设施收取费用为基础来设定的,但在设定之后,收费权可以作为一项独立的权利与不动产所有权发生分离、转让,这也为收费权单独设定质押奠定了基础。而收费权与用益物权不同。收费权不是直接对物的使用并从中获取收益,以公路收费权为例,严格地说实际使用公路的财产的主体是公路上的驾驶者,因此,收费权也不是一种对物的直接支配权,而是一种附随于物之上的收取费用的权利。另一方面,收费权本身是一种无形的权利,其并不是对有体物的直接支配,因而并非一种物权。就其实质来讲,收费权是对未来享受一定服务的不特定主体所享有的请求权。② 虽然从广义上说,收费权是基于物的收益,但不是基于对物的直接支配和使用所取得的收益。所以,收费权与用益物权是不同的。

需要指出的是,在实践中,收费的类型很多,但并不是所有的收费权都可以作为质押的标的。笔者认为,对可以用作质押的收费权的范围应当有所限制。具体来说:一是原则上具有可转让性。如果收费权不能移转,也就不能变现,这样就丧失了质押的基本特点。二是能够为质权人所实际控制和利用。因为如果收费权无法为质权人控制,而且此种权利又缺乏相应的公示手段,则收费权质押就形同虚设。例如,允许学校、医院的收费权质押,实践中很难操作,因为"收费权质押给银行,并有学校主管

---

① 参见尹飞:《物权法・用益物权》,中国法制出版社2005年版,第27页。
② 参见谭九生、蒲红华:《公路收费权质押贷款担保若干问题的探讨》,载《当代法学》2003年第1期。

部门和财政部门签订的协议,形式上看是质押了,但这种质押权并没有移交给质押权人占有,银行既不能到学校去收学生的钱,也不能控制和处置收费权,无法行使质押权人的权利"①。再如,对于普通的合同债权,质权人也无法控制价金的收取,从而难以设定质押。三是具有一定的财产价值。收费权可以质押,意味着其必须具有交换价值,如果权利人无费可收,收费权丧失了财产价值,那么该担保则势必落空,因而不宜作为质押的标的。② 笔者认为,要求收费权具有财产价值是必要的,否则其无法成为担保物。这就要求收费权应当产生可预期的财产收益,只不过对不同类型的收费权,其可预期性可以存在一定差别。当然,我们说要求收费权应当产生可预期的财产收益,是指收费权应当确定能够产生一定的收益,但具体的收益数额难以确定。因为任何一种担保物,在市场经济条件下,其价值都可能存在波动,这是一种正常的商业风险。不能因为存在此种商业风险,就拒绝承认收费权质押。此外,虽然由于收费权种类繁多,没有统一的价值评估标准,尤其是收费标准又受当地政策、经济水平影响较大,存在的不确定因素较多;一些收费权基于技术和声誉评定,具体评估较为困难。虽然许多银行为收费权价值评估工作做了很大的努力,但收费权价值评估工作客观上存在困难。③ 据此,笔者认为,随着我国银行改革的深入,其作为债权人完全可以建立一种审慎的评估机制,对收费权可能存在的风险加以评估,并据此确定是否接受收费权质押以及质押担保的范围。

(二) 收费权质押不能为应受账款质押所替代

应收账款是指因为提供了一定的货物、服务等,而享有了一种要求义务人付款的权利。它是指权利人因提供一定的货物、服务或设施而获得的要求义务人付款的权利,包括现有的和未来的金钱债权及其产生的收益,但通常不包括因为票据或其他有价证券而产生的付款请求权。从各国立法发展的趋势来看,允许应收账款质押符合担保物权制度发展的总体趋势。④ 有学者认为,收费权本身就意味着一种未来的债权,它实际上就是收费权人应当收取的账款。应收账款也是一种收费,因此,收费权质押在性质上就是应收账款质押,因此应当将收费权质押置于应收账款质押之中。在权

---

① 李成:《开展收费权质押业务中的法律问题》,载《当代经理人》2006年第17期。
② 参见曹士兵:《中国担保诸问题的解决与展望》,中国法制出版社2001年版,第298页。
③ 参见朱明:《收费权质押贷款的法律思考》,载《浙江金融》2005年第3期。
④ 参见梅夏英、高圣平:《物权法教程》,中国人民大学出版社2007年版,第495页。

利质押中,收费权质押不能独立于应收账款质押而单独存在。

笔者认为,尽管收费权是对未来向不特定人提供一定服务而享有的收取费用的请求权,且应收账款也是一种收费,但应收账款以权利人提供一定的货物或服务为前提,尤其是这种收费的权利是基于合同而产生的,具有相对性,即只能在特定的债权人和债务人之间发生。因此,应收账款属于一种特殊的债权,应收账款质押不应该包括在收费权质押的范围之中。收费权质押与应收账款质押的区别主要在于:

第一,质押的客体不同。收费权质押以收费权本身作为质押的客体,收费权只是一种资格,并不实际产生债权债务关系。在债务人不履行债务的情况下,被强制执行的只能是收费权本身而不能是因收费权而产生的债权。拍卖、变卖的对象也只能是收费的资格。而应收账款质押的客体是应收账款,即以实际发生的债权来设定抵押。通常所言的应收账款包括三个方面的内容:一是合同当事人订立合同之后,一方已经提供了商品或者服务,另一方没有支付相应的对价;二是合同当事人一方虽然没有提供商品或者服务,但是确已经订立了合同,一方依据合同对另一方享有债权;三是双方还没有签订任何合同,但是一方可能在将来与另一方签订合同,并使得合同一方获取一定的收益。应收账款的存在必须要求双方当事人之间存在债权。这就要求存在特定的债务人。严格地讲,前两种情况应当被包含在应收账款之中,后一种情况并不能包含在应收账款之中。如果收费权人提供了一定的服务并行使收费权时,缴费义务人拒绝缴费,收费权才能转化为债权。而在收费权质押的情况下,没有形成实际的债权关系,收费权人和可能的义务人之间还没有形成法律关系,因此其并不存在特定的债务人。例如,一旦取得高速公路收费权,并不意味着收费权人已经和驾车通行者之间形成了债权关系,虽然收费权中的权利人是特定的,但义务人显然是不特定的。再如,电网收费权一旦取得,并不意味着收费权人和潜在的用户之间已经存在供电合同关系,因为潜在的用户可能是大量的,有的小区还处于开发之中,此时虽然债权还没有形成、义务人尚未特定,但是收费权已经存在。

第二,质押客体的表现形态不同。应收账款是应该支付而没有支付的价款。一般来说,应收账款是指债权人向债务人提供了一定的商品或者劳务之后,债务人没有支付一定的对价,在此情况下,债权人享有对债务人的给付请求权。但是,就收费权来说,其本身只是一种资格,在收费权人向不特定人提供一定的服务后,其当然有权收取一定的费用,即使在权利人没有向不特定人提供服务的情况下,收费权也可能存在,所以它不一定以权利人实际提供一定服务为取得权利的条件。应收账款本质上是一种债权,而收费权的成立并不一定以当事人之间存在债权债务关系为前提。

第三,质权实现的方式不同。在收费权质押的情况下,债务人不履行债务,质权人既可以将收费权拍卖、变卖或者折价就其价款优先受偿;也可以通过对收费账户的控制以实际收取的费用来实现债权。因为在特殊情况下,一些收费权可能与特定的主体联系在一起,不具有可转让性,但是也可以设定质押,只是其实现方式要通过控制收费账户以收取的费用直接受偿来实现。但依法不得转让的债权不能成为应收账款质押的客体。而应收账款质押的实现,只能通过对作为质押客体的债权进行拍卖、变卖或者折价来完成,此外,在质权实现的过程中,应收账款质权的实现可能涉及第三人或者质押人的债务人。而收费权质押的实现原则上不涉及第三人的问题。

正是因为上述原因,不宜将收费权质押包括在应收账款质押之中。

三、收费权质押不能为其他权利质押或抵押所替代

民法典物权编之所以需要在质押制度中规定收费权质押,是因为不仅要考虑收费权本身是否可以作为一种财产权利用于担保,而且要考虑收费权质押是否必须类型化为一种特殊的担保物权。因此,在讨论收费权质押能否成为一种特殊的担保物权形式,是否应当在物权编中予以规定时,必须要考虑收费权与其他权利质押的客体,甚至与其他担保物权的客体相比较是否具有特殊性,如果其可以为其他的权利所替代,则没有必要将之规定为一类特殊的权利质押类型。笔者认为,较之于其他担保物权的客体,收费权有其特殊性,但不能为其他权利所涵盖,从而收费权质押也不能为其他权利质押或抵押所涵盖。具体理由如下:

(一) 收费权质押不同于不动产使用权抵押

我国《担保法》规定了权利的抵押,如土地使用权抵押。权利质押和权利抵押之间具有极大的相似性。就收费权担保而言,其究竟应当属于权利抵押还是权利质押,在学界一直存在争议。[①] 有学者认为,收费权主

---

① 参见梅夏英:《收费权担保制度的定性与立法模式选择》,载《法学杂志》2004年第4期。

要是关于不动产的收费,收费权上的担保权在性质上可以认为是一种抵押权,接近于土地使用权的抵押。这种看法有一定道理。例如,公路收费权往往是权利人投资修建之后,依据有关法律和政府的许可而享有收费的权利。而政府的许可一般是基于投资人作出了实际投资行为,赋予投资人相应的收费权利。正是从这个意义上讲,很多学者认为收费权是一种财产投资的收益权。但严格地说,收费权质押与土地使用权抵押在性质上是不同的,表现在:第一,就其客体而言,收费权不同于不动产使用权。收费权只是通过利用不动产提供服务来收取费用的权利,而不是权利人自己直接支配并使用一定的不动产取得的收益。第二,收费权并不限于不动产的收费,它可以包括电网收费等。尤其当收费权是与债务人对基础设施等的运营联系在一起的时候,在债务人不履行债务时,担保权人可以通过从债务人经营中获得的收益来实现债权,而不动产使用权的抵押则完全是通过对不动产使用权的折价、拍卖、变卖来实现的。第三,在担保权利的实现方式上有一定的区别。不动产抵押权的实现可以通过对不动产变卖、拍卖或者折价的方式加以实现,而收费权质押既可以采取拍卖、变卖收费权的方式来实现,也可以由质押权人代替收费权人直接收取费用的方式来实现。

因此,收费权与不动产使用权、收费权质押与不动产使用权抵押之间存在明显的差别。就公路收费权来说,很多投资人投资兴建公路的主要目的不是为了收费,不具有营利性,部分新建的公路并不对车辆行使收费权。所以收费不完全是以投资为基础的,不能将收费权看作一种不动产使用权或者收益权的抵押。更何况,收费权类型较多,与应收账款等债权都存在相互交错、转化的关系,如果将收费权担保作为抵押来设计,而其他债权担保都是质押,显然就割裂了收费权与债权之间的密切联系,造成法律体系上的不协调。因此,笔者认为,收费权质押和基于不动产使用权设定的抵押权在性质上还是存在区别的,从本质上看,收费权质押属于权利质押的范畴。

(二) 应当区别收费权质押与债权质押

所谓债权质押,是指出资人以自己的可以让与的债权作为质押的标的,而为自己或者第三人债务进行担保所设定的质押。这里首先需要讨论的是,收费权是否是一种债权? 有学者认为,收费权质押在性质上属于债权质押范畴。因为收费权质权中用于出质的,是一种请求权而非对权利或者物的直接支配利用的权利,本质上应该属于债权质权。[①] 但笔者认为,收费权不同于债权,收费权质押不同于债权质押。因为一方面,收费权只是一种收取费用的资格,取得收费权,并不意味着权利人就对特定人享有了债权;权利人并不能依据收费权直接对特定人提出请求。收费权权利人只是取得了对实际使用其提供的特定的基础设施或者享受其提供的公共服务的当事人按照固定费率收取一定费用的资格,而并非直接享有收取费用的债权。只有在他人使用了其提供的特定基础设施或者享受了其提供的公共服务的情况下,权利人才实际享有债权,能够请求对方给付相应的费用。另一方面,在没有收取费用之前,收费权已经存在。但在没有提供服务之前,收费权人不能享有对特定义务人的请求权,收费权人和潜在的被收取费用的人之间还没有形成债的关系。因此,收费权在本质上不是债权。这种权利的相对人不具有特定性。所以,收费权质押不能纳入债权质押的范畴,其在性质上是一种特殊的权利质押。

当然,收费权质押与债权质押之间确实具有十分密切的联系,因为实践中名为收费权的权利种类繁多,有一些"收费权"需要经过有关行政机关的许可,甚至收费标准也由行政机关确定,有一些收费权需要基于合同产生。例如,供电局基于供电合同收取电费,通信公司依通信服务合同收取手机话费。对于这些基于合同而享有的收费的权利,实务中也常常将其纳入收费权质押的范畴。尽管收费权类型复杂,但笔者认为,一方面,这些权利本质上仍然属于债权,对这类权利的质押,可以纳入债权质押的范畴。另一方面,如果在进行收费权质押时,在收费权人和被收费人之间还没有形成合同关系,但是在质押之后双方又订立了合同,则收费权质押实际上就转化为债权质押。以这种收费权进行质押,并没有超出债权质押的范畴,所以它不同于收费权质押。

(三) 收费权质押并不等同于收费账户质押

收费权的最大特点在于,它不仅仅是收费权人享有的一种收费资格,而且收费权人可以通过行使权利来实际收取费用。在收费权质押之后,质押的客体究竟是收费权本身或者收费账户,这两种情况经常发生混淆。例如,实践中有人认为,收费权质押就是专门为收费而设立的账户的质押,一旦债务人不能清偿债务,担保权人就可以请求将整个账户予以执行,以账户中已经收取的费用优先受偿。笔者认为,这一认识并不妥当,

---

[①] 参见刘银春:《债权质权的理论与实践》,清华大学 2005 年博士论文,第 93 页。

所谓账户质押实际上就是对进入账户的资金进行质押。这种资金既可能是固定的数额,也有可能是流动的不确定的数额。从这种意义上说,账户的质押类似于封金的质押。将收费权质押等同于收费账户的质押,实际上就是将收费权与收取的费用本身等同起来了。严格地讲,收费权并非收费,前者只是一种权利,是受到法律所保护收取一定费用的可能性,在收费权设定质押时,不管收费权人是否实际行使了权利,也不管是否实际有收费进账,都不影响收费权的存在。而账户质押是以账户作为质押的标的,收取的费用是权利人实际行使权利的结果,即实际收取的价款和报酬。如果当事人希望直接以收费受偿,可以直接以收费的账户办理质押,而不必设立收费权质押。

四、收费权质押的公示方法具有特殊性

在公示要件主义的物权变动模式之下,物权的变动必须以公示为要件。有学者认为,收费权质押在公示方法上仍然存在疑问。从《担保法》角度来看,其对于各种票据、存单、仓单等的质押通过交付加以公示,而对于股权、知识产权中的财产权,则通过登记加以公示;但是对于收费权来说,其无法通过证券方式加以表征,所以不能采用交付的方式来公示。但能否采用股权等质押的公示方式来公示,即采用登记的方式来公示,对此存在一定的争议。由于收费权无法通过一个统一的主管部门的登记来公示,因此,在公示方法的确定上存在一定的问题。实践中,收费权质押并没有统一的设定方法,由于各种收费的主管机关不同,导致各种收费权质押的设定方法也不相同。有的地方实行行政审批,只要经过主管部门的批准,就可以设定收费权质押;有的地方实行备案和登记制度,只要在有关机关办理登记备案手续,就可以设定收费权。① 据此,有许多学者认为,鉴于收费权质押公示的困难,可以不必采用公示方式,直接依据当事人之间的合同即可设定。

笔者认为,首先,作为一种意定物权,收费权质押在设定时必须尊重当事人的意愿,也就是说要采用法律行为的方式而不是法定的方式来设定。因此,收费权质押需要签订质押合同,质押合同的内容包括了被担保的债权、质押物、质押的期限等,在质押期限内出资人应当在银行开设专

---

① 参见朱明:《收费权质押贷款的法律思考》,载《浙江金融》2005 年第 3 期。

用账户,并由质权人对该账户进行监管。① 其次,既然收费权质押是一种新的担保物权形态,具有不同于一般债权的优先受偿效力,这就要求收费权质押必须进行公示。且按照物权法定原则,这种权利的公示方法也要由法律直接加以规定,才能方便当事人进行查询,以维护交易安全。尤其是因为用作质押的权利本身就是一种无形财产,在质押之后如果没有一定的公示方法,则可能有害交易安全。一般认为,用作质押的权利应当能够通过一定的权利凭证加以表征,从而能够通过交付权利凭证来进行公示;或者该权利由特定机构管理,从而通过该机构的登记完成公示。

对于收费权质押的具体公示方法,应当由法律明确规定。尽管从实践来看,收费权质押的公示方法极不统一,即使是采用登记的公示方法,也因为主管部门的不同,登记的内容和程序也极不统一,导致实践中查阅极不方便。② 但这并不意味着不能采取统一的公示方法,未来应当为收费权质押规定统一的登记机关和登记内容、程序,从而完全可以以此为基础建构更为合理的公示制度。具体来说,对收费权质押的公示方式,可以考虑作如下设计:

第一,收费权应当通过登记的方式加以公示。这就是说,设定收费权质押,以双方签订收费权质押合同并办理登记为前提。在这一过程中,虽然可能要求当事人出示主管部门(主要是物价部门)的审批文件,但此种审批只是对相关设施收费标准等问题的审批,而不应是对收费权质押合同本身的审批。目前,收费权质押多以备案为要件,但这一方式存在很大的问题,因为备案并非一种公示方式。所谓备案只是一种行政管理手段,而不能作为一种公示的方式来采用。作为公示方式,应当具有社会公开性,当事人可以对之加以查阅。而对于备案,其内容通常不允许当事人查阅。如果收费权质押合同必须经政府批准才能生效,这就加剧了收费权的不稳定性,使之作为担保物权的意义大大减弱。

第二,关于具体的登记部门。目前对各项收费权进行管理的行政管理部门很多,但并不能认为所有管理部门都应当作为登记部门。既然收费权与特定基础设施的运营有着密切联系,因此,收费权质押的登记部门

---

① 参见《国家开发银行公路收费权质押贷款管理暂行办法》第7条、第8条。
② 例如,按照相关规定,学生公寓的收费权在教育行政部门备案;而高速公路的收费权质押,则在交通行政管理部门备案。《公路法》(2004年修正)第61条第1款规定:"本法第五十九条第一款第一项规定的公路中的国道收费权的转让,必须经国务院交通主管部门批准;国道以外的其他公路收费权的转让,必须经省、自治区、直辖市人民政府批准,并报国务院交通主管部门备案。"

应当与不动产登记部门保持一致。考虑到《物权法》已经提出统一不动产登记部门的要求,而质押的收费权主要是对相关基础设施的收费权,因此,登记部门以未来不动产登记法确定的登记部门为宜。

第三,关于具体的登记类型,即收费权质押是否应单独作为一类权利进行登记,还是应当在不动产所有权之下作为一项他项权利进行登记,对此存在不同看法。由于收费权是对使用特定设施或者特定不动产的人员收取相应费用的权利,因此不少学者认为,收费权是附随于特定不动产的权利。从实践情况来看,一些地方对于公路、桥梁等基础设施是作为地上附着物加以登记的,因此,有人认为,收费权质权完全可以作为一种他项权利在不动产所有权上进行登记。笔者认为,既然收费权质押是一种担保物权类型,且收费权与不动产收益权仍然存在本质差异,因而收费权质押不宜在不动产所有权之下作为一项他项权利进行登记,而应当单独为其设立一种登记类型。

第四,关于收费权质押的设定,采登记要件主义还是登记对抗主义,对此也存在争论。尽管《物权法》第188条、第189条对于动产抵押和动产浮动抵押采用了登记对抗主义,但并未限制其他类型的抵押可以采取登记对抗的模式。对于收费权质押的设定,也可以采用登记要件主义。因为一方面,采登记要件主义,就使登记成为一种强制性的要件,而收费权质押只能办理了登记方可设定。由于收费权质押所涉标的价值巨大,采登记要件主义,有利于督促当事人审慎行事、及时办理登记。另一方面,所谓登记对抗,主要适用于动产物权的变动。收费权虽然不属于不动产使用权,但是仍然与不动产之间存在密切的联系,因此也应当遵循不动产物权变动的规则,采取登记要件主义。

五、收费权质权的实现具有特殊性

收费权质押在其实现方面具有特殊性。由于收费权种类繁多,缺乏统一的权利行使方法和行使条件,在实践中,有的是采取质权人直接从出质人的收费中来实现质权;有的是将收费权变价,以变价款优先受偿;还有的是通过协议和主管部门的审批,直接由质权人取得收费权,以此来实现收费权质押。因此物权法对于收费权质押如何实现,有必要作出规定。

笔者认为,收费权质押作为一种新型的担保方式,在质押权的实现方面也具有一定的特殊性。具体而言,收费权质押的实现可以采取两种方式。

一是债权人直接控制并行使收费权。这就是说,在债务人不履行债务时,债权人可以按照一般的执行程序直接行使收费权,通过获得收费以清偿债务。需要强调的是,债权人直接取得收费权,通常是在债务人同意且其他债权人都同意的情况下才能进行。换言之,债权人直接取得收费权不得损害债务人和其他债权人的利益。如果收费权的价值较高,其他债权人要求拍卖、变卖,债权人就不能接管。而且,债权人直接控制和行使收费权,也要履行必要的法定程序,例如经过政府部门的审批。

二是按照通常的质权实现方式来实现收费权质权。即在债务人不履行债务的情况下,对收费权进行拍卖、变卖,并从拍卖、变卖的价款中优先受偿。应当看到,由于收费权不同于一般的权利,所以,收费权质押的实现又具有一定的特殊性。一方面,如果收费权的取得,必须要经过特定的程序,那么在实现收费权质押时也必须经过特定的程序。例如,收费权的取得要经过审批,在拍卖、变卖时也必须经过审批。另一方面,对收费权的拍卖、变卖也具有特殊性。例如,关于未来的收益问题,即在对收费权进行拍卖和变卖的时候,是否需要对未来的收益单独计算?笔者认为,收费权不仅仅是针对现在已经提供的商品和服务进行收费,也要针对未来因提供服务所获得的收费,所以,未来的收益应当包含在收费权之中。因而,拍卖、变卖收费权其实就包含了对未来收益的计算。

从法律上说,收费权质押是以收费权而不是以收费为标的的,换言之,收费权质押处分的是收费权本身,而非收取的费用,因此,在实现质押权时,收费权的质押权人有权直接就收费权拍卖、变卖。如果收费权人已经收取了一定的费用,并且这些费用已经进入了账户,债权人有权要求从账户中支取以清偿债务,但这种支取只是一般的执行程序,对账户中的财产,债权人不能优先受偿。这就是说,债权人只能就收费权的拍卖、变卖享有优先受偿的权利,不能就账户的收费优先受偿。问题在于,质权人是否有权向司法机关申请封存该收费的账户?在实践中,因为收费权质押常常是对长期债权的担保,而债务履行期则相对较短,尤其是收费权往往又有一定的专属性,质权人接管收费权具有一定的困难,而接管收费的账户则相对比较容易。但需要指出的是,既然收费权质押不同于收费质押或者账户质押,则质权人不能直接就收费主张权利,尤其是不能就已经收取的费用主张优先受偿权,否则与收费权质押的性质不符。

还应当探讨的是,在实现收费权质押时,能否将收费权按期限来分割拍卖、变卖?例如,经过政府部门的许可,收费权的期限是50年,能否将收费权按一定的期限分割,如将 10 年的收费权拍卖由第三人享有,而剩余 40 年的收费权由收费权人继续享有？笔者认为,此种收费权实现方式是可行的。主要原因在于,一方面,现代社会财产权利是可以按期限来进行分割的,甚至因为分时度假等制度的发展,所有权都可以按期限来分割,收费权也完全可以按照期限来分割拍卖。另一方面,这种按期限分割实现质押权的方式,可以避免过度担保的情况出现。例如,收费权本身价值过亿,但担保的债权仅为 5 000 万元,因而担保的财产远远高于被担保的主债权的价值,如果将担保财产全部执行,权利人就会永远失去收费权。但是,如果只是将一定期限内的收费权拍卖、变卖,就不仅可以保护权利人的利益,而且可以更有利于发挥收费权的价值。此外,收费权在权利人手中的时候,它可能发挥更大的效用,而整体转让出去,它的效用就会受到影响。

考虑到收费权多为对基础设施设立且涉及数额巨大,笔者认为,其变现应当通过招标、拍卖、挂牌等公开竞价的方式进行①,而不宜通过订立个别协议转让,因为一方面,个别协议的方式可能不利于实现收费权的价值,而公开竞价的方式可以充分实现收费权的价值。质押的权利的价值,需要通过市场来发现其价值,而公开竞价的方式,就可以形成市场价格,而个别协商就不能形成公平的市场价格。另一方面,收费权应当转移到最有能力利用收费权的人手中,所以,应当通过公开竞争,使得最有能力利用收费权的人取得收费权。

结　语

在现代社会,收费权本身已经成为权利人的重要财产,是一种新的财产形态。② 为了充分发挥该财产的交换价值,并为融资提供更为充分的渠道,有必要承认实践中大量发生的收费权质押作为独立的权利质押类型。尤其是鉴于此类权利质押具有不同于应受账款质押的特殊性,且不能为其他担保物权所涵盖,我国正在制定的民法典物权编有必要对收费权质押作出专门规定。

---

① 参见《收费公路管理条例》第 19 条。
② See Vandevelde, The New Property of The Nineteenth Century: The Development of The Modern Concept of Property, Buffalo Law Rev., Vol 29 (1980).

占 有

论占有的性质[*]

占有的性质一直是民法中一个古老而又现实的问题。所谓古老,是因占有在罗马法制度中就已存在。而谓之现实,是因占有在近代以来,仍是民法理论中一个无法绕开的问题。千百年来,围绕占有而展开的争论中最主要的问题就是占有究竟是事实还是权利,这种争论即便在今天也尚未停止。对该问题的讨论并不仅仅是一种学说上的争议,还直接关系到物权法制度的架构。对占有的性质如果没有准确的认识,则无法作出相关的制度设计,也难以构建完整的占有法律制度体系,并完成对占有的保护。

一、占有是一种事实状态

罗马法与日耳曼法对于占有的性质存有分歧。罗马法学家拉贝奥指出,"坐在某个地方即所谓占有,因为那个地方自然被位于其上的人占据着"[①]。罗马法中并没有对占有(possessio)作出系统的规定[②],对于占有与所有权(dominium proprietas)的关系也经历了由古典时期的泾渭分明到后古典时期的融合,并在优士丁尼时期再次被严格区分。但毫无疑问的是,占有以对物的事实控制这一观念为基础,而并不以享有所有权这一对物的最强权利为前提。[③] 一般认为,罗马法中的占有,"是指一种使人可以充分处分物的、同物的事实关系,它同时要求具备作为主人处分物的实际意图"[④]。因此,占有显然是一种事实,而不是权利。[⑤] 正如马克思在研究罗马法的

---

[*] 本文完稿于1997年,2007年修改。
[①] 〔意〕桑德罗·斯契巴尼选编:《物与物权》,范怀俊译,中国政法大学出版社1999年版,第205页。
[②] MüKoBGB/Joost, Vorb. §854, Rn. 1.
[③] 参见〔德〕马克斯·卡泽尔、罗尔夫·克努特尔:《罗马私法》,田士永译,法律出版社2018年版,第205—214页。
[④] 〔意〕彼德罗·彭梵得:《罗马法教科书》,黄风译,中国政法大学出版社1992年版,第270页。
[⑤] 参见陈朝璧:《罗马法原理》,法律出版社2006年版,第338页。

基础上所指出的:私有财产的真正基础,即占有,是一个事实,是不可解释的事实,而不是权利。只是由于社会赋予实际占有以法律的规定,实际占有才具有合法占有的性质,才具有私有财产的性质。① 但是自优士丁尼时期以后,罗马法上占有的概念进一步扩大,主要表现在优士丁尼针对役权也承认权利人的占有,从而形成了准占有制度。② 在优士丁尼时期,由于占有和所有权再次被严格区分,真正的占有仅仅指以所有的意思善意进行的占有,而与之相对的则被称为自然占有(naturalis possessio)。基于此种区分,真正的占有事实上已经不再是纯粹的事实,而更接近于权利。③

在日耳曼法中,占有(Gewere)一词最初的意思是指穿衣着装,所以该词是一种比喻的说法,即"将对物之事实上之力,譬为衣服;物之主体,取得此等事实上之支配力,犹之穿有衣服也。是以所谓 Gewere 者,并非保护、防御之意,实为对物支配之外面的表现也"④。日耳曼法中的占有有其特点:首先,强调占有的多重性,即占有并非排他的存在,数个占有可以同时并存;其次,强调占有与权利的重合。⑤ 权利只有具有"Gewere"的表象,才能受到物权法的保护。因此,"Gewere"不仅仅是一种占有事实,同时也表征了一种权利。⑥ 占有已经超越事实,与本权相互结合,甚至包含了本权。这是其与罗马法上与本权相分离的"占有"最为显著的不同。⑦ 我妻荣教授将这一区别概括为,罗马法上的占有是承认脱离于真实支配权的占有本身的目的效力,而日耳曼法承认的则是真实支配权的外部表象效力。⑧ 从这一角度看,日耳曼法占有的权利性质明显超过占有的事实状态性质。

在近代,以德国学者萨维尼和耶林为代表的学术界对占有究竟是事实还是权利,展开了激烈的争论。萨维尼在1803年撰写的《论占有》一书

---

① 参见《马克思恩格斯全集》(第一卷),人民出版社1956年版,第382页。
② 参见[意]彼德罗·彭梵得:《罗马法教科书》,黄风译,中国政法大学出版社1992年版,第273页。
③ 参见[德]马克斯·卡泽尔、罗尔夫·克努特尔:《罗马私法》,田士永译,法律出版社2018年版,第214页。
④ 李宜琛:《日耳曼法概说》,商务印书馆1944年版,第38页。
⑤ MüKoBGB/Joost, Vorb. §854, Rn. 1.
⑥ See Rudolf Huebner, A History of Germanic Private Law, trans. by Francis S. Philbrick, Little Brown and Company, Boston, 1918, pp. 184 – 185.
⑦ 参见易继明:《论日耳曼财产法的团体主义特征》,载《比较法研究》2001年第3期。
⑧ 参见[日]我妻荣:《我妻荣民法讲义Ⅱ:新订物权法》,罗丽译,中国法制出版社2008年版,第471页。

中指出,"一切暴力皆为非法",罗马法中的占有实际上是一种事实状态,是为了维护法律上的和平秩序,而对占有进行的必要保护。① 德国法学家耶林虽然也认为占有是一种事实,但是在本质上,占有保护的不是个人占有行为本身,而是因为占有行为而形成的客观效用。② 而对于占有人和所谓"持有人"来说,客观效用都是相同的。③ 正是因为如此,耶林的学说又被称为"客观占有论"。萨维尼、耶林关于占有的争论,对近现代大陆法系国家民法产生了重大影响。

1804年《法国民法典》在很大程度上接受了萨维尼的占有学说,区分了占有和持有的概念。法国1975年7月9日的法律则是基于耶林的客观理论,对于"持有人"也给予了占有保护。④《德国民法典》主要采纳的是耶林的观点,而放弃了萨维尼学说,认为占有是一种事实而非权利。⑤《德国民法典》第854条将占有的概念定义为:"物的占有,因对物有实际控制而取得。""在取得人能够对物行使控制时,有原占有人与取得人的协议足以取得占有。"《德国民法典》第868条规定:"作为用益权人、质权人、用益承租人、使用承租人、受寄人或基于其他类似的法律关系而占有物的人,由于此类关系对他人暂时享有占有的权利和义务时,该他人也是占有人(间接占有)。"从上述规定中也可以看出,德国民法关于占有的概念很大程度上采纳了日耳曼法的占有概念。⑥ 但同时《德国民法典》也在一定程度上保留了罗马法的传统,例如,依据《德国民法典》第854条的规定,仍然将占有作为一种事实状态而非权利对待。⑦《德国民法典》之所以将占有作为一种事实状态加以规定,是因为考虑到虽然占有并非一种权利,但出于维护社会秩序的考虑,亦应予以保护。因占有所显示出来的支配性特征与物权的支配性特征相同,所以在《德国民法典》中将占有规定在物权编中,通过物权保护的方法对之加以保护。⑧

---

① 参见〔德〕弗里德里希·卡尔·冯·萨维尼:《论占有》,朱虎、刘智慧译,法律出版社2007年版,第8页。
② Vgl. Jhering, Über den Grund des Besitzschutzes-Eine Revision der Lehre vom Besitz, 2. Aufl., 1869, S. 192.
③ Cf. Philippe Malaurie, Laurent Aynès, Droit Civil, Les biens, Defrénois, 2003, p.129.
④ Cf. Philippe Malaurie, Laurent Aynès, Droit Civil, Les biens, Defrénois, 2003, p.130.
⑤ MüKoBGB/Joost, Vorb. §854, Rn. 1.
⑥ 参见王泽鉴:《民法物权·占有》,三民书局1995年版,第6页。
⑦ Vgl. MünchenKomm/Joost, Buch 3, Abschnitt 1, Vorbemerkung, Rn. 6.
⑧ 参见〔德〕迪特尔·梅迪库斯:《德国民法总论》,邵建东译,法律出版社2000年版,第22页。

与大多数大陆法国家采纳罗马法"占有是一种事实状态"的观念不同,《日本民法典》则借鉴了日耳曼法的模式,突破了罗马法的传统,将占有确认为一种权利,以占有权为标题来概括占有的内容,并在占有权中规定了占有权的取得和效力等问题。《日本民法典》第180条规定:"占有权,按照自己所表示意思,而持有这个物件的,取得之。"这一立法是颇具特点的,在大陆法国家也较为罕见。① 而被其他国家作为事实状态的占有,在日本法上被作为构成占有权的基础事实。②

基于上述的讨论可以发现,无论是在学说还是在立法上,对于占有性质的认识都存有普遍的差异。关于占有究竟是事实还是权利的论点,都有其合理之处,但笔者更倾向于事实说,原因在于:

第一,如果认为占有是一种权利,就容易混淆占有行为本身和占有产生的法律后果,也混淆了事实上的占有和物权。占有是一种能产生诸多法律效果的法律事实,在许多情况下,占有是权利取得和存续的要件,丧失占有即会导致失权的后果(如质押、留置)。占有在许多情况下更多地体现为一种权能,难以成为独立的权利。③ 例如,我国《物权法》对所有权的定义就包括了占有。如果认定占有是一种权利,就使得权利之中又包含了权利,容易混淆权利和权能的区别,造成解释上的困难。

第二,如果认为占有是一种权利,将无法解释大量的无权占有现象。合法的占有都是基于本权的占有,例如,承租人就是基于租赁合同的占有,保管人的占有是基于保管合同的占有。在这些情况下,占有人都享有占有权。但是,这并不意味着各种占有都能产生权利。事实上,大量的占有是不能产生权利的。如果将占有均视为一种权利,必然使占有的概念过于狭窄。

如果将占有限定为占有权,那么只能在确定是合法占有的前提下,法律才能够对占有提供保护。这样一来,就会导致善意的无权占有也不能得到法律的保护,使得对占有的保护范围过于狭窄。因为在现实生活中,存在大量产权尚不明确但法律必须对占有提供保护的情况。在权属明确的情况下,如果发生争议,往往可以通过《合同法》解决,而无须通过《物

---

① 参见孟勤国:《占有概念的历史发展与中国占有制度》,载《中国社会科学》1993年第4期。

② 参见〔日〕我妻荣:《我妻荣民法讲义Ⅱ:新订物权法》,罗丽译,中国法制出版社2008年版,第474页。

③ 参见郭明瑞主编:《中华人民共和国物权法释义》,中国法制出版社2007年版,第435页。

权法》来解决。所以,将对占有的保护限定在对合法、有权占有的保护的范围内,将会使得很多占有无法获得法律保护。①

第三,确认占有是一种事实状态从而保护占有,有利于维护财产的秩序和社会的安宁。事实上,在现实生活中,许多占有的状态尽管还没有形成权利,但法律从维护社会秩序的稳定出发,需要对这些占有状态进行保护。如拾得遗失物和漂流物、发现埋藏物,依据法律规定,占有人应及时返还失主或上交国家,而不能据为己有,占有人也不能因其占有而获得占有权并长期占有这些物。但这是否意味着占有人的占有不受法律保护? 显然不是。因为占有一旦形成,便应当受到法律保护,假如对上述占有人不予以保护,任何人都可以凭借暴力从占有人手中侵夺其占有物,则社会经济秩序和财产秩序将遭到严重破坏,法律秩序也将荡然无存。因此,为保护占有、维护秩序,需要扩大占有的概念,即使未形成权利的占有也能获得法律的保护。因此,在对占有的性质的认识上,应将占有理解为一种事实而非权利。②

第四,从对占有进行保护的原因来看,占有以对持续性占有利益的保护为目的。如何解释占有的保护的根据,历来存有争议。有观点认为保护占有是出于"法律和平思想",也有观点认为占有是所有权保护的"前沿阵地"和"桥头堡",因而保护占有实际上是为了保护本权。但是一方面,法律上的和平应当是占有保护的结果而非原因,而单纯为了保护本权则无法解释对于缺乏本权的占有保护的问题。因而,较为有力的观点则认为,占有保护的根据在于应对法律承认的持续性利益进行保护。③ 此种观点事实上更为准确地揭示了占有获得保护的原因。由于占有正是以对该种持续的状态保护为目的,而不以其背后的本权存在为必要,因而应当将占有作为一种事实状态,而非权利,此时占有的保护才具有独立于权利保护的价值。

如前所述,我国《物权法》关于占有的内涵采纳了事实状态说。此种制度设计扩大了对占有的保护范围,全面地体现了占有的功能,既有利于保护公民的各类财产,也有利于加强对交易安全的保护。

---

① 参见郭明瑞主编:《中华人民共和国物权法释义》,中国法制出版社 2007 年版,第 435 页。
② 参见梅夏英、高圣平:《物权法教程》,中国人民大学出版社 2007 年版,第 541 页。
③ 参见[德]鲍尔、施蒂尔纳:《德国物权法》(上册),张双根译,法律出版社 2004 年版,第 337 页。

总之,占有是一种事实状态,这种事实状态就是指占有人对物的一种事实上的控制。① 一方面,占有虽然是主体对于物进行控制的事实状态,但占有必须基于占有的意思而进行,这就要求占有人必须具有一定的主观状态,也就是说,占有人必须具有占有的意思。例如某人脚下踩到某物,但是其并未意识到自己对该物的事实控制,这也不构成占有。另一方面,占有必须在客观上形成对物的控制,这也称为对物的管领,它需要借助于自然或者法律的控制力与物发生某种接触。对物的控制主要是对特定的动产或不动产的控制,占有人必须要实际控制某个特定物才能构成占有,因而占有只能是对特定物的占有,而不能是泛泛的对一般物的占有。

二、占有作为事实状态符合物权法的规范体系

从我国占有制度的发展来看,一直采纳了事实说。于清末宣统三年(1911年)制定的《大清民律草案》借鉴了德国和日本的民事立法经验,并从我国国情出发,在第三编"物权"第七章中规定了占有,总共56个条文(从第1261条至第1316条)。《第二次民律草案》于第三编第九章规定了占有,共计40条(从第271条至第310条)。1929年南京国民政府公布的《中华民国民法典》物权编规定了占有,至今仍为我国台湾地区"民法"所沿用施行。在这些草案和法律中所提到的"占有"均是指一种事实状态。中华人民共和国成立后,废除了国民党的"六法全书",占有制度也随之被取消。1986年《民法通则》将占有作为所有权的一种权能进行了规定,但并没有规定单独的占有制度。我国《物权法》单独设立第五编规定了占有。尽管《物权法》关于占有的规定只有5条(从第241条到第245条),但占有在《物权法》中独立成编,表明其在《物权法》中具有重要地位。从《物权法》的相关规定来看,实际上是将占有定位为一种事实状态。

我国《物权法》关于占有的规定将占有定位为一种事实状态,从而确定了占有的相关法律制度,具体表现在:

(1)《物权法》第241条规定:"基于合同关系等产生的占有,有关不动产或者动产的使用、收益、违约责任等,按照合同约定;合同没有约定或者约定不明确的,依照有关法律规定。"这就是说,在基于合同权利而产生占有的情况下,占有人的占有不仅是一种事实状态,而且是基于有效合同

---

① MüKoBGB/Joost, Vorb. §854, Rn. 6.

而享有的占有的本权。所以，基于合同的占有，双方当事人必须先依照合同的约定或《合同法》中的规定来确定当事人之间对物的使用、收益等具体的权利义务，而不能直接依据《物权法》关于占有制度的规定来确定。如果发生当事人违反合同的情形，首先就应当适用合同中关于违约责任的规定。但是，在合同没有约定且《合同法》没有规定的情形下，才能适用《物权法》中关于占有的相关具体规定。① 这是因为此时占有没有本权，而仅仅属于一种事实状态。在此情况下，无法再依据合同关系确定当事人间的权利义务。从该条规定可见，《物权法》关于占有的规定，要适用于没有本权的占有。

（2）《物权法》第242条、第243条区分了善意占有与恶意占有，并设置了不同的法律规则。所谓善意占有，是指无权占有人在占有财产的时候，不知或不应当知道其不具有占有的权利而仍然占有该财产。② 例如，不知道他人在市场上出售的财产是盗赃物，而以合理的价格购买了该财产并对该财产进行了占有，占有人占有该财产主观上是善意的。善意占有人不知自己的占有有瑕疵通常源于对相关法律的认识错误，如占有人不知合同属无效合同，但自合同被宣告无效或被撤销之日起，占有人便应当知道其占有是有瑕疵的。通常，如果某人占有该物时有正当的理由相信其占有有合法的依据，而占有该物，也可以称为善意占有。③《物权法》第243条提及了"善意占有"。所谓恶意占有，是指无权占有人在占有他人财产时明明知道或者应当知道其占有行为属于非法但仍然继续占有。《物权法》第242条和第243条规定的恶意占有实际上包括了非法占有。例如，拾得人在失主找来以后，拒绝交付拾得物，而将拾得物据为己有；再如，小偷占有赃物；等等。如果占有人明知其无占有的权利而占有该物，显然应为恶意占有。虽然占有人善意或恶意需要通过各种情况具体判断，但是在无相反证据的情况下，通常推定为善意。④ 对于善意占有和恶意占有的区分在占有人费用返还请求权、占有人责任等问题上均具有价值。⑤ 一般认为，善意占有与恶意占有的区分在有权占有的情况下毫无意

---

① 参见胡康生主编：《中华人民共和国物权法释义》，法律出版社2007年版，第513页。
② 参见史尚宽：《物权法论》，中国政法大学出版社2000年版，第539页。
③ 参见〔德〕弗里德里希·卡尔·冯·萨维尼：《论占有》，朱虎、刘智慧译，法律出版社2007年版，第73页。
④ 参见〔日〕我妻荣：《我妻荣民法讲义Ⅱ：新订物权法》，罗丽译，中国法制出版社2008年版，第485页。
⑤ 参见史尚宽：《物权法论》，中国政法大学出版社2000年版，第540页。

义,因为有权占有人直接基于本权进行占有,无论是出于善意还是恶意,都不影响其本权的行使,因此善意占有和恶意占有属于无权占有情况的再分类。① 其实,无论是善意占有还是恶意占有,都属于没有本权的占有,也都属于一种事实状态。所以只有将占有定位为一种事实状态,这一区分才有意义,由此也表明,《物权法》规范善意占有和恶意占有,也是以其属于事实状态为基础的。

(3)《物权法》第244条确认恶意占有人对在使用占有物的过程中造成物的损害应当承担赔偿责任。《物权法》第244条规定,"恶意占有人还应当赔偿损失"。因此,恶意占有人在使用占有物的过程中造成物的损害,应当承担赔偿责任。恶意占有人占有他人财产是无权占有,而且占有人明知其没有本权,或本应知道其没有本权却因过失而不知,其占有不仅缺乏法律上的依据,也缺乏道德上的正当性,在法律上并无予以保护的必要。② 因此,恶意占有人的责任显然应当重于善意占有人的责任。在恶意占有人造成占有物毁损、灭失的情况下,其应当对全部损失承担赔偿责任。恶意占有人除了应当返还现存的实际利益之外,其还应当就其他损失承担赔偿责任,此种赔偿责任应当适用完全赔偿原则。也就是说,恶意占有人赔偿的范围不仅包括所受损害,而且包括所失利益。例如,甲恶意占有乙的财产,导致乙的经营收入丧失,此时,甲也应当赔偿该收入损失。需要指出的是,恶意占有属于典型的事实占有,此种占有并非不产生法律后果,它也会产生一定的责任,而且要受到《物权法》占有制度的规制。从法律上看,恶意占有人的赔偿责任应当是严格责任,即无论是否可归责于恶意占有人,其都应当承担损害赔偿责任。

(4)《物权法》区分了作为事实状态的占有与作为所有权权能的占有。即使是就所有权中的占有而言,其也只能被称为占有,并作为一种所有权的权能,而不能被称为占有权。因为权能只是权利的组成部分,在权能分离之前,它不能被称为一项独立的权利。权能只有在与权利分离之后,才可能称其为一种权利。《物权法》有关所有权权能的占有是在第39条中关于所有权的概念中规定的,其主要适用物权请求权的规定;而作为事实状态的占有,其规定于占有部分,主要适用《物权法》关于占有保护请求权的规定。

---

① 参见温世扬、廖焕国:《物权法通论》,人民法院出版社2005年版,第887页。
② 参见中国物权法研究课题组:《中国物权法草案建议稿:条文、说明、理由与参考立法例》,社会科学文献出版社2000年版,第813页。

（5）依据《物权法》第245条的规定，对占有的保护不仅包括对有权占有的保护，也包括对无权占有的保护。所谓占有保护请求权，是指占有人基于占有的事实而享有的在占有受到侵夺或妨害的情况下享有的请求权。占有保护请求权有广义与狭义之分，狭义的占有保护请求权在性质上属于物权法所规定的请求权，而广义的占有保护请求权除包括占有保护请求权外也包括债权法所规定的侵害占有的损害赔偿请求权。① 占有保护请求权是建立在占有是一种事实状态的基础上的，也就是说，占有保护请求权的对象既包括合法的占有权，但又不限于占有权，还包括占有这一事实状态。它不仅仅保护有权占有人，无权占有人也受到占有制度的保护。《物权法》第245条第2款规定："占有人返还原物的请求权，自侵占发生之日起一年内未行使的，该请求权消灭。"此处所说的"侵占"就是指非法占有，性质上属于事实状态，因此受到物权法的规范。

据此可见，《物权法》关于占有的规定虽然简略，但是将占有定位为一种事实状态予以规定，并在此基础上构建了完整的物权法体系。正是将占有定位为一种事实状态，从而不仅确立了相关的法律规范，构建了完整的占有制度，而且也完善了物权法的体系。

三、作为事实状态的占有及其构成要件

占有的构成要件，是指在符合哪些条件的情况下，才能构成法律上的占有。萨维尼曾在1803年撰写了《占有论》一书，提出罗马法中的占有要获得占有令状保护，必须具备两个要件，即所谓"体素"（corpus）和"心素"（animus）。所谓"体素"，是指管领物件的事实状态，该事实是指占有人能对物随意进行使用、管理和收益，同时，多人不得对同一物进行管领和控制。简言之，体素就是指占有的事实状态。所谓"心素"，是占有的核心要件，它是将物据为己有的意图（animus domini）。② 构成占有，必须要占有人具有排斥其他人占有该物的意图。如果占有人不具备"心素"，则不是真正的占有，而是"所持"。法谚称："我们通过实体体素和心素来取得占有，仅具备心素或仅具备体素均不足以取得占有。"自萨维尼以后，许多学

---

① 参见章正璋：《我国民法上的占有保护——基于人民法院占有保护案例的实证分析》，载《法学研究》2014年第3期。

② Vgl. Savigny, Recht des Besitzes, S. 112 ff., 279 ff.

者认为法律保护占有的目的就是为了实现占有人将物据为己有的意图。①德国法学家耶林则对萨维尼的双重要件说提出异议。他认为罗马法中的占有虽然有"心素"的要求,但心素是指占有的意图(der Beherrschungswille)②,而不是据为己有的意图。也就是说,占有人只要具备了持有物的意思,而不必具有将物据为己有的意思,就可以构成占有。"在涉及任何一个处于支配一物的状态的人时,都可以假定这一占有意图。如果 A 提起一项占有诉讼,宣称 B 剥夺了他的占有,则要求 A 证明的唯一的情况是他在那以前一直支配该物的事实。而 B 通过证明 A 的占有是根据一项租约,或 B 的同意,则可能胜诉,但 A 所持意图的问题并不在争议之列。"③耶林认为,萨维尼的观点会导致罗马法的裁判官法上所保护的占有人不是占有人而是持有人,从而与《国法大全》的正文相矛盾。耶林提出要强调客观条件,认为占有不必具有所有的意思或为自己的意思,任何人只要形成对物的支配即可形成权利。同时,耶林认为萨维尼关于法律由于尊重占有人的意志而保护占有的观点,将会导致法律保护基于暴力的占有和其他不法占有的现象,这完全违背了法律保护占有的目的。关于占有的构成要件,实际上是采纳了耶林的观点,但无论是萨维尼还是耶林,认为只要形成了对某物的控制状态,即可构成对该物的占有,实际上还是将占有定位为一种事实状态。④

从将占有定位为一种事实状态这一前提出发,构成占有必须具备两个要件。

(一) 主观要件

所谓占有的主观状态,是指占有人意识到自己正在占有某物。占有必须具有主观状态,但这种状态不一定是基于据为己有的意思。⑤ 如前所述,关于占有的主观状态,历来存在如下两种学说,即占有主观说和占有客观说。两种学说的区别在于,占有的构成是否必须有据为己有的意思,

---

① See K. W. Ryan, An Introduction to the Civil Law, Brisbane, Law Book Co. of Australasia, 1962, p. 149.
② Vgl. Jhering, Der Besitzwille, 1889, S. 29, 52 f.
③ K. W. Ryan, An Introduction to the Civil Law, Brisbane, Law Book Co. of Australasia, 1962, p. 150.
④ See K. W. Ryan, An Introduction to the Civil Law, Brisbane, Law Book Co. of Australasia, 1962, p. 151.
⑤ Vgl. MünchenKomm/Joost, §854, Rn. 8.

即所谓主观要件(心素)。① 这两种学说对大陆法系的民法都产生了重大影响,但笔者认为,客观说更为合理。一方面,在占有人基于法律或合同的规定占有他人财物的情况下,由于财产仍然归他人所有,占有人不能将该财产据为己有。如承租人依法占有出租人的财产,保管人依法占有寄托人的财产,他们都不可能将该财产据为己有,甚至也不具备据为己有的意图。这是否意味着他们的占有不能构成占有而不受法律保护呢?显然并非如此。按照主观说,这些占有不能受到占有的保护,这显然不利于保护承租人、保管人等的利益。另一方面,某人采取暴力方式非法侵夺他人财产并将该财产据为己有,尽管该人具有萨维尼所谓的"心素",但也不能说该占有应受到法律的确认和保护。正因为如此,耶林认为萨维尼的学说将会保护不法的占有者。②

尽管构成占有并不要求占有人具备据为己有的意图,但占有人应当具有一种占有的意思。所谓占有意思,是指意识到自己正在占有某物。③因此,根本无意识地占有和辅助他人占有都不构成占有。

无意识的占有在法律上不具有任何意义,如果行为人本身没有任何意识而进行控制,比如将一件体积较小的物体踩在脚下良久而浑然不知,虽然其对该物具有事实上的控制,但是该行为人对此却毫无意识,因而不能构成民法上的占有;正如美国学者泰(Tay)认为,这种占有不构成占有,因为占有必须是有意识的、有意图的状态,"是受自我意识和意志控制的",而无意识的占有在法律上是没有意义的。④ 笔者认为,这一看法有一定道理。如果一个人根本未意识到其处于占有的状态,如何确定其占有受到了侵害并寻求法律保护呢?只有当行为人意识到其控制了该件物品,其主观心理上愿意继续控制该件物品,则从此时开始,行为人的行为才变成有意识的行为,才构成民法上的占有。正如霍姆斯(Holmes)所称:"为了获得占有,某人必须与客体以及外部世界有实际关系,并且必须具有某种意图。"⑤

---

① 参见〔日〕我妻荣:《我妻荣民法讲义Ⅱ:新订物权法》,罗丽译,中国法制出版社2008年版,第475页。

② Vgl. Rudolf von Jhering, Über den Grund des Besitzschutzes, Scientia Aalen, 1968, S. 79.

③ Vgl. MünchenKomm/Joost, §854, Rn. 10.

④ See H. A. E. S. Tay, The Concept of Possession in the Common Law, Foundation for a New Approach, Melboune University Rev., Vol.4 (1964).

⑤ 〔美〕小奥利弗·温德尔·霍姆斯:《普通法》,冉昊、姚中秋译,中国政法大学出版社2006年版,第216页。

如果某人并没有占有的意图,而只是具有辅助他人对物进行控制的状态,则此种情形构成占有辅助而非占有。例如,雇员占有使用雇主的财产、仓库保管员对物的具体保管等。① 一般认为,占有辅助人虽事实上占有某物,但由于其系为他人利益且依他人指示控制某物,故其并不因此而取得占有,只是因其控制某物而使他人(如雇主等)取得占有。如公司的仓库保管员接受了他人交付的财产,因为其是为公司取得财物的占有,因而不构成法律上的占有。由于占有辅助人不是占有人,其既不享有因占有而产生的权利,也不应承担因占有而产生的义务,故不应获得占有的保护,即使在其控制物的期间,占有主人强行取回其物,占有辅助人也不得主张自力救济或占有保护请求权。② 如果对物实施控制的人意识到或应当意识到其是在为别人占有某物,则不具有占有意思。因此,占有辅助人的占有都不构成占有。

占有人应当具有占有的意图,但是并不要求占有人必须具有据为己有的意思,也并不意味着占有人应当具有为自己的利益而占有的意图。在绝大多数情况下,占有人通常是为自己利益而占有。但在某些情况下,占有人并不一定是为自己利益而占有,如拾得人拾得遗失物、漂流物后占有该物,拾得人希望尽快将该物返还失主,因此很难说拾得人具有为自己利益占有该物的意图,但拾得人完全意识到自己在占有该物,拾得人仍然具有占有意图,因而仍然构成占有。

(二) 客观要件

从客观上来讲,占有要求占有人事实上控制或管领了某物(die Sachherrschaft)。③ 虽然罗马法上将单纯心素占有(如对逃跑奴隶的占有)作为正常的占有④,但是现在仍普遍认为占有的取得要求以占有人完成某种事实上的控制(die tatsächliche Gewalt)为要件。⑤ 占有人事实上控制、管领某物是占有的客观外在表现,是占有的客观构成要件。⑥ 所谓控制和管领,就是指对物的一种事实上的支配,表现了一种人与物之间的接触关系。例如,有两个人同时发现不远处有某件遗失物,两个人都想占有该物,但其

---

① 占有辅助人概念系德文 Besitzdiener 的翻译,为德国法学家白克尔(Bekker)所创设。
② 参见王泽鉴:《民法物权·占有》,三民书局1995年版,第54页。
③ Vgl. MünchenKomm/Joost, §854, Rn. 3.
④ 参见黄风:《罗马法词典》,法律出版社2002年版,第202页。
⑤ See François Terre, Philippe Simler, Droit Civil, Les biens, 5e éd., 2000, p.117.
⑥ 参见史尚宽:《物权法论》,中国政法大学出版社2000年版,第533页。

中一人抢先一步将该物拾起,该人就形成了对遗失物的事实支配。虽然另一方也发现了该物,但没有拾起该物,便没有形成事实支配状态。

控制必须要依据社会的一般观念来判断。① 例如,某人将其捕获的一条大鱼放入公园大湖里,表明他已经失去了对该条鱼的控制;但如果将鱼放入自己的鱼塘中,表明他仍然没有放弃对该鱼的控制。② 由于占有作为一种社会现象,在现实生活中纷繁复杂,对物的控制状态往往需要根据特定的环境以及法律观念加以确认,通常要考虑如下因素:

第一,空间因素③,即要考虑人和物之间在空间上的某种结合关系。通过人与物之间的接触,来判断某人是否对某物形成了事实上的控制。正如王泽鉴先生所指出,在认定对物的事实控制状态时,要考虑"人与物在场合上须有一定的结合关系,足认其物为某人事实上所管领"④。如某人在耕田以后将农具暂放于田中而回家吃饭,建筑工人将建筑工具放于工地回家休息,不能认为他们已丧失了对某物的占有。因为在这些情况下,人与物在特定情况下具有密切的结合关系,故不能认为其丧失占有,但遗失钱包于车站,离去后数小时发觉其事,因车站人潮来往,依社会观念,可认定丧失占有,钱包成为遗失物。反之,停放汽车于路旁,离开数日,仍不失其占有。⑤

第二,时间因素⑥,即要考虑人和物在时间上的结合关系,在时间上具有一定的持续性和连续性。如果某人对物的控制时间短暂,也可能不成立占有。例如,甲的牲畜进入乙的院内,随后又离开,因为牲畜进入乙的支配范围的时间较短,不宜认定乙已经占有了该牲畜。⑦ 再如,某人暂时在他人家中逗留,其对他人房屋及财产也不成立占有。总之,占有人对物的事实上的控制状态要根据实际情况加以确定。

第三,法律关系因素,即要考虑人和物之间的结合关系是否已经形成了一种法律关系。⑧ 因为在某些情况下,占有人并未在事实上实际占有该

---

① Vgl. MünchenKomm/Joost, §854, Rn. 5 ff.
② 参见〔德〕弗里德里希·卡尔·冯·萨维尼:《论占有》,朱虎、刘智慧译,法律出版社2007年版,第279页。
③ Vgl. MünchenKomm/Joost, §854, Rn. 5.
④ 王泽鉴:《民法物权·占有》,三民书局1995年版,第14页。
⑤ 参见王泽鉴:《民法物权·占有》,三民书局1995年版,第14页。
⑥ Vgl. MünchenKomm/Joost, §854, Rn. 11.
⑦ 参见温世扬、廖焕国:《物权法通论》,人民法院出版社2005年版,第882页。
⑧ 参见温世扬、廖焕国:《物权法通论》,人民法院出版社2005年版,第882页。

物,或者物脱离其占有是因其意志以外的原因所致,但其仍然是法律上的占有人。① 例如,甲将其房屋出租给他人,虽不能直接占有该房屋,但在法律上他仍然是该房屋的占有人(间接占有人)。

总之,占有人对物的控制状态也需从客观环境来加以确定,只有确定占有人对物形成了一定的控制状态,才能确定其是否符合占有的客观要件。一方面,占有虽然是主体对于物进行控制的事实状态,但占有必须基于占有的意思而进行,这就要求占有人必须具有一定的主观状态,也就是说,占有人必须具有占有的意思。例如,某人脚下踩到某物,但是其并未意识到自己对该物的事实控制,那么这也不构成占有。另一方面,占有必须在客观上形成对物的控制,这也称为对物的管领,它需要借助自然或者法律的控制力与物发生某种接触。对物的控制主要是对特定的动产或不动产的控制,占有人必须要实际控制某个特定物才能构成占有,因而占有只能是对特定物的占有,而不能是泛泛的对一般物的占有。

四、占有作为事实状态的权利推定效力

所谓占有的权利推定规则,是指在法律上,如果没有相反的证据,应从占有人占有某项财产的事实中,推定其为该动产的权利人,任何人对该占有提出异议,应当进行举证,以推翻该推定。② 但是占有的权利推定是可以辩驳的,只要存在相反的证据,是可以推翻此种推定的。从比较法上来看,大陆法系国家的民法典大多规定了占有的权利推定规则。例如,1804 年《法国民法典》第 2279 条第 1 款规定:"涉及动产时,占有即等于所有权证书。"这是对占有推定效力的明确确认。因为所谓"证书"事实上是一种正当交易的公示,具备了占有就具备了一定的公示,因此善意第三人可以合理信赖占有人为有权占有。③《德国民法典》第 1006 条第 1 款规定:"为动产占有人之利益,推定其为物的所有人。"该条同样承认了占有的推定效力,不过该条旨在解决前占有人和现占有人何者为所有人的问题。④我国《物权法》虽然没有对占有的权利推定规则作出明确规定,但从该法

---

① 此种现象称为对物的"法律控制",区别于单独对物的事实控制。参见〔德〕弗里德里希·卡尔·冯·萨维尼:《论占有》,朱虎、刘智慧译,法律出版社 2007 年版,第 279 页。
② Vgl. MünchenKomm/Joost, §854, Rn. 42.
③ 参见孙维飞:《占有推定之运作机理》,载《华东政法大学学报》2011 年第 4 期。
④ 参见孙维飞:《占有推定之运作机理》,载《华东政法大学学报》2011 年第 4 期。

保护占有的相关规则来看,《物权法》实际上包含了这一规则的内容。

法律设置占有的权利推定规则的意义在于:一方面,有利于界定产权、为法院裁判提供依据。因为占有的权利推定规则实际是确定产权的基本规则,也就是说,在动产和未登记不动产的归属发生争议的情况下,法律上可以根据占有的权利推定规则来认定所有权归属。在当事人不能举证推翻这一推定结论时,就可以认定占有人享有权利。另一方面,有利于维持占有人占有自己财产的安定状态。民事主体在占有自己的财产之后,不需要时刻收集证据证明自己的占有是合法的,或者证明自己对财产具有所有权(事实上,就动产而言人们常常很难证明其属于自己的财产)。一旦有人提出异议,就要由占有人证明其所有权,那么人们在购物之后就必须永久地保留各种取得该财产的法律文件(如买卖合同书)或者书面证据(如购物发票),这就会给人们的生产、生活带来极大的不便。所以占有权利推定规则对保护公民财产具有重要意义。① 此外,占有的权利推定规则有利于维护交易安全和秩序。在占有人对占有的财产进行处分的时候,受让人可以借助占有的外观,产生对出让人的信赖。占有的推定力是公信力制度的前提和基础,而公信力又是推定力的具体运用方式。② 占有的权利推定规则为善意取得制度奠定了理论基础,它对保护交易安全、鼓励和促进交易具有重要意义。③ 还要看到,为了维护交易安全需要确定公示原则,对动产的公示方法就是占有。在《物权法》中,规定占有就必须对占有作出明确的界定,占有只是一种事实状态而不是一种权利,如果仅仅将占有限定为权利,实际上限定了动产的公示方法,给动产的物权变动带来很大的困难。正是基于公示的推定力,抽象的物权得以向世人表征其具体的存续状态,为物权人的利益与物权交易奠定了安全性的基础。④

占有的权利推定规则与占有作为一种事实状态是密切联系在一起的,正是因为占有是一种事实状态,才能产生相应的权利推定作用,如果将占有定位为一种权利,则权利推定作用就没有存在的必要性。因为占有只是一种事实状态,法律上推定为合法占有、有权占有、善意占有,以维护和平持续的秩序。占有所依据的本权不同,在法律上获得保护的方式

---

① 参见程啸、尹飞:《论物权法中占有的权利推定规则》,载《法律科学(西北政法大学学报)》2006 年第 6 期。
② 参见肖厚国:《物权变动研究》,法律出版社 2002 年版,第 341 页。
③ 参见于海涌:《法国不动产担保物权研究——兼论法国的物权变动模式》,法律出版社 2004 年版,第 244 页。
④ 参见马特:《物权变动》,中国法制出版社 2007 年版,第 257—258 页。

也有所区别,如果占有是一种事实状态,在占有受到侵害以后,占有人就可以占有之诉的方式进行保护。因为占有是一种事实,所以占有人无权处分占有物,导致受让人善意取得所有权,占有人应当依不当得利的规定将其获得的利益返还给原权利人。① 如果其本权是物权,就可以行使物权请求权;如果其本权是债权,则可以通过债权的保护方法来保护占有人的权利。

占有是事实状态而非权利,因此占有权利推定规则只具有消极作用,并不具有积极作用。所谓消极作用,是指法律仅保护占有人合法的占有事实状态,可以对抗第三人的侵害和权利对抗,但占有人不能仅仅以占有为依据,要求确认其具有某项物权,并办理相应的登记手续。这是因为占有的权利推定规则只是维持现有的临时财产状态,而不是确认最终的财产归属。因此,占有人也不能基于占有事实状态要求法院确认其享有合法的占有本权。占有人在请求确认物权归属时,不能仅仅依据自己合法占有某物,就要求重新确权,占有人还必须提出其他证据,证明其对某物享有物权。

五、占有作为事实状态的定位与占有保护请求权

占有保护请求权又称为占有人的物上请求权、占有人的请求权、占有物上请求权、基于占有而发生的请求权。② 关于占有保护请求权的性质,在学说上有三种观点:一是法律秩序维持说。该说为德国学者邓伯格所倡。此种观点认为,占有保护请求权制度的目的在于维护社会秩序,尤其是财产秩序。二是本权保护说。此说为德国学者耶林所倡。此种观点认为,占有保护请求权制度的目的在于保护所有权等本权。因为占有人证明其享有本权往往非常困难,法谚有云,"权利的证明为恶魔的证明"。因此,才有必要设置占有保护请求权。三是债权的利用权人保护说。该说为埃尔利希所倡。其认为,占有保护请求权制度的意义在于保护物的债权的利用权人。因为债权的利用权人往往仅仅享有相对权,法律赋予其占有保护请求权,从而就可以对抗第三人。③ 笔者认为,占有保护请求权

---

① 参见王泽鉴:《民法物权·占有》,三民书局1995年版,第30页。
② 参见姚瑞光:《民法物权论》,1988年自版,第424页。
③ 以上三种观点参见吴文嫔:《论占有保护请求权的性质》,载《国家检察官学院学报》2007年第3期;温世扬、廖焕国:《物权法通论》,人民法院出版社2005年版,第915页。

的主要目的是要维护法律秩序、保护占有人的利益。尽管该制度也具有保护本权和债权的利用权人的作用,但是,本权和债权性利用权可以受到其他制度的保护(如物权请求权),法律并非仅仅为了本权人和债权性利用权人而设立该制度。另外,法律保护本权和债权性利用权也是为了维护法律秩序。所以,笔者更倾向于采用第一种学说。

一般来说,在占有人不享有物权的情况下,其只能享有占有保护请求权,因为如果物权受到侵害,物权人可以直接行使物权请求权,而不必基于占有来行使占有保护请求权。所以,行使占有保护请求权的人,通常都是非物权人。而物权人为了便利起见也可以行使占有保护请求权。[①] 在物权人的物权受到侵害,其行使物上请求权遇到障碍或者其不愿举证证明其享有物权的情况下,可以行使占有保护请求权。例如,权利人对于其是否享有物权不能确定,因占有保护请求权的存在,无疑对其增加了一层保护。通过占有的保护,使得物权人得到更便捷的保护,并减轻了物权人的举证负担。因为物权受到第三人侵害以后,所有人和他物权人都无须证明其享有所有权,只需证明其具有合法的占有权,即可以向第三人提出请求和提起诉讼。但占有保护请求权与物权请求权不同,其特点在于:

第一,它是专门为保护占有而设定的请求权。占有可能基于本权,也可能非基于本权,即使是无权占有,它虽然不是一种权利,但仍是一种利益,而且是一种财产利益,并应当受到保护。[②] 占有保护请求权的主体是占有人,无论占有人是否享有物权,其都享有此项权利。

第二,占有保护请求权适用于三种情形,即侵夺占有、妨害占有、可能妨害占有。首先,侵夺占有(die Besitzentziehung)。[③] 所谓侵夺是指违反占有人的意思,将占有物的全部或一部移转至自己控制,并使占有人全部或部分地丧失占有。如抢夺和盗窃他人财物、霸占他人房产等。在学理上,通常认为采取毁损他人占有物的方式进行占有,也属于侵夺占有。[④] 其次,妨害占有(die Besitzstörung)。[⑤] 所谓妨害是指以侵夺占有以外的非法手段妨碍占有人占有其物,致使占有人不能正常地占有其物。[⑥] 例如,在他人车库入口处停车,妨害他人进入车库使用停车位。妨害占有与侵

---

① 参见宁红丽:《物权法占有编》,中国人民大学出版社 2007 年版,第 187 页。
② 参见王泽鉴:《民法物权·占有》,三民书局 1995 年版,第 258 页。
③ Vgl. MünchenKomm/Joost, §861, Rn. 1 ff.
④ 参见王泽鉴:《民法物权·占有》,三民书局 1995 年版,第 219 页。
⑤ Vgl. MünchenKomm/Joost, §862, Rn. 1 ff.
⑥ 参见孙宪忠:《德国当代物权法》,法律出版社 1997 年版,第 123 页。

夺占有的区别表现为:该行为并未使占有人失去占有,但却使占有人不能正常占有。一般认为,妨害占有人对占有物进行使用和收益,亦应属于妨害占有。因为占有人依据占有的权利,可在法定或约定的范围内对占有物进行使用、收益,侵害他人占有致使占有人不能进行正当的使用和收益,应负侵害占有的责任。① 如甲租赁乙的汽车搬运货物,被丙盗用,甲被迫租用他人汽车。因此,甲可就其不能使用汽车的损害,向丙请求赔偿。侵害占有的行为人,一般为第三人。但所有人亦可基于故意和过失而侵害占有人的合法占有。例如,所有人故意毁损、侵夺标的物,使占有人不能继续占有,占有人也可请求所有人承担侵害占有的责任。最后,可能妨害占有。② 依据我国《物权法》第 245 条的规定,占有人的占有可能受到妨害,此时,占有人也可以行使占有保护请求权,请求消除危险。例如,邻居的树枝即将坠落于自家院落,从而可能妨害承租人对该房屋的占有,此时,承租人可以行使占有保护请求权。

第三,占有保护请求权具体包括三种形式,即占有物返还请求权、占有妨害停止请求权、占有妨害防止请求权。各国民法大多规定了占有保护请求权,例如,《德国民法典》第 861 条规定了侵夺占有而发生的请求权,第 862 条规定了因占有妨害而发生的请求权,第 867 条规定了占有人的追寻权。《日本民法典》规定了占有保持之诉、占有保全之诉和占有回复之诉。③ 我国《物权法》第 245 条规定了占有返还请求权、占有妨害停止请求权和占有妨害防止请求权三种形式。

占有保护请求权可以通过意思表示的方式行使,也可以通过诉讼方式实现。权利人提起占有保护请求权的诉讼,又称为占有诉权,或占有之诉,它是指占有人在其占有受他人侵害的情况下,可基于合法的占有,请求不法行为人返还占有物、停止对占有的侵害、排除对占有的妨害、恢复占有物的原状。但占有保护请求权也可以为实体法上请求权,并可以在诉讼外行使。这就是说,权利人可以不通过诉讼的方式直接针对相对人主张权利。④ 当然,如果权利人通过意思表示的方式来行使占有保护请求权,而相对人提出异议的,权利人为保护自身的权利,应向法院起诉。

占有保护请求权人是指占有受到侵夺或妨害的一切占有人,包括动

---

① 参见宁红丽:《物权法占有编》,中国人民大学出版社 2007 年版,第 186 页。
② Vgl. MünchenKomm/Joost, §862, Rn. 3.
③ 参见《日本民法典》第 197 条、第 198 条、第 199 条。
④ 参见史尚宽:《物权法论》,中国政法大学出版社 2000 年版,第 591 页。

产占有人和不动产占有人,具体包括如下两种类型:一是有权占有人。占有保护请求权特别适用于对那些依据合同已经占有另一方的财产,但仅享有合同债权的权利人的保护。例如,承租人的租赁权受到第三人侵害,虽不能根据租赁权排除第三人的侵害,但可以通过行使占有保护请求权而对第三人提出请求和提起诉讼。如果占有人的本权不是物权而是债权,在其占有受到第三人侵害以后,因债权不具有对抗第三人的效力,则占有人基于其债权难以排除第三人的侵害,其必须采用占有保护请求权对其占有进行保护。二是无权占有人。无权占有人包括善意占有人和恶意占有人。善意占有应受保护,自不待言,但即便是恶意占有,也不允许任何人随意剥夺占有人的占有,而必须由有关机关依法定程序剥夺占有,从这个意义上说,无权占有也受到保护。对无权占有人的保护,是为了保护占有形成的事实秩序,也是为了维护正当程序。当然,法律对善意占有人和恶意占有人的保护程度是不同的。从比较法的角度来看,大多承认无权占有人享有占有保护请求权。[①] 而我国《物权法》关于占有保护请求权的规定,并没有限于有权占有人,从体系解释的角度来看,无权占有人也可以行使此项权利。

占有保护请求权与物权保护请求权都属于《物权法》上的请求权,也是由《物权法》规定的不以过错为要件的请求权。在许多情况下,物权人既可以提起物权请求权,又可以主张占有保护请求权。因为在行使物权请求权时,权利人的举证负担较重,如果其不愿意承担较重的举证责任,其可以行使占有保护请求权。依据许多学者的看法,物权人可以选择提起物权请求权和占有保护请求权。[②] 例如,甲的所有物被他人占有,其可以选择主张物权请求权和占有保护请求权。由此可见,占有保护请求权不仅具有保护占有的功能,而且具有保护物权的功能。例如,占有返还请求权的行使可以恢复所有人对物的占有,从而保护所有人的所有权。但是,占有保护请求权和物权请求权毕竟是有区别的,主要表现在如下几点:

第一,主体不同。物权请求权的行使主体必须是物权人,而占有保护请求权人是占有人。所以,在权利人提起诉讼之后,对于物权请求权的行使,法院应当审查权利人是否享有物权,而对于占有保护请求权的行使,

---

[①] 例如,《法国民法典》第 2282 条规定:"不论占有的实体如何,占有均受保护使之不受干扰与威胁的侵害。"

[②] 参见温世扬、廖焕国:《物权法通论》,人民法院出版社 2005 年版,第 916 页。

不必审查权利人是否享有物权,而只需要审查其是否是占有人。①

第二,功能不同。占有保护请求权的功能主要在于维护社会占有秩序,而物权请求权的功能在于保护物权的圆满支配状态。行使物权请求权具有终局性和确定性,而占有保护请求权只是使占有人回复占有,并没有确定权利归属的功能。② 占有保护请求权设立的目的在于迅速解决纷争,因此其具有迅速解决纠纷、恢复占有的功能。③

第三,举证责任不同。物权人行使物权请求权,必须证明其享有相应的实体权利,即物权;而占有人行使占有保护请求权,只需要证明其占有的事实即可,而不需要证明其占有是否具有合法的本权。

第四,适用时效不同。根据我国《物权法》第245条第2款的规定,占有物返还请求权适用1年的除斥期间。而物权请求权是否适用诉讼时效,法律并没有作出明确规定,一般认为,排除妨害、消除危险的请求权不应当受到时效的限制。

在物权人的物权受到侵害的情况下,物权人是否只能行使一种请求权,还是可以同时行使两种请求权?对此,学理上存在不同的见解。通说认为,物权人可以选择行使其中一项请求权。④ 笔者认为,在物权遭受侵害的情况下,为了保护物权人的利益,应当允许其选择其中的一种请求权,至于占有人则只能行使占有保护请求权。⑤ 物权人在其权利受到侵害的情况下,一般应当行使物权请求权,而不能行使占有保护请求权,但如果权利人对其是否享有物权难以举证,也不妨选择行使占有保护请求权。此时两种请求权发生竞合,当事人只能选择一种请求权加以行使,因此,如果一种请求权不能得到支持,请求权人则不能再行使另一种请求权,更不能同时行使两种请求权。

---

① 参见谢在全:《民法物权论》(下册),2003年自版,第658页。
② 参见喻文莉、屠世超:《占有保护请求权若干问题探讨》,载《河北法学》2004年第9期。
③ 参见〔日〕我妻荣:《日本物权法》,有泉亨修订、李宜芬校订,五南图书出版公司1999年版,第468页。
④ 参见谢在全:《民法物权论》(下册),中国政法大学出版社1999年版,第1025页。
⑤ 在学理上有一种观点认为占有之诉和本权之诉得同时提起或分别提起,某一请求权败诉之后,仍然可以提起其他之诉。参见王泽鉴:《民法物权·占有》,三民书局1995年版,第367页。

试论占有的权利推定规则[*]

在《物权法》制定过程中,关于是否应当规定占有的权利推定规则,存在很大的争议。笔者认为,在《物权法》中确认这一规则对于保护公民的合法财产、保障财产秩序和交易安全具有重要意义。鉴于该规则首次见于我国物权法草案,有关研究尚不深入,本文将对该规则的相关问题进行一些粗浅的探讨,以供理论界与实务界参考。

一、确认占有的权利推定规则的必要性

所谓占有的权利推定规则,是指在法律上,如果没有相反的证据,应从占有人占有某项财产的事实中,推定其为该财产的权利人。任何人要对该占有提出异议,应当进行举证,以推翻该推定。[①] 当然,此种推定具有可以辩驳的效力,在提出异议的人提出相反证据后,可以推翻此种推定。占有推定规则适用的客体主要是动产,由于不动产的物权公示方式是登记,所以无法适用占有的权利推定规则。但是对未登记的不动产,也可以适用该规则。占有的权利推定规则是从占有人的占有事实状态中推定占有人享有相应的权利,此种权利既可能是所有权,也可能是其他物权,还可以是合法的占有权。因此,该项规则实际上是以占有为事实状态而非权利的理论为依据的。

在民法理论与立法上,占有究竟是一种事实状态还是一种权利,一直存在激烈的争论,由于在这个问题上的认识不同,实际上形成了两种不同的占有保护立法模式。以德国为代表的一种模式主张占有为一种事实状态。《德国民法典》第854条规定,物的占有,因取得对物的事实上的支配力而取得。根据立法者的解释,事实上的支配力体现为对物的事实上的

---

* 原载《浙江社会科学》2005年第6期,原标题为《试述占有的权利推定规则》。
① 参见姚瑞光:《民法物权论》,1988年自版,第403页。

一种实际管领①,是一种对物在事实上进行的控制。② 当然,也有一些学者将占有理解为权利。③ 但此种观点并非主流观点。而以日本为代表的另一种模式认为占有是一种权利即占有权。《日本民法典》物权法篇中第二章未规定占有的概念,而是规定了占有权。《日本民法典》第 180 条规定,占有权,因为自己的意思,事实上支配物而取得。根据学者的解释:"占有权的内容并非像其他物权那样要确保对外界物资的使用,而是以事实的支配作为事实,而认为其暂且正当的一项权利,以便使之得出上述法律效果。"④上述观点均不无道理,笔者认为,占有既可能是一种事实状态,也可能是一种权利。但为了扩大对占有的保护,维护交易秩序和财产安全,有必要将占有界定为事实状态。因此占有是占有人基于占有的意识而对物的事实上控制,或者说是民事主体基于占有的意识对于物进行控制的事实状态。

根据学者考证,占有的权利推定规则起源于日耳曼法上的占有,是基于占有的表彰本权的功能而产生的。⑤ 由于在罗马法上,占有制度主要是对占有事实的保护,具有诉讼法上的效力⑥,不牵涉对占有本权的认定。罗马法谚还认为"所有权与占有毫无共同之处",占有和占有权是分离的,因此在罗马法中,占有并不具有表彰本权的功能⑦,也不必实行权利的推定。"罗马法上之占有系与真实之支配权分离,专就占有本身承认其效力,而日耳曼法之占有(Gewere)系与真实之支配权相结合,为真实支配权之故,对其表象之外部状态(对物事实支配),承认其效力。"⑧因此,在日耳曼法上有必要存在占有的权利推定规则。由于该制度对于保护财产秩序具有极为重要的作用,为现代各国民法所充分采纳,以对抗所有权人的原物返还请求权作为逻辑的起点,保护善意取得为目的。⑨ 在日耳曼法上,占有虽然不是

---

① 参见〔德〕迪特尔·梅迪库斯:《德国民法总论》,邵建东译,法律出版社 2000 年版,第 22 页。
② Joost, in: Münchener Kommentar zum BGB, §854, Rn. 3.
③ 有人认为,占有是开始的所有权、推定的权利、一时的权利、相对的权利、权利地位,或弱于物权的权利。参见苏永钦:《侵害占有的侵权责任》,载《台大法学论丛》1987 年特刊。
④ 〔日〕我妻荣:《日本物权法》,有泉亨修订、李宜芬校订,五南图书出版公司 1999 年版,第 420 页。
⑤ 参见谢在全:《民法物权论》(下册),中国政法大学出版社 1999 年版,第 567 页。
⑥ Vgl. Baldus, in: Münchener Kommentar zum BGB, §1006, Rn. 8.
⑦ 参见〔英〕巴里·尼古拉斯:《罗马法概论》,黄风译,法律出版社 2000 年版,第 112 页。
⑧ 谢在全:《民法物权论》(下册),中国政法大学出版社 1999 年版,第 518 页。
⑨ Vgl. Baldus, in: Münchener Kommentar zum BGB, §1006, Rn. 8.

物权本身,但却可以成为物权的表现形式,即凡具有"Gewere"的形式、在他人不能举出反证予以推翻的情况下,就推定"Gewere"人拥有真实的权利。① 他人如果要对"Gewere"人提出异议,必须证明自己享有真实的权利,且该权利优于享有"Gewere"者的权利。②

占有的权利推定规则已经被各国立法所普遍采纳。例如,《德国民法典》第1006条第1款第1句规定:"(1)为动产占有人的利益,推定其为物的所有人。但从物从前占有人那里被盗、遗失或者以其他方式丧失的,对前占有人不适用前句的规定,但物为金钱或者无记名证券的除外。(2)为前占有人的利益,推定其在占有存续期间曾经是物的所有人。(3)在间接占有的情况下,这一推定适用于间接占有人。"其目的就在于保护尚未明确的所有权人。③《瑞士民法典》第930条规定:"(1)动产的占有人,应推定为该动产的所有人。(2)原占有人,应推定曾为该动产的所有人。"《法国民法典》第2230条规定:"在任何情况下,均推定占有人系以所有权人之身份进行自主占有,但是能够证明占有人开始占有就是为他人占有者除外。"可见,占有的权利推定规则,已经是大陆法系国家所通行的一项规则,也是各国立法所普遍采纳的经验。

在我国《物权法》制定过程中,在《物权法(草案)》(第四稿)第4条曾经确立了占有的权利推定规则,但最终通过的文本删除了这一规则。在我国民法典编纂过程中,物权编是否应当对这一规则作出规定? 笔者认为,有必要在民法典物权编中采纳这一规则,其理由主要有以下几个方面。

首先,有利于维护财产秩序,促进社会的和谐。这就是说,任何人只要事实上占有了某物,其他人都无权对其进行侵害。即使占有人是非法占有,那么也只能由有关国家机关通过一定的程序对其占有进行剥夺。任何单位和个人不能以非法占有为名,而不通过法定程序任意对其进行暴力剥夺。正是从这个意义上说,德国法学家耶林指出,在占有制度之下,强盗和小偷也受保护。④ 这种说法虽然颇为极端,但却说明了对非法占有也要通过法定程序予以剥夺的道理,也说明了占有的权利推定规则

---

① See Rudolf Huebner, A History of Germanic Private Law, trans. by Francis S. Philbrick, Little Brown and Company, Boston, 1918, pp.193—200.
② 参见李宜琛:《日耳曼法概说》,中国政法大学出版社2003年版,第60—61页。
③ Vgl. Baldus, in: Münchener Kommentar zum BGB, §1006, Rn. 1.
④ Vgl. Jhering, Über den Grund des Besitzschutzes: Schutz des Besitzes heisst auch Schutz der Rauber und Diebe, 1869, S. 53. 转引自王泽鉴:《民法物权·占有》,三民书局1995年版,第216页。

对维护财产秩序的重要性。占有的权利推定规则的适用，可以有效地防止个人采取非法的自救手段，避免出现以暴制暴、私人执法的后果。"无论在占有人之自力防御权中，还是在其占有保护请求权中，禁止之私力这个概念均有重要意义。只有存在禁止之私力时，占有之保护功能才会显现。"①按照占有的权利推定规则，财产的占有人被推定为合法占有，任何人要对该占有提出异议，则应当由提出异议主张的人进行举证，证明该占有为非法，并经过正当程序对占有予以剥夺。通过此种方式，可有效保护占有人对物的占有。任何人不经占有人同意而私自将其物取走，即使行为人没有盗窃的意图，也是实施了法律所禁止的私力救济方式。②即使是剥夺某种不合法的占有，也是应当受到法律禁止的。这就有利于维护占有的秩序，维护交易的安全。

其次，有利于维护私有财产权、鼓励社会财富的创造。一方面，通过占有的权利推定规则可以有效地保护公民占有自己的财产。我国《宪法》规定合法的财产应当受到保护，而"合法"的限定就需要通过民法中占有的权利推定规则来加以落实。这就是说，现实中占有的财产都可以推定为合法的财产，从而充分地保护公民的财产所有权，如果有人对他人的占有提出异议，必须由其依法定程序举证，证明其为合法占有人或所有人。即使是非法的财产，任何人也不能从占有人手上随意抢夺，而只能依据法律程序予以处理。另一方面，占有的权利推定规则实际上与刑法的无罪推定机理相同，即从占有的事实中首先推定占有人的占有是合法、有权的占有。公民在占有自己的财产之后，不需要时刻收集证据证明自己的财产是合法的，或者证明自己对财产具有所有权。任何人要对该占有提出异议，则只能由提出异议的人举证证明该占有是非法的，而无须由占有人证明其占有是合法的。如果每个人对自己占有的财产，一旦有人提出异议，都要证明其所有权，那么人们在购物之后必须永久地保留各种取得该财产的法律文件（如买卖合同书）或者书面证据（如购物发票），这就会使人们占有财产时也具有不安全感，给人们的生产、生活带来极大的不便。如果占有人不能举证证明自己占有的财产是自己享有所有权的财产，其财产的合法性就会受到他人挑战，这样一来，财产的秩序、安全就会受到重大损害。

再次，有利于维护交易秩序的安全、快捷。占有都具有保护本权的作

---

① 〔德〕鲍尔、施蒂尔纳：《德国物权法》（上册），张双根译，法律出版社2004年版，第155页。

② 参见《德国民法典》，陈卫佐译注，法律出版社2004年版，第277页。

用,占有的背后常存在本权,占有本身就具有表彰本权的功能,所以保护占有可以强化本权、保护本权。① 在占有人对占有的财产进行处分的时候,受让人可以借助占有的外观,产生对占有人的信赖。法律上的善意取得制度就是对善意取得人的保护。任何人都无法仅仅凭占有的事实就判断占有人的权利事实,但是要进行切实的审核既无效率也不可行,所以法律规定依据占有的事实可以推定占有人是合法的权利享有人,而在有例外证明情况时除外。占有的权利推定规则为善意取得制度奠定了理论基础,它对保护交易安全、鼓励和促进交易具有重要意义。② 还要看到,为了维护交易安全需要确定公示原则,对动产的公示方法就是占有,在物权法中,规定占有就必须对占有作出明确的界定,如果仅仅将占有限定为占有权,实际上限定了动产的公示方法,给动产的物权变动带来很大的困难。

最后,占有的权利推定规则有利于促进物尽其用、提高使用效率。占有的权利推定规则有利于维护占有的持续状态,因而占有人可以在物上形成持续的信赖和利益,从而可以更为高效、持续地利用该物,充分发挥该物的功能。德国法学家海克(Heck)、鲍尔(Baur)认为,占有人对其占有物具有继续使用的利益,占有作为持续性的状态和利益,在法律上应当获得保护。③ 此种持续性的利益在民法上有多处体现,如取得时效,租赁权的物权化等。占有的持续性规则需要由占有的权利推定规则来实现,只有推定占有是合法的,才能够保证占有人长期、持续地利用占有物,充分起到物尽其用的效果,在满足法律规定的情况下,可以依法通过取得时效获得所有权。并且民法上的先占规则,也体现了此种占有的效率规则。

二、占有的权利推定规则的内涵

所谓推定,是指依据已知的事实,对未知的事实所进行的推断和确定。"推定"一词在民事实体法以及民事程序法上的运用非常宽泛,它包括事实的推定(推定某种事实存在)、权利的推定(推定某种权利归谁所有)、意思的推定(推定行为人是否具有某种意思)、因果关系的推定等多种形式。所谓占有的权利推定规则,实际上是法律上的推定而非事实推

---

① 参见王泽鉴:《民法物权·占有》,三民书局1995年版,第171页。
② 参见于海涌:《法国不动产担保物权研究——兼论法国的物权变动模式》,法律出版社2004年版,第244页。
③ Vgl. Baur/Stuerner, Sachenrehct, §9 I 3.

定,它是指从占有人的占有事实状态中推定其具有相应的权利,此种权利既可能是所有权,也可能是其他物权。占有的权利推定规则看起来简单,但实际上具有较为复杂的内涵。笔者认为,该规则具有如下几个方面的内容。

(一) 占有的权利推定规则适用于动产和未登记的不动产

无论是动产还是不动产,均有占有的可能,只不过由于登记成为不动产物权变动的公示方法,因而不通过占有进行公示。占有的公示一般都是针对动产而言的,例如《德国民法典》1006 条的适用就仅限于动产。[①] 即使是对于船舶、飞行器和机动车,虽然采用登记的方法进行公示,但根据我国《物权法》第 24 条的规定:"船舶、航空器和机动车等物权的设立、变更、转让和消灭,未经登记,不得对抗善意第三人。"此处实行登记对抗主义,因而在没有登记的情况下,也可以通过占有推定占有人享有权利。

不动产采用登记的公示方法,因此不能从占有中推定权利,而只能根据登记确定是否享有权利,即不动产登记的推定效力。[②] 因此,当不动产登记的推定力和占有的推定力发生争议的时候,不能根据占有的推定力否定登记的推定力。例如,某人将房屋数卖,即使将房屋交付给第一个买受人,但与第二个买受人达成买卖合同并登记过户,在此情况下形成占有的推定与登记的推定效力的冲突。日本的民法学通说认为,此时应当确定两者之间的优先顺序,一般承认登记的推定力,而排除占有的推定力。[③] 笔者认为,此种观点是值得借鉴的。毕竟对不动产而言,应当以登记作为所有权归属的依据。由于不动产以登记为确定归属的依据,所以必须根据登记来判断最终的物权变动。

不动产占有虽然不存在占有的权利推定问题,但笔者认为,考虑到我国现阶段并非所有的不动产都采取登记,也并非各种不动产物权变动都采用登记要件主义(如农村土地承包经营权、地役权等),因此对于未登记的或者采取登记对抗主义的不动产物权而言,占有人如果占有了不动产,也应当通过权利推定规则对其进行保护。

(二) 任何人占有某项财产,在法律上都推定其享有权利

推定占有人享有权利,实际上就是推定占有人的占有是合法占有,但

---

① Vgl. Baldus, in: Münchener Kommentar zum BGB, §1006, Rn. 12.
② 我国《物权法》第 16 条规定:"不动产登记簿是物权归属和内容的根据……"
③ 参见〔日〕田山辉明:《物权法》(增订版),陆庆胜译,法律出版社 2001 年版,第 132 页。

此处所推定的权利究竟是何种权利,法律并没有作出明确的规定。有观点认为,占有的推定效力意味着占有人原则上在占有物上享有所有权,在间接占有与直接占有重叠时,最上阶段的间接占有人,推定为所有权人。① 此种观点的理由在于:占有在通常情况下源于所有权,因为所有权以占有为起点,同时所有权的取得通常以实际占有为表征,对占有的保护通常就是对所有权的保护,保护占有不过是保护所有权的一种手段。正因如此,德国学者耶林认为,占有保护是"简化的所有权保护"。此外,德国利益法学派代表人物赫克也持此种主张。② 对此,笔者认为,依据占有事实状态将占有推定为所有权并不妥当,因为这会使得占有的推定规则的效力过于强大,在很多情况下反而不利于维护财产秩序,甚至可能与物权法的规则发生冲突和矛盾。因为大量的占有是一种事实状态,法律上推定为合法占有,主要是从维护和平秩序考虑,如果从事实状态中推定为所有权,可能会使临时的占有或者基于债权性质的占有都上升为具有所有权性质的占有,反而导致一些新的纠纷的发生。例如,某人捡到他人的财物,应当归还他人,但在找到失主之前,应当推定其有权占有,但这并非说其应当以所有人的身份进行占有,也不能推定其享有所有权,否则也会与拾得人将遗失物归还给失主的规则相矛盾。

笔者认为,推定权利人的权利包括可能发生有权占有的各种本权,除了占有权之外,有可能包括物权,甚至债权。例如,当事人双方在签订土地承包经营权之后,并未办理登记手续,但已交付了土地,受让人的占有应当推定为具有物权的占有。又如,有人租赁他人的房屋,出租人已经将房屋交付给承租人使用,尽管双方对租赁合同存在一定争议,但在租赁合同尚未终止之前,如果第三人侵害租赁权,推定租赁人为合法占有,并根据占有的权利推定规则获得保护。占有所依据的本权不同,在法律上获得保护的方式也有所区别,如果占有是一种事实状态,就可以占有之诉的方式进行保护。因为占有是一种事实,所以占有人无权处分占有物,导致受让人善意取得所有权,占有人应当依不当得利的规定将其获得的利益返还给原权利人。③ 如果其本权是物权,就可以行使物权请求权;如果本权是债权,则可以通过债权的保护方法来保护占有人的权利。

---

① 参见史尚宽:《物权法论》,中国政法大学出版社 2000 年版,第 579 页。
② Vgl. Windscheid/Kipp, Lehrbuch des Pandektensrechts, Band I, 9 Aufl., 1906, S. 743, Anm 6.
③ 参见王泽鉴:《民法物权·占有》,三民书局 1995 年版,第 30 页。

(三) 即使是无权占有，也推定占有人是善意占有

善意占有是指占有人不知或不应当知道其不具有占有的权利而仍然占有某项财产。例如，不知道他人在市场上出售的财产是盗赃物，而以合理的价格购买了该财产并对该财产进行了占有。占有人占有该财产主观上是善意的。根据我国现行司法解释的规定，盗赃物上不能成立善意取得，因而买受人的占有为无权占有。如果占有人明知其无占有的权利或对其有无占有的权利有怀疑，则应为恶意占有。

善意占有与恶意占有区别的意义在于：第一，如果占有人在购买由他人无权处分的财产时，主观上是善意的，其占有该财产也是善意的，这样便可以依善意取得制度而取得对该财产的所有权，但恶意占有人则不能依善意取得制度获得对财产的所有权。第二，如果占有人基于将财产据为己有的意思，善意、和平、公然、持续不间断地占有某项财产，经过法定的占有时效期间，则可依占有时效制度取得对其占有财产的所有权。第三，在不当得利返还上，善意占有人一般只返还现存的利益，而对于已经灭失的利益不负返还的责任。而恶意占有人在此情况下则应负赔偿的责任。第四，在返还原物时，善意占有人可请求所有人返还其为保管、保存占有物所支付的费用，对已经在占有物上所获得的孳息不负返还义务。而恶意占有人在返还原物时，无权请求占有人返还其支付的费用，并有义务返还其所获得的孳息。

按照占有的权利推定规则，在占有人无权占有某物的情况下，如果没有相反的证据，就应当推定占有人的占有是善意的。法谚有云："法律不推定恶意。"因此，如果某人主张占有人是恶意的，该人必须承担举证责任。根据日本判例及学者意见，法律既无推定之规定，占有人就无过失之事实，应负举证之责任。① 我国台湾地区判例学说也大多采此种观点。王泽鉴先生认为，占有人是否有过失能否进行推定，应当由占有人进行举证。② 姚瑞光先生认为，占有人是否以善意而为占有，因系其个人内心的情事，如无相反证据，推定其为善意占有。③ 我国《物权法（草案）》也采纳此种观点。《物权法（草案）》（第四稿）第 261 条曾规定："无权占有，包括善意占有和恶意占有。无权占有，除有相反证据证明外，推定善意占有。"

---

① 参见姚瑞光：《民法物权论》，1988 年自版，第 405 页。
② 参见王泽鉴：《民法物权·占有》，三民书局 1995 年版，第 206 页。
③ 参见姚瑞光：《民法物权论》，1988 年自版，第 405 页。

但该条最后没有被《物权法》采纳。笔者认为,采纳此种规则是十分必要的,这是因为在无权占有的情况下,要由占有人证明自己是善意的非常困难。在侵害占有的情况下,应当由主张恶意占有的人负担举证责任,而不能由现实占有人自己举证证明自己的占有是非恶意的。

(四) 举证责任的倒置

通过占有的权利推定规则保护占有人的权利,就要采取举证责任倒置的办法,由向占有人的占有提出异议的人负担举证责任。通常提出异议的人必须证明占有人首先是无权占有,如果其主张返还原物请求权,其还必须证明自己是真正的所有人或者其他物权人,或者其享有合法的占有权而被现占有人侵害。如果不能证明自己是所有人或者真正的权利人,那么他只能请求有关国家机关依据一定的程序剥夺现占有人的占有,而其自己不能依据非法的自力救济方式剥夺现占有人的占有。

按照施蒂尔纳的观点,占有的权利推定规则主要适用于诉讼程序中。也就是说,在一些案件中,因为财产权属发生争议,可以采取推定的方式,而举证责任倒置也是在诉讼中采用的。① 由于在发生权属争议的情况下,一般都要由法院确定权属、解决争议,因此占有的权利推定规则主要适用于诉讼。

三、占有的权利推定规则与公信原则

所谓公信原则,是指物权法要保护交易关系中的善意第三人,对依据公示方法所公示的权利状态的信赖,从而维护交易的安全。就动产而言,动产的权利一般以占有为公示手段,因而受让人可以基于出让人占有的事实,合理信赖该出让人为动产的权利人。对此种信赖利益,法律也应当予以保护,这实质上是保护交易安全。占有的推定力是对占有表征的肯定,对动产而言,占有的公信力是占有推定效力的延伸②,转让人要承担损害赔偿责任,真正的所有人不能从善意受让人处追回该物,只能要求转让人赔偿。

笔者认为,占有的权利推定规则与公信原则的关系主要表现在如下

---

① 参见〔德〕鲍尔、施蒂尔纳:《德国物权法》(上册),张双根译,法律出版社2004年版,第63页。
② 参见叶金强:《登记之公信力:不动产善意取得制度》,载《厦门大学法律评论》2005年第1期。

几个方面。

第一,占有的权利推定规则是公信力的具体体现。所谓公信力,是指完成公示方法所产生的法律推定的效力,这就是说,对基于占有和登记所公示的权利状态,第三人产生了信赖,并依据此种信赖发生了交易,对此种交易法律应当保护。具体而言,物权法上的公信力原则在动产和不动产上表现不同,前者通过占有的形式体现出来,后者通过登记的方式表现出来。占有的公示的效力与登记的效力相比较,其公示效力较弱,其权利的表彰作用不是非常突出。例如,从某人占有的事实中,可能推定其享有权利,但是否必然享有物权尤其是享有处分权,不能简单地从占有中得出结论。所以有学者指出,"法律交易上动的安全的维护有赖于建立信赖保护原则,而此需以具有一定的权利表征作为基础,如何落实于具体制度,则涉及利益衡量和公示的问题"[①]。借助于占有的表征功能,可以将权利人的权利外在化,产生权利的公示效果,从而维护社会交易的安全。这种占有的公信力,在没有善意取得发生的场合就体现为占有的权利推定规则,即推定占有人为权利人。

第二,占有的权利推定规则是保护信赖利益的前提。在法律上,信赖利益是交易安全的重要表现。现代民法与古代民法的重要区别即在于古代民法承担的任务主要是维护静的安全,一般不保护动的安全。但现代民法,既要保护静的安全,又要维护动的安全。在上述两种安全利益发生冲突的时候,要优先保护交易安全。正是基于此种考虑,所以现代物权法产生了善意取得制度。就动产的善意取得规则而言,受让人之所以获得所有权并不在于其取得了占有,而在于其信赖无权处分人的占有[②],该规则应当以占有的权利推定规则为适用前提。现代民法产生了善意取得制度,该制度主要是为了维护交易的安全和便利。但是,占有之公信力仍为其不可欠缺之基础。[③] 善意取得之所以能够产生,其根本原因在于,占有能够产生表彰权利的功能。当然,在现实生活中,占有可能与权利是重合的,但在许多情况下,这两者也可能是分离的。在当事人从事交易时,其往往难以通过仔细的调查确认占有人的财产是否合法,以及是否具有相应的处分权能,因为此种调查可能需要大量的成本。而且即使进行此种调查,相对人也未必能够真正确定交易人是否为有权处分人。如果占有

---

① 王泽鉴:《民法物权·占有》,三民书局1995年版,第242页。
② 参见史尚宽:《物权法论》,中国政法大学出版社2000年版,第49页。
③ 参见谢在全:《民法物权论》(上册),中国政法大学出版社1999年版,第221页。

人处分财产，受让人已经对占有人的占有形成合理的信赖，即相信其具有合法的处分权，而此种信赖利益不能得到保护，则无法维护交易安全。正是因为法律为了避免交易成本，维护交易安全，使当事人能够迅速地达成交易，只能赋予动产占有人有表彰权利的功能。只要第三人能够依据占有对出让人产生信赖，就应当对这种信赖利益进行保护，由此产生了善意取得制度。① 可见基于占有公信力而产生的动产善意取得制度，有赖于占有的权利推定制度为其提供信赖正当性的基础。

应当看到，占有的推定效力与占有的公信力虽然存在着紧密的联系，但并不完全等同。首先，二者的制度功能不同。占有的推定效力的功能最主要的是解决证明责任的问题②，而占有的公信力则是要解决对于合理信赖的保护问题。其次，二者的效果也并不完全相同。在占有的推定效力中，当事人可以通过反证的方式证明占有人并非真正的权利人，进而推翻这一推定。而根据占有的公信力原则，相对人基于对出让人占有标的物的合理信赖，而与其进行交易，此种信赖应受到法律保护。合理信赖占有的买受人将不可逆转地取得标的物的所有权。③ 就这一点而言，二者的功能不能等同。

四、占有的权利推定规则与取得时效

取得时效(usucapion)，又称为占有时效，它是指占有他人的动产、不动产或其他财产权的事实状态经过一定的期限以后，将取得该动产或不动产的所有权或其他财产权。④ 自罗马法以来，诉讼时效和取得时效均已存在。大陆法系国家现行民法大多都确认了这两种时效。我国《民法总则》已经确认了诉讼时效，但并没有规定取得时效制度。

取得时效制度被认为是占有的持续性利益因时间的经过而被增强的体现。⑤ 取得时效的规定以占有的权利推定规则的确立为前提，没有占有的权利推定规则，则取得时效制度就不能被完整确立。取得时效基于占有人和平、公然和持续地占有他人之物；基于此种长期和公然的、以所有

---

① 参见叶金强：《公信力的法律构造》，北京大学出版社2004年版，第90页。
② 参见朱广新：《论物权法上的权利推定》，载《法律科学》2009年第3期。
③ 参见孙维飞：《占有推定之运作机理》，载《华东政法大学学报》2011年第4期。
④ 参见梁慧星、陈华彬编著：《物权法》，法律出版社2003年版，第128页。
⑤ 参见〔德〕鲍尔、施蒂尔纳：《德国物权法》(上册)，张双根译，法律出版社2004年版，第109页。

人意思的占有,其所产生的合理预期应当受到保护;而且,基于此种占有,他人已经对占有人的财产权形成合理信赖。因此,取得时效是占有推定效力的逻辑必然结果和集中体现。取得时效不同于善意取得,前者维持的是客观上存在的一种时间持续的状态,而后者强调的是对交易过程中善意相对人的保护,实质上是要保护交易安全。或者说,取得时效更注重客观事实,它虽然重视占有人的占有是否形成了一种自主占有的状态,但并不完全考虑主观状态是否为善意,因为在一些国家的民法中承认在恶意状态下经过一定的期间也可以取得权利。同时,对占有人的主观状态是否为自主占有也常常采用推定的办法。①

如果不对占有的权利推定规则进行规定,那么通过取得时效的经过而获得物权是非常困难的。如果不规定占有的权利推定规则,那么占有人的占有状态将时常面临被推翻的危险,加之他人可能侵害该占有或不负举证责任地推翻该占有,则只要占有人不能完成其为合法占有的举证,就无法继续完成对物的持续占有,无法获得取得时效的保护。在取得时效制度中,当事人占有的并非自己的财产,因而取得时效制度的价值正是建立于对占有推定效力的基础之上。如果不对占有的权利推定制度进行规定,那么即便规定取得时效制度也只能是空中楼阁,当事人仍然无法通过完成和平、公然、持续的占有获得物权。

虽然取得时效的规定以占有的权利推定效力为前提,但是反之却并不成立,即纵使民法典物权编不对取得时效进行规定,占有的推定效力仍然有存在的必要。取得时效以占有的推定效力为前提,占有的推定效力却不以取得时效为前提。作为取得时效的前置状态,占有的推定效力本身就可以为占有人的保护提供制度基础,而无须借助取得时效制度。因而,占有的权利推定规则具有独立的制度价值,不以取得时效规则的确立为前提。

五、排除占有的权利推定规则的情形

占有的权利推定规则所说的推定实际上仍然是可推翻(widerlegbar)的推定。如果具备法律所规定的排除该规则适用的要件,则可以推翻该推定。② 虽然占有的权利推定规则极为重要,但是并非在任何情况下都可

---

① 参见温世扬、廖焕国:《物权法通论》,人民法院出版社2005年版,第233页。
② 参见〔德〕鲍尔、施蒂尔纳:《德国物权法》(上册),张双根译,法律出版社2004年版,第181页。

以适用该规则,排除该规则使用的情形主要有以下三种:

第一,在法律上不以占有为要件的物权不适用。对于那些不以占有为内容的物权,因为物权的内容不包括占有标的物,因此不可能依据占有的权利推定规则推定占有人为物权人。比如抵押权,因为抵押权的成立无须抵押权人占有抵押物,所以,依据占有的权利推定规则,无法推定出占有人为抵押权人。

第二,如果占有人的占有是基于他人移转占有而取得,那么,在占有人和前占有人之间不能适用占有的权利推定规则。例如,前占有人因租赁关系而移转房屋的占有给现占有人,后来双方就租赁关系是否存在发生了争议。此时,现占有人不能以占有的权利推定规则为由主张其为有权占有,从而证明其租赁关系的存在。① 从这个意义上说,占有的权利推定规则主要适用于外部的关系,即占有人与第三人的关系,而不适用于占有人与占有让与人之间的关系。这主要是因为,占有对于内部关系不具有表彰功能。"盖本条之效力乃是以占有之权利盖然性为基础,基于占有之表彰本权机能而生,以避免占有人对本权举证之困难,实现以占有为表彰作为交易安全保护之制度。故上述两种情形在此制度旨趣下,殊无适用权利外观法理之理由。"②

第三,占有的权利推定规则不适用于占有辅助人的推定规则。所谓占有辅助人是指受占有人的指示而事实控制某物,占有辅助人通常基于雇佣或者其他关系而发生。例如,甲雇用乙操作机器,乙依据甲的指示占有机器,在此无法推定,乙对该机器享有合法的占有,因为乙不过是按照甲的指示而占有该机器。假如对于占有辅助人也适用占有的权利推定规则,则将会造成权属关系混乱,如雇佣人占有机器,其只是为了雇主的利益占有财产,其本身并不是占有人,更不能从其占有的状态中推定其享有权利。

应当指出,占有的权利推定规则只具有消极作用,并不具有积极作用。所谓消极作用,是指法律仅保护占有人合法的占有事实状态,以对抗第三人的不法侵害行为,但占有人不能仅仅以占有为依据,请求法院确认其享有某项物权,并办理相应的登记手续。这是因为占有的权利推定规则只是维持现有的临时财产状态,而不是确认最终的财产归属,因此,占有人也不能基于占有事实状态要求法院确认其享有合法的占有本权。

---

① 参见谢在全:《民法物权论(下册)》(修订二版),三民书局2003年版,第569页。
② 谢在全:《民法物权论(下册)》(修订二版),三民书局2003年版,第569页。

《物权法》第33条规定:"因物权的归属、内容发生争议的,利害关系人可以请求确认权利。"这就在法律上第一次确定了确权请求权。但是,占有人在请求确认物权归属时,不能仅仅依据自己合法占有某物,就要求重新确权,其还必须提出其他证据,证明其对某物享有物权。

  关于间接占有是否可以适用占有的权利推定规则,值得研究。所谓间接占有,是指不直接占有某物,但因为根据一定的法律关系而对占有某物的人享有占有返还请求权,因而对该物形成间接的管理和控制。例如,出租人将其财产出租给承租人之后,承租人是直接占有人,出租人是间接占有人。对于间接占有基础上的推定是否能够成立权利推定,在学说上具有不同的看法。德国法是承认间接占有的权利推定的①,《德国民法典》第1006条第3款规定:"在间接占有的情形下,这一推定为间接占有人的利益而适用于他。"日本民法学通说认为,有瑕疵的占有也具有推定效力,所以间接占有也可以进行权利推定。② 笔者认为,间接占有不具有占有所应当具备的事实上的控制、支配的表彰功能,所以它不能产生公示的效果,但是从占有的权利推定规则角度来看,如果其能够证明依据一定的法律关系的存在而享有占有权,也可以受到占有之诉的保护,因此可以适用占有的权利推定规则。

---

① Vgl. Baldus, in: Münchener Kommentar zum BGB, §1006, Rn. 35.
② 参见〔日〕田山辉明:《物权法》,陆庆胜译,法律出版社2001年版,第132页。

关键词索引

B

保护收益　172
保障债权实现　93,184,196,616,618
被担保债权价值　663
本权　133,240,688,691,694,702,
　　711
比例原则　416
必要便利　411,417,420
补偿功能　128,136
不动产使用权抵押　676
不动产他物权　437,442,443
不作为义务　408

C

财产　73,248,449,458,572,586,614
产权保护　274,422,445
车库归属　298,302,309,310
车库转让　313,314
成员集体所有　485,490,492,499
成员权　47,482
成员资格　488,494
诚信原则　91,113,116,374,609
程序控制　355,356
抽象支配　81,245,250
出让金　304,452
处分权　23,253,258,265,460,600

从物　301,308
促进投资　171,277,288

D

担保法　232,430,563,617,634,655
担保物权　6,14,28,39,55,93,525,
　　563,581
担保物权冲突　595
担保物权实现　40,61,578,596
担保物使用价值　591
登记　18,43,55,183,200,206,211,
　　653,655,712
登记对抗主义　145,206,335,438,
　　442,658
登记要件主义　206,331,438,441,
　　443,681
涤除权　605,607
抵押　50,59,84,179,186,216,566,
　　614,620,622,628
抵押期限　440
抵押权　192,526,614,657,660
抵押权实现　524,527,617,625,628
抵押物价值　61,603,615,617,627
抵押物转让　61,598
地役权　27,87,236,438,534
典当　59,517,566
典权　54,164,266,517

定分止争 80,82,160,277,452,510
动产担保 28,432,571,581,594
动产担保登记 650,655
动产抵押 28,570,582,606,646
动产抵押公示 664
动产抵押实现 663
动产浮动抵押 31,179,607,661
动产交付 43,200,327,332,660
动产让与担保 60,163,167,566,567,583
动产他物权 431,436,437,442
动产质押 56,571,582,648,652
对抗第三人 188,438,440,511,530,702
对人权 9,18,19,22
多重抵押 614,620,622,628,660

E

恶意添附 374,375,376
恶意占有 693,694,705,714,715

F

法定抵押权 429
法治环境 71,280,283,295
反面排除 652
妨碍 127,129,135,136,479,544
房屋用途转化 451
非典型担保 28,162,594,648
分别立法 536,537
分管协议 49,90,100
否认之诉 396
附合 91,367,371,375

G

公共利益 23,167,293,339,402
公共利益类型化 345,347,349,350
公平竞争 71,288,289,380
公平原则 376,641,642
公示 18,40,200,440,463,591,679
公示方法 44,145,200,436,437,439,589,653,679
公示效力 44,209,217,439
公信原则 33,554,715
共同保证 635,636,642,645
共益权 496
共有 48,247,298,301,487,489
共有部分 48,88,302,303
共有份额 378,386,387,390,392
共有人 90,100,247,377,489
购房目的 457
归责基础 131
规范公权 276,283,284,292
国家所有权 5,6,75,252,224,448
国家所有说 304,485

H

合并立法 535,536,537
合同编 57,565,636,645
合意 309,429,432,439,630
化解纷争 173
混合 91,367,371,634
混合共同担保 564,634

J

基本经济制度 41,66,67,152,220,

225,284
基金份额质押 93,180,566
激励投资 274
集合财产 27,37,244,586
集合财产担保 37
集体经济组织 7,47,484,495,524,574
集体经济组织成员权 47,48,482
加工 91,333,367,368,371,374
价款履行方式 381
价款支付期限 382
价值权 616,623,627,660
间接占有 211,261,327,437,713
建设用地使用权 19,52,53,186,231,299,444,463,468
建设用地使用权自动续期 444,446,449,455
建筑物区分所有权 26,48,88,297,302
交付 16,43,59,146,200,206,211,332,658
交付行为 107,109,171,333
交易安全 19,32,97,112,153,171,319,707
交易安全保护 719
交易成本 90,156,207,286,393
交易规则 86,174,286,380
禁止权利滥用 25
经济全球化 37,581
经营权 49,83,265,524,576,588
拘束 49,167,419
居住权 50,100,165,444,453,500
举证责任倒置 294,715

具体利用 250
绝对性 17,151,246,401,402

K

开发商所有说 303
开放列举 349
开放性 6,162,342,353,361
可转让性 85,569,573,669,676
客观要件 698
空间 6,27,87,163,230,298,300,344,459,462,473
空间利用权 27,299,300,465,472,475
空间权 37,300,458
空间权独立说 463,464
空间用益物权 27
扩大财产保护范围 225

L

利益冲突 85,223,412,538,603
利益期待 290,488,555
利用 12,24,27,30,31,81,100,243
利用权 84,88,460
连带债务 636,642
两大法系 8,19,151,163,230,582,589
留置权 31,263,429,577,596,665
流押契约 57
罗马法 18,30,81,103,107,122,147,235,396,535
裸体所有权 253

M

民法典 41,218,500,563

民法典编纂　218,457,505,635,709
民生　222,454,502

N

内容法定　143,145,227
农村土地权利　482
农村土地所有权　484,485,490

P

排除妨害请求权限制　418
排除妨害之诉　122
排他性　17,245,246,547,549,620
平等保护　70,76,293
平等保护原则　65,220,278,293
破产程序　191,192
普布利西亚那之诉　122
期待权　29,189,383

Q

强制执行　190,568,627,664,675
侵权损害赔偿请求权　44,121,367
侵权责任　20,127,129,138,365,366,369
请求权　16,44,121,372,418,702
取得时效　47,225,717
权利担保　56,584,596
权利滥用　25,95,96,609
权利人　3,17,126,317,418,550,705
权利顺位　188,196
权利推定　294,295,320,700,720
权利推定效力　240,326,700,718
权利移转　249
权利质押　28,176,585,652,666

权能分离　30,86,256,427,429,502
全面保护　81,132,227,276,293
全民所有制企业　252
确认产权　75,250,285,372,376

R

让与担保　28,60,182,566,595
人均居住面积　457
日耳曼法　81,235,261,688,708
容忍义务　99,395
容忍义务的限度　412,413,418
融资难　524,571,588,668

S

善意取得　33,116,210,215,316,610,716
善意占有　253,693,694,701,714
商品房按揭　569
社会连带主义　402
实质性损害　412,414
使用年限　450,451
使用权　10,52,53,265,299,479,551
市场经济　33,70,101,221,224,274,487
市民法所有权　237
事实状态　7,259,262,687,692,695,700,713
收费权　37,101,567,568,585,666
收费权质押　56,568,666
收费权质押公示　679
收费账户质押　678
收益权　84,256,265,526,677
受让人善意　316,321,338,606

诉权　122,123,647,704
损害　24,44,121,367,393,414,694
所有　12,30,73,76,86,248,298,302,490,493
所有权　5,22,26,89,235,252,407
所有权的分割　247
所有权期限分割　26
所有权权能分离　30,257,286,429,430,502
所有权社会化　22,401,402,406
所有权限制　23,249,401,402,540
所有物返还之诉　122,123
所有制关系　66,152,258,259,264

T

他物权　86,147,238,427,558
特殊动产　43,200,335
特殊动产无权处分　215
特殊动产一物数卖　211,212,214
体素　261,695
添附　10,46,91,365,428,476
添附物　91,371,374,
同等条件　196,312,380
土地承包经营权　48,49,101,231,488,573
土地承包经营权物权化　488
土地经营权　49,101,524,576

W

外部性　153,154,287,494
危害后果　132
维护秩序　171,691
稳定性　49,227,438,581,646

无偿　329,330,378,452,504,514
无权处分　33,215,336,606
无权占有　7,135,226,690,694,714
无体物　8,10,11,36,130,237
无形财产　10,12,37,130,292,586
物尽其用　80,157,217,430,539
物权　3,65,92,103,546,665
物权编　41,98,500,517,563
物权变动　43,105,176,184,200,427,605
物权法　22,65,80,183,218,297,316
物权法定　28,141,593
物权行为　103,433,623
物权行为独立性　107,108,109,110
物权行为无因性　112,114,115,116,119
物权合意　104,106,107,108,114,120,434
物权客体　8,35,165,228,552
物权契约　104,106,109,111,115
物权请求权　16,44,121,373,703,706
物权设定　39
物权体系　81,103,157,523
物权主体　4,5,6,7

X

限制处分　187,195,197,198
限制转让说　599
相对无效　188,196
相邻关系　24,99,395,534
享有　14,16,89,113,459,475,493,

503,712
效力法定 145,146
效率原则 98,99,373,374,390
心素 260,261,695,697
新型财产权利 292
新型担保方式 564,565
行为激励 289
行政许可 547,552,553,667,671

Y

业主所有说 302
一般抵押权 578,664
一体说 115,470,472,473,475
一物多权 244
一物数卖 186,212,332
一物一权 16,88,244,592,616
以手护手 249
意思自治 145,159,430,431,593
营商环境 279
营业质权 58,566
应收账款质押 63,181,231,568,670
用益物权 27,49,91,475,551
用益物权类型 224,471,527,537
优先购买权 196,377
优先购买权的保护 392
优先购买权的不当行使 387,388
优先购买权的竞存 391
优先购买权行使期限 384,385,386
优先受偿 179,187,192,578,583,682
有偿转让 328,377
有价证券 9,36,170,176,269,674

有体物 8,10,129,228,467,672
预防功能 128,129,136
预告登记 177,183,222,326
约定归属说 306
约定优先原则 643

Z

在建工程抵押 199,653
宅基地使用权抵押 573,580
债权行为 111,115,116,433
债权请求权 15,113,189,407
债权物权化 189
占有 7,147,176,226,240,259,330,687,707
占有保护请求权 124,177,695,702,710
占有权 10,258,441,690,708,720
占有型担保 40,582,584,589
征收 25,293,306,340,348,361,468
正当补偿 25
证券法 10,173,178
证券市场 170
支配权 13,18,19,81,126,244,252,548,600
支配性 13,15,18,20,30,467,548,549
制度创新 173,231,551
质押客体 63,64,180,671,675,676
种类法定 141,145,168,227
重大损害 24,399,412,421,710
主观要件 696,697
住宅建设用地使用权 52,222,444
专有部分 88,299,301,312,314

追偿权　634
追及效力　62,164,599,601,607,664
准用益物权　96,550,551
自动续期　52,222
自然资源　37,38,74,224,228,551

自益权　496,497
自由转让说　62,599,600
最低居住面积　455
最高额抵押　28
作为事实状态的占有　694,695

法律文件全简称对照表

全　　称	简　　称
《中华人民共和国物权法》	《物权法》
《中华人民共和国民法通则》	《民法通则》
《中华人民共和国合同法》	《合同法》
《中华人民共和国著作权法》	《著作权法》
《中华人民共和国国家赔偿法》	《国家赔偿法》
《中华人民共和国民法总则》	《民法总则》
《中华人民共和国宪法》	《宪法》
《中华人民共和国城市房地产管理法》	《城市房地产管理法》
《中华人民共和国土地管理法》	《土地管理法》
《中华人民共和国担保法》	《担保法》
《中华人民共和国企业国有资产法》	《企业国有资产法》
《中华人民共和国侵权责任法》	《侵权责任法》
《中华人民共和国森林法》	《森林法》
《中华人民共和国草原法》	《草原法》
《中华人民共和国立法法》	《立法法》
《中华人民共和国票据法》	《票据法》
《中华人民共和国民事诉讼法》	《民事诉讼法》
《中华人民共和国海商法》	《海商法》

(续表)

全　称	简　称
《中华人民共和国民用航空法》	《民用航空法》
《中华人民共和国道路交通安全法》	《道路交通安全法》
《中华人民共和国船舶登记条例》	《船舶登记条例》
《中华人民共和国民用航空器权利登记条例》	《民用航空器权利登记条例》
《中华人民共和国私营企业暂行条例》	《私营企业暂行条例》
《中华人民共和国私营企业所得税暂行条例》	《私营企业所得税暂行条例》
《中华人民共和国合伙企业法》	《合伙企业法》
《中华人民共和国独资企业法》	《独资企业法》
《中华人民共和国继承法》	《继承法》
《中华人民共和国企业破产法》	《企业破产法》
《中华人民共和国人民防空法》	《人民防空法》
《中华人民共和国信托法》	《信托法》
《中华人民共和国公益事业捐赠法》	《公益事业捐赠法》
《中华人民共和国行政诉讼法》	《行政诉讼法》
《中华人民共和国海域使用管理法》	《海域使用管理法》
《中华人民共和国渔业法》	《渔业法》
《中华人民共和国城镇国有土地使用权出让和转让暂行条例》	《城镇国有土地使用权出让和转让暂行条例》
《中华人民共和国城市规划法》	《城市规划法》
《中华人民共和国税收征收管理法》	《税收征收管理法》
《中华人民共和国公路法》	《公路法》
《中华人民共和国农村土地承包法》	《农村土地承包法》
《中华人民共和国村民委员会组织法(试行)》	《村民委员会组织法(试行)》

(续表)

全　称	简　称
《中华人民共和国村民委员会组织法》	《村民委员会组织法》
最高人民法院《关于适用〈中华人民共和国物权法〉若干问题的解释（一）》	《物权法司法解释（一）》
最高人民法院《关于审理买卖合同纠纷案件适用法律问题的解释》	《买卖合同司法解释》
最高人民法院《关于贯彻执行〈中华人民共和国民法通则〉若干问题的意见（试行）》	《民通意见》
最高人民法院《关于适用〈中华人民共和国婚姻法〉若干问题的解释（一）》	《婚姻法司法解释（一）》
最高人民法院《关于适用〈中华人民共和国担保法〉若干问题的解释》	《担保法解释》
最高人民法院《关于审理房地产管理法施行前房地产开发经营案件若干问题的解答》	《房地产管理法施行前若干问题的解答》
最高人民法院《关于审理建筑物区分所有权纠纷案件具体应用法律若干问题的解释》	《区分所有权司法解释》
最高人民法院《关于适用〈中华人民共和国民事诉讼法〉的解释》	《民事诉讼法司法解释》

《物权法》与《民法典》对照表

《物权法》	《民法典》
第1条	（删除）
第2条	第205条
第3条	第206条
第4条	第207条
第5条	第116条
第6条	第208条
第7条	（删除）
第8条	（删除）
第9条	第209条
第10条	第210条
第11条	第211条
第12条	第212条
第13条	第213条
第14条	第214条
第15条	第215条
第16条	第216条
第17条	第217条
第18条	第218条
第19条	第220条
第20条	第221条
第21条	第222条
第22条	第223条

(续表)

《物权法》	《民法典》
第23条	第224条
第24条	第225条
第25条	第226条
第26条	第227条
第27条	第228条
第28条	第229条
第29条	第230条
第30条	第231条
第31条	第232条
第32条	第233条
第33条	第234条
第34条	第235条
第35条	第236条
第36条	第237条
第37条	第238条
第38条	第239条
第39条	第240条
第40条	第241条
第41条	第242条
第42条	第243条
第43条	第244条
第44条	第245条
第45条	第246条
第46条	第247条
第47条	第249条
第48条	第250条

（续表）

《物权法》	《民法典》
第49条	第251条
第50条	第252条
第51条	第253条
第52条	第254条
第53条	第255条
第54条	第256条
第55条	第257条
第56条	第258条
第57条	第259条
第58条	第260条
第59条	第261条
第60条	第262条
第61条	第263条
第62条	第264条
第63条	第265条
第64条	第266条
第65条	（删除）
第66条	第267条
第67条	第268条
第68条	第269条
第69条	第270条
第70条	第271条
第71条	第272条
第72条	第273条
第73条	第274条

（续表）

《物权法》	《民法典》
第74条	第276条
	第275条
第75条	第277条
第76条	第278条
第77条	第279条
第78条	第280条
第79条	第281条
第80条	第283条
第81条	第284条
第82条	第285条
第83条	第286条
第84条	第288条
第85条	第289条
第86条	第290条
第87条	第291条
第88条	第292条
第89条	第293条
第90条	第294条
第91条	第295条
第92条	第296条
第93条	第297条
第94条	第298条
第95条	第299条
第96条	第300条
第97条	第301条
第98条	第302条

（续表）

《物权法》	《民法典》
第 99 条	第 303 条
第 100 条	第 304 条
第 101 条	第 305 条
第 102 条	第 307 条
第 103 条	第 308 条
第 104 条	第 309 条
第 105 条	第 310 条
第 106 条	第 311 条
第 107 条	第 312 条
第 108 条	第 313 条
第 109 条	第 314 条
第 110 条	第 315 条
第 111 条	第 316 条
第 112 条	第 317 条
第 113 条	第 318 条
第 114 条	第 319 条
第 115 条	第 320 条
第 116 条	第 321 条
第 117 条	第 323 条
第 118 条	第 324 条
第 119 条	第 325 条
第 120 条	第 326 条
第 121 条	第 327 条
第 122 条	第 328 条
第 123 条	第 329 条
第 124 条	第 330 条

（续表）

《物权法》	《民法典》
第 125 条	第 331 条
第 126 条	第 332 条
第 127 条	第 333 条
第 128 条	第 334 条
第 129 条	第 335 条
第 130 条	第 336 条
第 131 条	第 337 条
第 132 条	第 338 条
第 133 条	第 342 条
第 134 条	第 343 条
第 135 条	第 344 条
第 136 条	第 345、346 条
第 137 条	第 347 条
第 138 条	第 348 条
第 139 条	第 349 条
第 140 条	第 350 条
第 141 条	第 351 条
第 142 条	第 352 条
第 143 条	第 353 条
第 144 条	第 354 条
第 145 条	第 355 条
第 146 条	第 356 条
第 147 条	第 357 条
第 148 条	第 358 条
第 149 条	第 359 条
第 150 条	第 360 条

（续表）

《物权法》	《民法典》
第151条	第361条
第152条	第362条
第153条	第363条
第154条	第364条
第155条	第365条
第156条	第372条
第157条	第373条
第158条	第374条
第159条	第375条
第160条	第376条
第161条	第377条
第162条	第378条
第163条	第379条
第164条	第380条
第165条	第381条
第166条	第382条
第167条	第383条
第168条	第384条
第169条	第385条
第170条	第386条
第171条	第387条
第172条	第388条
第173条	第389条
第174条	第390条
第175条	第391条
第176条	第392条

（续表）

《物权法》	《民法典》
第 177 条	第 393 条
第 178 条	（删除）
第 179 条	第 394 条
第 180 条	第 395 条
第 181 条	第 396 条
第 182 条	第 397 条
第 183 条	第 398 条
第 184 条	第 399 条
第 185 条	第 400 条
第 186 条	第 401 条
第 187 条	第 402 条
第 188 条	第 403 条
第 189 条第 1 款	
第 189 条第 2 款	第 404 条
第 190 条	第 405 条
第 191 条	第 406 条
第 192 条	第 407 条
第 193 条	第 408 条
第 194 条	第 409 条
第 195 条	第 410 条
第 196 条	第 411 条
第 197 条	第 412 条
第 198 条	第 413 条
第 199 条	第 414 条
第 200 条	第 417 条
第 201 条	第 418 条

（续表）

《物权法》	《民法典》
第 202 条	第 419 条
第 203 条	第 420 条
第 204 条	第 421 条
第 205 条	第 422 条
第 206 条	第 423 条
第 207 条	第 424 条
第 208 条	第 425 条
第 209 条	第 426 条
第 210 条	第 427 条
第 211 条	第 428 条
第 212 条	第 429 条
第 213 条	第 430 条
第 214 条	第 431 条
第 215 条	第 432 条
第 216 条	第 433 条
第 217 条	第 434 条
第 218 条	第 435 条
第 219 条	第 436 条
第 220 条	第 437 条
第 221 条	第 438 条
第 222 条	第 439 条
第 223 条	第 440 条
第 224 条	第 441 条
第 225 条	第 442 条
第 226 条	第 443 条
第 227 条	第 444 条

（续表）

《物权法》	《民法典》
第 228 条	第 445 条
第 229 条	第 446 条
第 230 条	第 447 条
第 231 条	第 448 条
第 232 条	第 449 条
第 233 条	第 450 条
第 234 条	第 451 条
第 235 条	第 452 条
第 236 条	第 453 条
第 237 条	第 454 条
第 238 条	第 455 条
第 239 条	第 456 条
第 240 条	第 457 条
第 241 条	第 458 条
第 242 条	第 459 条
第 243 条	第 460 条
第 244 条	第 461 条
第 245 条	第 462 条
第 246 条	（删除）
第 247 条	（删除）

后　　记

在本书编辑过程中，北京大学出版社蒋浩副总主编、中央财经大学王叶刚副教授、中国人民大学潘重阳博士等人在本书的体例安排、文章的筛选、编辑等方面提出了许多有益的建议，北京航空航天大学李昊副教授提供了《物权法》与《民法典》对照表，中国政法大学缪宇博士帮助翻译了一些德语资料，在此一并致谢。